LES LITTÉRATURES DE L'ORIENT

TOME IV

L'AVESTA

ZOROASTRE ET LE MAZDÉISME

PAR

ABEL HOVELACQUE

PARIS
MAISONNEUVE ET Cie, LIBRAIRES-ÉDITEURS
25, QUAI VOLTAIRE, 25

1880

L'AVESTA

ZOROASTRE ET LE MAZDÉISME

L'AVESTA

ZOROASTRE ET LE MAZDÉISME

PAR

ABEL HOVELACQUE

PARIS

MAISONNEUVE ET Cie, LIBRAIRES-ÉDITEURS

25, QUAI VOLTAIRE, 25

—

1880

LES LITTÉRATURES DE L'ORIENT

IV.

L'AVESTA

L'AVESTA

ZOROASTRE ET LE MAZDÉISME

PAR

ABEL HOVELACQUE

PARIS

MAISONNEUVE ET Cie, LIBRAIRES-ÉDITEURS

25, QUAI VOLTAIRE, 25

1880

AVANT-PROPOS

Nous nous proposons d'étudier la doctrine religieuse, liturgique et morale des livres de l'*Avesta*, attribués à Zoroastre ou à ses disciples.

On ne trouvera pas ici un ouvrage de mythologie comparée; nous ne rapprocherons pas l'Avesta des Védas hindous, non plus que des anciennes traditions grecques, italiennes, celtiques, germaniques, slaves, lithuaniennes.

Nous ne rechercherons pas, non plus, quelle a été l'influence du mazdéisme sur la mythologie sémitique, ou, inversement, quelle a été l'influence du sémitisme sur les croyances mazdéennes (1). Nous n'aborderons pas la question du zoroastrisme moderne; nous ne nous occuperons pas des faits et des causes historiques qui ont réduit l'ancienne doctrine de Zoroastre à ne plus compter aujourd'hui qu'un très-petit nombre de sectateurs.

(1) On peut aussi consulter à ce sujet : Spiegel, *Erân*, pp. 274-290; *Erânische alterthumskunde*, t. I, pp. 446-485. Kohut, *Ueber die jüdische angelologie und dæmonologie in ihrer abhængigkeit vom parsismus.*

Notre sujet est nettement délimité, et nous étudions une période bien définie de la civilisation de l'antique Éran : *l'époque durant laquelle furent composés, enseignés et compris par les adhérents du mazdéisme les textes zends que nous possédons*. Les précédents et la suite du zoroastrisme ancien sont en dehors de nos recherches.

INTRODUCTION

DÉCOUVERTE ET INTERPRÉTATION DE L'AVESTA

PREMIÈRE PARTIE

Opinions des anciens et des modernes sur le zoroastrisme, avant Anquetil-Duperron.

L'*Avesta* est le recueil des livres sacrés attribués communément à Zoroastre et à ses premiers disciples : c'est la Bible du Mazdéisme. On donne, en général, à la langue dans laquelle sont rédigés les textes de l'Avesta, le nom tout conventionnel de *langue zende*.

Nous aurons à nous occuper un peu plus loin du sens de ces mots : *zend*, *Avesta*, et nous rapporterons les différentes explications qui en ont été données. Nous dirons quelle place occupe la langue zende dans le groupe des idiomes indo-européens, et à quelle époque il semble raisonnable de placer les anciens textes rédigés en cette langue. Nous aurons aussi à examiner la composition même de l'Avesta.

Mais, auparavant, nous voulons exposer l'histoire de la découverte de ce précieux monument, l'un des plus importants que nous ait laissés l'antiquité, l'un de ceux qui jouèrent un des plus grands rôles dans l'histoire de la civilisation.

Ce serait trop dire que de donner l'Avesta pour le livre religieux de la Perse ancienne. Dans cet empire, il régnait sans doute, à l'ouest comme à l'est, un ensemble de croyances et de mœurs dont le fond commun se retrouve dans l'Avesta. Mais l'Avesta, tel que nous le possédons, rédigé tel qu'il nous est parvenu, n'était point le livre de la Perse proprement dite, c'est-à-dire de la région occidentale de l'empire éranien. C'est ce que nous prouve d'une façon convaincante la comparaison de la langue que parlaient les rois perses achéménides, l'ancien perse, et celle qui a servi à la rédaction du texte qui fait le sujet de notre étude, le zend. Un exemple ou deux expliqueront la chose. Tandis que la principale des divinités bienfaisantes reçoit en perse le nom d'*Auramazdâ*, elle s'appelle en zend *Ahura mazdâ*; tandis que le perse des inscriptions cunéiformes de Behistân, de Persépolis, de Naqs i Rustam, dit *adam* « je », *amiy* « je suis », *daçta-* » main », *martiya-* « homme », le zend, l'idiome de l'Avesta, dit *azem*, *ahmi*, *zaçta-*, *maṣya-*, etc. Cependant, répétons-le, le fond des croyances était le même pour ceux qui se servaient de la langue perse et ceux qui se servaient du zend; aussi pouvons-nous, sans crainte d'erreur, considérer comme reflétant suffisamment les doctrines et les préceptes de l'Avesta, les passages que nous ont laissés les auteurs anciens sur la religion et les coutumes des Perses.

Nous pourrions réunir ici ces différents passages; ils sont nombreux, et ne sont pas tous copiés l'un sur l'autre. Si nous nous abstenons de les reproduire en ce moment, c'est qu'ils trouveront place (les plus importants au moins) dans le corps même de notre livre, aux endroits où il y aura le plus d'avantage à les citer. Qu'il nous suffise de dire qu'au premier livre de ses *Histoires*, Hérodote a consacré un morceau très-important à la religion et aux croyances des Perses, ses contemporains (450 ans avant l'ère chrétienne). Nous avons reproduit et commenté ailleurs ce passage fort curieux du vieil et véridique historien (1). A côté des relations d'Hérodote nous aurons à citer les rapports plus ou moins étendus, plus ou moins exacts, de Ctésias, de Théopompe, d'Hermippe, de Strabon, de Pausanias, de bien d'autres encore.

Les sources mahométanes, purement asiatiques et qui datent du moyen âge, ont également leur intérêt, et nous les reproduirons à l'occasion.

Mais arrivons aux études européennes, et voyons comment la science occidentale a fait la découverte de l'Avesta, l'a lu, l'a interprété.

On attribue généralement à l'orientaliste anglais Thomas Hyde le mérite d'avoir exposé le premier l'ensemble des croyances religieuses des anciens Perses (2).

Le livre de Hyde fut publié en l'année 1700; mais plus d'un siècle auparavant avait déjà paru, à Paris, un écrit analogue, et que l'on ne saurait sans injustice passer sous silence. L'auteur de cet ouvrage est Barnabé Brisson, jurisconsulte né en 1531, mort en 1591. Brisson, avocat général au Parlement, puis président à mortier, fut nommé premier président par la Ligue, puis enfin pendu par les Seize.

La première édition de son livre, intitulé *De regio Persarum principatu libri tres*, parut à Paris en 1590. C'est dans la seconde partie que Brisson traite du sujet qui nous occupe : *Liber* II *quo de religione, moribus institutisque Persarum tractatur*. Il commence par dire que les Perses

(1) *Observations sur un passage d'Hérodote concernant certaines institutions perses*, Paris, 1875. Cf. Rapp, *Die religion und sitte der Perser und übriger Iranier nach den griechischen und rœmischen quellen*. ZDMG, XIX, 1 ss.

(2) Haug, par exemple, dit dans ses *Essays* : « The first, who attempted to give a complete description of the doctrine of the Magi, was the celebrated Oxford Scholar Hyde. » Bombay, 1862.

honoraient Jupiter (*Jovem*) ; nous verrons plus tard que ce prétendu Jupiter n'est autre que *Thwaṣa*, la voûte céleste ; le soleil, sous le nom de *Mithra* ; « Oromaz » ou « Oromagda », et parmi les divinités malfaisantes « Ariman » ; la lune et Vénus (*sic*) ; le feu (*ignis in sacrificando princeps erat*) ; l'eau, la terre ; qu'ils ne possédaient point de temples ; qu'ils sacrifiaient sur les hauteurs, dans un lieu pur ; que les sacrifices commençaient par des invocations aux dieux. Il parle enfin de Zoroastre, des jours de fête, de la division des âges de la vie, des mariages entre consanguins, puis de certaines coutumes funéraires.

Tout le livre de Brisson est aujourd'hui encore fort intéressant à lire, et il est évident que l'auteur avait dépouillé avec un grand soin les ouvrages de l'antiquité dans lesquels il espérait trouver des renseignements. Une seconde édition de son livre parut en 1595 : *Cum notis Sylburgii et tripl. indice ap. Commelin*, in-8° ; une troisième dans le recueil de ses œuvres, à Paris, en 1606, in-4° ; une quatrième à Strasbourg (*Argentorati*), en 1710, in-12, publiée par J. H. Lederlin.

Du livre de Henri Lord, *The religion of the Parsees*, publié à Londres en 1630, et traduit par Briot en 1667, à la suite de l'*Histoire de la religion des Banians*, sous le titre de : *Histoire de la religion des anciens Persans qui sont à présent dans les Indes orientales et que l'on appelle communément Parsis*, il y a peu de choses à tirer. Henri Lord avait séjourné à Surate durant dix-huit ans ; dans son opuscule, il rapporte ce qu'il a pu apprendre des prêtres parsis. Après avoir parlé de la création, de Zertoost, législateur des Persans, né en Chine, de la révélation que ce Zertoost obtint de la divinité, il énumère certains préceptes de la loi mazdéenne et certaines cérémonies ; il relate l'adoration du feu et termine par un recueil de passages extraits des anciens auteurs. Au point de vue historique, ce petit livre peut avoir son intérêt : mais, en réalité, il est rédigé sans critique aucune.

L'ouvrage de Th. Herbert ne donne qu'une sorte d'abrégé de Lord : *A relation of some yeares travels*... Londres, 1634, 1638, 1665, 1677. Traduit en français en 1663.

Il n'y a rien d'original dans la partie du livre du théologien anglais Édouard Pocock (*Specimen historiæ Arabum sive Gregorii Abulfarajii Malatiensis de origine et moribus Arabum succincta narratio in linguam latinam conversa*,, etc.) qui concerne la religion des Perses. La version occupe dans ce livre une trentaine de pages, les notes trois-cent-soixante environ. Si nous ne nous trompons, il a eu deux éditions à Oxford, l'une en 1648, l'autre en 1650. Voyez particulièrement à la page 147 de cette dernière.

Dans l'histoire de la philosophie d'un autre écrivain anglais, Thomas Stanley (1), nous trouvons une compilation de certains passages des auteurs anciens sur la réforme organisée par Zoroastre dans la religion des Perses, sur la doctrine de ces derniers, leur théologie et leur cosmogonie, sur les rites de leurs sacrifices et leurs divinités. Pars XIV, *De Persarum philosophia*, t. III, p. 300.

L'opuscule de Burton, *Veteris linguæ persicæ* λείψανα *fere omnia quæ quidem apud priscos scriptores reperiri poterant*, parut à Londres en 1657. Il forme la seconde partie (pp. 61 à 104) du petit volume qui commence par l'histoire de la langue grecque du même auteur. Le commentaire des mots éraniens cités par les écrivains de l'antiquité est un sujet qui a attiré plusieurs autres érudits.

La huitième dissertation de Reland (*Hadriani Relandi dissertationum miscellanearum* pars altera, 1707, p. 97) est intitulée : *Dissertatio de reliquiis veteris linguæ persicæ*. Reland cite tout d'abord les travaux antérieurs aux siens, de

(1) *History of philosophy*. La première partie de la première édition parut à Londres en 1655. Il y a d'autres éditions anglaises de 1687, 1701, 1743. Une traduction latine incomplète fut publiée à Amsterdam en 1690 ; une autre, par Olearius, avec des additions, à Leipzig, en 1711 ; une autre à Venise en 1731 : *Historia philosophiæ*. C'est à cette dernière que nous renvoyons. Il existe une traduction flamande du même ouvrage, éditée à Leyde en 1702.

Gesner, Waser, Brisson, Burton. En 1798, Paulin de Saint-Barthélemi traita, dans son ouvrage sur l'antiquité et l'affinité du zend et du sanskrit (voyez ci-dessous), de certains mots perses cités par les auteurs anciens (p. XXXVI et suiv.).

Thomas Hyde, professeur de langues orientales (particulièrement de langues sémitiques) à Oxford, vécut de 1636 à 1703. Son livre, bien connu, est intitulé : *Veterum Persarum et Parthorum et Medorum religionis historia*; la première édition parut en 1700, in-4°; la seconde en 1760. La Bibliothèque nationale possède l'exemplaire d'Anquetil-Duperron, signé par lui au titre même, et enrichi çà et là de quelques notes manuscrites (1). Hyde commence par distinguer les Perses anciens des modernes; il cherche à démontrer leur monothéisme, et dans ce but, s'efforce de prouver que pour eux Mithra et le feu n'étaient pas de véritables divinités. « Zoroastre, ajoute-t-il, leur réformateur religieux, connaissait la doctrine des Juifs »; puis il expose l'objet de son ouvrage : *In hoc opere quod jam præ manibus est, in unum congessimus pleraque (sive bona et orthodoxa, sive mala et hæretica) quæ de Magorum religione sparsim apud autores leguntur.* Il parle ensuite des rapports de la religion perse avec celle d'Abraham; il revient sur ce que Mithra n'était nullement une divinité; il traite du soin de l'eau et du feu; des deux principes, celui de la lumière et celui des ténèbres; de la création, de l'origine du genre humain, de l'année, des saisons et des mois, des jours de fête, du pont Tchinvat (dont nous parlerons en traitant du sort de l'homme après la mort); du mariage, de la lotion au moment de la naissance, des funérailles; puis de la langue perse et de ses dialectes. Le livre contient plusieurs gravures, différentes représentations de Mithra, des prêtres procédant au sacrifice, des cadavres exposés aux oiseaux de proie, etc., etc. Cet écrit de Hyde est sans doute une tentative très-honorable, mais elle manque

(1) Cet exemplaire est inscrit Z anc. 803, I A.

absolument de critique, et nous ne pouvons en tirer que bien peu de profit. Brisson s'était contenté de rassembler les témoignages des anciens ; Hyde avait voulu faire plus et mieux ; mais tout ce que lui apprenaient l'Orient du moyen âge et 'Orient contemporain, il ne pouvait l'interpréter, ne connaissant pas les textes de l'antiquité éranienne elle-même.

Dans les fascicules de février et de mars 1701 des *Nouvelles de la République des Lettres* publiées à Amsterdam, par J. Bernard, il y a un compte rendu de l'ouvrage de Hyde ; c'est d'ailleurs une simple analyse.

Signalons ici les quelques pages que J.-Fr. Buddeus, vers la fin du second volume de son histoire ecclésiastique, consacre à Zoroastre : *Historia ecclesiastica veteris testamenti, ab orbe condito usque ad Christum natum, variis observationibus illustrata* (Halle, 1709, 2 volumes.) Buddeus se fonde en tout sur l'ouvrage de Hyde.

Bayle, dans l'article « Zoroastre » de son *Dictionnaire historique et critique* (édition d'Amsterdam, 1734, t. V, p. 623), Bayle cite le livre de Hyde, et rapporte notamment l'opinion tout à fait erronée de ce dernier que les deux principes, celui du bien et celui du mal, n'auraient pas été égaux tous les deux dans l'origine, et même « qu'ils n'étaient à proprement parler que des causes secondes et ne méritaient pas en rigueur le nom de principes ». Après avoir relaté la théorie de Hyde (dont le traité, dit-il d'ailleurs, est excellent), Bayle ajoute : « Nous ne saurions voir goutte dans ce chaos de pensées, nous autres Occidentaux : il n'y a que des Levantins, accoutumés à un langage mystique et contradictoire, qui puissent souffrir sans dégoût, et sans horreur un si énorme galimatias » (*Ibid*). Mais en parlant ainsi, il jugeait le mazdéisme d'après les dires de Hyde ; cent ans plus tard, il eût parlé tout différemment.

Dans ce même article sur Zoroastre, Bayle constate que Hyde admet l'authenticité des livres attribués par les Orienaux à ce personnage, mais il ajoute en même temps que

« bien des gens croient que tous les ouvrages qui ont couru sous le nom de Zoroastre, et dont quelques-uns subsisten encore, sont supposés ». Et il ajoute en note : « Suidas assure que l'on avait quatre livres de Zoroastre περὶ φύσεως, *De natura* ; un livre περὶ λίθων τιμίων *De gemmis*, et cinq livres d'astrologie judiciaire, ἀστεροσκοπικὰ ἀποτελέσματα, *Prædictiones ex inspectione stellarum*. Il est fort apparent que ce que Pline rapporte sous la citation de Zoroastre (Pline, l. XVIII, chap. XXIV, p. m. 501 ; et l. XXXVII, chap. X, p. 407, 410 411) avait été pris de ces livres-là. Eusèbe (*Præpar. evang.* l. I, *sub fin.*, p. 42) cite un passage qui contient une magnifique description de Dieu, et il le donne pour les propres termes de Zoroastre, ἐν τῇ ἱερᾷ συναγώγῃ τῶν Περσικῶν, *in sacro Persicorum rituum commentario*. Je ne vois personne qui ne croie que Clément d'Alexandrie a dit que les sectateurs de Prodicus se vantaient d'avoir les livres occultes de Zoroastre (*Clem. Alexandrin. Strom.*, l. I, p. 304). Mais peut-être que ses paroles ont un autre sens, et signifient qu'il se vantait d'avoir les livres occultes de Pythagoras. On a imprimé en dernier lieu, avec les vers des Sibylles, à Amsterdam, 1689, selon l'édition d'Opsopeus, *Oracula magica Zoroastris cum scholiis Plethonis et Pselli*. Ces prétendus oracles magiques ne contiennent pas deux pages. Voici le jugement de M. Huet sur tous les livres en général qui ont couru sous le nom de Zoroastre. Il les traite tous de supposés : « Ex cujus (Zoroastris) fama et existimatione pro-
« venit eorum fallacia, qui sub ejus nomine oracula quæ-
« dam magica græce scripta incautis obstruserunt. Edita
« illa sunt cum Pselli et Plethonis scholiis : sed si nares
« admoveris, fraus subolebit. Vetustiora quidem illa sunt
« nihilo tamen γνησιώτερα (sinceriora) oracula, quæ Cræsi
« temporibus extitisse narrat Nicolaus Damascenus (*Hist.*,
« l. VII, in exc. *Const. Porphyr.*). Insinceros quoque eos
« dixerim libros, quos chaldaice scriptos, et chaldaicis com-
« mentariis illustratos, et effata ac sententias complexos

« Johannem Picum habuisse ferunt ; insincerum et librum « Zind, mihi de nomine solo cognitum quo ritus magicos « et ignis colendi disciplinam aiunt contineri... Insinceros « et quos Hermippus, Plinio teste, ducentis versuum millibus « sub Zoroastris nomine conditos indicibus quoque positis « explanavit. Ex iisdem falsariorum incudibus profectus est « supra memoratus persicarum legum codex Zundavestaw, « quem vetustissimum tamen conjicio, et eumdem fortasse, « qui ab Eusebio (*Præp. ev.*, l. I). Collectio sacra persica- « rum rerum appellatur. Indidem profectus et quem se ar- « canis habere jactabant, qui Prodici philosophi doctrinam « sectabantur, ut est apud Clementem Alexandrinum « (Strom. I); indidem et quos commemorat Suidas (in Ζωροάσ- « τρης); et qui de Magia, Zoroastris nomine, scripti circum- « ferebantur, ut habet Auctor Recognitionum (l. IV, chap. « XXVII); et quem tradit Auctor Astrologiæ cujusdam persicæ, « ebraice redditæ, ab eo lucubratum, et regnum dei fuisse « inscriptum, et manibus Persarum assidue gestari esse « solutum. » M. Huet ajoute que Porphyre (in vita Plotini) a reproché aux Chrétiens la supposition de beaucoup d'ouvrages, et qu'il se vante d'avoir prouvé que l'Apocalypse de Zoroastre était du nombre de ces livres-là. »

Il s'agit ici de Huet, le célèbre évêque d'Avranches, qui vécut de 1630 à 1721, et le passage cité est extrait de sa *Demonstratio evangelica*, Paris, 1679, in-folio (Autres éditions : ibidem 1687, 1690 ; une en Allemagne, une autre à Amsterdam, 2 vol. in-8°, une à Naples en 1731).

Le théologien anglais Prideaux consacre quelques pages à Zoroastre et aux Perses dans son livre bien connu sur l'histoire des Juifs (1). Après avoir constaté le désaccord des

(1) La première édition de cet ouvrage (en anglais) parut en 1715-1718. Il eut plusieurs traductions françaises, 1722, etc. Celle que nous citons est la seconde de ces dernières : *Histoire des Juifs et des peuples voisins...* par M. Prideaux, doyen de Norwich, traduite de l'anglais. Nouvelle édition corrigée et augmentée. Amsterdam, 1728 ; 6 vol. in-12.

auteurs anciens sur l'âge de Zoroastre, il admet qu'il n'y eut qu'un Perse illustre de ce nom. D'ailleurs, ajoute-t-il, « à Mahomet près, Zoroastre a été le plus grand imposteur qui ait paru dans le monde » (t. II, p. 36). « Il était très-versé dans la religion des Juifs et dans l'Ancien Testament, ce qui donne lieu de croire qu'il était Juif d'extraction. » Zoroastre n'aurait pas fondé une religion nouvelle : il n'aurait fait que réformer celle des Mages, particulièrement en établissant l'existence d'un principe unique supérieur aux principes de la lumière et des ténèbres. Prideaux parle des soins de l'entretien du feu ; du livre écrit par Zoroastre, le *Zendavesta* ou *Zendavestow*, l'allume-feu, ainsi nommé « pour insinuer que ceux qui le liraient et le méditeraient avec soin sentiraient le feu d'un véritable amour pour Dieu et pour sa sainte religion s'allumer dans leur cœur » (*ibid.*, p. 57) ; il contiendrait un grand nombre de morceaux empruntés à l'Ancien Testament. En somme, tout ce passage du livre de Prideaux est sans originalité aucune et sans critique ; il est surtout rédigé d'après le travail de Hyde.

Dans l'*Histoire critique de Manichée et du manichéisme* d'Isaac de Beausobre (tome I, Amsterdam, 1734 ; tome II, ibid., 1739, in-4), il est souvent parlé du zoroastrisme. Beausobre voit dans Zoroastre un contemporain de Pythagore : il est prouvé, dit-il, que Zoroastre n'admettait qu'un seul principe suprême, dominant deux principes subalternes, l'un, auteur du bien, l'autre, auteur du mal (I, p. 31). Plus loin il fait un exposé de la religion des Perses (p. 161) ; dit que réellement ils n'adoraient pas le feu ; que Zoroastre réforma le « Magisme » ; que sa religion « consistait dans ces trois articles : dans la pureté de la foi, dans la sincérité et l'honnêteté des paroles, dans la justice et la sainteté des actions » ; que cette religion ne reconnaissait qu'un dieu ; que les Perses la tenaient d'Abraham. Il parle ensuite du « Zendavesta, mot composé et qui signifie *un instrument à allumer le feu*, à la lettre l'*allume-feu* » (p. 395). C'est en somme, en ce qui concerne le zoroastrisme, un travail de seconde et de troisième main, dont le livre de Hyde a fait presque tous les frais : l'auteur y puise des erreurs nombreuses et considérables.

Nous trouvons, vers la même époque, dans l'*Explication de divers monuments qui ont rapport à la religion des plus anciens peuples*, par le R. P***, religieux bénédictin de la congrégation de Saint-Maur, Paris, 1739, in-4° (le nom de l'auteur est Jacques Martin), un chapitre intitulé « Du dieu Mithras » (p. 231-293) avec un paragraphe particulier sur la « véritable religion des anciens Perses. » Martin ne fait d'ailleurs que résumer les assertions de certains auteurs de l'antiquité.

La partie de l'histoire de la philosophie de Brücker qui traite particulièrement des Perses présente un certain intérêt, au moins un intérêt historique. Le titre du livre est celui-ci : *Historia critica philosophiæ ;* il fut publié à Leipzig en 1742 (cinq volumes in-4°). Dans le troisième chapitre de son livre premier, Brücker rapporte que Zoroastre est le fondateur de la religion des Perses ; que l'on sait peu de choses sur l'époque à laquelle il a vécu, mais qu'on ne peut certainement pas le placer après Darius, fils d'Hystaspe. Il raconte la vie de Zoroastre d'après les auteurs anciens et orientaux, et relate ce que les voyageurs modernes disent des Parses adorateurs du feu. Il parle ensuite des livres attribués à Zoroastre, notamment du *Zendavesta* (« brevius *Zend* »), livre révélé à Zoroastre par le ciel, et qui, à côté de la partie liturgique, contient des préceptes religieux. Brücker ajoute que Hyde avait entre les mains le texte même de l'Avesta et que s'il mourut sans l'avoir publié, ce fut qu'il n'avait point trouvé les fonds nécessaires à cette édition. Il traite ensuite des Mages, de leurs fonctions, du culte du soleil, d'*Oromazdes* et d'*Arimanius*, et du système théologique général de Zoroastre. En 1767, un sixième volume fut publié par Brücker pour servir d'appendice aux cinq volumes précédents. Nous aurons l'occasion tout à l'heure d'en reparler. Brücker, né à Augsbourg en 1696, mourut en 1770. En somme, son ouvrage est un écrit de seconde main, et le principal mérite de cet écrit, en ce qui concerne les institutions éraniennes, est peut-être d'avoir fourni à Anquetil-Duperron l'occasion de démontrer l'authenticité de l'Avesta.

Rien de plus intéressant que les écrits de Foucher publiés de 1759 à 1772 dans les *Mémoires de l'Académie des inscriptions et belles-lettres*. Ces différents articles furent inspirés par le livre de Hyde, dont les vues parurent à Foucher (comme d'ailleurs à bien d'autres) singulièrement subjectives et par trop dépourvues de critique. Dans la première partie de son *Traité historique de la religion des Perses* (op. cit., XXV, année 1759), Foucher rend d'abord justice au zèle de Hyde et à ses connaissances d'orientaliste, mais il laisse voir bientôt que son projet est de critiquer sévèrement le « docte anglais. » Et de fait, il démontre immédiatement la fausseté de cette thèse de Hyde, que les anciens Perses n'adoraient réellement pas le soleil et le feu, et qu'ils n'étaient point sectateurs de deux principes coéternels ; il lui reproche avec très-juste raison de s'en rapporter exclusivement aux auteurs orientaux du moyen âge, aux écrivains asiatiques, et de négliger les renseignements fournis par les Grecs de l'antiquité. Malheureusement Foucher se perd ici dans des digressions apologétiques absolument hors de propos, ou qui, du moins, nous paraissent aujourd'hui tout à fait futiles. Dans son second mémoire, il traite du dualisme ; il établit tout d'abord que cette doctrine a parfaitement existé chez les anciens Perses ; à vrai dire, il s'indigne contre elle, en tant que système philosophique et sous prétexte qu'elle est « destructive des bonnes mœurs » ; mais ce jugement ne fait rien à l'affaire : le mérite de Foucher est qu'il comprend la chose telle qu'elle était en réalité. Au tome XXIII, il traite de la personnalité de Zoroastre. Il rassemble et confronte les sources anciennes et conclut à ce qu'il a existé deux individus de ce nom : l'un ayant vécu au temps de Cyaxare Ier, et celui-là prophète ; l'autre, le second Zoroastre, un « Juif apostat », non point prophète, mais philosophe, contemporain de Cyrus et de Darius, fils d'Hystaspe (soit 550 à 500 ans avant notre ère). Par la suite des temps on aurait confondu ensemble prophète et philosophe, et il n'aurait plus été question, à un moment donné, que d'un seul et unique Zoroastre. Plusieurs des écrits attribués à Zoroastre, ajoute Foucher, ont été sans doute composés par des « imposteurs », mais les Mages avaient certainement en leur possession des écrits qui provenaient de leur législateur.

Ici vient une analyse, naturellement fort erronée, de tout ce que l'Avesta était réputé contenir : c'est ainsi qu'il y était parlé d'Adam et d'Ève, et qu'on y rencontrait des psaumes de David ! Mais tout cela était dû à Hyde. Foucher aurait pu se méfier davantage de ce qu'avait écrit Hyde relativement au contenu des livres mazdéens qu'il avait entre les mains, et dont il n'avait certainement pas compris le premier mot (1). Foucher parle ensuite du système du second Zoroastre, le « Juif apostat ». Ce dernier aurait eu pour but de « concilier la religion des Hébreux avec celle des Perses ; de réunir ce que chacune d'elles avait de dogmes essentiels ; de relever le magisme, afin qu'il fût moins odieux à la nation sainte, et de proportionner la religion judaïque à la faiblesse des Mèdes et des Perses, en la dépouillant du caractère exclusif qui la rendait insupportable aux autres peuples » (*Mémoires de l'Académie des inscriptions et belles-lettres*, t. XXVII, p. 339). Il revient d'ailleurs sur ce fait définitivement établi qu'on trouve dans ce système, à ne pas s'y méprendre, une

(1) Dans l'article *Perses (Philosophie des)* de l'Encyclopédie, Diderot expose naturellement les idées qui avaient cours, au temps où il écrivait, sur les livres attribués à Zoroastre : « Il faut, dit-il, en rapporter la supposition au temps d'Eusèbe. On y trouve des psaumes de David ; on y raconte l'origine du monde d'après Moïse ; il y a les mêmes choses sur le déluge ; il y est parlé d'Abraham, de Joseph, de Salomon. C'est une de ces productions telles qu'il en parut une infinité dans ces siècles, où toutes les sectes, qui étaient en grand nombre, cherchaient à prévaloir les unes sur les autres par le titre d'ancienneté. » Œuvres complètes de Diderot, édition Assézat, t. XVI, p. 259.

réelle adoration du soleil, des astres, des divers éléments. Au tome XXIX, notre auteur examine la doctrine des premiers sectateurs du mazdéisme ; il rapporte nombre de sources anciennes et arrive à l'étude du zoroastrisme tel qu'il était conçu et pratiqué sous la dynastie des Sassanides, c'est-à-dire du IIIe au VIIe siècle de notre ère. Au tome XXXI, il s'occupe du manichéisme, puis des croyances des Guèbres actuels. Enfin, dans le XXXIIIe volume, nous trouvons un dernier mémoire, inséré tardivement dans la publication de l'Académie, mais lu en 1772. La traduction d'Anquetil a paru : Foucher l'accepte telle quelle, déclare qu'elle confirme ses idées sur le dualisme des Perses, mais ajoute qu'il s'est trompé sur plusieurs points de leurs doctrines, et il se rectifie sans hésiter. Ce dernier mémoire est intitulé : *Supplément au traité historique de la religion des anciens Parses.* Si l'on veut bien négliger les passages où Foucher prononce de haut, d'après ses propres croyances, sur le plus ou moins de moralité de vues des anciens Perses, ce long travail est assurément un de ceux qui font honneur à cette époque de la seconde partie du XVIIIe siècle, si riche en excellents travaux d'érudition.

La *Mythologie et les fables expliquées par l'histoire*, ouvrage de Banier, qui parut à Paris en 1764, s'occupe naturellement des Perses et de leur religion. C'est au chapitre douzième du septième livre, t. III, p. 148 et suiv. C'est un écrit de seconde main ; l'auteur cite particulièrement Hérodote, Strabon, Plutarque, Hyde, et, à propos du culte de Mithra, Della Torre, évêque d'Adria, dont nous signalerons le travail lorsque nous aurons à parler de cette divinité.

DEUXIÈME PARTIE

Anquetil-Duperron et ses contemporains.

Une ère nouvelle allait s'ouvrir : Anquetil-Duperron rapportait des Indes la collection des livres sacrés du mazdéisme, et Eugène Burnouf devait bientôt lire et interpréter ces textes précieux.

Abraham-Hyacinthe Anquetil-Duperron, frère cadet d'Anquetil, l'historien, naquit à Paris en 1731. Adonné de bonne heure à l'étude de l'hébreu, de l'arabe, du persan, il vit un jour, à Paris, quelques feuillets zends calqués sur les manuscrits d'Oxford (1) et résolut, sans tarder, de partir pour l'Inde afin de se mettre en rapport avec les établissements des Parses, et pour étudier en même temps la littérature védique. N'ayant aucune espèce de ressources pour entreprendre ce coûteux voyage, Anquetil n'hésita pas à s'engager comme simple soldat au service de la Compagnie des Indes. L'on put, heureusement, le faire bientôt libérer de son engagement. En août 1755, il débarqua à

(1) Des manuscrits zends avaient été apportés en Europe avant ceux d'Anquetil. En 1718, l'Anglais G. Bourchier reçut des Parses de Surate le Vendidad, le Yaçna et le Vispered, qui furent apportés en Angleterre en 1723. Hyde ne put les déchiffrer, bien qu'il fût maître de l'alphabet zend. Plus tard l'Écossais Fraser acheta à Surate le Yaçna et les Yests, mais il ne réussit point à se faire initier aux doctrines des Parses. Consultez Anquetil-Duperron, t. I, p. v de son *Discours préliminaire*. Lors de son retour de l'Inde en France, Anquetil compara à ses propres manuscrits les manuscrits qui se trouvaient en Angleterre.

Pondichéry, et peu de temps après gagna Chandernagor, où toutes ses espérances ne tardèrent pas à être déçues. Nous le retrouvons de nouveau à Pondichéry ; il y reste deux mois et se rend par mer à Mahé. De Mahé il gagne Goa, puis Surate.

Dans cette dernière ville, il se trouve enfin en rapport avec les communautés de Parsis.

On sait que la conquête islamite avait chassé de leur pays, au VIIe siècle de l'ère chrétienne, les sectateurs du mazdéisme, et que la plus grande partie de ceux-ci allèrent s'établir dans l'Inde du nord-ouest. Dans son premier volume, Anquetil rapporte l'histoire de l'exode des Parsis, p. CCCXVIII. D'après Dosabhoy Framjee, le nombre total des Parsis était, en 1854, d'environ cent cinquante mille individus. La plupart sont établis dans l'Inde septentrionale, à Bombay, à Surate, à Baroda ; en Perse, à la même époque, on en comptait six mille six cents à Yezd, à l'est d'Ispahan ; à Kirman, plus au sud, environ quatre cent cinquante ; enfin une cinquantaine à Téhéran (Dosabhoy Framjee, *The Parsees : their history, manners, customs and religion*, Londres, 1858, in-8) (1).

Les voyageurs des deux derniers siècles ont écrit sur les Parsis — ou Guèbres — quelques pages qu'on lira peut-être ici avec intérêt.

Pietro della Valle : « Parlons maintenant des *Gaures*, c'est-à-dire des idolâtres infideles de Perse, qui restent aujourd'huy dans le pays des anciens Persans.

« Ie fus voir ces iours passez leur nouuelle Ville, ou, si vous voulez, leur habitation separée ; laquelle de mesme que

(1) Consultez également : Spiegel, *Zur neuesten geschichte des Parsismus* dans le livre *Erân* ; Berlin, 1863, p. 371 ss. Du même auteur : *Avesta* (traduction allemande), t. II, p. III de l'introduction ; t. I, p. 40, 46. Nous trouvons dans le premier volume du *Journal of the Bombay branch roy. asiatic society* une relation indigène de l'exode des Parses, traduite en anglais par E.-B. Eastwick : *Translation from the persian of the Kissah-i-Sanjan : or history of the arrival and settlement of the Parsis in India*, p. 157 ss.

la nouvelle *Ciolfa*, que les Armeniens Chrestiens habitent ; comme le nouueau *Tauris*, ou *Abbas-Abad*, dans lequel les Mahometans qui ont esté amenez de *Tauris*, demeurent; est contiguë à *Hisphahan*, presque comme vn faux-bourg : et quoy qu'à present elle en soit separée par quelques jardins ; neantmoins auec le temps, parce que le nombre des habitans s'augmente prodigieusement tous les iours, *Hisphahan*, et cette habitation des *Gaures*, avec les deux autres susdites, ne feront qu'vne mesme chose. C'est pour cela que ie ne sçay si ie les dois appeler, ou citadelles separées, ou faux-bourgs, ou plustost des parties considerables de cette mesme ville d'*Hisphahan*, comme sont la region au de-là du Tybre, et le Bourg de nostre Rome. Cette habitation des *Gaures* n'a point d'autre nom que ie sçache que celui de *Gauristan* ; c'est-à-dire, selon les Persans, le lieu des infideles, presque comme nous appellons celuy des Iuifs, la Iuifverie. Ce lieu là est fort bien bâty, les ruës en sont fort larges, et bien droites, et beaucoup plus belles que celles de *Ciolfa*, parce qu'il a esté fait depuis auec plus de dessein : mais toutes les maisons en sont basses, n'ayant qu'vn plancher, sans aucun ornement, conformement à la pauvreté de ceux qui les habitent ; en cela fort differentes de celles de *Ciolfa*, qui sont fort magnifiques, et tres-ajustées ; parce que les Gaures sont pauvres et miserables, au moins ils en donnent toutes les marques possibles : en effet, ils ne font aucun trafic, ce sont seulement des gens de campagne comme des paysans, et des personnes enfin qui gagnent leur vie avec beaucoup de peine et de fatigue. Ils sont tous vestus d'vne maniere, et d'vne mesme couleur, qui tire vn peu sur celle de ciment fait de briques » (*Voyages*, trad. franç., Paris, 1661, t. II, p. 104).

Et un peu plus loin :

« Les *Gaures*, à ce que m'a dit vn des leurs, qui estoit tout simple et ignorant, et auec lequel ie me suis quelquesfois entretenu, ont entr'eux vne langue particuliere et differente de la Persienne d'aujourd'huy; et des caracteres mesme d'vne autre forme que ceux dont on se sert à present, desquels quelques-vns sont marquez sur les portes de plusieurs de leurs maisons : mais ie feray mon possible d'en voir vn iour l'Alphabet, et de sçauoir s'il est vray, comme on me l'a asseuré, qu'ils écriuent, à la façon des Latins, de la gauche à la droite. »

Dans la *Suite* de son *Voyage au Levant* (deuxième partie, p. 116; Paris, 1674) Thévenot, écrit ceci : « Il y a encore dans la Perse et particulierement dans le Kerman des gens qui adorent le feu, comme les anciens Perses, et ce sont les Guebres. On les reconnoist à vne couleur jaune, obscure, que les hommes affectent d'avoir en leurs habits, et les femmes à leur voile, n'y ayant personne qu'eux qui portent de cette couleur; de plus, les femmes Guebres ont le visage tout découvert et ne le couvrent jamais, et pour l'ordinaire elles sont fort bien faites. Ces Guebres ont vn langage et des caracteres qui ne sont connus que d'eux seuls, et, du reste, ils sont fort ignorants. »

Figueroa : « En la partie plus Orientale de la Perse, et en la province de *Kerman*, qui luy est frontiere vers l'Orient, il est demeuré plusieurs de ces anciens et veritables Persans, lesquels, quoy qu'ils se soient meslez auec les autres, et qu'en s'vnissant avec les vainqueurs, ils n'ayent fait qu'vn peuple, n'ont pas laissé de retenir constamment leur premiere façon de viure, leurs habits et leur religion. Ainsi ils adorent auiourd'huy le soleil, comme faisoient les anciens Perses, lorsque leur Empire estoit le premier du monde, et à leur exemple, ils ont tousiours en leur maison du feu allumé, qu'ils conseruent, afin qu'il ne s'esteigne point, auec autant de soin que fesoient autrefois les Vestales à Rome » (*L'ambassade de Don Garcias de Silva Figueroa en Perse*, traduct. Wicqfort, Paris 1667, in-4°; p. 177).

« Si vous voulez passer, dit Daulier, à un quart de lieuë de Julpha en tirant vers la montagne, vous verrez un beau village composé d'une longue ruë, il se nomme Guebrabâd, c'est la demeure des Guebres ou Gauvres, que l'on dit estre les anciens Perses qui adoroient le Feu. Le Roy leur a donné ce lieu pour habiter; les ayant detruits en beaucoup d'autres endroits. Ils sont vestus d'une étoffe de laine fine de couleur tannée. Les habits des hommes sont de mesme forme que ceux des autres Persiens. Mais celuy des femmes est tout different; elles sortent le visage descouvert, et sur la teste une écharpe fagotée à la negligence, avec un autre voïle qui leur couvre les épaules, ne ressemblant pas mal à nos Boëmiennes. Leur Caleçon est comme un haut de chausse de Suisse qui leur descend sur les talons. La pluspart de leurs étoffes se fabriquent à Kermân, grande ville du costé du Midy de la Perse, où il y a plusieurs de cette Secte. Ils sont si reservez à parler de leur religion, qu'on a de la peine d'en sçavoir rien d'asseuré. Ils n'enterrent pas leurs morts, mais les laissent à l'air dans un enclos. I'ay entré dans quelques-unes de leurs maisons, où je n'ay rien vu de particulier, si non que les femmes, bien loin de fuir de nous, comme font les autres, estoient bien-aises de nous voir et de nous parler » (*Les Beautez de la Perse*, p. 51).

« Les *Guèbres*, dit Chardin, ont une opinion fort contraire à celle des autres *Gentils* ; car ils croient, que non-seulement il est permis de tuer les insectes et tous les autres animaux inutiles, ce qui est rejetté et condamné par les autres *Gentils*, mais que c'est même une action agréable à *Dieu* et une œuvre méritoire, parce que ces méchantes créatures ne pouvant avoir été produites que par un *mauvais principe* et par un méchant auteur, c'est témoigner de la complaisance pour lui, que de souffrir ses productions, de sorte qu'il faut les étouffer et les détruire pour mieux témoigner l'aversion qu'on lui porte » (*Voyages en Perse et autres lieux de l'Orient*, t. III, p. 131). Et dans un autre passage: « Les *Guèbres*, qui sont les restes des *Perses* ou *Ignicoles*, qui se perpétuent de père en fils depuis la destruction de leur monarchie, ont un idiome particulier ; mais on le croit plutôt un jargon que leur ancienne *langue*. Ils disent que leurs prêtres, qui se tiennent à *Yesd*, ville de la *Caramanie*, qui est leur Pirée et leur principale Place, se sont transmis cette *langue* jusqu'ici par tradition, et de main en main; mais quelque recherche que j'en aye faite, je n'ai rien trouvé qui me pût persuader cela. Ces *Guèbres* ont à la vérité des livres en caractères et en mots inconnus, dont les figures tirent assez sur celles des *langues* qui nous sont le plus connues, mais je ne saurois croire que ce soit là l'ancien *Persan*, d'autant plus que le caractère dont j'ai parlé, est entièrement différent de celui des Inscriptions de *Persépolis* ». (*Op. cit.* t. II, p. 105; édit. in-4° de 1711).

Mandelslo, dans son *Voyage de Perse aux Indes Orientales*, mis en ordre par Olearius, traduct. franç. (Amsterdam, 1727) dit, p. 180 : « Il y a encore une autre sorte de *Payens* dans le royaume de *Guzarate*, qu'ils appellent *Parsis*. Ce sont des *Persans* des provinces de *Fars* et de *Chorasan*, qui se retirèrent en ces quartiers-là, pour éviter la persécution des *Mahometans*, des le VIIIe siècle... Ils demeurent la plûpart le long de la côte, et vivent fort paisiblement, s'entretenant du profit qu'ils tirent du tabac, qu'ils cultivent, et du *terry* qu'ils tirent des palmiers de ces quartiers-là, et dont ils font de l'*arack*, parce qu'il leur est permis de boire du vin. Ils se mêlent aussi de faire marchandise et la banque, de tenir boutique et d'exercer tous les autres métiers, à la reserve de celui de Maréchal, de Forgeron, et de Serrurier; parce que c'est un péché irremissible parmi eux d'éteindre le feu » (1).

(1) « Quoique les Parsis aient conservé fidèlement et sans altération notable la religion enseignée à leurs maîtres par Zoroastre, cependant ils y ont introduit quelques pratiques et dispositions superstitieuses qui n'existaient certainement pas autrefois. C'est surtout dans celle du feu que ces additions sont plus nombreuses et plus frappantes. On ne trouverait pas aujourd'hui un seul forgeron parmi les Parsis et les Guèbres établis dans l'Inde et en Perse, parce que les gens qui suivent cette profession sont exposés à éteindre le feu ou à le souiller par l'introduction de divers corps étrangers réputés impurs. » Dubeux, *Perse*, p. 268.

Dans le *Voyage de Bengale à Chiraz* par Franklin (en 1786), traduit par Langlès dans les *Voyages dans l'Inde, en Perse*, etc. etc. (Paris, 1801, p. 19), on lit :

« Parmi ceux qui habitent cette dernière contrée (le Gouzerate), on trouve beaucoup de Parsys, reste des anciens Guèbres ou adorateurs du feu : la plupart des marchands et des valets du pays professent cette religion, ils sont très-riches et entreprennent toutes les espèces de négoce. Leur religion, d'après les renseignements que j'ai pu obtenir, est très-corrompue : ils reconnaissent avoir adopté différents rites hindous ; probablement par complaisance envers les naturels et afin de se concilier leur bienveillance. Plusieurs ont cependant observé une certaine analogie entre la religion des Hindous et celle des Parsys. Il semble que leur livre sacré, le *zend-avesta*, qui passe pour avoir été écrit par leur fameux prophète Zéradocht (que nous nommons Zoroastre), n'est qu'une contre-façon de quelques siècles ; en outre, ce qui doit en affaiblir considérablement l'authenticité à nos yeux, c'est que suivant les historiens persans, ce prophète vivait il y a plus de trois mille ans ; et il est incontestable que tous les livres qui existaient lorsque les Grecs conquirent cette contrée, furent soigneusement ramassés et brûlés par un ordre exprès d'Alexandre le Grand. »

Ker Porter dit ceci des Guèbres : « A large proportion of the inhabitants, preferring a new creed and their old possessions, to their old faith with poverty and oppression, swore allegiance to the laws, civil and religious, of the prophet of Mecca. Others, disdaining to barter the faith of their fathers, for any favour in the eyes of their enemies, retired, self-exiled, into distant countries. Some few indeed, poor and sted fast to their creed, not having it in their power to seek a distant asylum, remained in a kind of bondage on their native soil : worshipping the bright luminary of heaven, with eyes ever bent to the ground, and pouring tears for lustral water on its dishonoured shrines. Whilst the richer multitudes fled to the moutainous frontiers, or to the shores of India, this devoted remnant found a sort of hopeless security in their poverty and utter wretchedness; and wandering away to Yezd and Kerman, as places least in the notice of their conqueror, sought and obtained something of a refuge. Yezd still contains about four or five thousand of their descendants; and from the comparative respectability of so considerable a body, they more openly exercise the offices of their religiou there (and from the same reason, in Kerman) than is ever attempted by the poorer Guebres in the villages about. The people are excellent husbandmen, gardeners, and mechanics ; and some few follow the occupation of merchandise, though on a very limited scale » (*Travels in Georgia, Persia*, etc., Londres, 1821-22; t. II, p. 46).

Nous lisons dans les *Voyages en Perse, dans l'Afghanistan, le Béloutchistan et le Turkestan* par Ferrier (Paris, 1860 ; t. II p. 448) : « Kademguiah (1) est un des lieux de pélérinage des Persans. Selon eux l'Iman Réza, auprès duquel les miracles de Mahomet et de Jésus-Christ ne sont rien, y fit rôtir un millier de Ghèbres sur quinze cents qui l'habitaient alors. Il convertit à la vraie foi, par ce moyen efficace et persuasif, les cinq cents qui restaient. »

Nous aurons à signaler dans la quatrième partie de cette introduction le court mémoire de Pavie sur les Parsis. Consulter encore Westergaard, *Zendavesta or the religious books of the Zoroastrians*, p. 21 ; Dubeux, *Perse* (Univers illustré, 1841), p. 337.

Une fois établi à Surate, Anquetil parvint à force de stratagèmes à gagner la confiance plus ou moins intéressée du destour Darab, et le 24 mars 1759 (ainsi qu'il le rapporte

(1) Entre Meched et Nichapour, dans le Khorassan. Moitié chemin de Herat au sud-est de la Caspienne.

lui-même, et cette date marque un jour heureux dans l'histoire des études éraniennes), il commença la version du *Vendidad* (1). Successivement il traduisit les autres livres de l'Avesta, c'est-à-dire le *Yaçna* et le *Vispered*, puis les invocations connues sous le nom de *Yests* ou de Petit Avesta, enfin le *Boundehèche*, livre cosmogonique postérieur aux écrits zends, et écrit en langue huzvârèche (idiome éranien parlé au moyen âge), et plusieurs *Rivaïets*, espèces de consultations données par les destours sur tels ou tels points de la religion.

C'était en persan que le destour Darab interprétait à Anquetil ces écrits religieux : « Le persan moderne, dit Anquetil, me servait de langue intermédiaire, parce que Darab, de peur d'être entendu par mon domestique, n'aurait pas voulu me développer en langue vulgaire les mystères de sa religion. J'écrivais tout ; j'avais même l'attention de marquer la lecture du zend et du pehlvi en caractères européens : je comparais ensuite les morceaux qui paraissaient les mêmes, pour m'assurer de l'exactitude des leçons de Darab » (tome I, p. CCCXXX). Il réussit à se procurer un assez grand nombre de manuscrits, et fut même assez heureux pour assister au sacrifice des Parses, et, en partie, à l'une de leurs cérémonies funéraires. Anquetil consacra les derniers temps de son

(1) On peut comprendre quelle peine eut Anquetil à se procurer les textes sacrés des Parses, et une interprétation de ces Parses, en lisant les passages suivants de deux plus anciens voyageurs : « Jamais, dit Chinon, jamais la cabale des Juifs n'a été si réservée à découvrir ses secrets, ni si jalouse de tenir les mystères de sa science voilés, comme le sont aujourd'hui les Gaures, anciens adorateurs du feu. de cacher leur religion à ceux qui s'en voudraient informer. Pour apprendre d'eux ce que j'en sais j'ai été obligé de faire bien des voyages chez eux et de contrefaire bien mon personnage, pour ne leur faire pas soupçonner le dessein que j'avais. » *Relations nouvelles du Levant*. Lyon 1691, p. 429. — Sanson : « Leur croyance est contenue dans des membranes que leurs mages ou prêtres leur lisent dans de certains temps. Ces membranes ne contiennent que des fables et des traditions superstitieuses, toute leur habileté consiste à cacher ces membranes, et il semble qu'ils se font un point de religion de ne les montrer à personne, on ne sçait de leurs mystères et de leur croyance que ce qu'on en peut apprendre de leurs mages, qui ne sont gueres plus eclairez qu'eux ». (*Estat present du royaume de Perse*, Paris 1695, p. 257).

séjour dans l'Inde à la recherche de documents purement hindous. En 1761, le 28 avril, il quittait le continent asiatique, et débarquait en Europe au milieu du mois de novembre de la même année. Enfin, au mois de mars suivant, il déposait à Paris, à la Bibliothèque du roi, les « ouvrages de Zoroastre » et d'autres manuscrits.

Le premier volume de l'ouvrage d'Anquetil (1) est le récit de ce voyage véritablement extraordinaire, récit plein de bonne foi et de sincérité. Il apprend ce qu'un homme de ferme volonté peut surmonter de misères et de souffrances, lorsqu'il a devant les yeux un grand et noble but. Quiconque n'a point lu ce *Discours préliminaire* y trouvera un intérêt extrême ; quiconque l'a déjà lu voudra le relire encore. Il se termine par un petit mémoire fort bien fait, dans lequel Anquetil démontre très-évidemment que l'auteur anglais Hyde ne savait un mot ni de zend, ni de pehlvi (huzvârèche). Ce n'était point l'opinion courante. Ainsi nous lisons à l'article *Zoroastre* du *Dictionnaire philosophique* de Voltaire : « Les voyageurs français Chardin et Tavernier nous ont appris quelque chose de ce grand prophète, par le moyen des Guèbres ou Parsis, qui sont encore répandus dans l'Inde et dans la Perse, et qui sont excessivement ignorants. Le docteur Hyde, professeur en arabe dans Oxford, nous en a appris cent fois davantage sans sortir de chez lui. Il a fallu que dans l'ouest de l'Angleterre il ait deviné la langue que parlaient les Perses du temps de Cyrus, et qu'il l'ait confrontée avec la langue moderne des adorateurs du feu. » Non, certes, Hyde n'avait point deviné la langue que parlaient les Perses à l'époque des Achéménides.

Voici d'ailleurs un des passages de Chardin, auquel Voltaire faisait peut-être allusion : « L'on dit communément qu'ils (les Guèbres) ont un livre célèbre qui contient leur *religion* et leur *histoire*, et qui est intitulé *Zend pasend vosta*; mais je

(1) *Zend-Avesta, ouvrage de Zoroastre, contenant les idées théologiques, physiques et morales de ce législateur*, Paris, 1771. 3 vol. in-4.

n'en ai jamais pu avoir de nouvelles. Le *Grand Abas*, excité par des curieux, qui mouroient d'envie d'avoir ce livre inconnu, dont on disoit pourtant des merveilles; qu'*Abraham*, par exemple, en étoit l'auteur, et qu'il contenoit les prophéties des plus grandes révolutions qui devoient arriver jusqu'à la fin du monde; ce prince, dis-je, tâcha par toutes sortes de moiens de le recouvrer, jusques là qu'il fit mourir le *Grand Prêtre* et quelques uns des principaux de la nation à cette occasion là, mais il ne pût jamais en venir à bout. Ils persistèrent toujours à dire qu'ils ne l'avoient point, qu'il falloit qu'il fût perdu et qu'ils avoient délivré tous leurs livres au Roi même. Ces livres qu'ils lui donnèrent sont dans la *Bibliothèque* du Château d'*Ispahan*, au nombre de vingt-six. Je ne sais si c'est tout, mais on le dit ainsi... J'ai eu en mon pouvoir plus de trois mois le livre qu'ils ont à présent, où toute leur Religion est écrite avec beaucoup d'autres choses qui y sont mêlées. Un *Guèbre*, qui passoit pour le plus docte d'entr'eux à *Ispahan*, venoit m'en lire tous les jours quelque chose, mais il étoit si long à me l'expliquer, et il me disoit des choses si peu curieuses, que comme il demandoit quinze cens francs pour le livre seul, sans compter ce qu'il prétendoit pour l'explication, je le laissai là. Ce livre est fait du temps de *Yesdegird* quatrième, le dernier des Rois idolâtres de la *Perse*, avec des commentaires que l'on y avoit ajoûtez il y a huit cents ans, lorsqu'on abolit le Culte public de leur Religion. Il parle beaucoup du règne de ce dernier roi et de bien d'autres matières que de celles de la Religion. L'on y trouve des prières qu'il faut faire : un Rituel pour garder le feu sacré : les éloges des Dieux Inférieurs : des traitez d'astrologie et de divination : je n'en puis dire autre chose parce que je ne voulus point l'achetter; cependant le *Guèbre* ne vouloit point me l'expliquer que je ne l'achetasse auparavant; en me disant qu'il falloit absolument qu'il le rendît en cas qu'on ne l'achetât point, et qu'il étoit à leur *Grand Prêtre d'Yezd* » (*Op. cit.*, t. III; p. 128; édit. in-4°).

Mais revenons à Anquetil. Son second volume contient des notices sur les manuscrits qu'il avait précédemment déposés à la Bibliothèque, puis une vie de Zoroastre (p. 1 à 70) sur laquelle nous aurons à revenir en parlant du même sujet. Arrive ensuite sa fameuse version de l'Avesta, dans l'ordre suivant : d'abord le Yaçna et le Vispered mélangés, puis le Vendidad. Dans le troisième volume nous trouvons les Yests, le Boundehèche, un vocabulaire de mots zends et huzvârèches souvent bien défigurés ; une « exposition des usages civils et religieux des Parses » (p. 527 à 591) ; le « système cérémonial et moral des livres zends et pehlvis » (p. 592 à 619) ; enfin les tables de l'ouvrage (1).

Si nous nous demandons maintenant ce que vaut en réalité la version d'Anquetil, nous devons reconnaître qu'elle ne donne de l'Avesta qu'une idée très-imparfaite ; et certes il ne pouvait en être autrement. Anquetil connaissait le persan ; mais du zend, mais du huzvârèche que savait-il ? Uniquement ce que ses maîtres de l'Inde lui en avaient appris. Et eux-mêmes qu'en savaient-ils ?

Ce que le destour Darab communiquait à son élève, c'était le sens que lui-même attribuait en persan moderne aux mots de la langue ancienne ; et, de fait, il ne pouvait en être autrement, car Darab lui-même avait à peu près tout à apprendre sur le sens primitif des anciens écrits mazdéens. Anquetil avait ainsi, non pas une véritable version, mais une suite de mots plus ou moins exactement traduits, une suite de phrases plus ou moins suivies, et sa tâche était de tirer un

(1) Il parut au XVIIIe siècle un certain nombre d'ouvrages où il est plus ou moins directement question de Zoroastre, mais qui n'ont absolument rien de scientifique et que par conséquent nous passons sous silence. Citons seulement, entre autres, l'opuscule (anonyme) de G.-A. de Méhégan : *Zoroastre, histoire traduite du chaldéen*, à Berlin (?), à l'enseigne du Roi philosophe, 1751 Cet écrit, qui fit envoyer son auteur à la Bastille, est un simple et pur éloge de la religion naturelle et du déisme de l'époque. Il s'attira une réponse non moins dénuée de tout intérêt : *Lettre à un gentilhomme de province, ou réfutation d'un libelle intitulé : Zoroastre, histoire traduite du chaldéen*, 1751. Barbier, dans son ouvrage sur les anonymes, ne signale point le nom de l'auteur de ce dernier écrit.

sens de tout cela en s'en rapportant, pour point de comparaison, aux coutumes et institutions des Parses modernes. En tous cas, si la version d'Anquetil ne représente pas fidèlement le texte ancien lui-même, elle n'est certainement pas, non plus, un pur et simple tableau des pratiques du parsisme contemporain. Ces dernières ne servirent à Anquetil que d'une sorte de commentaire et d'interprétation ; il n'avait point le dessein de les exposer méthodiquement, doctrinalement, comme il y aurait eu lieu de le faire dans un ouvrage spécial. Mais cette tradition mazdéenne que Darab pouvait mettre, sans aucune critique d'ailleurs, à la disposition d'Anquetil, cette tradition était tellement obscurcie qu'elle avait le plus grand besoin d'être elle-même interprétée. Or, Anquetil n'avait à sa disposition aucun de ces moyens d'interprétation, qui permirent plus tard à Eugène Burnouf de fonder la véritable méthode d'explication de l'Avesta.

Quoi qu'il en soit, et comme l'a fort bien remarqué M. Spiegel (1), nous n'avons aucune assurance de ce fait que la version d'Anquetil ait exactement représenté l'idée que le destour Darab, son maître, se faisait des livres de sa religion ; répétons-le, Anquetil cherchait à rendre mot à mot le texte zend, non point à reproduire la tradition contemporaine, que cette dernière fût plus ou moins bien conservée.

Avant de publier sa version de l'Avesta, Anquetil avait fait paraître dans les fascicules du *Journal des Savants* de mai et de juin 1769 un *Mémoire dans lequel on établit que les livres zends déposés à la Bibliothèque du Roi, le* 15 *mars* 1762, *sont les propres propres ouvrages de Zoroastre, ou que du moins ils sont aussi anciens que ce législateur*. La question de l'authenticité de l'Avesta avait déjà été abordée avant que le livre lui-même n'ait été publié. Nous verrons tout à l'heure qu'après la publication du texte l'hostilité allait redoubler. Dans la première partie de son mémoire, Anquetil démontre la faus-

(1) *Commentar über das Avesta*, t. I, p. VIII. Vienne, 1864.

seté de cette opinion de Hyde que la religion mazdéenne aurait eu sa source dans celle d'Israël. Il ajoute que plusieurs siècles avant et après l'ère chrétienne les livres sacrés des Perses ont des témoins respectables de leur existence, et qu'ils ne peuvent être l'œuvre des gnostiques ou des Juifs hellénistes. Il montre combien les Parses sont attachés à leurs livres religieux, comment ces livres sont transmis depuis un nombre immémorial de générations, et comment, d'autre part, ils concordent pleinement avec les rapports qu'ont laissés les auteurs de l'antiquité sur les institutions perses.

Enfin, dans le second mémoire, Anquetil commence par répondre aux objections qu'avait présentées Brücker, en 1767, dans l'*Appendice* à son ouvrage cité plus haut : *Historia critica philosophiæ*. Ces objections contre l'authenticité de l'Avesta, les principales du moins, sont que les Perses ont emprunté leurs doctrines aux Juifs et aux Mahométans ; que les Grecs, au temps d'Alexandre, ignoraient l'existence des livres en question ; que si ces livres eussent existé, les gnostiques, aux premiers siècles de l'ère chrétienne, en eussent appelé à eux. Les réponses d'Anquetil sont concluantes, et on peut les lire aujourd'hui encore avec fruit ; *op. cit.*, p. 336 et suiv. Il réfute ensuite, avec non moins de raison, une demi-douzaine d'autres objections qu'il se pose à lui-même par une sorte d'acquit de conscience : par exemple, qu'Alexandre, dans son expédition en Asie, aurait détruit tous les écrits mazdéens ; que, par ce qu'il présente de détails minutieux et de recommandations sans aucun intérêt, l'Avesta ne peut guère être attribué à Zoroastre ; etc. etc.

Anquetil avait à peine publié sa traduction que de violentes attaques se produisirent contre l'authenticité de l'Avesta. Il ne pouvait pas en être différemment, alors que les attaques contre les prétendus livres de Zoroastre s'étaient déjà fortement élevées au temps même où ces livres étaient encore inconnus. En 1771, le célèbre orientaliste anglais, William Jones, publiait en français une brochure anonyme d'une quarantaine de pages, intitulée : *Lettre à M. A*** du P***, dans laquelle est compris l'examen de sa traduction des livres attribués à Zoroastre*, Londres chez P. Elmsly, dans le Strand (1). Cette brochure n'est certainement pas un titre bien précieux pour William Jones; elle est dénuée de tout sentiment critique et en même temps tout à fait grossière. La première plainte de William Jones est d'avoir été endormi par le livre d'Anquetil ; la seconde est celle d'y avoir trouvé « un style dur, bas, inélégant, souvent ampoulé » ; la troisième a trait aux « notices assommantes » qu'Anquetil a données sur ses manuscrits ; la quatrième est que le livre renferme « cent pages de sommaires de tout l'ouvrage, que personne ne lira. » Voici d'ailleurs un spécimen de la discussion qui suit ce préambule : « Tout le collége des Guèbres, dit William Jones, aurait beau nous l'assurer, nous ne croirions jamais que le charlatan le moins habile ait pu écrire les fadaises dont vos deux derniers volumes sont remplis.... Ou Zoroastre n'avait pas le sens commun, ou il n'écrivit pas le livre que vous lui attribuez; s'il n'avait pas le sens commun, il fallait le laisser dans la foule et dans l'obscurité ; s'il n'écrivit pas ce livre, il était impudent de le publier sous son nom. Ainsi, ou vous avez insulté le goût du public en lui présentant des sottises, ou vous l'avez trompé en lui débitant des faussetés, et de chaque côté vous méritez son mépris. » Un peu plus loin : « Votre ouvrage a l'air d'un grimoire, mais on y voit bien que vous n'êtes pas sorcier. On ne dira rien des obscénités qui sont prodiguées dans quelques passages de vos prétendues lois, lesquelles vous rendez plus dégoûtantes, s'il est possible, par vos notes... Vous faites dire au bon principe des Guèbres des saletés qu'une sage-femme rougirait de répéter parmi ses commères. » Plus loin encore : « Il résulte, Monsieur, de tout ceci : ou que vous n'avez pas les connais-

(1) Elle est réimprimée à la fin du tome X des œuvres complètes de l'auteur : *The works of Sir William Jones*; Londres, 1807.

sances que vous vous vantez d'avoir, ou que ces connaissances sont vaines, frivoles et indignes d'occuper l'esprit d'un homme de quarante ans. Croyez-moi, Monsieur, employez mieux votre temps : cessez de médire et de calomnier des hommes qui vous ont rendu service ; cessez de vous infatuer des extravagances d'une misérable secte d'enthousiastes ; mettez dans la Bibliothèque de votre Roi tout ce qu'il vous plaira, mais ne présentez au public que l'extrait le plus pur de vos écrits. Vous nous pardonnerez de n'avoir pas lu les mémoires que vous avez insérés dans le *Journal des Savants* et ailleurs. En vérité, nous n'en avons pas eu le courage. Au reste, Monsieur, ne croyez pas que celui qui vous écrit cette lettre ait l'intention de vous nuire en la publiant. Il s'est cru obligé de répondre à vos satires, comme on chasse un frelon qu'on voit bourdonnant autour d'un ami, sans pourtant aimer ni haïr le pauvre insecte, qui est hors d'état d'être réellement nuisible à personne (1). »

En 1777, John Richardson publiait son vocabulaire oriental bien connu : *A dictionary, Persian, Arabic and English*, à Oxford, in-4°. Comme le titre même du livre l'indique au lecteur, ce dictionnaire est précédé d'une introduction d'environ cinquante pages, intitulée : *A dissertation on the languages, literature, and manners of eastern nations* (2). A la page III de ce mémoire, Richardson parle de l'ancienne langue des Perses et prétend qu'il n'en existe plus aucun document original. Voici d'ailleurs ses propres paroles ; on va voir si elles sont assez formelles : « We are told, indeed, that

(1) En février 1789, William Jones, alors président de la Société du Bengale, poursuivait encore Anquetil et l'authenticité de l'Avesta. Dans son discours *On the Persians*, il déclare que la langue sacrée des Guèbres n'est qu'une pure invention de leurs prêtres : « The dialects of the Gabrs, which they pretend to be that of Zeratusht... is a late invention of their priest, or subsequent at least to the muselman invasion ». (*Asiatic researches ; or transactions of the society, instituted in Bengal, for inquiring into the history... of Asia*. T. II, p. 43 ss. Calcutta, 1790).

(2) Cette dissertation fut publiée à part en format in-8, puis traduite en allemand : *Abhandlung der sprachen, literatur und gebrœuche morgenlœndischer vœlker, aus dem engl. übersetzt von Federau*. Lemgo, 1779.

it was the language in which Zoroaster promulgated his religion and laws; but this advances not our enquiry : for where or when did Zoroaster live? and where do the works which have been attributed to him exist? The writers both of the East and West speak so vaguely, and disser so pointedly, with regard to this personage, that it is compleatly impossible to fix either the country or the period which gave him birth: whilst the Zeratusht of the Persians bears so little resemblance to the Zoroaster of the Greeks, that unless Dr. Hyde, and other Orientalists had resolved, at all events, to reconcile the identity of their persons, we should have much difficulty to discover a single similar feature. Those fragments of his supposed works which the learned doctor has given us, under the title of the Sadder, are the wretched rhymes of a modern Parsi Destour (priest), who lived about three centuries ago: from that work we cannot then have even the glimpse of an original tongue, nor any thing authentic of the genius of the law-giver: whilst the publications of M. Anquetil du Perron carry such palpable marks of the total or partial fabrication of modern times; as give great weight to the opinion of Sir John Chardin, that the old dialect of Persia (excepting what remains in the present language) is entirely lost; that no books now exist in it; and that the jargon and character of the Parsis of Carmania and Guzerat are barbarous corruptions or inventions of the Guebre priests; without the least similitude to the inscriptions still discernible on the ancient ruins of Persepolis. » On sait quel démenti l'avenir réservait aux assertions de Richardson. Quoi qu'il en soit, dans les pages suivantes de son livre, il cherche à démontrer l'inauthenticité de la langue de l'Avesta par son lexique même, par la nature de son système phonétique, par la différence de ses mots d'avec les mots persans modernes. Enfin, il argue de la « stupidité inouïe » de l'ensemble de l'ouvrage : « The least reason I shall offer; on this ground, is the uncommon stupidity of the work itself. » William Jones n'aurait pas mieux dit.

L'authenticité de l'Avesta fut également attaquée en Allemagne. Nous citerons, par exemple, les trois mémoires de Meiners publiés à Gœttingen dans les *Novi commentarii societatis regiæ*, sous le titre de *De Zoroastris vita, institutis, doctrina et libris*. Le premier de ces articles est inséré dans le tome VIII de la publication en question (année 1778), lu en juin 1777. Meiners commence par exposer les opinions contradictoires qu'ont professées les auteurs grecs sur Zoroastre, sur sa patrie, sur l'époque à laquelle il a vécu ; il parle ensuite de ses institutions, puis des auteurs qui ont admis l'authenticité de ses prétendus écrits : Hermippe, Nicolas Damascène et autres ; enfin de ceux qui ne les ont pas acceptés : Clément d'Alexandrie, Porphyre, Jean Chrysostôme (*In oratione de S. Babyla*, op., t. II, p. 559, Ed. Par. 1719). Dans le second mémoire, lu au mois de juin 1778, Meiners passe à la critique proprement dite et nie d'une façon formelle que Zoroastre soit l'auteur des écrits que lui attribue l'antiquité : « Perseverandum igitur est in ea sententia, Zoroastrem virum supra vulgus sapientem fuisse, qui Magorum disciplinam plurimis quidem inventis auxerit, publicas vero religiones intactas ac illibatas reliquerit » (p. 87). Au volume de 1779, nous trouvons le troisième mémoire. Ici Meiners expose ce que les auteurs orientaux anciens et modernes ont dit de Zoroastre, et il cite Hyde, d'Herbelot, Chardin, Tavernier, Lord, Anquetil, William Jones. Voici ses propres paroles en ce qui concerne la version d'Anquetil : « Postquam Anquetilii laboribus ea volumina nobis communicata sunt, quæ Persarum, uti ipse quidem testatur, opinione et suo ipsius judicio, vel ipsum Zoroastrem auctorem habent, vel ætatem saltem hujus viri attingunt, fidentius sane pronunciare, et sine ulla dubitatione affirmare possumus, hæc saltem volumina neque ad Zoroastrem aliumve ipsi æqualem scriptorem referri posse, neque etiam illas opiniones et cærimonias continere, quæ sub antiquiorum gentis hujus regum imperio in Perside obtinuerunt » (p. 37). Tout cela est sans doute fort affirmatif, mais les raisonnements qui précèdent cette conclusion sont d'une faiblesse extrême, et il est évident que Meiners, lorsque parut la version d'Anquetil, avait son opinion toute faite. Il était bon toutefois de ne point passer son écrit sous silence.

L'Avesta ne rencontra pas en Allemagne que des adversaires. Le théologien J.-Fr. Kleuker publiait dès 1776 une traduction de l'ouvrage d'Anquetil, sous ce titre : *Zend-Avesta. Zoroasters lebendiges wort... nach dem französischen des herrn Anquetil du Perron*, 3 vol. in-4 (deuxième édition en 1786). Après la préface, le premier volume commence par un exposé sommaire de la doctrine et de la liturgie des Perses (*Kurze darstellung des lehrbegrifs der alten Perser und ihres heiligen dienstes nach den Zendbüchern*). En tête du second volume se trouve un examen de l'authenticité des livres de l'Avesta (*Untersuchung über die antike œchtheit der bücher Zend-Avesta's*), où il est démontré qu'il y a eu un Zoroastre et que certains écrits doivent lui être attribués ; le troisième volume, enfin, renferme la traduction de la vie de Zoroastre d'après Anquetil.

En 1781 et 1783, Kleuker publiait sous le titre de « Supplément » (*Anhang zum Zend-Avesta*, Leipzig et Riga 2 vol. in-4°) un ouvrage non moins important, et qui contribua pour une bonne part à mettre en évidence l'authenticité de l'Avesta. Le premier volume contient différents traités d'Anquetil sur divers points de la religion, de la philosophie et de l'histoire des Perses ; de plus, le traité historique de Foucher sur leur religion. Dans le second volume, nous trouvons des travaux originaux : un traité critique où sont jugées les principales relations sur les écrits de Zoroastre, dues aux auteurs anciens, aux orientaux et aux modernes, entre autres Lord, Herbert, Chinon, Tavernier, Chardin, Kæmpfer ; puis un mémoire sur la disposition même, l'âge et la valeur des livres zends. Ce dernier volume de Kleuker a certainement son intérêt et mérite une place dans l'historique de la question qui nous occupe.

Le volume de Pastoret *Zoroastre, Confucius et Mahomet comparés comme sectaires, législateurs et moralistes* (Paris, 1786 (?), seconde édition, 1788), contient dans sa première partie une revue de ce qui avait été écrit de plus important jusqu'alors (Hyde, Anquetil, etc.) sur l'histoire de Zoroastre, sur les dogmes, les préceptes et les pratiques du parsisme. C'est un ouvrage de seconde main rédigé avec soin. Quant à la deuxième partie du livre, celle qui a trait à la comparaison des trois prophètes, elle est peu scientifique.

Après Kleuker, Th.-Chr. Tychsen défendit à son tour l'authenticité de l'Avesta. Il publia son travail *De religionum zoroastricarum apud exteras gentes vestigiis* dans le recueil même où avaient paru les attaques de Meiners, les *Novi commentarii* de la Société royale de Gœttingen. En janvier 1791 il lisait sa première communication : *Commentatio prior observationes historico criticas de Zoroastre ejusque scriptis et placitis exhibens.* Après avoir cherché à établir que Zoroastre était Mède et avait été l'auteur des nouvelles croyances des Mèdes avant l'époque de Cyrus, il ajoute que le prophète éranien vivait longtemps avant l'âge de Cyrus et de Cambyse auquel le plaçait Anquetil. Quant aux écrits rapportés de l'Inde par ce dernier, il proclame leur antiquité : « fateor me... non potuisse non eorum antiquitatem agnoscere » (page 123), et il ajoute : « Sunt enim in his libris, qui zendico sermone scripti sunt, manifesta remotæ ætatis vestigia nihil quod non isti hominum ætati conveniat, aut quod ab homine in ista mundi infantia philosophante sit alienum. Nam quæ sibi reperisse visi sunt viri docti, recentioris ævi indicia, aut e locis et verbis male intellectis ducta erant, aut e particulis serioribus, quod egregie demonstravit doctis. Kleukerus (Append. ad *Z. Av.*. t. II). Porro in summa rerum mirus consensus cum iis, quæ veteres de disciplina institutis Magorum tradiderunt. Sunt hymni in Deos, quales ad sacrificia cantatos fuisse Xenophon et Strabo memorant, et ipse Herodotus, qui θεογονίαν ἐπαείδειν dicit ; est locus simillimus illi, quem laudat Eusebius (*Præp.* I, 10, cf. Jescht Ormuzd, t. II, *Z. Av.*, p. 145-148) ; quæ de Zoroastris placitis apud Plutarchum leguntur, in loco celebri (*De Is. et Osir.*, t. II, 369) cum librorum zendicorum argumento ita conveniunt, ut vix putem, fore qui neget, simillima hæc esse et ex eodem fonte manasse. Accedit ad hæc omnia invictum argumentum, linguæ et scripturæ ratio, quam esse antiquissimam ex hoc manifestum est, quod in linguam pehlevicam, quæ jam sub Sassanidis in usu esse desiit, necesse fuit convertere particulas zendicas ; scriptura autem sive pehlevica sit sive zendica quæ figuris non multum differunt in numis Sassanidarum constanter occurrit, certissimo indicio hanc non esse recens excogitatam, sed ex patrio more conservatam. Jam cum negari non possit, Zoroastrem libros reliquisse, qui per omnes ætates religionis magicæ fundamentum fuerunt, quos in Magorum ordine servatos esse ab Hermippo inde pluribus testimoniis constat ; sane non video, quidni fides habenda sit nostræ ætatis Magis, cum libros sacros sibi et a majoribus traditos ad Zoroastrem referunt, in quibus nihil est, quod fraudem spiret aut seriorem ætatem ». Dans la seconde partie de ce premier article, intitulée *De placitis Zoroastris*, Tychsen insiste avec beaucoup de sens sur la coéternité des deux principes dans le mazdéisme. C'est là un point important et qui nous occupera particulièrement un peu plus loin. Le second article, lu en mars 1794, se divise également en deux parties : I. *Vestigia placitorum zoroastricorum apud Judæos ;* II. ... *apud Græcos et alios populos.*

Peu de temps après paraissait dans le même recueil un travail de A.-H.-L. Heeren, intitulé : *Commentatio de linguarum asiaticarum in antiquo Persarum imperio varietate et cognitione* et lu en février 1795. Heeren y défend l'authenticité de la langue zende : « quæ quum ita sint (dit-il en forme de conclusion), *zendicam linguam*, quam in scriptis Zoroastris superstitem habemus, vel ante vel adhuc sub Persarum imperio in Media septentrionali regnasse, satis constare arbitror ». Nous trouvons encore cette même opinion formulée d'une façon très-expresse dans le livre du même auteur, intitulé : *Ideen über die politik, den verkehr und den handel der vornehmsten vœlker der alten welt ;* Gœttingen, trois volumes in-8°. La première édition est de 1793. Il y en eut plusieurs autres. Dans celle de 1805 (très-augmentée), nous lisons : « Die æchtheit der hauptschriften, vorzüglich des Vendidat und des Izeschne ist gegenwærtig erwiesen » (t. I, p. 493). Heeren ne travaillait d'ailleurs que de seconde et de troisième main, particulièrement d'après Hyde, Kleuker et Tychsen (1).

Les travaux de Silvestre de Sacy sur le pehlvi doivent être signalés ici. Ils ont paru dans les *Mémoires de l'Académie des inscriptions et belles-lettres* de 1787 à 1791, et furent réédités en 1818 sous le titre de *Mémoires d'histoire et de littérature orientales* (2).

Avant la fin du dix-huitième siècle nous avons encore à signaler l'opuscule de Paulin de Saint-Barthélemy : *De antiquitate et affinitate linguæ zendicæ, samscredamicæ et germanicæ* (Rome, 1798) ; l'auteur fait preuve d'un esprit assez ingénieux, mais ses comparaisons linguistiques pèchent par un défaut de méthode. A ses yeux le zend dérive du sanskrit en ligne directe.

L'authenticité des anciens livres éraniens pouvait passer pour n'être plus combattue lorsque J.-G. Rhode, professeur à Breslau, entreprit ses différentes publications : *Ueber alter und werth einiger morgenlændischen urkunden*, Breslau, 1817 ; *Beitræge zur alterthumskunde mit besonderer rücksicht auf das morgenland*, Berlin, 1819 et 1820 ; enfin, et surtout,

(1) Nous citons ici, chronologiquement, la thèse académique de Skaarman : *Doctrinæ dualismi a Zoroastre medo-bactrico instaurati delineatio* Greifswald, 1811, 16 p. in-4. Nous n'avons pu mettre la main sur cet opuscule.

(2) Voyez, au sujet des inscriptions pehlvies du Kirmanchâh, traduites par Silvestre de Sacy, les articles de Boré, *Journal asiatique* de juin 1841, et de Dubeux, *Journal asiatique* de janvier 1843.

Die heilige sage und das gesammte religionssystem der alten Baktrer, Meder und Perser, oder des Zendvolks, Francfort, 1820, un volume in-8° de 550 pages. Il y a, pour nous, peu de choses à tirer des deux premiers ouvrages; le second contient un chapitre sur le récit qu'a laissé Hérodote concernant la religion des Perses.

Le titre du troisième ouvrage : le peuple zend, ou si l'on veut, le peuple du zend, est tout à fait malheureux. Jamais le nom de zend n'aurait dû être appliqué à un peuple; ce n'est rien moins qu'une dénomination ethnique. Nous verrons un peu plus loin, à temps voulu, quel est le véritable sens de ce mot. Quoi qu'il en soit, après avoir donné au mot dont il s'agit cette malencontreuse signification, Rhode déclare dès sa préface que son écrit repose uniquement et absolument sur la version d'Anquetil-Duperron, et que les témoignages des auteurs anciens, ainsi que ceux des Orientaux, ne doivent lui servir que lorsqu'il sera besoin de commenter quelque passage obscur ou trop incomplet. Il tient, d'ailleurs, pour parfaitement démontrée l'authenticité des livres zends : non pas le fait que ces livres ont été écrits par Zoroastre lui-même, mais bien celui-ci : que les livres en question sont ceux que possédaient les anciens et qu'ils attribuaient à Zoroastre. Cette distinction est des plus judicieuses, et, grâce à elle, la discussion est placée sur le vrai terrain. Après un exposé géographique et historique qui ne manque certainement pas d'intérêt, si l'on veut bien penser, surtout, à quelle époque il a été écrit, Rhode trace le tableau général et particulier du système religieux des anciens Mazdéens. Il est évident qu'il a tiré de la version d'Anquetil tout ce qu'on en pouvait prendre. Pour faire un pas de plus dans la connaissance du zoroastrisme, il était besoin d'une réelle et profonde connaissance de la langue zende, et les temps n'étaient pas encore venus.

L'étude du sanskrit et celle de la grammaire comparée des langues indo-européennes avaient fait à l'époque où nous sommes arrivés (fin du premier quart de notre siècle) des progrès considérables. La connaissance de l'Avesta devait y gagner d'une façon toute particulière, et nous avons à parler ici des très-ingénieux et très-solides travaux du Danois Rask. Placé entre Anquetil-Duperron et Eugène Burnouf, Rask confirma d'une façon absolument scientifique les découvertes du premier, et prépara les voies au second.

En démontrant l'étroite parenté de la langue de l'Avesta avec celle de l'ancienne littérature hindoue, Rask mettait scientifiquement et définitivement hors de doute l'authenticité de la langue zende et les écrits qui la faisaient connaître. Son ouvrage sur l'âge et l'authenticité de la langue zende parut en 1826, à Copenhague, sous le titre de : *Om Zendsprogets og Zendavestas ælde og ægthet.* La même année il fut traduit en allemand sous ce titre : *Ueber das alter und die echtheit der Zend-sprache und des Zend-Avesta, und herstellung des Zend-alphabets; nebst einer übersicht des gesammten sprachstammes*, übersebzt von Fr.-H. von der Hagen, Berlin, 1826, in-12. Dans ce court écrit, Rask démontre sans peine que le zend n'est pas, comme quelques auteurs l'avaient prétendu, un simple dialecte du sanskrit, mais qu'il constitue, au contraire, une langue bien caractérisée, encore que les deux idiomes soient proches parents l'un de l'autre (1). Les preuves qu'il avance de ce fait pourraient sans doute être fort augmentées aujourd'hui, mais, en définitive, l'époque étant donnée où cet opuscule était rédigé, il faut reconnaître franchement la grande pers-

(1) C'est là un point qu'il était utile de bien établir. Ainsi le moine Paulinus a S. Bartholomæo avait écrit dans son *Voyage aux Indes orientales* : « Tutto questo mi persuade che la lingua zendica persiana fu un antico dialetto samscredamico, che dal India passo in Persia, e che ritorno nell'India con i Gauri o Gabri Indiani » (p. 268, t. II) ; et un peu plus loin : « La maggior parte dei libri zendici è una pura e continua corruzione della lingua samscredana e della dottrina indiana » (*Viaggio alle Indie orientali*, Rome, 1796). Cet ouvrage a été traduit en français par Marchena. en 1808, sous le titre de : *Voyage aux Indes orientales*. Le passage plus haut cité se trouve. dans cette traduction, à la page 219 du tome II. Il y a également une traduction allemande.

picacité du savant danois et la saine critique qu'il employa. Après un court exposé grammatical de la langue zende, Rask établit que malgré le peu de développement où en était encore l'étude du perse ancien, ce dernier, l'idiome des Achéménides, était en connexion étroite avec le zend. Rien de plus exact, nous le savons aujourd'hui d'une façon certaine.

L'authenticité de la langue zende étant démontrée, il s'ensuit que l'authenticité des écrits rédigés en cette langue l'est également; toutefois Rask ne se contente pas de cette preuve sommaire. Le pehlvi (huzvârèche) et le parsi supposent, dit-il, la haute antiquité du zend, et il est clair que la religion de Zoroastre existait longtemps avant la traduction des livres sacrés en huzvârèche; nombre des divinités de l'Avesta ont en huzvârèche et en parsi des noms empruntés au zend, et tandis que les formes de ces noms sont gâtées en huzvârèche et en parsi, elles sont au contraire fort bien conservées en langue zende, et dans ce dernier idiome leur signification se saisit facilement. Ces dernières formes sont évidemment les plus anciennes. Ici Rask compare les noms d'Ormuzd, d'Ahriman, de Mithra, d'autres encore, en zend et en huzvârèche, et établit clairement la priorité des formes zendes sur les autres. Cela peut paraître aujourd'hui bien superflu; mais à l'époque où Rask écrivait, cette démonstration très-méthodique avait une valeur considérable. En somme, on peut dire de Rask qu'il a scientifiquement placé sur son vrai terrain la question de l'âge et de l'authenticité de la langue zende et de l'Avesta (1).

(1) Nous avons rapporté, en note, l'opinion de Paulin de Saint-Barthélemi sur l'origine de la langue zende. Ajoutons que dans son volume *De Persidis lingua et genio* Nuremberg, 1809, Othm. Frank fait provenir le sanskrit du perse, comme le plus compliqué du plus simple (p. 121-152) : « In utriusque linguæ radicum ac flexionum comparatione jam manifesto apparet, voces formasque persicas simplices per litterarum appositionem variamque mutationem progressivam in samscredamicas esse versas » (p. 123). Link, dans la première édition de son ouvrage *Die urwelt und das alterthum erlœutert durch die naturkunde*, regardait le zend comme la langue mère du sanskrit et des

Nous ne citerons que pour mémoire les écrits de Hœlty, qui sont dépourvus de valeur scientifique. L'auteur chercha vainement à faire coïncider la légende éranienne avec les relations des écrivains de l'antiquité. Voici d'ailleurs ce que dit Lassen de la tentative de Hœlty, dans le premier volume de son *Indische alterthumskunde* : « Es wære zeit, nachdem uns die æchten namen des Kai Kosru, Kâus u. s. w. durch Burnouf wieder hergestellt sind, die unnütze mühe sich zu ersparen, diese überlieferungen mit den historischen nachrichten der Griechen in einklang bringen zu wollen. Ein sehr erheiterndes beispiel von der sicherheit, welche man diesen jeder grundlage entbehrenden vergleichungen zuschreibt, kann man in der kleinen schrift von Arnold Hœlty, *Zoroaster und sein zeitalter* (Lüneburg, 1836) finden », première édition, p. 517, note, 1847. Un autre écrit du même auteur a été publié à Hanovre en 1829 ; voir la Bibliothèque orientale de Zenker.

La seconde période des études sur le mazdéisme allait prendre fin avec l'écrit de J.-A. Vullers : *Fragmente über die religion des Zoroaster. Aus dem persischen übersetzt und mit*

autres idiomes indo-européens. Dans sa seconde édition (Berlin, 1834, p. 324), il abandonna cette hypothèse. Par contre, Leyden supposa que le prakrit, le pali et le zend dérivaient tous trois du sanskrit. Voici d'ailleurs ses propres paroles : « These thre dialects, the prakrit, the pali and the zend, are probably the most ancient derivations from the sanskrit. The great mass of vocables in all the three, and even the forms of flection, both in verbs and nouns, are derived from the sanskrit, according to regular laws of elision, contraction and permutation of letters ». Voyez son article *On the languages and literature of the indo-chinese nations*, dans le tome X des *Asiatic researches*, p. 282.

En 1830, fut imprimée à Kœnigsberg une thèse universitaire dont l'auteur acceptait franchement la supposition de Leyden : *Commentatio de origine linguæ zendicæ e sanscrita repetenda* quam... publice examinandam exhibet Petrus a Bohlen. L'auteur s'exprime ainsi : « Jam devenimus ad acutissimi et de linguis indicis, speciatim insularum dialectis meritissimi, Leydenii sententiam, quam et nostram libenter facimus : tres dialectos affirmantis, pracritam nimirum, palicam et zendicam, vetustissimas videri linguæ sanscritæ propagines, quum in omnibus hisce linguis magna non modo vocabulorum copia, sed flexionis etiam tam in verbis quam in nominibus, formæ, juxta elisionis, contractionis et litterarum permutationis regulas ex sanscrito sermone emanarint ». L'erreur qui consistait à voir dans la langue zende un rejeton du sanskrit pouvait être pardonnée à Paulinus a S. Bartholomæo, à Leyden, à Erskine ; mais en 1831, après l'écrit de Rask, elle s'explique difficilement.

einem ausführlichen commentar versehen, Bonn, 1831. L'auteur rappelle dans l'avant-propos de son livre les publications alors toutes récentes du texte, ou du moins d'une partie du texte de l'Avesta par Eugène Burnouf (1) et par Justus Olshausen (2). Il rappelle encore que ce dernier et J. Mohl avaient conçu le plan de réunir tous les écrits persans sur la religion de Zoroastre, mais qu'ils se contentèrent d'éditer une première livraison, en 1829, sous ce titre : *Fragments relatifs à la religion de Zoroastre, extraits des manuscrits persans de la bibliothèque du roi*, sans traduction ni commentaire,, et signée de Mohl seul. On trouve dans ce cahier le traité théologique « Ulemâi Islâm », qui comprend une série de questions faites par des docteurs musulmans et de réponses données par les Parsis ; une notice sur les vingt-un « nosks » ou parties de l'Avesta et des extraits du célèbre poème de Firdosi : « Le livre des rois » (3). Par sa traduction et ses explications, Vullers fit connaître ces différents morceaux aux personnes qui n'étaient pas à même de lire le texte. Le travail de Vullers est précédé d'une instructive préface de Windischmann, auquel nous aurons souvent à emprunter dans le cours de notre ouvrage.

Si nous jetons à présent un coup d'œil en arrière, nous voyons que les études sur le zoroastrisme ont parcouru, jusqu'à la fin du XVIIIe siècle, deux périodes distinctes. Dans la première, après les rapports des historiens de l'antiquité et des auteurs mahométans du moyen âge, nous classerons les écrits européens, fondés sur ces anciens documents, principalement les travaux de Brisson (1590), Lord (1630), Pocock (1648), Stanley (1655), Burton (1657), Reland, Hyde (1700),

(1) *Vendidad sadé, l'un des livres de Zoroastre, lithographié d'après le manuscrit zend de la Bibliothèque royale*. Paris, 1829-1843.

(2) *Vendidad, Zend-Avestæ pars XX adhuc superstes*, Hambourg, 1829. Dans ce premier fascicule de 48 pages, le seul que l'auteur ait publié, nous trouvons les trois premiers chapitres du Vendidad et une partie du quatrième.

(3) On trouve dans le *Journal des Savants* de 1832, p. 82 ss., une notice de Silvestre de Sacy sur la publication de Mohl et celle de Vullers.

Prideaux (1715), Bayle, Beausobre (1734), Brücker (1742), Foucher (1759). Dans la seconde, on possède enfin les textes de l'Avesta ; Anquetil-Duperron les traduit et les commente d'après les Parses qui les lui ont communiqués, et la critique va s'exercer directement sur ces précieux monuments. Vivement attaqué par William Jones, par Richardson, par Meiners, l'Avesta est défendu victorieusement par Anquetil, Kleuker, Tychsen, Heeren. Les travaux de Rhode (1817) et de Rask (1826) terminent cette seconde période.

TROISIÈME PARTIE

Eugène Burnouf et son œuvre. — Exposé des différents systèmes d'interprétation de l'Avesta.

Une troisième période — et celle-ci, la période de l'interprétation méthodique de l'Avesta — s'ouvre avec Eugène Burnouf, né en 1801, et mort si prématurément en 1852.

Eugène Burnouf s'était adonné tout d'abord à l'étude du sanskrit et du pali, et sa grande connaissance des anciennes langues de l'Inde l'avait merveilleusement préparé aux études sur l'Avesta. Anquetil avait écrit dans son discours préliminaire : « Dans deux cents ans, quand les langues zende et pehlvie seront devenues en Europe familières aux savants, on pourra, en rectifiant les endroits où je me serai trompé, donner une traduction plus exacte du Zend-Avesta » (t. I, p. XVII). Ces paroles doivent être recueillies avec soin. Elles montrent, en effet, qu'Anquetil voyait très-judicieusement où était le nœud de la question : il ignorait la langue zende, ou, du moins, n'en avait qu'une connaissance très-vague ; celui-là devait corriger et refaire sa traduction, qui, grâce à quelque circonstance heureuse, aurait trouvé la clé de cet idiome. Nous allons voir comment Burnouf réussit dans sa tentative et fonda sur des bases inébranlables la science de la grammaire zende et de l'interprétation des vieux textes mazdéens.

Anquetil avait parlé d'un intervalle de deux siècles entre

la publication de sa traduction et les ouvrages qui devaient la rectifier : le génie de Burnouf abrégea de près d'un siècle et demi ce délai (1).

Nous allons parler, avec quelques détails, de sa méthode et de son œuvre ; mais, avant tout, nous devons dire quels sont — à côté des ressources de la linguistique et de la comparaison des mots zends avec les mots sanskrits — les secours qui s'offrent à la critique moderne pour interpréter les livres de l'Avesta.

Ces ressources précieuses résident dans la tradition, et cette tradition est constituée par les versions de l'Avesta faites en d'autres langues éraniennes, au moyen âge et à une époque encore plus rapprochée de nous.

Les plus anciennes traductions de l'Avesta — ou, du moins, d'une grande partie de l'Avesta — sont en langue huzvârèche. Le mot *huzvârèche* voudrait dire, d'après Anquetil (t. II, pp. 427, 429), langue des forts, langue des héros, ce qui est assez vraisemblable, sinon parfaitement démontré (2). On

(1) La troisième période de l'œuvre d'Eugène Burnouf fut la détermination définitive de l'idiome de la première colonne des inscriptions cunéiformes, le perse ancien, la langue de Darius et des autres rois achéménides. Cette grande découverte se place en 1836. Le célèbre orientaliste Christian Lassen arrivait de son côté, la même année et à quelques jours près, à un résultat presque identique. Cette concordance montre combien était rigoureuse et exacte la méthode qu'ils employaient l'un et l'autre, et tout-à-fait indépendamment l'un de l'autre. La quatrième et dernière période de la vie d'Eugène Burnouf fut consacrée en général à des études sur le bouddhisme.

(2) Consultez Spiegel, *Commentar über das Avesta*, t. II, p. XXXVI. *Erânische alterthumskunde*, t. III. D'après le destour Hoshengji Jamaspji, le mot véritable serait *huzvânache*, et signifierait « langue de l'Assyrie » ; *An old zand-pahlavi glossary*, p. III, note. Bombay, 1867. Cette dernière opinion rencontrera peu de créance. Voici l'explication de M. E. V. West : « Can any of your readers who may be well read in Persian literature, or well acquainted with colloquial Persian, quote any phrases which would prove the existence and define the meaning of the verb *zuvârîdan?* This verb seems to have found its way into Richardson's *Dictionary* from Castell's *Lexicon Heptaglotton*, where it is explained, on the authority of Golius, as « *veterascere, in filamenta dissolvi.* » If the verb really exists, the question is whether it means « to become old » merely in the sense of *decrepitude* and *decay*, or also with the signification of *antiquity* and *obsoleteness?*

The existence of this verb is of some interest to Pahlavi scholars, as it seems to suggest a reasonable etymology for the enigmatical term Huzvârish, which is applied to the mode of writing Pahlavi with a remnant of foreign and obsolete words. The term Huzvârish, like the word Pahlavi, is

donne parfois au huzvârèche le nom de *pehlvi*, mais il semble que ce dernier terme est un peu trop général. Quoi qu'il en soit, le huzvârèche paraît avoir été l'idiome de la partie occidentale de l'Eran, ainsi que le pense M. Spiegel, qui a appuyé cet avis de raisons très-acceptables (1). Ce même auteur a traité, dans un des appendices au premier volume de sa version de l'Avesta, de l'âge du huzvârèche ; et, suivant en cela Eugène Burnouf (2), il place cette langue à l'époque des Sassanides, qui régnèrent de l'an 226 jusqu'au milieu du VIIe siècle. Nous ne pouvons rapporter ici les motifs que fait valoir M. Spiegel à l'appui de son opinion ; nous renvoyons à son texte même (3), mais nous devons ajouter que si le huzvârèche n'a pas survécu longtemps au VIIe siècle, il est fort possible qu'il ait été formé avant le troisième. Cela est même très-vraisemblable. Nous nous garderons toutefois de croire avec le destour Hoshengji Jamaspji (4) qu'il ait été parlé du XIIIe au VIIIe siècle avant l'ère chrétienne (5).

Le motif de la version des livres zends en langue huzvârèche est facile à saisir. Le zend de l'Avesta et le perse de la première colonne des inscriptions cunéiformes trilingues

hardly to be found in old Pahlavi texts, and is, therefore, very probably a modern Persian word. Its usual form in Persian writings is *zuvârish*, which is evidently an abstract noun derived from the root of a verb *zuvârîdan*, and if this verb exists, and means « to become old » in any sense, we seem to have a fair explanation of *zuvârish*, which is often altered by transposition into *uzvârish*, written *aûzvârish* in Pahlavi characters, and then misread *hûzvârish* » (*The Academy*, 24 août 1878).

(1) *Grammatik der huzvâreschsprache*, t. I, p. 23.

(2) *Commentaire sur le Yaçna*. p. IX.

(3) *Op. cit.*, p. 277 (et p. 19). Voyez aussi *Grammatik der parsisprache nebst sprachproben*, p. 117.

(4) *Op. cit.*, p. II et suiv.

(5) Haug, dans son Introduction à cet ouvrage, ne regarde pas cette date comme invraisemblable : « It is (dit-il en concluant) it is, according to this investigation, not at all improbable, that the huzvânash language originated at such an early period as that one assigned to it by destur Hoshengji ». Voici l'opinion de M. Benfey : « Sie hersschte etwa vom dritten jahrhundert unsrer zeitrechnung bis zum untergang des Sasaniden-reiches als literatur und cultur-sprache desselben und wurde auch nachher in den schriften gebraucht, welche sich auf die heimische religion beziehen ». *Geschichte der sprachwissenschaft*, p. 623.

appartenaient à la première période des idiomes éraniens. Le fait linguistique qui caractérise cette première période est la grande conservation des désinences dans la déclinaison et la conjugaison. Peu à peu le synthétisme fit place à une sorte d'analytisme plus ou moins complet; on se trouvait en présence des langues éraniennes de la seconde période, par exemple le huzvârèche (dans lequel s'étaient introduits, d'ailleurs, de nombreux éléments sémitiques), et le parsi qui survécut de plusieurs siècles au huzvârèche. A cette seconde période devait succéder une troisième, celle de l'analytisme presque parfait, dont le persan moderne est l'exemple le plus connu. Toutes les langues éraniennes, si l'on ne consulte que le linguiste, sont fort proches parentes les unes des autres : le persan, l'ossète et le kourde actuels, du zend et du perse de l'antiquité. Toutefois, si l'on considère, non plus la pure et simple parenté des racines et des différentes formes de tous ces idiomes, mais bien les diversités qu'ils présentent dans le langage courant, on comprend sans peine qu'à un moment donné les plus anciens textes aient dû être traduits en langue moderne pour la très-grande masse de la population. C'est ainsi que la foule qui se servait, en France, aux XIIe, XIIIe et XIVe siècles, de la langue d'oïl, ne comprenait plus le latin populaire parlé douze ou quatorze cents ans auparavant, et que la langue d'oïl est devenue, à son tour, lettre close pour les Français de nos jours qui n'en ont pas fait une étude particulière. Nous pensons donc que le désir de faire entendre à la masse des sectateurs du mazdéisme les paroles du texte saint fut la cause principale de leur version en huzvârèche. Cette version avait d'ailleurs un autre et très-sérieux avantage : elle devait déterminer le sens même des vieux livres et prévenir les interprétations erronées qui auraient pu se faire jour par la suite. Il était évident que les nombreux changements survenus dans la civilisation éranienne depuis la rédaction du texte en langue zende, que les progrès opérés dans toutes les conditions de la vie, dans les relations intérieures et extérieures, constituaient autant d'éléments bien capables de mettre en danger les traditions les plus fidèlement conservées. Nous ne plaçons pas ce motif de la traduction huzvârèche tout à fait en première ligne, ainsi que le veut M. Spiegel (1), mais nous ne lui en accordons pas moins une valeur fort réelle.

L'origine même de cette traduction de la langue ancienne en langue moderne déterminait le procédé que devaient employer ceux qui l'opéraient : c'était le mot à mot le plus rigoureux. Il ne s'agissait pas de donner le sens plus ou moins général d'un chapitre, d'un fragment, d'une phrase : il fallait prendre à tour de rôle chaque membre de phrase, et rendre servilement chaque mot zend par son équivalent en huzvârèche. C'est ce qui eut lieu. Le décalque fut si rigoureux que dans plus d'une circonstance, ne trouvant pas un mot huzvârèche bien exact pour rendre un mot zend, on reproduisit simplement ce dernier par une transcription plus ou moins heureuse.

Quoi qu'il en soit, la tradition avait déjà un peu souffert, et il est évident que les traducteurs ont dû plus d'une fois se trouver dans un embarras réel. Cela n'est point une hypothèse. Il suffit d'avoir traduit seulement trois ou quatre chapitres de l'un quelconque des livres de l'Avesta, pour reconnaître qu'en plus d'un cas la version huzvârèche, malgré son grand désir d'être fidèle, n'exprime pas l'idée parfaite du texte zend. Parfois les auteurs de cette version ont dû intercaler dans leur travail quelques mots de commentaire. Ces petites notes sont précieuses, mais elles sont loin de suffire à lever toutes les difficultés. C'est à la critique

(1) *Die traditionelle literatur der Parsen, in ihrem zusammenhange mit den angrænzenden literaturen.* Vienne, 1860, p 29. *Erân. Das land zwischen dem Indus und Tigris.* Berlin, 1863, p. 364. Eugène Burnouf dit très-formellement en parlant de la version huzvârèche : « On ne peut expliquer un travail de ce genre que par deux motifs : ou le besoin de communiquer à un peuple qui parle une autre langue que celle des livres originaux la connaissance de ces livres mêmes, ou l'intention d'en sauver le sens de l'oubli, en les traduisant dans un dialecte plus populaire. » (*Commentaire sur le Yaçna*, p. VIII).

moderne qu'il appartient de jeter le jour sur les nombreux passages que la traduction huzvârèche n'a laissés que trop obscurs.

Il est à peu près certain que tous les textes zends, qui n'avaient pas été précédemment anéantis, furent traduits en huzvârèche. Les manuscrits zends du Vendidad sont ordinairement accompagnés de leur version ; quant aux traductions du Vispered et du Yaçna, elles sont plus rares. En ce qui concerne le reste de l'Avesta, « le petit Avesta », les manuscrits de la traduction ne sont ni nombreux, ni complets ; et, comme le fait observer M. Spiegel, ils n'ont point l'autorité que possède la version des trois livres principaux (1).

Après la traduction huzvârèche, nous rencontrons une autre version dont l'importance est considérable. C'est la traduction du Yaçna (ou, pour parler plus exactement, d'une partie du Yaçna), faite, en sanskrit, par les Parses Nériosengh, fils de Daval, Ormuzdiar, fils de Ramiar. Anquetil parle de cette traduction et dit qu'elle fut faite « il y a environ trois cents ans, sur le pehlvi ». Ces trois cents ans avant Anquetil reportent à la fin du quinzième siècle ; quelques auteurs penchent pour le quatorzième siècle. Quoi qu'il en

(1) Nous rappellerons ici en note — pour éviter un arrêt déplacé dans le texte même — que la littérature du moyen âge fournit à ceux qui étudient la religion de l'Avesta d'autres écrits, moins anciens sans doute que les traductions, mais où il y a beaucoup à puiser si l'on veut tenir un compte légitime de la tradition. Après les livres de la traduction de l'Avesta, qui forment la première période de cette littérature, nous trouvons dans une seconde période, le livre du *Boundehèche*, ouvrage cosmogonique très-important (consultez Joseph Müller, *Untersuchungen über den anfang des Bundehesch*, 1843 ; Westergaard, *Bundehesh liber pehlvicus*, 1851, et particulièrement l'édition de M. Ferdinand Justi, comprenant, avec le texte, une transcription, une traduction, un glossaire. Leipzig, 1868) ; puis le *Minokhired* qui raconte une révélation spirituelle ; l'*Ardâ-Vîrâf-nâmé*, récit d'une vision céleste (voir Haug et West : *The book of Arda Viraf with an english translation*) ; le *Gôst i friânô* ; le *Bahman yest*, l'*aogemadaêçâ* (en parsi), ainsi nommé du mot zend par lequel il débute et que nous signalerons plus loin en parlant des ouvrages de M. Geiger.

Ce n'est pas ici, le lieu de dresser un catalogue des écrits publiés sur le pehlvi. Toutefois, après les noms cités déjà plus haut, de Silvestre de Sacy et de Joseph Müller, il faut rappeler, avec un juste tribut d'éloges, ceux de J. Olshausen (Copenhague), Dorn (Pétersbourg), Mordtmann, Spiegel (voyez ci-dessous), E.-W. West.

soit, et ainsi que Nériosengh le dit lui-même (1), sa version a été faite sur le texte huzvârèche. Ce n'est donc que la reproduction d'une traduction, un travail de seconde main ; mais cet écrit est précieux, à son tour, et nous pouvons dire fort précieux, pour l'intelligence du texte huzvârèche. Nous verrons tout à l'heure combien il a été utile à Burnouf. M. Spiegel l'a publié sous ce titre : *Neriosengh's sanskrit-übersetzung des Yaçna*, Leipzig, 1861. Nous renvoyons le lecteur à l'intéressante Introduction de cet ouvrage. Ajoutons toutefois que d'autres livres huzvârèches ont été aussi traduits en sanskrit vers la même époque, par exemple certains Yests et le Minokhired, dont nous avons parlé ci-dessus. Nous savons par Anquetil que la version des six premiers chapitres du Vendidad a été également traduite en sanskrit ; ce texte, malheureusement, ne nous est pas parvenu.

Ajoutons enfin qu'il existe des traductions de l'Avesta (c'est-à-dire, pour parler plus exactement, des traductions de la version huzvârèche) en goudjerati, la langue du pays de Goudjerate, un des idiomes néo-hindous.

Enfin, à côté de ces différentes traductions, et outre les secours que peut offrir la connaissance sérieuse de la langue zende, nous avons à mentionner certains écrits en langue plus moderne : les *Rivaïets*, sortes de dissertations, de consultations des prêtres parses sur tels ou tels points de la religion ; le *Sadder* (les « cent portes », livre divisé en cent parties, traduit en latin par Hyde), où sont exposés certains éléments de la croyance mazdéenne et qui paraît dater du seizième siècle ; d'autres écrits, enfin, plus ou moins importants et que nous n'avons pas, d'ailleurs, à énumérer ici (2).

(1) Consultez Burnouf, *Commentaire sur le Yaçna,* Avant-propos, p. XV, XIX et suiv. Burnouf démontre l'authenticité de la version de Nériosengh, la caractérise et relève son importance considérable.

(2) On peut consulter à ce sujet Spiegel, *Die traditionelle literatur der Parsen*. p. 151 et suiv., et traduction allemande de l'Avesta, t. I, p. 48.

Quant à la tradition même des Parsis actuels, il ne faut sans doute pas la négliger ; mais la suivre aveuglément serait une erreur complète. Malgré les rapports qui ont eu lieu entre les sectateurs du zoroastrisme qui sont demeurés dans la Perse méridionnale et les descendants de ceux qui avaient émigré dans l'Inde du nord-ouest, rapports dont Anquetil-Duperron parle d'une façon très-expresse (1), l'intelligence du texte sacré s'est oblitérée de jour en jour : la tradition orale est aux versions de seconde main ce que celles-ci sont à la traduction huzvârèche, et cette dernière (nous l'avons dit plus haut) ne reproduit certainement pas d'une façon parfaitement exacte le vieux texte zend. Les études exégétiques de l'Avesta sont assez avancées pour avoir fourni depuis longtemps la preuve de ce fait. C'est, d'ailleurs, ce qu'Anquetil avait fort bien remarqué. Après avoir énuméré les écrits mazdéens, il dit en effet au tome Ier de son ouvrage, page ccclxxx : « Tels sont les livres sacrés et liturgiques des Parses. Il n'est pas rare de rencontrer des prêtres qui sachent par cœur ceux qui sont écrits en zend; mais en général, ils s'inquiètent peu de les entendre. Les ouvrages purement cé-

(1) Il dit, par exemple, dans le premier volume de sa traduction de l'Avesta, p. cccxxvi : « Les divisions dont je viens de parler n'étaient que le prélude de celles qui agitent maintenant les Parses de l'Inde. Lors de mon arrivée à Surate, je les trouvai partagés en deux sectes, plus animées l'une contre l'autre que ne le sont chez les Mahométans celles d'Omar et d'Aali. Voici en peu de mots l'origine de ce schisme.

« Il y a quarante-six ans, plus ou moins, qu'il vint du Kirman un destour fort habile nommé Djamasp. Il avait été envoyé pour réunir les Parses divisés à l'occasion du *Penom*, linge double dont les Parses, dans certaines circonstances, se couvrent une partie du visage. Les uns voulaient qu'on le mît aux mourants; d'autres ne le voulaient pas. Djamasp décida en faveur des derniers, selon l'usage du Kirman. Si ce destour n'avait pas fait le voyage de l'Inde, cette frivole contestation aurait fait couler des ruisseaux de sang.

« Djamasp crut encore devoir examiner le *Vendidad*, qui avait cours dans le Guzarate. Il en trouva la traduction pehlvie trop longue et peu exacte en plusieurs endroits. L'ignorance était le vice dominant des Parses de l'Inde. Pour y remédier, le destour du Kirman forma quelques disciples, Darab à Surate, Djamasp à Naucari, un troisième à Barotch, auxquels il apprit le zend et le pehlvi. Quelque temps après, las des contradictions qu'il avait à essuyer, il retourna dans le Kirman. »

rémoniaux fixent toute leur attention, et la plus petite pratique religieuse fera naître de longs commentaires. » Rien de plus exact. Au tome XXXI des *Mémoires de l'Académie des inscriptions et belles-lettres*, p. 347, il avait déjà écrit ceci : « Réciter le *Zend-Avesta*, pratiquer scrupuleusement des cérémonies dont ils ignorent le sens, communiquer à quelques disciples une connaissance du *pehlvi*, reçue le plus souvent par tradition ; telles étaient et telles sont encore les fonctions du grand nombre des prêtres parses. » Chinon avait déjà rapporté qu'après la mort d'Alexandre « qui fut une juste punition de sa témérité et de sa malice, les docteurs qui s'étaient sauvés du carnage, et avaient fui sur les montagnes pour conserver leur vie et leur religion, se rassemblèrent, et voyant qu'ils n'avaient plus de livres, en écrivirent un de ce qui leur était resté en mémoire de ceux qu'ils avaient tant lus de fois. Celui-là leur est resté, je l'ai vu ; il est assez gros, et écrit en caractères fort différents du persan, de l'arabe et des autres langues du pays, et qui leur sont particuliers ; *ils le savent lire, mais ils disent qu'ils ne l'entendent pas*. Pour cela ils l'ont en plus grande vénération, disant qu'il suffit que les paroles que nous adressons à Dieu dans nos prières soient entendues de lui seul ; ils ont pourtant d'autres livres qui leur expliquent ce qui est contenu en celui-là. » (*Relat. nouv. du Lev.*, p. 438). Le récit de Tavernier est presque mot pour mot celui de Chinon. « Quelques prestres et docteurs qui s'estoient retirez aux montagnes pour sauver leur vie du carnage, se rassemblerent après la mort d'Alexandre, et voyant qu'il ne leur estoit resté aucun de ces livres, ils en composèrent un sur ce que leur memoire leur pût fournir de la lecture qu'ils avoient faite des autres. J'ai vu ce livre qui est assez gros, et écrit d'un caractere tout particulier et fort different des caracteres persiens, arabes et indiens. Leurs prestres mesme qui lisent dans ce livre n'entendent pas ce qu'ils lisent; mais ils ont d'autres livres qui leur expliquent ce qui est contenu en celuy-là. Quand ils lisent dans ce livre, comme quand ils prient Dieu, ils se bandent la bouche d'un mouchoir, comme ayant peur que les paroles ne se mêlent avec l'air et n'en reçoivent quelque impureté. » (*Six voyages en Turquie, en Perse,* etc. Paris, 1676, t. p. 435.).

Nous pouvons nous rendre compte maintenant du caractère et de la portée de l'œuvre d'Eugène Burnouf; nous pouvons dire comment il usa des ressources qu'il avait entre les mains, quels furent son plan et sa méthode. Tout d'abord, voyons ce qu'il dit lui-même dans l'Avant-propos de son livre (1).

Burnouf commence par rappeler que c'est à Anquetil-Duperron que sont dus les anciens manuscrits de la Bibliothèque : « Les soins, dit-il, qu'il se donna pour rassembler des copies de ces précieux livres, pour obtenir des prêtres tous les renseignements qui pouvaient les éclaircir, pour en pénétrer le sens, enfin pour les traduire d'une manière qu'il pût croire exacte, sont sans contredit un exemple du plus noble et du plus difficile usage qu'on puisse faire de la patience et du savoir; et le récit pourrait en paraître peu vraisemblable, si ses peines n'avaient été récompensées par les succès ». Tout cependant était loin d'être fait pour l'intelligence et l'interprétation de ces anciens textes, et c'était à peu près en vain que la critique historique s'exerçait depuis trente ans et plus sur la traduction d'Anquetil pour en tirer le dernier mot relatif aux institutions des Perses, à leurs croyances religieuses, à leurs coutumes. La langue du texte zend lui-même était encore tout à fait inconnue: on ne possédait que le très-court dictionnaire zend et huzvârèche

(1) *Commentaire sur le Yaçna, l'un des livres religieux des Parses. Ouvrage contenant le texte zend expliqué pour la première fois, les variantes des quatre manuscrits de la Bibliothèque royale et la version sanscrite inédite de Nériosengh,* t. I, Paris, 1833-1835.

joint par Anquetil à son dernier volume. Cela était sans doute quelque chose, mais fort peu assurément : « Il ne restait (nous reprenons les paroles mêmes de Burnouf), il ne restait à celui qui aurait voulu apprendre la langue zende, lire le texte original des livres de Zoroastre, et le faire connaître à l'Europe d'une manière critique, d'autre secours que la traduction d'Anquetil, et d'autre méthode à suivre que la comparaison attentive de cette traduction avec le texte. On pouvait croire ce travail facile, et il ne faut rien moins qu'une supposition de ce genre pour expliquer pourquoi on n'a pas songé à s'en occuper plus tôt. Les personnes qui voulaient s'ouvrir une route nouvelle dans le vaste champ de la littérature orientale devaient être plus empressées d'entreprendre l'étude d'idiomes encore peu connus que l'interprétation d'un texte qu'il était permis de regarder comme traduit, et le déchiffrement d'une langue dont tous les monuments existant en Europe étaient publiés en français. Il faut convenir d'ailleurs que tout devait confirmer les savants dans l'opinion qu'il ne restait presque rien à faire après Anquetil : son dévoûment à des études qu'il aimait et dont il avait dû atteindre le terme ; tant de soins bien faits pour porter leurs fruits ; une confiance qui ne pouvait naître que de la certitude du succès, et qui devait être partagée par le lecteur ; enfin cette bonne foi dont l'expression est aussi naturelle au vrai savoir que l'imitation en est difficile au charlatanisme. Aussi éprouvai-je une surprise que les personnes accoutumées aux recherches philologiques concevront sans peine, lorsque, comparant pour la première fois la traduction d'Anquetil au texte original, je m'aperçus que l'une était d'un faible secours pour l'intelligence de l'autre. Un examen suivi me persuada qu'avec le seul appui de son interprétation, ce ne serait pas une entreprise aussi aisée que je l'avais supposé d'abord, que d'acquérir la connaissance de la langue dans laquelle était écrit le Zend-Avesta ; et je reconnus bientôt que la traduction d'Anquetil était loin d'être aussi rigoureusement exacte qu'on l'avait cru ; et cela d'autant plus facilement que l'auteur, en déposant à la Bibliothèque du Roi les textes originaux, avait lui-même livré à la critique les moyens de la juger. Mais si cette épreuve fut peu favorable à la traduction du Zend-Avesta, je dois me hâter d'affirmer qu'elle ne diminua en aucune façon ma confiance dans la probité littéraire de l'auteur. En donnant au public une version que tout l'autorisait à croire fidèle, Anquetil a pu se tromper, mais il n'a certainement voulu tromper personne ; il croyait à l'exactitude de sa traduction, parce qu'il avait foi dans la science des Parses, qui la lui avaient dictée. Au moment où il la publiait, les moyens de vérifier les assertions des Mobeds, ses maîtres, étaient aussi rares que difficiles à rassembler. L'étude du sanskrit commençait à peine, celle de la philologie comparative n'existait pas encore, de sorte que, quand même Anquetil, à la vue des obscurités et des incohérences qui restaient dans l'interprétation des Parses, eût éprouvé un sentiment de défiance que, nous osons le dire, rien ne devait éveiller en lui, il n'eût pu aisément discuter leur témoignage avec quelque espoir d'en découvrir la fausseté. Il n'est donc pas responsable des imperfections de son ouvrage ; la faute en est à ses maîtres, qui lui enseignaient ce qu'ils ne savaient pas assez, circonstance d'autant plus fâcheuse qui lui était impossible de s'adresser à d'autres qu'à eux. Ses erreurs sont du genre de celles qui sont inévitables dans un premier travail sur une matière aussi difficile ; et, lors même qu'elles seraient plus nombreuses, lors même qu'il devrait subsister peu de chose de sa traduction, et que ce qui devrait en subsister aurait besoin d'être vérifié de nouveau, il resterait encore à Anquetil-Duperron le mérite d'avoir osé commencer une aussi grande entreprise, et d'avoir donné à ses successeurs le moyen de relever quelques-unes de ses fautes. C'est d'ordinaire la seule gloire que conserve celui qui explore le premier une science nouvelle ; mais cette gloire est immense, et elle doit être d'autant moins contestée par celui qui vient le second, que lui-même n'aura vraisemblablement, aux yeux de ceux qui plus tard s'occuperont du même sujet, que le seul mérite de les avoir précédés. »

Ici Burnouf fait remarquer que rien ne s'explique aussi facilement que les erreurs d'Anquetil, si l'on songe au mauvais état dans lequel les livres zends nous sont parvenus, et à ce fait qu'ils ne forment que la plus petite partie d'un ensemble considérable; il est clair que la comparaison d'un plus grand nombre de textes pourrait être d'un énorme secours. Il faut ajouter, d'autre part, que la version d'Anquetil n'était faite que sur une traduction, qui parfois n'avait pu reproduire le texte d'une façon parfaitement littérale, qui avait dû recourir à des circonlocutions et même à des gloses, à un court commentaire. Burnouf montre sans peine comment la connaissance du pehlvi (le huzvarèche) disparut rapidement de chez les Parses du Goudjerate, et comment la traduction elle-même subit de grandes modifications, ainsi que le constatèrent les prêtres parses du Kirman, qui visitèrent au commencement du XVIIIᵉ siècle leurs coreligionnaires émigrés dans l'Inde: « Non seulement, dit l'auteur du *Commentaire sur le Yaçna*, non seulement la tradition ne se conserva pas dans toute sa pureté parmi les Parses du Guzarate, mais encore elle y fut quelque temps interrompue; non seulement la connaissance de la langue pehlvie ne s'y perpétua pas d'une manière régulière, mais le souvenir s'en effaça complétement; et, sans les communications qui s'établirent dans des temps très-modernes entre les Parses du Guzarate et ceux du Kirman, il est vraisemblable qu'Anquetil, à son arrivée dans l'Inde, n'aurait plus même trouvé de traces des livres qu'il poursuivait avec tant de persévérance. Or, si les Parses du Guzarate purent oublier une fois le pehlvi, quelle garantie la critique possède-t-elle qu'ils aient pu l'apprendre de nouveau d'une manière assez complète et assez sûre pour être en état de donner de la version pehlvie une traduction exacte ? » Heureusement pour la critique, ajoute-t-il, il existe deux sortes de moyens pour rectifier l'interprétation d'Anquetil, c'est-à-dire l'interprétation que les Parses avaient donnée à Anquetil. Le premier de ces moyens, — citons encore ici les paroles mêmes de Burnouf, car cela est d'une grande importance en ce qui concerne l'historique de la question de l'Avesta, — le premier de ces moyens, c'est « la tradition des Parses eux-mêmes, puisée à une source plus ancienne que l'explication des maîtres d'Anquetil » ; le second, c'est l'analyse approfondie du texte zend « appuyée sur la comparaison de cet ancien idiome avec les langues auxquelles il est plus intimement uni ». En fait, Burnouf employa toujours, et simultanément, ces deux moyens. Son point de départ fut la version sanskrite du Yaçna faite par Nériosengh, dont nous avons parlé ci-dessus et qui se trouvait en double exemplaire dans les manuscrits déposés par Anquetil à la Bibliothèque. Ainsi, avant tout, il s'adressait à la tradition ancienne, représentée par une version sanskrite de la vieille traduction huzvârèche. Puis il passe au second moyen d'interprétation. La traduction d'Anquetil et celle de Nériosengh n'éclaircissant pas suffisamment le sens du texte zend, le problème à résoudre, dit Burnouf, était celui-ci : « Étant donné un mot zend, auquel les Parses attribuent une signification que la comparaison des textes et l'étude des langues qui appartiennent à la même famille ne confirment ni n'expliquent, justifier le sens donné par les Parses ou en trouver un autre. J'ai commencé par détacher du mot à traduire les désinences, formatives et suffixes, que l'analyse grammaticale m'avait fait reconnaître dans d'autres mots sur lesquels le concours de Nériosengh, d'Anquetil, et de la comparaison des langues ne laissait aucune incertitude. J'ai réduit ainsi à ses éléments les plus simples, ou à ce qu'on appelle le radical, le mot sur lequel portait la difficulté, et, une fois maître de ce radical, j'ai cherché si les langues avec lesquelles le zend a le plus de rapport, comme le sanskrit, le grec, le latin, les dialectes germaniques, etc., n'en offraient pas quelques traces ». Burnouf reconnut ainsi des radicaux zends appartenant à peu près exclusivement au sanskrit le plus ancien; les radicaux appartenant à tous les âges du sanskrit et communs aux autres langues indo-européennes; enfin des radicaux qu'il était difficile de ramener à quelque radical des autres langues de la même famille (sanskrit, grec, latin, etc.), mais qui se retrouvent presque toujours en persan. De là, il fut amené à comparer des mots à peu près identiques en zend et en sanskrit, à reconnaître les lois de permutations des consonnes et des voyelles; en un mot, à établir la grammaire scientifique du zend. Tout ce qui a été publié sur ce sujet part sans exception (on peut le dire sans hésiter) du *Commentaire sur le Yaçna*, de Burnouf: il est le véritable et seul fondateur de la grammaire zende. Entre l'avant-propos de son livre et le *Commentaire* proprement dit, nous trouvons une dissertation de cent dix à cent vingt pages, intitulée *Observations préliminaires sur l'alphabet zend*, qui est certainement un des morceaux les plus méthodiques, les plus remarquables qui aient été écrits sur cette question. Quant au *Commentaire* lui-même, il est loin d'embrasser tout le Yaçna; il ne traite que du premier chapitre, qui ne forme guère que la vingtième partie de tout le livre, mais c'en était assez pour fixer la méthode au moyen de laquelle on devait expliquer et interpréter tous les anciens écrits mazdéens.

Cette méthode, nous l'avons vu, reposait avant tout sur la tradition, non point la tradition cherchée uniquement parmi les Parses actuels, mais bien la tradition suivie aussi loin que possible, c'est-à-dire jusqu'à l'ancienne version en langue huzvârèche, ou du moins jusqu'à la version sanskrite de l'ancienne traduction huzvârèche. Dans un long et fort intéressant article intitulé : *Burnoufs altbaktrische forschungen und ihr verhœltniss zur tradition* (inséré dans les *Beitrœge zur vergleichenden sprachforschung*, de M. Kuhn, t. VII, p. 257, Berlin, 1872), M. Spiegel a surabondamment démontré que l'interprétation de l'Avesta par Burnouf reposait avant tout sur la tradition ancienne. Sur plus d'un millier de mots par lui expliqués, Burnouf ne s'éloigne pas plus de vingt-huit fois du sens que donne la vieille tradition, c'est-à-dire qu'il l'admet pour quatre-vingt-dix-sept mots environ sur cent. Il y a là un point fort important à prendre en considération, et le relevé fait par M. Spiegel ne peut laisser place à aucune incertitude.

Ce même auteur entrait, dès ses premiers écrits sur l'Avesta, dans la voie féconde qu'avait ouverte Eugène Burnouf. En 1848, dans son mémoire : *Ueber die handschriften des Vendidad und das verhæltniss der pehlviübersetzung zum zendtext* (1), nous le voyons affirmer et mettre en évidence ce fait qui, à nos yeux également, ne saurait scientifiquement être révoqué en doute, que la version huzvârèche est le principal moyen d'interprétation du vieux texte mazdéen, moyen que rend d'autant plus efficace l'annexion d'un certain nombre de gloses à la traduction dont il s'agit. Mais évidemment cette traduction huzvârèche n'est point infaillible ; on peut admettre qu'elle ne rend pas toujours d'une façon parfaite le texte primitif, et c'est l'œuvre de la critique que de la soumettre à un perpétuel et sévère examen ; nous en savons assez aujourd'hui pour assurer qu'elle s'en tire très-souvent à son honneur, et qu'elle est fréquemment d'une grande exactitude.

La méthode dont Burnouf avait jeté les fondements, et qui produisit entre ses mains des résultats si excellents, — et l'on peut dire si inattendus, — ne s'imposa pas à tous les auteurs qui étudièrent les textes et la religion de l'Avesta. Nous ne devons pas le regretter. Les contradictions qu'elle rencontra n'ont abouti qu'à faire éclater, d'une façon plus

(1). *Bulletin der kœnigl. akademie der wissenschaften*, Munich, 4 et 8 août 1848.

évidente encore, tout ce qu'elle possédait de valeur et de puissance. Parmi ceux qui prétendirent arriver par d'autres moyens que Burnouf à des résultats plus exacts, les uns sacrifièrent les secours de la tradition à la pure et simple étymologie ; d'autres cherchèrent l'interprétation des textes mazdéens dans leur comparaison avec les hymnes védiques ; d'autres enfin donnèrent le pas, non plus à la tradition ancienne mais bien à la tradition contemporaine, à la tradition des Parsis modernes.

Nous allons dire quelques mots de chacun de ces différents systèmes.

Le représentant le plus connu de la première théorie, celui qui a lutté le plus vivement pour le mode de l'interprétation étymologique, fut Martin Haug, professeur à Munich et indianiste distingué. Haug, dans la préface de ses deux écrits principaux sur le zoroastrisme et la langue zende, expose très-nettement lui-même les procédés qu'il employa pour arriver à saisir le sens des textes mazdéens, et dans tout ce qu'il dit, nous ne trouvons pas la moindre allusion au bénéfice qu'il était possible de retirer des anciennes traductions (1). C'est avec l'aide du dictionnaire sanskrit que Haug opérait tout d'abord son travail : à ses yeux, le mot zend avait, en principe, le sens que possédait le mot sanskrit correspondant. Aucune voie n'était plus dangereuse que celle-là, et Haug eut plus d'une fois l'occasion de se repentir d'y être entré avec une ardeur extrême. Il était doué, malheureusement, d'une telle présomption et d'un tel dédain pour les découvertes de ses confrères, qu'il maintint de parti pris nombre d'assertions auxquelles il lui eût été possible de renoncer bien facilement, en présence de la preuve éclatante de leur peu d'exactitude. Dans l'opuscule de M. Justi, *Abfertigung des*

(1) *Die fünf Gâthâ's oder sammlungen von liedern und sprüchen Zarathustra's, seiner jünger und nachfolger*, Leipzig, 1858-1860. Voyez principalement page IX. *Essays on the sacred language, writings and religion of the Parsees*, Bombay, 1862. Voyez principalement page 36.

Dr Martin Haug (Leipzig, 1868), — qui n'est d'ailleurs qu'une réponse, le plus souvent très-péremptoire, à un grossier libelle du savant bavarois (1), — nous trouvons une excellente critique de ce premier procédé de Haug (nous disons « le premier », car Haug eut une seconde manière), et la démonstration de la faiblesse d'une partie des étymologies qui servaient de base à son interprétation et à ses commentaires. Nous reviendrons tout à l'heure sur le plus ou moins de valeur du premier procédé de Haug. Constatons, pour l'instant, qu'il n'a absolument rien de commun avec la méthode de Burnouf, qu'il en diffère même essentiellement. En fait, il n'y a point lieu de s'étonner qu'il n'ait pas produit les mêmes résultats : le point de départ était tout à fait autre. Quelques auteurs sont venus après Haug, qui ont donné comme lui le pas à l'interprétation étymologique ; en tous cas, nous ne devons pas ranger absolument parmi eux le célèbre indianiste M. Weber. Ce dernier, sans doute, ne fait pas toujours profession d'une grande estime pour la tradition huzvârèche (2), mais il est loin de vouloir la sacrifier continuellement à l'explication par l'étymologie (3).

Il est à peine besoin de réfuter l'opinion des auteurs pour lesquels les Éraniens auraient vécu en une sorte de communauté avec les Hindous, durant l'ancienne période védique. De deux choses l'une : ou bien les Éraniens parlaient déjà un ou bien plusieurs idiomes réellement éraniens, et alors cette prétendue communauté est impossible ; ou bien ils parlaient la même langue que les Hindous, et alors ce n'étaient pas à proprement parler des Éraniens. Il nous semble impossible de sortir de ce dilemme. Que le

(1) *Ueber den gegenwærtigen stand der zendphilologie, mit besonderer rücksicht auf Ferdinand Justi's sogenanntes altbaktrisches wœrterbuch*, Stuttgart, 1868.

(2) *Literarisches centralblatt*, Leipzig, 1858, n° 52. Réimprimé dans es *Indische streifen*. Berlin, 1869, t. II, p. 440 ; *ibid.*, p. 439.

(3) « [Er (Spiegel) perhorrescirt nur — und mit recht — die methode, welche die sprachvergleichung, resp. das sanskrit, allein als die suprema ratio für die erklærung des textes hinzustellen versuchen wollte » (*Op. cit.* t. II, p. 481).

sanskrit et le prakrit, d'une part, que, d'autre part, le perse et le zend proviennent d'une seule et même langue mère (l'idiome commun indo-européen), cela n'est pas douteux ; mais c'est à ce fait que se bornent les rapprochements anciens des Éraniens et des Hindous. La religion mazdéenne est éranienne ; la religion védique est hindoue. Toutes deux, sans doute, elles ont un fond commun dans les croyances de la population ou, pour mieux dire, des populations qui parlaient la langue indo-européenne commune ; mais, tels qu'ils se présentent à nous, les Védas et l'Avesta possèdent chacun leur individualité propre : ils ont eu chacun leur développement tout à fait personnel. C'est ce qu'a démontré surabondamment M. Spiegel dans l'introduction au premier volume de sa version de l'Avesta (p. cx) : le lexique, les costumes, les institutions de toutes sortes le démontrent de la façon la plus irrécusable. Il y a longtemps déjà que l'illustre indianiste Lassen l'a prouvé : les Hindous et les Éraniens étaient séparés les uns des autres depuis longtemps, lorsque furent rédigés, tout à fait indépendamment l'un de l'autre, les Védas et l'Avesta (1).

Le principal défenseur de l'interprétation de l'Avesta par

(1) Consultez l'importante dissertation de M. Spiegel, *Avesta und Veda oder die beziehungen der Erânier zu den Indiern*, publiée en 1858 dans la revue *Ausland* (n° 47), et rééditée dans le volume *Erân. Das land zwischen dem Indus und Tigris*, Berlin, 1863. L'auteur fait valoir, entre autres, les considérations que voici : Dans la religion védique, point d'ensemble systématique ; chaque dieu est invoqué lorsqu'on juge bon de le faire, et on lui attribue alors la suprématie sur les autres. La religion mazdéenne est, au contraire, une des plus rigoureusement systématiques de toutes celles qui aient existé, et chaque divinité, ici, est classée avec le plus grand soin. L'anthropomorphisme de la religion védique est d'une naïveté frappante ; dans le mazdéisme, il est loin d'en être ainsi : les dieux sont dénués de presque toute réalité, et ne sont représentés le plus souvent que par des idées abstraites. Des catégories entières de dieux védiques manquent à l'Avesta : les dieux de la tempête, Varuna, les déesses de l'aurore, de la nuit, bien d'autres encore ; le dieu du feu est différent à tous les points de vue. Ajoutez que nombre de divinités mazdéennes ne se retrouvent pas dans l'Avesta. « Ce qu'il y a de plus simple à admettre ici, dit l'auteur, c'est que les formes religieuses communes de l'Inde et de l'Erân remontent à une époque où il n'y avait encore ni Hindous ni Éraniens, ni Véda ni Avesta ». C'est là précisément ce que nous disions tout à l'heure, et nous pensons que l'opinion très-formelle de Lassen, de Windischmann et de M. Spiegel sur ce sujet est on ne peut plus justifiée.

le sanskrit et les Védas est M. Roth, l'un des auteurs du grand dictionnaire sanskrit de Pétersbourg. Dans la *Revue de la société orientale allemande* (1), M. Roth n'a pas hésité à dire que ceux-là fermaient les yeux à la lumière, qui n'admettaient point que le sanskrit fut, est et sera la clé de l'Avesta : « Es hiesse die augen dem licht verschliessen, wenn jemand læugnen wollte, dass das sanskrit der schüssel des Avesta war, ist und bleibt ; und jetzt vollends das sanskrit der Veden ! ». L'auteur, sur cette assertion, se met à traduire en sanskrit un morceau de l'Avesta, et la traduction de la version sanskrite donne, à ses yeux, le sens même du texte mazdéen. Certes, il serait possible de rendre par tous mots français, étymologiquement équivalents, une ou deux phrases italiennes ou espagnoles. Mais qui oserait affirmer que les mots français, italiens, espagnols, aient conservé, chacun de leur côté, la signification qu'avait en latin le mot dont ils sont tous issus ? Personne ne pourra le garantir *a priori*. Il est certain — l'expérience nous l'enseigne — que souvent cette signification a varié. En tous cas, l'opinion des auteurs qui veulent chercher dans l'étymologie sanskrite le sens des mots zends pèche essentiellement par la base ; elle aurait encore quelque raison d'être si le zend dérivait du sanskrit... mais il n'en est pas ainsi. Ces deux idiomes sont frères ; ils dérivent de la langue commune indo-européenne, et c'est alors dans cette dernière langue qu'il faudrait rechercher le sens des mots zends, si l'on voulait s'adresser avant tout à l'étymologie. Quant à demander cette signification aux mots sanskrits, c'est une erreur évidente, puisque les mots sanskrits peuvent ne plus reproduire exactement le sens des formes organiques qu'ils représentent. Ainsi, de quelque côté que l'on veuille envisager la question, il demeure acquis que le procédé de l'interprétation de l'Avesta par le sanskrit et les Védas est du domaine de la fantaisie.

(1) *Zeitschrift der deutschen morgenlændischen gesellschaft* ; t. XV, p. 1. Leipzig, 1871.

Ne craignons donc pas de le répéter, la scientifique et logique méthode d'interprétation de l'Avesta réside, avant tout, dans l'usage critique de la tradition ancienne. Il est clair que Burnouf doit tous les résultats de son travail sur les textes mazdéens au secours que lui fournit la traduction sanskrite de Nériosengh. C'est ce qu'il a lui-même reconnu et proclamé de la façon la plus formelle. L'aide de la linguistique ne vient qu'en second lieu. Étant donné le sens de la version ancienne, il s'agit de savoir si, au point de vue grammatical, cette version est admissible, et si elle rend exactement la construction du texte zend : il faut voir, par exemple, si les mêmes mots sont les sujets de la phrase ; si les mêmes mots sont les régimes ; si la concordance des nombres, des personnes, des temps et des modes est bien exacte, et ainsi de suite. Si le mot de la traduction ancienne n'éclaire point le sens du mot zend, il faut alors recourir à la comparaison linguistique avec des mots appartenant aux autres idiomes éraniens, soit anciens, soit modernes, et, à défaut de mots éraniens correspondants, à des mots tirés du sanskrit ou des autres langues indo-européennes. Mais ici la confiance de l'interprétateur doit singulièrement diminuer, et ses conclusions ne sont plus que de simples hypothèses.

Au surplus, de même que la tradition ancienne peut expliquer le texte original, de même la tradition plus récente peut aider à comprendre l'ancienne tradition. Mais ici, il importe avant tout d'avoir toujours présent à l'esprit ce principe, que la tradition du moyen âge est plus pure, mieux conservée que celle des temps modernes ; qu'elle est plus proche, en un mot, des anciennes idées qu'elle avait mission de transmettre aux générations futures.

C'est là un fait tellement évident qu'il serait à peine utile d'en parler, si Haug, à la suite de son voyage dans l'Inde, n'avait inauguré (en dépit de tout ce qu'il avait écrit jusqu'alors en faveur de la méthode étymologique) un nouveau système d'interprétation. Ce système consistait à adopter

5

presque partout et presque toujours la tradition des Parsis modernes. Nous avons dit plus haut combien cette tradition récente est altérée, combien elle s'écarte de la tradition du moyen âge, et par conséquent du texte zend. Haug lui-même, en 1862, dans son volume d'*Essays*, avait écrit que les Mazdéens modernes acceptent la version d'Anquetil comme une sorte d'autorité : « The European reader will not be a little astonished to learn, that Anquetil's work was regarded afterwards as a kind of authority by the Dustoors themselves » (p. 21, note). Les derniers ouvrages de Haug, et particulièrement son pamphlet *Ueber den gegenwærtigen stand der zendphilologie*, reposent tout entiers sur cette singulière idée de la fidélité et de l'excellence de la tradition contemporaine. Ce que nous avons dit ci-dessus nous dispense sans doute d'entreprendre la critique en règle de cette opinion ; nous ne ferions rien autre chose que nous répéter.

Cette question de la méthode d'interprétation de l'Avesta nous a arrêté longtemps, et cela était indispensable. Nous devions faire connaître, dès le commencement de notre travail, le système que nous comptions suivre pour expliquer les nombreux fragments mazdéens que l'on y rencontrera. Nous sommes loin de penser, sans aucun doute, qu'il n'y ait aucun profit à tirer des tentatives isolées, individuelles, irrégulières, auxquelles a donné lieu l'examen des textes zends. Leur premier mérite, leur grand service, est précisément de retenir et de confirmer de plus en plus dans leurs procédés méthodiques les interprétateurs et commentateurs aux yeux desquels Eugène Burnouf a fondé la véritable exégèse des écrits zoroastriens. La critique de Burnouf n'est certainement pas infaillible, mais nous pensons que tous ceux qui se sont engagés (comme l'a fait si brillamment M. Spiegel) dans la voie qu'avait ouverte l'auteur du *Commentaire sur le Yaçna* sont arrivés et arriveront à des résultats parfaitement scientifiques.

QUATRIÈME PARTIE

Les études sur l'Avesta depuis Eugène Burnouf jusqu'à nos jours.

L'œuvre capitale de Burnouf nous a amené à traiter incidemment de la méthode applicable à l'interprétation de l'Avesta. Nous reprenons maintenant l'exposé historique que nous avons dû interrompre.

Nous avons dit qu'en 1829 Olshausen publiait à Hambourg le commencement du texte du Vendidad, et Eugène Burnouf, à Paris, le commencement de son texte complet du Vendidad, du Yaçna et du Vispered. Ces deux éditions constituèrent un des éléments les plus importants qui permirent à Bopp de faire entrer la langue zende dans son célèbre ouvrage sur la grammaire comparée des idiomes indo-européens : *Vergleichende grammatik des sanskrit, zend, griechischen, lateinischen, lituanischen, gothischen und deutschen*, Berlin, 1833 (première partie, contenant la phonétique, la comparaison des racines et la formation des cas). Burnouf, dans le *Journal des Savants*, a publié une excellente critique de la partie éranienne du livre de Bopp, sous le titre de : *Observations sur la partie de la grammaire comparative de M. F. Bopp, qui se rapporte à la langue zende*, Paris, 1833. Cet article critique, long de près de cinquante pages in-4°, constitue lui-même une contribution de première importance à l'étude grammaticale du zend; on y trouve sur le phénomène particulier de l'épenthèse d'un *i* dans certains mots zends, sur les différents changements de la sifflante organique *s*, sur la forme primitive des racines, des observations qui révèlent chez leur auteur un sens merveilleux de critique (1).

Burnouf devait publier plus tard, de 1840 à 1850, ses magnifiques *Études sur la langue et les textes zends*, dans le *Journal asiatique* de Paris, études sur le sens ou la forme grammaticale de certains mots zends, études sur le neuvième chapitre du Vendidad.

Le livre de Nork, *Mythen der alten Perser als quellen christlicher glaubenslehren und ritualien* (Leipzig, 1835), ne peut être cité que pour mémoire. L'auteur développe sans critique la thèse du parallèle de Zoroastre et du Christ, du parsisme et du christianisme.

MM. Benfey et Moriz A. Stern publiaient en 1836, à Berlin, leur très-intéressante dissertation : *Ueber die monatsnamen einiger alten vœlker, insbesondere der Perser, Cappadocier, Juden und Syrer*. La partie éranienne commence page 234. Nous aurons à rappeler tout à l'heure d'autres écrits de M. Benfey.

Nous citerons pour mémoire l'ouvrage de P.-F. Stuhr : *Die religions-systeme der heidnischen vœlker des Orients*, Berlin, 1836, particulièrement tome premier, p. 339-375. C'est un écrit de seconde main qui n'apporte point d'éléments nouveaux à la question.

C'est peu de temps après la publication de Burnouf sur le commencement du Yaçna que Joseph Müller fit paraître ses excellents travaux sur le huzvârèche : entre autres son *Essai sur la langue pehlvie*, publié dans le *Journal asiatique* de 1839 ; son étude sur le commencement du Boundehèche (*Untersuchungen über den anfang des Bundehesch*), dont nous avons déjà parlé ci-dessus. Les écrits de Joseph Müller

(1) Bopp fit paraître en 1843 un mémoire intitulé *Die zahlwœrter der zendsprache*.

ont contribué pour une grande part à développer l'étude de la langue dans laquelle est rédigée l'ancienne version de l'Avesta.

En 1841, Pavie publiait dans le tome premier des *Mémoires de la société ethnologique* un court *Mémoire sur les Parsis* ; il y traitait succinctement de leur origine, de leurs coutumes et de leurs croyances. C'est un article fait avec soin, mais auquel l'auteur aurait dû donner de tout autres proportions.

Le missionnaire de l'église d'Écosse, John Wilson, donnait en 1843, à Bombay, un assez fort volume intitulé : *The parsi religion as contained in Zand-Avesta and propounded and defended by the Zoroastrians of India and Persia, unfolded, refuted and contrasted with christianity.* Nous ne signalons cet ouvrage que pour mémoire. Le but de l'auteur était d'accabler le parsisme par le christianisme ; vers la fin de son volume, il signale à l'attention des Parsis une cinquantaine d'ouvrages apologétiques de cette dernière religion. Ce qui lui tient essentiellement à cœur, c'est de prouver que l'Avesta n'est pas dû à une révélation céleste, et que par contre les livres chrétiens possèdent une autorité divine (1).

(1) Ce livre fait partie d'une série d'écrits polémiques et apologétiques inaugurés par l'opuscule du même John Wilson, *A lecture on the Vendidad-Sadé of the Parsis*, qui parut à Bombay en 1837. Dans son rapport de 1843 à la Société asiatique de Paris, Mohl a parlé de cette polémique. Après avoir annoncé certaines publications projetées par la Société de Bombay : « Tous ces ouvrages, ajoutait-il, sont destinés à servir à l'éclaircissement d'une grande controverse religieuse qui s'est élevée, à Bombay, entre les missionnaires protestants et les Parsis, et qui, dirigée du côté chrétien par un homme savant et intelligent comme M. Wilson, a donné naissance à plusieurs écrits remarquables dont la science doit tirer profit. L'origine de cette discussion a été un savant mémoire sur le Vendidad, lu en public et imprimé il y a quelques années par M. Wilson. Les Parsis se sont vivement émus de cette critique de leurs livres sacrés ; non seulement leurs journaux, comme le *Chabuk* et le *Durbin*, ont été remplis d'articles de controverse, mais on a fondé, sous le titre de *Rahnameni Zerdouschti*, un écrit périodique destiné uniquement à la défense du zoroastrisme contre les chrétiens. Outre cette polémique journalière, ils ont composé un certain nombre d'ouvrages dans lesquels sont exposées les doctrines de leurs différentes sectes. Le premier livre de ce genre qui ait paru est le Talimi Zerdouscht (*Talimi-Zurtoosth, or doctrine of Zoroaster in the guzrattee language for the instruction of Parsi youths, with an answer to Dr Wilsons lecture on Vendidad, compiled by a Parsi priest*, Bombay, 1840), écrit en guzurati par Dosabhaï Sohrabji. Cet auteur est de l'école qu'on appellerait, dans une controverse chrétienne, rationaliste ;

M. Joachim Ménant publiait en 1844 (seconde édition en 1857) son opuscule : *Zoroastre. Essai sur la philosophie religieuse de la Perse*, 28 pages in-8°. Ce petit écrit est une sorte de notice sur certains livres éraniens et sur les ouvrages les plus importants de quelques auteurs européens : Anquetil, Burnouf, Spiegel, etc.

Sous le titre de *Vendidad Sade. Die heiligen Zoroaster's Yaçna, Vispered und Vendidad, nach den lithographirten ausgaben von Paris und Bombay, mit index und glossar*, Hermann Brockhaus, professeur de langues orientales à l'Université de Leipzig, faisait paraître en cette ville, en 1850, le texte des trois grands livres de l'Avesta, transcrit en caractères latins. Sans parler du grand soin avec lequel ce livre était publié, il avait le mérite de répandre d'une façon bien plus pratique que le coûteux ouvrage de Burnouf le texte

il représente Ahriman comme la personnification des mauvais instincts innés dans l'homme, et le feu comme un symbole et non pas comme un objet d'adoration directe. Il est l'organe des hommes du monde parmi les Parsis; toutes ses allures sont plutôt celles d'un philosophe que d'un théologien ; et, ce qui est assez curieux, il se sert contre le christianisme surtout des arguments de Voltaire et de Gibbon. La partie orthodoxe de la secte n'ayant pas été satisfaite de cette exposition de sa doctrine, et ayant compris que cette manière d'argumenter était plus propre à détruire sa religion qu'à l'étayer, l'homme le plus considérable parmi les Parsis, Sir Jamsetji Jeejeebhoy, s'adressa à Edal Dara, chef de la secte des Rasami. Ce vieux prêtre qui, depuis de longues années, vit retiré du monde et en odeur de grande sainteté, composa un ouvrage sous le titre de *Mu'jizati Zerdouschti* (le titre de ce livre est en guzurati ; en voici la traduction : *Mu'jizati Zerdouschti*, c'est-à-dire les Miracles indubitables de Zoroastre dès le commencement jusqu'à la fin, accompagnés d'une exposition de la foi zoroastrienne, par le destour Edalji Darabji Rustamji de Samjana, l'an de l'Yezdejird 1209, du Christ 1840. (Bombay, in-4, 127 pages), dans lequel il se fonde surtout sur le *Zerdouscht nameh*, livre auquel il attribue une grande autorité, et qu'il suppose avoir été écrit originairement, sous le titre de *Wajer Kard*, par Mediomah, frère d'Arjasp et disciple de Zoroastre lui-même. Les attaques qui avaient été dirigées contre M. Wilson, dans le journal intitulé *Durbin*, ont été réunies dans un volume sous le titre de *Nirangha*, par Kalam Kas (Voici la traduction du titre, qui est en guzurati : *Nirangha par Kalidas*, contenant les questions proposées à M. Wilson dans le *Durbin*, par Kalidas. Bombay, 1841, in-12, 347 pages). Enfin, Aspandiarji Framji a publié un ouvrage en guzurati et en anglais sous le titre de *Guide de ceux qui se sont égarés* (*The Hadie-Gum-Rahan, or a guide to those who have lost their way, being a refutation of the lecture delivered by the Rev. Dr Wilson*, Bombay, 1841) ; c'est un commentaire polémique du mémoire sur le Vendidad, et, à ce qu'il paraît, une nouvelle production du parti rationaliste des Parsis. »

même des vieux écrits mazdéens, et le glossaire, malgré ses défectuosités, était d'une valeur inappréciable.

Nous arrivons à parler ici de l'œuvre de M. Spiegel, œuvre si étendue déjà et que son auteur pousse chaque jour plus loin encore ; œuvre essentiellement méthodique et qui procède d'une façon directe des travaux d'Eugène Burnouf. Nous énumérerons tout de suite, et sans nous interrompre pour citer les ouvrages synchroniques d'autres auteurs, les principaux écrits de M. Spiegel. Dès 1848, il publiait le travail que nous avons cité ci-dessus déjà sur les manuscrits du Vendidad et le rapport de la version pehlvie au texte zend ; en 1850, une critique de l'édition du Vendidad sade de Brockhaus, dans les *Gelehrte anzeigen* de Munich ; en 1851, les articles *Ueber einige eingeschobene stellen in Vendidad*, dans le tome sixième des *Mémoires de l'Académie de Munich*, et *Die Alexandersage bei den Orientalen* ; puis le premier article de son explication du dix-neuvième chapitre du Vendidad ; le second est de l'année 1852, le troisième de 1854 ; ils ont paru dans les sixième et septième volumes des *Mémoires de l'Académie de Munich*. Le premier volume de la traduction de l'Avesta est de 1852 : *Avesta, die heiligen schriften der Parsen. Aus dem grundtext übersetzt mit steter rücksicht auf die tradition*. Il comprend, outre la version du Vendidad, une introduction très-importante et différents appendices sur l'influence du sémitisme, sur l'époque à laquelle fut parlé le huzvârèche, sur la composition du Vendidad. Le second volume, qui date de 1859, comprend une très-longue préface et la traduction du Vispered et du Yaçna. Le troisième est de 1863 ; avec une introduction également importante, nous y trouvons la version des Yests, c'est-à-dire du Khorda Avesta ou Petit Avesta. Revenant en arrière, nous avons à signaler en 1853 un écrit sur l'interprétation du Vendidad ; en 1855, dans les *Mémoires de l'Académie de Munich*, l'article *Die erânische stammverfassung* ; en 1856, la grammaire huzvârèche dont nous avons déjà parlé ; en 1858, dans les *Gelehrte anzeigen* de Munich, un article de trois numéros sur la version des Gâthâs de Haug ; en 1860, le volume faisant suite à la grammaire huzvârèche : *Die traditionelle literatur der Parsen in ihrem zusammenhange mit den angrœn zenden literaturen*; et, la même année, dans la Revue *Ausland*, l'article *Die culturgeschichtliche stellung des alten Erân*; en 1861, l'édition en caractères latins, de la version sanskrite du Yaçna, par Nériosengh, et une *Grammatik der pârsisprache nebst sprachproben* ; l'année suivante, dans la revue *Ausland*, l'article *Avesta und Veda*. En 1863, M. Spiegel publie, à Berlin, son volume *Erân, das land zwischen dem Indus und Tigris*, formé d'un certain nombre de dissertations simplement rééditées, mais comprenant aussi quelques écrits nouveaux : *Avesta und die Genesis, oder die beziehungen der Erânier zu den Semiten; Zur neuesten geschichte des Parsismus*. En 1864 est publié, à Vienne, le premier volume du *Commentar über das Avesta*, ouvrage d'une importance capitale, et qui, avec la version dont il est le complément, suffirait à donner à M. Spiegel la grande place qu'il s'est conquise dans les études éraniennes; le second volume du *Commentaire* est de 1868. L'année précédente avait paru, dans les *Bulletins de l'Académie de Munich*, l'intéressant écrit sur la vie de Zoroastre : *Ueber das leben Zarathusthra's*. En 1867 également était éditée la *Grammatik der altbaktrischen sprache nebst einem anhange über den Gâthâdialeckt*, l'ouvrage assurément le plus complet qui ait été écrit sur cette matière. En 1871, on publiait à Leipzig le premier volume, et en 1873 le second, des *Erânische alterthumskunde*, qui forment un digne pendant au beau travail de Lassen sur l'antiquité hindoue. Le premier volume (760 pages in-8°) comprend la géographie, l'ethnographie et la plus ancienne histoire de l'Eran ; le second (632 pages) traite de la religion éranienne et contient l'exposé historique depuis l'empire médique jusqu'à la mort d'Alexandre-le-Grand. Le troisième est de 1878. Il traite de l'histoire éranienne depuis la mort d'Alexandre jusqu'à la chute des Sassanides (soit jusqu'au milieu du VIIe siècle) ; des conditions sociales et de la vie de famille chez les Éraniens, puis, enfin, de leurs langues, de leur littérature, de leur art.

En 1874, M. Spiegel fit paraître, à Leipzig, le premier fascicule de ses *Arische studien*, où il traite de différentes questions purement grammaticales, mythologiques ou exégétiques.

Quant à l'édition si utile du texte même de l'Avesta et de l'ancienne version huzvârèche, M. Spiegel l'avait publiée à Vienne en 1853 et en 1858. Le premier volume contient le Vendidad, le second le Vispered et le Yaçna : *Avesta, die heiligen schriften der Parsen. Zum ersten male im grundtexte sammt der huzvâreschübersetzung herausgegeben.*

Nous ne parlons ici ni des écrits de M. Spiegel sur le perse ancien (parmi lesquels son travail de premier ordre *Die altpersischen keilinschriften im grundtexte mit übersetzung, grammatik und glossar*, Leipzig, 1862), ni de ses articles dans la *Revue orientale allemande* (1), dans les deux Revues de M. Kuhn (2), dans d'autres périodiques allemands (3), dans la *Revue de linguistique* de Paris (4).

Nous ne saurions trop le répéter, l'œuvre entière de M. Spiegel, cette véritable encyclopédie de la linguistique et de la philologie zendes, repose sur l'œuvre fondamentale

(1) *Zeitschrift der deutschen morgenlœndischen gesellschaft*, Leipzig. Articles assez étendus sur la tradition des Parses et leur eschatologie, sur le culte des étoiles et la conception du monde chez les Parses, sur la rédaction et la composition de l'Avesta, sur le premier chapitre du Boundehèche, sur différents passages de l'Avesta.

(2) *Zeitschrift für vergleichende sprachforschung*, principalement tomes XIX XX, XXIII. — *Beitræge zur vergleichenden sprachforschung*. T. I : *Arya, airya. Zur altbaktrischen syntax.* — T. II. *Kurzer abriss der geschichte der erânischen sprachen.* — T. IV : *Uebersicht der neuesten erscheinungen auf dem gebiete der erânischen philologie.* — T. V : *Die lehre von der majestæt im Avesta.* — T. VII : *Burnoufs altbaktrische forschungen und ihr verhœltniss zur tradition*, etc., etc.

(3) *Heidelberger jahrbücher der literatur*, années 1866, 1867, 1868, 1869, 1872, *Jenaer literaturzeitung*, 1878, n° 19.

(4) Tome III : *De la place occupée par les langues éraniennes dans la famille linguistique indo-germanique.* T. IV : *Thwâsha, dieu de l'espace céleste.*

d'Eugène Burnouf; M. Spiegel a poursuivi, avec la même méthode et la même critique, l'entreprise que la mort prématurée du savant français avait laissée inachevée.

Les travaux sur le zend, de M. Albrecht Weber, sont en général des travaux d'ordre critique. On en trouvera un certain nombre reproduits à la fin du second volume des *Indische streifen* du savant indianiste (p. 420-493); ils ont été écrits de 1849 à 1869. Voir également t. III, p. 257.

En mars 1849 et en février 1852, le révérend J. Murray Mitchell communiquait à la Société asiatique de Bombay, sous le titre de *Recent investigations in zend literature*, une sorte de rapport sur plusieurs ouvrages importants concernant la langue et les textes zends. On peut lire ce mémoire dans le *Journal of the Bombay brantch of the roy. asiatic society*, t. IV, p. 216, Bombay 1853.

En 1850, la nouvelle collection des moralistes anciens, de Lefèvre publie la *Morale de Zoroastre extraite du Zend-Avesta, traduction d'Anquetil-Duperron*. Nous n'avons pas à revenir sur la valeur de la version d'Anquetil; elle nécessite un commentaire et des rectifications à chaque instant. Quant à l'introduction même du livre, exposé du système théologique et moral dn zoroastrime (p. IX-XLVII), elle est assez bien faite et donne une juste idée de l'ensemble des doctrines mazdéennes. L'auteur, malheureusement, regarde (à la suite de tant d'autres) Ormuzd et Ahriman comme des principes secondaires soumis au temps sans bornes, à l'éternel.

En 1851, le savant danois Westergaard publiait son *Bundehesh liber pehlvicus e vetustissimo codice havniensi* (Copenhague, 1851, in-4°, 82 pages). Peu de temps après, le même auteur donnait son important ouvrage : *Zendavesta or the religious books of the Zoroastrians*, vol. I (Copenhague, 1852-1854). Le premier volume, contenant le texte zend, a seul paru. L'auteur annonçait un dictionnaire et une grammaire qui, malheureusement, n'ont pas vu le jour. Dans le tome cinquième du *Journal de la société asiatique de Bombay*, nous trouvons un article de Westergaard sur l'ancienne mythologie éranienne : *The ancient iranian mythology*, p. 77-94 (1). Cette notice était traduite du texte danois original (Oversigt af det kgl. danske vidensk. selsk. forhandlinger, novembre 1852), et il en parut une version allemande, due à M. Spiegel, dans le troisième volume des *Indische studien*, de M. Weber, p. 402-440. L'auteur traite particulièrement de l'histoire mythique de Yima, de Thraêtaona, de Kereçâçpa.

En 1850, dans le premier volume de ce même recueil de M. Weber (p. 364-380), M. Schlottmann publia un mémoire critique sur la traduction du dix-neuvième chapitre du Vendidad par M. Spiegel : *Beitræge zur erlæuterung des von Spiegel bearbeiteten anfangs des 19. fargard des Vendidad.*

Christian Lassen, en 1852, faisait paraître, à Bonn, ses *Vendidadi capita quinque priora.*

La même année paraissait, à Berlin, le premier volume de la *Geschichte des alterthums*, de Max Duncker. Le tome second, qui est de 1853, contient un chapitre intitulé : *Die Baktrer, Meder und Perser*, p. 290 ss. (p. 297 du tome deuxième de la deuxième édition). C'est un intéressant travail de seconde main, et dont le succès n'a rien de surprenant. Le second volume de la quatrième édition a paru en 1875.

M. Benfey a fait paraître depuis 1850, dans le journal scientifique de Gœttingen *(Gœttingische gelehrte anzeigen)*, un certain nombre de bibliographies sur les travaux les plus importants auxquels ont donné lieu la grammaire et l'interprétation de l'Avesta. Toutes ces critiques sont à consulter. Plusieurs d'entre elles ont été tirées à part sous le titre de *Beitræge zur erklærung des zend* (Göttingen, 2 vol. in-12, 1850-1853).

(1) Dans le même volume de ce recueil, M. Romer a publié un travail intitulé *Brief notices of persian, and of the language called zend*. Consultez à ce sujet, et dans le même volume de cette Revue, l'article de M. Spiegel : *On the Avesta, and the zend and pahlavi languages*, p. 492 ss.

En 1868, parut dans les *Nachrichten von der kœnigl. gesellschaft der wissenschaften* (Gœttingen) son mémoire mythologique ΤΡΙΤΩΝΙΔ ΑΘΑΝΑ *femininum des zendischen masculinum Thraêtâna âthwyâna.* Nous en parlerons plus loin, en temps opportun. M. Benfey a publié en 1878, à Gœttingen, un mémoire intitulé : *Altpersich mazdâh* = zendisch *mazdâonh* = sanskritisch *mêdhas.* Eine grammatisch — etymolog. abhandlung. In-4°.

En 1853, nous trouvons au tome septième de la *Revue de la société orientale allemande* le premier article des *Zendstudien* de Haug : *Uebersetzung und erklœrung von Jaçna*, c. 44, p. 314 ss. ; au tome neuvième, en 1855, le second article : *Die lehre Zoroasters nach den alten liedern des Zendawesta*, p. 683 et ss. ; et le troisième : *Die namen Avesta, Zend und Pâzend in ihrer litterarischen und religionsgeschichtlichen bedeutung.*

L'année 1854 nous amène au travail de Haug sur l'édition du Boundehèche de Westergaard, dont nous avons parlé ci-dessus. Cet écrit parut dans le *Journal scientifique* de Gœttingen (1). C'était un examen de l'édition du Boundehèche par Westergaard. Haug expose ici quelques-unes de ses idées sur la langue huzvârèche, idées que nous sommes loin d'adopter, au moins dans leur ensemble. A ses yeux, par exemple, le pehlvi a un fond sémitique, et les éléments éraniens qu'on y rencontre sont autant d'éléments empruntés. Voici d'ailleurs ses propres paroles : « Der ursprüngliche bestandtheil ist ein semitischer dialekt ; diesem mischten sich allmælig persische wœrter bei, aber der grammatische bau behielt immer noch ein vorwiegend semitisches gepræge » (*Op. cit.*, p. 1051). Nous pensons au contraire que le huzvârèche est une langue foncièrement éranienne, foncièrement indo-européenne, et que les éléments empruntés que l'on y

(1) *Gœttingische gelehrte anzeigen*, 1854. p. 1001-1046. Il parut également à part sous le titre de : *Ueber die pehlwi-sprache und den Bundehesch.*

rencontre sont précisément les éléments sémitiques. Le huzvârèche n'est pas plus sémitique que l'anglais moderne n'est latin, malgré ses nombreux emprunts à la langue française.

En 1857, Haug publiait, dans la *Revue de la société orientale allemande* (t. XI, p. 526 ss.), son *Erklærung des ersten kapitels des Vendîdâd*; puis en 1858 et 1860 son ouvrage capital : *Die fünf Gâthâ's, oder sammlungen von liedern und sprüchen Zarathustra's, seiner jünger und nachfolger*. Nous aurons à parler plus loin des cinq *Gâthâs* ou cantiques que renferme la seconde partie du Yaçna, et nous ne dissimulerons point notre opinion, qu'aucune des traductions qui en ont été proposées n'est satisfaisante. La méthode toute personnelle de Haug pouvait, moins que toute autre, arriver ici à un résultat scientifique. Le fond même de cette méthode reposait sur l'étymologie, puis (comme il le dit lui-même) sur la comparaison avec les Védas : « Konnte die aus der vergleichung der parallelstellen erschlossene bedeutung durch eine regelrechte etymologie begründet werden, so schien mir das resultat schon weit sicherer, aber doch nicht immer sicher genug, um mich dabei beruhigen zu kœnnen. Ich suchte weitere hilfe in den liedern des Rigweda, die ebenso alt wie die Gâthâ's und in einer nur dialektisch verschiedenen sprache abgefasst sind » (p. IX de la Préface). C'est là exclure tous les secours de la tradition, et nous pensons avec Burnouf, avec M. Spiegel, que la tradition (avant tout la tradition ancienne) est la première donnée dont il faille tenir compte dans toute tentative d'interprétation. Nous nous sommes expliqué plus haut sur ce sujet, et nous n'avons pas à y revenir en ce moment. Signalons seulement les numéros 50, 51, 52 des *Gelehrte anzeigen* de l'Académie de Munich pour l'année 1858, où M. Spiegel a examiné la version des Gâthâs de Haug et a clairement montré ce qui avait amené cet auteur à négliger la tradition ancienne.

Haug, en 1861, fit paraître à Pouna, dans l'Inde, où il enseignait le sanskrit, une *Lecture on the origin of the parsee religion*, opuscule de dix-huit pages, rédigé pour le public et destiné à propager le goût des études zoroastriennes.

L'année suivante paraissaient à Bombay ses *Essays on the sacred language, writings and religion of the Parsees*, livre très-complexe dans lequel nous trouvons en premier lieu un aperçu historique (p. 1-41) sur les relations des Grecs, des Romains, des Arméniens et des Mahométans, concernant la religion des anciens Éraniens ; un exposé (parfois bien écourté) des recherches dues aux auteurs européens; une esquisse de grammaire zende (p. 42-119) ; enfin une série d'études diverses sur la composition de l'Avesta, le Yaçna, les Gâthâs, certains Yests, quelques fragments du Vendidad, les rapports du zoroastrisme et du brahmanisme, etc. Une seconde édition de cet ouvrage a paru à Londres en 1878 (1), revue par M. West, et profondément remaniée. M. West a ajouté au volume de Haug de nombreux renseignements sur la littérature éranienne du moyen âge.

Dans le tome dix-neuvième de la *Revue de la société orientale allemande*, nous trouvons un article de Haug : *Ueber die unzuverlæssigkeit der pehlwiübersetzung des Zendavesta*, p. 578 à 593.

En 1867, Haug écrivit une préface et une introduction pour la publication, déjà citée ci-dessus, du destour Hoshengji Jamaspji : *An old zand-pahlavi glossary*. Il y reporte, avons-nous dit, l'origine de la langue huzvârèche à une époque beaucoup plus ancienne que celle que l'on adopte communément.

En décembre 1868, Haug communiqua à l'Académie de Munich son mémoire sur un des chapitres les plus importants du Vendidad : *Ueber das XVIII. kapitel des Wendidâd* (2). C'était le spécimen d'une traduction complète de

(1) *The Athenæum*, n° du 24 août 1878. *Revue critique*, n° du 16 août 1879.
(2) *Classe d'histoire et de philologie*, 1868, II, 4, p. 509-560.

l'Avesta, dont il promettait la publication et que sa mort a malheureusement empêchée. Nous aurons à reparler de ce fragment de version. Nous verrons comment Haug avait définitivement renié son ancienne méthode et avait pris pour point de départ de son interprétation nouvelle la tradition des Parsis contemporains. Ce nouveau système éclate presque à chaque page du pamphlet *Ueber den gegenwærtigen stand der zendphilologie*, qui parut la même année et dont nous avons déjà eu l'occasion de parler.

En 1855, M. Thonnelier entreprit sa magnifique reproduction autographique de la version ancienne de l'Avesta : *Vendidad sadé traduit en langue huzvaresch ou pehlewie. Texte autographié d'après les manuscrits zend-pehlewis de la Bibliothèque impériale de Paris.* Cette œuvre de luxe, et surtout de grande patience, n'est pas encore achevée.

Nous avons à mentionner ici les travaux importants de Windischmann. Avant l'année à laquelle nous en sommes arrivés, Windischmann avait déjà écrit sur le mazdéisme. Ainsi, dès 1844, dans son discours sur le progrès de la science du langage (1), il parlait d'une façon très-compétente de la langue zende. Plus tard, il publiait dans les *Mémoires de l'Académie bavaroise*, son étude *Ueber den Somacultus der Arier* (t. IV, p. 125) ; en 1852, dans son article *Ursagen der arischen vœlker* (*ibid.*, t. VII), il touchait par certains points la mythologie éranienne. Dans le même recueil il fit paraître, en 1856, son mémoire sur Anâhita (2), morceau de première importance dont nous parlerons plus loin, en temps opportun.

En 1857 paraît à Leipzig son *Mithra* (3), traduction d'un Yest spécial de l'Avesta, accompagné du relevé critique des

(1) *Der fortschritt der sprachkunde und ihre gegenwærtige aufgabe*, Munich, 1844.

(2) *Die persische Anâhita oder Anaïtis. Ein beitrag zur mythengeschichte des orients*, Munich, 1856.

(3) De même que l'étude sur Anâhita, cet ouvrage porte comme sous-titre : *Ein beitrag zur mythengeschichte des orients.*

passages des auteurs anciens où il est parlé de cette divinité. Enfin, en 1863, après la mort de Windischmann, M. Spiegel publie, sous le titre de *Zoroastriche studien, abhandlungen zur mythologie und sagengeschichte des alten Iran,* un recueil de douze pièces différentes, laissées plus ou moins achevées par celui qui avait rendu déjà tant de services aux études éraniennes et à qui cet ouvrage posthume allait créer de nouveaux titres. Outre plusieurs morceaux tout à fait mythologiques, on trouve dans ce volume une géographie du Boundehèche, une version du même livre, deux articles sur le nom et le lieu de naissance de Zoroastre, une notice importante sur les passages des auteurs anciens où il est traité de Zoroastre. Windischmann était un homme d'église, et on a pu lui reprocher avec justice d'avoir laissé percer çà et là ses croyances personnelles (1); mais ces passages regrettables sont extrêmement rares dans son livre, et ils n'influent en rien, d'ailleurs, sur la conception que l'auteur se faisait du système mazdéen et sur l'exposé qu'il en a donné. Le nom de Windischmann reviendra plus d'une fois sous notre plume.

En 1856, dans le cinquième volume du *Journal de la société orientale américaine*, M. Whitney publiait un article intitulé *The Avesta,* qui parut depuis, en 1873, dans le tome premier, des *Oriental and linguistic studies* de l'auteur (New-York, p. 149-197). C'est un mémoire de vulgarisation. M. Whitney traite de l'exode des Parses, expose l'historique de la découverte des livres zends et les décrit rapidement, parle des principaux travaux des auteurs contemporains, et donne, enfin, une idée générale du parsisme.

La *Revue de la société orientale allemande* contient dans son treizième volume (année 1859) un long article de M. Pott sur les noms propres perses : *Ueber altpersiche eigennamen* (p. 359-444); on trouve dans ce mémoire la foule d'observations et de renseignements de toute espèce

(1) Voyez Weber, *Indische streifen*, t. II, p. 473.

dont tous les travaux de M. Pott sont si abondamment fournis.

Avant que Westergaard n'eût imprimé en vers, dans son édition de l'Avesta, une partie du Yaçna, Westphal avait déjà reconnu qu'un certain nombre des morceaux de ce livre étaient, en effet, des pièces rhythmées. Il revint, en 1860, sur cet intéressant sujet dans son article *Zur vergleichenden metrik der indogermanischen vœlker* (Zeitschrift de M. Kuhn, t. IX, p. 437 ss., particulièrement p. 444 ss.). Personne n'avait encore recherché en quoi consistait la métrique de l'Avesta. Westphal arriva à ce résultat que la métrique zende était intimement liée à la métrique védique, en dépit de quelques dissemblances d'ordre secondaire.

L'excellent manuel de Schleicher sur la grammaire comparée des langues indo-européennes, dont la première édition parut en 1861 (1), donna très-certainement une impulsion nouvelle aux études sur la langue zende. On connut alors d'une façon parfaitement claire les procédés qu'avait employés l'ancienne langue mère indo-européenne pour se transformer ici en zend ou vieux baktrien (pour nous servir du nom que Schleicher avait adopté après d'autres auteurs), tandis que là elle se transformait en hindou (sanskrit et prakrit), ailleurs en grec, en lithuanien, etc., etc. La partie zende du manuel de Schleicher était d'abord assez peu développée; dans la quatrième édition, elle est tout à fait au courant des travaux particuliers les plus récemment publiés. Ce *Compendium* est, pour l'étude générale du zend, le livre le plus méthodique qui existe, comme il l'est, d'autre part, en ce qui concerne les autres langues indo-européennes.

Ebel publiait, à l'époque à laquelle nous sommes arrivés, dans le tome troisième des *Beitræge zur vergleichenden sprachforschung* (Berlin, 1861, p. 38 ss.), sous le titre de *Altbactrisches*, une étude méthodique sur quelques points de la phonologie zende.

(1) *Vergleichende grammatik der indogermanischen sprachen.* La quatrième édition (posthume) est de 1876.

Les publications de M. Kossowicz, professeur à l'Université de Pétersbourg, ont largement contribué, elles aussi, à répandre le goût des études mazdéennes. C'est d'abord, en 1861, l'édition de quatre fragments de l'Avesta : Четыре статьи изъ Зендавесты, puis, en 1865, les *Decem Sendavestæ excerpta*, contenant, avec le texte zend, une version latine accompagnée de notes ; enfin (sans parler du magnifique volume sur les *Inscriptions perses des rois achéménides*, Pétersbourg, 1872), la publication du texte et d'une version latine des cinq cantiques, si difficiles à interpréter, qui se trouvent dans la seconde partie du Yaçna : *Gât'a ahunavaiti sarat'ustrica carmina septem...* Pétersbourg, 1867 ; *Gât'a ustavaiti...* 1869 ; *Sarat'ustricæ Gât'æ posteriores tres...* 1871. Les travaux de M. Kossowicz sur les Gâthâs nous occuperont au moment où nous aurons à parler plus particulièrement de ces anciens morceaux, et lorsque nous traiterons de l'importante question du dualisme dans la région mazdéenne.

M. Oppert, en dehors de ses grands travaux d'assyriologie et de quelques écrits moins importants sur l'ancien perse, a fait paraître en 1862, à Paris, un commentaire ingénieux sur l'une des principales et à la fois des plus obscures prières de l'Avesta : *L'Honover, le verbe créateur de Zoroastre.* Nous comparerons plus loin la version de M. Oppert avec celles qu'ont donnée du même texte plusieurs autres éranisants.

La même année, M. Michel Bréal publiait, dans le *Journal asiatique de Paris* ses *Fragments de critique zende*, deux morceaux dont le plus important traite *De la géographie de l'Avesta*.

Les études zendes de M. Fr. Müller, professeur à l'Université de Vienne, sont purement grammaticales. Elles ont paru pour la plupart dans les Bulletins (*Sitzungsberichte*) de l'Académie, sous le titre de *Zendstudien* (1863-1877). M. Fr. Müller a enrichi ce même recueil d'une foule de mémoires sur les autres langues éraniennes, notamment le persan, l'ossète, l'arménien, et il a promis, depuis longtemps déjà, une grammaire comparée des idiomes de cette famille, œuvre considérable, dont le succès ne peut qu'être assuré.

M. Lepsius communiqua à l'Académie de Berlin, en mars et en juillet 1862, son important mémoire intitulé *Das ursprüngliche zendalphabet*. Cet écrit constitue une œuvre capitale, non seulement pour ce qui touche à la paléographie du zend, mais encore pour ce qui concerne la phonétique. M. Spiegel a examiné de près le travail de M. Lepsius dans les *Beitræge zur vergleichende sprachforschung*, t. IV, p. 294 ss.

En 1864, M. Tiele fit paraître à Harlem son livre : *De Godsdienst van Zarathustra van haar ontstaan in Baktrië tot den val van het oud-perzische rijk*, un bon écrit de vulgarisation. Consultez Justi, *Gœttingische gelehrte anzeigen*, 1866, p. 1440.

Nous voici en présence d'un livre publié en 1864, qui a fait faire aux études zendes un progrès considérable et qui a singulièrement contribué à les faciliter. C'est le manuel de M. Justi : *Handbuch der zendsprache. Altbaktrisches wœrterbuch. Grammatik. Chrestomathie*, Leipzig, 1864. La première et la plus importante partie de ce bel ouvrage (p. 1-335) est un dictionnaire zend-allemand. L'auteur, s'aidant principalement des travaux de Burnouf, de Windischmann, de M. Spiegel, parfaitement au courant, d'ailleurs, de tout ce qui avait été écrit jusqu'à lui sur la langue et les textes zends, l'auteur a classé alphabétiquement tous les mots zends connus, a cité tous les passages de l'Avesta où on les rencontrait et toutes les formes sous lesquelles ils se présentaient dans ces différents passages, formes déclinées, formes conjuguées, formes invariables. C'est un répertoire complet. Depuis l'année où le manuel de M. Justi a été publié, l'étude de la grammaire zende et des textes de l'Avesta a fait sans doute des progrès très-sensibles, et une nouvelle édition de ce dictionnaire différerait en plus d'un point de l'édition primitive ; mais ce manuel, sous sa forme actuelle, rend chaque jour encore des services considérables. La petite grammaire qui l'accompagne (p. 357 à 402) n'est guère autre chose qu'une table analytique, classée méthodiquement; mais l'utilité de ce minutieux relevé est incontestable. M. Justi a publié, depuis son manuel, plusieurs écrits concernant les langues et les littératures éraniennes. Son édition du Boundehèche est une œuvre capitale (1); en dehors du mérite particulier de la version (p. I-47) et de la grande valeur critique du dictionnaire qui l'accompagne (p. 51-288), nous devons reconnaître également l'importance de la préface (p. VII-XXXII), dans laquelle l'auteur traite de l'époque à laquelle fut composé le livre cosmogonique du Boundehèche, de son authenticité, des manuscrits que l'on en possède, des travaux antérieurs à sa propre publication, du meilleur système de transcription à appliquer à l'écriture huzvârèche, si obscure et si peu pratique.

C'est en cette même année 1868 que M. Justi fit paraître sa verte réponse au pamphlet de Haug, dont nous avons parlé un peu plus haut (2). Cette réponse est sans doute d'une grande vivacité, mais les attaques inqualifiables de Haug l'avaient largement provoquée. Après avoir exposé les côtés fâcheux du caractère de ce dernier et les erreurs générales de son système d'interprétation, M. Justi cherche à établir par un choix d'exemples (souvent très-décisifs, il faut le reconnaître), les erreurs de Haug en fait d'interprétation de la traduction sanskrite de Nériosengh et de la version huzvârèche;

(1) *Der Bundehesh. Zum ersten male herausgegeben, transcribirt, übersetzt und mit glossar versehen*, Leipzig, 1868. Le texte est d'abord donné en caractères pehlvis, puis transcrit en caractères persans. D'autres auteurs transcrivent, de préférence, en caractères hébraïques.

(2) *Abfertigung des dr Martin Haug*, Leipzig, 1868. Avec le *moto* suivant : *Contra impudentem stulta est nimia ingenuitas*.

ses erreurs, en fait de sanskrit, de grammaire comparée et de critique des textes; ses fautes contre les différentes parties de la grammaire zende. La critique de M. Justi n'est certainement pas infaillible, mais elle a pour elle cet avantage énorme d'être fondée sur une saine et rigoureuse méthode, la méthode grammaticale et exégétique d'Eugène Burnouf.

M. Justi a publié, d'autre part, des articles bibliographiques dans différentes Revues allemandes : dans le *Literarisches centralblatt* (1863 ss.), dans les *Gœttingische gelehrte anzeigen* (1863 ss.), dans la *Revue de la société orientale allemande* (t. XXII).

Il faut signaler en outre le volume excellent sur l'histoire perse : *Geschichte des alten Persiens* (Berlin, 1879), où l'on peut trouver un tableau très-fidèle des institutions et des mœurs des anciens Éraniens.

Le mémoire très-intéressant de M. Rapp : *Die religion der Perser und übrigen Iranier nach den griechischen und rœmischen quellen*, a paru dans les tomes XIX (p. 1 à 89) et XX (p. 49 à 140) de la *Revue de la société orientale allemande*.

M. Ascoli, de Milan, qui a rendu des services signalés dans l'étude de presque toutes les branches de la linguistique indo-européenne, a consacré plusieurs articles aux études zendes. Dans le tome X des *Memorie del reale Istituto lombardo* (tome premier de la troisième série), nous trouvons le premier article de ses *Studj irani*, lu en décembre 1865 : *Sfaldature dell' antica aspirata*. Au tome V des *Beitræge zur vergleichenden sprachforschung*, p. 210 (Berlin, 1866), est inséré l'excellent article du même auteur sur l'origine du nom de Zoroastre ; nous aurons à reparler de ce dernier mémoire. Dans la dissertation *Intorno a un gruppo di dezinenze indo-europee* (Milan, 1868), M. Ascoli étudie les noms de nombres éraniens et diverses formes linguistiques de la même famille, et dans sa *Fonologia comparata indo-italo-greca* (Turin, 1870), il cherche à reconstruire les formes indo-éraniennes.

Nous avons déjà parlé du dictionnaire zend-pehlvi, publié

par le destour Hoshengji Jamaspji, avec une introduction de Haug (1). Nous nous contentons de renvoyer le lecteur à ce que nous en avons dit précédemment. Il y a lieu aussi de tenir compte du jugement qu'a porté M. Justi sur cet ouvrage, dans son édition du Boundehèché, p. XXVII.

L'écrit de M. Kern, *Over het woord Zarathustra en den mythischen persoon van dien naam*, publié à Amsterdam en 1867, a pour but de reléguer Zoroastre dans le domaine purement fabuleux ; nous reviendrons sur cette question de la personnalité du prophète mazdéen.

En 1867, on a publié, après la mort de l'auteur, les *Recherches sur le culte public et les mystères de Mithra en Orient et en Occident*, de Lajard. L'auteur avait fait paraître en 1847 son atlas intitulé : *Introduction à l'étude du culte public et des mystères de Mithra* (un volume in-folio), et précédemment plusieurs articles dans les *Mémoires de l'Académie des inscriptions et belles-lettres* (1840-1847). Lajard a fourni, sans doute, d'utiles renseignements ; mais ses écrits, pris dans leur ensemble, ne paraissent pas s'appuyer sur une base parfaitement méthodique et scientifique. Lajard a vécu trente ans trop tôt.

Dans son écrit intitulé *Beitræge zur baktrischen lexicographie* (Leipzig, 1868), M. Paul de Lagarde étudie un assez grand nombre de mots zends, avec les secours que peut apporter dans cet examen la langue arménienne. Ce procédé a sans doute son bon côté, et l'arménien peut apporter une aide légitime et efficace à l'interprétation du zend, comme peuvent le faire toutes les autres langues éraniennes ; mais cette comparaison purement linguistique ne doit point prendre le pas, d'une façon constante et absolue, sur l'aide capitale de la tradition ancienne. Les recherches de M. Paul de Lagarde sont pleines d'intérêt, mais il ne faudrait pas donner à leurs résultats une valeur exagérée. Il y a ici, avant

(1) *An old zand-pahlavi glossary*, Bombay, 1867.

tout, une question de méthode à ne point perdre de vue (1).

L'auteur du présent écrit a publié en 1868 une *Grammaire de la langue zende*, où il étudie particulièrement cet idiome dans l'ensemble de la famille linguistique indo-européenne (2). Il a fait paraître dans la *Revue de linguistique et de philologie comparée* des *Questions de grammaire zende* (t III, p. 156; t. V, p. 74 et 291), et différents mémoires sur la *morale de l'Avesta* (1874), sur le dix-huitième chapitre du Vendidad, sur un *passage d'Hérodote concernant certaines institutions perses* (1875), sur *le chien dans l'Avesta* (1876), sur *les deux principes dans l'Avesta* (3).

M. Girard de Rialle a donné à la même Revue plusieurs articles de mythologie : *Agni petit-fils des eaux dans le Véda et l'Avesta* (1869), *les dieux du vent Vâyu et Vâta dans le Rig-Véda et dans l'Avesta* (1874), *de la science augurale dans le Véda et dans l'Avesta* (1875). Le même auteur a publié en 1870 un discours d'ouverture intitulé : *Les études védiques et éraniennes dans l'histoire.*

En 1868, M. Fick publiait à Gœttingen son *Wœrterbuch der indogermanischen grundsprache*, réédité plus tard, avec des additions considérables, sous le titre de *Vergleichendes wœrterbuch der indogermanischen sprachen*. Nous trouvons dans cet ouvrage une partie assez importante consacrée au lexique de la langue soi-disant commune indo-éranienne, c'est-à-dire de cette forme secondaire du parler indo-européen, qui, par la suite des temps, aurait donné naissance, d'un côté aux langues hindoues, de l'autre aux langues éraniennes.

(1) Le même auteur avait fait paraître en 1851, sous son premier nom de Paul Bœtticher, son ouvrage *Arica*, réimprimé après un nouveau travail, en 1866, avec le titre de *Gesammelte abhandlungen*. Dans ce volume, ce qui nous intéresse particulièrement, c'est le mémoire intitulé *Die persischen glossen der alten*, p. 147-242; puis l'article *Einige bemerkungen über êrânische sprachen ausserhalb Erân's*, p 243-295.

(2) Consultez Spiegel, *Heidelberger jahrbücher*, 1869, p. 273; Justi, *Gœttingische gelehrte anzeigen*, 1869, p. 441; une deuxième édition a paru en 1878.

(3) Du même auteur, différents articles sur l'Avesta, sur les inscriptions cunéiformes de la Perse, dans les *Études de linguistique et d'ethnographie*, en collaboration avec M. Julien Vinson; Paris, 1878.

Quoi que l'on puisse penser de ces sortes de langues intermédiaires, de ces groupes secondaires, le tableau des formes lexiques équivalentes en zend et en sanskrit est toujours d'un grand intérêt.

Nous avons dit plus haut, en parlant des différents modes d'interprétation de l'Avesta, quel était le caractère particulier des travaux de M. Roth. Le savant indianiste veut expliquer le zend par le sanskrit, l'Avesta par les Védas. Nous n'avons pas à revenir sur ce procédé d'interprétation ; signalons seulement ses *Beitræge zur erklærung des Avesta*. Ils ont paru dans le tome XXV de la *Revue de la société orientale allemande*, p. 1 et 215. En 1871, M. Roth a inséré d'ailleurs dans le même recueil, d'autres articles qui, pour être moins importants, demandent cependant à ne pas être passés sous silence. Au tome II : *Die sage von Feridun in Indien und Iran*, p. 216 ss.; au tome VI, en 1852 : *Die hœchsten gœtter der arischen vœlker*, p. 67 ss., et *Etymologisches zum Avesta*, p. 243 ss. Signalons également son mémoire sur le trente-unième chapitre du Yaçna : *Ueber Yaçna* 31; Tübingen, 1877.

La même année, les *Bulletins de l'Académie de Vienne* publient les *Resultate der silbenzæhlung aus den vier ersten Gâthâs*, de M. Aurel. Mayr (t. LXVIII, p. 751 ss.). L'auteur cherche dans cet écrit à restituer dans sa pureté primitive le texte des Gâthâs, au moyen des indications que peut fournir la métrique.

Nous trouvons dans le même volume du même recueil les *Neue beitræge zur kenntnis der zoroastrischen litteratur*, de M. Sachau (p. 805 ss.). Un peu plus loin, lorsque nous aurons à parler de l'origine des mots zend, avesta, pazend et de quelques autres termes, nous reviendrons sur l'écrit de M. Sachau.

Citons encore les articles du même auteur qui ont paru dans la *Revue de la société orientale* de Leipzig : *Zur erklærung des Vendidad I*, t. XXVII, p. 147 ; *Conjectur zu Vendidad I*, 34, t. XXVIII, p. 448.

M. Hübschmann a fait paraître à Munich, en 1872, sous le titre de *Ein zoroastrisches lied mit rüchsicht auf die tradition,* une version et un commentaire du trentième chapitre du Yaçna. L'auteur, dans ses premières pages, donne un exposé succinct de l'enseignement des Gâthâs et traite de la question importante du dualisme. Plus loin nous rapporterons l'opinion de M. Hübschmann. Le sous-titre de son écrit ne doit pas, d'ailleurs, donner le change sur la méthode qu'il emploie. M. Hübschmann n'est point partisan, comme l'est M. Spiegel, de la tradition ancienne, c'est-à-dire qu'il n'accorde qu'une valeur toute secondaire à la version huzvârèche de l'Avesta. Il proclame tout au contraire l'excellence de la méthode de Haug. Mais, tandis que ce dernier n'avait pas à sa disposition la version dont il s'agit lorsqu'il traduisit les Gâthâs, M. Hübschmann ne la perd point de vue, tout en étant disposé à la sacrifier à l'interprétation étymologique. Ajoutons d'ailleurs que la traduction de M. Hübschmann est loin de suivre pas à pas celle de Haug ; il y a le plus souvent entre les deux des différences considérables. Nous dirons plus tard quel est le motif qui nous pousse à n'accepter entièrement aucune des versions qui ont été données jusqu'ici de tout ou partie des Gâthâs. L'écrit de M. Hübschmann a été étudié de très-près, particulièrement au point de vue de la méthode, par M. Spiegel, dans un recueil critique (1).

Le même auteur a donné aux *Bulletins de l'Académie de Munich* ses intéressantes *Avestastudien* (2), où il déclare d'une façon formelle qu'entre les auteurs qui expliquent l'Avesta en se fondant avant tout sur la tradition, et ceux qui cherchent à l'interpréter par lui-même et à l'aide du sanskrit, il y a un milieu à prendre : la tradition, dans son ensemble, possède, dit-il, une valeur réelle ; il faut la prendre pour point de départ, mais la rectifier par l'Avesta lui-

(1) *Heidelberger jahrbücher der literatur* 1872, nos 27 et 28.
(2) *Sitzungsberichte der philosophischen und historischen classe*, 1872, fasc. 5, p. 639 ss.

même, puis par la comparaison lexique et grammaticale avec le sanskrit (1). Partant de ce point que la valeur de la tradition est un fait acquis, il recherche quelle peut être exactement cette valeur, et reconnaît qu'elle est grande lorsqu'il s'agit de l'interprétation du Vendidad, qu'elle est satisfaisante pour le Yaçna, mais qu'en ce qui concerne les Gâthâs elle ne fournit que de pauvres ressources.

En 1873, M. Hüsbschmann donne aux *Beitræge* de M. Kuhn un article intitulé *Etymologisches und grammatisches aus dem Avesta*, t. VIII, p. 462 ss.

Dans la *Revue de la société orientale allemande*, nous trouvons du même auteur plusieurs articles intitulés *Beitræge zur erklærung des Avesta*, t. XXVI, p. 453-462 (1872); t. XXVIII, p. 77-87 (1874). Dans la Revue de M. Kuhn un mémoire important sur la valeur phonique de l'alphabet zend, t. XXIV, p. 323; Berlin, 1878.

L'écrit de M. Jolly sur le conjonctif et l'optatif en zend et en perse date de 1872. *Ein kapitel vergleichender syntax. Der conjunctiv und optativ und die nebensætze im zend und altpersischen in vergleich mit dem sanskrit und griechischen*, Munich. Le même auteur a donné au septième volume des *Beitræge* de M. Kuhn (Berlin, 1873, p. 416 ss.) une étude sur l'infinitif dans l'Avesta.

Dans le volume de 1874 de la Revue *Ausland*, nous trouvons une courte dissertation de M. Jolly : *Kann man die religion Zoroasters dualistisch nennen?* (p. 621 ss.).

En 1873, M. Orterer a publié à Munich une dissertation inaugurale sur certains points de la syntaxe zende : *Beitræge zur vergleichenden casuslehre des zend und sanskrit.*

M. H. Tœrpel a écrit sur la métrique de la partie rythmée

(1) « Die wahrheit wird in der mitte der gegensætze liegen, und die methode wird die richtige sein, die der tradition einen im ganzen nicht geringen werth beilegt, und wenn sie von ihr bei der erklærung des Avesta ausgeht, vor allem das Avesta selbst und dann besonders das lexicalisch und grammatisch so wichtige sanskrit als hauptcorrective der tradition benutzt. »

de l'Avesta, et a annoncé à la fin de son opuscule (une dissertation inaugurale) la suite de ce travail : *De metricis partibus Zendavestæ*, Halle, 1874.

Nous avons à signaler, dans les *Mémoires de la société de linguistique* de Paris, les *Notes sur quelques expressions zendes* (t. II, p. 300), et les *Notes sur l'Avesta* (t. III, p. 52), de M. James Darmesteter (1874, 1875). Ces travaux lexicographiques ou exégétiques se recommandent par leur saine méthode. Il faut en dire autant de l'écrit plus important du même auteur, intitulé : *Haurvatât et Ameretât, essai sur la mythologie de l'Avesta*, Paris, 1875. L'auteur a fait paraître en 1877 une monographie détaillée sur *Ormuzd et Ahriman*, dans laquelle il étudie particulièrement les origines de ces deux divinités. La littérature védique et la littérature éranienne du moyen âge lui ont fourni une ample moisson de renseignements (1).

Un programme de M. A. Ludwig, daté de 1875 et intitulé : *Ahura, Mithra, Varuna*, ne nous est connu que par son titre seul.

Le livre de M. Francisco Garcia Ayuso, *Los pueblos iranios y Zoroastro* (Madrid, 1874), est un ouvrage de vulgarisation, qui, sans doute, a son mérite, mais dans lequel l'auteur a malencontreusement introduit ses propres préoccupations théologiques.

Ces fâcheuses préoccupations sont aussi sensibles, plus encore, peut-être, dans l'Introduction de la version de l'Avesta de M. de Harlez (2). L'auteur va jusqu'à dire que Zoroastre était « privé des lumières de la révélation. » De celle du dieu des Juifs, sans doute, mais non point de celle d'Ahura mazdâ ! Le mazdéisme, aux yeux de toute personne désintéressée, est précisément le type de la religion révélée.

(1) Voir le compte rendu de M. Spiegel : *Jenaer litteraturzeitung* ; 1878, n° 19.

(2) *Avesta. Livre sacré des sectateurs de Zoroastre, traduit du texte*, Liége (t. I, 1875 ; t. II, 1876 ; t. III. 1877).

Nous traiterons plus loin de ce sujet. Quoi qu'il en soit, abstraction faite de cette fâcheuse introduction, le livre de M. de Harlez est une œuvre scientifique. On peut dire, sans doute, que cette nouvelle version est parfois un peu large, un peu lâche; qu'elle prête parfois au texte obscur un sens dont l'exactitude n'est pas évidente ; mais il est incontestable qu'elle a une valeur réelle et que, fondée sur la traduction de M. Spiegel, elle lui a apporté plus d'une rectification heureuse (1). Le même auteur a publié des *Études avestiques* dans le *Journal asiatique* de 1876 et 1877. Dans ce même recueil, en 1878 et 1879, M. de Harlez a fait paraître des articles sur les *Origines du zoroastrisme.* L'auteur combat les idées émises par M. Darmesteter sur l'*Aṣa* avestique. Ce n'est point, dit-il, « une vertu de pure forme, une exactitude liturgique, un *engin de sacrifice;* c'est une morale ayant Dieu et l'homme pour objet... L'*Aṣa* c'est la piété, la sainteté, la justice, l'observance de la loi mazdéenne dans toutes ses parties. L'*Aṣavan* est le fidèle, le juste, le saint, l'observateur fidèle de la loi. » Plus loin il essaie de démontrer qu'Ormuzd n'est « ni le dieu ciel, ni l'époux des eaux célestes », plus loin que les Ameṣas çpentas « ne sont ni les égaux d'Ahura, ni les représentants des Âdityas. » M. de Harlez, dans un autre article, cherche à établir que « l'Avesta provient d'une combinaison entre le naturalisme polythéistique amoindri, primitif ou renouvelé, le dualisme, et un monothéisme imparfait », et que « dans le double monde des esprits bons et mauvais des légendes mazdéennes, on doit discerner des catégories variant de nature d'après leur origine. » Le même auteur a publié en 1878 un *Manuel de la langue de l'Avesta* (2).

(1) Consultez les comptes rendus de M. Spiegel dans la *Revue de la société orientale allemande*, t. XXX, p. 551, t. XXXIII, p. 303; de M. James Darmesteter, dans la *Revue critique* du 23 septembre 1876, et notre propre critique dans la *Revue de linguistique*, t. VIII, p. 343 ss.

(2) Voir Bartholomæ, *Jenaer literaturzeitung*, 19 juillet 1879.

M. Geiger a publié à Erlangen, en 1877, son opuscule : *Die pehleviversion des ersten capitels des Vendîdâd, herausgegeben nebst dem versuch einer ersten übersetzung und erklærung*. M. Geiger part de ce point très-exact, que pour décider de la valeur de la version huzvârèche de l'Avesta, il faut, avant tout, l'avoir étudiée suffisamment. Si cette version fournit çà et là quelques renseignements utiles, il y a lieu de rechercher si ailleurs, également, il n'en est pas de même. L'auteur promet, dans son Introduction, une traduction complète de la version huzvârèche, précédée du texte transcrit en caractères hébraïques et suivie d'un commentaire (qui est absolument indispensable). Ce que M. Geiger donne dans ce fascicule préliminaire suffit déjà à mettre en relief toute l'importance que possède la version dont il s'agit, et confirme pleinement ce que nous avons dit précédemment du respect que doit avoir tout interprétateur de l'Avesta pour la tradition ancienne (1).

Le même auteur a fait paraître à Erlangen, en 1878, une brochure portant le titre : *Aogemadaêcâ. Ein Pârsentractat in pâzend, altbaktrisch und sanskrit, hgg. übers. erklært und mit glossar versehen.* Cet opuscule, en langue parsie, s'occupe du sort de l'homme après la mort, et indique la façon dont l'homme doit se comporter sur la terre pour atteindre, après sa mort, le paradis. Ce texte parsi est accompagné d'une traduction sanskrite et cite des passages zends qu'il commente. Le titre même est le premier mot d'un de ces passages (2).

Le manuel de la langue de l'Avesta, par M. Geiger (*Handbuch der Awestasprache*, Erlangen, 1879), comprend une petite grammaire habilement et clairement présentée, une centaine de pages de textes et un lexique analytique (p. 176-358) servant à l'application de ces textes.

(1) Consultez le compte rendu de M. James Darmesteter, *Revue critique* du 18 août 1877. Voir également West, *The Academy* : 24 août 1878.

(2) Voir le compte rendu de M. J. Darmesteter, *Revue critique* du 30 août 1879.

En 1877, M. Geldner a publié, à Tübingen, un volume intitulé : *Ueber die metrik des jüngeren Avesta, nebst übersetzung ausgewæhlter abschnitte.* Il entend sous le nom de « plus récent Avesta » tout ce qui ne fait point partie des anciens cantiques ou Gâthâs. Voir Darmesteter, *Revue critique*, 15 nov. 1879. Nous trouvons dans la Revue déjà citée de M. Kuhn un article de M. Geldner sur la lexicographie baktrienne : *Beitræge zur altbaktrischen lexicographie*, t. XXIV, p. 128-158, 1877, et plusieurs morceaux du Vendidad traduits et commentés, *ibid.*, p. 542-555 ; t. XXV, p. 179-212.

En 1877, M. Bezzenberger a publié une étude grammaticale intitulée : *Conditionalformen in Avesta* (Z. Kunde d. indogerm. spr.).

En 1878, dans la *Revue de linguistique*, t. XI, p. 181, M. Schœbel a écrit un article sur l'*Histoire des rois mages*, dans laquelle les documents mazdéens tiennent une place importante.

La même année a vu paraître le volume de M. Bartholomæ : *Das altiranische verbum in formenlehre und syntax* (1).

Certains écrits récents ne sont pas encore venus entre nos mains au moment où la présente feuille est imprimée. Par exemple : Wilhelm, *Traité grammatical de la langue zende*; R. Brown, *La religion de Zoroastre considérée dans ses rapports avec le monothéisme archaïque.*

Nous n'avons guère parlé jusqu'ici, à une exception près, que des travaux dus à des auteurs européens ; les Orientaux modernes ont droit, eux aussi, à être cités. Leurs écrits ont souvent une réelle importance, et en tous cas, il ne faut jamais les négliger entièrement. Outre la version de Framji Aspandiarji (1823-1825) ; celle du Khorda Avesta de Edalji Darabji Sanjana, publiée en 1811 et rééditée en 1848 ; celle d'Aspandiarji Framji, version

(1) Voir Geiger, *Jenaer literaturzeitung*, 26 avril 1879.

du Yaçna qui date de 1849, signalons donc, entre bien d'autres écrits, la grammaire huzvârèche, en goudjerati, de Dhanjibhai Framji (Bombay, 1855); l'essai sur les livres religieux de Zoroastre, également en goudjerati, par Sorabji Shapurji (Bombay, 1858); l'écrit polémique de Dhanjibhai Framji, *On the origin and authenticity of the arian family of languages, the Zand-Avesta and the huzvarash* (Bombay, 1861); l'esquisse de grammaire de la langue zende comparée avec le sanskrit, de Sheheryarji Dadabhai, en goudjerati (Bombay, 1863); le traité sur la religion parsie, de Dadabhai Naoroji (Londres, 1864); la Revue, en goudjerati, intitulée Études zoroastriennes (Bombay, 1866 ss.); le Guide de la religion zoroastrienne, en goudjerati, de Sohrâbji Mihrji Rânâ (Bombay, 1869); les Lectures sur des objets relatifs à la religion zoroastrienne, également en goudjerati, par Kâmâ (Bombay, 1869); le dictionnaire goudjerati-huzvârèche et huzvârèche-goudjerati de Sohrâbji Mihrji Rânâ (Bombay, 1869); la bibliographie de Zoroastre, en goudjerati, par Khursedji Rustamji Kâmâ (Bombay, 1870); une grammaire huzvârèche avec glossaire, publiée à Bombay en 1871, en goudjerati, par Behranji Sunjana; la version de l'Avesta, également en goudjerati, à l'usage des Parsis, éditée à Bombay la même année; l'année suivante, le Professeur de zend, grammaire zende, en goudjerati (Bombay); en 1874, le Vendidad traduit en goudjerati avec des notes et un glossaire, par Kavasji Edalji Kanga (Bombay); la même année, l'édition du *Dinkard*, texte pehlvi, transcription en lettres zendes, version en goudjerati et en anglais, avec commentaire et glossaire, par Behramji Sunjana (Bombay). Ce dernier livre est un recueil de notices et d'éclaircissements sur différents points de la doctrine zoroastrienne. Signalons également le dictionnaire pehlvi-goudjerati-anglais du destour Jamaspji Minocheherji Jamasp Asana (Bombay, 1877).

Nous sommes loin d'avoir signalé tous les écrits qui

ont paru, soit en Europe, soit en Asie, sur les idiomes et les textes mazdéens, et, certes, nous ne pensons à rien moins qu'à dresser une bibliographie complète de cette matière. Le lecteur voudra bien prendre note de cette observation, et croire que si nous n'avons pas cité telle ou telle publication, tel ou tel mémoire relatif à l'étude du zoroastrisme, c'est que, le plus souvent, il nous a paru peu utile d'en faire mention. Quelques-uns, peut-être, trouveront que, loin d'être par trop incomplète, notre énumération eût gagné à être restreinte. Il se peut. Mais nous avions à rendre un hommage mérité à la plupart des auteurs qui se sont engagés, après Anquetil-Duperron et Eugène Burnouf, dans l'examen des textes et des enseignements mazdéens. La liste, un peu longue peut-être, des écrits que nous avons signalés, en indiquant leurs tendances principales, est en somme un rapide historique des progrès de la science du mazdéisme; nous souhaitons que cet historique soit reconnu tout à fait impartial.

LIVRE PREMIER

L'AVESTA ET ZOROASTRE

CHAPITRE PREMIER

Le texte de l'Avesta

---

§ 1. — *Les livres perdus de l'Avesta.*

C'est un enseignement de la tradition, chez les Parses, que, lors de son expédition en Asie et de sa lutte contre les Achéménides, Alexandre, roi de Macédoine, fit réunir tous les livres éraniens, commanda une traduction grecque des ouvrages qui traitaient de la médecine et de l'astronomie et fit livrer aux flammes tous les autres. Tavernier, dans le livre de ses *Six voyages en Turquie, en Perse*, etc. (Paris. 1676-77, 1678-79, 1681), s'exprime ainsi à ce sujet, lorsqu'il parle *des livres des Gaures :* « Ebrahim-zer-Ateucht estant allé en corps et en âme en paradis, ils reçurent par son moyen sept livres de loix que Dieu eut la bonté de leur envoyer, pour estre instruits dans le chemin de leur salut. Ils en reçurent ensuite sept autres qui contenoient l'explication de tous les songes qu'on pouvoit faire ; et enfin sept autres où estoient écrits tous les secrets de la medecine, et tous les moyens possibles pour se conserver long-temps en santé. Ils disent qu'il y a quatorze de ces livres qui ont esté perdus, et que ce sont ceux qui traittoient de la medecine et de l'explication des songes ; que lors qu'Alexandre le Grand vint conquérir leur pays, il fit emporter ces quatorze livres comme un grand tresor ; et pour les sept autres livres où estoit écrite toute leur religion, parce qu'ils estoient en une langue qui n'estoit entenduë que des anges, que de depit Alexandre les fit brûler, et qu'incontinent après Dieu le punit de sa témérité, et lui envoya une horrible maladie dont il mourut. » Livre IV, chap. VIII (1).

Dans son livre sur le système religieux des Baktriens et des Mèdes, Rhode, dès les premières pages de l'introduction, révoque en doute cette légende (2). Les Éraniens,

(1) On lit dans les *Relations nouvelles du Levant* de Chinon, p. 436 : « Ils disent que quand Alexandre le Grand soumit leur pays, après leur avoir fait une cruelle guerre, il envoya les quatorze livres qui traitaient de la médecine et de l'explication des songes, en Macédoine, comme une rareté qui surpassait toutes celles de la nature, et voyant qu'il ne comprenait rien de tout ce qui était écrit dans les sept autres où était écrite toute leur loi, et que même ils étaient écrits en une langue qui n'était entendue que des anges, il les fit brûler » ; dans le voyage en Perse de Chardin, t. III, p. 132 (édition d'Amsterdam, 1711 in-4°) à propos des Guèbres : « Je n'ai rien trouvé de plus sensé dans leurs enseignements, que le mal qu'ils disent d'*Alexandre le Grand.* Au lieu de l'admirer, et de révérer son nom, comme font tant d'autres Peuples, ils le méprisent, le détestent et le maudissent, le regardant comme un Pyrate, comme un Brigand, comme un homme sans justice et sans cervelle, né pour troubler l'ordre du monde, et pour détruire une partie du genre humain. Ils se disent à l'oreille la même chose de Mahammed, et ils les mettent tous deux à la tête des méchants princes ; l'un pour avoir été lui-même l'instrument de tant de malheurs, comme sont l'Incendie, le Meurtre, le Viol et le Sacrilége ; l'autre pour en avoir été la cause et l'occasion. Ils connaissent assez que leur perte vient de ces deux usurpateurs *Alexandre* et *Mahammed*, en quoi ils ne se trompent pas ». Cf. J. Darmesteter, *La légende d'Alexandre chez les Parses*, Paris 1878.

(2) *Die heilige sage und das gesammte religionssystem der Baktrer* etc., p. 19 ss. Francfort, 1820.

dit-il, avaient perdu, par le fait de la conquête d'Alexandre, vingt, sur vingt-et-un, de leurs livres sacrés. Mais Alexandre n'avait aucun intérêt à détruire, ou simplement à opprimer la religion mazdéenne. Les Éraniens, à ses yeux, vénéraient (bien que sous d'autres noms) les divinités qu'honorait la Grèce. Lui-même sacrifiait aux divinités éraniennes : au soleil, à la lune, à la terre (1). Les gouverneurs provinciaux qu'il nomma étaient pour la plupart des gens du pays, des sectateurs d'Ormuzd. Le Grec Peuceste qu'il éleva à cette dignité, loin de poursuivre les croyances mazdéennes s'y accommoda bientôt sans restriction (2) ; et nous savons que lui-même fit exécuter deux de ses lieutenants, Cléandre et Sitalce, coupables d'avoir porté la main sur les monuments religieux du pays (3). Rhode pense qu'il ne peut être question d'un anéantissement voulu des livres mazdéens ; quelques manuscrits ont pu être accidentellement perdus, mais l'on ne saurait affirmer davantage : « Alles was man anzunehmen berechtigt ist, besteht darin : dass einzelne abschriften der heiligen bücher zufællig vernichtet werden konnten und mussten » (*op. cit.*, p. 21).

A supposer qu'Alexandre ait réellement donné l'ordre qu'on lui attribue, il est inadmissible que l'application de cet ordre ait été complète et parfaite. Les manuscrits des livres saints étaient une chose trop précieuse pour que les sectateurs du mazdéisme n'en aient pas sauvé, sinon la totalité, au moins une part considérable. Les livres religieux peuvent ne pas échapper à un oubli et à une négligence séculaires, mais ils échappent toujours à un coup de force et à une persécution organisée. En définitive, Alexandre (l'eût-il voulu) n'aurait pu mettre la main sur tous les exemplaires des écrits éraniens.

(1) Καὶ Ἀλέξανδρος ἔθυε τῇ τε σελήνῃ καὶ τῷ ἡλίῳ καὶ τῇ γῇ. Arrien, chap. VII, 6 : Alexander lunæ, soli ac terræ sacrificium fecit.
(2) Arrien, chap. XXX, 3.
(3) *Ibid.* chap. XXVII, 4.

Les deux siècles qui précèdent l'ère chrétienne, et les deux siècles qui la commencent ont été témoins, sans aucun doute, d'un certain affaissement des croyances mazdéennes, mais on ne peut attribuer cet état de choses qu'à l'ensemble des circonstances politiques et non à telle ou telle mesure précise et déterminée. L'hellénisme s'était introduit peu à peu, les relations provinciales étaient changées, la pénétration des éléments étrangers dans la plus grande partie du pays éranien avait relâché petit à petit les liens de l'ancienne communauté. Le pouvoir de la dynastie parse des Arsacides, qui dura près de cinq cents ans (de l'an 255 avant l'ère chrétienne jusqu'en l'an 226), fut fatal au mazdéisme. La religion zoroastrienne s'obscurcissait peu à peu, la tradition allait se perdant, et les livres saints n'étaient plus entourés, universellement, des soins que l'antiquité leur avait consacrés.

Il était temps, au troisième siècle, que la dynastie nationale des Sassanides vînt remettre en honneur les vieilles croyances, les vieilles traditions. Nous avons dit plus haut, dans notre *Introduction*, que c'est de l'époque des rois Sassanides (de l'an 226 à l'an 652 de l'ère chrétienne), que date la version du vieux texte zend de l'Avesta en langue huzvârèche, ou langue vulgaire. Les Sassanides, défenseurs des dieux de leurs pères, furent franchement hostiles à la triple invasion de l'hellénisme, du judaïsme, du christianisme. Ardéchir (Artaxercès Bâbegân) et son fils Sapor se donnèrent énergiquement à l'œuvre de la restauration mazdéenne. Leurs successeurs, pendant près de quatre cents ans, entretinrent l'antique tradition nationale, mais, au milieu du VIIe siècle, survint la conquête arabe et le zoroastrisme reçut à cette époque le coup vraiment mortel. Nous avons dit ci-dessus, p. 18, quel fut le sort des sectateurs du mazdéisme et où se trouvaient aujourd'hui les derniers fidèles d'Ormuzd.

Il est évident, en définitive, que si plusieurs des livres

religieux de l'Éran disparurent à l'époque de l'expédition d'Alexandre, dans la ruine de plusieurs villes et dans l'anéantissement sommaire de la population de ces localités, d'autres écrits se perdirent durant la domination des Arsacides, et que d'autres enfin (peut-être en plus grand nombre), furent détruits à l'époque fatale de la conquête arabe (1).

Quoi qu'il en soit des événements qui ont pu amener dans le cours de l'histoire (et notamment aux environs du premier siècle de l'ère chrétienne), la perte d'une partie des livres éraniens, nous ne pouvons douter que le nombre des anciens écrits mazdéens n'ait été bien autrement considérable que celui dont nous sommes actuellement en possession.

Pline, qui écrivait au premier siècle de l'ère chrétienne, rapporte, dans le XXXe chapitre de son *Histoire naturelle*, que, d'après Hermippe, Zoroastre aurait laissé *deux millions de vers* : « Hermippus, qui de tota arte ea (magia) diligentissime scripsit et vicies centum millia versuum a Zoroastre condita, indicibus quoque voluminum ejus positis, explanavit... »

La tradition parse nous apprend que l'Avesta se composait de vingt-et-une parties (2), de vingt-et-un *Nosks* (zend *naçka-*, huzvârèche *naçg*, cf. Spiegel *Arische studien*, fasc. I, p. 54), dont voici l'énumération sommaire :

1° Le *Çitud yest* (*Setud yest*), traitait de la grandeur des êtres divins : un prêtre qui le récite par trois fois selon les principes indiqués, voit venir à lui les créatures célestes ; il comprend trente-trois chapitres. — 2° Le *Çitud ghar* (*Setudgher*, *Setudghar*) comprenait vingt-deux chapitres. Il traitait de la prière, de la pureté des œuvres, des aumônes,

(1) Outre Anquetil, Kleuker et Rhode *(op. cit.)*, consulter sur ce sujet : Spiegel, *Zeitschrift der deutschen morgenl. gesellschaft*, t. IX; *Avesta* (traduction), t. I, p. 15 ; Haug, *Lecture on the origin of the parsee religion*, p. 1 ; Lepsius *Das ursprüngliche zendalphabet*, p. 296 ; Oppert, l'*honover*, p. 10.

(2) Spiegel, traduction, t. I, p. 15 ; Vullers, *Fragmente über die religion des Zoroaster*, p. 14 ; Haug, *Essays on the sacred language*, etc., p. 125.

de l'unité qui doit régner entre proches. — 3° Le *Vahist mânsrah* (*Vehiṣt mantsre*, zend *vahista mãthra*), composé également de vingt-deux chapitres, traitait de différentes observations de la loi, des bonnes intentions, etc., etc. — 4° Le *Bagh* (*Bagha*), vingt-et-un chapitres, traitait des devoirs imposés par la loi et du moyen de parvenir au paradis. — 5° Le *Duvâzdah hâmâçt* (*Dueste hamast*) traitait de la connaissance des deux mondes et des êtres qui les peuplent; de la révélation qu'en a faite la divinité; de la résurrection et du jugement dernier. — 6° Le *Nâdir* (*Nâdur*), trente-cinq chapitres. Il y était parlé du monde, des astres, de la forme et de la vie du ciel, de la cosmogonie générale. — 7° Le *Pâćam* (*padjem*), composé de vingt-deux chapitres, traitait des quadrupèdes, des six grandes fêtes des Gahanbârs, commémoratives de la création (Spiegel, traduct. t. II, p. C). — 8° Le *Ratustai* (*Rcteṣtai*), composé primitivement de cinquante chapitres, sur lesquels il n'en existait plus que treize à l'époque d'Alexandre, traitait des différents chefs de la création (zend *ratu*-), des princes, des juges, de la fondation des villes, etc. — 9° Le *Baras* (*Baraṣ*, *Bereṣ*, *Buruṣ*), soixante chapitres, réduits à douze au temps d'Alexandre; il y était également traité des princes et des juges, puis de certaines fautes que commettent les hommes. — 10° Le *Kasakçirah* (*Keṣeksire*), soixante chapitres réduits à quinze au temps d'Alexandre. Ce livre s'occupait de la vertu et de la sagesse, des choses qui amènent l'homme au bien. — 11° Le *Vastaçp ṡâh* (*Veṣtasp ṣah*, *Vistasp noçk*), composé primitivement de soixante chapitres, sur lesquels dix survivaient seuls à l'âge d'Alexandre, traitait du développement que reçut la foi mazdéenne sous Vistasp. — 12° Le *Khast*, composé de vingt-deux chapitres et divisé en six parties, traitait de la foi qui est due à l'enseignement de Zoroastre, de la soumission à la loi et aux princes; de la culture de la terre et des plantes; des catégories humaines (princes, juges et théologiens; guerriers; agriculteurs; commerçants et industriels). — 13° Le *Cafand* (*Sefend*), soixante chapitres, traitait de la science nécessaire aux hommes et des prodiges opérés par Zoroastre. — 14° Le *Jarast* (*Jereșt*), composé de vingt-deux chapitres, traitait des origines de l'homme, de son existence dans le sein de la mère et de son sort après la naissance. — 15° Le *Baghan yast*, dix-sept chapitres, faisait l'éloge des créatures célestes. — 16° Le *Nayârum* (*Neyarem*), composé de cinquante-quatre chapitres, traitait de préceptes spéciaux à certaines circonstances de la vie. — 17° L'*Açparum* (*Asparom*, *Hûsparûm*) composé de soixante-quatre chapitres, traitait entre autres choses, des actions permises et de celles qui ne l'étaient pas. — 18° Le *Devaçerujed*, soixante-çinq chapitres, parlait des unions entre consanguins, de la connaissance de l'homme et des quadrupèdes. — 19° L'*Açkarem* (*Hûskarûm*), cinquante-deux chapitres, traitait du développement des arts jusqu'au jugement dernier et parlait de celui-ci. — 20° Le *Vendidad* (*Vendîdâd*), composé de vingt-deux chapitres, nous occupera plus loin. — 21° Le *Hadôkht* (*hadhaokhta*), composé de trente chapitres, traitait des prodiges de la création et des bonnes actions de Zoroastre.

De tous ces livres énumérés par la tradition parse, le Vendidad seul a survécu, et il forme, avec le Yaçna et le Vispered, le recueil que l'on appelle aujourd'hui l'*Avesta*. Haug suppose que le Yaçna et le Vispered ne sont pas énumérés dans la liste précédente par ce fait qu'ils forment une sorte de classe spéciale, et qu'ils représentent une espèce de « védas ». Quant aux *Yasts* composant le *Petit Avesta*, ils seraient compris dans tels et tels de ces vingt-et-un Nosks (1).

Quoi qu'il en soit, les deux millions de vers dont parlait Hermippe, d'après Pline, ne formaient pas encore un ouvrage excessivement considérable. C'est ce qu'a fort bien remarqué Rhode dans son livre *Die heilige sage der alten Baktrer*,

(1) *Essays* etc., p. 128.

p. 23 : « Weder diese grosse zahl (2.000.000), noch diese art, die grœsse eines werks zu bestimmen, darf uns befremden. Noch wird im morgenlande die grœsse eines buchs nach *beits*, das ist, versen, oder zeiten von vierzig buchstaben geschætzt, und der preis nach der zahl dieser beits bestimmt. Für tausend beits muss man in Indien etwa eine bis zwei rupien bezahlen. Reducirt man die zwei millionen verse des Hermippus nach diesem maaszstabe, und rechnet etwa siebzig bis achtzig zeilen auf eine folioseite — nach unserer bücherform — so liesze sich das ganze schon in ein und zwanzig folianten bringen, und kæme dabei noch nicht einmal an stærke den heiligen schriften der Hindu gleich. »

En somme, les vingt-et-un Nosks plus haut cités comprenaient à eux tous 825 chapitres. En prenant pour base de comparaison la longueur des chapitres du Vendidad, qui ont, en moyenne, environ 250 lignes, Windischmann a supposé que l'ensemble des vingt-et-un morceaux représentait à peu près 200.000 lignes (1); Pline aurait fait simplement une erreur de chiffres. Cette opinion nous paraît plausible.

§ 2. — *L'Avesta tel qu'on le possède aujourd'hui.*

L'Avesta tel que nous le possédons actuellement, ou, pour parler d'une façon plus exacte, l'ensemble des anciens textes mazdéens auquel nous donnons le nom d'Avesta, se compose des trois livres du Vendidad, du Yaçna, du Vispered, et des *Yasts* (ou *Yests*) du recueil que l'on appelle le Petit Avesta, *Khorda Avesta*.

Avant de dire quelques mots de chacun de ces différents livres, avant de signaler les manuscrits par lesquels nous les connaissons, avant d'examiner quel est le mode de rédaction, quel est l'âge, quelle est la patrie de l'Avesta, nous

(1) *Zoroastrische studien*, p. 292.

avons à nous demander ce que c'est que le mot même d'Avesta. Cette recherche nous amènera en même temps à parler des mots *zend* et *pazend*.

Dans le *Traité historique de la religion des Perses* qu'il lut en avril 1755 à l'Académie des Inscriptions et Belles-Lettres, Foucher dit ce qui suit :

« Le *zend* est le livre liturgical... le *pazend* en est le commentaire... *Zendavesta*, titre général, est composé de deux anciens mots perses, *zend* et *vesta*. *Vesta* est le feu, et l'on prétend que *zend* signifiait l'instrument avec lequel on l'allume ; ce qui se faisait chez les Perses, non en frappant une pierre avec le fer, mais en frottant deux morceaux de roseau l'un contre l'autre. Ce titre de *Zendavesta* fut donné au recueil, dit M. Prideaux, pour faire entendre qu'il devait allumer dans le cœur des hommes le feu de l'amour divin.... M. d'Herbelot indique une autre signification plus simple et mieux fondée, en observant que, dans certain langage, *zend* signifiait *vivant*, ou *vie*. Ainsi *Zendavesta* serait *feu vivant*, ou *vie du feu* ; titre noble pour un livre où l'on enseigne le culte de cet élément (*Acad. des inscript.*, t. XXVII, p. 318, 1761).

Anquetil-Duperron, dans ses *Recherches sur les anciennes langues de la Perse* (mémoire lu le 23 août 1763) s'exprime ainsi à ce sujet : « On trouve dans les anciens livres des Parses deux sortes de caractères, le *zend* et le *pehlvi* ; le premier est celui de la langue de l'Avesta, et cette langue, selon Darab, Destour Mobed des Parses de Surate, se nomme aussi *zend*, parce qu'elle s'écrit avec les caractères *zends*... Par le mot *zend* plusieurs écrivains parses entendent les ouvrages mêmes de Zoroastre, la doctrine qui y est renfermée, la langue et les caractères dans lesquels ils sont écrits : d'autres, et ce sont les plus exacts, distinguent clairement ces différents objets. *Ormuzd*, dit l'auteur du Tchengregatch-namah, *apprit l'Avesta* (la parole) *à la langue pure de Zoroastre, et produisit le pa-zend et le zend*. Cet écrivain détaille ensuite ce qui fait l'objet de l'Avesta : c'est la connaissance de Dieu, de la loi, la médecine, l'astronomie, etc. L'*Eulma-eslam* est plus positif; il définit nettement le *zend*. *L'Avesta est la langue d'Ormuzd et le zend est ma langue* (à moi homme). On lit encore ces mots pehlvis au commencement de l'*Iescht Ormusd*, traduit du zend en pehlvi, *j'écris l'Ormusd jescht en zend.* Ici le mot *zend* ne peut être équivoque ; il désigne la langue même dans laquelle l'Ormusd jescht est écrit : aussi les commentateurs des livres zends et les docteurs de la loi parse n'emploient-ils communément pas le mot *avesta* (parole), lorsqu'ils citent le texte zend. Rien n'est plus commun dans leurs écrits que cette phrase : *Comme il est clair par l'Avesta ;* ils se servent du mot zend lorsqu'ils veulent distinguer les livres qui sont en cette langue, des ouvrages pehlvis.

« Voyons maintenant quelle peut être l'origine du mot *zend*. Ce ne sera pas chez les Parses modernes que je chercherai des lumières sur cet objet. Pleins d'enthousiasme pour tout ce qui a trait à leur religion, ils croient qu'Ormusd est l'auteur du *zend*, pris dans le sens le plus étendu, c'est-à-dire des livres, de la langue et des caractères zends...

« Je ne m'arrêterai pas à M. Hyde, qui veut que *zend* soit un mot arabe, métamorphose *avesta* en *esta* chaldaïque, et soutient aux Parses que cette dernière expression ne signifie rien dans leur langue. *Zend*, en arabe, est le nom d'un instrument avec lequel on allume le feu ; le titre des ouvrages de Zoroastre, conclut le docteur anglais, pris métaphoriquement, nous donne à entendre que, *semblable au fusil qui sert à allumer le feu dans la cuisine*, ces livres doivent enflammer dans le cœur des hommes le zèle de la religion et le feu de l'amour divin...

« La conjecture de M. d'Herbelot est plus heureuse ; voici comment il s'exprime : *le mot* zend *signifie* vivant, *de sorte qu'il semble que les Mages aient qualifié leur livre, qu'ils estiment sacré, du titre de vie ou livre de vie.* M. d'Herbelot raisonne d'après le sens de *zend* en persan moderne, et s'accorde avec l'ancien, d'où ce mot s'est formé. En effet, je trouve dans le Vispered, chap. 16, ces paroles *mad vetchesteschtem mad azieantem*, rendues en pehlvi par *roteman vadjesst ve roteman goaeh zend*, c'est-à-dire *avec la parole vivante*... Le mot *zend*, formé d'*azieantem*, signifie *vivant*, surtout lorsqu'il est question des livres de Zoroastre, et caractérise la parole d'Ormusd et les ouvrages de ce législateur.

« J'avais d'abord imaginé que celui d'*avesta* aurait pu venir du mot pehlvi *vadjessi*, dérivé de *vetcheschté*, parole ; mais en feuilletant les livres zends, j'y ai trouvé le mot même d'*avesta* dans le sens de *parole*... Ces deux mots *avesta* ou *vesta* ne signifient donc autre chose que *parole*, et *zend-avesta*, *parole vivante*. C'est le nom général que les historiens et la tradition ont conservé aux ouvrages de Zoroastre, et nous avons vu ci-devant ce législateur désigner par les mêmes expressions, *vetcheschtem azieantem*, sa loi et les livres qui la renferment. Manès a imité Zoroastre, en appelant le livre de ses révélations l'*évangile vivant*, τὸ ζῶν εὐαγγέλιον... En suivant la même analogie, les caractères et la langue dans lesquels sont écrits les livres de Zoroastre se nomment *zend*, c'est-à-dire *vivants*, parce qu'ils sont propres au *Zend-avesta*, qui est la parole vivante » (*Op. cit.*, t. XXXI, p. 353, 1768).

Paulin de Saint-Barthélemi écrit ceci dans son *Voyage aux Indes orientales* : « Les Persans avouent eux-mêmes qu'ils ont reçu leurs livres et leurs dogmes de la Bactriane qui confine avec l'Inde, et Hyde, dans son livre sur la *Religion des anciens Perses*, dit qu'il faut aller chercher dans l'Inde les dictionnaires de l'ancienne langue persane ; de sorte qu'il est avéré que la religion des Brahmes passa de l'Inde dans la Perse ; mais elle ne pouvait s'y introduire sans des livres et sans un dialecte sanscrit : ce dialecte fut appelé dans la Perse *zend*, par corruption de *sindhou* ou *sind*, dialecte indien ; car l'Inde, en sanscrit, s'appelle *Sindhoustan*, dont les autres nations ont fait *sind*, *hend* et *zend* » (Texte italien de 1776 ; traduction française, t. II, p. 218, 1808).

William Jones, en 1790, dit quelques mots de la question : « A learned follower of Zeratusht, named Bahman, who lately died at Calcutta, where he had lived with me as a Persan reader about three years, assured me, that the *letters* of his prophet's book were properly called *zend*, and the *language*, *avesta*, as the words of the *Veda's* are *sanscrit*, and the characters, *nagari* » (*Asiatic researches*, t. II, p. 50, Calcutta, 1790).

Toutes ces explications n'ont qu'une valeur historique; elles font connaître les idées qui couraient sur le sujet qui nous occupe, à la fin du XVIIIe siècle : mais elles n'ont rien de critique. Arrivons aux interprétations proposées par nos contemporains.

Dans la préface de sa grammaire du parsi (*Grammatik der pârsisprache*, 1851) M. Spiegel aborde la question. Il constate avec Joseph Müller (1) que les Parses distinguent dans leur propre histoire, quatre langues : la langue du texte sacré, celle que nous appelons la langue zende ; le huzvârèche, ou pehlvi ; le parsi, idiome des chefs de la loi religieuse ; enfin le persan, ou néo-perse, langue de la Perse moderne. *Zend* et *pazend*, pour les Orientaux modernes, ne sont point des noms de langues, mais bien des noms de livres : il y a eu ici une confusion, due à Anquetil lui-même.

A la fin de son livre, M. Spiegel consacre trois pages d'éclaircissements à cette question. Burnouf, dit-il, voit dans le terme *zend* le mot *zantu*, et s'exprime ainsi : « Je regarde comme très-vraisemblable, sinon comme prouvé, que le mot *zanda* ou *zend*, dérivé de *zantu*, ville, signifie le livre des gens ou des villes, et, par extension, la langue des villes, quand on veut parler spécialement de la langue de ce livre, ce qui me paraît un usage beaucoup plus moderne. Et je vois dans cette application du nom de ville au livre, que l'on conservait sans doute dans les villes, quelque chose d'ana-

(1) *Essai sur la langue pehlvie*, p. 56; Paris, 1839.

logue à l'idée exprimée par la dénomination de *dêvanâgarî* « écriture des villes des dieux », par laquelle les Brahmanes désignent le caractère propre au sanskrit » (*Journal asiatique,* février, 1846, p. 137). En ce qui le concerne, M. Spiegel pense que sous le nom d'*avesta* les Parses comprenaient leurs saintes écritures, et sous celui de *zend* le commentaire, ou, pour mieux dire, la version du livre sacré : le terme de *pazend* s'appliquait aux gloses de cette traduction. Cette dernière, en effet, répète trop souvent cette formule : « Il est clair d'après l'Avesta », pour que ce mot ne s'applique pas au texte lui-même. Le destour Darab fait même cette remarque dans un passage interpolé : « Cet *avesta* provient d'un autre *nosk* » (*Op. cit.*, p. 207). Le même auteur revient sur cet exposé dans l'introduction au premier volume de sa version de l'Avesta, p. 45 (Leipzig, 1852), et il ajoute dans les Additions au même volume, p. 293 : « Je tire maintenant le mot *zend* de la racine *zan-jñâ*, savoir; *zanti* équivaudrait donc à γνῶσις » (Cf. *Zeitschrift der deutschen morgenl. gesellsch.* t. VII, p. 104, et Alb. Weber, *Indische streifen,* t. II, p. 425). Il le rappelle encore, avec plus de détails, dans son ouvrage sur la *Littérature traditionnelle des Parses,* t. II, p. 10 et p. 16; nous renvoyons le lecteur à ces deux passages.

Pour Haug, le terme de *zend* a le sens d'*éclaircissements* : erklærungen (*Die Gâthâ's des Zarathustra,* II, p. 219, Leipzig 1860). L'*Avesta*, dit-il dans sa *Lecture on the origin of the parsee religion* (1861), est le texte original, le zend est le commentaire, le pazend est la série des notes explicatives du commentaire. Cf. du même auteur, *Essays on the sacred language,* etc. p. 121 et 122, Bombay 1862.

M. Oppert s'est également prononcé sur cette question. Dans son article sur l'*Honover, le verbe créateur de Zoroastre* (janvier 1862), Zoroastre, dit-il, « parut portant l'*Avaçtâ* (la réforme, le rétablissement de l'ancienne foi, le *Zanda*, la loi. C'est ainsi que j'interprète les deux mots

Avesta et *Zend*, dans lesquels les Orientaux voient la *loi* et le *commentaire*. Un second commentaire serait le *Pazend*, l'explication liturgique, écrit en langue parsie » *Op. cit.* p. 6. Et en note : « Le mot *avestâ* vient de *ava* et *stâ* (stare), qui s'emploie en Perse dans le sens de *rétablir* ; il exprime le rétablissement de l'ancienne foi.... Dans *zanda* je vois une formation provenant de *zad* (sanscrit *gad*, parler) qui se trouve souvent en zend et en perse. » En 1872, au tome XIXe (sixième série) du *Journal asiatique*, M. Oppert revient sur ce sujet, p. 293. *Avesta*, dit-il, dérive du mot perse *âbastâ*, loi, lequel provient de *â* et *bakhs*, attribuer ; *âbastâ*, pour **âbakhstâ*, veut dire : ce qui est statué, la loi. Ce mot se trouve à la ligne 64 du quatrième morceau de l'inscription de Behistân : *upariy âbastâm*, secundum (subter) legem. Quant au mot *zend*, il se retrouve dans les textes de Persépolis et provient de la racine *z'ad*, *z'and*, prier (Nakch i Roust. 64 et H. 21). Ainsi, *avesta u zend* signifie simplement *la loi et la prière* ». M. Oppert a proposé à nouveau cette interprétation, en 1876, au Congrès international des Orientalistes, à Pétersbourg.

M. Sachau, dans ses *Neue beitræge zur kenntniss der zoroastrischen litteratur* (Vienne 1871), applique aussi l'expression d'avesta au texte lui-même, et celle de zend à l'ancienne version de ce texte.

Cette double explication nous paraît, en somme, tout à fait admissible ; nous reconnaissons également que le mot de pazend s'applique selon toute vraisemblance aux gloses du commentaire. Avesta, zend, pazend seraient ainsi, et uniquement, des noms d'ouvrages : le premier (*avesta*, ou texte primitif) rédigé en baktrien ; le second (*zend*, ou commentaire) rédigé en huzvârèche ; le troisième, *pazend*, rédigé en parsi (1).

(1) Consulter encore : Harlez, *Journal asiatique*, cahier de novembre-décembre 1876 ; Spiegel, *Zeitschr. der deutschen morgenl. gesellsch.*, t. XXXIII, p. 305.

Quoi qu'il en soit, l'usage a prévalu de détourner l'un de ces mots, le mot *zend*, de son sens véritable et de l'appliquer à la langue même du texte; c'est ainsi que l'on dit : l'Avesta est rédigé en langue zende. Nous reconnaissons combien cette façon de parler est fautive, mais elle est reçue, elle est courante, et, en l'employant, nous nous conformons à l'habitude.

Nous avons eu l'occasion, précédemment, de dire que l'Avesta, tel qu'il est entre nos mains, se compose de trois livres principaux, le *Vendidad*, le *Vispered*, le *Yaçna*. Il faut y ajouter un certain nombre de morceaux dont l'ensemble porte le nom de *Petit Avesta.*

Le moment est venu de dire rapidement ce que contiennent chacun de ces livres.

Le Vendidad est avant tout un livre cosmogonique. Il traite, sans doute, d'un assez grand nombre de sujets différents, mais presque tous se rapportent à la double création.

Les formes *véndévdâd* et *vendîdâd* de l'éranien du moyen âge se rattachent aux deux mots zends *vîdaêva* -, anti-démoniaque, et *dâta* -, loi. Dans le texte même de l'Avesta on trouve plus d'une fois ces deux mots employés simultanément : *nizbayêmi vañuhîm daênãm mâzdayaçnîm dâtem vîdôyûm* « Je loue la bonne loi mazdéenne, la loi établie contre les démons » Vend. XIX, 57 ; cf. Yaçna II, 51, XXV, 18, etc.

Le livre du Vendidad est divisé en vingt-deux sections, ou chapitres, d'inégale dimension. Il en est de fort courts, comme les dixième, dix-septième, vingtième, qui comptent en moyenne de trente à trente-cinq versets ; il en est de fort longs, comme le huitième, qui en compte plus de trois cents. Nous parlerons plus loin des noms que l'on donne aux chapitres selon qu'ils appartiennent à tel ou tel livre de l'Avesta.

On peut dire d'une façon générale que le Vendidad est une suite de colloques entre Zoroastre et Ormuzd. Dans le premier chapitre, qui entre en matière sans préambule (*mraot ahurô mazdâo çpitamâi zarathustrâi* « Ahura mazdâ dit au très-saint Zarathustra »), le dieu énumère les diverses régions qu'il a créées pleines de perfections : l'*airyana vaêjah* (nominatif *airyanem vaêjô*) en huzvârèche *érânvéj*, la mère-patrie éranienne (*airyana* -, *érân*, *îrân*) ; la puissante ville de Môuru (Merv) ; Bâkhdhi (Bactre); le pays de Hérât, etc. etc. (1). A chacune de ces créations le chef des mauvais esprits, Ahriman, oppose une création pernicieuse : l'hiver, les animaux nuisibles, le doute, la pédérastie, l'enterrement des morts, etc. etc. Au surplus l'énumération d'Ormuzd (il cite seize régions) n'est point limitative, car le dieu, dans le dernier verset du chapitre, déclare qu'il existe encore bien d'autres contrées.

Dans le second chapitre, Ormuzd déclare à son prophète que la première révélation a été faite à Yima ; que celui-ci muni de la faveur divine, fit prospérer sa vaste propriété ; que ce domaine se couvrit d'hommes et de bétail, et s'accrut successivement en d'immenses proportions. Ormuzd avertit un jour Yima que l'hiver avec tous ses maux va fondre sur le pays ; qu'il faudra rappeler les troupeaux de la montagne et de la vallée ; que lui, Yima, doit construire un enclos (*vara*-, éranien plus récent *var*) et y porter « la semence du bétail, des animaux de trait, des hommes, des chiens, des oiseaux et du feu. » Yima agit comme le dieu le lui ordonne et installe ce séjour d'élection et de bonheur.

Troisième chapitre, Ormuzd apprend à Zoroastre quelles sont les cinq choses dont la terre a le plus lieu de se réjouir : l'apparition d'un Mazdéen venant pratiquer les cérémonies religieuses ; la construction de la demeure d'un Mazdéen, demeure où l'on verra le feu sacré, une femme et des enfants, du bétail ; le travail du sol ; l'accroissement des animaux de ferme ; l'urine abondante du bétail (Nous ver-

(1) Nous citerons ces différents pays dans notre chapitre sur Ormuzd. Consulter à ce sujet Geiger, *Die pehleviversion des ersten capitels des Vendidâd*, et l'importante critique de M. Darmesteter (*Revue critique* du 18 août 1877).

rons plus tard le rôle qu'avait celle-ci dans la purification religieuse). Il lui dit ensuite quelles sont les cinq choses dont la terre a le plus lieu de s'attrister : l'ensevelissement des chiens et celui des hommes, etc., etc. Le reste du chapitre est consacré presque tout entier au développement de ces deux ordres d'idées, principalement à l'éloge de l'agriculture.

Le quatrième chapitre débute par un morceau sur la sainteté des contrats et sur les pénitences encourues par les individus qui manquent à la parole donnée. Suit un passage relatif à l'expiation des coups et blessures. Ormuzd, enfin, fait l'éloge du mariage, de la famille, de l'hygiène.

Nous trouvons dans le chapitre cinquième l'énumération de certaines causes d'impureté produites par le contact des cadavres et l'indication des moyens de purification. Quelques versets sont consacrés à l'éloge de la loi mazdéenne. Un passage assez important (versets 136-160) traite des purifications qui doivent suivre la venue d'un enfant mort-né.

Le chapitre sixième est en quelque sorte la suite du précédent. Il y est traité de l'état provisoire dans lequel doit être laissée la terre sur laquelle sont morts des hommes ou des chiens ; de la pénitence exigée de ceux qui souillent volontairement la terre en la mettant en contact avec un cadavre ; de la façon dont il faut traiter les cadavres, etc., etc.

Une partie du septième chapitre n'est que la suite des deux précédents. Il y est traité tout d'abord du moment auquel le démon femelle Naçu se jette sur le cadavre ; puis de la purification des vêtements ; de la faute des hommes qui ont mangé d'un homme ou d'un chien morts ; de la purification du foyer qui a été mis en contact avec un cadavre ; de la préparation et de l'admission à la profession médicale, etc., etc.

Huitième chapitre. Préceptes importants relatifs aux funérailles mazdéennes. Trois-cent dix versets.

Chapitre neuvième. Exposé des pratiques purificatoires auxquelles doivent se livrer les individus qui ont été en contact avec un cadavre.

Dixième chapitre. Ormuzd indique à Zoroastre les prières qui doivent servir à celui-ci pour repousser l'attaque des démons. Le chapitre se termine par un éloge de la pureté mazdéenne.

Chapitre onzième. Des prières spéciales à la purification des habitations, du feu, de l'eau, de la terre, du bétail, etc., etc.

Le douzième chapitre a trait aux formalités qui doivent accompagner le décès des proches parents.

Dans le treizième, nous trouvons l'éloge du chien, les prescriptions relatives aux soins qu'il faut lui donner. Dans le quatorzième, il est question d'un animal qu'on a généralement identifié au castor, et dont la vie doit être respectée sous les peines les plus graves.

Le quinzième chapitre, énumère cinq péchés capitaux : enlever sa foi à un Mazdéen ; donner une nourriture mauvaise à un chien de garde ; battre une chienne pleine ; s'unir à une femme grosse ou nourrice ; s'unir indûment à une jeune fille et l'abandonner. La fin du chapitre est consacrée aux soins qu'il convient de donner à la chienne qui met bas et à ses petits.

Seizième chapitre. Il est trait ici des femmes prises du flux périodique ou en état de grossesse.

Dix-septième chapitre. Prescriptions diverses relatives à la purification après la taille des cheveux et des ongles.

Chapitre dix-huitième. Ce chapitre traite en premier lieu de l'observation de la loi mazdéenne, puis il y est question de quatre fautes capitales : refuser un vêtement à un Mazdéen ; uriner dans des conditions interdites ; être sujet à des pollutions nocturnes ; se livrer au libidinage. Dans la dernière partie Ormuzd révèle à Zoroastre un certain nombre de préceptes particuliers, relatifs à la non alliance de Mazdéens avec des infidèles et aux rapports qu'il faut éviter avec une femme atteinte du flux mensuel.

Chapitre dix-neuvième. Zoroastre est tenté par les divinités malfaisantes et invoque Ormuzd ; Ahriman et sa troupe prennent la fuite.

Dans le vingtième chapitre, il est question de Thrita, père de la médecine. Ce chapitre se termine par une formule propre à conjurer les maladies.

Chapitre vingt-et-unième. Louanges au taureau primitif, aux nuées, au soleil, à la lune, aux étoiles.

Chapitre vingt-deuxième. Le *mâthra çpenta*, le texte saint, auxiliaire d'Ormuzd, lutte contre Ahriman.

Le *Yaçna* est à proprement parler le livre du sacrifice. C'est le mot qui en zend signifie « sacrifice, prière du sacrifice, louange »; en éranien du moyen âge *yaçn*, *yazisn* : l'*izeschné* des auteurs français de la fin du siècle dernier.

Le livre du Yaçna est divisé en soixante-dix chapitres appelés *hâs* ; nous reviendrons plus loin sur ce mot. L'ensemble de ces soixante-dix *hâs* l'emporte en étendue sur les vingt-deux chapitres du Vendidad.

Le premier chapitre du Yaçna est une introduction à la cérémonie du saint sacrifice. L'officiant annonce qu'il l'accomplit en l'honneur d'Ahura mazdâ, des Ameṣas çpentas, du feu, de Mithra, de nombre d'autres divinités bienfaisantes et il termine par la profession de foi mazdéenne.

Le second chapitre s'occupe des faisceaux consacrés et de l'eau également consacrée. Le troisième traite à peu près du même sujet et contient quelques invocations.

Dans le quatrième, consécration du *haoma* (éranien du moyen âge *hôm*, *hûm*) et présentation de diverses offrandes.

Le cinquième chapitre, identique au trente-septième, est un éloge d'Ormuzd, des Phravaṣis et des Ameṣas çpentas.

Sixième chapitre. Même sujet.

Septième chapitre. Présentation des offrandes et nouveaux éloges.

Chapitre huitième. Présentation et distribution des offrandes. Éloge d'Ormuzd et de la loi mazdéenne.

Chapitres neuvième, dixième et onzième. Louange du *haoma* et préparation de la liqueur sacrée.

Chapitre douzième. Éloge des bonnes paroles, des bonnes pensées, des bonnes actions. Hommage aux Ameșas çpentas.

Le chapitre treizième contient l'acte de foi du Mazdéen et une exécration formelle des divinités malfaisantes.

Quatorzième, quinzième, seizième, dix-septième chapitres: louanges d'un grand nombre de divinités, entre autres d'Ormuzd créateur, de Mithra, de Çraoșa.

Le dix-huitième chapitre ne renferme que des citations empruntées à d'autres « hâs .»

Dans le dix-neuvième, Zoroastre reçoit d'Ormuzd une sorte de commentaire de la prière *ahuna vairya*, l'*ahunvar*, *ahunavar* des Éraniens du moyen âge, l'*honover* d'Anquetil-Duperron. Chapitre vingtième : commentaire de la prière *așem vohû*, chapitre vingt-et-unième : commentaire de la prière *yeńhê hâtãm*.

Chapitre vingt-deuxième. Hommage à différentes divinités: à Haoma, au soleil, au feu, etc.

Chapitre vingt-troisième. Hommage aux Phravașis.

Chapitre vingt-quatrième. Offrande et acte de foi.

Chapitre vingt-cinquième. Hommage aux Ameșas çpentas, aux Yazatas.

Chapitre vingt-sixième. Nouvel hommage aux Phravașis.

Vingt-septième chapitre. Hommage à Ormuzd.

Les chapitres XXVIII à LII comprennent les *gâthâs*, les cantiques qui ont donné lieu à d'importantes controverses, dont l'interprétation est des plus obscures, et dont nous parlerons un peu plus loin pour ne pas introduire d'incidence dans ce rapide sommaire.

Le cinquante-troisième chapitre est une courte prière.

Le cinquante-quatrième fait l'éloge des saints cantiques; le cinquante-cinquième loue l'observation de la loi mazdéenne.

Chapitre cinquante-sixième. Hommage à Çraoṣa.

Cinquante-septième. Hommage à la prière du sacrifice.

Cinquante-huitième. Hommage à différentes divinités.

Cinquante-neuvième. Le Mazdéen demande les biens de toute sorte.

Soixantième chapitre. Éloge et vertu des principales prières.

Soixante-unième. Louange du feu, fils d'Ormuzd.

Le soixante-deuxième « hâ » est formé de citations empruntées à d'autres chapitres; de même le « hâ » suivant.

Dans le soixante-quatrième nous trouvons l'éloge des eaux.

Chapitre soixante-cinquième : offrande.

Soixante-sixième : citations d'autres chapitres.

Le soixante-septième « hâ » est consacré en partie à l'éloge des eaux, en partie à l'éloge d'autres divinités bienfaisantes.

Soixante-huitième chapitre. Citations d'autres « hâs ».

Soixante-neuvième et soixante-dixième chapitre. Hommage à nombre de divinités ; éloge de Zoroastre.

Le nom de *Vispered* veut dire « tous les seigneurs », soit toutes les divinités mazdéennes : *viçpa-*, tout, et *ratu-*, seigneur ; au nominatif pluriel *viçpê ratavô* « tous les seigneurs » (Vispered chap. II, verset 2). Le livre du Vispered est essentiellement liturgique. Beaucoup moins long que le Vendidad et que le Yaçna, il se divise en trente-sept chapitres, presque tous fort courts, auxquels on donne le nom de *kardés* qui nous occupera tout à l'heure. On a pu dire avec juste raison que le Vispered, à proprement parler, n'était pas un livre ; il est clair qu'il ne se compose que d'une espèce d'appendices au livre du Yaçna. Comme le rapporte Anquetil, le Yaçna (izeschné) peut se réciter seul, mais jamais on ne récite le Vispered sans Yaçna.

Les différents chapitres du Vispered, qu'il serait fastidieux d'analyser à la suite les uns des autres, accompagnent les cérémonies liturgiques et contiennent les mêmes éloges que le Yaçna, adressés aux mêmes divinités.

On comprend sous le nom de *Khorda Avesta*, c'est-à-dire de Petit Avesta, une collection d'hymnes et de pièces louangeuses adressées à un grand nombre de divinités bienfaisantes : Ormuzd, les Ameṣas çpentas, les astres, Mithra, Çraoṣa, Raṣnu, les Phravaṣis, Verethraghna, l'air, les eaux, etc., etc. Cette collection a une valeur inappréciable pour la mythologie ; elle fournit sur le panthéon mazdéen un grand nombre de renseignements complémentaires, ou même tout à fait nouveaux, que les parties subsistantes de l'Avesta proprement dit passent sous silence. A la plupart de ces morceaux du Petit Avesta on donne le nom de *Yasts*, ou *Yests*, c'est-à-dire de prières honorifiques. La forme zende de ce mot est *yêsti-*, prière, les formes éraniennes du moyen âge sont *yaṣt* et *yaçt*. On compte vingt et quelques Yasts.

Outre les Yasts proprement dits, le Petit Avesta comprend encore un certain nombre de prières, les unes fort importantes (*aṣem vohû, yathâ ahû vairyô*), les autres moins célèbres, telles que les cinq « nyâyis » dédiés au soleil, à Mithra, à la lune, à l'eau, au feu ; les cinq « gâhs » dédiés aux génies présidant aux différentes parties du jour et de la nuit ; les « âfrîgâns » ou « âfergâns » ; le « sîrôza » que l'on récite trente jours après la mort d'un individu et qui mentionne trente divinités présidant aux différents jours du mois.

§ 3. — *Observations particulières sur les Gâthâs.*

On donne le nom de *Gâthâs* ou cantiques, à une suite de cinq morceaux importants, rhythmés, qui composent la plus grande partie de la seconde moitié du Yaçna. Le mot zend *gâthâ* (accusatif sing. *gâthãm*, pluriel *gâthǣ*) signifie hymne, cantique ; il faut en rapprocher l'éranien du moyen âge *gehân, gâçân*. Il est du genre féminin, mais l'usage, en français, l'a rendu masculin.

Les quatre derniers des cinq Gâthâs reçoivent chacun leur

nom du mot qui les commence : *ustavaiti* (*usta ahmâi yahmâi...*); *çpentâmainyu* (*çpentâ mainyû vahistâćâ...*); *vôhukhṣathra* (*vôhû khṣathrem vairîm...*); *vahistôisti* (*vahistâ îstis çrâvî...*). Le premier s'appelle *ahunavaiti*.

Nous ne discuterons pas la question de savoir si les Gâthâs remontent à Zoroastre lui-même, ainsi que beaucoup d'auteurs l'ont écrit, sans s'être rendu compte seulement du plus ou moins de vraisemblance de la personnalité de Zoroastre. Il semble en tout cas, que ces différents cantiques ne sont point sortis de la plume d'un seul et même auteur. On peut dire d'eux, comme de toutes les productions de ce genre, qu'ils présentent une leçon définitive et synthétique de divers morceaux plus anciens.

On a voulu à plusieurs reprises assigner aux Gâthâs une place toute particulière dans l'ensemble des livres de l'Avesta. Les Gâthâs, a-t-on dit, seraient la formule d'un enseignement de beaucoup antérieur à celui des autres écrits du mazdéisme ancien ; non seulement ils représenteraient la plus pure doctrine zoroastrienne, mais encore ils se rapprocheraient très-intimement des Védas hindous. M. Spiegel a réfuté cette assertion par le simple exposé des faits (*Heidelberger jahrbücher der literatur* 1872, p. 423), et nous ne jugeons pas utile de relater ici tout ce qu'il a écrit à ce sujet. Nous pouvons insister, par contre, sur les rapprochements très-précis qu'a dressés le même auteur dans le tome second de son *Commentar über das Avesta*, p. 180 ss., pour montrer que l'enseignement des saints cantiques est essentiellement le même que l'enseignement du reste de l'Avesta. On trouve de part et d'autre la croyance à deux mondes, l'un corporel, l'autre spirituel ; Ormuzd a le même rôle de chef des divinités bienfaisantes, de créateur, de dieu tout-à-fait personnel ; les Ameṣas çpentas viennent immédiatement après lui : Vôhu manah, Aṣa, Khṣathra, Ârmaiti, Haurvaṭ, Ameretâṭ ; le feu joue le même rôle important ; on invoque égalément l'eau, Çraoṣa, etc., etc. ;

il est question des Phravaṣis. Même lutte des divinités lumineuses et bienfaisantes avec les divinités des ténèbres, avec Ahriman et tous les démons qui lui sont subordonnés. Même idée sur la pureté mazdéenne, même conception de la triple nature de l'homme : corps, âme, force vitale ; même légende de Yima. En fait ce que les Gâthâs peuvent contenir de notions qui ne se rencontrent point dans le reste de l'Avesta, est d'une importance à peu près nulle.

Il est vrai, comme l'a fait valoir M. Hübschmann, que dans les cantiques dont il s'agit, Mithra, Tistrya, Haoma sont entièrement négligés (1), mais est-on en droit de vouloir que les pièces en question exposent d'une façon complète toute la doctrine mazdéenne? Assurément non (2). Avec cette exigence on en arriverait à conclure que Mithra, Haoma n'étaient point connus dans l'ancienne période mazdéenne ; or, nous nous trouvons précisément ici en présence de trois divinités connues bien antérieurement avant la première époque du mazdéisme, puisque nous retrouvons leurs équivalents dans l'Inde avec Mithra et Sôma.

M. Darmesteter a justement remarqué que s'il est une partie de l'Avesta dans laquelle se trouvent exprimés, avec une précision plus grande que partout ailleurs, les principes du dualisme zoroastrien, cette partie est justement celle des saints cantiques (*Ormuzd et Ahriman*, p. 311) et « qu'il n'y a pas entre les Gâthâs et le reste de l'Avesta la contradiction que l'on a voulu voir, la lutte d'un esprit spiritualiste contre un esprit naturaliste » ; *ibid.*, p. 312.

Nous pouvons donc dire jusqu'à présent : 1° que les Gâthâs ne sont pas dûs à une seule et même plume ; 2° que leur doctrine n'est ni plus ancienne, ni autre que celle du reste de l'Avesta.

Ce n'est pas à dire que ces cantiques n'appartiennent pas,

(1) *Ein zoroastrisches lied*, p. 3.
(2) *Erân*, p. 271.

quant à leur rédaction, à une époque véritablement ancienne, plus ancienne peut-être que celle de la rédaction des autres morceaux de l'Avesta. Mais, hâtons-nous de l'ajouter, cela n'est nullement prouvé. Il faut bien reconnaître que l'on ne s'appuie, pour affirmer la grande priorité des Gâthâs sur le reste de l'Avesta, que sur des considérations purement hypothétiques.

La question de la langue elle-même ne joue évidemment qu'un rôle secondaire pour le point qui nous occupe, et il faut reconnaître qu'un fragment fort ancien peut sans doute être reproduit sous une forme linguistique assez moderne; mais nous ne pouvons nous empêcher de remarquer que si l'idiome des Gâthâs l'emporte parfois en antiquité sur l'idiome du reste de l'Avesta, parfois aussi il lui est inférieur sous ce rapport. C'est ainsi que le zend ordinaire, le zend du Vispered et du Vendidad, maintient à la fin des mots les voyelles brèves organiques, tandis que le zend des cantiques ne manque pas à les allonger : organique ASTI, il est, sanskrit *asti*, forme zende ordinaire *açti*, forme des Gâthâs *açtî;* organique KA, et (latin *que*), sanskrit et zend ordinaire *ća*, zend des Gâthâs *ćâ*. Nous pourrions citer plus d'un autre exemple d'infériorité réelle. On a prétendu (Westergaard, si nous ne nous trompons) que la diversité des deux idiomes tenait, non pas à une question de temps, mais bien à une question locale; en autres termes que le zend du Vendidad était l'idiome d'une partie de l'Eran, et que celui de la seconde partie du Yaçna était l'idiome d'une autre région. Le fait est possible et cette explication de la diversité de langue des différents textes ne manque point de vraisemblance. L'idiome des Gâthâs aurait été, dit-on, le dialecte d'une contrée septentrionale du pays, par exemple de la Sodgiane.

Nous arrivons à la question de l'interprétation des Gâthâs.

L'obscurité de ces morceaux est à peine concevable. On trouve sans doute dans tout le reste de l'Avesta, et à chaque chapitre, des passages qui se refusent à toute explication scientifique et dont le sens demeurera peut-être toujours fermé ; mais lorsqu'il s'agit des cinq cantiques, on peut dire que la difficulté est de chaque phrase, de chaque ligne, parfois même de chaque mot d'un membre de phrase. Outre les versions complètes de Haug, de M. Spiegel, de M. Kossowicz et de M. de Harlez, nous avons quelques essais de version de tels ou tels passages des Gâthâs (Roth, Hübschmann, etc.). Il suffit de comparer ces traductions les unes aux autres, particulièrement les deux premières, pour comprendre qu'une diversité aussi étrange que celle qu'elles présentent, provient en bonne part des difficultés mêmes du texte.

M. Spiegel a traité à plusieurs reprises, et avec un grand sens critique, selon nous, cette question de l'obscurité et de l'interprétation des Gâthâs. Dans le second volume de son Commentaire sur l'Avesta après avoir établi (pp. 178 à 187) que par la grammaire, par le lexique, par le sujet lui-même, les saints cantiques ne diffèrent pas essentiellement du reste de l'Avesta, il constate que la difficulté de la version consiste, non point particulièrement dans la grammaire et le dictionnaire, mais bien dans les idées. Cette appréciation est absolument juste. « Très-souvent, ajoute l'auteur, très-souvent il arrive que nous pouvons traduire d'une façon très-supportable un vers, une strophe, mais pourtant sans en saisir la portée réelle. Cela provient de ce que, même lorsqu'il s'agit de la langue maternelle, la compréhension s'arrête là où cesse la communauté d'idées. Les rédacteurs des Gâthâs supposent connues des conceptions qu'ils ne se donnent pas la peine de décrire de plus ample manière ; pour nous, nous ne pouvons nous associer à cette même disposition, à cette même préparation d'esprit, car il s'agit ici, non pas de données générales, communes à toute l'humanité, mais bien de choses théologiques toutes spéciales. Aussi, avec le texte des Gâthâs, nous trouvons-nous souvent dans la condition d'une personne dépourvue de toute connaissance mathématique ou médicale et qui aurait à faire à un ouvrage mathématique ou médical. L'individu initié comprend et saisit sans peine ; celui qui ne l'est point, le profane, n'entend rien à la chose, étant dénué de toute idée sur le sujet. Pourtant, il y a lieu d'espérer qu'avec le temps les difficultés iront en diminuant ; mais il ne faudrait pas se bercer de recevoir quelques secours du dehors : le mieux est d'étudier le texte lui-même d'une façon serrée ». M. Spiegel doit reconnaître ici que la méthode d'explication par la tradition est beaucoup moins efficace que lorsqu'il s'agit des autres morceaux de l'Avesta. Le fait est exact, et, à notre sens, la raison en est simple. C'est qu'à l'époque où fut rédigée la traduction en huzvârèche, on avait déjà perdu en partie la notion exacte d'un bon nombre de ces sous-entendus que contient la seconde partie du Yaçna. La tradition n'a donc ici qu'une valeur bien secondaire.

Comparant sa version des Gâthâs à celle de Haug, M. Spiegel, tout en reconnaissant les côtés faibles de sa propre traduction, dit avec juste raison qu'on ne pourrait tirer quelque chose de sérieux d'une sorte de fusion éclectique des deux essais : « Il ne s'agit pas, dit-il, de dissentiments sur des points particuliers, mais bien d'une opposition totale de conception fondamentale. Autant qu'il me soit possible de m'en rendre compte, mon point de départ est dégagé d'hypothèses. Au commencement de mes recherches je me trouve ignorer ce que contient le sujet, et je ne cherche qu'à découvrir en quoi cette partie de l'Avesta diffère des autres parties. Le résultat auquel j'arrive c'est qu'elle n'en diffère, on peut dire, en rien. Pourquoi en effet, dans les Gâthâs, ne donnerais-je pas aux mots, sans raison tout à fait impérieuse, la même acception que celle qu'ils assument dans le reste de l'Avesta? Tout au contraire, Haug part de cette idée que Véda et Avesta, là où ils ne sont pas identiques, sont au moins alliés de très-près. Sans avoir égard à la tradition, il traduit les mots par le procédé étymologique. »

Au tome xxve de la *Zeitschrift der deutschen morgenlændischen gesellschaft* (p. 309), le même auteur reprend à propos d'un écrit de M. Roth ce même raisonnement. M. Roth, comme nous l'avons dit plus haut (Introduction, p. 64), explique l'Avesta par les Védas, et particulièrement les Gâthâs qu'il considère comme intimement alliés aux Védas. Pour M. Spiegel comme pour nous, l'explication des Gâthâs ne peut au contraire arriver qu'en dernier lieu, alors seulement que par le secours de la tradition plus récente les morceaux moins difficiles de l'Avesta ont été interprétés. Dans la même Revue, au tome xxvie (1872), p. 700 et suiv., le même auteur est revenu sur cette question de la méthode qui convient à l'interprétation des Gâthâs, et nous renvoyons le lecteur à ces différents mémoires.

Les cantiques de la seconde partie du Yaçna sont soumis à une métrique régulière dont Westphal a exposé le mécanisme (1), que Haug a signalée dans son ouvrage sur les Gâthâs (deuxième partie, p. 230) et dans sa Grammaire (p. 136) et qu'ont particulièrement étudiée au point de vue de la correction du texte même MM. Roth (2), Aurel Mayr (3), Tœrpel (4). Nous reviendrons un peu plus loin sur cette question du mètre dans l'Avesta.

Pour en terminer avec les Gâthâs il est bon de dire que leur importance dans la liturgie mazdéenne est considérable. La récitation de ces saints cantiques est prescrite en de nombreux passages du reste de l'Avesta, et elle joue un grand rôle dans l'accomplissement du sacrifice.

Çà et là, dans les différents livres de l'Avesta, on offre aux Gâthâs des hommages de louange et d'admiration. On les

(1) *Zeitschrift für vgl. sprachforschung*, t. IX, p. 444 ss.

(2) *Beitræge zur erklærung des Avesta*, III. *Das metrum. Zeitschr. der deutschen morgenl. gesellsch.*, t. XXV, p. 215 et ss. Cf. *Ueber Yaçna*, 31, p. 4. Tübingen, 1876.

(3) *Resultate der sylbenzæhlung aus den vier ersten Gâthâs* (t. LXVIII des Bulletins de l'Académie de Vienne, 1871).

(4) *De metricis partibus Zendavestæ.* Halle, 1874. Cf. Geldner, *Ueber die metrik des jüngeren Avesta*, p. VI.

personnifie, on en fait de véritables divinités, un chapitre entier du Yaçna (le cinquante-quatrième) leur est consacré. En voici le texte et la traduction :

viçpão gaéthãoçéa tanvaçéa azdèbiçéa ustânãçéa kehrpaçéa tèvîsiçéa baodhaçéa urvânemća phravaṣîmća | pairića dademahi âća vaédhayamahi âaṭ dis âvaédhayamahi gâthâbyô çpèntâbyô ratukhṣathrâbyô aṣaonibyô | yão nô henti gâthão harethravaitiçéa pâthravaitiçéa mainyus qarethãoçéa | tão nô henti gâthão harethravaitiçéa pâthravaitiçéa mainyus qarethrãoçéo | tão nô henti urunê vaêm qarethemća vaçtremća | tão nô buyãn humîzdão aṣ mîzdão aṣô mîzdão | parô açnâi añhê paçéa açtaçéa baodhañhaçéa vî urvistîm | tâ nô ama tâ verethraghna | tâ daçva a tâ baêṣaza | tâ phradatha tâ varedatha | tâ havañha tâ aiwyâvañha | tâ hudhãonha tâ aṣavaçta | tâ phrârâiti tâ viduṣê | uzjamyãn yâ çtaota yêçnya yatha hîs phradathaṭ mazdão | yè çèvistô verethrajão phrâdaṭ gaéthô | pâthrâi aṣahê gaéthanãm harethrâi aṣahê gaéthanãm çuyamnanãmća çaoṣyantãmća | viçpayãoçéa aṣaonô çtôis.

Tous les mondes, les corps, les os, les forces vitales, les formes, les forces, la conscience, l'âme, la Phravaṣi (1), nous [les] offrons et présentons, nous les présentons aux Gâthâs, saints, seigneurs des temps, purs ; aux Gâthâs qui sont pour nous des soutiens, des protecteurs, une nourriture de l'esprit. Les Gâthâs sont pour nous des soutiens, des protecteurs, une nourriture de l'esprit. Ils sont pour notre âme [ces] deux [choses], une nourriture, un vêtement. Puissent-ils être pour nous de bonnes récompenses, de parfaites récompenses, de pures récompenses pour l'autre monde, après la séparation du corps et de l'intellect ! qu'ils [soient] notre puissance et notre victoire ; la santé, le remède ; le développement, l'accroissement ; le secours, la défense ; ils [sont] bienfaisants, très purs.... que ces cantiques dignes de louange viennent comme les a créés Mazdâ, très-auguste, victorieux, accroissant les mondes, pour la protection de la pureté des mondes, pour le soutien de la pureté des mondes qui augmentent et doivent [encore] augmenter, pour [la protection] de toute la création pure...

Nous aurons à revenir en temps et lieu sur la personnification de ces saints cantiques.

(1) La *Phravaṣi* d'un être est une sorte de prototype divin de cet être. Cf. Burnouf, *Commentaire sur le Yaçna*, p. 270.

§ 4. — *Le texte et les manuscrits de l'Avesta.*

Nous avons dit que les Gâthâs, les cantiques de la seconde partie du Yaçna, étaient des morceaux poétiques et nous avons mentionné les travaux de Westphal et de quelques autres auteurs (Roth, Mayr, Tœrpel) sur la métrique de l'Avesta. Il est hors de doute qu'un certain nombre de morceaux des vieux livres baktriens ont été composés en vers, ce qui a singulièrement aidé à leur conservation; il est possible également que l'ensemble entier de ces anciens textes ait été rhythmé, mais on ne peut dire que la preuve de ce fait soit dès aujourd'hui scientifiquement acquise. Westphal a démontré l'exactitude de la chose pour le neuvième chapitre du Yaçna (entretien de Haoma et Zarathustra, louange de Haoma). Depuis lui, on a reconnu le caractère métrique de quelques autres chapitres. M. Geldner, dans un récent écrit (*Ueber die metrik des jüngeren Avesta*, *nebst übersetzung ausgewæhlter abschnitte*, Tübingen 1877), a cherché à restituer un assez grand nombre de passages de l'Avesta au moyen même de la restitution des vers, notamment pour les 2e, 3e, 7e, 18e, 19e chapitres du Vendidad, les 8e, 9e, 10e, 11e, 57e, 62e, 65e, 68e, 71e chapitres du Yaçna, et pour les Yasts I, V, VIII, X, XIII, XIV, XVI, XVII, XIX, XXII, XXIV. Ces résultats ont en partie confirmé ceux qu'avait obtenus M. Aurel Mayr (*op. cit.*) dans l'examen des quatre premiers Gâthâs. Nous devons ici nous contenter de renvoyer aux ouvrages indiqués, le lecteur que cette question intéresse. Disons toutefois, d'après M. Geldner, que la métrique de l'Avesta dans les passages autres que les Gâthâs, est fondée sur un vers de dix-huit syllabes; il y a des strophes de trois vers, soit vingt-quatre syllabes, et de quatre et cinq vers, soit trente-deux et quarante syllabes. On conçoit sans peine, il faut le répéter, de quelle importance peut être la connaissance de cette métrique pour la correction et la restitution du texte qui est si souvent altéré.

Le texte des différents livres de l'Avesta n'est point continu et ininterrompu : il est divisé en chapitres très-distincts les uns des autres. Cette division, ou plutôt le mode de division que nous connaissons actuellement, ne reproduit peut-être pas d'une façon tout à fait rigoureuse la disposition primitive des divers morceaux du vieux texte, mais il est à coup sûr fort ancien. Dans le Vendidad le chapitre s'appelle *fargârd* ; il s'appelle *kard* dans le Vispered et *hâ* dans le Yaçna. Ces noms sont ceux de la tradition du moyen âge. Le premier a le sens de « section » ; il a passé par une forme plus ancienne *parkart* et appartient à la même racine que le zend *kareta-*, couteau (nomin. *karetô*, accus. *karetem*, cf. sanskrit *krntati*, il coupe). Le second, *kard*, a la même origine. Le troisième, *hâ*, a passé par une forme plus ancienne *hât*, et se rattache au zend *hâiti-* (accus. *hâitîm*), qui veut dire section, chapitre. Ces fargards, kards ou hâs, sont à leur tour, divisés en phrases ou membres de phrases.

Nous ne dirons qu'un mot des manuscrits de l'Avesta qui sont actuellement connus. Leur nombre est malheureusement fort restreint, et il en est parmi eux dont la bonne restitution du texte ne peut attendre qu'un faible secours. Dans la préface de chacun de ses volumes du texte même de l'Avesta, M. Spiegel a parlé de ces différents manuscrits et de leur valeur respective. Ils sont conservés à Paris, à Londres, à Oxford et à Copenhague. Avant Anquetil-Duperron quelques manuscrits des vieux textes éraniens avaient déjà été apportés en Angleterre (1). Nous avons dit précédemment qu'Anquetil

(1) Voyez ce que nous avons dit à ce sujet dans notre *Introduction*. M. Spiegel cite notamment : un manuscrit du Vendidad sadé, donné par R. Cobbe à la bibliothèque Bodléienne; un mss. du Yaçna ayant appartenu à Thomas Hyde et appartenant actuellement au British Museum; un autre mss. du Yaçna qui doit se trouver à Cambridge; un codex contenant quelques-uns des petits morceaux de l'Avesta, codex acheté jadis par Frazer et se trouvant actuellement à Oxford. *Op. cit.* I, p. 5.

avait déposé à la Bibliothèque de Paris ceux qu'il avait pu lui-même se procurer. A Londres se trouve la collection de Guise, sur laquelle on peut consulter le *Journal asiatique* de 1828. La collection de la bibliothèque Bodléienne à Oxford provient de sir William Ousely. Enfin les manuscrits de Copenhague ont été acquis à Bombay par Rask.

En ce qui concerne le livre du Vendidad, le fonds d'Anquetil n° 1 offre un manuscrit très-précieux, complet, et écrit par le destour Darab (Introduction, p. 25) à Surate, en 1758. C'est le mss. C de M. Spiegel. Un mss. de Copenhague (Catalogue de Westergaard n° 1, p. 111), dont il manque par malheur certaines parties, est plus ancien que le précédent et paraît lui avoir servi d'original. A Copenhague se trouvent deux autres mss. du Vendidad, l'un en entier, l'autre ne donnant qu'un court fragment. En Angleterre, la collection de Guise, à Londres, possède un mss. du Vendidad (n° 5) dont la plus ancienne partie a une grande valeur. A Paris, enfin, il en existe une autre à la Bibliothèque, n° 2, supplément d'Anquetil (1). Tous ces manuscrits sont accompagnés d'une version huzvârèche (Introduction, p. 47), mais il en existe un certain nombre d'autres dans les recueils auxquels on donne le nom de *Vendidad sadés* et dont nous parlerons plus loin. Quelques-uns de ces derniers font partie de la collection de Guise,

(1) Consultez. sur les manuscrits du Vendidad, Geiger, *Die pehlviversion des ersten capitels des Vendîdâd*, p. 3. Erlangen 1877. Dans un rapport sur cet ouvrage (*The Academy*, 24 août 1878), M. West dit à ce sujet : « all the known MSS. of the Vendidad with pahlavi are descended from one original, which existed in Sîstân, and from which a copy was taken in A. D. 1185 and presented to a parsi priest on his return to India (to a place on the Indus whose name may be read Khôjah) after spending sex years in Sisân. This copy is no longer extant, but the oldest existing MSS. were transcribed from a copy of it in A. D. 1324 at Kambay in Gujarât. One of the MSS. is at present in the University Library at Copenhagen, and another in the India Office Library at London, but both have lost their earlier chapters, for which we have now to trust to later copies, the oldest of which appears to be that in the Library of Mânekji Limji Hâtaria at Teheran, which was written at Brôch in Gujarât in A. D. 1594; though another copy in the University Library at Bombay seems to be about the same age. »

à Londres. Eugène Burnouf, puis Brockhaus, en ont publié un qui appartient à la Bibliothèque nationale de Paris.

Nous devons indiquer ici un passage intéressant d'Anquetil concernant l'origine des différents manuscrits du Vendidad qui existent dans l'Inde ou en ont été rapportés : « Le destour Ardeschir qui venait du Sistan » donna, dit-il, aux Parses de l'Inde « une copie du Vendidad avec la traduction pehlvie » ; et il ajoute : « Comme celle que leurs pères avaient apportée en venant dans l'Inde s'était perdue, on en tira deux de l'exemplaire d'Ardeschir ; et c'est de ces deux copies que viennent tous les Vendidads zends et pehlvis du Guzarate » (*Discours préliminaire*, p. CCCXXIII).

En ce qui concerne le Vispered, on possède à Paris deux manuscrits ; l'un d'eux (n° V, supplément d'Anquetil) paraît être sensiblement plus correct que l'autre (n° III, fonds d'Anquetil). Il y a également un manuscrit de ce livre à Copenhague (Westergaard, *op. cit.*, p. 13).

Le plus important, le plus précieux des manuscrits du Yaçna se trouve également à Copenhague. Il a été écrit l'an 1322 de l'ère chrétienne, et est le seul connu en Europe qui contienne la version huzvârèche. Il existe à Paris (Fonds d'Anquetil, n° II) un manuscrit du Yaçna accompagné de la version sanskrite de Nériosengh (Introduction, p. 51), mais qui, malheureusement, est incomplet; puis un autre manuscrit (Supplément d'Anquetil, n° VI).

Nous avons employé tout à l'heure le terme de *Vendidad sadé*. On donne ce nom au recueil des différents morceaux du Vendidad, du Vispered, du Yaçna, disposés, non plus par chapitres d'ordre déterminé (comme c'est le cas dans les manuscrits accompagnés d'une version huzvârèche), mais bien selon l'ordre de la pratique liturgique. Dans un Vendidad sadé, point de version huzvârèche, et les trois livres susnommés ne forment, pour ainsi dire, qu'un seul ouvrage; les chapitres du Vendidad, du Vispered, du Yaçna se succèdent les uns aux autres dans tel ou tel ordre bien précis, mais qui n'est ni celui des livres eux-mêmes, ni celui des chapitres de chacun de ces livres. C'est ainsi, par exemple, que dans le corps du Vendidad sadé, le chapitre XVIIIe du Vispered est suivi des chapitres XXXVe à XLIe du Yaçna, que suivent les chapitres XIXe et XXe du premier livre cité, puis les IXe et X[e] chapitres du Vendidad. Dans l'Introduction du second volume de la version de M. Spiegel (p. LXXV), on peut voir quel est l'ordre de la suite du texte de l'Avesta dans les Vendidad sadés.

C'est avec juste raison que Rhode dans son livre sur le système religieux des anciens Eraniens (1) se refusait à voir dans le texte de l'Avesta l'œuvre d'un seul et même auteur. Comment, disait-il, comment à une époque aussi éloignée, un homme, un seul homme aurait-il pu écrire sur tous ces sujets et produire des ouvrages aussi forts (über alles diese gegenstænde und noch dazu so starke werken)? On doit d'autant plus douter de la réalité de cette assertion, que l'on retrouve le même sujet traité dans telles et telles parties de l'Avesta. Évidemment cela indique qu'il y a eu plusieurs rédacteurs... Rhode, en définitive, est disposé à attribuer à Zoroastre le Vendidad et plusieurs fragments du Yaçna et des Yests, et à d'autres auteurs le reste des textes sacrés. Nous aurons à examiner plus loin ce qu'il faut penser de la personnalité de Zoroastre, et, par conséquent, de l'attribution qui lui est ainsi faite de tels et tels livres de l'Avesta. Quoi qu'il en soit, la multiplicité des rédacteurs de ce texte sacré n'est plus en question aujourd'hui. Ce n'est pas l'œuvre d'un individu que nous avons sous les yeux, c'est celle d'un certain nombre d'écrivains de différentes époques, lesquels ont recueilli, en se répétant çà et là, la légende de toute une population. Certes, il règne dans l'Avesta une véritable unité (encore que quelques parties soient, par leur contenu même, moins anciennes que d'autres), mais il est clair que plusieurs

(1) *Die heilige sage und das gesammte religionssystem der alten Baktrer, Meder und Perser*, p. 58. Cf. Introduction p. 39.

mains ont contribué à la rédaction telle que nous la possédons actuellement.

Nous pouvons nous demander ici quelle est la patrie primitive de l'Avesta, quelle est la région où naquirent les plus anciens textes de ce livre.

Il faut avant tout écarter l'hypothèse d'une origine occidentale, car vers l'ouest de l'Eran on rencontre des populations dites sémitiques dont la mythologie est foncièrement distincte de la fable éranienne. Les relations qui ont existé sous ce rapport entre Sémites et Eraniens (1) sont postérieures à la première constitution de la légende zoroastrienne. De fait, c'est vers l'orient qu'il faut tourner les regards ; l'ensemble des connaissances ethnographiques actuellement acquises, et la tradition même de l'Avesta, semblent imposer définitivement cette opinion. C'est ce que M. Spiegel a exposé clairement dans le premier des ouvrages cités ci-dessus (2). La patrie primitive de l'Avesta doit avoir été la Baktriane et les régions avoisinantes, en tous cas un pays situé dans l'est du territoire éranien : « Que l'on tienne ou non pour un document relatif aux migrations des Eraniens en leur patrie actuelle (3), le récit du premier chapitre du Vendidad, la chose importe peu pour la question dont il s'agit en ce moment. Le fait est que le rédacteur de ce chapitre ne mentionne d'autres contrées que celles de l'est ; c'est donc vraisemblablement dans l'est qu'il a vécu (4). »

(1) Spiegel. *Ueber die einwirkung der semitischen religionen auf die altpersische religion* (Av. t. I, p. 269). *Avesta und Genesis* (Erân, p. 231). *Arische studien*, premier fascicule.

(2) T. II, p. 207 : *Zarathustra und die lehren des Avesta*. Voyez particulièrement pp. 209-210.

(3) Consultez : Rhode, *op. cit.*, p. 61. Lassen, *Indische alterthumskunde*, t. I. Spiegel, *Avesta*. t. I, p. 59 ; t. II p. CIX. Kiepert, Sitzungsberichte der akad. der wissensch., déc. 1856, p. 621, Berlin. Bréal, *De la géographie de l'Avesta*, Journal asiatique 1862. Bunsen, *Aegyptens stellung in der weltgeschichte*, t. V, p. 80.

(4) Au tome trente-neuvième de l'Académie des Inscriptions et Belles-Lettres, Anquetil se figure avoir établi (*sic*) « que le zend était, avant l'ère chrétienne, la langue de la Géorgie, de l'Iran proprement dit et de l'*Aderbedjan* ». *Op. cit.*, p. 377.

Arrive ici la question de l'âge de l'Avesta ; non point la question de l'ancienneté des croyances du mazdéisme, mais celle de l'époque à laquelle furent rédigés en zend, en baktrien si l'on veut, les textes dont il s'agit. La plupart des idées qu'exposent ou supposent ces textes, appartient sans doute à une haute antiquité ; elles ont leur fondement (sinon toutes, au moins un grand nombre d'entre elles), dans le système général de la mythologie indo-européenne. Ce n'est point ce qui nous occupe ici. Nous nous contentons de prendre les livres de l'Avesta tels que nous les connaissons, et nous demandons à quelle époque appartient la langue de leur rédaction.

A notre sens il faut beaucoup rabattre des assertions de quelques auteurs sur ce sujet. Haug dans ses *Essays*, place à douze cents ans au moins avant l'ère chrétienne la rédaction de la plus ancienne partie de l'Avesta (les Gâthâs) ; la plus grande partie du Vendidad serait de deux ou trois cents ans plus jeune et les morceaux les plus récents du Yaçna seraient approximativement du VIIIe siècle (*Op. cit.* p. 224). En définitive, à ses yeux, la littérature sacrée des Parsis aurait été rédigée de l'an 1200 à l'an 400, c'est-à-dire il y a plus de trois mille ans. Dans sa *Lecture on the origin of the parsee religion* (p. 2, note), le même auteur avait donné une marge un peu plus large : « The Zend-Avesta in its present condition is a collection of fragments of religious books composed during the space of about 1000 years (from 1.300 — 300 B. C.) by different authors. »

Une réaction se produisit contre cette manière de voir. On a émis l'opinion que la rédaction actuelle de l'Avesta ne remontait certainement pas au commencement de l'ère chrétienne. Cet avis est très-certainement excessif. L'Avesta ne peut pas ne pas être antérieur d'un assez grand nombre d'années au commencement de la dynastie des Sassanides (commencement du second quart du IIIe siècle) : à cette époque la langue du texte saint était bien une langue morte.

La comparaison du zend et du vieux perse des Achéménides (langue de la première colonne des inscriptions cunéiformes trilingues), doit donner une solution approximative à la question qui nous occupe. Les monuments du vieux perse vont du temps de Cyrus à celui d'Artaxerxès Ochus, soit du VIe au milieu du IVe siècle avant l'ère chrétienne. Il est difficile de ne pas admettre, sous le rapport linguistique, que les deux idiomes n'aient pas été contemporains l'un de l'autre, au moins à une époque quelconque de leur existence. On peut donc placer raisonnablement vers l'âge des Achéménides la rédaction baktrienne de l'Avesta. Peut-être serait-il téméraire de la faire remonter à une époque antérieure, mais peut-être, par contre, pourrait-on lui donner une antiquité un peu moins haute et admettre qu'une partie du texte que nous possédons a été rédigée aux environs de l'ère chrétienne. En tous cas, aucune objection historique ne s'oppose à cette appréciation. Nous adoptons ainsi l'opinion très-judicieusement motivée de Rask : « Je pense, écrivait Rask (1), que les textes zends ont été composés avant la conquête d'Alexandre, ou, du moins, peu de temps après... une grande confusion suivit la mort d'Alexandre; la vieille langue se perdit, la religion entra en décadence, il fallut traduire le texte saint, et il semble impossible, qu'après cette époque, on ait pu encore rédiger un morceau zend correct ayant une telle apparence, un tel caractère général qu'il pût servir non seulement à l'usage des prêtres, mais encore aux exercices spirituels domestiques d'une aussi grande multitude. »

Quant aux manuscrits que l'on possède actuellement du texte zend, ils datent d'une époque assez récente, d'une époque à laquelle la langue zende était depuis longtemps une langue morte, une langue religieuse. Ils datent, au plus, de la fin du moyen âge. Consultez Westergaard, *Zendavesta or the religious books of the Zoroastrians*, I, 15.

(1) *Ueber das alter und die echtheit der zend-sprache*, p. 45.

CHAPITRE II

Zoroastre.

La forme zende du nom de Zoroastre est Zarathustra : au nominatif *Zarathustrô*, à l'accusatif *Zarathustrem.* Diodore de Sicile rend ce mot par Ζαθραύστης, mais la transcription grecque employée communément est Ζωρόαστρος. Windischmann, dans ses Études zoroastriennes a écrit quelques pages sur le nom de Zoroastre (1). Il cite les formes Ζάρατος, Ζάρης, Ζαράδης, quelques autres encore, qui désignent plus ou moins exactement l'ancien prophète du mazdéisme ; mais nous n'avons pas à nous arrêter à l'examen de ces différentes appellations. On trouvera leur énumération dans le Dictionnaire d'Henri Étienne et dans le passage ci-dessus indiqué de Windischmann.

Nous n'avons pas à insister davantage sur les formes du mot Zarathustra dans les langues éraniennes du moyen âge, Zartuhast, Zartust, Zarathust, et celles plus récentes, dont la principale est Zardust. Demandons-nous quel est le sens du terme ancien, de la forme zende *zarathustra*.

C'est une question à laquelle on a répondu de différentes manières ; nous allons reproduire les principales interprétations qui ont été fournies.

Les auteurs de l'antiquité donnaient généralement au nom de Zoroastre le sens de ἀστροθύτης, ἀστροθεάτης, mais cette

(1) *Zoroastrische studien*, p. 44.

explication n'a jamais été justifiée et il n'y a pas à s'y arrêter.

Brisson, dans son livre si intéressant *De regio Persarum principatu* (édition de Strasbourg, p. 387), dit, d'après d'autres auteurs : « Persas genus suum ducere ab uno ex filiis Cham, qui *Mesraim* appellabatur, quem post obitum, *Zoroastrem*, hoc est vivum sidus, nominavere. »

On lit dans Henri Lord (p. 154) : « Le temps qui donne la perfection à toutes choses, ayant amené l'enfant à terme, la mere accoucha heureusement d'vn garçon qui se mit à rire dés qu'il fut sorty du ventre de sa mere, pour faire connoistre la ioye que sa naissance deuoit apporter au monde. Quand le temps fut venu de lui donner vn nom ils l'appellerent *Zertoost*, qui vaut autant à dire qu'amy du feu, par ce que le Deuin luy auoit predit tant de bonheur à cause du feu qui auoit paru à sa mere en vision; mais les choses qui regardoient la fortune de cét enfant estoient de trop grande consequence pour demeurer secrettes, et elles ne purent estre si bien cachées que le Roy de la *Chine* n'en fut aduerty, lequel apprehendant que cét enfant ne fut venu au monde pour le déthrosner, et lui oster son Royaume ou à quelqu'vn de ses successeurs, envoya sous main *les Griffons* que la mere auoit veus en vision, c'est à dire des gens appostez, pour tuer *Zertoost* et s'en deffaire, mais tous leurs efforts furent inutiles contre vne personne que Dieu protegeoit, et qu'il auoit conseruée si miraculeusement. Quand il eut atteint l'aage de treize ans il tomba extremement malade et le Roy l'ayant appris il employa vn Medecin qui n'estoit pas fort connu pour lui donner vne medecine empoisonnée, et le faire mourir; mais *Zertoost* qui se doutoit de leur conspiration refusa de voir le Medecin, et de prendre la medecine; et ne pouuant plus demeurer en vn lieu où il se commettoit tant de meschancetez, pria ses Parens de le quitter et de se retirer en Perse, afin d'éuiter la mauuaise volonté du Roy, qui tost ou tard trouueroit moyen de s'en deffaire et de les separer les vns des autres. Comme ils auoient mis toutes leurs esperances en luy, ils escouterent son conseil et le suiuirent, et dés la pointe du iour suiuant se mirent en chemin pour se sauuer... Ils arriuerent enfin à la cour de *Gustaph* qui estoit Roy de *Perse* en ce temps-là : son pere et sa mere se mirent à trauailler pour gagner leur vie, et *Zertoost* s'appliqua tout entier au service de Dieu, et à la Deuotion à laquelle il sembloit estre destiné dés son enfance ».

Dans ses *Voyages en Perse et aux Indes orientales* Corneille Le Bruyn rapporte qu'un prêtre parse lui a appris que « le nom de *Zaer-sios,* ou de *Zaer-sioest*, signifie une personne lavée dans de l'or ou de l'argent fondu », t. II, p. 388.

L'explication proposée par Eugène Burnouf pour le nom qui nous occupe est celle de « fulvos camelos habens »; il y aurait lieu, avec cette interprétation, de diviser le mot en *zarath-ustra*. La dernière partie a bien le sens de « chameau », mais comment *zarath* signifie-t-il « fulvus », c'est ce qu'il fallait démontrer, et c'est ce que n'a pas fait Burnouf, ainsi que le remarque très-justement Windischmann (*op. cit.* p. 46). Ce dernier, en ce même passage, repousse la division du mot en *zara-thustrá*, le premier terme signifiant « or », et le second « étoile », d'où « étoile d'or » (1). Cette explication, dit-il, est fort problématique, car, dans les composés, ce n'est point *zara-*, mais bien *zairi-* qui signifie « d'or, en or », et, d'autre part, la seconde partie du mot n'a pas le sens d' « étoile ». Le prétendu sens de « forgeron d'or, orfèvre » n'est pas admissible, car *thustra* ne signifie pas « façonneur, forgeron. »

Haug divise le mot en *zarath-ustrá* et donne à la seconde partie de ce composé, non pas le sens de « chameau », mais celui d' « excellent » (soviel als skr. *uttara-*, hœher, vortrefflich; *Die Gatha's des Zarathustra*, deux. partie, p. 246). Quant au premier mot du composé, on peut, dit Haug, ou

(1) Anquetil Duperron; cf. Bohlen, *Commentatio de origine linguæ zendicæ*, p. 50.

bien le rapprocher du sanskrit *jarat-*, devenu vieux, mais cette acception serait ici invraisemblable, ou de *hrdaya-*, cœur (zend *zaredhaya-*), ou de *jarat-*, chantant, chanteur, louangeur. De là, en définitive, ou bien ce sens : ayant un cœur excellent; ou cet autre sens : excellent chanteur de louanges. C'est à ce dernier que Haug donne la préférence, en raison du rôle même que remplit Zoroastre dans l'Avesta : « Da das singen von lobliedern in den *Gatha's* eine wichtige rolle spielt, und Zarathustra selbst als dichter erscheint, so ziehe ich die letztere erklærung vor. Der übergang des *t* von *zarat* in *th* geschah durch einfluss des *u* ». *Op. cit.*, p. 246. M. Spiegel fait remarquer avec juste raison que cette explication donne plutôt au nom de Zoroastre la valeur d'un titre, qu'elle n'interprète un véritable nom propre (1).

D'après M. Oppert, le sens est celui de « splendeur d'or ». *L'honover, le verbe créateur de Zoroastre*, p. 4.

M. Fr. Müller voit, comme Burnouf, le sens de « chameau » dans la seconde partie du mot, et donne à celui-ci l'acceptation de « possédant des chameaux ardents », muthige kamele besitzend.

D'après le célèbre orientaliste anglais Rawlinson, le nom en question serait d'origine sémitique ; la forme primitive serait *ziru-iṣtar*, au sens de « semence de la déesse Istar » (la planète Vénus). *Journal of the roy. as. society of G. Britain and Ireland*, t. XV, p. 227).

M. Spiegel, après avoir expliqué le mot *zarathustra* par « tourmentant les chameaux » (kamele peinigend, *op. cit.* p. 10), s'est rallié ensuite à l'interprétation de M. Fr. Müller : muthige kamele besitzend (*Erânische alterthumskunde*, t. II, p. 673) ; mais sans regarder cette explication autrement que comme la plus vraisemblable de toutes celles qui aient

(1) *Ueber das leben Zarathustra's*. Sitzungsberichte der kœnigl. bayer. akademie der wissensch. Philosoph. philolog. classe; 5 janvier 1867. Cf. Weber, Indische streifen, t. II, p. 449 et p. 466.

été proposées, et sans lui donner un caractère d'exactitude parfaite.

« Le sens du nom même de Zarathustra est inconnu, dit M. J. Darmesteter (*Ormuzd et Ahriman*, p. 194). Ce n'est point faute d'étymologies : on en compte une vingtaine ; en voici une vingt-et-unième. La syllabe *thus* peut dériver d'une forme antérieure *-tvat-* ; en effet, *t* s'aspire régulièrement devant *v* ; *t* devant *t* se change régulièrement en sifflante ; enfin *va* se contracte souvent en *u*, de sorte qu'une forme **zaratvat-tra* doit donner *zarathvastra* ou *zarathwaçtra* et peut donner *zarathustra*. *Zaratvat* se décompose en * *zarat-vat*, qui répond, pour la forme, au védique *harit-vat*... *Zaratvat* signifierait donc « rouge, couleur d'or » ; la finale *tra* serait un suffixe de comparatif contracté (?) et le nom entier serait simplement une des mille épithètes du héros lumineux. »

Pour M. Ascoli, *zarathústra* procède d'un composé plus ancien *zarat-vâçtra*. Ce dernier est en parfaite analogie avec le nom du fils aîné de Zoroastre, *Içaṭvâçtra,* « désirant les prairies » (d'après Justi), ou mieux « cultivant les prairies ». La première partie du nom du père, à savoir *zarat*, aurait à peu près le même sens, et le mot entier signifierait : « adonné à l'agriculture » (1). Cette interprétation ne s'impose assurément pas, mais elle est admissible, et elle a en sa faveur la grande analogie entre la formation des deux noms, celui du père, Zarathustra, et celui du fils, Içaṭvâçtra.

Dans son mémoire, plus haut cité, sur la vie de Zoroastre, M. Spiegel a recueilli, après d'autres auteurs, les différentes opinions des anciens qui ont parlé de l'époque à laquelle vécut le prophète du mazdéisme. Nous pouvons suivre l'exposé de M. Spiegel.

Pour Xanthus de Sardes, Zoroastre a vécu 600 ou 6000 ans (selon la lecture du texte) avant la campagne de Xerxès (2) ; la première hypothèse indique près de l'an 1100

(1) *Beitræge zur vergleich. sprachforsch.*, t. V, p. 210.
(2) Voir Windischmann, *Zoroastrische studien*, p. 270.

avant l'ère chrétienne. Pline, dans son Histoire naturelle, rapporte qu'Eudoxe et Aristote plaçaient Zoroastre 6000 ans avant la mort de Platon, soit 6350 ans avant l'ère chrétienne : « Eudoxus, qui inter sapientiæ sectas clarissimam utilissimamque eam intellegi voluit, Zoroastrem hunc sex millibus annorum ante Platonis mortem fuisse prodidit, sic et Aristoteles, » chap. xxx. C'est ce que disent également Plutarque (*Traité d'Isis et Osiris*, chap. 46) et Hermippe. Agathias dit que Zoroastre aurait vécu sous un roi Hystaspès, mais la question serait de savoir si cet Hystaspès est ou non le père de Darius. Suidas distingue deux Zoroastre, l'un ayant vécu 500 ans (lisez 5000 ans) avant la guerre de Troie ; l'autre, astronome, contemporain du roi d'Assyrie Ninus (1).

Ainsi que Rapp l'a justement fait remarquer, les relations qui placent Zoroastre à sept ou huit mille ans avant notre âge ne sont appuyées sur aucune critique historique, et ne prouvent qu'une chose : c'est qu'à l'époque de laquelle datent ces relations, on reportait à un temps fabuleux l'âge de Zoroastre (2).

Si nous passons aux sources orientales, nous arrivons au même résultat, c'est-à-dire à une chronologie mythique : *Die chronologie ist eine mythische* ; Spiegel, *op. cit.* p. 14. D'après les calculs des Parses, Zoroastre, ainsi que l'a démontré péremptoirement Windischmann (*op. cit.* p. 162), Zoroastre tombe au milieu de la durée du monde actuel. Il s'écoule 6.000 ans (la moitié de la durée totale du monde, qui est de douze mille ans) avant que le monde actuel soit habité par les hommes ; 3.000 ans plus tard (c'est-à-dire après 9.000 ans) apparaît Zoroastre, et de son apparition à la fin du monde, il doit s'écouler 3.000 ans. Le livre des

(1) Dans son *Dictionnaire historique et critique*, à l'article *Zoroastre*, en note, Bayle reproduit l'opinion d'un assez grand nombre d'auteurs anciens sur cette question chronologique. Toute la note B de cet article serait à reproduire. Nous y renvoyons le lecteur.

(2) *Zeitschrift der deutschen morgenlænd. gesellsch.*, t. XIX, p. 26. Cf. Gutschmid, *Beitræge zur geschichte der alten orients*, p. 90.

Cent portes dit expressément : « Ego te [Zoroastrem] creavi in medio temporis, quod in mundo currit, scilicet a seculo Keiomeras usque ad seculum tuum sunt anni 3.000 : et ab hoc seculo tuo usque ad resurrectionem erunt etiam anni 3.000 ». Quatre-vingt-onzième porte ; Hyde, p. 481 ; Windischmann, *op. cit.*, p. 163. Cela est purement mythique. En somme, l'opinion de Haug que Zoroastre vécut treize cents ans avant l'ère chrétienne (1) (il avait dit précédemment deux mille ans, *Die Gâthâ's des Zarathustra*, première partie, p. XIV, puis seize ou dix-sept cents ans, *Essays*, p. 255), est une pure hypothèse.

Quelle que soit l'époque plus ou moins mythique à laquelle on place Zoroastre, sait-on au moins quelle a été sa patrie ?

Nous pouvons répondre, ici, d'une façon plus précise. Les auteurs occidentaux le font naître tantôt à l'ouest, tantôt à l'est de l'Éran ; les auteurs orientaux s'accordent à le faire naître à l'ouest de cette région.

Diodore de Sicile rapporte, sur l'autorité de Ctésias, que Ninus, à la tête d'une armée de près de deux millions d'individus, envahit la Baktriane et y triompha, avec l'aide de Sémiramis, du roi Oxyartès. On a voulu identifier cet Oxyartès ou Exaortès, ou Khaortès, ou Zaortès, avec Zôroastrès (2), et cela est fort admissible d'après ce que relatent Cephalion (3), Eusèbe (« Zoroastres magus rex Bactrianorum clarus habetur adversus quem Ninus dimicavit »), Theo (Οὐ γὰρ εἰ Τόμυρις κρείσσων ἐστὶ Κύρου ἢ καὶ μὰ Δία Σεμίραμις Ζωροάστρου τοῦ βακτρίου ἤδη συγχωρητέον τὸ θῆλυ τοῦ ἄρρενος ἀνδρειότερον εἶναι), Arnobe (« ut inter Assyrios et Bactrianos Nino quondam Zoroastreque ductoribus, etc. » *Adv. gent.* I, 5). Mais cet Oxyartès, ou, si l'on veut, ce Zoroastre, était-il

(1) *Lecture on the origin of the parsee religion*, p. 18.

(2) Spiegel, *op. cit.*, t. I, p. 676.

(3) « Postea his adjiciens profert etiam generationes Semiramidis, atque (narrat) de Zoroastri magi Bactrianorum regis debellatione a Semiramide. »

le prophète mazdéen, c'est ce que rien n'autorise à supposer. Agathias et Ammien Marcellin parlent, non pas d'un roi Zoroastre, mais bien du Zoroastre fondateur de religion, et le regardent comme baktrien, mais on peut supposer qu'ils le croient né en ce pays, par cette raison qu'il y vécut. Par contre, pour Clément d'Alexandrie, Zoroastre était un Mède ou un Perse, pour Suidas, un Persomède, pour Moïse de Khorène, un prince des Mèdes. D'autres auteurs, par exemple Hermippe, le font venir de l'Asie-Mineure.

Quant aux documents orientaux, ils concordent entre eux et justifient les textes occidentaux, qui placent à l'ouest de l'Éran la patrie de Zoroastre. Windischmann a suffisamment établi que d'après l'Avesta lui-même, et d'après le Boundehèche, Zoroastre était venu de l'Airyana vaêja (*op. cit.* p. 48); or, l'Airyana vaêja, d'après le Boundehèche, était situé du côté de l'Atropatène (la province actuelle d'Aderbaïdjan), au sud-ouest de la Caspienne, au nord-est de l'Assyrie, au nord de la Médie, c'est-à-dire bien à l'ouest de la Baktriane. Consultez sur cette question Spiegel, *op. cit.* t. I, p. 676. Voyez encore Movers, *Die Phœnicier*, t. I, p. 359; Rawlinson, *Journal of the roy. as. society of Gr. Br. and Ireland*, t. XV, p. 245.

Nous avons à parler maintenant de la vie, ou, pour mieux dire, de la légende de Zoroastre. C'est un sujet qui nous entraînerait loin si nous voulions rapporter tout ce qui en a été écrit (1). Nous nous en tiendrons seulement aux documents principaux, et résumerons la légende orientale dont quelques passages sont confirmés par les historiens occidentaux.

Zoroastre naît d'une race illustre. La tradition du moyen

(1) On peut consulter particulièrement la version, par Eastwick, du *Zartustnâme*, dans l'ouvrage de Wilson *The parsi religion unfolded*, p. 477; la vie de Zoroastre par Anquetil-Duperron, au tome premier de sa traduction de l'Avesta; Ménant, *Zoroastre*; Windischmann, *Zoroastriche studien*, p. 49 et p. 260; Dunker, *Geschichte des alterth.*, 3e édit. t. II, p. 485; Spiegel, *Sitzungsberichte der kœnigl. akad. der wissensch.*, philos. philol. classe, 5 janv. 1867; *Erânische alterthumskunde*, t. I, p. 684.

âge le fait remonter par treize ou quatorze générations à Mînoćehr, Manoṣćihr, Manusćithra, un des vieux héros de la légende éranienne (1). Son père est Pôuruṣaçpa (Puruṣasp), sa mère Dughdha. Cette dernière, grosse de cinq mois, eut un songe qui lui annonçait les luttes que son fils aurait à soutenir contre les méchants : une nuée d'animaux sauvages et terribles s'abattait sur sa demeure et cherchait à lui arracher son enfant pour le mettre en pièces. La voix de l'enfant lui-même vient la rassurer, et un jeune homme resplendissant s'avance, tenant à la main droite un écrit, un bâton à la main gauche (symboles du don de prophétie qui serait dévolu à l'enfant et de la majesté céleste) ; les animaux malfaisants prennent la fuite.

Zoroastre va naître, Zoroastre dont l'heureuse naissance est saluée par le treizième Yast du petit Avesta. Voici la version de M. J. Darmesteter (*Op. cit.*, p. 185) :

« Nous adorons la sainteté et la Phravaṣi du saint Zarathustra, le très-bienfaisant ; — le premier qui ait bien pensé, le premier qui ait bien parlé, le premier qui ait bien agi ; le premier prêtre, le premier guerrier, le premier laboureur ; le premier qui ait reçu la nouvelle, le premier qui l'ait fait connaître, le premier qui conquière, qui ait conquis la vache, l'*aṣa*, la parole, l'obéissance à la parole, l'empire et tous les biens créés par Mazdâ, issus de l'*aṣa* ; — qui fut le premier prêtre, le premier guerrier, le premier laboureur ; qui le premier arracha la roue aux mains du démon et du mortel méchant ; qui le premier de l'univers matériel fit retentir l'*aṣem* destructeur du démon, qui se proclama adorateur de Mazdâ, sectateur de Zarathustra, ennemi du démon, fidèle

(1) D'après la chronologie de la fable éranienne, il s'écoule 583 ans de Minoćehr à Zartuṣt. Le légendaire Féridoun avait eu trois fils entre lesquels, de son vivant, il partagea son empire : le premier, Selm ; le second, Tour ; le troisième, Eradj. Ce dernier fut tué par le second. Une femme d'Eradj ; enfanta, après la mort de celui-ci, une fille qui épousa le fils d'un frère de Féridoun et donna le jour à l'ancêtre sus-nommé de Zoroastre. Le héros Féridoun (Thraêtaona) descendait de Djem (Yima) Ce dernier, frère de Tahmurath, était fils de Vîvanhvat. Voir Windischmann, *op. cit.*, p. 199.

d'Ahura ; — qui, le premier de l'univers matériel, proclama la parole ennemie du démon, fidèle d'Ahura ; qui, le premier de l'univers matériel, déclara toute création du démon indigne de sacrifice et de glorification ; puissant, donnant tout bien-être, premier fidèle, parmi les nations.

« Lui, en qui fut entendue toute formule, toute parole d'*aṣa*, seigneur et ordonnateur des mondes, chantre de l'*aṣa* très-grand, très-bon, très-beau ; interlocuteur de la loi, la plus excellente des choses qui sont. Lui que tous les Ameṣas çpentas, d'accord avec le soleil, d'une âme fidèle, d'une conscience croyante, appelaient de leurs vœux, pour être le seigneur et l'ordonnateur des mondes, le chantre de l'*aṣa* très-grand, très-bon, très-beau ; l'interlocuteur de la loi, la plus excellente des choses qui sont. Lui, à la naissance, dans la croissance duquel grandirent les eaux et les plantes ; à la naissance, dans la croissance duquel crièrent au bonheur toutes les créatures du monde de l'*aṣa*.

« Bonheur à nous ! Il est né le prêtre, le très-bienfaisant Zarathustra ! Il va nous offrir les libations et faire la jonchée du *bareçman*, lui Zarathustra. Voici que va s'épandre la bonne loi mazda-yaçnienne sur les sept *karṣvars* de la terre. »

Le prophète naît, et, au lieu de pleurer, comme font tous les enfants, il se met à rire. C'est ce que Pline a rapporté (*Hist. nat.*, VII, 16) : « Risisse eodem die quo genitus esset unum hominem accepimus Zoroastrem. Eidem cerebrum ita palpitasse ut impositam repelleret manum, futuræ præsagio sapientiæ ». C'est ce qu'a relaté également Solin, écrivain latin du troisième siècle : « Itaque unum novimus eadem hora risisse qua erat natus, scilicet Zoroastrem mox optimarum artium peritissimum ». Les démons commencent immédiatement leurs attaques et lui tendent des piéges dans lesquels tout autre que lui aurait dû périr. Le roi lui-même du pays, Durânsarûn, se rend à la demeure de Pôuruṣaçpa, et, un poignard à la main, va droit au berceau du jeune Zarathustra endormi ; la main de

Durânsarûn est subitement frappée d'impuissance et l'enfant est sauvé. Les démons prennent Zoroastre, l'emportent au désert, et, le plaçant sur un bûcher, veulent le livrer aux flammes : Zoroastre repose tranquillement au milieu du feu et sa mère le retrouve sain et sauf. Sur l'ordre de Durânsarûn l'enfant est exposé sur un chemin étroit où doit passer un troupeau de bœufs : il sera immanquablement foulé aux pieds ; le troupeau arrive, mais l'un des bœufs, le plus grand, se plaçant au-dessus de l'enfant de façon à l'avoir entre ses quatre jambes, s'arrête, laisse passer le reste du troupeau et sauve ainsi Zoroastre d'une mort certaine. Autre prodige : on égorge une portée de louveteaux et l'on place à leur côté le petit Zoroastre, qui ne peut manquer d'être tué à son tour par les loups lorsque ceux-ci seront de retour; mais ils ne lui font aucun mal et deux vaches célestes viennent l'allaiter.

Zoroastre arrive à l'âge de sept ans et les démons renouvellent leurs vaines tentatives. L'enfant étant malade, on lui présente, au lieu de remède, un breuvage empoisonné; il le reconnaît et est de nouveau sauvé. Cette vie d'épreuves dure jusqu'à sa trentième année.

Ainsi que le dit expressément le Boundehèche, c'est d'abord dans l'Airyana vaêja que Zoroastre prêche sa doctrine. Sans doute il y est peu écouté, car avec quelques fidèles il prend le chemin de l'orient, passe, par un nouveau prodige, l'Araxes à pied sec. C'est là que lui apparaît le saint immortel Vohu manah qui le conduit à Ahura mazdâ. Celui-ci l'engage à l'interroger. Ormuzd révèle à Zoroastre que le meilleur des hommes est celui dont le cœur est pur, et lui montre Ahriman au fond des enfers; il lui fait traverser sans danger et sans mal une montagne de feu; on lui enlève les entrailles et on les lui replace sans le faire souffrir; sans le faire souffrir, on lui verse sur la poitrine du métal en fusion. Ce sont autant de signes qui confirment la mission de Zoroastre. Le dieu lui remet le texte de l'Avesta et lui mande d'aller enseigner la loi sainte à la cour du roi Vîstâçpa (Guştâçp). Au moment où Zoroastre va prendre la route de Balkh, les démons viennent lui livrer un dernier assaut. C'est cette furieuse attaque que raconte le dixneuvième chapitre du Vendidad :

« De la région septentrionale, des régions septentrionales, se précipita Añra mainyu, plein de mort, démon des démons. Añra mainyu, à la mauvaise science, plein de mort, dit : précipite-toi, Druje, sur le pur Zarathustra ! La Druje se rua, le démon Bûiti, pernicieux, qui met à mal les mortels.

« Zarathustra récita l'oraison *ahuna vairya* : que l'on honore les bonnes eaux de la bonne création, que l'on révère la loi mazdéenne !

« La Druje s'enfuit, le démon Bûiti, pernicieux, qui met à mal les mortels. La Druje lui dit [à Añra mainyu] : Añra mainyu persécuteur ! Je ne vois point comment donner la mort au saint Zarathustra. Le pur Zarathustra est plein d'éclat.

« Zarathustra vit en son esprit : les démons méchants, à la mauvaise science s'entendent pour me tuer. Zarathustra se leva, s'avança, sans être atteint par les questions persécutrices du mauvais esprit, tenant à la main, des pierres grosses d'un *kathu*, qu'il avait reçues du créateur Ahura mazdâ, [lui] le pur Zarathustra....

« Zarathustra dit à Añra mainyu : Añra mainyu à la mauvaise science ! Je veux frapper la création des démons, je veux frapper la Naçu, créature des démons, je veux frapper la Pairika *khnāthaiti*, jusqu'à ce que naisse Çaoşyat le victorieux, du lac Kaçu, de la contrée orientale, des contrées orientales.

« Añra mainyu, auteur de la création perverse, lui répondit : O pur Zarathustra, ne tue pas mes créatures ! Tu es fils de Pôuruşaçpa et tu tiens la vie d'une mère (1). Renie

(1) Version conjecturale. Windischmann : « von der trægerin (mutter) bist du geboren ». Haug : « so art thou called by thy mother ». Spiegel : « du hast das leben von einer (sterblichen) mutter ». Darmesteter : « que ta mère a enfanté d'une offrande. »

la bonne loi mazdéenne; atteins le bonheur, - comme l'a atteint Vadhaghna, maître des régions.

« Le saint Zarathustra lui répondit : Je ne renierai pas la bonne loi mazdéenne, quand même mes os, mon âme, ma vie se sépareraient.

« Añra mainyu, auteur de la création perverse, lui répondit : Par la parole de qui frapperas-tu, par la parole de qui détruiras-tu, par quelles armes les êtres de la bonne création frapperont-ils mes créatures à moi Añra mainyu?

« Le saint Zarathustra lui répondit : le mortier, la coupe, le haoma et les paroles dites par Ahura mazdâ, voilà mes armes excellentes. Par cette parole je battrai, j'anéantirai, par cette parole [vaincront] les êtres de la bonne création, ô mauvais Añra mainyu! Par cette parole que créa le saint esprit dans le temps sans bornes, qu'ont créée les saints immortels, bons seigneurs, sages.

« Zarathustra récita l'oraison *ahuna vairya.* »

Le chapitre se termine par un certain nombre de demandes qu'adresse Zoroastre à Ormuzd, concernant les cérémonies purificatoires, et par des louanges qu'adresse Zoroastre à différentes divinités.

Nous revenons à la légende. Zoroastre se rend à la cour de Guṣtâçp, ce Vistâçpa dont l'Avesta fait plus d'une fois mention (1). A Balkh (2), à la cour de Guṣtâçp, se trouvaient un certain nombre de sages, de philosophes, dont le premier soin, naturellement, fut de chercher à confondre Zoroastre. Celui-ci demeura vainqueur dans cette lutte des choses de l'esprit et le roi se mit à étudier l'enseignement de l'Avesta. Les philosophes ne se tenaient pas pour battus. En l'absence de Zoroastre, ils portèrent un jour chez lui une charge de choses impures, têtes de chiens et de chats, etc., etc., qu'ils cachèrent dans ses vêtements, et ils vinrent auprès du roi

(1) Voir à ce sujet Windischmann, *op. cit.*, p. 55.

(2) Bâkhdhi. En vieux perse, dans les inscriptions cunéiformes, Bâkhtaris ou Bâkhtris. Bahr en huzvârèche.

accuser Zoroastre de n'être qu'un vulgaire sorcier. Le prophète se tira à son honneur de cette nouvelle épreuve. Guṣtâçp avait un cheval noir qu'il affectionnait d'une façon particulière. Un jour, le jour même où avait eu lieu cette manœuvre des philosophes, on s'aperçut que les quatre jambes du cheval lui étaient rentrées dans le corps; le roi mande ses philosophes qui demeurent impuissants en présence de cet événement. Zoroastre emprisonné, offre à Guṣtâçp, moyennant certaines conditions, de délivrer les quatre jambes du cheval prisonnier. Guṣtâçp accepte. La première des conditions, la seconde, la troisième, c'est que Guṣtâçp, son fils, sa femme, croiront à la divinité de la mission de Zoroastre. Le roi accepte ces trois conditions et successivement apparaissent trois des jambes du cheval. La quatrième condition c'est qu'une enquête révèlera les auteurs de la manœuvre qui avait fait jeter Zoroastre en prison. Le roi acquiesce encore; la quatrième jambe est rendue au cheval, et les ennemis du prophète sont châtiés. Guṣtâçp, à la suite d'un autre prodige, fait en sa faveur, et qui lui donne la vue de la place qu'il occupera au paradis, est définitivement gagné au mazdéisme et il élève les premiers autels du feu.

Des auteurs plus ou moins fantaisistes rapportent encore bien d'autres faits miraculeux dont l'on peut charger la légende de Zoroastre, mais que nous passerons ici sous silence.

Nous avons parlé ci-dessus du père et de la mère de Zarathustra. Ajoutons qu'il fut marié à trois femmes. De la première, il eut son fils Içatvâçtra, et trois filles : Phrêni, Thriti, Pourućiçta. De la seconde il eut deux fils. Hvarećithra et Urvatatnara. De la troisième femme, Hvôvi, Zoroastre se rapprocha trois fois, et trois fois la semence s'échappa (*Boundehèche*, LXXX); Nairyôçaṅha la recueillit, la confia à la garde d'Anâhita, et il en naquit successivement les trois sauveurs Oṣêdar, Oṣêdarmâh et Çôçyôṣ (Çaoṣyat). Voir ci-dessous, au livre IIIe, le chapitre où il est traité de la résurrection.

Sur les circonstances de la mort de Zoroastre il y a peu de concordance. Selon les uns il fut frappé du feu céleste ; selon d'autres il périt dans la prise de Balkh ; selon d'autres encore il mourut purement et simplement à l'âge de 77 ans. D'après le livre des Cent portes ce n'est pas à Balkh qu'il serait mort, mais bien dans l'Airyana vaêja où il serait retourné après la conversion de Vìstâçpa.

On comprend sans peine combien, au milieu de tous les prodiges de cette étrange légende, il a été difficile aux auteurs qui ont écrit avant la fin du siècle dernier, et même avant les travaux d'Eugène Burnouf, de se faire une juste idée de la personne et de la vie de Zoroastre. Huet, par exemple, prétend que Zoroastre n'est qu'un Moïse travesti : *Diss. recueill. par Tillad.* I, 468. *Demonst. evang.*, prop. 4, c. 5, p. 78, édit. de 1669. On lit dans Chardin, t. III, p. 130 : « *Zoroastre*, qu'ils appellent *Zerdoucht*, est leur *Prophete* et leur plus grand *Docteur*. Il fut le *Chef* de la *Secte des Mages*, et vêcut du tems des Rois de la seconde race, environ treize cens ans après le Déluge, selon la *Chronologie Persane*. Nos *Auteurs* le font pour la plûpart plus ancien, prétendant que c'est *Cham*, le fils de *Noé*. D'autres tiennent que c'est *Moïse*. D'autres croient qu'il ne vivoit que du tems du *Prophete Daniel*. Tous les *Auteurs Mahometans* le font originaire de *Chis*, Ville de la Province d'*Azerbeyan*, qui est la Medie, à present assez petite, habitée de *Curdes*, ou *Chaldéens*... Les *Guebres* sont divisez entr'eux sur la Patrie ou Païs natal de ce celebre Personnage *Zerdoucht*, ou *Zoroastre*, les uns le faisant *Babylonien*, ou *Chaldéen*, et les autres *Indien*. Je tiendrois plus volontiers pour cette derniere opinion... Ce *Zerdoucht* est le premier qui a redigé par Methode les *Sciences*, et la *Religion* des *Perses*. Les *Guebres* en content mille Fables, et en font un homme tout divin. Ils assûrent qu'il reçût un Livre du Ciel, où la *Religion* et les *Sciences*, qu'il enseignoit aux hommes, étoient écrites ; conte qui sent fort le *Mahometisme*, et que ces pauvres *Idolatres*, qui n'ont point d'érudition, pourroient bien avoir forgé sur l'opinion des *Mahometans*, que tous les vrais *Prophetes* et *Legislateurs* recevoient du Ciel le Livre de la Doctrine qu'ils devoient enseigner. Les *Mahometans* font état de *Zoroastre*, et tiennent qu'il a été l'*Instituteur* de la *Secte des Mages*, lesquels ils appellent *Magouch*, c'est-à-dire *Hommes sans oreilles*, pour insinuer que leur Docteur avoit puisé toute sa science dans le Ciel et qu'il ne l'avoit pas aprise par l'ouïe, comme les autres hommes. »

Au tome premier de Tavernier (chapitre huitième, *De la Religion des Gaures*) on trouve l'exposé de la légende de Zoroastre d'après les Perses actuels.

Signalons aussi l'article *Zoroastres*, dans l'ouvrage déjà cité de Reland.

Il nous reste aussi à dire quelques mots de la personnalité même de Zoroastre. Faut-il, avec M. Kern (1), regarder Zoroastre comme un être purement mythique et sidéral? Cela est bien invraisemblable si l'on envisage le caractère parfaitement réel que lui attribue la légende éranienne. A coup sûr, d'autre part, le personnage n'est pas historique, mais on peut admettre qu'à une époque fort obscure il exista un individu du nom de Zoroastre, qui, de l'Airyana vaêja, vint porter en Baktriane le fond de l'enseignement mazdéen, ou, au moins, dont les disciples apportèrent en ce pays l'enseignement dont il s'agit (2). Ce peu de certitude sur la personnalité même de Zoroastre laisse assez entendre qu'on ne peut, sans faire abstraction de toute critique, le considérer comme l'auteur de tels et tels morceaux de l'Avesta, même des plus anciens, comme sont les cantiques de la seconde partie du Yaçna.

(1) *Over het woord Zarathustra en den mythischen persoon van dien naam*, 1867. Cf. Justi, *Gel. anzeigen*, Gœttingen, 1867, n° 51. Spiegel, *Heidelb. jahrb.* 1867, n° 43.

(2) Spiegel, *Erân*, pp. 169 et 343; *Heidelb. jahrb.* 1872, n° 27.

LIVRE II

LES DIEUX DE L'AVESTA

CHAPITRE PREMIER

Le dualisme.

—

La doctrine de l'Avesta repose tout entière sur la croyance à *deux principes* primordiaux, luttant à armes égales, l'un pour le bien, l'autre pour le mal.

Sans aborder le côté purement théorique de cette question, nous pouvons rappeler avec Diderot (*Encyclopédie*, article MANICHÉISME) que « ce qui a donné naissance au dogme des deux principes, c'est la difficulté d'expliquer l'origine du mal moral et du mal physique ». Bayle dans son *Dictionnaire historique et critique*, à l'article MANICHÉENS, à l'article PAULICIENS et dans bien d'autres passages, expose, avec sa clarté merveilleuse et sa grande force de logique, les arguments qui militent en faveur du *dualisme*. Il est de fait qu'en dehors de l'expérience scientifique et désintéressée, pour laquelle la distinction de l'utile et du nuisible est purement relative, on ne peut repousser la conception des deux principes qu'à l'aide d'une croyance aveugle (1). Si le mal n'a pas toujours existé, il doit donc, non-seulement être secondaire au bien, mais encore procéder du bien. C'est ce que la foi peut admettre, non point la raison.

Quo iqu'il en soit de la valeur philosophique et morale de la théorie des deux principes, nous devons reconnaître que dans l'Avesta cette théorie est un dogme fondamental. Tout le mazdéisme repose sur la conception dualistique du monde. Nous ne recherchons point l'origine historique de ce dualisme, nous ne recherchons point quel fut son plus ou moins de durée; il nous suffit de constater qu'il forme l'enseignement capital de l'Avesta tout entier.

Dans son remarquable écrit sur le commencement du Boundehèche (2), Joseph Müller a clairement exposé que dans la littérature éranienne du moyen âge il n'était nullement question d'un principe unique supérieur aux deux principes opposés, Ahura mazdâ et Aṅra mainyu, Ormuzd et Ahriman. Ces deux principes, le bon et le mauvais, Anquetil-Duperron avait cherché à les soumettre à un principe supérieur, le temps sans limite, le *zrvâna akarana*, dont nous parlerons plus loin (livre II, chap. 2). Si l'Avesta a contenu cet enseignement, au moins il ne l'a pas légué aux livres religieux et cosmogoniques qui ont été rédigés dans la période suivante.

D'après Anquetil, les premiers mots du Boundehèche signifieraient que *l'être a d'abord été donné à Ormuzd et Ah-*

(1) Bayle, article MANICHÉENS, note. Amsterdam, édition de 1734, p. 92, seconde colonne. Diderot, *op. cit.*, édition Assézat, t. XVI, p. 63. Boutteville, *La Morale de l'Église et la Morale naturelle*, première étude. Paris, 1866.
(2) *Untersuchungen über den anfang des Bundehesch.*

riman. Il n'en est rien. Le texte dit simplement que, d'après l'explication des livres saints, *il est d'abord question de la création d'Ormuzd et de celle d'Ahriman*, c'est-à-dire de la double création qu'ils ont opérée (1). C'est ainsi, d'ailleurs, qu'Anquetil a compris tout le reste du Boundehèche (2).

Nous n'avons pas à nous occuper des croyances qui ont pu s'introduire dans telle ou telle secte mazdéenne après l'époque du Boundehèche, mais nous devons reconnaître avec Joseph Müller, et avec tout interprétateur compétent du livre cosmogonique en question, qu'il n'y est fait aucune allusion à un premier et unique principe. De ce silence complet, nous tirerons la conséquence légitime, évidente, que l'Avesta n'enseignait pas davantage ce prétendu principe premier et unique. Cet enseignement eût formé le fond même de sa doctrine, et le Boundehèche n'aurait pas manqué à le mentionner, à l'exposer d'une façon explicite.

Les anciens auteurs grecs, qui ont parlé de la coexistence de deux principes chez les Perses, n'ont jamais laissé enten-

(1) Joseph Müller, *ibid*, p. 617. Justi, *Der Bundehesch*, p. 1. Leipzig, 1868.

(2) Dans son article sur les *Perses* (*Dictionnaire encyclopédique*, édition Assézat, t. XVI, p. 263), Diderot relate l'opinion courante à son époque qu'au fond du zoroastrisme il y a un premier principe infini, éternel, de qui tout ce qui a été, et tout ce qui est, est émané... Le feu, dont le soleil est le symbole, est le principe de cette émanation... Il est émané du feu originel et divin deux principes subordonnés, ennemis l'un de l'autre, l'esprit et la matière, Orosmade et Arimane. » Cette idée est bien celle que formule Voltaire dans son écrit *Dieu et les hommes par le docteur Obern, œuvre théologique mais raisonnable traduite par Jacques Aimon* (1769) : « Tandis que les Chaldéens connaissaient si bien la vertu des étoiles, et qu'ils enseignaient, comme a fait depuis l'Almanach de Liége, quel jour il fallait se rogner les ongles, les anciens Persans n'étaient pas si habiles, mais ils adoraient un Dieu comme les Chaldéens, et révéraient dans le feu l'emblème de la divinité. Soit que ce culte leur ait été enseigné par un Zerdust, que les Grecs, qui changèrent tous les noms asiatiques, appelèrent longtemps après Zoroastre ; soit qu'il y ait eu plusieurs Zoroastre, soit qu'il n'y en ait eu aucun, toujours est-il certain que les Perses furent les premiers qui entretinrent le feu sacré, et qu'ils admirent un lieu de délices en faveur des justes, et un enfer pour les méchants, un bon principe qui était Dieu, et un mauvais principe dont nous est venu le diable. Ce mauvais principe, cet Arimane, ce Satan, n'était ni Dieu, ni coéternel avec Dieu ; mais enfin il existait. Et il était bien naturel d'admettre un mauvais principe, puisqu'il y a tant de mauvais effets. (*Op. cit.* chap. VIII, *Des anciens Persans et de Zoroastre*). Cf. Chardin, *op. cit.* t. III p. 129.

dre qu'ils dérivassent d'un principe unique supérieur ou qu'ils lui fussent soumis. Plutarque, qui vivait à la fin du premier siècle de l'ère chrétienne et qui s'informait avec tant de soin des choses dont il avait à traiter, n'avait pas le moindre soupçon de ce principe soi-disant unique. Il ne parle que d'Ahura mazdâ et d'Añra mainyu : « C'est l'avis et l'opinion de la plupart et des plus sages anciens, car les uns estiment qu'il y ait deux dieux de métiers contraires, l'un auteur de tous biens et l'autre de tous maux ; les autres appellent l'un Dieu, qui produit les biens, et l'autre Démon, comme fait Zoroastre le magicien, que l'on dit avoir été cinq cents ans devant le temps de la guerre de Troie. Cestui donc appeloit le bon Dieu Oromazes et l'autre Arimanius, et d'avantage il disoit que l'un ressembloit à la lumière plus qu'à autre chose quelconque sensible, et l'autre aux ténèbres et à l'ignorance.... et enseigna de sacrifier à l'un pour lui demander toutes bonnes choses et l'en remercier.... ». (Traité d'*Isis et Osiris*, version d'Amyot).

Nous lisons dans le *Proemium* de Diogène Laërce : « Ægyptiis vero antiquiores esse magos Aristoteles auctor « est in primo de philosophia libro, duoque secundum illos « esse principia, bonum dæmonem et malum : alterum ex « his Jovem et Oromasdem, alterum Plutonem et Arima- « nium dici. Quod Hermippus quoque in primo de Magis « ait atque Eudoxus in Periodo et Theopompus Philippi- « corum libro octavo » (Traduction Cobet, édit. Didot, p. 2). Aristote vivait trois cent cinquante ans avant notre ère ; Théopompe, un peu plus jeune, était son contemporain.

Il est bien évident que l'existence d'un principe supérieur, et qui aurait constitué le fondement même de la doctrine mazdéenne, n'aurait pu lui échapper.

En fait, aucun passage du texte même de l'Avesta n'autorise à admettre cette supposition. Aucune ligne de ce même texte ne peut justifier cette assertion de Haug, que l'idée maîtresse de la théologie mazdéenne était le monothéisme, et que son principe spéculatif était le dualisme : « The leading idea of his theology was Monotheism, i. e. « that there are not many gods, but only one, and the « principle of his speculative philosophy Dualism, i. e. the « supposition of two primeval causes of the real world and « of the intellectual, while his moral philosophy was moving « in the Triad of thought, word and deed (1) ». Ainsi que l'a fait très-justement observer M. Alb. Weber (2), cette distinction subtile de la théologie pratique et de la philosophie spéculative est contraire à tout l'enseignement de l'Avesta.

Il ne suffit pas d'affirmer, comme le fait M. Hübschmann (3), qu'un chapitre du Yaçna, la première partie du Gâthâ ustvaiti, expose clairement l'idée monothéiste ; il faudrait auparavant donner une interprétation acceptable de tous les Gâthâs et de celui-là en particulier, ce qui est loin d'être fait; il faudrait de plus ne pas négliger, pour un fragment complétement obscur, tout ce que le reste de l'Avesta contient d'évident et de parfaitement intelligible.

M. Spiegel, dont l'opinion ancienne sur le dualisme mazdéen paraissait avoir subi une certaine modification (*Erânische alterthumskunde*, t. II, p. VI), a voulu éclaircir sa pensée à ce sujet : « Je n'ai point modifié, dit-il (4), mon opinion ancienne, et je suis entièrement d'accord avec vous sur ce fait que dans l'Avesta nous ne trouvons qu'un dualisme rigoureux. Dans la Préface de mon second volume des *Antiquités éraniennes*, je ne parle que de la préhistoire de la religion mazdéenne. Ici encore je reconnais que les anciens Indo-Germains étaient polythéistes, les anciens Aryens également ; mais il me paraît que les anciens Éraniens en

(1) *Essays on the sacred language, writings and religion of the Parsees*, p. 255. Bombay, 1862.
(2) *Indische streifen*, t. II, p. 466. Berlin, 1869.
(3) *Ein zarathustrisches lied*, p. 6. Munich, 1872.
(4) *Revue de linguistique*, t. IX, p. 300.

étaient arrivés (grâce, vraisemblablement, à une influence occidentale) à croire qu'il n'existait qu'un seul dieu, auquel étaient soumises, en tant que ses créatures, les autres divinités (1). Soit avec cette période, soit avec la période suivante, doit être née la question de l'origine du mal ; l'on en vint à douter d'attribuer le mal au dieu en question, qui était l'auteur du bien. De là, la pensée de partager l'univers entier entre deux divinités : l'une représentant le côté brillant de la nature, l'autre le côté ténébreux ». Il resterait à démontrer par des preuves formelles cette supposition, bien gratuite selon nous, d'une phase monothéiste (empruntée au sémitisme), phase qu'il y aurait lieu de placer entre la période polythéiste pure de l'antiquité et la période polythéiste dualistique.

M. Kossowicz s'est prononcé, par contre, d'une façon très-formelle sur l'hypothèse d'un ancien monothéisme éranien. Nous ne pouvons mieux faire, pour rapporter sa pensée bien entière, que de reproduire ce fragment de la Préface du troisième volume de la version des Gâthâs (2).

« Et quidem dualismi, nisi boni et mali distinctionem, quæ ipsi rationi humanæ est innata, pro dualismo accipias, in gât'is nulla fere vestigia invenio, quum in cæteris Sendavestæ libris duo contraria perpetuoque inter se pugnantia principia evidentissime ac persæpe invicem sibi opponuntur, idque certamen et posteriorem Iranici cultus periodum obtinet. Documentum est etiam tam celebris inter orientales gentes diaboli Iranici denominationis qui Anrô mainyus sendice sonat, absolutissima fere in omnibus gât'is absentia.

« Opinionem hanc impugnandi debitum valorem præ se ferre videri potest totum carmen XXX, ubi bonum et malum, sub manifestissima duorum geniorum specie, invicem sibi opponuntur ; sed valor argumenti mox evanescit, si

(1) Cf. *Arische studien*, I, p. 76.
(2) *Sarat'ustricæ gât'æ posteriores tres*. Pétersbourg, 1871.

modo attendes hic minime de deo et diabolo pugnantibus inter se agi, vatemque nisi duas humanæ naturæ facultates et conditiones separatim sub duorum geniorum specie exhibere voluisse ; hæcque opinio sequentis (XXXI), inter cetera, carminis, quod hujus brevioris explanationem exhibet, argumento atque tenore certissime mihi probari videtur, ubi Deum, in rerum natura, tum boni, tum mali, exsequendi facultatem, sublimiori humanæ dignitati promovendæ, liberum scil. arbitrium, hominibus posuisse expressim edicitur (9-12).

« Deum saratcustrica gâtcarum religio agnoscit unum, huncque universi procreati auctorem, creatoremque rerum naturæ, atque in hac mentis benignæ, incolumitatis, quæ eadem est æquabilitas atque justitia, necnon divina potestas, quæ omnes rebus augendis et conservandis, quum nunquam a summo numine sejungantur, præsunt. »

On voit que la théorie de M. Kossowicz ne repose, en fait, sur aucun passage précis et déterminé ; elle paraît se dégager de l'ensemble des Gâthâs, et nous attendons toujours, après les tentatives de Haug, de M. Spiegel, de M. Kossowicz lui-même et de plusieurs autres auteurs, une version véritablement acceptable de ces mêmes Gâthâs. Ici encore, nous le répétons, on est en présence de morceaux très-obscurs, et c'est passer les bornes d'une critique prudente que de négliger, en leur faveur, toute la partie de l'Avesta qui se laisse entendre sans difficulté. Nous allons même plus loin, et pensons avec M. Spiegel que l'enseignement des Gâthâs est absolument le même que celui du reste de l'Avesta (1) : « Nach meiner überzeugung stehen alle theile des Avesta hinsichtlich der lehre auf der gleichen stufe, auch die Gâthâs nicht ausgenommen. »

Nous nous en tenons en somme à ce que disait M. Spiegel : « La religion de l'Avesta appartient sans contredit aux

(1) *Op. cit.*, t. II, p. 8.

religions les plus conséquentes et les plus réfléchies de toute l'antiquité. Nous y voyons un dualisme rigoureux (*ein strenger dualismus*), une distinction entre la lumière et les ténèbres, entre le bon et le mauvais. Tout ce qui s'y trouve doit se ramener à l'un de ces deux principes, et ce dualisme est parfait jusque dans les moindres détails (1) ». Plus loin encore, dans le même volume : « Un système de dualisme [y] est parachevé jusque dans les moindres détails ; l'opposition entre le bon et le mauvais, la lumière et les ténèbres, Ormuzd et Ahriman. Au commencement, ces deux principes ont un égal pouvoir (2) ». Cette égalité de puissance ne résulte pas seulement de toutes les données de l'Avesta sur la création ; elle ressort également de tout ce qu'enseigne le livre du Boundehèche. Dans ce dernier, nous voyons Ahura mazdâ si convaincu lui-même qu'Ahriman lutte contre lui à pouvoir égal, qu'il se préoccupe avant tout d'obtenir un armistice de neuf mille années (3), dont le profit doit lui revenir tout entier. Nous constaterons plus loin, en traitant de la double création d'Ahura mazdâ et d'Añra mainyu, que la puissance primordiale de ces deux divinités est parfaite, et que si l'un d'eux doit succomber dans la lutte, rien au moins, ne laisse préjuger qu'il ait jamais été créé. Il ne s'agit point de prêter à l'Avesta des conceptions qu'il n'a formulées nulle part ; il faut le prendre tel qu'il est, tel que l'ont connu les auteurs anciens.

Il importe, d'ailleurs, de s'expliquer sur ce mot de monothéisme.

En admettant, ce qui n'est point, que le principe du bien et du bon, Ahura mazdâ, soit le dieu suprême, faut-il accepter également que la religion de l'Avesta professe le monothéisme ? Ou les mots n'ont plus de sens, ou celui de

(1) *Erân. Das land zwischen dem Indus und Tigris*, p. 166. Berlin, 1863.
(2) *Diese beiden principien stehen sich anfangs gleichberechtigt gegenüber*; *op. cit.*, p. 360.
(3) Chapitre 1er du Boundehèche, édition Justi, p. 2, seq.

monothéisme signifie adoration d'un seul et unique dieu. Or, partout dans l'Avesta, aussi bien dans les Gâthâs que dans tout le reste du texte, la pluralité des dieux est enseignée à chaque page. Non-seulement Ahura mazdâ est dieu, mais Mithra est dieu, mais Çraoṣa est dieu, mais bien d'autres également sont dieux. Zeus, chez les Grecs, était le dieu suprême, et, comme le dit Hésiode, ἀθανάτων βασιλεὺς, πατὴρ ἀνδρῶν τε θεῶν τε. Jovis, chez les Romains, était le dieu suprême : *rexque paterque deum, dominus cœli divumque pater*. Mais ni Zeus, ni Jovis n'étaient des dieux uniques ; à leurs côtés l'Olympe hellénique, l'Olympe latin, comptent une foule de véritables divinités plus ou moins secondaires. Ce cas est également celui de l'Avesta. Aux côtés d'Ahura mazdâ se pressent une légion de divinités bienfaisantes ; aux côtés d'Aṅra mainyu, une légion de divinités malfaisantes. Ces deux groupes de divinités constituent le système du dualisme qui est simplement enté sur un polythéisme très-caractérisé et très-caractéristique. La Μοῖρα des Grecs, le *Fatum* latin, le Destin en un mot, n'a pour ainsi dire qu'une personnalité très-effacée à côté de celle des dieux véritables, et, dans l'Avesta, cette personnalité existe à peine, ou même n'existe point du tout. Le mot zend *bakhta* n'a même pas, comme représentant très-exact, celui de « destin ». A proprement parler, il veut dire « ce qui est donné en partage, en lot » ; c'est l'équivalent du participe sanskrit *bhakta*, qui, entre autres sens, a celui de « attribué, obtenu en partage ». Il entre dans des composés, tel que *baghôbakhta* « donné en lot par les dieux ». Nous le trouvons à deux reprises au cinquième chapitre du Vendidad, versets 29 et 34, et dans ces deux passages, ou plutôt dans ce même passage répété deux fois, il semble un peu téméraire de le traduire par le mot « destin ». C'est là, d'ailleurs, un point secondaire, et qui ne se lie qu'indirectement à ce que nous avons dit ci-dessus.

Pour conclure, nous devons répéter qu'il n'y a dans

l'Avesta aucune trace de monothéisme ; que le polythéisme au contraire y est très-développé ; que le système dualiste s'accorde parfaitement avec la pluralité des dieux, et que si l'un des deux principes, celui du mal, doit un jour succomber devant l'autre, tous deux au moins sont égaux, et quant à leur origine et quant à leur puissance.

Nous verrons plus loin comment, dans la doctrine mazdéenne, Ahura mazdâ représente particulièrement le principe du bien, Aṅra mainyu celui du mal.

CHAPITRE II

Les divinités bienfaisantes.

§ 1. — *Ahura mazdâ.*

C'est par le groupe des dieux lumineux et bons que nous allons commencer l'étude du panthéon zoroastrique. Nous nous occuperons en second lieu des dieux méchants et ténébreux.

A la tête des divinités bienveillantes et bienfaisantes du mazdéisme se place *Ahura mazdâ*. En somme, c'est la première des divinités lumineuses, c'est le Jupiter, le Zeus éranien ; mais sa situation exceptionnelle dans ce panthéon n'est pas tellement absolue que d'autres divinités ne se voient parfois attribuer la véritable suprématie. Peut-être n'y a-t-il là qu'un excès de zèle des fidèles qui, au lieu de s'adresser à Ahura mazdâ, estiment plus pratique de recourir, en tels ou tels cas déterminés, à tel ou tel autre dieu.

Occupons-nous, avant tout, de son nom. Il est formé de deux mots qui ne sont point indissolubles. La plupart du temps, il est vrai, l'Avesta présente la forme Ahura mazdâ (nominatif *Ahurô mazdāo*, accusatif *Ahurem mazdãm*, etc.), mais parfois on trouve *Ahura* seul ; parfois on ne trouve que *Mazdâ* ; parfois les deux mots sont placés dans l'ordre inverse : *Mazdâ* est placé en tête, et *Ahura* vient le second. Il est inutile de donner des exemples de ce fait qui, le plus souvent, se présente dans les cantiques de la seconde partie du Yaçna.

Le sens du mot *Ahura* est clair : ce mot signifie seigneur. C'est ainsi que l'entendent les Parses, c'est ainsi que le détermine l'étymologie, c'est ainsi que le comprend l'Avesta lui-même. Le zend possède un *ahu-*, *añhu-* « seigneur, maître », dont *Ahura-* n'est qu'un dérivé (1). Ce dernier, nous le voyons jouer à plusieurs reprises, dans l'Avesta, le rôle d'un pur et simple qualificatif ; on en cite une demi-douzaine d'exemples.

Mazdâ demande plus d'explications. Nous nous trouvons ici en présence de deux interprétations.

On a d'abord comparé le zend *Mazdâ* aux formes sanskrites *mêdhâ-*, force intellectuelle, compréhension, sagesse ; *mêdhas-*, entendement, intelligence. Burnouf, dans son *Commentaire sur le Yaçna*, après avoir rapporté, p. 72, le sens que donnent les Parses au mot en question, donne en ces termes sa propre opinion : « L'explication du mot *mazdâo* (*mazdå* d'après notre transcription) par *grandement savant*, est même justifiée par un témoignage plus irrécusable encore, celui des textes. Selon Nériosengh, ce mot est composé ; et en effet l'analyse nous permet d'y reconnaître *maz* et *dâo*. Mais, pour que cette analyse ne soit pas inexacte et qu'il y ait réellement deux radicaux dans le mot, il faut que ces deux radicaux se trouvent séparément en zend avec le sens, l'un de *grand*, l'autre de *science*. Or, nous pouvons affirmer qu'il en est ainsi de *maz*, par exemple dans un passage du XLVe chapitre du Yaçna, où *mazôi magâi* est traduit dans Nériosengh par *mahatâ mahattvêna*, littéralement *magna magnitudine* (Ms. Anq., n° 2 F, p. 315). Les mots *mazôi magâi* sont au datif, comme on pourra s'en convaincre par

(1) Justi, *Handbuch der zendsprache*, p. 13, 45. J. Darmesteter, *Ormazd et Ahriman*, p. 47, note.

la suite de nos analyses : or, après le retranchement de la désinence *ôi*, on a le radical *maz*, qui signifie à lui seul *grand* ; car si la racine qui exprime cette idée était *mazdâo* ou *mazda*, on retrouverait sans doute au datif *mazôi* quelque trace du *d*. On devrait aussi peut-être rencontrer cette consonne dans les deux superlatifs que nous présentent les textes zends, et qui répondent à des formes sanscrites vieillies. Le premier est *mazista*... » Plus loin, p. 75 : « Le composé [conjectural] *mahâ-dâs*, et par suite l'adjectif zend *maz-dâo* qui n'en est que la transformation, pourra signifier « qui magna dat ». Cette traduction répond déjà très-bien à un des attributs d'Ormuzd, celui de créateur, et nous savons que dans le langage religieux des Parses, le mot *donner* est synonyme de *créer*. Mais elle ne paraît plus s'accorder avec celle de Nériosengh, qui trouve dans le zend *mazdâo* le sens de *multiscius*. Elle ne rend pas mieux compte des mots *hudâo* et *dujdâo* (*duždâo*), que le témoignage uniforme des Parses traduit par « celui dont la loi est bonne celui dont la loi est mauvaise ». Nous devons donc chercher encore s'il ne serait pas possible de justifier la traduction de Nériosengh, et de trouver dans le radical *dâ* le sens de *loi* ou *science*. Je remarquerai d'abord que toute loi et toute science émanant de l'intelligence suprême chez les Parses comme chez les autres nations anciennes de l'Asie, la loi peut être appelée un don de Dieu, et le mot qui, signifiant dans l'origine *donner*, prend déjà par extension le sens de *créer*, peut bien recevoir celui de donner la loi et la science, la promulguer. C'est ainsi que le radical sanskrit *dhâ* (poser) produit, au moyen du préfixe *vi*, un substantif *vidhi* signifiant *règle*. Ce dernier rapprochement suggère même la conjecture que le radical zend *dâ*, auquel l'analyse nous a conduits tout à l'heure, pourrait bien n'être que le sanscrit *dhâ*, avec la seule différence du *dh* au *d*. On a donc le choix entre ces deux radicaux *dâ* (donner) et *dhâ* (poser). Enfin si ces explications paraissaient trop détournées, et que l'on voulût trouver directement dans la syllabe *dâ* le sens de connaître, qui est resté dans le persan moderne *dânâ* (savant) nous rapprocherions le *dâ* zend de la racine grecque δα (apprendre). Cette racine se trouve dans l'inusité δάημι, à l'aoriste ἐδάην, et surtout dans le verbe δι-δά-σκω où la suppression de la syllabe de redoublement et de la formative laisse à nu le monosyllabe δα auquel je ne crains pas de rattacher le zend *dâ* dans le sens de *savoir* (1). »

M. Benfey, dans son glossaire du Sâmavéda, rapproche aussi (p. 150) le mot sanskrit *mêdhas-* du mot zend en question. Haug reconnaissait également que la syllabe *az* de ce mot zend correspondait à un *ê* sanskrit. Il est de fait que l'on peut rapprocher le zend *nazdista-*, très-proche, le plus proche, du sanskrit *nêdiṣṭha-*, etc., etc.; que plus d'une fois la voyelle *ê* du sanskrit représente une syllabe organique AS : ainsi *êdhi*, sois ! provient d'un primitif ASDHI et correspond au grec ἴσθι (2). M. Hübschmann ramène *mazdâ* et *mêdhâ* à une forme organique MADHDHÂ, d'une racine MADH, savoir (*Zeitschrift für verg. sprachforsch.*, t. XXIII, p. 394).

M. Spiegel a reconnu que cette première explication du mot *mazdâ* était possible (3), mais il ajouta qu'elle avait plus d'importance pour le sanskrit que pour l'éranien, et qu'en définitive la forme *mazdâ* pouvait s'expliquer par elle-même, sans qu'il fût nécessaire d'en appeler à la comparaison avec d'autres langues. Le mot, dit-il, est simplement composé de « *maç*, *maz*, grand » et de *dâ*, savoir (4). Cette explication est celle que donne également M. Justi (5); c'est celle qu'adopte M. J. Darmesteter : « *mazdâ* signifie celui qui sait grandement, le grand savant, l'omniscient (6). » C'est

(1) Ce rapprochement est parfaitement exact. Consultez Curtius, *Grundzüge der griechischen etymologie*, 4e édit., p. 229.

(2) Schleicher, *Compendium der vgl. gramm. der indogerm. sprachen*, 4e édit., p. 33.

(3) Traduct. de l'Avesta, t. III, p. 4.

(4) Cf. *Arische studien*, I, p. 43.

(5) *Handbuch der zendsprache*, p. 223.

(6) *Op. cit.*, p. 29.

celle qu'a développée M. Frédéric Müller dans le premier cahier de ses études zendes (1). En fait, le mot dont il s'agit s'explique on ne peut mieux par la langue zende elle-même : *mazdå* (nominatif, le grand savant) est formé tout comme les autres composés *hudhå*, plein de sagesse; *duždå*, pourvu d'une mauvaise, d'une méchante science; *vañhudå*, possédant la bonne science. La traduction sanskrite explique exactement ce nom par *mahajñânin-*.

Sans nous arrêter plus longtemps à la discussion étymologique des mots *ahura mazdâ* (on peut consulter les auteurs que nous venons de citer), ajoutons qu'en vieux perse, dans les inscriptions cunéiformes des Achéménides, ces deux mots sont fondus en un seul : *Auramazdâ*. Il revient à chaque instant dans ces inscriptions : *Auramazdâ maiy upaçtam abara*, Auramazdâ m'apporta secours ; *vaçnâ Auramazdâha*, par la grâce d'Auramazdâ, etc., etc. La consonne *h* a disparu, comme dans *amiy*, je suis, correspondant au zend *ahmi* ; *u-*, bien, *uska-*, sec, à *hu-*, à *huska-*, etc. Une des principales formes de l'éranien du moyen âge est *Hormazd*. *Ormazd* et *Ormuzd* sont plus récents. La plus connue des transcriptions grecques est Ωρομάζης, mais ce n'est point la seule.

Sous la rubrique *Oromasdes* de sa VIIIe *Dissertatio* (De reliquiis veteris linguæ persicæ), Reland rapporte ceci : « Hoc nomine bonus genius, ἀγαθὸς δαίμων, veteribus Persis dicebatur. Ita Plutarchus, Laertius, Agathias, et alii tradiderunt, e quorum scriptis quum ante nos plurimi testimonia in hanc rem collegerint, supervacaneum esset, ea hic repetere. 'Ωρομάζης æque ac 'Ωρομάσδης scribunt. Vide Platonem *l. I. de leg*. Persæ hodieque principium boni, sive bonum genium *Hormozd* vel *Awarmozd* appellant, unde Græci fecerunt 'Ωρομάσδης.... Eamdem vocem flexerunt Latini in *Hormizdas*. »

La première qualité d'Ormuzd, pour quiconque jette un

(1) *Zendstudien*, I, p. 8, Vienne, 1863.

simple coup d'œil sur l'Avesta, est d'être un dieu souverain. Il est, avant tous les autres, *ahura*, c'est-à-dire seigneur. On lui dit dans l'un des cantiques du Yaçna : *aṭ thwâ mèñhî paourvîm mazdâ yazûm... añhèus ahurem* « at te comper primum Mazda, maxime venerabilem... universi moderatorem (1). » Dans le premier Yast, morceau qui porte spécialement son nom, Ormuzd, interrogé par Zoroastre, déclare lui-même qu'entre autres titres il possède celui de souverain : « Mon nom est le souverain, mon nom est le grand savant. » La suprématie générale se révèle à chaque instant, et il n'est presque point de chapitres de l'Avesta dont on ne puisse tirer quelque verset pour la faire reconnaître.

Les inscriptions des Achéménides témoignent tout aussi expressément de la souveraineté d'Ormuzd. Darius et ses successeurs proclament la toute-puissance d'Auramazdâ ; c'est par sa grâce qu'ils sont rois ; c'est par sa grâce qu'ils battent l'ennemi et le rebelle : *Auramazdá vazraka hya mathista bagânâm hauv dârayavum khsâyathiyam adadâ hausaiy khsatram phrâbara vasnâ auramazdâhâ dârayavus khsâyathiya* « Le grand Ormuzd, qui est le plus grand des dieux, a fait Darius roi ; il lui a donné l'empire ; Darius est roi par la grâce d'Ormuzd (2). »

Ormuzd se trouve à la tête du panthéon éranien, mais il est entouré d'un grand nombre d'autres divinités bienveillantes ; il n'est point le Jéhovah ou l'Allah de ses adorateurs (3). Le Mazdéen trouve bien souvent plus simple et plus sûr d'adresser ses prières à quelque autre divinité. D'autre part, on ne peut dire que sa toute-puissance soit réellement absolue. Ahriman, le chef des divinités malveillantes, a prise sur les créatures d'Ormuzd (4) ; il les attaque, les combat, et plus d'une fois remporte la victoire

(1) Yaçna, XXXI 8, traduction Kossowicz.
(2) Inscription de Persépolis.
(3) J. Darmesteter, *Ormazd et Ahriman*, p. 85.
(4) Spiegel, trad. de l'Avesta, t. II, p. 42.

sur elles, c'est-à-dire, en réalité sur leur patron lui-même.

Tels que l'Avesta nous les fait connaître, les deux principes, celui du bien et celui du mal, sont d'une origine parfaitement égale. M. Darmesteter a cherché à démontrer, dans l'importante monographie citée ci-dessus, qu'Ahura mazdâ plongeait par ses racines dans la période mythologique pré-éranienne, et que, par contre Aṅra mainyu ne dérivait point d'un être antérieur un et concret (*op. cit.*, p. 337) ; que ce dernier, dès lors, n'était pas contemporain du bon principe. Cela peut être exact. Il est vrai, d'autre part, que la mythologie éranienne postérieure à l'Avesta proprement dit a cru à la défaite finale d'Aṅra mainyu. Mais dans l'enseignement du véritable texte zoroastrien (et celui-ci seul est l'objet de notre étude), nous ne trouvons aucune distinction établie entre les deux principes sous le rapport de leur pouvoir respectif. Ils reçoivent au contraire le surnom significatif de jumeaux : *at tâ mainyû paouruyê yâ yèmâ* « et ces deux esprits primordiaux qui sont jumeaux (1)... ». Tout le XXXe chapitre du Yaçna, un des anciens cantiques, n'est qu'une très-formelle et très-nette affirmation de l'équipollence originelle des deux principes.

Ahura mazdâ, le bon principe, reçoit fréquemment le nom de *çpenta mainyu*, que l'on traduit « l'esprit saint ». Cette version est un peu large, mais point inexacte. En réalité, le premier mot veut dire « accroissant, augmentant » ; la tradition ancienne le comprend ainsi avec juste raison. Ce surnom a trait à l'efficacité créatrice du dieu, et il forme opposition au nom du mauvais principe, *aṅra mainyu*, l'esprit destructeur. La version sanskrite de Nériosengh explique *çpenta* par le terme *guru-* « gravis, eximius, venerandus ». C'est assez dire que la tradition perdait peu à peu la notion du sens primitif : elle devait en arriver à la simple signifi-

(1) Haug : *Ita hi duo spiritus primi qui gemini... (Die Gâthâ's des Zarathustra*, I, p. 7). Spiegel : *Diese beiden himmlischen wesen, die zwillinge...* Trad. de l'Avesta, II, p. 119. Cf. J. Darmesteter, *op. cit.*, 313.

cation de « saint ». C'est ainsi qu'en latin, le mot *augustus* rappelle également par son origine l'idée d'accroissement (comparez *augere*).

Le rôle capital d'Ormuzd est celui de dieu créateur, non point créateur de l'univers entier et de tout ce qui existe, mais créateur de la bonne et de la lumineuse partie de l'univers. Zoroastre, implorant d'Ormuzd la révélation, l'appelle à chaque instant de ce nom : *dâtare*, ô créateur! La création d'Ormuzd est souvent louée dans l'Avesta. Au commencement du cinquième et du trente-septième chapitre du Yaçna, le Mazdéen proclame expressément qu'il honore par le saint sacrifice Ahura mazdâ en tant que créateur des êtres bons et utiles :

ithá áṭ yazamaidhé ahurem mazdãm yè gãmćá aṣemćá dáṭ upaçćá dáṭ urvarãoçćá vañuhîs| raoćãoçćá dáṭ bûmimćá viçpáćá vóhú.	Et nous honorons Ahura mazdâ, qui a créé la vache, la pureté, les eaux, les bons végétaux | [qui] a créé la lumière, la terre et toutes les choses bonnes.

Le sixième chapitre du même livre, au commencement, honore également en Ormuzd le créateur : *dadhvãoñhem ahurem mazdãm yazamaidhé*, « nous honorons le créateur Ahura mazdâ ». Même épithète au dix-neuvième verset du dix-septième chapitre. Au soixante-neuvième chapitre du même livre, troisième verset, le fidèle honore Ahura mazdâ « qui crée, qui réjouit, qui forme tous les biens », *dadhvãoñhem rapentem tarṣvãoñhem viçpa vôhu*. Dans sa profession de foi, ce même fidèle insiste sur ce grand rôle d'Ormuzd :

náçmí daévó phravarâné mazdayaçnó zarathustris vidaévó ahuraṭkaéṣó | çtaotá ameṣanãm çpentanãm | yastá ameṣanãm çpentanãm | ahúrái mazdái vañhaoé vôhú maidé viçpá vóhú ćinahmí | aṣaoné raévaité qarenañhaité | yá zi	Je pousse les démons. Je me dis mazdéen, zarathustréen, ennemi des démons, sectateur d'Ahura ; chanteur des louanges des Ameṣas çpentas, honorateur des Ameṣas çpentas. Je rapporte tout [ce qui est] bon à Ahura mazdâ, bon, bien pensant, pur, riche,

ĉiĉâ vahistâ yênhê aṣem yênhê gâus yênhê raoĉão.	éclatant; [je lui rapporte] ce qui [existe d'] excellent, [à lui] dont [procèdent] la vache, la pureté, la splendeur (1).

A plusieurs reprises, Ormuzd lui-même se proclame créateur :

mraot ahurô mazdão çpitamâi zarathustrâi | azem yô ahurô mazdão azem yô dâta vanhvãm | yaĉĉ tat nmânem âkerenem çrîrem raokhṣnem...	Ahura mazdâ dit au très-saint Zarathustra : Moi qui [suis] Ahura mazdâ, moi qui [suis] le créateur des biens, lorsque je créai cette demeure belle, brillante (2).

Azem... yô dadhwão ahurô mazdão « moi qui suis le créateur Ahura mazdâ. »

Dans le premier chapitre du Vendidad, Ormuzd énumère à Zoroastre les diverses régions qu'il a créées, et il raconte comment le démon du mal, le mauvais principe, Ahriman, est venu combattre par autant de créations hostiles cette œuvre de bienfaisance. Sans traduire littéralement tout ce morceau, nous pouvons en donner une analyse.

J'ai créé, dit Ahura mazdâ, j'ai créé un lieu de séjour agréable, puis Anra mainyu a fait une création adverse. J'ai créé l'*airyana vaêjah* : Anra mainyu créa l'hiver. On eut dix mois d'hiver, deux mois d'été. Je créai la seconde région, Gâu, la demeure de Sogdiane (4) : Anra mainyu créa en opposition un insecte nuisible aux bestiaux et aux champs. J'ai créé la puissante ville de Môuru (Merv) : Anra mainyu créa la tromperie (?). Je créai Bâkhdhi (Baktre) la belle, aux étendards élevés : Anra mainyu créa les fourmis. Je créai en cinquième lieu Niçâya, située entre Môuru et Bâkhdhi : Anra mainyu créa le doute. Je créai le pays d'Haraêva (le Hérât) : Anra mainyu créa... Je créai le pays de Vaêkereta (le pays de Kaboul) : Anra mainyu créa la Pairika (la Péri) qui s'at-

(1) Commencement du treizième chapitre du Yaçna.
(2) *Vendidad*, chap. XXII, verset 2.
(3) *Ibid.*, VII, 135.
(4) Sur ce passage obscur, consultez Spiegel, *Commentar* t. I, p. 18. Geiger, *Die pehleviversion des ersten capitels des Vendîdâd*, p. 36.

tacha à Kereçâçpa (1). Je créai Urva, aux nombreux pâturages: Añra mainyu créa le mauvais orgueil. Je créai Khnenta, le pays de Vehrkâna (Hyrcanie) : Añra mainyu créa l'impardonnable pédérastie. Je créai la belle région de Haraqaiti: Añra mainyu créa l'impardonnable enterrement des cadavres. Je créai en onzième lieu la brillante région de Haêtumat: Añra mainyu créa les méchants Yâtus. Je créai Ragha (la ville actuelle de Rai) : Añra mainyu créa la perverse incrédulité. Je créai le puissant pays de C'akhra: Añra mainyu créa l'inexpiable crémation des morts. Je créai Varena avec ses quatre angles: Añra mainyu créa l'odieuse menstruation (2). Je créai le Hapta hendu (les sept Indes, cf. Geiger, *op. cit.* p. 62) : Añra mainyu créa l'odieuse menstruation et l'odieuse chaleur. Je créai, moi Ahura mazdâ, la région qui est au-dessus des eaux du fleuve Rañha (3): Añra mainyu créa l'hiver.

Et le dieu ajoute qu'il existe bien d'autres régions qu'il n'a point mentionnées.

En fait, toute la théorie de la double création est exposée dans ce chapitre; Ormuzd est l'auteur de tous les biens, Ahriman est celui de tous les maux.

Au surplus, Ormuzd n'a pas seulement donné le jour aux êtres terrestres qui font partie de la bonne création ; il a donné naissance aux êtres célestes, par exemple aux *Ameṣas çpentas*, aux « saints immortels », dont nous parlerons un peu plus loin: « Vôhu manah est ma créature (dit-il à Zoroastre), Aṣa vahista est ma créature, Khṣathra vairya est ma créature, la sainte Ârmaiti est ma créature, Haurvaṭ et Ameretâṭ sont mes créatures » (Yast I, 37).

Les inscriptions des Achéménides concordent pleinement avec l'Avesta. Elles nous montrent Ormuzd (ici Auramazdâ)

(1) Consultez Spiegel, *Zeitschrift der deutschen morgenl. gesellschaft*, t. III, p. 251. Windischmann, *Zoroastrische studien*, p. 41.
(2) Geiger, *op. cit.*, p. 61.
(3) Le fleuve Iaxarte. Consultez Windischmann, *Zoroastrische studien*, p. 187 Spiegel, *Erân*, p. 255.

dans ce rôle de créateur bienveillant et bienfaisant. Darius dit dans son inscription d'Alvend : *baga vazraka Auramazdâ hya imâm bumim adâ hya avam açmânam adâ hya martiyam adâ hya siyâtim adâ martiyahâ*. Auramazdâ est un dieu puissant, qui a fait cette terre, qui a fait le ciel, qui a fait l'homme, qui a fait la satisfaction (1) de l'homme »; il répète cette formule dans les inscriptions de Persépolis, et Xerxès la répète après lui, ainsi qu'Artaxerxès Ochus.

Quant à la personnalité même d'Ormuzd, elle est tellement bien définie que ce dieu est pourvu, d'après plusieurs passages de l'Avesta, d'attributs tout corporels. Il reçoit l'épithète de *hukerepta-* « formosus », dans le second verset du premier chapitre du Yaçna. Burnouf traduit correctement le mot par cette expression : « qui a des membres bien proportionnés » (2). Dans le soixante-dixième chapitre du même livre, le fidèle mazdéen rend hommage au corps tout entier d'Ormuzd : *ahurem mazdãm aṣavanem aṣahê ratûm yazamaidhê | vîçpemća kereps ahurahê mazdǣ yazamaidhê*. Nous honorons Ahura mazdâ, pur, chef de la pureté, et nous honorons tout le corps d'Ahura mazdâ (versets 10 et 11). Et ce corps, on le comprend, est le plus beau de tous : c'est ce que dit expressément le vingt-deuxième verset du LVIIe chapitre de ce même livre. Ormuzd est père ; le feu *âtar* est son fils et invoqué comme tel dans toutes les parties de l'Avesta : *âtars mazdǣ ahurahê, tava âtars puthra ahurahê mazdǣ, tava âthrô ahurahê mazdǣ puthra* (3). Ormuzd a des épouses, les eaux : (4) *imãm âat zãm genâbîs hathrâ yazamaidhê | yâ nǣ baraitî yǣççâ tôi genǣ ahura mazdâ* « Nous honorons cette terre qui nous porte, et les femmes qui sont tes femmes, ô Ahura mazdâ » !

Au surplus, sans reproduire ici en totalité l'important

(1) Cf. Oppert, *Mélanges perses*, *Revue de linguistique*, t. IV, p. 213. Kossowicz, *Inscriptiones palæo-persicæ*, p. 9.
(2) *Commentaire sur le Yaçna*, p. 137.
(3) Yast, XIX, 47. Yaçna, IV, 52. Vispered, XII, 17.
(4) Yaçna, XXXVIII, versets 1 et 2.

morceau du Petit Avesta, qui concerne particulièrement Ormuzd, le Yast d'Ormuzd, nous nous contenterons d'en présenter l'analyse.

Zoroastre interroge Ormuzd. Il le prie de lui révéler ce qu'il y a de plus puissant, de plus efficace contre les démons, de lui dire quel est l'auxiliaire le plus sûr dans la lutte que soutient tout bon Mazdéen. Ce sont, dit Ormuzd, les noms que je porte; et il les lui fait connaître. — Mon nom, dit-il, est celui qu'il faut interroger *(phrakhstya nãma ahmi)* je m'appelle en second lieu le chef de troupeaux (1); en troisième lieu, le puissant propagateur de la loi (?); en quatrième lieu, la pureté excellente; en cinquième lieu, tous les biens d'origine pure; en sixième lieu, je suis l'intelligence; en septième lieu, je suis celui qui comprend; en huitième lieu, je suis la sagesse; en neuvième lieu, je suis le sage; en dixième lieu, je suis l'accroissement; en onzième lieu, je suis celui qui accroît; en douzième lieu, je suis le seigneur; en treizième lieu, je suis celui qui est le plus utile; en quatorzième lieu, je suis celui qui est sans souffrance; en quinzième lieu, je suis celui qui est solide; en seizième lieu, je suis celui qui compte les mérites; en dix-septième lieu, celui qui observe tout; en dix-huitième lieu, je suis l'auxiliateur; en dix-neuvième lieu, je suis le créateur; en vingtième lieu, je suis celui qui s'appelle *mazdâ* (c'est-à-dire l'omniscient). — Et le dieu ajoute: Honore-moi jour et nuit, ô Zoroastre! Je t'apporterai secours et satisfaction; Çraoṣa, l'eau, les arbres, les Phravaṣis des êtres purs t'apporteront secours et contentement. Retiens et prononce ces noms jour et nuit. Je suis le protecteur, le créateur, le sustenteur, le savant, l'être céleste très-saint. Mon nom est l'auxiliaire, le prêtre, le seigneur; je m'appelle celui qui voit beaucoup, celui qui voit au loin; je m'appelle le surveillant, le créateur, le protecteur, le connaisseur. Je m'appelle

(1) Un commentateur du moyen âge ajoute: « Car j'ai de grands troupeaux d'hommes et d'animaux. » (Cf. Spiegel, *Comment.*, t. II, p. 479).

celui qui accroît ; je m'appelle le dominateur ; celui que l'on ne doit pas tromper, celui qui n'est pas trompé. Je m'appelle le fort, le pur, le grand ; je m'appelle celui qui possède la bonne science, celui qui est au plus haut point pourvu de la bonne science. Celui qui retient et prononce ces noms échappera aux attaques des démons.

Ici s'arrête, à proprement parler, le Yast d'Ormuzd : les douze ou quinze derniers versets du morceau ne font point corps avec ce qui précède. Nous y relevons simplement ces paroles, qu'adresse le dieu à Zoroastre : « O Zoroastre, protége toujours l'homme qui t'est apparenté, contre l'ennemi plein de mauvaises pensées ; n'abandonne pas l'ami aux coups, au mal, au dommage. Ne souhaite pas un don pour celui qui, au lieu du plus grand sacrifice, nous offre le plus petit ! »

§ 2. — *Mithra*.

A propos de Mithra, plus qu'à l'égard de toute autre divinité du panthéon éranien, il importe de rappeler que nous étudions uniquement l'ancienne période de la religion mazdéenne, et que tout ce qui est postérieur à l'époque même de l'Avesta demeure en dehors de notre examen et de nos recherches. Le culte de Mithra a survécu de beaucoup, en effet, à celui de presque tous les autres dieux du mazdéisme primitif ; il a joué dans le monde civilisé du commencement de l'ère chrétienne un rôle important. Encore un coup, nous laissons volontairement à l'écart toute la phase secondaire du culte mithriaque ; c'est à un autre ouvrage que celui-ci qu'il appartient d'exposer les suites immédiates du zoroastrisme, et en particulier le développement, l'évolution et l'influence du culte de Mithra dans les temps qui succédèrent à l'âge d'or de l'éranisme.

Mithra a été l'objet d'un excellent mémoire de Windischmann. C'est en 1857 que Windischmann, dont la mort a été une grande perte pour le progrès des études orientales, publia son *Mithra, ein beitrag zur mythengeschichte des orients* (89 p. in-8), lequel comprend une traduction du Yast de Mithra (le dixième du Petit Avesta), une explication du texte et une comparaison de ce texte avec les passages des auteurs de l'antiquité concernant la divinité dont il s'agit. Cette étude, faite de main du maître, est la base de tout ce qui a été écrit sur Mithra depuis une vingtaine d'années. Elle va nous servir de guide dans notre exposé.

Il est bon de rappeler, avant d'entrer en matière, les principaux fragments que nous rencontrons dans les auteurs anciens au sujet de Mithra.

Hérodote, au livre premier de ses *Histoires* (CXXXI), dans le passage bien connu où il décrit certaines institutions perses (Introduction, p. 3), cite le nom de Mithra : Καλέουσι δὲ Ἀσσύριοι τὴν Ἀφροδίτην Μύλιττα, Ἀράβιοι δὲ Ἄλιττα, Πέρσαι δὲ Μίτραν (Venerem autem Assyrii Mylitta nominant, Arabes vero Alitta ; Persæ Mitram. *Édit.* Didot). Il y a ici une confusion évidente, et Windischmann fait remarquer avec juste raison qu'il s'agit d'Anâhita, non de Mithra (*op. cit.* p. 55) ; mais le point intéressant c'est la première apparition du nom de Mithra chez les auteurs grecs (1).

Xénophon, au livre septième de la *Cyropédie* (v, 53) introduit dans une allocution d'Artabaze à Cyrus un serment : Par Mithra ! μὰ τὸν Μίθρην. Au chapitre quatrième de l'*Économique* (*in fine*) c'est Cyrus qui jure par Mithra : ὄμνυμί σοι τὸν Μίθρην (Mithren juratus testor, *éd.* Didot, p. 624). C'est à juste titre, comme nous le verrons tout à l'heure, qu'on invoque ici Mithra qui est le dieu de la véracité et de la foi tenue (2).

(1) Nous ferons observer que dans une inscription d'Artaxerxès Mnémon, découverte dans les ruines de Suse, le nom d'Anahata (zend Anâhita) est par deux fois manifestement associé à celui de Mithra.

(2) « Dasselbe zeigt uns Xenophon, wenn er den namen des Mithra als schwur gebrauchen læsst, was nicht blos das ansehen beweist, in welchem

Ce même serment, nous le retrouvons dans Plutarque : νὴ τὸν Μίθραν (*Artax.* IV). Plutarque dans son Traité sur Isis et Osiris, place entre Ormuzd et Ahriman, entre la lumière et les ténèbres, le dieu Mithra, médiateur : Οὗτος οὖν ἐκάλει τὸν μὲν Ὡρομάζην, τὸν δ' Ἀρειμάνιον, καὶ προσαπεφαίνετο τὸν μὲν ἐοικέναι φωτὶ μάλιστα τῶν αἰσθητῶν, τὸν δ' ἔμπαλιν σκότῳ καὶ ἀγνοίᾳ· μέσον δ' ἀμφοῖν τὸν Μίθρην εἶναι· διὸ καί Μίθρην Πέρσαι τὸν μεσίτην ὀνομάζουσι. Windischmann émet l'opinion que Plutarque s'en rapporte ici à un dire de Théopompe (milieu du quatrième siècle avant l'ère chrétienne) : entre la lumière sans commencement et l'obscurité également sans commencement, existe un espace vide (cf. le chapitre premier du Boundehèche) où se trouve le vent qui agit sur les hauteurs (*vayus yô uparôkairyô*), identique à Râman qaçtra ,l'inséparable de Mithra. Et l'auteur que nous suivons ajoute : « Si cela est fondé, si Mithra signifie le médiateur, nous voyons combien Théopompe était exactement renseigné sur la signification du nom lorsqu'il le rend par μεσίτης. Mais Mithra n'est pas seulement le médiateur en tant que lumière créée, le lien entre la lumière sans commencement et l'obscurité sans commencement, il est aussi le représentant de la vérité, de la fidélité parmi les hommes, un médiateur dans la vie humaine, qui ménage toute relation. Enfin, en tant que lumière créée, il ménage les rapports des hommes avec les dieux, principalement avec Ahura mazdâ, qui demeure dans une lumière dont on ne peut approcher ». *Op. cit.* p. 57 (1).

der gott zu Xenophon's zeit bei den Persern stand, sondern auch ganz besonders zu ihm als zum genius der wahrhaftigkeit und treue passt »; *op. cit.* p. 55.

(1) Nous rapporterons l'opinion de M. James Darmesteter à ce sujet « *entre les deux*, ἀμφοῖν μέσον comme dit le document grec, traduisant fidèlement le pehlevi *acsân miyân*, il y a, non *quelqu'un*, mais *quelque chose*, Vâi, l'atmosphère. Comment l'écrivain grec a été amené à confondre le Vâi avec Mithra, qui a si peu de rapport avec lui, le Minokhired nous l'explique. Mithra devenu le dieu de la bonne foi, de la vérité, est comme tel le premier des juges infernaux, et toutes les fois qu'une âme quitte le corps, disputée par les bons génies et les démons, quand, avant de passer au paradis ou de tomber en enfer, ses actions sont pesées dans la balance de Rașn « la *médiation* est exercée par Mithra, Çraoșa, Rașnu. » Mithra est donc bien médiateur comme le veut Plutarque, mais au sens moral, non métaphysique, à la façon des Minos

Athénée mentionne le passage d'un ancien auteur du quatrième siècle, Douris, qui parlait de la fête de Mithra : παρὰ δὲ Πέρσαις τῷ βασιλεῖ ἐφίεται μεθύσκεσθαι μιᾷ ἡμέρᾳ, ἐν ᾗ θύουσι τῷ Μίθρῃ· γράφει δὲ οὕτως περὶ τούτου Δοῦρις ἐν τῇ ἑβδόμῃ τῶν ἱστοριῶν· ἐν μόνῃ τῶν ἑορτῶν ἀγομένων ὑπὸ Περσῶν τῷ Μίθρῃ βασιλεὺς μεθύσκεται καὶ τὸ περσικὸν ὀρχεῖται.

Au onzième livre de sa *Géographie,* chapitre quatorzième, Strabon raconte que chaque année le Satrape d'Arménie envoyait au grand roi vingt mille poulains pour figurer dans les fêtes mithriaques (Trad. Tardieu, t. II p. 463).

Tels sont les plus anciens passages des auteurs grecs où l'on trouve le nom de Mithra. Nous nous abstiendrons de citer ceux qu'on peut tirer de l'évêque Archélaus, de Denis l'aréopagite, de Paulin de Nola, de Martianus Capella et de nombre d'autres auteurs qui ont vécu depuis l'ère chrétienne.

Voici maintenant la version presque littérale du Yast de Mithra (1); ce document une fois connu, il nous sera plus facile de dégager et de déterminer le caractère et les attributs de la divinité qui nous occupe.

« Ahura mazdâ dit au très-saint Zarathustra : Quand je créai Mithra aux vastes pâturages, ô très-saint ! je le fis aussi digne d'être honoré, aussi digne d'être invoqué que je le suis moi-même, moi Ahura mazdâ. Le coupable qui trompe Mithra (2) détruit toute la contrée, ô très-saint ! L'homme pur qui se comporte ainsi détruit autant que le peuvent faire cent impies. Ne détruis pas un pacte, ô très-saint ! ni celui que tu conclus avec un infidèle, ni celui que tu conclus

et des Rhadamante, non à la façon du Vâi. L'indication inexacte de Plutarque est donc née de la combinaison de deux indications exactes : il connaissait l'existence d'un intermédiaire entre les deux principes, et il savait que Mithra était médiateur. Mais à l'époque où il écrivait, Mithra était fort connu et le Vâi n'offrait guère de sens à un Grec ; de là, Mithra médiateur entre les deux principes. » *Op. cit.*, p. 112.

(1) Cf. Windischmann, *op. cit.*, p. 1. Haug, *Essays*, p. 182. Spiegel, *Khorda Avesta*, p. 79. Kossowicz, *Decem Sendavestæ excerpta*, p. 71. Harlez (C. de) t. II, p. 226. Geldner, *Ueber die metrik des jüngeren Avesta*, p. 170 (seconde et troisième colonnes).

(2) L'homme qui manque à un pacte.

avec un fidèle. Envers tous deux le pacte existe, envers l'infidèle et envers l'homme pur. Mithra aux vastes pâturages donne des chevaux rapides à ceux qui respectent les pactes; le feu, fils d'Ahura mazdâ, leur donne une route très-droite; les bonnes, puissantes et saintes Phravaṣis des êtres purs leur donnent une descendance céleste.

« A cause de son éclat et de sa splendeur j'honorerai à haute voix, en présentant les eaux consacrées, Mithra aux vastes pâturages. Nous honorons Mithra aux vastes pâturages, le séjour agréable, le bon séjour des contrées éraniennes.

« Qu'il vienne pour nous protéger, qu'il vienne pour nous délivrer, qu'il vienne pour nous réjouir; qu'il vienne pour nous être bienfaisant; qu'il vienne pour nous soigner; qu'il vienne pour notre bien-être; qu'il vienne pour notre pureté, lui qui est fort, impétueux, digne d'être honoré, digne d'être invoqué; lui qui n'est jamais trompé dans ce monde corporel, Mithra aux vastes pâturages!

« Je l'honorerai en présentant les eaux consacrées, lui Mithra qui est fort, honorable, puissant parmi les créatures, très-utile. J'irai à lui avec affection et vénération. Je l'honorerai à haute voix, lui, Mithra aux vastes pâturages. Avec le haoma, l'offrande de viandes, le faisceau de rameaux, avec le texte sacré, sagesse de la langue, avec la parole et la cérémonie (liturgiques), avec les eaux consacrées, avec les paroles requises (1).

« Nous honorons Mithra aux vastes pâturages, à la parole droite, rassembleur (? *vyâkhnem*), pourvu de mille oreilles, bien conformé, pourvu de mille yeux, haut, guettant au loin, puissant, vigilant ..

« Là où on l'honore avec foi et du fond du cœur, Mithra aux vastes pâturages arrive, en même temps que le temps victorieux, en même temps que *damôis upamana* (2).

(1) Ici on récite l'oraison *yĉnhĉ hâtãm*.
(2) Voir ci-dessous.

« A cause de son éclat (comme plus haut)...

« Nous honorons Mithra qu'honorent les guerriers sur leurs chevaux, demandant la force pour leurs attelages, la solidité pour leur corps, et une garde parfaite contre les ennemis, la destruction des êtres à méchante pensée, la défaite complète des adversaires impétueux, ennemis.

« A cause de son éclat (comme ci-dessus)...

« Nous honorons le vigilant Mithra, qui, le premier des Yazatas célestes, pointe au-dessus du mont Hara, avant le soleil immortel aux chevaux rapides; qui le premier, ayant l'apparence de l'or, saisit les beaux sommets : de là, très-utile, il embrasse toute la région éranienne... dans laquelle des montagnes élevées, pleines de pâturages, arrosées de cours d'eau, font croître de la nourriture pour le bétail; où se trouvent des lacs profonds aux vastes eaux; où des eaux fluviales, larges, vont rapidement, torrentueusement, vers le pays d'Iskata et celui de Pouruta, vers Môuru, le pays de Haraêva et celui de Gâu, vers la Sodiagne et la Khorasmie.

« L'auguste Mithra regarde vers Arezahi et Çavahi, vers Phradadhaphşu et Vîdadhaphşu, vers Vourubaresti et Vourujaresti, vers la région Qaniratha, [lieu] brillant, siége du bétail, bienfaisant (1) ; lui qui, esprit céleste, se transporte dans toutes les parties du monde, donnant la splendeur; lui qui, esprit céleste, se transporte dans toutes les parties du monde, donnant la puissance. Il augmente la victoire de ceux qui l'honorent pieusement, avec reconnaissance, avec pureté, par des offrandes.

« A cause de son éclat (comme ci-dessus)...

« Nous honorons Mithra qui n'est trompé (2) par personne; ni par le maître de maison, ni par le maître de hameau, ni par le maître de tribu, ni par le maître de dis-

(1) C'est-à-dire que son regard embrasse l'univers entier.

(2) Qui ne peut, qui ne doit être trompé? Windischmann : « der von niemanden betrogen (verletzt) ist »; Spiegel : « der (noch) für niemand gelogen hat » (*Comm.* II, p. 551); Kossowicz : « qui non alieni (ab aliquo) lædendus (violandus) est. »

trict. Si ceux-ci le trompent, Mithra, plein de ressentiment, se met à détruire la maison, le hameau, la tribu, le district et leurs chefs. Mithra, plein de courroux et de ressentiment, s'en va du lieu où siége la tromperie et n'y revient plus.

« Ceux qui trompent Mithra, lorsqu'ils vont le plus vite n'atteignent point [leur but]; montés à cheval, ils n'avancent point; montés en voiture, ils ne font point de chemin. Le dard que lance le trompeur revient en arrière, grâce au grand nombre de mauvais préceptes que celui-ci met en action. S'il lance quelque trait bien dirigé, s'il atteint le corps [par lui visé], il ne le blesse pas, à cause du grand nombre de mauvais préceptes que lui, le trompeur, il accomplit. Le vent emporte le dard que lance le trompeur, à cause du grand nombre de mauvais préceptes que met en action le trompeur.

« A cause de son éclat (comme ci-dessus)...

« Nous honorons Mithra, qui, alors qu'il n'est pas trompé, libère l'homme de l'angoisse et de la perte. O Mithra ! toi qui n'es pas trompé, libère-nous de l'angoisse, libère-nous des angoisses ! Tu terrifies les trompeurs; plein de courroux, puissant, tu ôtes la vigueur à leurs bras, la force à leurs pieds, la vue à leurs yeux, l'ouïe à leurs oreilles. Le dard bien acéré, le trait qui vole n'atteignent point celui que Mithra vient secourir, [Mithra] aux dix mille yeux, auguste, omniscient, que l'on ne trompe pas (1).

« Nous honorons Mithra, seigneur, protecteur (2), fort, en qui la loi trouve un auxiliaire, sage, accueillant la prière, élevé, plein de pureté, ayant pour corps les saints préceptes, pourvu de bras robustes, guerrier; frappant à la tête les démons, très-mauvais pour les coupables, châtiant les trompeurs, adversaire des Pairikas; lui qui, lorsqu'il n'est pas trompé, donne au pays la puissance et la victoire; lui qui

(1) Ou : qui ne doit pas être trompé.
(2) La tradition rend le mot *guphrem* par : brillant.

enlève au pays hostile la splendeur et la victoire et le livre sans défense à dix mille ennemis (1).

« A cause de son éclat (comme ci-dessus)...

« Nous honorons Mithra qui soutient les colonnes de la maison, les rend solides, inébranlables; il donne à la demeure où il est satisfait une foule d'hommes, une quantité de bestiaux. Il détruit les demeures où on l'offense. O Mithra! pour les pays, pour les hommes tu es mauvais (ou) excellent; tu as le pouvoir, ô Mithra! de donner aux pays ou la paix ou le trouble. Tu rends les demeures riches en femmes renommées, en chars renommés, lorsqu'un homme pur, apportant les offrandes, t'honore au moyen d'un sacrifice fait particulièrement en ton nom et en prononçant les paroles requises. O puissant Mithra! je t'honorerai avec des offrandes, au moyen d'un sacrifice fait particulièrement en ton nom, en prononçant les paroles requises, ô Mithra auxiliaire suprême! Je t'honorerai avec des offrandes, par un sacrifice fait particulièrement en ton nom, en prononçant les paroles requises, ô Mithra qui n'est point trompé (2)! O Mithra! écoute, goûte notre sacrifice; sois présent à notre sacrifice: accepte nos offrandes, accepte ces dons du sacrifice; porte-les au lieu de rassemblement (3), place-les au paradis.

« O puissant [Mithra]! Puisque nous t'honorons selon le mode établi de louanges (4), accorde-nous la richesse, la force, la victoire, la prospérité, l'état de pureté, la bonne renommée, le bien-être de l'âme, la grandeur, la science de

(1) Le texte dit : à dix mille tueurs.

(2) Ou : qui ne doit pas être trompé.

(3) Au pont Tchinvat. Windischmann dit fort judicieusement ici : « dass *cinmânê* hier nichts anderes sein kœnne als die brücke *cinvat*, geht aus der zuzammenstellung mit *garônmânê* hervor. » *Op. cit.*, p. 32. Nous parlerons plus loin du rôle que joue Mithra au pont Tchinvat.

(4) Les mots *çûra urvaiti dâtanãm çravañhãm* offrent un sens des plus obscurs. Windischmann : starker vergelter der gegebenen lehren ; Spiegel : o held, in übereinstimmung mit den gegebenen gebeten ; Kossowicz : te supplicamus, potentissime, congruenter cum datis (tibi et nobis) laudibus (pro laudibus quas tibi offerimus). Harlez : puisque nous t'honorons selon les prescriptions de la loi, ô puissant génie!

la sainteté, la victoire faite par Ahura, la supériorité triomphante d'Aṣa vahista, l'enseignement du texte saint. De façon que, munis de bonnes pensées, munis de bonnes dispositions, amicaux (?), bienveillants, nous puissions abattre tous les ennemis ; de façon que munis de bonnes pensées, munis de bonnes dispositions, amicaux, bienveillants, nous puissions abattre tous les mal-intentionnés ; de façon que munis de bonnes pensées, munis de bonnes dispositions, amicaux, bienveillants, nous puissions abattre tous les tourments [suscités par les] démons et les hommes, les Yâtus, les Pairikas, les Çâtars, les Kavis et les Karapans.

« A cause de son éclat (comme ci-dessus)...

« Nous honorons Mithra, rémunérateur, qui trouve (?) des troupes, doué de mille forces, dominateur, plein de puissance, omniscient ; qui pousse en avant la bataille, qui se tient dans le combat et rompt les colonnes (ennemies). Les ailes sont aux prises ; lui, met en déroute le centre de l'armée barbare. Plein de puissance, il y porte la ruine et l'effroi ; il décapite les trompeurs.

« C'est une habitation horrible et dépourvue de dons que celle des trompeurs, qui, pervers, tuent les gens purs. Elle suit un mauvais et faux chemin la vache au pied de corne qui est entraînée dans l'antre des trompeurs... Leurs traits, munis de plumes d'oiseaux de proie, partant d'un arc bien tendu, sont sans effet, lorsque, courroucé, offensé, n'étant pas apaisé, intervient Mithra aux vastes pâturages Les pierres de leurs frondes, partant de leurs bras, sont sans effet, lorsque courroucé, offensé, n'étant pas apaisé, intervient Mithra aux vastes pâturages.

« D'un côté Mithra, de l'autre Raṣnu portent la terreur. Çraoṣa pousse [les ennemis] de toutes parts (1). Lorsqu'arrive courroucé, offensé, non apaisé, Mithra aux vastes pâturages, les rangs de bataille sont détruits.

(1) En outre, il est question ici des Yazatas ou de Yazatas ; mais le sens est obscur.

« Ils disent à Mithra aux vastes pâturages : voici que ceux-ci enlèvent loin de toi nos chevaux rapides, voici qu'avec le bras ils brisent nos fortes épées.

« Et Mithra aux vastes pâturages en livre cinquante, cent, mille, dix mille, à ceux qui peuvent en tuer cent, mille, dix mille, une innombrable quantité.

« A cause de son éclat (comme ci-dessus)...

« Nous honorons Mithra pour lequel s'élève en ce monde corporel, une maison large comme la terre, grande, vaste, éclatante, sur une place étendue, offrant une habitation spacieuse, qui a des observateurs officieux sur tous les sommets, dans toutes les échauguettes, surveillant ceux qui trompent les pactes, les regardant chacun et remarquant dès qu'ils les trompent; gardant les chemins de ceux vers lesquels se dirigent les trompeurs qui cherchent, pervers, à nuire aux êtres purs. Veillant d'en bas, d'arrière, d'avant, Mithra aux vastes pâturages est un observateur que l'on ne peut tromper, pour celui aux prières duquel il arrive, secoureur, [lui] Mithra aux dix mille gardes, omniscient, qui n'est point trompé.

« A cause de son éclat (comme ci-dessus)...

« Nous honorons Mithra que des chevaux aux larges sabots mènent contre les troupes ennemies qui s'avancent pour conquérir le pays (1). Lorsque Mithra va contre les troupes ennemies qui s'avancent pour conquérir le pays, il lie les mains par derrière aux trompeurs, il arrête leurs regards, il ferme leurs oreilles, il fixe leurs pieds. Les pays, les guerriers n'ont point de puissance, auxquels veut du mal Mithra aux vastes pâturages.

« A cause de son éclat (comme ci-dessus)...

« Nous honorons Mithra pour lequel le créateur Ahura mazdâ a fait sur le sommet du mont Hara berezaiti une vaste demeure, élevée, où il n'y a ni nuit ni ténèbres, ni vent froid ni vent chaud, ni maladies mortelles, ni souillure

(1) Geldner : gegen die blutdürstigen heere, gegen die in reihen aufeinander stossenden in den kampf um lænder.

des démons ; sur cette haute montagne il n'y a point de nuages. Cette demeure, les Ameṣas çpentas, d'accord avec le soleil, l'ont faite par bienveillance. Sur la haute montagne il embrasse tout le monde corporel. Lorsqu'arrive d'un pas rapide le méchant, pernicieux, alors Mithra aux vastes pâturages attelle son char rapide. Le pur, l'auguste Çraoṣa et Nairyôçaṅha dont la force est merveilleuse lancent leurs coups (1).

« A cause de son éclat (comme plus haut)...

« Nous honorons Mithra, qui, les mains élevées vers Ahura, dit en se plaignant : Je suis le protecteur habile de toutes les créatures, et pourtant les hommes ne m'offrent pas de sacrifices particuliers comme ils le font aux autres Yazatas. S'ils agissaient de la sorte, j'arriverais à eux au temps opportun, au temps voulu de ma vie brillante, immortelle.

« L'homme pur s'honore par un sacrifice fait en nom particulier, avec les paroles requises et apportant des présents. Je t'honorerai de la sorte, ô Mithra puissant, très-utile et qui n'est pas trompé !

« Nous honorons Mithra dont la renommée est bonne, dont le corps est bon, dont la louange est bonne, qui dispose des dons et des prairies... (2), Mithra qui se tient droit, observateur vigilant, puissant rassembleur (?), qui lance les eaux, écoute l'invocation, fait croître les végétaux, dispose les sillons (3), avisé, fort, que l'on ne trompe pas, plein de puissance et de sagesse ; qui ne donne ni force ni promptitude à aucun trompeur ; qui ne donne à aucun trompeur considération ni récompense. Courroucé et puissant, tu enlèves à leurs bras la vigueur, la force à leurs pieds, la vue à leurs yeux, l'ouïe à leurs oreilles.

« Nous honorons Mithra en qui est la décision pour la

(1) La version de ces derniers mots n'est point littérale.

(2) Verset obscur. Le texte est corrompu, la construction paraît fautive.

(3) Windischmann : furchen ziehend ; Kossowicz : sulcos (agricolæ) dirigentem ; Spiegel : einen kreis veranstaltend.

bonne loi (1), Mithra dont la face est tournée vers les sept régions du monde ; le plus rapide des rapides, le plus généreux des généreux, le plus fort des forts, procurant la croissance, la prospérité, les troupeaux, la domination, les enfants, la vie, la sainteté ; avec qui sont associés Aşi vaňuhi et Pârendi, la forte résistance virile, la majesté royale, le ciel puissant, le puissant serment, les fortes Phravaşis des êtres purs, lui qui rassemble (?) les nombreux Mazdéens purs.

« A cause de son éclat (comme ci-dessus)...

« Nous honorons Mithra qui sur un char de facture céleste, aux hautes roues, va de la région Arezahi à la région Qaniratha, allié à la majesté créée par Mazdâ, à la victoire créée par Ahura. La grande Aşi vaňuhi dirige son char, auquel la foi mazdéenne fraye le chemin pour un heureux voyage. Les chevaux célestes, éclatants, beaux, saints, intelligents, rapides, le conduisent, obéissant à [la] simple volonté. Tous les démons invisibles et les méchants *varéniens* (2) fuient devant lui. Puissions-nous ne pas rencontrer ton dard, lorsque tu es en courroux, dont les mille pointes sont dirigées contre l'ennemi !

« Nous honorons Mithra devant lequel s'avance Verethraghna créé par Ahura, sous la forme d'un sanglier agressif, pourvu de puissantes défenses, mâle, au pied puissant, tuant d'un seul coup ; gras, courroucé, à la bouche dégoûtante, fort, aux pieds de fer, à la queue et aux mâchoires de fer (3) ; qui, atteignant l'ennemi à la course, armé de courage et plein de résistance virile, l'abat de [son] arme acérée, et ne croit pas avoir assez frappé et ne dépose point les armes, jusqu'à ce qu'il ait détruit la moelle, c'est-à-dire

(1) Ici se trouve un passage difficile. Spiegel : in welchem die entscheidung für das gute gesetz, das weithin sich verbreitende gesezt ist. Kossowicz : in quo intelligentia religionis pulcræ, latissime se propagantis, magna, efficax, posita est.

(2) Voir plus loin au passage où il sera traité des daêvas.

(3) Kossowicz : acutis dentibus, maris, acutis ungulis, semel occidentis (i. e. uno ictu) verris, pinguis, iracundi, stillanti ore, robusti, ferreis pedibus, ferreis manibus, ferreis aculeis, ferrea cauda, ferreis genis.

les colonnes et les sources de la vie. Il les détruit toutes d'un coup, il mêle à la terre, d'un coup, les os, les cheveux, le cerveau, le sang des trompeurs.

« A cause de son éclat (comme ci-dessus) ..

« Nous honorons Mithra, qui, les mains élevées, prononce ces paroles : Ahura mazdâ, céleste, très-saint, créateur des mondes corporels, [être] pur! Si les hommes m'honoraient par un sacrifice spécial, comme ils honorent les autres Yazatas, j'arriverais à eux au moment déterminé, j'arriverais à eux au moment déterminé de ma vie brillante, céleste.

« Puissions-nous être les protecteurs et non les destructeurs de ton pays, et non les destructeurs des demeures, des hameaux, des tribus, des districts, pour que le bras puissant ne nous abatte pas devant les ennemis (1). Tu détruis les tourments de ces ennemis (2) ; anéantis ceux qui tuent les [êtres] purs! Tu as de bons chevaux, un bon char, tu es le héros, qui, invoqué, secourt. Je t'appelle à l'aide, avec de nombreuses offrandes, avec de bons présents, toi puissant, possesseur d'une bonne demeure et d'une richesse enviable (3). Tu protèges les pays qui sont pleins de zèle pour Mithra aux vastes pâturages. Tu détruis les pays rebelles. Je t'appelle à l'aide. Qu'il vienne à notre aide le fort, [le] victorieux Mithra, digne de louanges, riche seigneur du pays!

« A cause de son éclat (comme plus haut)...

« Nous honorons Mithra à qui (4) Raṣnu a donné une demeure pour une longue amitié. Tu es le protecteur de la

(1) Kossowicz : ne nos terribile brachium tuum percutiat coram inimicis nostris (ante oculos hostium).

(2) Les tourments qu'ils veulent nous faire subir.

(3) La version de ce dernier membre de phrase est conjecturale.

(4) Ou bien : qui a donné une demeure à Raṣnu. Une faute du texte même rend ce passage très-incertain. Les deux mots « qui » et « Raṣnu » sont au nominatif, et l'un des deux doit être un datif. Lequel ? C'est ce que nous ignorons, ne connaissant pas d'autres textes capables de nous renseigner sur ce point de la mythologie éranienne. D'ailleurs le verset est plein d'obscurité et notre version est fort incomplète. Kossowicz : qui Rasnu (nomin. pro genit. cum. significatione dat.) domicilium paravit, cui Rasnus perpetuæ amicitiæ (dat.) præbuit asylum.

maison, le protecteur de ceux qui ne trompent pas (1)...

« Nous honorons Mithra à qui Ahura mazdâ donna mille forces, dix mille yeux pour voir. Avec ces yeux, avec ces forces il voit les trompeurs, les parjures. Avec ces yeux avec ces forces, il est un garde contre la tromperie (*adhaoyô açti*).

« Nous honorons Mithra que le maître du district appelle à l'aide, tendant vers lui les bras, que le maître de la tribu, que le maître du hameau, que le maître de la maison, appellent à l'aide, tendant vers lui les bras ; que le père et la mère unis appellent à l'aide en levant vers lui les bras ; que le pauvre, fidèle à la loi pure, dépouillé de ses biens, appelle à l'aide, tendant vers lui les bras. La voix de ce gémissant va jusqu'aux lumières sidérales, enveloppe la terre, se répand sur les sept régions, lors qu'il adresse ses prières à haute ou basse voix.

« La [vache] emmenée en tant que butin l'appelle au secours, désirant ardemment son étable : quand Mithra aux vastes pâturages nous mènera-t-il, comme un taureau, à l'étable, nous pressant par derrière ? Quant nous mènera-t-il dans le vrai chemin, nous qui sommes conduites vers la demeure de la Druje ?

« Mithra vient au secours de ceux qui le consultent ; quant à ceux qui l'offensent, il détruit leur demeure, leur hameau, leur tribu, leur district, leur domination sur le district.

« A cause de son éclat (comme plus haut)...

« Nous honorons Mithra qu'honora Haoma qui accroît [la bonne et pure création], Haoma, salutaire, beau, dominateur, aux yeux d'or, dont le siége est sur la plus haute cime du mont, appelée *hukairya* : Haoma sans tache honora Mithra sans tache, avec le faisceau de rameaux, les dons du sacrifice, les paroles de prière. [Nous honorons Mithra] qu'Ahura

(1) Ici encore un passage des plus obscurs. Windischmann : du bist des verkehres herr, der erhalter der nichtrüger. Kossowicz : tu operosi ades defensor inter innocuos (tu imprimis inter innocuos operosorum hominum adjutor es et defensor). Spiegel : du bist der beherrscher des wirkenden unter den nichtrügern. Harlez : tu es le soutien de l'entourage (famille ?) des hommes qui ne connaissent point la fraude.

mazdâ, le pur a établi invocateur (1), accomplissant rapidement le sacrifice, chantant à haute voix. Il offrit le sacrifice pour Ahura mazdâ, pour les Ameṣas çpentas. La parole alla jusqu'aux astres, se répandit autour de la terre, sur les sept régions. Mithra le premier, au moyen du mortier brillant de constellations, fait d'une façon céleste, offrit le Haoma. Ahura mazdâ l'honore, les Ameṣas çpentas à la belle taille l'honorent, lui dont le soleil aux chevaux rapides annonce de loin la louange.

« Louange à Mithra aux vastes prairies, aux mille oreilles, aux dix mille yeux ! Tu es digne de louange, digne d'honneur : sois loué et honoré dans la demeure des hommes ! Salut à l'homme qui te sacrifie constamment, tenant en main le bois à brûler, le faisceau de rameaux, la viande, le mortier ; ayant les mains levées, les mortiers étant lavés, et récitant l'*ahuna vairya*.

« L'observation de cette loi rend cléments le pur Ahura mazdâ, Vôhu manah, Aṣa vahista, Khṣathra vairya, la sainte Ârmaiti, Haurvat, Ameretât... Ahura mazdâ, le bien agissant, donne la domination sur les mondes à qui te regarde comme maître et seigneur parmi les créatures, comme le meilleur purificateur parmi les créatures.

« O Mithra aux vastes pâturages, protège-nous dans les deux mondes, dans le monde corporel et dans le monde céleste ; contre la mort méchante, contre le méchant Aêṣma, contre les méchantes armées. Donne-nous ô Mithra ! la force pour les attelages, la santé pour le corps, la victoire sur les mal-intentionnés, donne-nous d'anéantir les méchants ennemis.

« A cause de son éclat (comme ci-dessus)...

« Nous honorons Mithra qui s'avance dans toute la largeur de la terre (2) après le coucher du soleil ; qui purifie les deux

(1) Le *zaotar* est le prêtre officiant, dont tous les autres ne sont que les acolytes.

(2) Version conjecturale. Spiegel : der so breit wie die erde herzuschreitet

extrémités de la terre, large, ronde, longue à parcourir ; qui embrasse tout ce qui est entre le ciel et la terre ; qui tient à la main une massue munie de cent nœuds, armée de cent tranchants, frappant en avant, abattant les hommes, ferrée de métal jaune, puissante, couleur d'or, la plus forte, la plus victorieuse des armes.

« Devant lui fuient Añra mainyu qui est plein de mort ; Aêṣma le mal-faisant, le coupable ; Bûṣyãçta aux longues mains ; tous les démons. Puissions-nous ne pas tomber sous le coup de Mithra aux vastes pâturages, lorsqu'il est courroucé ; que Mithra irrité ne nous abatte pas, lui le plus fort, le plus puissant, le plus actif, le plus rapide, le plus victorieux des Yazatas !

« A cause de son éclat (comme ci-dessus)...

« Nous honorons Mithra devant qui tremblent tous les démons. Mithra aux vastes pâturages, seigneur de la contrée s'avance vers le côté gauche de la terre large, ronde, longue à parcourir. A sa droite va le bon, le saint Çraoṣa ; à sa gauche le grand, le fort Raṣnu ; de côtés, autour de lui, les eaux, les arbres, les Phravaṣis des êtres purs Plein de puissance il lance son trait empenné ;il va aux régions ennemis. Il abat d'abord sa massue sur chevaux et cavaliers : il chasse à la fois, terrifiés, chevaux et cavaliers.

« A cause de son éclat (comme ci-dessus)...

« Nous honorons Mithra aux chevaux brillants, au dard acéré muni d'une longue tige, voyant au loin, guerrier valeureux ; qu'Ahura mazdâ créa seigneur et maître de toute la nature vivante, qui, sans dormir, protège par sa vigilance les créatures d'Ahura mazdâ, qui garde les créatures d'Ahura mazdâ.

« A cause de son éclat (comme ci-dessus)...

« Nous honorons Mithra dont les longs bras saisissent puissamment ce qui est à l'orient de l'Indus, ce qui est à l'occident,

nach sonnenaufgang. Kossowicz : qui terræ latitudinem comprehendens emetitur spatium ante diluculum.

ce qui est dans les steppes de Ranha, ce qui est aux extrémités de la terre O Mithra, saisissant tout ensemble, étends les bras ! Le scélérat, anéanti par les justes, est triste dans l'âme. Le scélérat pense ceci : Mithra, dépourvu de perspicacité, ne voit pas tout ces méfaits, toutes ces tromperies. Mais moi je pense dans mon esprit : aucun homme de la terre, aux forces centuplées, ne pense point, ne dit point, n'accomplit point autant de mal, que Mithra, avec la force céleste, ne pense, ne dit, n'accomplit de bien. L'intelligence céleste portée au centuple, n'est innée en aucun homme de la terre, comme elle l'est dans le céleste Mithra. Aucun homme, quand bien même la force de ses oreilles serait centuplée, n'entend aussi bien que Mithra qui découvre tous les trompeurs. Mithra avance plein de puissance ; [il dit] : Qui m'honorera par un sacrifice? Qui m'honorera, moi divinité, avec un bon, avec un mauvais sacrifice? A qui donnerai-je, moi qui le puis, richesse et éclat, à qui donnerai-je la santé du corps ? A qui donnerai-je, moi qui le puis, les biens brillants de la félicité? A qui donnerai-je une nombreuse postérité ? A qui donnerai-je une forte puissance ? A qui donnerai-je en partage la maladie et la mort, la malédiction et l'infortune, moi qui les puis donner ? A qui donnerai-je une postérité vouée aussitôt à la destruction?

« A cause de son éclat (comme plus haut)...

« Nous honorons Mithra au casque d'argent, à la cuirasse d'or, armé d'un poignard, fort, puissant seigneur de la tribu, guerrier. Brillante est l'arrivée de Mithra lorsqu'il arrive au pays, où, bien honoré, il transforme en prairies les plaines profondes. Il avance, dominant à volonté ses troupeaux et ses hommes. Viennent à notre aide les grands Mithra et Ahura quand les armes retentissent, quand les chevaux frappent la terre, quand les armes brillent (1), quand les cordes résonnent en lançant la flèche ! Alors les rejetons des

(1) Kossowicz : quum claram tollat mucro vocem, equorumque nares fremant, tela stridant, nervi arcus sonare faciant acutas sagittas.

mauvais sacrificateurs sont tués, traînés par les chevaux. Donne-nous, ô Mithra aux vastes pâturages, force pour nos attelages, santé pour notre corps, résistance contre les ennemis, victoire sur les malveillants; donne-nous d'anéantir les adversaires !

« A cause de son éclat (comme ci-dessus)...

« O Mithra aux vastes pâturages, seigneur des demeures, des hameaux, des tribus, des districts, prêtre suprême ! Mithra se multiplie vingt fois entre des amis, trente fois entre les travailleurs en commun, quarante entre les commensaux, cinquante entre ceux qui offrent le bon sacrifice, soixante entre ceux qui étudient (la loi), soixante-dix entre les docteurs (de la loi) et les élèves, quatre-vingts entre gendre et beau-père, quatre-vingt-dix entre frères; cent fois entre père et fils, mille fois entre les régions, dix mille fois pour le fidèle mazdéen (1)... Grâce aux prières que je fais ici-bas, je veux arriver au séjour des prières célestes (2). Quand le soleil arrive et s'élève sur le mont élevé, je veux arriver, ô saint, avec mes prières, contre le souhait du pervers Añra mainyu.

« A cause de son éclat (comme ci-dessus)...

« O saint ! sacrifie à Mithra, enseigne-le aux disciples. Que les Mazdéens t'offrent un sacrifice, avec du grand et du petit bétail, avec deux oiseaux aux ailes rapides. Pour tous les purs Mazdéens Mithra est promoteur, Mithra effectue (3). Le haoma est annoncé, que le prêtre annonce et offre en sacrifice. Que l'homme pur consomme des purs présents; lorsqu'il agit ainsi, lorsqu'il sacrifie à Mithra aux vastes pâturages, celui-ci alors est satisfait, n'est pas offensé.

« Zarathustra demanda : O Ahura mazdâ ! Comment l'homme

(1) Ici se trouvent quatre ou cinq mots très-obscurs que nous n'avons pas traduits.

(2) Version très conjecturale. Kossowicz : precabor te utraque meæ precationis parte, nempe, quum inclinando me deorsum ad terram, tum ad cælum vultus meos erigendo.

(3) Kossowicz : fautorque auctorque.

pur doit-il consommer des purs présents, lorsqu'il sacrifie à Mithra?

« Ahura mazdâ répondit : Durant trois jours et trois nuits il doit se laver le corps, il doit donner trente coups (d'aiguillon à des animaux impurs), pour honorer Mithra aux vastes pâturages. Il doit se laver le corps durant deux jours et deux nuits, donner vingt coups (à des animaux de même sorte). Personne ne doit consommer des présents (du sacrifice) qui n'a point appris les prières liturgiques.

« A cause de son éclat (comme ci-dessus)...

« Nous honorons Mithra auquel sacrifia Ahura mazdâ dans le paradis brillant. Les bras élevés, Mithra, du paradis s'avance vers l'immortalité (1) sur un beau char d'or. Ce char est traîné par quatre chevaux également blancs, nourris de l'aliment céleste, immortels. Leurs sabots sont d'or aux pieds de devant, d'argent à ceux de derrière. Ils sont tous attelés au timon, recourbé vers le haut, attaché avec des crocs métalliques solides. A sa droite va le très juste Râṣnu, très-saint, de très-belle taille; à sa gauche va la très-juste Sagesse, bienfaisante, pure, vêtue de blanc, blanche, image de la loi mazdéenne. Puis vient le Serment, sous la forme d'un sanglier impétueux, aux défenses acérées, mâle, tuant d'un seul coup, gras, courroucé, allant çà et là. Puis vient le feu, la majesté royale Pour protéger le char de Mithra aux vastes pâturages, il y a mille arcs munis de fortes cordes [en nerfs] de bœuf. Avec la pensée, leurs flèches partent et frappent les démons à la tête. Pour protéger le char de Mithra il y a mille dards aux pointes dorées, au fût de corne, qui, avec la pensée, partent et frappent les démons à la tête. Pour protéger le char de Mithra il y a mille lances aux pointes acérées. Elles partent, avec la pensée, et frappent les démons à la

(1) Harlez : vers le lieu de l'immortalité. Cf. Spiegel, *Zeitschr. der deutsch. morgenl. gesellsch.*, t. XXXIII, p. 309 : ... *amerekhti* hier den hœchsten himmel bedeuten muss, der über den *garônemâna* hinaus liegt.

tête. Pour protéger le char de Mithra il y a mille disques (?) de cuivre à double tranchant. Avec la pensée, ils partent et frappent les démons à la tête. Pour protéger le char de Mithra il y a mille couteaux à deux tranchants; il y a une belle et puissante massue à cent tranchants, abattant les hommes, recouverte d'un métal doré, la plus forte, la plus victorieuse des armes. Après la défaite des démons et des hommes trompeurs, Mithra aux vastes pâturages s'avance dans les sept parties de la terre. Añra mainyu plein de mort est effrayé; le mal-intentionné, le pervers Aêṣma est effrayé; Bûṣyãçta aux longues mains est effrayée; tous les démons invisibles sont effrayés. Puissions-nous ne pas tomber sous les coups de Mithra aux vastes pâturages lorsqu'il est courroucé!

« Nous honorons Mithra dont le char est attelé de brillants chevaux, muni d'une roue d'or et splendide. Lorsqu'un homme lui offre des présents, il vient aussitôt dans la demeure de cet homme. Lorsqu'on l'invoque, il en arrive selon les mots du louangeur, selon les mots de l'invocateur. Mais il est une arme contre l'homme pour lequel sacrifie un prêtre impur, qui n'a point le texte saint pour corps. Celui-là ne satisfait pas Ahura mazdâ, ni les autres saints immortels, ni Mithra aux vastes pâturages, celui-là qui est hautain à l'égard d'Ahura mazdâ, des autres saints immortels, de Mithra aux vastes pâturages, de la loi, de Raṣnu, d'Arstât qui accroît le monde!

« A cause de son éclat (comme ci-dessus)...

« O saint! sacrifie à Mithra, puissant, céleste, supérieur, habitant des hauteurs, fort, puissant guerrier. Il est victorieux, muni d'armes bien faites, il est vigilant, on ne le trompe pas. Il est le plus fort parmi les plus forts, il est le plus intelligent des dieux, il a mille oreilles et dix mille yeux; il est fort, omniscient, on ne le trompe pas.

« Nous honorons Mithra qui développe la force parmi les créatures du saint esprit; bien formé, très-grand Yazata, lorsqu'il éclaire les corps de même que la lune resplendissante par elle-même (1) ; dont la face brille comme celle de l'astre Tistrya. Le char qu'il monte est brillant d'étoiles (2). Il veille, il est fort, omniscient, on ne le trompe pas.

« A cause de son éclat (comme ci-dessus)...

« Nous honorons Mithra qui vient vers les régions, qui est dans les régions, qui est auprès des régions. Nous honorons Mithra qui est au-dessus des régions, qui est au-dessous des régions, qui est en avant des régions, qui est derrière les régions. Nous honorons Mithra et Ahura, les deux grands [êtres], immortels [et] purs. Nous honorons les étoiles, la lune, le soleil, Mithra, seigneur de toutes les régions. »

Mithra a deux caractères principaux, dominant tous les autres, et dont on peut dire que tous les autres procèdent : il est le dieu de la lumière créée, il est le dieu de la véracité et de la bonne foi.

Le commencement même du Yast de Mithra enseigne que ce dieu est une créature d'Ormuzd : « Lorsque je créai Mithra, dieu aux vastes pâturages, je le créai, dit Ahura mazdâ, aussi digne d'être honoré que je le suis moi-même » (Voir ci-dessus p. 176). De ce fait, Mithra est donc en état d'infériorité vis-à-vis d'Ormuzd, comme la créature vis-à-vis du créateur, et la glose d'Hésychius ne peut avoir de valeur pour les premiers temps du mazdéisme : Μίθρης ὁ πρῶτος ἐν Πέρσαις θεός. Le quatre-vingt-neuvième verset du Yast de Mithra dit clairement qu'Ormuzd l'a constitué prêtre, *yim zaotarem uçtayata*, prêtre d'Ormuzd, prêtre des saints immortels : *zaota ameṣanãm çpentanãm*.

Mithra est avant tout le dieu de la lumière, mais, comme il est dit ci-dessus, le dieu de la lumière créée. Il préside, en cette qualité, à la première partie du jour, et c'est vraisem-

(1) Kossowicz : quando corpus (suum) illuminat (quum apparet in splendore cælestis corporis sui) sicut deus Lunus peculiari splendore refulgens.

(2) Version très-sommaire d'un passage dont la construction est embarrassée.

blablement en tant que dieu de la lumière qu'on le regarde comme une divinité propice aux campagnes. Mithra est la lumière qui précède immédiatement l'apparition du soleil. Comme le dit le treizième verset du Yast plus haut cité, Mithra « le premier d'entre les Yazatas célestes, pointe au sommet du mont Hara, avant le soleil immortel aux chevaux rapides » : *yô paoiryô mainyavô yazatô tarô harãm âçnaoiti paurvanaêmât ameṣahê hû yaṭ aurvaṭaçpahê.* Et du sommet de cette montagne il embrasse tout le pays éranien. Sur cette montagne est sa demeure, créée par Ormuzd et où il n'y a ni froid ni chaleur, ni maladie ni mort, aucun nuage (*loc. cit.* verset 50).

A faire de Mithra dieu de la lumière, un Mithra solaire, il n'y avait qu'un pas, et ce pas fut franchi comme le démontrent la glose d'Hésychius, Μίθρας ὁ ἥλιος παρὰ Πέρσαις, et nombre d'autres documents anciens (1), mais ce phénomène est

(1) Reland s'exprime ainsi au sujet du dieu qui nous occupe, dans sa huitième dissertation. « Mithra, solis nomen apud veteres Persas. Τὸν ἥλιον καλοῦσι Μίθραν, scribit Strabo l. XV. Vide quæ de Mithra collegit, multa egregia, vir eruditissimus Philippus a Turre *in Monumentis veteris Antii*, ubi et clarissimum Hyde refellit, contendentem nec Mithram, nec solem, nec ignem unquam Deos Persarum fuisse, sed soli vero Deo cultum λατρείας illos detulisse. Originem ejus vocis quod attinet, videtur illa esse Persica vox *Mihr* solem notans. Quam vocem Græci prononciarunt ita ut genius linguæ ferebat, id est quam literam æquivalentem Persicæ *He* non haberent, exprimentes eam per θ, unde adjecta Græca terminatione factum est vocabulum ΜΙΘΡΑ. Quod ne quis miretur, sciat ex ipso hoc vocabulo *Mihr*, pro nomine mensis sumto, natum similiter Μιθρὶ, interposito θ. Quidni ergo et Μίθρα quæ terminatione tantum differunt? Viris celeberrimis Josepho Scaligero et Gerardo Vossio placuit illud ortum credere ex *Mihter*, *major*, *præstantior*, et simpliciter δυνάστης sive dominus : a qua sententia se non alienum fatetur Cl. Seldenus ; quo facit inscriptio vetus :

DOMINO. SOLI. V. S. TI. CLAUDIUS.
ANIERINUS LICTOR CURIATUS.

Et apud Heliodorum Hydaspes inducitur ita loquens Ὦ δέσποτα Ἥλιε καὶ Σελήνη δέσποινα. *O domine sol, et domina Luna*, lib. X. *Æthiop.* Vox *Mihr* nonnulli scribunt *Mahr*) unde nos vocem Mithræ ducimus, non *amorem* et *solem* modo, sed et *Lunam* Persice notat, unde apparet quare Mithræ feminæ Ambrosius et alii mentionem fecerint, et solem a Mithre distinguat Curtius, l. 4. Quin et veteribus Persis Lunam μίθραν dictam esse firmavit ex Herodoto Cl. Seldenus *Syntagm.* II, *de Dis Syris.* pag. 179. quem vide, ut et Cl. Cuperum, in *Harpocrate*, pag. 283, et confer in diversa ab illis euntem Cl. Gatakerum, qui Herodotum utpote linguæ Persicæ imperitum in eo deceptum

secondaire et n'appartient en aucune façon au premier mazdéisme (1).

Il a été parlé ci-dessus (p. 175) de Mithra médiateur : Μίθρην τὸν μεσίτην ὀνομάζουσι. On peut s'en référer sur ce point à ce qui a été dit au passage indiqué. La « médiation » en tous cas, est double, ou, du moins, peut être considérée comme telle. La médiation de la « lumière créée », comme il a été dit ci-dessus, et la médiation de la justice posthume dont nous parlerons plus loin.

L'Avesta associe à plusieurs reprises les noms d'Ormuzd et de Mithra, comme les Védas celui de Mithra et de Varuna. C'est un fait digne de remarque. Au trente-quatrième verset du premier livre du Yaçna, le Mazdéen proclame qu'il offre le saint sacrifice « à Ahura et Mithra grands, immortels, purs » : *niruêdhayêmi hankârayêmi ahuraêibya mithraêibya berezenbya aithyajañhaêibya aṣavanaêibya.* Les deux noms et leurs épithètes sont au duel, ce qui indique une intime liaison : on sacrifie à ces deux divinités unies, à ces deux divinités qui font couple, Ahura mazdâ et Mithra. Répétition du même texte au quarante-quatrième verset du chapitre suivant. Il se peut que cette liaison soit due à un vieux souvenir, à une tradition d'une ancienne période, correspondant à la tradition hindoue qui associe Mithra et Varuna ; mais il faut re-

existimat, *in advers. miscell. posth. c.* 22. cui tamen, quod salva tanti vir existimatione dixerim, non accedo ; nam et Julius Firmicus *de error. prof. rel.* scribit Persas ignem sub viri et feminæ simulacris colere. Plutarchus autem in *lib. de Iside et Osiride* μίθρην Persis mediatórem, μεσίτην, significare scribit, cui significationi lingua persica, ut hodie est, non suffragatur. Mithram etiam coluere Æthiopes ; uti refert Stephanus in Ἐθνικοῖς voce Αἰθίοψ. Num vero πέρρα, ut quidam voluerunt, Persis quoque Solem significaverit in hoc versu 1428 Lycophonis,

Σκια καλύψει πέρραν, ἀμβλύνων σέλας,

dubito. Hodie saltem nihil tale iis Solem notat. Verum si Μέρραν legamus, plana sunt omnia. Nam *Mir*, ex *Mihtra* contractum, Sol iis est.

(1) Strabon : τιμῶσι δὲ καὶ ἥλιον ὃν καλοῦσι Μίθρην, livre XV. Suidas : Μίθραν νομίζουσιν εἶναι οἱ Πέρσαι τὸν ἥλιον. Elias de Crète : jam vero Mithram nonnulli Solem esse dicunt. Nonnus : hic Mithra apud Persas Sol esse existimatur... Persæ Mithram solem esse existimans, eique multa sacrificia offerunt.

connaître, en tous cas, avec M. Darmesteter, que s'il en est ainsi, l'existence de cette sorte de composé « n'a nulle raison dans le mazdéisme pur, où Ahura et Mithra ont une place et des fonctions distinctes, et où Ahura est hors de pair ». *Op. cit.*, p 65.

Outre son union avec Ahura mazdâ, Mithra est rapproché de Râman qâçtra, génie de l'air. Au verset vingt-quatrième du premier chapitre du Vispered le Mazdéen annonce qu'il sacrifie « à Mithra, dieu des vastes pâturages et à Râman qâçtra, pur, seigneur du [monde] pur », *nivaêdhayêmi hankârayêmi mithrahê vôurugaoyaoitôis râmanaçća qâçtrahê aṣaonô aṣahê rathwô.* Même rapprochement dans le chapitre suivant : *mithrem vôurugaoyaoitîm âyêçê yêsti râma qâçtrem ayêçê yêsti.* Même rapprochement au verset neuvième du premier chapitre du Yaçna : *mithrahê vôurugaoyaoitôis hazanrô gaoṣahê baêvare ćaṣmanô aokhtô nâmanô yazatahê râmanô qâçtrahê* : Mithra aux mille oreilles, aux dix mille yeux et Râman qâçtra. Même rapprochement dans plusieurs autres passages, notamment au chapitre vingt-deuxième du même livre, verset vingt-cinquième. Le dixième Yast nous montre Mithra associé à Pârendi et à Aṣi vañuhi (verset 66 et 68), deux divinités d'ordre secondaire qui président toutes deux aux biens terrestres : *yim haćaiti aṣis vañuhi pârendića.*

Enfin dans ce même Yast, aux versets cent vingt-cinquième et cent vingt-sixième, nous voyons Mithra s'avancer sur un char magnifique traîné par quatre chevaux blancs, et ayant à sa droite le très-juste, très-saint, très-élevé Raṣnu, à sa gauche la Sagesse pleine de rectitude, portant les dons, pure, vêtue de blanc : *daṣinem hê aredhê vazaiti raṣnvô razistô çpènistô uparaodhistô âaṭ hê hâvôya aredhê vazaiti razistâm ćiçtâm baratzaothrâm aṣaonîm çpaêta vaçtrâ.*

Cela nous amène à parler de Mithra juge des morts. L'âme arrivée au pont Tchinvat, après la séparation d'avec le corps passe devant le tribunal des trois juges Mithra, Raṣnu, Çraoṣa. A la vérité, les anciens textes mazdéens ne font nulle part mention de cette juridiction suprême, mais on ne peut douter, d'après la doctrine de l'Avesta (1), d'après ce qui est dit du pont Tchinvat dans plusieurs passages d'après la tradition elle-même, que si ce rôle de Mithra juge des morts n'appartient pas aux premiers temps du mazdéisme, du moins il n'est pas récent. Il sera parlé plus loin (l. III. ch. 3) du sort de l'homme après la mort, selon la doctrine de l'Avesta.

La vigilance de Mithra est extrême et incessante ; c'est le dieu aux mille oreilles, aux dix mille yeux : *mìthrem hazañrôgaoṣem baêvarĕcaṣmanem.* Une glose du Yaçna dit qu'auprès de lui se tiennent, pour l'avertir constamment, cinq cents génies. Du haut de la montagne Hara, il embrasse (nous l'avons vu ci-dessus) tout le monde éranien ; Ormuzd l'a constitué inspecteur de tous les êtres vivants, lui qui, ne ne se laissant pas aller au sommeil, protége les créatures mazdéennes, lui qui, ne se laissant pas aller au sommeil, garde les créatures mazdéennes : *yô anavañhabdemnô zaênañha nipâiti mazdǣ dâmān yô anavañhabdemnô zaênañha nishaurvaiti mazdǣ dâmān* (*Dixième Yast*). Non-seulement il est vigilant, *mithrem jaghâurúm*, mais encore il échappe à la tromperie, *adhaoyamnem.*

Nous arrivons au second de ses deux caractères principaux : il est le dieu des contrats et de la foi jurée. Cette fonction capitale de Mithra ressort à chaque instant du texte même du Yast qui lui est consacré. Mithra est plein de faveurs pour les hommes qui sont fidèles aux pactes conclus (3e verset), mais il est terrible pour ceux qui l'offensent (18e verset), toutes leurs tentatives, toutes leurs entreprises sont vaines et sans effet : lui-même il exécute le trompeur (37e verset).

Mais il n'est pas seulement l'ennemi particulier des gens qui mentent à la foi jurée. L'armée des divinités ténébreuses

(1) Au verset 89e du XIXe chapitre du Vendidad, il est parlé du jugement qui a lieu après la mort. Cf. Kohut, *Ueber die jüdische angelologie und dœmonologie in ihrer abhœngigkeit vom parsismus*, p. 38.

trouve en lui un de ses plus terribles adversaires. Devant lui tremble Añra mainyu, le pernicieux démon, devant lui tremble Aêsma, devant lui tremble Bûsyãçta aux longues mains, devant lui tremblent tous les démons invisibles : *yahmat haća phratareçaiti añrô mainyus pourumahrkô yahmat haća phratareçaiti aêṣmô duždāo peṣôtanus yahmat haća phratareçaiti buṣyãçta dareghôgava*. Et le mazdéen le proclame le plus puissant, le plus fort, le plus victorieux des Yazatas : *yô aojistô yazatanãm yô tãćistô yazatanãm yô thwakhṣistô yazatanãm yô âçistô yazatanãm yô açverethrajãçtemô yazatanãm*. C'est un dieu éminemment vainqueur, éminemment invaincu.

Enfin, c'est le dieu aux vastes pâturages, *mithrô yô vôurugaoyaoitis* (1), le principal préposé d'Ormuzd sur la terre éranienne ; c'est le maître de toutes les contrées, *mithrem vîçpanãm daqyunãm dañhupaitîm*.

On conçoit sans peine comment une divinité jouant un semblable rôle dans l'ancien panthéon mazdéen, a pu tenir en Orient, dès les premiers siècles de l'ère chrétienne, la place considérable qu'elle y occupe, et pourquoi elle est si souvent citée dans les relations des écrivains occidentaux. Si notre étude n'était strictement limitée à l'ancienne période du zoroastrisme, ce serait ici le lieu de parler des fêtes et des mystères mithriaques, mais ce sujet plein d'intérêt appartient à la seconde phase du culte éranien (2).

(1) Windischmann : Mithra der weitflurige; Spiegel : der weite triften besitzt; Justi : über weiten triften heerschend; Kossowicz : lata pascua possidens. Darmesteter : maître du libre espace.

(2) Consulter les ouvrages précédemment cités (particulièrement dans l'Introduction), ainsi que Phil. della Torre, *Taurobolium antiquum Lugduni repertum an.* 1704 *cum explicatione*, dans le *Thesaurus antiquitatum* de Sallengre; *Monumenta veteris Antii*, 1704. Voir également : Brisson, *op. cit*, p. 343; Hyde, *op. cit.*, p. 112; *Dissertation de M. Menard, conseiller au présidial de Nîmes, sur un ancien monument du bourg S. Andeol, adressée à M. le cardinal de Polignac*, dans le *Mercure de France* de janvier 1740, pages 411-439 ; les écrits de Lajard, ci-dessus p. 97; Windischmann, *op. cit.*, pages 62-72; Spiegel, *Erânische alterth.*; t. II, pages 83-86.

§ 3. — *Çraoṣa.*

Le dieu Çraoṣa joue dans l'Avesta un rôle important. Associé maintes fois à Mithra, et dans l'invocation des fidèles mazdéens et par ses propres fonctions, il doit dans notre exposition suivre Mithra.

Çraoṣa est le *Çrôṣ*, le *Çrôs* du moyen âge, le *Çerôṣ* (Serosh, Séroche) plus moderne. L'explication du nom est des plus simples. Le mot *çraoṣa* a deux significations : il veut dire « audition, acte d'entendre » (1), ou bien « auditeur », d'où « obéissant ». De fait, Çraoṣa, comme nous le verrons tout à l'heure, est le parfait obéissant à Ormuzd.

Deux morceaux de l'Avesta sont consacrés à ce dieu ; nous allons les reproduire avant d'examiner quels sont les principaux caractères de Çraoṣa, quelles sont ses fonctions. Voici en premier lieu le texte et la version littérale du cinquante-sixième chapitre du Yaçna.

Çraoṣem aṣîm huraodhem verethrâjanem, phrâdatgaêthem aṣavanem aṣahê ratûm yazamaidhê | yô paoiryô mazdâo dâmân phraçtaretât paiti bareçman | yazata ahurem mazdãm yazata ameṣê çpentê | yazata pâyû thwôrestâra yâ viçpâ thwereçatô dâmân | ahê raya qarenañha | añhê ama verethraghnaća | ahê yaçna yazatanãm tem yazâi çurunvata yaçna |-çraoṣem aṣîm zaothrâbyô aṣimća vañuhîm berezaitîm nairimća çañhem hurao-

Nous honorons Çraoṣa, pur, ayant bonne croissance, victorieux, développant le monde, pur, seigneur du [monde] pur ; qui, le premier parmi les êtres créés par Mazdâ, avec le faisceau de rameaux étendu (2), honora Ahura mazdâ, honora les Ameṣas çpentas, honora les deux (3) protecteurs [et] fabricateurs qui forment toutes les créatures ; à cause de son éclat, de sa splendeur, à cause de sa force, de sa victoire, à cause de l'honneur [rendu] aux Yazatas, je l'honorerai par cet hommage à

(1) Il se trouve pris dans cette acception en plusieurs passages de l'Avesta, cf. Spiegel, *Erânische alterthumskunde*, t. II, p. 87, note.

(2) Harlez, *trad.*, t. I, p. 105, note ; Hübschmann, *Avesta studien*, p 664. Il s'agit du faisceau de rameaux qui est employé dans les cérémonies du sacrifice. Voir livre IV, chap. 2.

(3) Nous traduisons littéralement cette forme du duel.

dhem | áća nó jamyáṭ avaṅhé verethrajão çraoṣó aṣyó | çraoṣem aṣim yazamaidhé ratûm berezantem yazamaidhé yim ahurem mazdãm | yó aṣahé apanótemó yó aṣahé jaghmûstemó | viçpa çravão zarathustra yazamaidhé viçpaća hvarsta skyaothna yazamaidhé varstaća varskyamnaća.

haute voix. [Honneur à] Çraoṣa, pur, par [l'offre de ces] eaux consacrées, Aṣi va^{n}uhi, grande, Nairyaçaṅha, qui a une bonne croissance. Que le victorieux Çraoṣa, pur, vienne à notre aide! Nous honorons Çraoṣa, pur; nous honorons le seigneur puissant Ahura mazdâ, qui [est] le plus élevé du [monde] pur, [l'être] du [monde] pur qui arrive [avec] le plus [de secours]. Nous honorons toutes les paroles de Zarathustra; nous honorons tous les actes bien faits, ceux qui sont faits et ceux qui se feront.

Çraoṣem aṣim... | yó paoiryó bareçma phraçterenata | thryakhstiçća pancayakhstiçća haptayakhsticća navayakhstiçća | áṣnûçća maidhyó paitistánãçća ameṣanãm çpentanãm yaçnáića vahmáića khṣnaothráića phraçaçtayaéća | ahé raya qarenaṅhaća | aṅhé ama verethraghnaća | ahé yaçna yazatanãm tem yazái çurunvata yaçna | çraoṣem aṣim zaothrâbyó aṣimća vaṅuhim berezaitim nairimća çaṅhem huraodhem | áća nó jamyáṭ avaṅhé verethrajão çraoṣó aṣyó | çraoṣem aṣim yazamaidhé ratûm berezantem yazamaidhé yim ahurem mazdãm | yó aṣahé apanótemó yó aṣahé jaghmûstemó | viçpa çravão zarathustra yazamaidhé viçpaća hvarsta skyaothna yazamaidhé varstaća varskyamnaća.

Nous honorons Çraoṣa (ut supra)... qui le premier étendit le faisceau de rameaux, trois rameaux, cinq rameaux, sept rameaux, neuf rameaux, de la longueur des genoux au milieu des pieds, pour l'honneur, l'invocation, le contentement, la louange des Ameṣas çpentas, à cause de son éclat, de sa splendeur, à cause de sa force, de sa victoire, à cause de l'honneur [rendu] aux Yazatas, je l'honorerai par cet hommage à haute voix [Honneur à] Çraoṣa pur [par l'offre de ces] eaux consacrées, Aṣi vaṅuhi, grande, Nairya caṅha qui a une bonne croissance. Que le victorieux Çraoṣa, pur, vienne à notre aide! Nous honorons Çraoṣa, pur; nous honorons le seigneur puissant Ahura mazdâ, qui [est] le plus élevé du [monde] pur, [l'être] du [monde] pur qui arrive [avec] le plus [de secours]. Nous honorons toutes les paroles de Zarathustra; nous honorons tous les actes bien faits, ceux qui sont faits et ceux qui se feront.

Çraoṣem aṣîm.... | yô paoiryô gâthâo phraçrâvayaṭ yâo panća çpitâmahé aṣaonô zarathustrâo | aphçmanivâm vaćaçtastivaṭ maṭ âzaintis maṭ paiti phraçâo | ameṣanâm çpentanâm yaçnaića vakmâića khsnaothrâića phraçaçtayaćća | ahê raya.....

Nous honorons Çraoṣa (ut supra)... qui, le premier a fait entendre les cantiques, les cinq [cantiques] du très-saint [et] pur Zarathustra, [morceaux] métriques, disposés en strophes (?) avec les éclaircissements et les répons, pour l'honneur, l'invocation, le contentement, la louange des Ameṣas; à cause (ut supra).....

Çraoṣem aṣîm..... | yô drighaoçća drêvayâoçća amavaṭ nmânem hâm tâstem paçća hûphrâṣmô-dâitîm yô aêṣemêm çterethwata çnaithiṣa vikhrûmantem qarem jainti | aṭća hê bâdha kameredhem jaghnvâo paiti qañhayêiti yatha aojâo nâidhyâoñhem | ahé raya.....

Nous honorons Çraoṣa (ut supra).... qui, pour les hommes et les femmes pauvres, a fait une forte maison ; qui, après la partie de la nuit qui suit le coucher du soleil (1), frappe Aêṣma, avec une arme renversante, [d'] une cruelle blessure, et lui ayant frappé à coups redoublés la tête, il [l'] abat, de même que le plus fort abat le plus faible (2) ; à cause (ut supra)....

Çraoṣem aṣîm.... | takhmem âçûm aojañhvantem dareṣatem çûrem berezaitim | yô viçpaêibyô haća arezaêibyô vavanvâo paiti jaçaiti | vyâkhma ameṣanâm çpentanâm | ahê raya....

Nous honorons Çraoṣa (ut supra).... puissant, rapide, plein de force, hardi (?), auguste, grand ; qui sort vainqueur de toutes [ses] luttes, pour (?) la réunion des Ameṣas çpentas ; à cause (ut supra)....

Çraoṣem aṣîm..... | yûnâm aojistem yûnâm tanjistem yûnâm thwakhṣistem yûnâm âçistem yûnâm parôkatarstemem | paitiṣata mazdayaçna çraoṣahê aṣyêhê yaçnem | dûrâṭ haća ahmâṭ nmânaṭ dûrâṭ haća

Nous honorons Çraoṣa (ut supra)..... le plus fort des jeunes gens, le plus puissant des jeunes gens, le plus alerte des jeunes gens, le plus rapide des jeunes gens, le plus actif des jeunes gens. Entreprenez (3), ô Mazdéens, le

(1) Consultez sur ce mot : Spiegel, *Comment.*, II, p. 428, *Zeitschrift der deutschen morgenl. gesellschaft*, XVII, p. 54 ; Justi, *Handbuch*, p. 204 ; Weber, *Indische streifen*, II, p. 484 ; Haug, *An old zand-pahlavî glossary*, p. 76 et 126, *Ueber den gegenw. stand der zendphilologie*, p. 17.

(2) Les deux derniers mots du texte sont très-obscurs et notre version est conjecturale. M. Spiegel dit : der seine stærke verachtet ; M. Hübschmann : er der starke dem læsterer, *Avestastudien*, p. 673 et 665. Ces deux versions suppriment sans droit la conjonction *yatha*. Il est évident qu'il y a ici une comparaison.

(3) Spiegel et Justi : begehret ; Hübschmann : unternehmet ; Harlez : pré-

aṅhâṭ viçaṭ dûrâṭ haća ahmâṭ zantaoṭ dûrâṭ haća aṅhaṭ daṅhaoṭ aghāo ithyêjāo vôighnāo yêyantê | yêṅhê nmânya çraoṣô aṣyô verethrajāo thrūphdhô açti paiti zantô nâća aṣava phrâyô humatô phrâyo hûkhtô phrâyô hvarstô | ahê raya.....

culte de Çraoṣa, pur. Loin de cette maison, loin de ce hameau, loin de cette tribu, loin de ce district, s'en vont les maux, mauvais, nuisibles, dans cette maison où Çraoṣa, pur, vainqueur, est contenté, accueilli (?), et [où est] un homme pur plein de bonnes pensées, plein de bonnes paroles, plein de bonnes actions ; à cause (ut supra).....

Çraoṣem aṣîm..... | yô vananô kayadhahê yô vananô kâidhyêhê yô janta daêvayāo drujô aṣaojaṅhô ahûm merenćô | yô hareta aiwyâkhstaća viçpayāo phravôis gaêthayāo | yô anavaṅhabdemnô zaênaṅha nipâiti mazdāo dâmān yô anavaṅhabdemnô zaênaṅha nis haurvaiti mazdāo dâmān | yô viçpem ahûm açtvantem erethwa çnaithiṣa nipâiti pacća hûphraṣmôdâitîm | yô nôiṭ paççaêta husqaphna yaṭ mainyû dâmān daidhîtem yaçća çpentô mainyus yaçća aṅrô | hiṣârô aṣahê gaêthāo | yô viçpâis ayānća khṣaphnaçća yûidhyêiti mâzanyaêibyô hadha daêvaêibyô | hô nôiṭ tarstô phrânâmaitê thwaêṣâṭ parô daêvaêibyô | phrâ ahmâṭ parô viçpê daêva anuçô tarsta nementê tarsta temaṅhô dvarentê | ahê raya....

Nous honorons Çraoṣa (ut supra).... qui frappe les êtres nuisibles, mâles et femelles, qui frappe la Druje, démon femelle, pleine de force, destructrice du monde ; qui [est] le soutien et le gardien de toute la marche des choses du monde ; qui, sans sommeil, protège avec vigilance les créatures de Mazdâ ; qui, sans sommeil, garde avec vigilance les créatures de Mazdâ ; qui protège tout le monde corporel avec une arme levée, après la partie de la nuit qui suit le coucher du soleil ; qui ne se livre plus au bon sommeil depuis que les deux esprits, [à savoir] Çpenta et Aṅra ont créé les créatures, [lui] protecteur des mondes purs (1) ; qui chaque jour et chaque nuit lutte avec les démons du Mâzenderan (2). Il ne se courbe certes pas, effrayé, par crainte des démons ; tous les démons, malgré eux, effrayés, se courbent devant lui, [et] se précipitent, effrayés, vers l'obscurité ; à cause (ut supra)...

Çraoṣem aṣîm... | yim yazata

Nous honorons Çraoṣa (ut su-

parez. Le sens paraît être simplement celui-ci : honorez par un sacrifice Çraoṣa.

(1) Littéralement : protégeant les mondes du pur. Spiegel : indem er die welten der reinheit beschützen will ; Hübschmann : er der die güter der frommen beschirmt.

(2) Windischmann, *Zoroastrische studien*, p. 229.

haomô phrâṣmis baêṣazyô çrîrô khṣathryô zairi doithro | barezistê paiti barezahê haraithyô paiti barezayãō | hu vaćão pâpô vaćãō pairigãō vaćãō | paithimnô vîçpô paêçûn maçtûm yãm pôuru âzaintîm mãthrahêća paourvatâtem | ahê raya....

pra).... qu'honora Haoma qui rend immortel, guérisseur, beau, royal, aux yeux d'or, sur la plus haute hauteur de la haute [montagne] Haraiti; ayant de bonnes paroles, ayant des paroles protectrices, parlant à propos; possédant toute sorte de savoir, la pleine connaissance et la primauté du texte saint; à cause (ut supra)...

Çraoṣem aṣîm... yêńhê | nmânem vârethraghna hazańrô çtûnem vîdhâtem | barezistê paiti barezahê haraithyô paiti barezayãō | qâraokhṣnem antarenaêmâṭ çtehrpaêçem nistaranaêmâṭ | yêńhê ahunô vairyô çnaithis viçatavarethrajãō yaçnaçća haptańhâitis | phṣûṣaçća mãthrô yô vârethraghnis vîçpãōçća yaçnô keretayô | ahê raya ..

Nous honorons Çraoṣa (ut supra)... dont la demeure [est] établie victorieusement avec mille colonnes, sur la plus haute hauteur de la haute [montagne] Haraiti; [demeure] éclatante par elle-même intérieurement, offrant à l'extérieur l'apparence des astres; dont l'ahuna vairya est devenu l'arme victorieuse ainsi que le yaçna haptańhaiti, ainsi que le phṣûṣa mãthra et toutes les autres pièces du Yaçna; à cause (ut supra)...

Çraoṣem aṣîm...... | yêńhê amaća verethraghnaća haozãthwaća avãō ameṣãō çpenta aoi haptô karṣvairîm zãm yô daênô diçô daênayâi | vaçô khṣathrô phraćarâiti aoi yãm açtvaitîm gaêthãm aya daênaya phraorenta ahurô mazdãō aṣava | phrâ vôhu manô phrâ aṣem vahistem phrâ khṣathrem vairîm phrâ çpenta ârmaitiṣ phrâ haurvatâç phrâ ameretataç phrâ âhuiris phraṣnô phrâ âhuiris ṭkaêṣô | phrâ adha vaćibya nô ahubya nipayãō â çraoṣa aṣya huraodha ahêća ańhêus yô açtvatô yaçća açti manahyô | pairi drvataṭ mahrkâṭ pairi

Nous honorons Çraoṣa (ut supra)... par la force, par la victoire, par la sagesse, par la science duquel, les Ameṣas çpentas [viennent] sur la terre divisée en sept régions; qui, enseignant la loi pour (?) la loi (1), parcourt, seigneur absolu. le monde corporel. Reconnurent cette loi Ahura mazdâ, pur, Vôhu manah, Aṣa vahista, Khṣathra vairya, la sainte ârmaiti, Haurvatât, Ameretatât, la question (2) d'Ahura, la foi d'Ahura. Et protége dans les deux mondes, ô Çraoṣa, pur, à la bonne croissance, dans ce monde temporel et dans le monde spirituel, contre la mort qui se pré-

(1) Passage obscur que n'éclaircit guère la tradition. Spiegel : welcher der gesetzeslehrer ist für das gesetz; Hübschmann : der, ein lehrer des gesetzes, als freier herrscher einherschreitet zur bekœrperten welt.

(2) Les entretiens d'Ahura mazdâ et de Zarathustra, la révélation.

drvataṭ aêçmâṭ pairi drvaṭbyô haênèbyô | yâo uç khrûrem draphṣem gerewâin aêçmahê parô draomèbyô yâo aêçmô duzdâo drâvayâṭ maṭ vîdâtaoṭ daêvô dâtâṭ | adha nô tûm çraoṣa aṣya hvraodha zâvare dayâo hitaêibyô drvatâtem tanubyô | pouruçpakhstîm ṭbiṣyantâm paitijaitîm duṣmainyavanâm | hathrânivâitîm hamerethanâm aurvathanâm ṭbiṣyantâm | ahê raya.....

cipite, contre Aêṣma qui se précipite, contre les troupes qui se précipitent, qui élèvent un drapeau effroyable devant les assaillants (?) d'Aêṣma, qu'Aêṣma, doué de la mauvaise science, a fait se précipiter, avec Vîdâtus créé par les démons. O toi, Çraoṣa, pur, à la bonne croissance, donne la force à nos attelages, la solidité à nos corps; [donne-nous] une pleine garde des ennemis, la défaite de ceux qui [nous] veulent du mal, l'anéantissement complet des adversaires, de ceux qui sont hostiles, de ceux qui [nous] haïssent; à cause (ut supra)....

Çraoṣem aṣîm...... | yim ćathwârô aurvantô auruṣa raokhṣna phrâdereçra çpenta vîdhwâonhô açaya mainyavaçanhô vazenti | çrvaêna aêṣâm çaphâonhô zaranya paiti thwarstâonhô | âçyanha açpaêibia âçyanha vâtaêibya âçyanha maêghaêibya âçyanha vayaêibya hupataretaêibya âçyanha hvaçtayâo anhê manayâo yôi vîçpè tê apayanti | yôi aoê paçkâṭ vayanti nôiṭ aoê paçkâṭ âphentê yôi vaêibya çnaithizbya phrâyatayêinti vazemna yim vôhûm çraoṣem aṣîm | yaṭćiṭ uṣaçtairê hendvô âgèurvayêitê yaṭćiṭ daoṣatairê nighnê | ahê raya.. ..

Nous honorons Craoṣa (ut supra)..... que quatre coursiers blancs, éclatants, admirables, saints, pleins de science, sans repos, obéissant à la volonté céleste, transportent. Leurs sabots de corne sont entourés (?) d'or. Plus rapides que les chevaux, plus rapides que les vents, plus rapides que les pluies, plus rapides que les nuages, plus rapides que les oiseaux aux bonnes ailes, plus rapides qu'un trait bien lancé. Ils devancent tout (1). Ceux qui se hâtent après eux ne les atteignent pas, [eux] qui vont rapidement en avant, avec leurs deux armes, transportant le bon Çraoṣa, pur. Il atteint ce qui se trouve à l'est et à l'ouest de l'Indus (2); à cause (ut supra)....

(1) Nous rendons ici le sens général de la phrase, qui est parfaitement clair. L'auteur a voulu dire de deux choses l'une, ou que le vent, les oiseaux, le trait, etc., demeuraient en retard sur les coursiers dont il s'agit; ou bien que ces derniers n'étaient point rejoints par eux. Le sens est absolument le même dans les deux cas.

(2) Version très hypothétique et qui est loin d'être définitive. M. Spiegel : was in œstlichen indien ist ergreift er, was im westlichen ist, das schlœgt er. M. Hübschmann : was im œstlichen Indien ist, greift er an, was im westli-

Çraoṣem aṣim.... | yô berezô berezi yâçtô mazdâo dâmân niṣañhaçta | yô âthritîm hamahê ayân hamayâo vâ khṣapô imaṭ karṣvare avazâiti yaṭ qanirathem bâmîm çnaithis zaçtayô draẑimnô brôithrô-taêzem hvâ vaêghem kameredhê paiti daêvanãm | çnathâi añrahê manyèus drvatô çnathâi aêṣmahê khrvidraos çnathâi mâzainyanãm daêvanãm çnathâi viçpanãm daêvanãm | ahê raya....

Nous honorons Çraoṣa (ut supra).... qui, élevé, à la haute ceinture (1), s'en vient parmi les créatures de Mazdâ ; qui vient le tiers de chaque jour et de chaque nuit en cette région [terrestre] le brillant Çaniratha, tenant en main une arme coupante [et] acérée, frappant d'elle-même les démons à la tête ; pour abattre Añra mainyu qui se précipite, pour abattre Aêṣma à l'arme terrible, pour abattre les démons du Mâzenderan, pour abattre tous les démons ; à cause (ut supra)...

Çraoṣem aṣim..... | idhaṭća ainidhaṭća idhaṭća viçpãmća aipi imãm zãm viçpâo çraoṣahê aṣyêhê takhmahê tanumãthrahê | takhmahê hãm varaitivatô bâzus aojañhô rathaêstâo kameredhô janô daêvanãm | vanatô vanaitis vanaitivatô aṣaonô vanatô vanaitis vanaintîmća uparatâtem yazamaidhê | yãmća çraoṣahê aṣyêhê yãmća arstois yazatahê | viçpa nmâna çraoṣô pâta yazamaidhê | yêñhâdha çraoṣô aṣyô phryô phritô paiti zantô nâća aṣava phrâyô humatô phrâyo hukhtô phrâyô hvarstô | ahê raya.....

Nous honorons Çraoṣa (ut supra).... ici et ailleurs, ici et sur toute cette terre. Nous honorons totalement (?) la victoire et la supériorité (2) de Çraoṣa, pur, fort, qui a pour corps le texte saint, fort, défenseur. au bras fort, guerrier, frappant les démons à la tête, victorieux, plein de victoire, victorieux ; celle de Çraoṣa, pur, et celle d'Arsti le Yazata. Nous honorons toutes les demeures protégées par Çraoṣa, où Çraoṣa, pur, est accueilli [comme un] cher ami, et [où est] un homme pur, plein de bonnes pensées, plein de bonnes paroles, plein de bonnes actions ; à cause de son éclat, de sa splendeur, à cause de sa force, de sa victoire, à cause de l'honneur [rendu] aux Yazatas, je l'honorerai par cet hommage à haute voix.

chen ist, schlægt er. M. de Harlez : Il atteint ce qui est à l'orient de l Indus et ce qui est à l'occident. Haug traduit ainsi un passage analogue : wann er aufgeht in dem œstlichen Indien, wann er untergeht in dem westlichen ; *Ueb. den gegenw. stand der zendphilol.* p. 62.

(1) C'est-à-dire, comme l'enseigne la tradition, dispos à l'action.

(2) Dans le texte zend le verbe est à la fin du troisième verset ; les deux accusatifs régis par ce verbe le précèdent immédiatement, et sont précédés eux-mêmes de la série de génitifs dépendant eux-mêmes des accusatifs en question : nous honorons les coups que porte Çraoṣa et sa supériorité.

Le second morceau est tiré du petit Avesta; c'est le Yast onzième. Il est de beaucoup moins intéressant que la pièce précédente, aussi ne le rapportons-nous pas intégralement. En voici, du moins, la substance.

Le fidèle mazdéen adresse d'abord à Çraoṣa les louanges ordinaires; il l'appelle saint, de bonne croissance, vainqueur, plein de pureté. Çraoṣa, ajoute-t-il, est par excellence le nourrisseur des pauvres, c'est celui qui terrasse le mieux la Druje. L'homme pur qui répète le plus souvent les paroles du texte saint est le plus victorieux : le texte saint est la meilleure des armes contre la Druje. De toutes les prières, l'*ahuna vairya* est la plus victorieuse, et la loi mazdéenne est la loi par excellence. Celui, ô Zarathustra! celui, homme ou femme, qui prononce la parole sainte dans un accident, dans un péril, celui-là échappe au méchant. O Zarathustra! prononce cette parole sainte, lorsque s'approche l'oppresseur, le trompeur : les méchants prendront la fuite. Nous honorons Çraoṣa qui veille sur les pactes, qui enseigne la loi. Nous honorons Çraoṣa qu'Ahura mazdâ a créé l'adversaire d'Aêṣma. Nous honorons Çraoṣa, premier, suprême, moyen et antérieur, par le premier, le suprême, le moyen, l'antérieur sacrifice; nous honorons entièrement Çraoṣa le saint, fort, dont le texte saint même est le corps, guerrier, frappant les démons à la tête. Nous honorons les demeures protégées par Çraoṣa, où Çraoṣa est aimé, où un homme pur pense, parle et agit...

On voit par ce qui précède que Çraoṣa est avant tout un dieu victorieux, un terrible adversaire des démons. Le texte saint dit expressément quelles sont ses armes : c'est l'excellente prière *ahuna vairya*, c'est le cantique aux sept parties, le *yaçna haptaṅhâiti*. De fait, c'est lui qui le premier étendit les rameaux consacrés, qui le premier fit entendre les saints cantiques et le texte saint lui-même est son corps. Cette épithète de Çraoṣa, *tanumâthra* (nominatif *tanumâthrô*, accusatif *tanumâthrem*), est tout à fait caractéristique. Nous verrons plus loin quelle est l'importance du texte saint dans la lutte contre les créatures d'Ahriman; c'est en s'armant de ce texte que Zoroastre repousse victorieusement l'attaque des démons (dix-neuvième chapitre du Vendidad). En Çraoṣa ce texte est incarné : de là toute la force et toutes les victoires de cette puissante divinité; de là cette autre épithète de *darṣidru-*, muni de fortes armes.

Çraoṣa a sans doute pour adversaires tous les démons, toutes les créatures d'Añra mainyu, mais il en est une parmi celles-ci qui lui est plus particulièrement opposée, c'est Aêṣma, le dieu de la colère (*pairi drvatat mahrkâṭ pairi drvatat aêṣmâṭ pairi drvaṭbyô haênèbyô*, voyez ci-dessus). Nous aurons à parler de ce démon et de la victoire que Çraoṣa remporte sur lui lorsque nous examinerons la partie ténébreuse du panthéon zoroastrien.

Nous avons dit, en commençant, que Çraoṣa, dans le texte de l'Avesta et par le fait de ses propres fonctions, était souvent associé à Mithra. Au dixième Yast du petit Avesta, verset quarante-unième, l'auteur, après avoir décrit l'inanité des attaques des méchants contre Mithra, ajoute qu'à côté de ce dernier combattent Raṣnu et Çraoṣa. Au centième verset du même morceau, Mithra, aux vastes pacages, s'avance, ayant à sa droite le bon, le saint Çraoṣa, à sa gauche le grand et puissant Raṣnu : *daṣinem hê upa aredhem vazaiti yô vañhus çraoṣô aṣyô tairyaçtârem hê upa aredhem vazaiti raṣnus berezô yô amavå.*

Comme Mithra, Çraoṣa habite le sommet du mont Haraiti (*barezistê paiti barezahê haraithyô paiti barezayå*); il est mené par quatre coursiers éclatants, au sabot d'or. De même que Mithra, du sommet qu'il a pour demeure, embrasse de son regard le monde entier, de même Çraoṣa est en constant état de vigilance. Il ne dort point et protège les créatures d'Ormuzd : *yo anavañhabdemnô zaênañha nipâiti mazdå dâmân.* Ainsi au dix-huitième chapitre du Vendidad, le feu appelle Çraoṣa à son secours et lui demande de faire veiller à son entretien. Voici le texte et la version de ce passage :

âaṭ mê thrityâi thriṣvâi khṣaphnê âtars ahurahê mazdão çraoṣem aṣîm yâçaiti avaiṅhê âi çraoṣa aṣya huraodha | âaṭ mãm kãmćiṭ aṅhèus açtvatô aêçmanãm paiti baraiti (1) *yaoždâtanãm phraçnâtaêibya zaçtaêibya avi mê âzis daêvôdâtô parôiṭ pairithnem aṅhvãm ava derenãm çadayêiti | âaṭ hô çraoṣô aṣyô aom mereghem phraghrâyêiti parô dars nãma çpitama zarathustra | yim maṣyâka avi dužvaćaṅhô kahrkatâç nãma aojaiti âaṭ hô mereghô vâćim baraiti upa uṣãoṅhem yãm çûrãm uçehistata maṣyâka çtaota aṣem yaṭ vahistem nista daêvô aêṣa vô dvaraiti bûṣyãçta dareghô gava hâ viçpem aḥûm açtvantem hakaṭ phraghrâtô niqabdayêiti qâphça dareghô maṣyâka nôiṭ tê çaćaiti.*

Puis, pour la troisième partie de la nuit, mon feu [fils] d'Ahura mazdâ invoque à [son] secours le saint Çraoṣa : ô saint Çraoṣa aux belles formes ! Que quelqu'un du monde corporel m'apporte, avec les mains lavées, du bois purifié. Azi, créature démoniaque, viendrait à moi pour m'ôter la vie (2). Alors le saint Çraoṣa éveille l'oiseau qui s'appelle Parôdars, ô très-saint Zarathustra ! que les hommes qui parlent mal appellent « kahrkatâç ». Alors cet oiseau élève la voix à l'approche de l'aurore auguste : Levez-vous, hommes ! louez la pureté suprême, mort aux démons ! Bûṣyãç aux longues mains se précipite vers vous ; celle-ci endort tout le monde corporel lorsqu'il est éveillé. Un long sommeil, ô homme ! ne te convient pas.

La partie de la nuit sur laquelle Çraoṣa veille ainsi plus particulièrement, est celle qui va de minuit à l'aurore. Mithra préside à la période suivante, de l'aurore à midi.

Un autre rapprochement de Çraoṣa et de Mithra se tire de leur rôle commun à veiller sur l'observation des pactes et de la foi donnée. C'est là, avons-nous dit ci-dessus, une des grandes fonctions, une des fonctions capitales de Mithra. Çraoṣa, lui aussi, protége la fidélité et poursuit le parjure (Yast onzième, verset quatorzième).

(1) Il y a ici une correction évidente à apporter au texte. Il faut un impératif, non un indicatif.

(2) Spiegel : um mich der welt zu entreissen. Haug : er unternimmt sich um mein leben festzuklammern. Harlez : il cherche à m'enlever la vie. Darmesteter : qui se flatte de bouleverser le monde.

Enfin, comme Mithra, il fait partie (avec Raṣnu) du tribunal infernal ; mais cela n'appartient pas à l'ancien mazdéisme (1).

§ 4. — *Raṣnu.*

Après Mithra et Çraoṣa doit immédiatement venir le dieu Raṣnu qui leur est souvent associé, et qui ne semble pas, d'ailleurs, jouer un rôle personnel bien important. C'est le *Raṣn*, *Rasn* du moyen âge.

C'est avant tout un justicier. Le Yast qui lui est consacré (le douzième), nous enseigne qu'il distingue toutes choses, qu'il voit au loin, qu'il voit de tous côtés. Il veille sur toutes les régions de la terre et est l'effroi des malfaiteurs. C'est ce rôle de dieu vigilant qui l'associe aux deux divinités précédentes.

On lui donne l'épithète de *razista-* (*Raṣnu razista*, plus tard *Rasn râçt*) qui signifie « très-juste. »

Avec Mithra et Çraoṣa il complète, dans le zoroastrisme de la seconde époque, le tribunal devant lequel l'homme doit passer après la mort.

§ 5. — *Arstât, Arsti.*

Il y a peu de choses à dire de cette divinité et elle est bien moins importante que la plupart de celles dont nous avons encore à parler. Ce qui nous la fait mentionner ici, c'est qu'elle est le plus souvent associée à Raṣnu, parfois à Çraoṣa.

Arstât (plus tard *Aṣtât, Aṣtâd*) est une déesse de la droiture, de la sincérité.

Dans les passages où le nom d'Arstât est cité (Yaçna I,

(1) Voyez Spiegel, *Die traditionnelle literatur der Parsen*, p. 138. L'auteur y traduit un morceau du Minokhired où il est question des trois juges, Mihr, Çrôṣ, Râsn.

23; II, 30; III, 37; Vispered VIII, 10, etc. etc.), l'on ne trouve aucune épithète, aucun commentaire qui permette de préciser les fonctions de cette divinité. Lorsqu'elle est associée à Çraoṣa, elle est du sexe masculin et s'appelle *Arsti* (Onzième Yast, verset dix-neuvième ; Yaçna, chapitre cinquante-sixième). On peut admettre qu'il ne s'agit ici que d'un seul et même dieu.

§ 6. — *Verethraghna.*

Verethraghna est, d'une façon générale, le dieu de la victoire, du triomphe de la bonne création sur la création perverse. C'est le *Varahrân* et le *Vâhrâm* du moyen âge, le *Bahrâm*, le *Behrâm* moderne.

Le mot de *verethraghna-*, qui est fort souvent employé dans les différents livres de l'Avesta avec le sens commun de « victoire » (1), provient de *verethra-* qui a également cette signification.

Un Yast du Petit Avesta, le quatorzième, est consacré à Verethraghna. Il est bon de commencer par donner le résumé de ce long morceau.

« Nous honorons Verethraghna créé par Ahura.

« Zarathustra demanda à Ahura mazdâ : O Ahura mazdâ ! créateur des mondes corporels, pur ! quel est le plus armé de tous les yazatas célestes? Ahura mazdâ répondit : ô saint Zarathustra ! c'est Verethraghna créé par Ahura.

« Une première fois Verethraghna vint vers lui (2), sous la forme d'un vent puissant; il portait la majesté créée par Mazdâ, le moyen de salut, la force. Et, très-fort, il lui dit : Je suis le plus fort, le plus victorieux, le plus majestueux, le plus favorable, le plus utile, le plus guérisseur. J'opprimerai les persécuteurs, les démons et les hommes, les yâtus et les pairikas, les çâtars, les kavis et les karapans. A cause de

(1) Voyez Justi, *Handbuch der zendsprache*, p. 285.
(2) Vers Zoroastre.

son éclat et de sa majesté je louerai hautement Verethraghna.

« Une seconde fois, Verethraghna vint vers lui, sous la forme d'un taureau, beau, ayant des oreilles et des sabots d'or, de belle stature. Il portait la majesté créée par Mazdâ, le moyen de salut, la force. Et il dit : Je suis le plus fort, le plus victorieux, etc., etc.

« Une troisième fois, Verethraghna vint vers lui sous la forme d'un cheval, brillant, beau, aux oreilles et aux harnais d'or; la force était sur sa face...

« Une quatrième fois, Verethraghna vint vers lui sous la forme d'un chameau aux longues jambes, à la bosse élevée, à la tête brillante...

« Une cinquième fois, Verethraghna vint à lui sous la forme d'un sanglier, agressif, muni de fortes défenses, mâle, aux pieds pointus, gras, irrité...

« Une sixième fois, Verethraghna vint à lui sous la forme d'un jeune homme de quinze ans, brillant, aux yeux clairs, au talon petit...

« Une septième fois, Verethraghna vint à lui sous la forme d'un oiseau, battant des ailes, le plus rapide des oiseaux, le plus prompt des êtres ailés...

« Pour la huitième fois, Verethraghna vint à lui sous la forme d'un bélier, sauvage, beau...

« Pour la neuvième fois, Verethraghna vint à lui sous la forme d'un bouc, lutteur, beau, aux pieds pointus...

« Pour la dixième fois Verethraghna vint à lui sous la forme d'un homme, brillant, beau, créé par Mazdâ, portant une épée à poignée d'or...

« Nous honorons Verethraghna, créé par Ahura, auteur de la virilité, auteur de la mort, auteur du progrès. Le pur Zarathustra lui offrit un sacrifice. Verethraghna, créé par Ahura, lui donna la force des bras, la santé de tout le corps, la prospérité de tout le corps et la force de vision telle que la possède Kara maçya qui vit sous l'eau, et qui dans la large et profonde [rivière] Rañha distingue une goutte d'eau de la grosseur d'un cheveu. A cause de son éclat et de sa majesté je louerai hautement Verethraghna...

« Il lui donna la force de vision telle que la possède l'étalon qui dans la nuit obscure voit à terre un crin de cheval et reconnaît s'il appartient à la tête ou à la queue.

« Il lui donna la force de vision telle que la possède l'oiseau de proie qui du plus loin voit un morceau de viande crue gros comme le poing, de la même façon que si c'était l'éclat d'une brillante aiguille.

« Zarathustra demanda à Ahura mazdâ : ô Ahura mazdâ ! créateur des mondes corporels ! Si je dois être invectivé, injurié, par un grand nombre de persécuteurs, à cela quel est le remède ?

« Ahura mazdâ répondit : ô saint Zarathustra ! procure-toi une plume d'un oiseau comme le hibou (1). Frotte-toi le corps avec cette plume ; avec cette plume tu conjureras l'ennemi. »

Suit ici un assez long passage relatif à ce même sujet qui n'est autre qu'une scène de sorcellerie. C'est seulement cinq ou six versets plus loin qu'il est de nouveau question de Verethraghna :

« Zarathustra demanda à Ahura mazdâ : Ahura mazdâ, créateur des mondes corporels, pur ! Quand doit-on invoquer le nom de Verethraghna ? Quand doit-on le louer ?

« Ahura mazdâ répondit : ô saint Zarathustra ! quand des armées se heurtent, formées l'une et l'autre en ordre de bataille... La victoire est à celle chez qui l'on sacrifie suffisamment à la force, à Verethraghna créé par Ahura.

« Je bénis la force et Verethraghna, les deux protecteurs, les deux défenseurs, les deux seigneurs, qui tous deux repoussent, mettent en fuite...

« O Zarathustra ! tu n'enseigneras point ce texte sacré, à d'autres qu'au père, au fils, ou au frère né du même sein

(1) Version conjecturale.

que toi... Ce sont là, pour toi, des paroles qui sont fortes, des paroles de victoire et de salut. Ces prières sont, pour toi, celles qui purifient une tête coupable, qui éloignent un coup lancé.

« Nous honorons Verethraghna, créé par Ahura, qui se met dans les rangs de bataille et interroge avec Mithra et Raṣnu : Qui [dit-il, qui] trompe Mithra? Qui outrage Raṣnu? A qui donnerai-je la maladie et la mort, moi qui le puis?

« Ahura mazdâ dit : Quand les hommes sacrifient à Verethraghna, alors n'arrivent vers les contrées éraniennes ni les troupes ennemies, ni les obstacles....

« Zarathustra demanda : O Ahura mazdâ ! Quel est le meilleur sacrifice, quelle est la meilleure louange pour Verethraghna?

« Ahura mazdâ répondit : Les contrées éraniennes doivent lui apporter des dons; les contrées éraniennes doivent lui étendre le faisceau de rameaux consacrés ; les contrées éraniennes doivent lui offrir de la chair cuite... Qu'un coupable, qu'une femme galante, qu'un infidèle qui ne récite point les Gâthâs, qu'un ennemi de la loi d'Ahura et de Zarathustra n'en prennent point... »

Après une invocation à Haoma, le texte sacré reprend :

« Nous honorons Verethraghna, créé par Ahura, qui détruit et joint les rangs de bataille des démons et des hommes des Yâtus et des Pairikas, des Çâtars, des Kavis, des Karapans. Nous honorons Verethraghna, créé par Ahura : il arrête les mains des armées redoutables, des hommes qui trompent Mithra ; il enveloppe leur face, il voile leurs oreilles, il ne laisse pas avancer leurs pieds... A cause de son éclat, à cause de sa majesté je louerai hautement Verethraghna. »

Il ressort suffisamment de tout ce morceau que Verethraghna est le dieu de la victoire, la victoire même.

Ce qu'il y a à remarquer de particulier dans ce Yast, c'est l'apparition successive du dieu Verethraghna sous dix formes différentes : d'un vent puissant, d'un taureau, d'un cheval, d'un chameau, d'un sanglier, d'un jeune homme, d'un oiseau, d'un bélier, d'un bouc, d'un homme armé. Nul doute qu'il n'y ait ici quelque légende mythique fort ancienne, mais qui nous échappe (1). En tous cas, nous verrons plus loin qu'une autre divinité, Tistrya, revêt trois de ces formes, celle d'un bœuf, celle d'un cheval, celle d'un jeune homme. Cette concordance est assurément d'un haut intérêt pour la mythologie comparée (2), mais c'est un ordre de considération qui ne rentre point dans notre étude.

§ 7. — *Les Ameṣas çpentas*.

Le groupe des *Ameṣas çpentas* ne joue pas dans le panthéon mazdéen un rôle inférieur à celui de Mithra, et l'on pourrait presque dire à celui d'Ormuzd, car ce dernier, comme on le verra tout-à-l'heure, n'est qu'un Ameṣa çpenta.

Le nom de ces divinités n'offre point de difficulté d'interprétation : *ameṣa* veut dire « immortel », c'est le sanskrit *amṛta* (3), le grec ἄμβροτος (4) ; quant à *çpenta*, le sens de ce mot est celui de « saint », mais ce n'est là qu'une signification dérivée ; l'idée première est celle d'accroissement, de bienfaisance, c'est-à-dire d'être favorable à l'accroissement, au développement, d'être bienfaisant (5). Anquetil-Duperron et après lui Eugène Burnouf appellent les Ameṣas çpentas les « immortels excellents » (6) ; nous leur donnerons le nom généralement accepté de « saints immortels. » L'Ameṣa çpenta est l'Amṣuçpand du moyen âge, l'Imṣâçpand plus récent, en français l'Amchaspand.

(1) Consultez à ce sujet Darmesteter, *op. cit.*, p. 125.

(2) Spiegel. *Erânische alterthumskunde*, t. II, p. 101.

(3) Sur l'équivalence de ṣ zend et du groupe *rt* sanskrit, consultez : *Grammaire de la langue zende* ; deuxième édition, p. 88.

(4) Curtius, *Griech. etym.*, quatr. édit., p. 333 ; Schleicher, *Compend.*, quatr. édit., p. 227.

(5) Darmesteter, *Ormazd et Ahriman*, p. 89.

(6) Burnouf, *Commentaire sur le Yaçna*, p. 172.

Les « saints immortels » sont des créatures d'Ormuzd. Au seizième verset du dix-neuvième Yast, Ormuzd est donné comme leur père et leur maître. Au trente-septième verset du premier Yast, ce dieu lui-même les présente à son prophète Zoroastre en les désignant par leur nom : « O Zarathustra, voici Vohu manah ma créature. O Zarathustra, voici Khṣathra vairya ma créature », etc. En fait, on peut dire que ces divinités sont analogues aux Âdityas hindous, mais on ne peut, sans dépasser les bornes de toute comparaison méthodique, les identifier (1).

Le nombre des Ameṣas çpentas est de six ou de sept, selon que l'on comprend parmi eux Ahura mazdâ. Voici leurs noms, que nous expliquerons un peu plus loin en consacrant à chacune de ces divinités un examen spécial : Vohu manah (2), Aṣa vahista, Khṣathra vairya, Çpenta ârmaiti, Haurvatât, Ameretât. Le dieu Ormuzd se met lui-même au nombre des saints immortels ; il dit, dans le texte de l'Avesta : « Nous autres saints immortels, nous qui sommes les Ameṣas çpentas » (Yast I, vers. 36). Un passage très-clair du Yast de Mithra parle expressément d'Ahura mazdâ et des *autres* Ameṣas çpentas : *yô mazdãm tarô manyêtê tarô anyê ameṣᾱ çpenta* (vers. 139).

Dans les écrits parses du moyen âge on compte jusqu'à trente-trois Amchaspands. On a prétendu que ces trente-trois Amchaspands du parsisme étaient peut-être un souvenir des temps antiques ; mais cela semble peu admissible. Il est vrai que dans l'Avesta lui-même, le feu, *âtar*, reçoit, dans un passage, le nom de « saint immortel » : *âthrê ahurahê mazdᾱ yaêtustemâi ameṣanãm çpentanãm*, le feu, fils d'Ahura mazdâ, le plus secourable des saints immortels (Yaçna I, 6) ;

(1) « Es erscheint ziemlich warscheinlich, dass schon in der arischen zeit, ein gœtterkreis von sieben wesen bestand, dem sowohl die Adityas vie die Amesha-çpentas ihren ursprung verdanken, man wird aber zugeben müssen das jedes der beiden arischen vœlker demselben spæter eine ihm eigenthümliche ausbildung gab. » *Erân. alterthumsk.*, t. II, p. 31.

(2) Pour celui-ci, comme pour les autres, il ne faut employer que la forme thématique ; le nominatif est Vohu manô.

mais comment peut-on admettre que cette très-ancienne tradition de nombreux Ameṣas çpentas ait été perdue dans le vieil Avesta et que ce dernier n'ait jamais compté les Amchaspands qu'au nombre de six ou de sept? Cela ne peut raisonnablement s'expliquer.

En principe, les Amchaspands sont ordinairement invoqués en compagnie et à la suite d'Ormuzd. Il suffit, pour reconnaître ce fait, de parcourir rapidement les différents passages dans lesquels il est parlé de ces divinités. Mais il est d'autres dieux avec lesquels ils sont parfois associés. C'est avec l'attentif Çraoṣa, zélateur de la loi mazdéenne ; c'est avec Mithra; c'est avec Raṣnu. Nous avons vu plus haut, p. 209, que ces trois divinités ont entre elles des liens intimes.

On peut résumer en quatre titres les fonctions des saints immortels ; ils sont créateurs, ils gouvernent, ils sont omniscients, ils sont essentiellement purs.

Ils sont créateurs. L'Avesta leur applique l'épithète de *dâtar-*.

Ils gouvernent : « Ils sont les créateurs et les directeurs des créatures d'Ahura mazdâ » (Dix-neuvième Yast, verset dix-huitième).

Ils sont omniscients et on les invoque comme tels : *ameṣâ çpentâ hukhṣathrâ hudhâoṅhô*, immortales sanctos bona potestate præditos, recta scientia præditos (Yaçna, II, 11). Rien de ce qui se passe sur la terre ne leur échappe (*Ibid.* LVII, 10, v. 2, Vendidad, XIX, 43).

Ils sont pourvus de la pureté mazdéenne : l'épithète d'*aṣavan-* appartient non-seulement à Ormuzd, mais encore à tout Amchaspand.

De fait nous ne trouvons chez ces divinités rien d'original ; tout ce qu'elles nous présentent, Ormuzd nous le présente aussi, et l'on comprend aisément qu'il soit regardé comme le premier d'entre elles (1).

(1) Cf. Darmesteter, *op. cit.*, p. 41.

Les Amchaspands habitent le paradis d'Ormuzd, le *garôtmân* (*garô nmânem*), comme le dit le dix-neuvième chapitre du Vendidad : « Les âmes pures s'en vont joyeuses au *garôtmân*, séjour d'Ormuzd, séjour des Amchaspands et des autres êtres purs » (verset 107).

Quels sont enfin leurs adversaires particuliers, car, dans le monde mazdéen, abstraction faite de la lutte générale entre les êtres purs et lumineux et ceux qui appartiennent au mal et aux ténèbres, chaque divinité soutient une lutte plus spéciale contre tels et tels adversaires. Ce sont les démons *Aka* manah (nominatif Akem manô), *Andra*, *Çaurva*, *Nãõ̃haithya*, *Tauru*, *Zairića*, dont nous aurons à parler en temps voulu.

Nous avons donné ci-dessus le nom des six Ameṣas çpentas. Il nous reste à les examiner d'une façon plus particulière, à voir quelle est leur importance relative, quel est le rôle que joue chacun d'entre eux.

Voici ce que Mandelslo rapporte au sujet des Amchaspands chez les Parsis modernes dans ses *Voyages de Perse aux Indes orientales* (1) :

« Ces Parsis croient qu'il y a un seul Dieu conservateur de tout l'univers ; qu'il agit seul et immédiatement en toutes choses ; et que les sept serviteurs qu'ils lui donnent, et pour lesquels ils ont aussi beaucoup de vénération, n'ont qu'une administration dépendánte, dont ils sont obligez de lui rendre compte.

« Le premier de ces sept serviteurs de Dieu s'appelle *Hamasda*, et gouverne les hommes pour les porter aux bonnes œuvres. Le deuxième, à qui ils donnent le nom de *Bhaman*, gouverne le bétail et préside sur tous les animaux de la terre. Le troisième, appelé *Ardybesth*, conserve le feu et empêche qu'on ne l'éteigne. Le quatrième se nomme *Sarywar*, et a soin des métaux dont ils sont fort curieux, et accuse ceux qui négligent de les nettoyer ; ce qui est un péché mortel parmi

(1) Traduction de Wicquefort. Amsterdam, 1727.

eux. Le cinquième, qu'ils appellent *Espander*, a soin de la terre et empêche qu'on ne la salisse, et qu'on n'en use autrement qu'on ne le doit. *Auwaerdath*, qui est le sixième, fait pour l'eau ce qu'Espander fait pour la terre, et empêche qu'on n'y jette des ordures. Le septième, qu'ils nomment *Ammadath*, conserve les arbres, les fruits, les herbes et les légumes; mais sans aucun pouvoir de les faire venir ou d'en empêcher la production; car ces sept esprits subalternes ne sont établis de Dieu que pour connoître les abus qui se commettent et pour lui en faire leur rapport. »

Nous allons voir ce qu'il y a de bon et ce qu'il y a d'inexact dans cette relation. Il est inutile de prévenir que le premier cité de ces « sept serviteurs de Dieu », *Hamasda*, n'est autre qu'Ormuzd lui-même, qui, en effet, « gouverne les hommes pour les porter aux bonnes choses. »

I. *Vôhu manah*. C'est le *Vahuman* et le *Vahman* du moyen âge, le *Bahman* plus récent. Son rôle est important. C'est le bon esprit, la bonne pensée, comme l'indique son nom. Mais, ainsi que le fait remarquer M. Spiegel, l'on n'est pas ici en présence d'une pure et simple abstraction : « Les plus anciens textes de l'Avesta témoignent déjà irréfutablement de la personnalité réelle de Vôhumanô (1). Il apparaît comme tel dans le vingt-huitième chapitre du Yaçna (v. 3, 5, 6, 7); on parle du père de Vôhumanô (*ibid.* XXXI, 21 et XXXII, 9) et nous voyons que ce père doit être Ahura mazdâ. D'autre part, il est question de ses trésors (*ibid.* XXXI, 21), de son empire (*ibid.* XXXIII, 5 et XXXIV, 11), de sa bonne demeure (*ibid.* XXX, 10), de ses actions (*ibid.* XXXIV, 14). etc. » (*Erân alterth.* II, 32).

Vôhu manah est évidemment le premier des saints immortels (si Ahura mazdâ n'est point compté dans leur nombre). La tradition du moyen âge lui a conservé ce rang. Plutarque (*De Is.*) lui donne le nom justifié de θεὸς εὐνοίας; la tradition

(1) Cette forme est celle du nominatif.

le regarde, en effet, comme la divinité conciliante et pacificatrice. Dans le second Yast du Petit Avesta (v. 1) il est associé à la personnification de la paix.

Le dix-neuvième chapitre du Vendidad donne à Bahman la fonction de recevoir au paradis le Mazdéen qui y fait son entrée :

uçehistaț vôhu manô haća gâtvô zaranyô keretô | phravaoćat vôhu manô kadha nô idha aṣâum agatô | ithyéjañhataț haća añhaot aithyéjañhem ahûm â.

Vôhu manah se lève de son siége d'or. Vôhu manah dit : Être pur ! Comment es-tu venu ici [comment es-tu venu] du monde périssable au monde impérissable ?

L'adversaire particulier de Vôhu manah est Aka manah, la mauvaise pensée, dont nous parlerons plus loin. Il est question de leur lutte à la fin du dix-neuvième Yast; elle est, naturellement, défavorable au mauvais génie.

Mandelslo rapporte, nous l'avons vu ci-dessus, que Bahman « gouverne le bétail et préside sur tous les animaux de la terre ». Cette attribution ne lui est pas donnée dans l'Avesta et l'on ignore (à notre sens du moins) comment elle a pu lui venir. En fait, elle existe, mais, en fait aussi, elle n'est point fort ancienne (1).

II. *Aṣa vahista.* Ce dieu ne joue pas un rôle moins important que le précédent Amchaspand. C'est l'*Aṣvahist* et l'*Ardabehest* du moyen âge, l'*Ardibahist*, l'*Ardibihist* moderne. Ces deux derniers mots démontrent suffisamment que le zend *aṣa-* n'équivaut pas au sanskrit *aćéha-*, clarus, mais bien à *rta-*, verus, purus. Aṣa vahista, c'est la pureté excellente,

(1) Dans son ouvrage sur *Ormazd et Ahriman* (p. 258), M. Darmesteter suppose que cette attribution est due à une analogie. A cinq Amchaspands on avait donné le royaume des eaux, des plantes, de la terre, des métaux, du feu : restaient les animaux, dont on fit le lot de Bahman. L'auteur ajoute : « Un accident de langage favorisa cette adaptation. Le paradis est souvent désigné sous le nom de demeure de Vohu-Manô, *vañhèus demânem manañhô*, mais cette expression est quelquefois remplacée par celle de *vañhèus vâçtra manañhô*, pâturages de Vohu-Manô, soit que le mot *vâçtra* eût encore à l'époque où se forma l'expression son sens étymologique de demeure, soit plutôt par une allusion mythique aux prairies où paissait la vache céleste, et aux jardins paradisiaques où le juste attendra la résurrection. L'on conclut de là que Vohu-Manô était le dieu des pâturages, le dieu des troupeaux. »

la pureté parfaite. Nous aurons à parler plus loin de la pureté mazdéenne et de l'importance des purifications. Plutarque le regarde comme le dieu de la vérité, θεὸς ἀληθείας, mais ce n'est là, très-certainement, qu'une affectation toute secondaire. Le troisième Yast du Petit Avesta est consacré particulièrement à Ardibihist; voici une traduction sommaire des principaux passages de ce texte.

« Ahura mazdâ dit au saint Zarathustra : La fonction d'Aṣa vahista, ô saint Zarathustra ! c'est d'être chantre, invocateur, louangeur, lecteur, ministre des offrandes, prôneur, panégyriste du bien, agissant de façon à ce que les brillantes lumières éclairent, en notre louange et adoration, nous les Ameṣas çpentas.

« Zarathustra répondit : O Ahura mazdâ ! prononce la parole, la vraie parole : comment ont été faites ces fonctions d'Aṣa vahista ?

« Je louerai Aṣa vahista. Si je loue Aṣa vahista, c'est en tant que dispensateur de secours des autres Ameṣas çpentas.....

« Il bat les Yatus et les Pairikas, créatures d'Añra mainyu, par le moyen d'Airyaman qui est le plus grand texte des textes saints, le meilleur, le plus beau, le plus puissant, le plus victorieux, le plus secourable des textes saints.

« Il apporte le salut avec pureté, avec la loi, avec l'opération chirurgicale, avec le remède emprunté aux plantes, avec le texte saint... La maladie fuit, la mort fuit, les démons fuient, les forces ennemies fuient, l'impur Aṣemaogha fuit... Les rejetons des serpents et ceux des loups prennent la fuite ; le mépris, l'arrogance, la perturbation, la cruauté, la discorde, le mauvais œil prennent la fuite. La parole trompeuse prend la fuite, Jahi prend la fuite, le vent du nord prend la fuite.

« Il terrasse, pour moi, un nombre incalculable de rejetons de serpents et de démons ; il terrasse la maladie, la mort, les démons, les forces ennemies, l'impur Aṣemaogha ; les rejetons des serpents et ceux des loups, le mépris, l'arrogance, la perturbation, la cruauté, la discorde, le mauvais œil, la parole trompeuse, Jahi.

« Añra mainyu dit alors : Parmi mes créatures Aṣa vahista va frapper les plus terribles des maladies, des morts, des démons, des oppositions, des rejetons de serpents, des rejetons de loups ; il va frapper le mépris, l'arrogance, les plus fortes des perturbations, des cruautés, le plus mauvais des mauvais œils ; il va frapper la plus trompeuse des paroles trompeuses, Jahi.

« La Druje va disparaître, la Druje va prendre la fuite, la Druje va s'évanouir dans la région septentrionale.

« Pour son éclat et sa majesté nous louons Aṣa vahista, le plus beau des Ameṣas çpentas. »

M. Darmesteter considère Aṣa vahista comme « l'ordre-dieu », comme la personnification de l'ordre universel. A ses yeux, en effet, l'*aṣa-* est l'ordre, et non pas la pureté. Cette opinion a le tort, à nos yeux, de faire abstraction des faits et de vouloir expliquer le mazdéisme par une religion toute hypothétique indo-éranienne. Le védique *rta-* peut avoir le sens dont il s'agit, mais rien ne prouve, dans les textes mazdéens, que le mot *aṣa-* ait jamais eu d'autre valeur que celle de pureté, la pureté mazdéenne, l'observation des pratiques de la religion d'Ormuzd. L'*aṣavan*, pour le Mazdéen, est simplement l'homme qui est fidèle aux principes de cette religion, l'homme pur. Les théories plus ou moins subjectives que l'on pourra faire sur les origines du zoroastrisme, ne porteront jamais atteinte à un fait aussi évident, aussi simple. Dans la réfutation qu'a faite M. de Harlez des idées de M. Darmesteter au sujet de l'*aṣa* (1), il y a, sans nul doute, des opinions qui ne sont pas faites pour s'imposer à tout interprète de l'Avesta, mais la conclusion même de M. de Harlez

(1) *Des origines du zoroastrisme*. Premier article. *Journal asiatique*, février-mars 1878, pp. 101-134.

concorde avec le texte même du livre sacré : « L'*aṣa* est l'observation de la loi mazdéenne dans toutes ses parties ; l'*aṣavan* est l'observateur fidèle de la loi ». *Op. cit.*, p. 114. Au lieu de rechercher par induction ce que pourrait bien être l'*aṣa*, il est plus méthodique de le tenir purement et simplement pour ce qu'il est de toute évidence.

De même que Bahman (Vôhu manah) règne sur le bétail, dans la tradition mazdéenne, de même Ardibihist règne sur le feu, et c'est là ce qui lui donne une espèce de supériorité sur les autres Amchaspands. Sa puissance est si considérable qu'il peut interdire l'accès du paradis à toute âme mazdéenne, sans avoir quoi que ce soit à lui reprocher. Mais c'est là une conception toute secondaire sur laquelle nous n'avons pas à nous arrêter.

III. *Khṣathra vairya*. C'est le *ṣatarvar* du moyen-âge, le *ṣahrévar*, le *ṣehryûr* plus moderne. Burnouf, dans son *Commentaire sur le Yaçna* (p. 151) traduit le premier mot par « roi » et hésite pour le second ; il lui attache en tout cas l'idée de désir. A ses yeux, l'expression dont il s'agit « peut signifier le roi désirable, ou, en donnant au zend *vairya-* le sens que prend d'ordinaire le sanskrit *varya-*, l'excellent roi. On peut choisir entre cette dernière traduction et la suivante : le roi qui doit être vénéré ; car l'une et l'autre sont justifiées par l'analyse grammaticale, et nous ne trouvons rien dans les attributions de l'Amschaspand Schahriver, qui se rapporte plus exclusivement à la première qu'à la seconde. » Aucune de ces trois explications n'est satisfaisante. En premier lieu, le mot *khṣathra-* signifie ici, non pas roi, souverain, mais bien royauté, empire, souveraineté. Il est au neutre, non pas au masculin : nominatif *khṣathrem vairîm*. Le second mot peut signifier « désirable, souhaitable » mais il peut signifier également « celui dont les volontés sont réalisées » : la souveraineté à laquelle s'applique cette épithète est la souveraineté absolue. Nous supposons que tel est le sens du nom de Khṣathra vairya.

Malheureusement, nous n'avons sur ce troisième des « saints immortels » que peu de renseignements. Son rôle est fort effacé. D'après Plutarque, c'est le dieu de la bonne loi, θεὸς εὐνομίας ; c'est ce qu'interprète M. Darmesteter en disant qu'il s'agit de la souveraineté qui s'exerce sans entrave contre les démons (*op. cit.* p. 249).

En fait, Khṣathra vairya est associé, dans le Yast des « saints immortels », à l'idée de miséricorde et de bienfaisance (versets 2 et 7). D'autre part, il est le génie des métaux, ainsi que le rapporte ci-dessus Mandelslo, p. 217 : *Khṣathrem vairîm yazamaidhê ayaokhṣuçtîm yazamaidhê*, nous honorons Khṣathra vairya, nous honorons le métal en fusion (cf. *ayah-*, métal, fer).

Son adversaire particulier est le démon Çaurva.

IV. *Çpenta ârmaiti.* Postérieurement *Çpandanmat*, *Çpandârmat.* Nous avons affaire ici à un Amchaspand du genre féminin. Son attribution n'offre rien d'obscur ; la sainte Ârmaiti, c'est la parfaite sagesse, c'est encore, d'après la tradition, la bonne façon de vivre, la patience, la constance. Plutarque lui donne le nom de θεὸς σοφίας. Au second chapitre du Vispered on fait l'éloge de l'homme pur et fidèle, ayant de bonnes pensées, disant de bonnes paroles, accomplissant de bonnes actions, attaché à sainte Ârmaiti. Au treizième chapitre du Yaçna, le Mazdéen, dans sa profession de foi, invoque la sainte Ârmaiti : « Je repousse les démons ; je me proclame disciple de Zarathustra, adversaire des démons, sectateur d'Ahura, prôneur des Ameṣas çpentas, louangeur des Ameṣas çpentas. Au bon Ahura mazdâ, doué de la bonne sagesse, j'attribue tout ce qui est bon ; [à Ahura mazdâ] pur, riche, plein de majesté ; à lui les biens excellents, à lui la vache, etc. » et immédiatement après : « Je désire la bonne Çpenta Ârmaiti ; qu'elle soit en moi ! », c'est-à-dire, puissé-je obtenir la parfaite sagesse : *çpentam ârmaitîm vañuhîm verenê hâ môi açtu.*

La sagesse parfaite est fille d'Ormuzd ; mais ce dernier,

nous le savons, est père de tous les Amchaspands et leur créateur. D'autre part, elle est mère d'Aṣi vañuhi, la bonne pureté, ainsi que nous le verrons en parlant en temps voulu de cette dernière.

Ârmaiti préside à la terre (*Espander*, dit Mandelslo, ci-dessus, p. 218, a soin de la terre). C'est ce dont témoignent deux ou trois passages des anciens textes mazdéens. Dans le second chapitre du Vendidad, le vertueux Yima fend la terre de son instrument d'or (*hô imãm zãm aiwiṣvaṭ çuwrya zaranaênya*), la fore avec sa pique (*ava dim çiphaṭ astraya*), disant ainsi : « O sainte Ârmaiti aimée ! Viens en dehors, va, grâce à [ma] prière ; [toi], sustentatrice des troupeaux, des bêtes de trait, des hommes », *viti aojanô phritha çpenta ârmaiti phraća ṣava vića nemañha berethri paçvãmća çtaoranãmća mayṣânãmća*. Au dix-huitième chapitre du même livre : *âaṭ aoṣaitê çpentayâi ârmatèê çpenta ârmaitê imem tê narem niçrinaomi imem tê narem niçrârayǣ upa çûrãm phraṣô kerelîm*. Alors il dira à la sainte Ârmaiti : « O sainte Ârmaiti ! je te remets cet homme, garde cet homme (1) jusqu'à l'auguste reconstitution des corps. » Voyez encore le commencement du trente-huitième chapitre du Yaçna.

V et VI. *Haurvatât* et *Ameretât*. — Il est difficile de séparer l'un de l'autre les deux derniers des saints immortels (Khôndat, Quredât, Khordad et Amandat, Amurdâd, Murdad). Voici ce que dit brièvement M. Spiegel de ces deux divinités dans son livre sur les antiquités éraniennes : « Ces deux noms, comme le démontre leur formation, sont originellement des noms abstraits. Le nom de Haurvatât signifie originellement totalité (allheit, ganzheit) ; dans un passage du Yaçna (XXXII, 5) on lui substitue *hujyâiti*, qui veut dire bonne vie, par où l'on comprend sous le nom de Haurvatât l'idée de toutes les jouissances de la vie, et l'on peut tomber d'accord avec Plutarque qui désigne Haurvatât comme le dieu de la

(1) Ou bien : rends cet homme lors de la résurrection.

richesse, θεὸν πλούτου. Il me semble qu'on n'attribue pas à Haurvatât de signification intellectuelle ; dans le Sîroza on l'assimile à de bonnes demeures ; Nériosengh et les Parses modernes voient en lui, d'une façon générale, le dieu des eaux : comme tel il joue un rôle assez insignifiant, car il ne manque pas de divinités des eaux. A proprement parler, Ameretât doit signifier immortalité ; mais il semble que ce mot ait pris également la signification de longue vie, et de la sorte il répond parfaitement à celui de Haurvatât. Comme l'on sait, Plutarque dit que ce dieu est préposé ἐπὶ καλοῖς ἡδέων. D'après Nériosengh et d'autres, il est le protecteur des plantes fourragères », *op. cit.*, t. II, p. 39. En fait, ajoute l'auteur, ces deux génies n'ont aucune personnalité : « Ueber die persœnlichkeit dieser beiden genien ist aus allen stellen, wo sie vorkommen, nichts zu entnehmen » (1).

M. Darmesteter a publié une étude importante sur ces deux divinités (2). Après avoir montré qu'elles forment un couple, qu'elles sont les génies des eaux et des plantes, il insiste sur ce fait que leur valeur première est celle de santé et d'immortalité (d'où celle de longue vie). Les démons contre lesquels ces deux saints immortels ont particulièrement à lutter sont la maladie et la mort, Tauru et Zairića, dont il sera parlé plus loin. Considérés en tant que génies des eaux et des plantes, ils ont à lutter contre la soif et la faim (dix-neuvième Yast, *in fine*). Mais comment les dieux de la santé et de la longue vie sont-ils devenus les dieux des eaux et des plantes ? C'est, dit M. Darmesteter, par ce simple fait que l'on regardait les eaux et les plantes comme donnant santé et longue vie, et l'auteur réunit les passages de l'Avesta où cette croyance est formellement consignée (Vendidad XXI, 3 ; XX, 1, Yaçna LXVII, 30, etc.).

Le quatrième Yast du Petit Avesta est consacré à Haur-

(1) Cf. Hübschmann, *Ein Zoroastrisches lied*, p. 5.
(2) *Haurvatâț et Ameretâț*, essai sur la mythologie de l'Avesta. Paris, 1875.

vatât ; mais les deux premiers versets se rapportent seuls, directement, à ce saint immortel. Ormuzd dit à Zoroastre qu'il a créé Haurvatât pour réjouir les hommes purs ; il protège celui qui s'adresse aux autres de ces divinités : celui qui invoque Haurvatât triomphe d'une foule de démons.

Au surplus, dans le texte saint, le nom de ces deux divinités est assez souvent rappelé, à côté de celui des autres Ameșas çpentas, sans que d'ailleurs on insiste plus particulièrement sur leur rôle.

§ 8. — *Les Yazatas.*

Sous ce nom de *yazatas* on comprend une foule de divinités ou de génies. Il y a les Yazatas terrestres et les Yazatas célestes. Ormuzd est un Yazata, le premier d'entre eux (*mazistem yazatem*) ; la plupart des divinités dont nous avons déjà parlé reçoivent aussi ce nom : Çraoșa, Rașnu, Mithra. Nous verrons qu'on le donne également à beaucoup d'autres, à Haoma, par exemple, au feu, etc. Le nombre des Yazatas célestes est innombrable (sixième Yast, verset premier). En fait, ce nom a le sens de « digne d'adoration » et peut s'appliquer à tous les dieux ; comme le dit Burnouf « il désigne, à proprement parler, tous les êtres auxquels s'adresse l'adoration des hommes » (*Commentaire sur le Yaçna*, p. 218. Voyez également au second chapitre du Vendidad, versets quarante-deuxième et quarante-quatrième). Si nous consacrons aux Yazatas un paragraphe spécial, c'est que la plus grande partie de ces divinités n'est même pas nommée dans notre livre, étant donnée l'ignorance où nous laisse l'Avesta concernant leur nom propre.

En ce qui touche les Yazatas terrestres, c'est Zoroastre qui se trouve placé à leur tête. Mais il est assez difficile de comprendre ce que l'Avesta appelait les Yazatas terrestres.

Plutarque (*De Iside*) après avoir parlé des Amchaspands de la Perse, ajoute qu'il existe un groupe de vingt-quatre autres divinités; celles-ci ne sont autres qu'autant de Yazatas. Consultez Windischmann, *Zoroastriche studien*, pp. 280 et 284.

§ 9. — Âtar.

Le feu tient dans le Mazdéisme une place considérable. On a appelé le Mazdéisme la religion du feu; les derniers sectateurs de Zoroastre, les Guèbres, sont encore désignés de nos jours sous le nom d'adorateurs du feu. Le Zoroastrisme n'est pas simplement la religion du feu, mais il est clair que l'élément dont il s'agit y est d'une importance extrême.

Le nom zend du feu ne correspond pas au sanskrit *agni-*, au latin *igni-*. Ce nom est *âtar-* (nominatif *âtars*, accusat. *âtarem*). Le moyen âge possède les formes *âtâṣ*, *âtun*, *âdâr*.

Dans l'Avesta, presque à chaque page, il est question du feu fils d'Ormuzd (*âtars mazdǡo ahurahê*, *âtarem ahurahê mazdǡo puthrem*), mais un morceau est particulièrement consacré à cette divinité; c'est le cinquante-sixième chapitre du Yaçna, dont voici le texte et la traduction:

yaçnemća vahmemća huberetimća ustaberetimća vantaberetimća âphrînâmi tava âtars puthra ahurahê mazdǡo.	Je te voue culte, invocation, bonne offrande, offrande de salut, offrande de sympathie, à toi, feu, fils d'Ahura mazdâ!
yêçnyô ahi vahmyô yêçnyô buyǡo vahmyô nmânâhu maşyâkanãm.	Tu es digne de culte, digne d'invocation; sois digne de culte, digne d'invocation dans les demeures des hommes!
usta buyâț ahmâi nairê yaçe thwâ bâdha phrâyazâiti | aêçmô zaçtô bareçmôzaçtô gâvzaçtô hâvanôzaçtô.	Salut à l'homme qui te rend constamment culte, ayant à la main le bois à brûler, ayant à la main le faisceau de rameaux, ayant à la main la viande, ayant à la main le mortier!
dâityô aêçmi buyǡo dâityô baoidhi buyǡo dâityô pithwi buyǡo dâityô upaçayêni buyǡo | pere-	Sois pourvu de bois à brûler, sois pourvu de parfum, sois pourvu de nourriture, sois pourvu de sou-

nâyus harethrê buyâo dahmâyus harethrê buyâo âtars puthra ahurahê mazdâo.

çaoć buyêê ahmya nmânê mit çaoćê buyê ahmya nmânê raoćahi buyê ahmya nmânê vakhṣathê buyê ahmya nmânê | dareghemćit aipi zrvânem upa çûrãm phraṣô kereitîm hadha çûrayâo vañhuhyâo phraṣô keretôit.

dâyâo mê âtars puthra ahurahê mazdâo | âçu qâthrem âçu thrâitim âçu jitîm pôuru qâthrem pôuru thrâitim pôuru jitîm | maçtîm çpânô khṣvîzrem hizvãm urunê uski khratûm paççaêta maçita mazâontem upairi âthrem nairyãm paççaêta hãm varetîm | eredhwô zangãm aqaphnyãm thriṣûm khṣaphnãmća âçitôgâtûm jaghâurûm | tuthruṣãm âçnãm phrazaintîm karṣôrâzãm vyâkhnãm | hãm raodhãm hvâpãm hvâpãm âzô bûjem hvîrãm | yâ mê phrâdhayât nmânemća viçpemća zantûmća daqyûmća dañhuçaçtîmća.

tien (1). Sois toujours entretenu, sois pieusement entretenu, ô feu, fils d'Ahura mazdâ !

Sois en éclat dans cette maison, sois toujours en éclat dans cette maison, sois en lueur dans cette maison, sois en accroissement dans cette maison, pendant le long temps [qui s'écoulera] jusqu'à l'auguste résurrection, depuis (?) l'auguste [et] bonne résurrection.

Donne-moi, ô feu, fils d'Ahura mazdâ, une prompte splendeur, une prompte nourriture, une prompte vie (2); beaucoup d'éclat, beaucoup de nourriture, beaucoup de vie; sagesse, augmentation; une langue glissante (3); à l'âme, sens et intelligence, s'accroissant ensuite, puis, dans la lutte contre les ennemis (?), la valeur virile; la jambe prête [à la marche], le tiers des nuits en état de veille, un rapide aller plein de vigilance (4); une descendance assemblée (?), unie (5), constituant un groupe, formant une réunion; de belle croissance, bien opérante, purifiant des fautes (6), riche en hommes, qui étende ma maison, mon hameau, ma tribu, mon district, ma région.

(1) Par ce mot M. Spiegel entend le bois nouveau destiné à remplacer toujours celui qui est consumé : Es soll dem feuer immer wieder neues holz zugelegt werden, wenn das frühere verbrannt ist. M. Justi adopte cette opinion : Habe stets nachschürung. M. de Harlez voit ici les chenêts. Nous nous contentons de traduire littéralement. Pour les Parses modernes. le mot signifie : secours.

(2) C'est-à-dire : donne-moi promptement, donne-moi beaucoup de...

(3) Spiegel et Justi : gelæufigkeit der zunge. Harlez : facilité d'élocution.

(4) La glose traditionnelle explique fort bien ce passage. Qu'il me soit donné, dit-elle, de sortir promptement du sommeil.

(5) Il est peut-être fait allusion ici à l'excellence des mariages entre consanguins. Peut-être ne s'agit-il que du simple état de vicinité dans lequel vivrait cette descendance.

(6) Ceci est probablement une allusion aux premiers versets du douzième chapitre du Vendidad.

dayāo mê âtars puthra ahurahê mazdāo yâ mê añhaṭ aphraçāoñhāo nûremća yavaêća tâitê vahistem ahûm aṣaonām raoćañhem viçpôqâthrem | zazè buyê hañhâuća miždê vañhâuća çravahi urunaçća dareghê havañhê.

- Donne-moi, ô feu, fils d'Ahura mazdâ, ce qui m'enseigne, maintenant et pour toujours, le lieu excellent (1) des purs, éclatant, de toute splendeur. Que j'obtienne une bonne rénumération. une bonne renommée, un long salut pour l'âme!

viçpaêibyô çaçtîm baraiti âtars mazdāo ahurahê | yaêibyô aêm hām paćaitê khṣaphnîmća çûirîmća | viçpaêibyô haća izyêiti huberetîmća ustaberetîmća vantaberetîmća | viçpanām para ćarentām âtars zaçta â didhaya | ćim hakha haṣê baraiti phraćarethwāo ârmaêṣâidhê.

Le feu [fils] d'Ahura mazdâ, porte à tous la parole, à [tous ceux] pour qui il brûle durant la nuit et durant le jour (?). Il souhaite de tous une offrande, une offrande de salut, une offrande de sympathie. Le feu regarde les mains de tous ceux qui viennent : Qu'apporte l'ami à l'ami, celui qui arrive à celui qui est assis immobile?

âtarem çpentem yazamaidhê takhmem hentem rathaêstârem.

Nous honorons le feu, saint, fort, guerrier.

âaṭ yêzi ṣê aêm baraiti aêçmem vâ aṣaya beretem bareçma vâ aṣaya phraçtaretem urvarām vâ hadhânaêpatām | â hê paçćaêta phrînaiti âtars ahurahê mazdāo.

Et s'il (2) lui apporte du bois à brûler apporté avec pureté, ou des rameaux formés en faisceau avec pureté, ou la plante du grenadier, alors le feu, fils d'Ahura mazdâ, le bénit.

Les documents des anciens auteurs sur le culte que rendaient au feu les Eraniens, ne font pas défaut. Au livre troisième de ses *Histoires* (chap. 16), Hérodote dit expressément que les Perses regardaient le feu comme une divinité : Πέρσαι γὰρ θεὸν νομίζουσιν εἶναι τὸ πῦρ. Dans sa huitième Dissertation, Maxime de Tyr (deuxième siècle de l'ère chrétienne) parle de ce même dieu πῦρ et du sacrifice qu'on lui offre : Πέρσαι μὲν πῦρ, ἄγαλμα ἐφήμερον, ἀκόρεστον καὶ ἀδηφάγον · καὶ θύουσι Πέρσαι πυρί, ἐπιλέγοντες · Πῦρ δέσποτα, ἔσθιε (Ignem Persæ diale signum dicas, rem voracem atque insatiabilem ; sacrum faciunt Persæ igni, alimentum suppeditant conveniens igni, acclamantque, Comede, ignis domine). Consultez également Strabon, livre XV chap. 3 ;

(1) Le paradis.
(2) Si on apporte, si quelqu'un apporte.

Ammien Marcellin, XXIII, 6, 34 ; Pausanias, V, 27, 3 , Lucien, Ζεὺς τραγῳδός, 42 ; Quinte Curce, III, 3, 8.

Ce culte, à travers les âges, n'a fait que prendre une importance plus considérable chez les sectateurs de Zoroastre. Le sens des vieux livres s'obscurcissait de plus en plus, la tradition se perdait, mais le signe sensible de la religion n'en gagnait que plus d'importance. C'est ce qu'on voit facilement dans les récits des voyageurs de la fin du dix-septième siècle et dans ceux du dix-huitième : ainsi nous lisons dans le célèbre ouvrage de Pietro della Valle : « Je n'ay jamais pû tirer aucune lumière de celuy avec qui j'ay eu quelque conference touchant leur Religion et leur ceremonies ; et principalement la veneration, ou conseruation du feu, dont la pratique est encore en vigueur parmy eux, de la mesme façon que le gardoient soigneusement ces anciens Mages, du temps de Cyrus et de Darius, lesquels, comme disent nos Historiens, et particulierement Quinte Curce, ne marchoient jamais, non pas mesme à la guerre, sans les Chariots sacrez, ornez et enrichis de quantité d'or et sans que ce feu eternel fût de la partie, et conduit sur de riches et superbes autels d'argent » (*Viaggi descritti in littere familiari al suo amico Mario Schipano*, traduction française de 1661-63, t. II p. 106). Dans Chinon : « Je leur demandai en quel rang ils tenaient ce feu et ce qu'ils en pensaient. Ils me répondirent que ce que le soleil est parmi les astres, ou qu'un roi entre ses sujets, ce feu sacré l'est parmi tous les feux sublunaires. Ils m'assurèrent qu'ils l'entretiennent avec du bois qu'il consume et quand je leur dis qu'il n'avait donc rien de particulier par dessus le feu ordinaire, qui demande sans cesse cet entretien pour se conserver, et sans lequel il s'éteindrait, ils me répondirent que bien qu'on ne lui administre pas cette matière, il ne laisse pas de se continuer dans son entier. Ce qui fait voir qu'il est divin.

« Leurs prêtres leur en distribuent tous les mois une fois

et ils ne manquent pas de leur faire bien payer cette faveur. Ils le portent avec dévotion dans leurs maisons, et les riches l'entretiennent comme ce qui doit maintenir l'abondance chez eux. Ils disent que lorsqu'ils ont des malades, ils les portent auprès de ce feu, et que souvent ils guérissent, bien que quelques autres ne guérissent pas, ce qui arrive selon le bon plaisir de Dieu, qui récompense la foi selon sa force et son ardeur. Ils s'en servent aussi lorsqu'ils veulent faire jurer quelqu'un, ce qu'ils font en présence de ce feu, pour le respect qu'ils lui portent, et dans la créance où ils sont qu'un homme ne saurait être assez impie pour jurer faussement, et de faire cette injure à ce feu sacré, qu'ils prendraient, à cette occasion, pour témoins de leur parjure » (*Relations nouvelles du Levant* par le P. G. D. C. Lyon 1671, p. 449). Et dans le même auteur : « Ils me menèrent un jour dans le lieu où ils le conservent (*le feu*), pour le moins à ce qu'ils disent, et leur ayant demandé qu'ils me le fissent voir, ils me le refusèrent, ajoutant qu'ils avaient fait dessein de ne le faire jamais paraître à personne, comme je leur en demandai la raison, ils me répondirent qu'un jour le Kan de Kermon leur demanda de voir ce feu sacré, et que n'ayant osé le lui refuser, ils le lui montrèrent ; mais ce gouverneur qui s'attendait peut-être de voir quelque lumière différente des autres, se moqua de ce beau feu qu'il ne trouva point différent de celui de sa cuisine. Ils me dirent plaisamment que ce feu sacré se voyant ainsi profané par la bouche de ce Mahométan, s'envola en forme d'une colombe blanche, comme s'il eût voulu leur faire connaître qu'ils ne méritaient pas de tenir parmi eux ce trésor du ciel, donnant sujet à de semblables profanations. Désolés de cette disgrâce qui leur était arrivée par leur inconsidération, ils se mirent tous en prières, et leurs vœux furent si ardents qu'ils attirèrent de nouveau ce feu céleste, qui redescendit de nouveau en ce même lieu et en la même forme qu'il s'en était volé. Ils disent que depuis ce temps ils n'ont garde de s'exposer à un si grand péril que de montrer ce feu. Ainsi par ces histoires feintes, ils s'exemptent de montrer ce qui donnerait sujet de risée à ceux qui seraient spectateurs d'un si beau sujet de vénération. »

Dans Chardin : « Tout le monde généralement croit qu'ils adorent le *Feu*, cependant, il est fort difficile de faire qu'ils s'expliquent bien là-dessus, et de savoir si ce culte qu'ils lui rendent est relatif ou direct : s'ils tiennent le *Feu* pour *Dieu*, ou seulement pour l'*Image de Dieu*. Je crois que c'est moins pour en faire un mystère, que par ignorance, et pour n'entendre pas ce qu'on leur demande. *Le Feu*, disent-ils, *est la Lumière, la Lumière c'est Dieu.* Voilà ce qu'ils disent nettement; mais ils se jettent ensuite sur les louanges du *Feu*, de la *Lumière* et de *Dieu*, et font là-dessus un discours confus où l'on n'entend rien et où ils se perdent eux-mêmes. Néanmoins ils disent tous unanimement qu'ils gardent le *Feu* dans des lieux consacrez, depuis le temps de *Keyomerse*, premier roi de *Perse*, mort il y a plus de 3,600 ans, suivant le calcul de la *Chronologie persane*, et qu'ils lui rendent le Culte suprême, et c'est ainsi que tout le monde en parle ; mais il n'y a pas moïen de voir dans ce Lieu sacré, ni leur Autel, ni leur service ; ce qui me fait croire que tout ce qu'ils disent de cet ancien *Feu*, qui brûle toujours, est une pure illusion ; car je n'ai jamais vu d'homme qui ait osé m'assurer qu'il l'eût vu. Les *Guèbres* des *Indes* disent que ce *Feu Éternel* n'est point parmi eux, mais qu'il est en *Perse*, et ceux de *Perse*, ne convenant point entre eux du lieu où il doit être, disent tantôt que c'est *Kirman*, tantôt que c'est *Yezd*, et tantôt que c'est une certaine Montagne dans ces Païs là. L'on trouve de ces gens qui assurent qu'on le montre aux *Guèbres* qui vont par dévotion au lieu où il est, et d'autres soutiennent qu'on ne le montre point, par la crainte qu'ils ont des *Mahométans*. Enfin, tout ce qu'on en peut apprendre est si mal fondé, qu'il est aisé de juger qu'il n'y a rien de certain dans tout ce qu'on en dit.

« Quant au *Feu* commun et ordinaire, le culte que les *Guèbres* lui rendent consiste, disent-ils, à l'entretenir d'une matière qui ne fasse point de fumée, ni de puanteur, à n'y jetter rien de sale, ni aucune sorte d'ordure, à ne le laisser jamais éteindre, à ne le pas allumer avec la bouche, de peur de lui faire sentir quelque chose de mauvais et de l'infecter; de sorte que si par hasard il s'éteint, il faut en aller quérir chez un Voisin, ou l'allumer avec un éventail. Ce culte, ajoutent-ils, consiste encore à ne toucher jamais de feu qui ait été nourri et entretenu d'os, de bouze, ou de quelque autre ordure que ce soit, et ainsi de quelques autres observations semblables. Ils font communément leurs prières en présence du *Feu*, et lui rendent d'autres cultes extérieurs » (*Journal du chevalier Chardin en Perse*, traduct. franç., Amsterdam, 1711, t. III, p. 129, édit. in-4°). Dans Mandelslo : « Il n'y a rien de si précieux ni de si sacré parmi eux que le feu, qu'ils gardent très-soigneusement ; parce qu'il n'y a rien, à ce qu'ils disent, qui représente si bien la divinité que le feu ; c'est pourquoi ils ne souffleront jamais une chandelle, ni une lampe, et n'entreprendront jamais d'employer de l'eau pour éteindre le feu, quand même la maison courrait risque d'en être consumée ; mais ils tâchent de l'étouffer avec de la terre. C'est le plus grand malheur qu'il leur puisse arriver, que de voir le feu tellement éteint dans leur maison, qu'ils soient obligez d'en aller quérir dans le voisinage » (*Voyages de Perse aux Indes orientales*, traduction de Wicquefort, Amsterdam, 1727, p. 124).

Le feu, fils d'Ormuzd, a pour fonction principale — c'est d'ailleurs la fonction de toutes les divinités bienfaisantes — d'anéantir les créatures d'Ahriman. C'est le feu qui, le premier, avec Vôhu manah, s'oppose à l'invasion du chef des dieux malfaisants. C'est ce que dit expressément le treizième Yast du Petit Avesta : « Lorsqu'Aňra mainyu pénétra dans la création de la bonne pureté, Vôhu manah et le feu intervinrent. » Au dix-neuvième Yast nous voyons que ce dernier lutte particulièrement contre Aži dahâka (dont il sera parlé plus loin). Les deux esprits (*çpentu* et *aňra*) sont aux prises et appellent chacun leurs fidèles. Ahura mazdâ (çpenta mainyu) lance Vôhu manah, Aṣa vahista et Âtar; Aňra mainyu lance Aka manah, Aêṣma, Aži dahâka: « Âtar, fils d'Ahura mazdâ, s'avança, pensant ainsi: Je veux saisir cette impérissable majesté. Alors Aži aux trois gueules, pourvu de la mauvaise loi, accourut à lui: O Âtar, fils d'Ahura mazdâ! Laisse [la] voir! Si tu détiens cette impérissable, tu ne brilleras plus au lieu impraticable, sur la terre créée par Ahura mazdâ, pour sauver le monde pur. Alors Âtar ouvrit les mains, craignant de perdre la vie, car Aži était terrifiant. Alors se précipita Aži aux trois gueules, pourvu de la mauvaise loi, pensant ainsi: Je veux saisir cette impérissable majesté. Alors Âtar, fils d'Ahura mazdâ, vint derrière lui, disant: Laisse [la] voir, ô Aži dahâka aux trois gueules! Si tu détiens cette impérissable, je te pénétrerai dans le derrière, je brillerai dans ta bouche; après cela tu ne pourras plus te précipiter sur la terre créée par Ahura mazdâ, pour détruire le monde pur. Alors Aži ouvrit les mains, craignant de perdre la vie, car Âtar était terrifiant. » Cette majesté que saisissent tour à tour Aži et Âtar, c'est, comme nous le verrons plus loin, le *qarenah*, l'éclat royal.

Le feu est particulièrement honoré en ce qu'il sert d'intermédiaire entre le fidèle et Ormuzd. Le trente-sixième chapitre du Yaçna (seconde partie du cantique *haptaňhaiti*) lui rend expressément cet hommage.

Dans ce cantique il est parlé d'un certain feu, du feu *vâzista* « le plus saint des feux ». L'Avesta, en effet, connaît plusieurs feux. Au chapitre troisième du Yaçna, verset cinquante-deuxième, on parle « du feu, fils d'Ahura mazdâ » et de « tous les feux »: *tava âthrô ahurahê mazdâo puthra maṭ vîçpaêibyô âterebyô*. De même au sixième chapitre du même livre: *thwãm âtarem ahurahê mazdâo puthrem aṣavanem aṣahê ratûm yazamaidhê mat vîçpaêibyô âterebyô*, « Nous t'honorons, toi Âtar, fils d'Ahura mazdâ, pur, seigneur du [monde] pur, avec tous les feux ». Voilà qui est dit d'une façon générale; mais au dix-septième chapitre du même livre, nous trouvons l'énumération des cinq espèces de feu : « Nous t'honorons, toi, ô Âtar, fils d'Ahura mazdâ ! Nous honorons le feu Bereziçavah, le feu Vohuphryâna, le feu Urvâzista, le feu Vâzista, le feu Çpènista ». Le premier, au dire de Windischmann (1), est, non pas, comme on l'a cru, le feu « qui précède Ahura mazdâ et les rois », une sorte de feu céleste, mais bien le feu terrestre ordinaire, le feu usuel, qui, ainsi que l'indique l'épithète même de *bereziçavah-* (*âtarem bereziçavañhem*), est de la plus haute utilité. Le second est, d'après la tradition, celui qui est dans le corps des hommes et des animaux, y mange et y boit. Le troisième (*âtarem urvâzistem*, *âthrô urvâzistahê*), celui qui se trouve dans les végétaux. Le quatrième est le feu rapide de l'éclair (Windischmann, *op.*, *cit.*, p. 87). Le cinquième et dernier, le feu très-saint, *çpènista-* (*âtarem çpènistem*), est le feu céleste qui précède Ormuzd. La tradition a interverti les rôles du feu Bereziçavah et du feu Çpènista, mais ici elle a commis une erreur manifeste. Il y a ici quelque chose de remarquable ce n'est point, comme nous l'avons vu, le feu très-saint, le feu qui précède Ormuzd, qui est regardé comme le premier et le plus vénérable des feux ; c'est au contraire le feu de l'éclair auquel on réserve les premiers honneurs. Il y a ici assurément le souvenir d'un mythe fort ancien.

Il est bon de rappeler qu'à la différence du dieu Âtar qui est bien le feu lui-même, qui demande à Çraoṣa (voyez ci-dessus) de lui faire apporter les aliments dont il a besoin, l'Amchaspand Aṣa vahista n'est qu'un génie auquel on a assigné, à un moment donné, la fonction de régner

(1) *Zoroastrische studien*, p. 88.

sur le feu (voyez ci-dessus). Il y a là une grande différence.

§ 10. — *Nairya çañha.*

Après avoir parlé d'Âtar, il convient de parler immédiatement de *Nairya çañha* (*Narçeh*). Ici en effet nous sommes en présence d'une divinité du feu (Yaçna, XVII, 68). Au neuvième verset du Sîroza, pièce liturgique qui fait partie du Petit Avesta, Nairya çañha est regardé comme un véritable feu ; mais il ne faut voir ici qu'une extension tout à fait secondaire.

Nairya çañha a d'ailleurs une fonction assez caractérisée : c'est un messager céleste. Le dix-neuvième chapitre du Vendidad déclare en termes formels qu'il est l'envoyé d'Ormuzd : *açtô mazdâo ahurahê nairyô çañho*. « Nairya çañha est l'envoyé d'Ahura mazdâ ». Au vingt-deuxième chapitre du même livre, Ormuzd envoie Nairya çañha en messager : Nairya çañha, lui dit-il, « pars, va à la demeure d'Airyaman, dis-lui ces mots... » *para â idha vazañuha avi nmânem airyamanô imaṭ çañhôis airyamanâi.*

Windischmann voit en Nairya çañha la flamme du sacrifice, laquelle établit les relations entre les dieux et les hommes ; mais cette opinion n'est encore qu'une hypothèse.

§ 11. — *Hvare.*

Hvare est le *khvar*, le *khôr* moderne, le soleil.

Voici le texte et la version du Yast qui lui est consacré.

1. *hvarekhṣaêtem ameṣem raêm aurvaṭaçpem yazamaidhê âaṭ yaṭ hvare raokhṣnê tâpayêiti âaṭ yaṭ hvareraoćô tâpayêiti histenti mainyavâoñhô yazatâoñhô çatemća hazañremća taṭ qarenô hâmbârayêinti taṭ*

1. Nous honorons le soleil éclatant, immortel, brillant, aux chevaux rapides. Lorsque le soleil brille dans la splendeur, lorsque l'éclat du soleil brille, les Yazatas célestes sont présents, au nombre de cent, au nombre de mille. Ils

qarenô nipârayêinti tat qarenô bakhşenti zãm paiti ahuradhâtãm phrâdhatića aşahê yaêthâo phrâdhatića aşahê tanuyê phrâdhatića hvare yat ameşem raêm aurvataçpem.

portent la lumière, ils répandent la lumière, ils distribuent la lumière sur la terre créée par Ahura : pour l'accroissement des mondes de la pureté, pour l'accroissement du corps de la pureté, pour l'accroissement du soleil immortel, brillant, aux chevaux rapides.

2. *âat yat hvare uzukşyêiti bvat zãm ahuradhâtãm yaożdâthrem âpem taćintãm yaożdâthrem âpem khãnyãm yaożdâthrem âpem zrayanãm yaożdâthrem âpem armaêstãm yaożdâthrem bvat dãma aşava yaożdâthrem yâo henti çpentahê mainyêus.*

2. Lorsque le soleil grandit, il y a purification de la terre créée par Ahura, purification de l'eau courante, purification de l'eau des puits, purification de l'eau de la mer, purification de l'eau stagnante ; il y a purification des créatures pures qui sont [les créatures] du saint esprit.

3. *yêdhi zi hvare nôit uzukhşyêiti adha daêva viçpâo marećinti yâo henti haptôkarşvôhva nava ćis mainyava yazata añhva açtvaiti paitidrãm nôit paitistãm vîdhenti.*

3. Lorsque le soleil ne grandit pas, les daêvas mettent à mort tous [les êtres] qui sont dans les sept contrées [du monde], et nul d'entre les Yazatas célestes, dans le monde corporel, ne peut [faire contre eux] protection et résistance.

4. *yô yazaitê hvare yat ameşem raêm aurvatâçpem paitistâtêê temañhãm paitistâtêê temaçćithranãm daêvanãm paitistâtêê tâyunãmća hazaçnãmća paitistâtêê yâtunãmća pairikanãmća paitistâtêê ithyêjañhô marşaonahê yazaitê ahurem mazdãm yazaitê ameşê çpentê yazaitê haom urvânem khşnâvayêiti viçpê mainyavaća yazata gaêthyâća yô yazaitê hvare yat ameşem raêm aurvataçpem.*

4. Celui qui honore le soleil immortel, brillant, aux chevaux rapides, pour résister à l'obscurité, pour résister aux démons issus de l'obscurité, pour résister aux voleurs et aux brigands, pour résister aux Yâtus et aux Pairikas, pour résister à [Añra mainyu] destructeur, tueur, [celui-là] honore Ahura mazdâ, honore les Ameşas çpentas, honore sa propre âme ; il réjouit tous les Yazatas célestes et terrestres, celui qui honore le soleil immortel, brillant, aux chevaux rapides.

5. *yazâi mithrem vourugaoyaoitîm hazañragaoşem baêvarećaşmanem yazâi vazrem hunivikhtem kameredhê paiti daêvanãm mithrahê vourugao-*

5. Je veux honorer Mithra aux vastes pâturages, aux mille oreilles, aux dix mille yeux ; je veux honorer la massue de Mithra aux vastes pacages bien assénée sur

yaoitôis yazâi hakhedhremća yaṭ açti hakhedhranãm vahistem antare-mãoñhemća hvarećа. la tête des démons; je veux honorer l'amitié, qui est la meilleure de toutes les amitiés, entre la lune et le soleil.

Dans ce morceau nous rencontrons les principales épithètes qui, pour l'ordinaire, sont données au soleil, au dieu Hvare : immortel, brillant, aux chevaux rapides. Nous voyons de plus qu'il est doué d'une vertu purificatrice ; c'est qu'il est en réalité le représentant le plus imposant de la nature bonne et lumineuse opposée à la nature perverse et ténébreuse ; c'est l'œil même d'Ormuzd : *hvarećа khṣaêtahê aurvaṭaçpahê dôithrahê ahurahê mazdão* (Yaçna, I, 35).

Notons que l'antiquité connaissait le culte rendu par les Éraniens au soleil. Xénophon décrit, au huitième livre de la Cyropédie, une cérémonie religieuse des Perses et il parle du sacrifice au soleil : Μετὰ δὲ τοὺς βοῦς ἵπποι ἤγοντο θῦμα τῷ ἡλίῳ · μετὰ δὲ τούτους ἐξήγετο ἅρμα λευκὸν χρυσόζυγον ἐστεμμένον Διὸς ἱερὸν, μετὰ δὲ τοῦτο ἡλίου ἅρμα λευκὸν, καὶ τοῦτο ἐστεμμένον ὥσπερ τὸ πρόσθεν ; secundum boves equi ducebantur ad sacrificium soli faciendum : post eos producebatur currus albus, cum aureo jugo, coronatus, Jovi sacer ; pone hunc, solis currus albus, et is, uti prior ille, coronatus (Edit. Didot, p. 161). Voir également Quinte Curce, livre III, chap. 3.

§ 12. — *Mâh.*

Mâh, ou *Mão*, la lune, est chez les Éraniens non point une déesse, mais un dieu (nominatif *mão*, accusatif *mãoñhem*). Le nom du moyen âge est *mâh*, qui a persisté dans certaines langues néo-éraniennes.

Hérodote, au septième livre de ses *Histoires* (chap. 37), parle du dieu en question : Jamque in eo erat (Xerxes) ut iter ingrederetur, quum sol sua in cœlo sede relicta evanuit, nullis nubibus obducto cœlo, sed quam maxime sereno ; et medio die nox exstitit. Quod ubi vidit animadvertitque

Xerxes, curæ ei hæc res fuit ; quæsivitque ex magis quid significaret id prodigium. Responderunt magi, Græcis significare deum extinctionem urbium : dicentes, solem Græcis futura significare, Persis autem lunam (λέγοντες ἥλιον Ἑλλήνων προδέκτορα, σελήνην δὲ σφέων, Edit. Didot, p. 331).

La lune est parfois invoquée, dans l'Avesta, avec le soleil *mãonhemća hvaremća* (Yast XXIV, 43 ; Yaçna I, 35, etc.) ; mais en somme son rôle semble peu important.

Un Yast du Petit Avesta, le sixième, lui est particulièrement consacré. En voici la traduction.

« Honneur à Ahura mazdâ, honneur aux Ameṣas çpentas, honneur à la lune qui contient la semence du taureau, honneur à la lune contemplée, honneur en [la] contemplant.

« Alors la lune croît, alors la lune décroît ; quinze jours la lune croît, quinze jours la lune décroît. Aussi grande est sa croissance, aussi grand est son déclin ; aussi grand est son déclin, aussi grande est sa croissance. Quel autre que toi fait que la lune croît et décroît ?

« Nous honorons la lune, qui contient la semence du taureau, pur, seigneur du [monde] pur. Au temps que je vois la lune, au temps que je m'incline devant la lune, quand je vois la lune brillante, quand je m'incline devant la lune brillante, les Ameṣas çpentas sont là et conservent l'éclat majestueux ; les Ameṣas çpentas sont là et distribuent sur la terre créée par Ahura la splendide lumière.

« Lorsque la lune brille dans l'espace clair, elle déverse de vertes plantes : au printemps celles-ci croissent de la terre, pendant la nouvelle lune, la pleine lune et la période intermédiaire. Nous honorons la nouvelle lune, pure, maîtresse du [monde] pur. Nous honorons la pleine lune, pure, maîtresse du [monde] pur. Nous honorons la période intermédiaire, pure, maîtresse du [monde] pur (1).

« J'honorerai la lune qui contient la semence du tau-

(1) Consultez Haug, *Ueber den gegenwærtigen stand der zendphilologie*, p. 43.

reau, divinité éclatante, majestueuse, pourvue d'eau, de chaleur, brillante, secourable (?), répandant la richesse, forte, utile, faisant pousser les plantes, procurant les biens, donnant le salut.

« A cause de son éclat, à cause de sa majesté, j'honorerai hautement et avec des dons, la lune qui contient la semence du taureau. »

L'épithète de *gaoćithra-* « qui contient la semence du taureau » (*mãoṅhem gaoćithrem*) s'explique par la tradition. On rapporte que lorsque mourut sous les attaques d'Ahriman le taureau unique, le premier des animaux vivants, tandis que des graines et des plantes salutaires sortaient de ses membres, le meilleur de sa semence gagna la lune. Nous aurons à reparler plus tard de cette légende; remarquons seulement ici que le récit des écrits éraniens du moyen âge relatifs au taureau primitif trouvent leur confirmation dans des textes plus anciens, mais malheureusement incomplets.

§ 13. — *Tistrya.*

La principale des étoiles qui reçoit les invocations des Mazdéens est *Tistrya*, Sirius (1), qui marque l'angle supérieur de droite du quadrilatère du grand chien, la plus belle des étoiles. C'est, au moyen âge, *Tiṣtar*, *Tistar*, le *Teṣtar* plus moderne.

Tistrya est représenté le plus souvent dans l'Avesta comme étant une pure et simple étoile : « Nous honorons l'étoile Tistrya, brillante, éclatante », *tistryĉhêća çtârô raêvatô qarenaṅhatô* (Yaçna, I, 35; cf. *ibid.* XVII, 24, etc. etc.). Au chapitre dix-neuvième du Vendidad, c'est un taureau aux cornes d'or : *nizbayêmi tistrîm çtârem raêvatem qarenaṅhentem gèus kehrpa zaranyôçravahê*, « j'invoque l'étoile Tistrya, bril-

(1) Et non Jupiter, comme l'a supposé Rhode (*Die heilige sage der alten Baktrer*, etc., p. 261).

lante, éclatante ayant la forme d'un taureau aux cornes d'or. » Dans le Yast qui lui est consacré, Tistrya apparaît successivement sous la forme d'un jeune homme, d'un taureau, d'un cheval. Nous avons vu, un peu plus haut, que Verethraghna, parmi ses nombreuses incarnations, connaît précisément les trois transformations dont il est question ici. Cette concordance provient peut-être d'une ancienne communauté mythique, d'un mythe de l'orage, comme a cherché à le démontrer M. J. Darmesteter (1). Mais cela est un point qui sort de notre cadre et sur lequel nous n'avons pas à insister.

Tistrya lutte particulièrement contre le démon de la sécheresse, Apaoṣa (l'Apavaṣ plus récent) : c'est Tistrya qui a pour mission de faire tomber sur la terre aride les eaux bienfaisantes, et la lutte qu'il soutient est une des plus terribles dont il soit fait mention dans l'Avesta. Il triomphe à la fin, et la pluie vient donner au sol le soulagement et la fécondité, mais ce n'est pas sans que le dieu n'ait été bien près de sa perte. Une auguste intervention a dû le secourir contre son redoutable adversaire. Ce dernier avait d'ailleurs une puissante alliée, la Pairika Dužyâirya, la stérilité.

Voici, au reste, sinon la version littérale, au moins le résumé du Yâst de Tistrya. On verra que le combat dont nous parlons y est décrit d'une façon intéressante.

« Nous honorons l'astre Tistrya, brillant, majestueux, à l'agréable et bonne demeure, éclatante, frappant la vue, secourable, accordant la joie, lançant de loin de lumineux rayons. A cause de son éclat, à cause de sa majesté, j'honorerai hautement l'étoile Tistrya. Nous honorons l'étoile Tistrya qui contient la semence de l'eau, forte, grande, puissante, agissant dans les hauteurs. Nous honorons l'étoile Tistrya, brillante, majestueuse, à laquelle pensent le bétail, les animaux de trait, les hommes : quand se lèvera pour nous

(1) *Ormazd et Ahriman*, p. 126.

Tistrya, l'éclatant, le majestueux? Quand les eaux couleront-elles pour nous? Nous honorons l'étoile Tistrya, éclatante, majestueuse, qui glisse vers la mer Vourukaṣa comme un trait. Ahura mazdâ et Mithra aux vastes pacages lui donnent leur appui. Nous honorons l'astre Tistrya, éclatant, majestueux, qui combat les Pairikas, qui cherche à abattre les Pairikas, lesquelles voltigent entre ciel et terre au-dessus du lac Vourukaṣa, profond, aux grandes eaux. Il réunit les eaux, les vents puissants s'élèvent et Çatavaêça laisse aller les flots vers les sept parties de la terre. Alors il se tient là, beau, joyeux, disant : quand les contrées éraniennes seront-elles fertiles? A cause de son éclat, à cause de sa majesté, j'honorerai hautement Tistrya.

« Nous honorons l'étoile Tistrya, brillante, majestueuse, qui dit à Ahura mazdâ: Ahura mazdâ, esprit très-saint, créateur des mondes corporels ! Si les hommes m'honoraient par un culte particulier comme ils honorent les autres Yazatas, je viendrais en temps opportun au secours des hommes purs, dans ma vie éclatante, immortelle ; je viendrais une nuit, deux nuits, cinquante, cent nuits. Nous honorons Tistrya, nous honorons ses acolytes : le groupe stellaire Haptôiringa, pour combattre les Yâtus et les Pairikas ; l'étoile Vanat, créée par Mazdâ. Pour obtenir la force, la victoire, nous honorons Tistrya.

« O saint Zarathustra ! Les dix premières nuits, Tistrya, éclatant, majestueux, prend le corps d'un jeune homme de quinze ans, aux yeux clairs, grand, dans sa pleine force, de l'âge auquel l'homme atteint sa force et sa maturité. Il demande alors : quel est celui qui m'offrira un sacrifice, pour que je lui donne les biens des hommes et la pureté ? Il faut me prier maintenant pour obtenir la pureté parfaite.

« O saint Zarathustra ! Les secondes dix nuits, l'éclatant, le majestueux Tistrya prend la forme d'un taureau aux cornes d'or. Il demande alors : quel est celui qui m'offrira un sacrifice, pour que je lui donne les biens des hommes et la pureté ? Il faut me prier maintenant pour obtenir la pureté parfaite.

« O saint Zarathustra ! Les troisièmes dix nuits, l'éclatant, le majestueux Tistrya prend la forme d'un brillant et beau cheval, aux oreilles jaunes, aux harnais d'or. Il demande alors : quel est celui qui m'offrira un sacrifice, pour que je lui donne les biens des hommes et la pureté ? Il faut me prier maintenant pour obtenir la pureté parfaite.

« Alors, ô saint Zarathustra, l'éclatant, le majestueux Tistrya va sous la forme d'un brillant et beau cheval, aux oreilles jaunes, au harnais doré, vers la mer Vourukaṣa. A son encontre accourt le démon Apaoṣa, sous la forme d'un cheval noirâtre, aux oreilles, aux reins et à la queue pelés. Ils combattent trois jours et trois nuits : Apaoṣa l'emporte sur le brillant, le majestueux Tistrya et le chasse de la mer Vourukaṣa, à la distance d'un *hâthra*.

« Tistrya, éclatant, majestueux, dit, en implorant, sa peine et sa défaite : O Ahura mazdâ ! les hommes ne m'honorent pas, par mon nom, en offrant un sacrifice, comme ils font pour les autres Yazatas. S'il en était ainsi, j'aurais la force de dix chevaux, de dix taureaux, de dix montagnes, de dix cours d'eau.

« Alors, moi Ahura mazdâ, j'offre au brillant et majestueux Tistrya un sacrifice à son nom. Je lui apporte la force de dix chevaux, de dix taureaux, de dix montagnes, de dix cours d'eau.

« Tistrya va alors, sous la forme d'un beau cheval aux oreilles jaunes, au harnais d'or, vers la mer Vourukaṣa. Le démon Apaoṣa se rue à son encontre, sous la forme d'un cheval noirâtre, à la crinière, aux reins, à la queue pelés. Ils luttent jusqu'au milieu du jour, ô Zarathustra ! l'éclatant, le majestueux Tistrya triomphe du démon Apaoṣa. Il le chasse loin de la mer Vourukaṣa, à la distance d'un *hâthra*. Salut à moi, ô Ahura mazdâ ! salut à vous, eaux et arbres ! salut à toi, loi mazdéenne ! salut à vous, pays ! les torrents d'eau vont vous arriver sans obstacle, pour les céréales, pour les prairies, pour les mondes corporels.

« Alors, ô saint Zarathustra ! l'éclatant, le majestueux

Tistrya va au lac Vourukaṣa, sous la forme d'un brillant et beau cheval, aux oreilles jaunes, au harnais d'or. Il sépare la mer, il la fait couler, il vient à tous les bords, il vient au milieu. Alors Tistrya, éclatant, majestueux, s'élève au-dessus de la mer Vourukaṣa, et Çatavaêça s'élève aussi, éclatant, majestueux. Il rassemble les vapeurs, au mont Hindva qui se tient au milieu de la mer Vourukaṣa. Il pousse les vapeurs qui forment les nuages et le vent puissant, créé par Mazdâ, porte la pluie dans les sept régions. Apăm napât, ô saint Zarathustra ! distribue les eaux dans le monde corporel...

« Nous honorons l'étoile Tistrya, éclatante, majestueuse, qui amène [les eaux] au loin, selon la volonté d'Ahura mazdâ, selon la volonté des Ameṣas çpentas.

« Nous honorons l'étoile Tistrya, éclatante, majestueuse, qui glisse comme un trait vers la mer Vourukaṣa ; Ahura mazdâ, les Ameṣas çpentas, Mithra aux vastes pâturages lui préparent la route ; la grande Aṣi vañuhi et Parendi la nettoient, jusqu'à ce qu'elle ait atteint la montagne brillante.

« Nous honorons Tistrya qui chasse les Pairikas suscitées par Añra mainyu pour combattre toutes les étoiles qui renferment l'eau. Tistrya les bat, il les chasse de la mer Vourukaṣa. Alors s'élèvent des nuées qui contiennent l'eau fécondante, apportant le salut aux sept régions.

« Nous honorons l'étoile Tistrya, pleine d'éclat et de majesté, à laquelle pensent les eaux, les eaux d'étang, les eaux courantes, les eaux de source, les eaux torrentielles, les eaux de pluie : quand se lèvera pour nous le brillant et majestueux Tistrya ?

« Nous honorons l'étoile Tistrya, pleine d'éclat et de majesté, qui anéantit la terreur, qui croît pour le salut de toutes les créatures, qui est utile lorsqu'on lui sacrifie et qu'on la contente.

« Nous honorons Tistrya, seigneur et inspecteur de toutes les autres étoiles créées par Ahura mazdâ, tel qu'est Zarathustra parmi les hommes. Les démons réunis ne peuvent le tuer.

Nous honorons l'étoile Tistrya, éclatante, majestueuse, à qui Ahura mazdâ a donné mille forces, la plus utile des [étoiles] qui contiennent les semences des eaux. Tistrya circule dans les espaces clairs ; il va à toutes les parties de la puissante et profonde Vourukaṣa, sous la forme d'un beau et brillant cheval, aux oreilles jaunes, au harnais d'or. Alors les eaux se répandent, amicales, bienfaisantes. Il les répand sur les contrées, lorsqu'on lui sacrifie, lorsqu'on le contente.

« Nous honorons Tistrya à qui pensent toutes les créatures du saint esprit qui sont sous terre et sur terre, dans l'eau et dans les airs, ainsi que les créatures célestes, infinies, éternelles.

« O saint Zarathustra ! J'ai créé cet astre Tistrya aussi digne de louange et d'adoration que je le suis moi-même, moi Ahura mazdâ, pour qu'il résiste à la Pairika Duẑyâirya que les hommes à la mauvaise parole appellent Huyâirya. Si je n'avais pas créé Tistrya aussi digne d'adoration et de louange que je le suis moi-même, cette Pairika Duẑyâirya, que les hommes à la mauvaise parole appellent Huyâirya, combattrait nuit et jour tout le monde corporel. Tistrya, éclatant, majestueux, enchaîne cette Pairika avec deux et trois liens, avec des liens invincibles, avec tous les liens ; comme mille hommes les plus vigoureux enchaîneraient un seul homme. O saint Zarathustra ! si les régions éraniennes offrent à l'éclatant, au majestueux Tistrya le sacrifice voulu, il ne fondra sur ces régions, ni troupes ennemies, ni fléaux. Zarathustra demanda : O Ahura mazdâ ! quel est le sacrifice qu'il convient de faire à l'éclatant, au majestueux Tistrya ? Alors Ahura mazdâ répondit : Les régions éraniennes doivent lui sacrifier, étendre pour lui le faisceau de rameaux consacrés, faire cuire pour lui de la viande de bétail, [d'un animal] de bonne couleur, ou de la couleur qui, entre les autres couleurs, est celle du Haoma. Que n'y participent point un pécheur, une femme galante, un infidèle qui ne récite pas les Gâthâs, un adversaire de la loi d'Ahura et de Zarathustra ! Si de tels individus y participent, l'éclatant et majestueux Tistrya retient ses moyens de salut ; les fléaux, les troupes ennemies fondent sur les régions éraniennes. — A cause de son éclat, à cause de sa majesté, j'honorerai hautement l'étoile Tistrya ».

Cette traduction, bien qu'elle laisse à l'écart certaines difficultés qui se présentent çà et là dans le texte, en donne cependant une idée complète. On voit qu'il s'agit d'un dieu fort ancien, ou jouant, au moins, le rôle principal d'un mythe de la plus haute antiquité. Un démon retient les eaux célestes auxquelles aspire la terre desséchée ; la divinité bienfaisante lutte contre ce démon redoutable, le terrasse et prodigue au sol la pluie fécondante.

Ce morceau fait mention non-seulement de l'étoile Tistrya (ou Sirius), mais encore d'autres étoiles. Il est même dit expressément que Tistrya joue parmi les étoiles le rôle de seigneur et d'inspecteur que Zoroastre joue parmi les hommes ; ce rôle, Plutarque le rapporte exactement dans le passage déjà cité plusieurs fois de son écrit sur Isis et Osiris : ἕνα δ' ἀστέρα πρὸ πάντων, οἷον φύλακα καὶ προόπτην ἐγκατέστησε, τὸν σείριον. Parmi les autres constellations le texte cite *Çatavaêça* (huzvârèche *Çatvèç*), qui se trouve à l'occident, tandis que Tistrya est à l'orient ; au nord le groupe *Haptôiringa*, les « septem triones », la grande ourse (moderne *haftôrank*) ; enfin au sud *Vanat* (*vanantem çtârem*, au moyen âge *Vanand*).

On parle de ces différents astres dans diverses parties de l'Avesta : de Çatavaêça préposé à l'eau (Sîroza, 13), de la constellation Haptôiringa (*ibid.*; Yast XII, 28 ; Yast XIII, 60), de Vanat puissant, salutaire, ennemi des impurs Khraphçtras (Yast vingtième) ; ce sont de vraies divinités, mais bien inférieures à Tistrya.

§ 14. — *Raoćah.*

Au propre *raoćah-* (locatif singul. *raoćahi*, nominatif et accusatif plur. *raoćǣ*) veut dire « éclat ». C'est le sanskrit *rôćis-*, le vieux perse *raućah-* : dialectes éraniens modernes : *rôz*, *rûz* *ruž*, *rô*, *rû*.

L'éclat infini, *anaghra raoćah* ne se présente que sous la forme du pluriel, les éclats infinis (nominat. *anaghra raoćǣ*, génit. *anaghranãm raoćaṅhãm*). C'est une divinité qui n'a rien de terrestre. On l'invoque généralement en associant son nom à ceux du soleil, de la lune, des étoiles : « J'accomplis ce sacrifice en l'honneur des eaux, des plantes, de la terre, du ciel, du vent, des étoiles, de la lune, du soleil, des éclats infinis, » *urvaranãmća aṅhǣçća zemô avaṅhêća aṣnô vâtahêća çtârãm mǣṅhô hûrô anaghranãm raoćaṅhãm*, Yaçna, chap. I vers. 45 ; « nous honorons toutes les étoiles, la lune, le soleil, nous honorons tous les éclats infinis », *vîćpèçća çtrèuçća mǣṅhemća hvaremća yazamaidê vîçpa anaghra raoćǣ yazamaidê*, *ibid.* chap. LXX vers. 45. D'autres fois c'est en compagnie du ciel : *nizbayêmi açmanem qanvantem nizbayêmi anaghra raoćǣ*, « j'invoque le ciel brillant, j'invoque les éclats infinis », Vendidad, chap. XIX vers. 119.

Nous voyons d'autre part que la lumière infinie est inhérente à certaines personnes, à certains lieux : à Nairya çaṅha à Haoma, au paradis, au pont Tchinvat.

Cet éclat est infini, il est indépendant : *anaghra raoćǣ qadhâtǣ*, *anaghranãm raoćanãm qadhâtanãm*. Le mot *qadhâta-* est rendu dans la version sanskrite de Nériosengh par *svayandatta-*, créé par soi-même ; c'est le sens qu'adopte Burnouf : *qadhâta-*, dit-il, mot « qu'Anquetil traduit par donné de Dieu, mais dont Nériosengh fournit une explication qui est bien plus conforme à l'étymologie, et dont les conséquences sont d'un grand intérêt. Selon le commentateur indien, le zend *qadhâta-* répond au sanskrit *svayandatta-* (donné de soi-même) ; et cette expression « donnée de soi-même » est commentée par la glose suivante qui, malgré son incorrection, ne laisse aucun doute sur ce qu'a entendu exprimer Nériosengh : « et ex se ipso datio hæc (est) unde se ipsum ex se ipso potest creare » ; d'où il suit que *qadhâta-* signifie créé de soi-même, en d'autres termes, incréé. On voit dans cette glose de Nériosengh, reparaître le sens primitif de *dhâta* (créé), sens que les Parses se sont accoutumés sans doute de bonne heure à remplacer par celui de donné. Je n'hésite pas à rétablir ici la signification radicale de *dhâta-*, écrit avec un *dh*, et dérivé très-régulièrement du radical *dhâ* (poser, créer), et à traduire le zend *qadhâta*, par *créé de soi-même* (1). » Après avoir adopté dans ses premiers écrits le sens attribué au mot zend en question par Nériosengh, par Burnouf et par Windischmann, M. Spiegel a abandonné cette interprétation et a préféré le traduire par : suivant sa propre loi (seinem eigenen gesetze folgend) et cette version est acceptée par nombre d'auteurs. Le mot serait formé avec *dâta-*, loi. Les deux hypothèses sont plausibles, mais la première nous paraît cependant la plus acceptable. Outre l'appui d'une tradition assez ancienne, elle a pour elle le bénéfice du sens même : l'éclat dont il s'agit est incréé par le fait même qu'il est reconnu infini, éternel.

§ 15. — *Qareṇah.*

Il s'agit ici de l'éclat, de la splendeur que le Mazdéen regarde comme attachée à telles ou telles personnalités divines ou humaines, à telles ou telles choses. On traduit généralement ce mot par celui de « majesté » (2), et cette version est fort acceptable. Le mot est parent du nom du soleil, *hvare*,

(1) *Commentaire sur le Yaçna*, p. 553.

(2) Spiegel. *Die lehre von der majestæt im Avesta* (Beitr. zur vergleich. sprachforschung, t. V, p. 385).

avec *q* pour *hv*, représentant lui-même un groupe *sv* plus ancien (1).

Ahura mazdâ reçoit l'épithète de très-majestueux, le plus majestueux, *qarenañhaçtema-*, superlatif de *qarenañhat-*; Mithra reçoit aussi ce qualificatif: « Je m'appelle le très-pur, le très-majestueux », *qarenañhaçtema nãma ahmi*, Yast I, 15; « Nous honorons Mithra qu'Ahura mazdâ créa comme le plus majestueux (*qarenañhaçtemem*) des Yazatas célestes », Yast XIX, 35; etc..

Le texte saint, le *mãthra çpenta*, est lui aussi parfaitement majestueux, *asqarenah-* (comparez *askhrathwat-*, très-intelligent, *asdânu-*, très-coulant, etc.) : « J'invoque le texte saint, plein de majesté », *nizbayêmi mãthrô çpentô yô asqarenô*, Vendid. XIX, 54; *âat mãm tûm baêṣazyôis mãthrô çpentô yô asqarenô*, « Puisses-tu me donner remède, ô texte saint, toi qui es plein de majesté! » *ibid.* XXII, 7, etc., etc.

Nombre d'autres divinités jouissent de cette épithète de *qarenañhat-*: « Nous honorons Tistrya, éclatant, plein de majesté », Yast VIII, 5; cf. Vendidad XIX, 126; « J'honorerai Mâh, qui contient le germe du taureau, éclatant, plein de majesté », Yast VII, 5; etc.; etc.

La majesté est l'apanage des contrées éraniennes: *nizbayêmi qarenô airyanãm daqyunãm*, « Je loue la majesté des régions éraniennes » Vendid. XIX, 132; « J'ai créé la majesté éranienne », *airyanem qarenô*, Yast XVIII, 1; « la majesté qui appartient aux régions éraniennes », Yast XIX, 56.

Elle est l'apanage également de rois et de héros; c'est alors la majesté royale, *kavaêm qarenô*: « Nous honorons la forte majesté royale créée par Ahura mazdâ », Yast XIX, 9; « J'accomplis le sacrifice en faveur de la majesté royale, créée par Ahura mazdâ », Yaçna I, 42; etc.; etc..

En somme il ne s'agit que d'une divinité bien imperson-

(1) *Grammaire de la langue zende.* Deuxième édition, p. 45.

nelle ; la majesté, à vrai dire, n'est qu'une sorte d'attribut divinisé.

§ 16. — *Ap.*

Nous arrivons aux importantes divinités des eaux. Avant tout, parlons de l'eau elle-même, considérée comme divinité, *ap*- ou *âp*- (nominat. singul. *âphs*, accusat. *âpem*, *apem* ; nominat. plur. *âpô*, *apô*). C'est au moyen âge *âp*, *âw*, plus tard *âb*.

Hérodote parle du culte de l'eau chez les anciens Eraniens, au septième livre de ses *Histoires* : « quod ubi Xerxes rescivit, gravisime ferens, trecenta verbera flagellis infligi jussit Hellesponto, et compedum par in pelagus injici ; quin et memoratum audivi, simul eum misisse etiam homines, qui stigmata inurerent Hellesponto. Imperavit certe, ut flagellis cædentes barbara hæc et insana pronunciarent verba: O amara aqua, dominus tibi hanc pœnam infligit, quod illum injuria adfecisti, nihil mali ab ipso passa. Et trajiciet te rex, sive volueris, sive nolueris. Merito autem nemo hominum tibi sacra facit, quippe turbido salsoque flumini », σοὶ δὲ κατὰ δίκην ἄρα οὔδεις ἀνθρώπων θύει ὡς ἐόντι θολερῷ τε καὶ ἁλμυρῷ ποταμῷ (édit. Didot, p. 330). Nous pouvons renvoyer ici à ce que disent Strabon (XV, 3) ; Agathias (II, 24) ; Ammien Marcellin (XXIII, 6).

Çà et là, dans les différentes parties de l'Avesta, on honore les eaux, considérées, non pas comme des génies plus ou moins personnels, comme des divinités abstraites, mais bien en tant qu'élément parfaitement matériel.

Généralement on leur donne alors le nom de bonnes eaux. Quel est, demande Zoroastre (Vendidad, XVIII, 21 ss.), « quel est le coupable digne de mort ? Ahura mazdâ répondit : celui qui enseigne une loi coupable ; celui qui, trois années (1) durant, ne revêt point le *kosti* (2) ; celui qui ne

(1) Version de Haug (*Ueber das XVIII. kapitel des Wendidâd*), p. 534 ; elle est sujette à caution.

(2) Ceinture qui fait partie essentielle du costume du fidèle mazdéen. Il en sera question plus loin, au livre quatrième, troisième chapitre.

récite point les Gâthâs, n'honore point les bonnes eaux », *nôiṭ gâthǣ çrâvayêiti nôiṭ âpô vañuhîs yazâitê*. Même livre, chapitre huitième : *yêzića âpô vañuhîs bareṣnûm vaghdhanem paitijaçaiti*, « Et lorsque la bonne eau atteint le haut de la tête » ; au chapitre dix-septième du Yaçna : « Nous honorons les bonnes eaux, pures, créées par Mazdâ », *âpô vañuhîs mazdadhâtâ aṣaonîs yazamaidê* ; même livre, chapitre second : « Les bonnes eaux, excellentes, créées par Mazdâ », *âpô vañuhîs vahistǣ mazdadhâtǣ*.

Dans le premier chapitre du Yaçna il est question, non pas seulement *des eaux* créées par Mazdâ, mais bien *de toutes les eaux* créées par cette divinité : *viçpanãmća apãm mazdadhâtanãm* ; au soixante-septième : « nous honorons toutes les eaux, » *vîçpǣçća âpô yazamaidê* ; de même, en effet, comme nous l'avons vu ci-dessus, que l'on distingue plusieurs sortes de feux, de même l'on distingue plusieurs sortes d'eaux. Et ce n'est pas uniquement de la division en eaux stagnantes (*armaêstâo*), courantes (*phrâtaṭćaratаçća*), de puits (*khânyǣ*), de rivière (*thraotô çtâtaçća*), de pluie (*vâiryǣçća*) qu'il s'agit. Le trente-huitième chapitre du Yaçna (le quatrième du Yaçna à sept parties) cite un certain nombre d'eaux différentes. C'est un morceau qui présente de sérieuses difficultés. On y trouve un grand nombre de qualificatifs s'appliquant à telles ou telles eaux, ou, pour mieux dire, les désignant d'une façon conventionnelle. Il s'agit non-seulement d'eaux terrestres, mais de tels ou tels liquides secrétés par le corps. La tradition du moyen âge (*Boundehèche*, chap. XXI ; cf. Windischmann, *Zoroastrische studien* p. 99, Justi, édit. du *Bound*. p. 30) donne un commentaire des diverses épithètes du vieux texte, mais ce commentaire ne peut être accepté qu'avec réserve, et ici, malheureusement, les moyens de critique font à peu près défaut. On peut dire toutefois, d'une façon générale, que dans le chapitre en question, le Mazdéen après avoir honoré les eaux stagnantes, les eaux torrentielles et les eaux fluviales (1), honore les liquides divers du corps, sang, salive, liqueur séminale, même la sueur et les mucosités. En somme il s'agit de l'eau, ou, pour mieux dire, de l'humidité, de l'état humide sous toutes ses formes.

Nous avons à parler maintenant de deux divinités des eaux, dont la personnalité et les fonctions sont bien déterminées, Anâhita et Apãm napat.

§ 17. — *Apãm napat.*

Le nom d'*Apãm napat* (2) est interprété de différentes façons. Le sens qui s'offre de lui-même est celui de « petit-fils des eaux, fils des eaux »; pourtant, ce n'est point celui de la tradition. En huzvârèche le mot est simplement transcrit (*apân nâp*), mais Nériosengh le rend par « nombril des eaux » (*mûlâsthâna-*, place capitale, fondement). Il y a là, sans doute, une confusion. Les Parsis du moyen âge prenant pour un nom propre l'épithète de *berezat-*, haut, élevé, qui est donné à Apãm napat par l'Avesta (*berezantem apãm napâtem*), et la rendant sous la forme *Burj*, pensèrent qu'il s'agissait de la montagne dont ils firent « le nombril des eaux » (3). Il faut remarquer toutefois que la version huzvârèche traduit à plusieurs reprises le nom qui nous occupe par « l'eau des eaux ». C'est là un fait important qui peut justifier l'opinion de Windischmann et celle de M. Spiegel. Le premier fait remarquer que la racine du mot *napat* a le sens de mouiller, arroser, et que l'on est en droit de voir dans la divinité en question la force fécondante qui est dans les eaux :

(1) Septième verset : *apô aṭ yazamaidê maêkantîsćâ haêbavantîsćâ phravazaṅhô*. On rend communément *maêkantis*, non point par « stagnantes », mais bien par « tombant en gouttes. » La traduction de « stagnantes » proposée par M. Geldner est peut-être préférable (*Zeitschrift f. vergleich. sprachforschung*, t. XXIV, p. 145) ; pourtant elle n'est encore que conjecturale.

(2) Telle est la forme thématique la plus usitée; le nominatif *napâo*, l'accusatif *naptârem* en supposent deux autres.

(3) Consultez Girard de Rialle, *Agni petit-fils des eaux dans le Véda et dans l'Avesta*; Revue de linguistique, t. III, p. 54.

« eine bezeichnung der im wasser liegenden befruchthungs-kraft » (1). Le second voit dans Apãm napat l'état d'humidité même des eaux « feuchtigkeit der gewæsser » (2), qui est l'auteur de la fécondation « urheber der befruchtung. »

Apãm napat est haut, élevé (*berezat-*); il possède des chevaux rapides (*aurvataçpa-*); il est *khṣathrya-*. Que faut-il entendre par cette épithète? De deux choses l'une, ou bien qu'il est « royal » (sanskrit *kṣatriya-*), et telle n'est pas la version traditionnelle, ou bien comme le veut cette version, qu'il est « relatif aux femmes, concernant les femmes » ; Nériosengh se sert, dans sa traduction sanskrite, d'un mot dérivé de *nârî-*, femme. Il est clair que cette épithète a pour raison d'être la vertu fructifiante même d'Apãm napat, qui personnifie en quelque sorte la virilité (comparez Windischmann, *op. cit.*, p. 180). Il reçoit d'ailleurs le surnom de mâle, *arṣânem* (Yast, XIX, 52).

Il vit sous les eaux (*ibid.*) et est attentif aux invocations qui lui sont adressées. C'est avec les eaux elles-mêmes qu'on l'implore souvent : « Apãm napat et l'eau créée par Ahura mazdâ » (Yaçna, I, 15 ; II, 21, 22 ; VI, 13, etc., etc.).

Sa fonction capitale est de distribuer sur la terre les eaux fécondantes. C'est ce que dit expressément le trente-quatrième verset du huitième Yast (consacré à Tistrya, voyez ci-dessus p. 244) : *apãm napå, tå âpô çpitama zarathustra añuhê açtvaitê ṣôithrôbakhtå vîbakhṣaiti*, « O très-saint Zarathustra ! Apãm napat distribue dans le monde corporel les eaux accordées aux territoires. » C'est Tistrya qui terrasse le démon qui gardait les eaux fécondantes, c'est, après la victoire, Apãm napat qui les distribue au sol altéré.

Le rôle de créateur des hommes attribué à Apãm napat, *yô nerèus dudha yô nerèus tataṣa*, se rattache au souvenir de ce combat pour la fécondation et de la distribution de la

(1) *Zoroastrische studien*, p. 182.
(2) *Avesta*, t. II, p. 224; t. III, p. 19. *Commentar über das Avesta*, t. II, p. 57.

pluie fructifiante. Nous l'avons dit un peu plus haut, la divinité qui nous occupe est par excellence un être mâle, *arṣan-*, *khṣathrya-* ; c'est en ce sens que nous avons affaire ici à un dieu créateur.

Nous voyons enfin qu'Apãm napat protège la majesté (*qarenah-*, p. 248), l'éclat céleste qui précède les dieux et les héros. Il joue ici le rôle d'une divinité des eaux ; il donne retraite à cette majesté, dans le lac Vourukaṣa, lorsque l'attaque des démons la met en péril.

§ 18. — *Anâhita.*

Le rôle que joue cette divinité féminine est plus considérable que celui de l'autre dieu des eaux, Apãm napat, dont nous venons de parler.

Anâhita — l'Anahata des inscriptions achéménides — est souvent appelée, dans l'Avesta, *ardvî çûra anâhita* (1). Les deux premiers mots sont des épithètes. Le premier a un sens assez obscur. D'après Windischmann, il signifierait « bouillonnante, en état d'ébullition, coulante » et serait étymologiquement parent du grec ἄρδω, ἀρδεύω, j'arrose (2). Pour d'autres auteurs le sens est simplement celui de « haute, élevée (cf. sanskrit *rdhyati*, *rdhnôti*, Justi, p. 30 ; comparez *eredhwa-*, haut, élevé, Spiegel, *Erânische alterthumskunde*, t. II, p. 54, en note). Le second mot n'offre point de difficulté ; il signifie : « auguste, sainte. » Quant au nom propre de la déesse, Anâhita, il a également un sens qualificatif, celui d'intacte, nette, sans souillure (3).

(1) Nominatif *ardvî çûra anâhita* (Yaçna LXIV, 16) ; accusatif *ardvîm çurãm anâhitãm* ; etc.

(2) *Die persische Anâhita oder Anaitis*, p. 28. Munich, 1856.

(3) « Il y a tout lieu de croire que *anâhita* est le sanskrit *anâsita* dans le sens de non agité, non troublé, et par suite *pur*, en tant qu'épithète de l'eau. C'est par extension peut-être qu'on trouve dans ce mot l'idée de pureté morale, comme le supposent les Parses qui traduisent ici ce terme par *sans péché*. Burnouf, *Commentaire sur le Yaçna*, p. 432, en note.

Reland, dans sa huitième dissertation (*De reliquiis veteris linguæ persicæ*) consacre quelques pages à Anaïtis (*Diana et Venus persica*). Il rapporte quelques-uns des passages que nous trouvons sur Anâhita dans les auteurs de l'antiquité. Windischmann les a cités dans l'important mémoire que nous venons de signaler quelques lignes plus haut. Il est bon de les reproduire.

Polybe, qui vivait 150 ans avant l'ère chrétienne, parle d'une expédition d'Antiochus au temple d'Artémis (Ἀντίοχος, ὁ βασιλεὺς, βουλόμενος εὐπορῆσαι χρημάτων, προέθετο στρατεύειν ἐπὶ τὸ τῆς Ἀρτέμιδος ἱερὸν εἰς τὴν Ἐλυμαΐδα) ; il s'agit ici du temple d'Anaïtis à Suse (cf. Fl. Josèphe, *Antiquités judaïques*, XII, 9, 1). Le même auteur, dans un autre passage (livre onzième), parle encore de ce temple.

Strabon, dans le onzième livre de sa Géographie, raconte que les Saces, lors d'une de leurs incursions sur les territoires éraniens, « surpris à leur tour, la nuit, au milieu d'une de ces grandes réjouissances qui suivent chez eux le partage du butin, [furent] exterminés jusqu'au dernier par les généraux perses qui commandaient alors dans cette province. La plaine en cet endroit était dominée par un énorme rocher, les vainqueurs entassèrent tout autour des masses de terre, de manière à former une butte arrondie, puis ils élevèrent sur cette base un mur d'enceinte et un temple dédié à Anaïtis, ainsi qu'à Oman et Anadate (1), divinités persiques toujours associées au culte d'Anaïtis, et instituèrent finalement, pour être célébrée chaque année, la fête religieuse des Sacées » (Traduction Tardieu, t. II, p. 427). Plus loin : « Le fait est que, partout où il y a un temple d'Anaïtis, l'usage veut qu'on célèbre aussi les Sacées ». Vers la fin du même livre l'auteur dit encore : « Toutes les divinités de la Perse, sans exception, sont honorées par les Mèdes et les Arméniens, mais Anaïtis est pour les Arméniens

1) Vôhu manah et Ameretât ; Windischmann, *op. cit.*, p. 36.

l'objet d'un culte particulier (τὰ δὲ τῆς Ἀναΐτιδος διαφερόντως Ἀρμένιοι). Ils lui ont élevé des temples en différents lieux, notamment dans l'Akilisène, et ont attaché à chacun de ces temples bon nombre d'hiérodules (ἀνατιθέασι δ'ἐνταῦθα δούλους καὶ δούλας) ou d'esclaves sacrés des deux sexes. Jusque-là, à vrai dire, il n'y a point lieu de s'étonner ; mais leur dévotion va plus loin et il est d'usage que les personnages les plus illustres consacrent à la déesse leurs filles encore vierges, ce qui n'empêche pas que celles-ci, après s'être longtemps prostituées dans les temples d'Anaïtis, ne trouvent aisément à se marier, aucun homme n'éprouvant pour ce motif la moindre répugnance à les prendre pour femmes ». *Ibid.* p. 468. Dans son douzième livre, Strabon parle de nouveau du culte de la déesse en question, cette fois dans la Zélitide (*ibid.* p. 516).

Diodore de Sicile rapporte ceci : Τιμᾶται δὲ καὶ παρὰ τοῖς Πέρσαις ἡ θεὸς (à savoir *Artemis*) αὕτη διαφερόντως, καὶ μυστήρια ποιοῦσιν οἱ βάρβαροι τὰ παρ'ἑτέροις συντελούμενα μέχρι τῶν νῦν χρόνων Ἀρτέμιδι Περσείᾳ (1).

Pline appelle *anaitica* une certaine région d'Arménie et dit en un autre passage : « Susianen ab Elymaide disterminat amnis Eulæus, ortus in Media modicoque spatio cuniculo conditus ac rursus exortus et per Messabatanen lapsus : circumit arcem Susorum ac Dianæ templum augustissimum illis gentibus » (livre sixième). Diane, ici, n'est autre qu'Anaïtis.

Dans sa vie de Lucullus, Plutarque fait mention d'Anaïtis, la Diane éranienne : τῆς γὰρ Ἀρτέμιδος τῆς ἐν Ἐκβατάνοις, ἣν Ἀναΐτιν καλοῦσιν. Pausanias en parle également (οἷς ἐστὶν Ἀρτέμιδος ἱερὸν Ἀναΐτιδος, *Lacon.* III, 16; cf. *Eliac.* V, 27). Dion Cassius dit expressément que Mithridate prit Anaïtis,

(1) A Persis etiam hæc dea plurimum colitur eademque mysteria, quæ ab aliis ei peraguntur, etiam barbari ad hæc usque tempora in Dianæ scilicet Persicæ honorem celebrant (édit. Didot, p. 304).

une région d'Arménie qui était consacrée à une déesse du même nom. Agathias (II, 24) parle d'Aphroditè Anaïtis.

A la suite des passages des anciens auteurs grecs et latins sur Anâhita, on peut voir dans l'écrit de Windischmann un certain nombre d'autres témoignages tirés des écrivains arméniens (*op. cit.* p. 20); c'est un point sur lequel nous n'avons pas à insister.

L'Avesta consacre à Anâhita deux passages importants. Le premier est le commencement du soixante-quatrième chapitre du Yaçna, le second est le cinquième Yast. Voici tout d'abord, le texte et la version du premier morceau.

yazâi âpem ardvîm çûrãm anâhitãm | perethuphrâkãm baêṣazyãm vîdaêvãm âhurôṭkaêṣãm | yêçnyãm añuhê açtvaitê vahmyãm añuhê açtvaitê | âdhû phrâdanãm aṣaonîm vãthwô phrâdhanãm aṣaonîm | gaêthô phrâdhanãm aṣaonîm ṣaêtô phrâdhanãm aṣaonîm | dañhu phrâdhanãm aṣaonîm | yâ viçpanãm arṣnãm khṣudrāō yaoẑdadhâiti | yâ viçpanãm hâiriṣinãm zãthâi garewãn yaoẑdadhâiti | yâ viçpāō hâiriṣîs huzâmitô dadhâiti | yâ viçpanãm hâiriṣinãm dâitîm rathwîm paêma ava baraiti | maçitãm dûrâṭphraçrûtãm | yâ açti avavaiti maçô yatha viçpāō imāō âpô yāō zemâ paiti phrataçanti.

J'honore (1) l'eau Ardvi çûra anâhita, au large cours, salutaire, adversaire des démons, attachée à la loi d'Ahura; digne d'être honorée dans le monde corporel; digne d'être invoquée dans le monde corporel; étendant la vie, pure, accroissant les troupeaux, pure; accroissant les mondes (2), pure; accroissant le pouvoir, pure; accroissant le district, pure, [elle] qui purifie la semence de tous les hommes; qui purifie la matrice de toutes les femmes pour l'enfantement; qui procure à toutes les femmes un bon enfantement; qui apporte à toutes les femmes un lait convenable et opportun; grande, renommée au loin; qui est égale en grandeur à toutes les eaux qui parcourent la terre.

Voici maintenant une version sommaire du second morceau.

« Ahura mazdâ dit au très-saint Zarathustra: Honore ô très-saint Zarathustra, Ardvi çûra pure, coulant lar-

(1) La forme zende est au mode conjonctif: *yazâi.*

(2) C'est-à-dire faisant prospérer les bonnes créations d'Ahura mazdâ.

gement, salutaire, éloignée des démons, dévouée à la loi d'Ahura, digne, pour les mondes corporels, d'être louée, d'être honorée;... qui purifie la semence de tous les hommes, qui purifie la matriçe de toutes les femmes pour l'enfantement, qui procure à toutes les femmes un bon enfantement, qui donne à toutes les femmes un lait convenable; elle qui est aussi grande que toutes les [autres] eaux qui courent sur cette terre: elle qui du haut Hukairya se précipite vers le lac Vourukaṣa... Elle, que moi, Ahura mazdâ, je fais jaillir pour le développement de la maison, du hameau, de la tribu, du district, pour les protéger et veiller sur eux.

« O Zarathustra! Ardvi çûra Anâhita provient du créateur Mazdâ. Elle pense ainsi: Qui m'honorera? Qui m'apportera des offrandes? A qui m'attacherai-je? Qui s'attachera à moi, et me sacrifiera?

« A cause de son éclat et de sa majesté, je veux louer et honorer Ardvi çûra Anâhita.

« O très-saint Zarathustra! honore Ardvi çûra Anâhita qui mène le char, tient les guides, se disant: Qui m'honorera? Qui m'apportera des offrandes? A qui m'attacherai-je? Qui s'attachera à moi, et me sacrifiera?

« A cause de son éclat et de sa majesté, je veux louer Ardvi çûra Anâhita.

« Honore Ardvi çûra Anâhita qui possède quatre animaux de trait, blancs, de même sorte, grands, qui terrassent les démons, les Yâtus, les Pairikas, les Çâtars, les Kavis, les Karapans.

« A cause de son éclat, etc.

« Honore Ardvi çûra Anâhita, forte, brillante, grande, dont les flots coulent jour et nuit.

« A cause de son éclat, etc., etc.

« Le créateur Ahura mazdâ l'a honorée dans l'Airyana vaêjah (1), avec le haoma, la viande, le faisceau de rameaux,

(1) L'Éränvéj du moyen âge.

le texte saint, les paroles convenablement prononcées. Il lui demanda cette grâce : Donne-moi, ô Ardvi çûra Anâhita, de m'attacher Zarathustra, fils de Pourușaçpa ! Ardvi çûra Anâhita lui accorda cette grâce.

« A cause de son éclat, etc., etc.

« Haoșyañha lui sacrifia, au sommet de la montagne, cent étalons, mille bœufs, dix mille têtes de plus petit bétail. Il lui demanda cette grâce : Fais que j'aie la puissance suprême sur toutes les contrées, sur les démons et les hommes, sur les Yâtus et les Pairikas, sur les Çâtars, les Kavis, les Karapans. Ardvi çûra Anâhita lui accorda cette grâce.

« A cause de son éclat, etc., etc.

« Le brillant Yima lui sacrifia, au mont Hukairya, cent étalons, mille bœufs, dix mille têtes de petit bétail, et lui demanda cette grâce : Fais que j'aie la puissance suprême sur toutes les régions, sur les démons et les hommes, les Yâtus et les Païrikas, les Çâtars, les Kavis, les Karapans, que je leur arrache les biens terrestres [qu'ils détiennent]. Ardvi çûra Anâhita lui accorda cette grâce.

« A cause de son éclat, etc., etc.

« Le serpent Dahâka aux trois gueules lui offrit aux environs de Bawri (1) cent étalons, mille bœufs, dix mille têtes de petit bétail, et lui demanda cette grâce : Donne-moi de dépeupler les sept régions. Ardvi çùra Anâhita ne lui accorda pas cette grâce.

« A cause de son éclat. etc., etc.

« Le descendant des Âthwyas, Thraêtaona (2) lui sacrifia, dans [le pays du nom de] Varena (3), cent étalons, mille bœufs, dix mille têtes de petit bétail, et lui demanda cette grâce : Fais que je tue le serpent Dahâka aux trois gueules, aux trois têtes, aux six yeux. Ardvi çûra Anâhita lui accorda cette faveur.

(1) Dans l'ancien éranien de l'ouest, Bâbiru, soit Babylone.

(2) Roth, *Zeitschrift der deutschen morgenlænd. gesellschaft*, t. II, p. 221. Windischmann, *Zoroastrische studien*, p. 157.

(3) Spiegel, *Zeitschrift der deutschen morgenlændischen gesellschaft*, t. XXXIII p. 716.

« A cause de son éclat, etc., etc.

« Kereçâçpa lui sacrifia cent étalons, mille bœufs, dix mille têtes de petit bétail et lui demanda cette grâce : Fais que je batte le Gandarewa au talon doré qui terrasse sur les bords du lac Vourukaṣa ; je me précipiterai à la demeure de ce méchant à travers la terre large, ronde, longue à parcourir. Ardvi çûra Anâhita lui accorda cette grâce.

« A cause de son éclat, etc., etc.

« Le pernicieux Phrañraçyan lui sacrifia, dans une caverne de cette terre, cent étalons, mille bœufs, dix mille têtes de petit bétail et lui demanda cette grâce : Donne-moi d'atteindre cette majesté qui est au milieu du lac Vourukaṣa, particulière aux pays éraniens et au pur Zarathustra. Ardvi çûra Anâhita ne lui accorda pas cette grâce.

« A cause de son éclat, etc., etc.

« Le très-brillant Kava uçan (1) lui offrit, au mont Ereziphya, cent étalons, mille bœufs, dix mille têtes de petit bétail, et lui demanda cette grâce : Fais que j'aie la puissance suprême sur toutes les régions, sur les Yâtus et les Pairikas, les démons et les hommes, les Çâtars, les Kavis, les Karapans. Ardvi çûra Anâhita lui accorda cette grâce.

« A cause de son éclat, etc., etc.

« Huçravah (2) lui sacrifia cent étalons, mille bœufs, dix mille têtes de petit bétail, et lui demanda cette grâce : Fais que je sois le souverain seigneur de toutes les régions, des démons et des hommes, des Yâtus et des Pairikas, des Çâtars, des Kavis, des Karapans. Ardvi çûra Anâhita lui accorda cette grâce.

« A cause de son éclat, etc., etc.

« Le fort Tuça, guerrier, lui sacrifia, demandant la force pour ses chevaux, beaucoup de puissance pour vaincre les

(1) Kahôç du moyen âge. La forme thématique du premier mot est incertaine, ou pour mieux dire, est double. On trouve au nominatif Kava, à l'accusatif Kavaêm, au génitif Kavôis. On dit communément Kava uç.

(2) Kava Huçravah (génit. *kavôis huçravañhê*), au moyen âge Khôçrûb, autrement dit Khosroès.

mal-pensants, pour exterminer les ennemis. Et il sollicita cette grâce : Fais que je batte les Aurva-hunavas. Ardvi çûra Anâhita lui accorda cette grâce.

« A cause de son éclat, etc., etc.

« Les Aurva-hunavas lui sacrifièrent cent étalons, mille bœufs, dix mille têtes de petit bétail et lui demandèrent cette faveur : Accorde-nous de vaincre le puissant Tuça, guerrier, de vaincre les régions éraniennes. Ardvi çûra Anâhita ne leur accorda pas cette grâce.

« A cause de son éclat, etc., etc.

« Pouru Vaphra navâza (1) lui sacrifia... (2), ô Ardvi çûra Anâhita, viens à mon secours ! Je ferai mille sacrifices si je parviens vivant à la terre créée par Ahura, à ma demeure. Ardvi çûra Anâhita accourut sous la forme d'une belle jeune fille, puissante, au brillant visage, noble, chaussée, couronnée d'un diadême d'or ; elle le saisit par le bras, et il alla plein de santé, vers la terre créée par Ahura, vers sa maison.

« Jâmâçpa, quand il vit de loin l'armée des adorateurs des démons avancer pour combattre, lui sacrifia cent étalons, mille bœufs, dix mille têtes de petit bétail, et lui demanda

(1) *Indische studien* ; t. III, p. 421. ZDMG, t. XXXIII, p. 308.

(2) Ce passage est fort obscur. Voici la version de M. Spiegel : « Dieser opferte Vifra-navâza, als ihn aufrief der siegreiche, starke Thraetaona, in der gestalt eines vogels, eines Kahrkâça. Dieser flog dort wæhrend dreier tage und dreier næchte hin zu seiner eigenen wohnung, nicht abwærts, nicht abwærts gelangte er genæht. Er ging hervor gegen die morgenrœthe der dritten nacht der starken, beim zerfliessen der morgenrœthe und betete zur Ardvî-çûra, der fleckenlosen. » M. de Harlez : « Honore Ardviçûra à qui sacrifia Pourus Vafra navâza, lorsque Thraetona le victorieux, le fort, l'appelait par ses cris, sous la forme d'un oiseau (d'un) Kahrkâça. Vifra navâza fit route trois jours et trois nuits vers sa demeure ; il ne parvenait pas, il ne parvenait point à l'atteindre. La troisième nuit étant écoulée, il atteignit (le moment de) l'aurore, les premières lueurs de la brillante aurore. Alors, à l'aurore, il invoqua Ardviçûra. » M. Geldner : « Zu ihr betete vor zeiten Vafra Navâza, welchen von oben (oder in der hœhe) in dunkel hülle der gewaltige feindetœdter Thraëtaona in gestalt eines hahnes. Damals lief er immer weiter drei tage und drei næchte lang nach seinem hause zu, gelangte aber nicht dahin. Durch die dritte nacht war er gelaufen bis zum aufgang der siegreichen morgenrœthe ; um das morgenroth rief er zur tapferen Ardvi Anâhita » (*Ueber die metrik des jüngeren* Avesta, p. 94). Ce qui fait la difficulté de ce passage, c'est l'obscurité qui règne sur la légende à laquelle il est fait allusion. Il est probable qu'on ne l'interprétera d'une façon satisfaisante, que si l'on découvre de nouveaux documents.

cette grâce : Donnez-moi d'être vainqueur ! Ardvi çûra Anâhita lui accorda cette faveur.

« Aṣavazdah et Thrita lui sacrifièrent cent étalons, mille bœufs, dix mille têtes de petit bétail, et lui demandèrent cette grâce : Accorde-nous de vaincre les ennemis. Ardvi çûra Anâhita leur accorda cette faveur.

« Vistauru lui offrit un sacrifice, disant : Cela est conforme [à la vérité], cela est exact que j'ai tué autant d'adorateurs des démons que j'ai de cheveux sur la tête ; ouvre-moi un passage à sec vers la bonne Vîtañuhaiti ! Ardvi çûra Anâhita accourut sous la forme d'une belle jeune fille, puissante, au visage brillant, noble, chaussée d'or. Elle arrêta les eaux d'amont, laissa couler les eaux d'aval et fit un passage sec vers la bonne Vîtañuhaiti.

« Yaçta le Phryanyen lui sacrifia cent étalons, mille bœufs, dix mille têtes de petit bétail, et lui demanda cette grâce : Fais que je puisse battre le ténébreux Akhtya, et que je réponde à ses quatre-vingt-dix-neuf questions. Ardvi çûra Anâhita lui accorda cette faveur.

« Ahura mazdâ lui donna cet ordre : Va, ô Ardvi çûra Anâhita, va vers la terre créée par Ahura ; les principaux chefs, les chefs des régions, les fils des chefs des régions t'offriront des sacrifices. Les hommes valeureux te demanderont des chevaux rapides, et la majesté qui vient d'en haut ; les Âtharvans te demanderont la pureté, la victoire. Les jeunes filles nubiles, les jeunes femmes te demanderont un mari puissant, les femmes grosses te demanderont une parturition heureuse ; tu peux répondre à ces vœux, ô Ardvi çûra Anâhita !

« Celle-ci, de ces étoiles, se rendit à la terre créée par Ahura. Elle dit : O très saint [Zarathustra] ! Ahura mazdâ t'a fait le guide du monde corporel ; il m'a faite la protectrice de toute la création. Par mon éclat et ma majesté vont sur cette terre les troupeaux, les bêtes de trait et les hommes. Je veille sur tous les dons de Mazdâ.

« Zarathustra demanda : O Ardvi çûra Anâhita ! Comment te sacrifierai-je ? Avec quel sacrifice t'honorerai-je, pour qu'Ahura mazdâ n'envoie pas ton cours dans les hauteurs, par delà le soleil, pour que les serpents ne te nuisent pas ?

« Ardvi çûra Anâhita répondit : O brillant, pur, très-saint [Zarathustra] ! honore-moi par ce sacrifice depuis le lever du soleil jusqu'à la fin du jour. Prenez de ces offrandes, toi et les prêtres qui récitent le texte saint. Que l'ennemi, le trompeur, le médisant, qu'aucune femme, qu'aucun individu mal conformé n'en prenne.

« Zarathustra demanda à Ardvi çûra Anâhita : A qui reviennent les offrandes qui te sont données par les adorateurs des démons, après la fin du jour ? Ardvi çûra Anâhita répondit : les épouvanteurs, les persécuteurs me les prennent.

« J'honorerai le mont Hukairya, qui est digne de toute louange, d'où découle pour moi Ardvi çûra Anâhita avec la force de mille hommes. Sa majesté est aussi grande que celle de toutes les eaux qui coulent sur cette terre.

« A cause de son éclat et de sa majesté je veux louer et honorer Ardvi çûra Anâhita.

« Les Mazdéens l'entourent, ayant à la main le faisceau de rameaux. Les Hvôvas et les descendants de Naotara lui sacrifièrent ; les premiers demandèrent la richesse ; les seconds, des chevaux rapides. Peu après les Hvôvas furent comblés de biens, et Vìstâçpa, descendant de Naotara, eut les plus rapides chevaux.

« Elle a mille bassins, dix mille dérivés. Chacun a la longueur d'une course de quarante jours pour un cavalier bien monté. A chaque canal est une maison bien bâtie, avec cent fenêtres, mille colonnes, dix mille étais.

« Le pur Zarathustra lui offrit un sacrifice dans l'Airyana vaêjah ; il lui demanda cette grâce : Donne-moi, ô Ardvi çûra Anâhita, de me lier avec le fils d'Aurvaṭaçpa, le fort Kava

Vìstâçpa (1). Ardvi çûra Anâhita lui accorda cette grâce.

« Kava Vìstâçpa lui sacrifia cent étalons, mille bœufs, dix mille têtes de petit bétail, et lui demanda cette grâce : Fais que je puisse vaincre les adorateurs des démons, issus des ténèbres, mal-pensants et le méchant Arjaṭaçpa. Elle lui accorda cette faveur.

« Zairivairi lui sacrifia cent étalons, mille bœufs, dix mille têtes de petit bétail, et lui demanda cette grâce : Fais que je puisse vaincre Açtôkâna plein de ruse, adorateur des démons, et le méchant Arejaṭaçpa. Elle lui accorda cette faveur.

« Arejaṭaçpa, fils de Vandareman, lui sacrifia, au lac Vôurukasa, cent étalons, mille bœufs, dix mille têtes de petit bétail, et demanda cette grâce : Fais que je puisse battre, dans les contrées éraniennes, cinquante des tueurs de cent, cent des tueurs de mille, mille des tueurs de dix mille, dix mille de ceux qui font des victimes innombrables. Ardvi çûra Anâhita ne lui accorda pas cette faveur.

« Ahura mazdâ créa pour elle quatre êtres mâles : le vent, la pluie, le nuage, la grêle.

« La bonne Ardvi çûra Anâhita a un *paitidhâna* (2) d'or, lorsqu'elle dit les paroles du sacrifice : Qui me louera ? Qui m'offrira un sacrifice ? A qui dois-je m'attacher ? Qui s'attache à moi et me sacrifie ?

« A cause de son éclat et de sa majesté, etc., etc.

« Ardvi çûra Anâhita se tient sous la forme d'une belle jeune fille, puissante, au brillant visage ; portant à la main le faisceau de rameaux ; ornée de boucles d'oreilles et d'un collier d'or. La taille est entourée d'une ceinture. Elle est couronnée d'un diadème orné de cent étoiles. Son vêtement est en peau de castor de la plus belle couleur.

« Je te demande cette faveur de pouvoir à mon propre gré,

(1) Voir ci-dessus la vie de Zoroastre. C'est à la cour de Vìstâçpa que Zoroastre fit triompher le mazdéisme.

(2) Le *padâm* du moyen âge, le *penôm* plus moderne ; morceau de linge que les Parsis appliquent devant leur bouche pendant la prière.

protéger les vastes royaumes nourrisseurs de chevaux, abondants en nourriture. Je te demande de m'accorder deux puissants [compagnons], l'un à deux, l'autre à quatre jambes; le premier, rapide, solide, se précipitant, sur un char, dans les combats; l'autre, puissant, attaquant à gauche et à droite, à droite et à gauche les ailes de l'armée composée de nombreux ennemis.

« Grâce à ce sacrifice, viens, ô Ardvi çûra Anâhita, vers la terre créée par Ahura, vers le prêtre qui sacrifie, pour protéger celui qui te fait les offrandes et qui demande une faveur. »

De même que toutes les divinités bienfaisantes, cette belle jeune fille, splondidement parée, vêtue d'une magnifique peau de castor et portant à la main le faisceau de rameaux consacrés, cette belle jeune fille, disons-nous, protége, comme toutes les autres divinités bienfaisantes, les hommes qui l'invoquent et lui offrent des sacrifices. Dans le morceau qui précède, on énumère quelques-uns des héros éraniens qu'elle a secourus, qu'elle a rendus victorieux. Mais elle protége particulièrement la fécondation et procure aux femmes enceintes une heureuse délivrance. Elle est fécondatrice et fertilisatrice. C'est précisément ce rôle qu'elle est appelée à jouer en tant qu'eau terrestre, prenant sa source dans les hauteurs où sont assemblées les nuées et qui se divisent sur la terre en mille et mille dérivés.

§ 19. — *Vâta.*

Vâta est dieu du vent; à proprement parler c'est le vent, *vât* au moyen âge, et plus tard *bâd* et *bâ*, le vent puissant créé par Ormuzd. Nous n'avons rien de particulier à dire à son sujet. Il n'en est point de même de la divinité dont il va être question au paragraphe suivant.

§ 20. — *Râman.*

Un Yast du Petit Avesta, le quinzième, est consacré à ce dieu de l'air. Voici la version sommaire du morceau :

« J'honore le dieu des eaux (*apãm baghem*), j'honore la paix victorieuse ; nous voulons l'honorer, nous voulons l'invoquer pour cette demeure, pour le maître de cette demeure, pour celui qui fait des offrandes. Nous invoquons le Yazata excellent.

« Ahura mazdâ lui offrit un sacrifice dans l'Airyana vaêjah, sur un trône d'or, sur une couverture d'or, avec le faisceau de rameaux consacrés. Il lui demanda cette grâce : Donne-moi, ô Vayu (1)! toi qui opères sur les hauteurs, de pouvoir, plus que toute autre des créatures de l'esprit saint, anéantir des créatures d'Añra mainyu.

« Vayu, qui opère sur les hauteurs, accorda à Ahura mazdâ la grâce qu'il demandait.

« Nous voulons honorer Vayu qui opère sur les hauteurs ; nous honorons de toi, ô Vayu ! ce qui appartient à l'esprit saint (2). A cause de son état et de sa majesté nous voulons l'honorer hautement.

« Haoṣyañha l'honora : il lui demanda cette grâce : Donne-moi, ô Vayu ! toi qui opères sur les hauteurs, de tuer les deux tiers des démons mâzaniens et vareniens. Vayu lui accorda cette faveur.

« Takhma urupa (3) lui sacrifia et lui demanda cette grâce : Donne-moi de pouvoir battre tous les démons et les hommes, les Yâtus et les Pairikas ; de conduire trente ans par la terre

(1) *Vayu*, l'air, Râman.

(2) Voici l'explication de ces derniers mots. L'air (*vayu*) est situé entre le ciel et la terre (l'*andar vâî* du moyen âge) ; l'une des parties de cet air, de cette atmosphère appartient au domaine du bien, l'autre à celui du mal (Cf. Darmesteter, *Ormazd et Ahriman*, p. 111).

(3) Le moderne Tahmûraç.

Añra mainyu dompté ayant pris la forme d'un cheval. Vayu lui accorda cette faveur.

« Le brillant Yima lui sacrifia et lui demanda cette grâce : Donne-moi d'être le plus majestueux de tous les hommes qui voient le soleil ; de pouvoir rendre immortels les hommes et le bétail, de pouvoir faire échapper au dessèchement les eaux et les arbres, de rendre inépuisable la nourriture. Dans le vaste empire de Yima il n'y eut point de vent froid, point de vent chaud, point de vieillesse, point de mort, point d'envie créée par les démons. Vayu lui accorda cette faveur.

« Près du désert, Aži dahâka aux trois gueules lui sacrifia et lui demanda cette grâce : Donne-moi de pouvoir rendre dépeuplées les sept régions. Vayu ne lui accorda pas cette faveur.

« Thraêtaona lui sacrifia et lui demanda cette grâce : Donne-moi de vaincre Aži dahâka aux trois gueules, aux trois têtes, aux six yeux, aux mille forces, la très-puissante druje, fléau des mondes, qu'Añra mainyu a créée pour tuer ce qui est pur dans le monde. Vayu lui accorda cette faveur.

« Kereçâçpa, Aurvaçâra, Hutaoça lui sacrifièrent et lui demandèrent, etc.

« Les jeunes filles, vierges encore, lui sacrifièrent et lui demandèrent cette grâce : Donne-nous d'obtenir un maître de maison, un jeune homme au beau corps, qui nous puisse nourrir tant que nous vivrons et nous procure une postérité. Vayu leur accorda cette faveur.

« Je m'appelle *Vayu* (l'air), ô saint Zarathustra, parce que je vente (*vâyêmi*) sur les deux ordres de créatures, celles de Çpenta mainyu et celles d'Añra mainyu (1). Je m'appelle celui qui chasse, parce que je chasse les deux ordres de créatures. Je m'appelle celui qui abat tout, parce que j'abats les deux ordres de créatures. Je m'appelle le bienfaiteur, parce que je fais du bien pour le créateur Ahura

(1) Voir l'avant-dernière note.

mazdâ et les Ameṣas çpentas. Je m'appelle celui qui va en avant, celui qui va en arrière, celui qui poursuit, celui qui enlève, celui qui atteint ; je m'appelle le rapide, le très-rapide, le fort, le très-fort, celui qui repousse les démons. Je m'appelle celui qui est armé d'une lance acérée, d'une lance forte, d'une lance brillante ; je m'appelle le très-majestueux.

« Zarathustra ! Tu dois invoquer ces noms qui sont les miens lorsque tu es dans la bataille.

« O Vayu ! chez tous tu chasses les démons. Par quel sacrifice t'honorerai-je ? Par quel sacrifice te louerai-je ? Vayu est plus prompt, plus puissant, plus combattant, pourvu de plus grandes jambes, pourvu d'une plus large poitrine que tous les autres souverains.

« Nous t'honorons, rapide Vayu ; nous t'honorons, fort Vayu ; nous t'honorons, toi le plus rapide des rapides, le plus fort des forts. Nous honorons Vayu à la coiffure d'or, au collier d'or, au char d'or, à la roue d'or, à l'armure d'or, au vêtement d'or, à la chaussure d'or, à la ceinture d'or ; nous honorons le pur Vayu. Je voue hommage, louange, puissance, force à Râman qâçtra, à l'air qui opère sur les hauteurs, qui est placé au-dessus des autres créatures. »

Dans tout ce morceau il eût été loisible de traduire *l'air* partout où nous avons laissé le nom de *vayu*. En fait il ne s'agit d'aucune autre personne que du dieu Râman.

Ce terme de *râman-* (génitif *râmanô*) comporte l'idée de réjouissance et de satisfaction. L'épithète de qâçtra- qui lui est plusieurs fois adjointe (*râmanô qâçtrahê*) a le sens de « savoureux, qui est de bon goût, qui rend savoureux. »

Râman est en effet la divinité qui donne aux mets leur saveur.

D'autre part il faut se rappeler que plus haut (p. 196), nous avons vu ce dieu associé à Mithra : *mithrahê vôurugaoyaoitôis râmanaçća qâçtrahê aṣaonô*... Ce rapprochement peut être expliqué, mais on ne peut dire qu'il s'impose.

§ 21. — *Açman.*

Açman est le ciel (cf. Hesychius : Ἄκμων Οὐρανός, ἀκμονίδαι οἱ οὐρανίδαι. Ἄκμονος ὁ Οὐρανός Ἀλκμάν, Eustath. 1154, 25. Cf. Roth, *Zeitschr. für vergleich. sprachforschung*, t. II, p. 44). C'est le vieux perse *açman-* : *baga vazraka auramazdâ hya imâm bumim adâ hya avam açmânam adâ*, « Ormuzd est un grand dieu, qui a fait cette terre, qui a fait ce ciel » (Inscription d'Alvend).

Le ciel, Açman, le dieu Açman, est donné par l'Avesta comme la première des créations de ce monde : *açmanem qanvantem yazamaidê paoiryôdâtem*, nous honorons le ciel brillant, créé en premier lieu (Vispered, chap. VIII, v. 20). Un passage du treizième Yast consacre quelques mots à Açman. Ormuzd fait à Zoroastre l'éloge des Phravaṣis, prototype des êtres, et dit : « Par leur éclat et leur majesté, ô Zarathustra ! je maintiens ce ciel, qui resplendit en haut et entoure la terre, comparable à un vêtement... »

Açman joue un rôle peu important ; toutefois, dans l'Avesta, on ne laisse pas, çà et là, que de l'invoquer : « Nous honorons le ciel » (Yaçna, chap. XVII, v. 38) ; « Nous honorons la terre et le ciel » (*ibid.*, chap. XLI, v. 23).

§ 22. — *Thwâṣa.*

Tandis qu'Açman est cet espace céleste qui enveloppe la partie de la terre que peut embrasser le coup d'œil, Thwâṣa, comme l'a démontré M. Spiegel (1), est l'enveloppe de tout le système cosmique, ou, pour mieux dire, l'espace infini. Rappelant le passage d'Hérodote, οἱ δὲ νομίζουσι Διὶ μὲν, ἐπὶ τὰ ὑψηλότατα τῶν οὐρέων ἀναβαίνοντες, θυσίας ἔρδειν, τὸν κύκλον πάντα τοῦ οὐρανοῦ Δία καλέοντες (I, 131), M. Spiegel repousse le sens qu'on lui donne communément. Hérodote, prétend-on,

(1) *Revue de linguistique*, t. IV, p. 20.

n'a pas voulu laisser entendre que les Perses donnaient au ciel le nom de Zeus, mais bien qu'ils désignaient l'ensemble de la voûte céleste du nom du dieu qui, dans la mythologie perse, répondait au Zeus hellénique. Or, étant admis que le nom du dieu suprême des Eraniens était Ormuzd, il en résulterait que les anciens Eraniens avaient donné ce nom à la voûte céleste... M. Spiegel repousse cette interprétation (très-judicieusement, à notre sens), et voici les motifs qu'il invoque.

En premier lieu, jamais, dans la mythologie éranienne, Ormuzd ne signifie la voûte céleste. Cette voûte est simplement une créature d'Ormuzd; ils ne sont point identiques l'un à l'autre. Secondement, si à la vérité le mot d'Ormuzd a une signification sidérale, c'est celle de « Jupiter », ce n'est en aucune façon celle de voûte céleste. Troisièmement enfin, les Eraniens connaissent bien un dieu de l'espace céleste, mais ce dieu n'est pas Ormuzd, c'est Thwâṣa.

Les livres zends donnent à Thwâṣa l'épithète de *qadhâta-* : *nizbayêmi thwâṣahê qadhâtahê* (Vendidad, chap. XIX, v. 55); *nizbayañuha tu zarathustra thwâṣahê qadhâtahê* (ibid., v. 44); *thwâṣem qadhâtem yazamaidê* (Nyâyiṣ, I, 8). Cette épithète nous l'avons déjà rencontrée, lorsqu'il a été question de la lumière increéée (voir ci-dessus, p. 248); nous avons exposé les deux interprétations qui ont été données, et nous avons déclaré notre préférence pour le sens d'increéé. Il n'y a pas lieu de revenir sur cette discussion, mais il est bon de remarquer ce parallélisme de l'éclat infini et de l'espace infini, parallélisme qui, sous le rapport de la conception cosmique, n'a rien que d'acceptable. On peut ajouter d'ailleurs que l'Avesta lui-même allie plus d'une fois ce *thwâṣa qadhâta* au temps increéé, *zrvan akarana* (Vendidad, chap. XIX, v. 44; Nyâyiṣ, I, v. 8).

M. Spiegel a émis l'opinion que le mot *sipihr* de l'éranien moderne représentait l'ancien *thwâṣa* (1). En fait, quelles que

(1) Contra Pott, *Etymolog. forschungen*, deuxième édition, t. II, p. 614.

puissent être les difficultés linguistiques, l'accord existe entre le sens des deux mots. C'est ce que l'auteur cité a clairement exposé dans l'article indiqué ci-dessus, ainsi que dans le second volume de ses Antiquités éraniennes.

§ 23. — *Zem* (*ou Zâ*).

Après, le ciel, la terre. Cette dernière, elle aussi, est une divinité que l'on invoque. Le dix-neuvième Yast lui est consacré, mais celui qui voudrait trouver dans ce morceau quelque détail particulier, quelque renseignement sur la divinité dont il s'agit, n'en retirerait rien d'instructif. Les premiers versets donnent purement et simplement les noms d'un certain nombre de monts et de collines, le septième déclare qu'il existe deux mille deux cent quarante-quatre montagnes. Le reste du Yast s'occupe de la majesté, de l'éclat majestueux dont il a été traité ci-dessus, p. 248. De la terre pas un mot :

Le poète d'abord parla de son héros.
Après en avoir dit ce qu'il en pouvait dire,
Il se jette à côté, se met sur le propos
De Castor et Pollux.....

Selon toute vraisemblance, il y a ici une fausse attribution de titre, ou peut-être l'union fâcheuse de deux morceaux primitivement distincts.

En tous cas, on ne saurait nier que la terre n'ait été regardée comme une divinité tout à fait personnelle. Ainsi, au troisième chapitre du Vendidad, elle s'adresse directement à l'homme qui la travaille :

yó imãm zãm aiwi verezyêiti çpitama zarathustra hâvôya bâzvô daṣinaća daṣina bâzvô hâvayaća | âaṭ aôkhta ìm zão nara yó mãm aiwi verezyêhi hâvôya bâzvô daṣinaća daṣina bâzvô hâvayaća | bâdha idha

Celui, ô très-saint Zarathustra, qui travaille la terre du bras gauche et du bras droit, du bras droit et du bras gauche, à celui-là la terre dit : ô homme qui me travailles du bras gauche et du bras droit, du bras droit et du bras

aêni berethê | viçpão qarentis para bara barãn hãm berethwãn parô yarahê | yô imãm zãm nôiṭ aiwi verezyêiti çpitama zarathustra hâvôya bâzvô daṣinaća daṣina bâzvô hâvayaća | âaṭ aokhta îm zão nara yô mãm nôiṭ aiwi verezyêhi hâvôya bâzvô daṣinaća daṣina bâzvô hâvayaća | bâdha idha histahê anyêhê drare çrayanô qarentis pereçmnaêṣuća | bâdha thwãm taraçća ãoṅhânô craççintis qarethão barayêntê | tê âbyô bairyêintê yaêṣãm dim phrâyô vôhunãm.

gauche, je viendrai toujours [t']apporter toutes sortes d'aliments avec les céréales. Celui qui ne travaille pas la terre du bras gauche et du bras droit, du bras droit et du bras gauche, ô très-saint Zarathustra, à celui-là la terre dit : ô homme, qui ne me travailles pas du bras gauche et du bras droit, du bras droit et du bras gauche, tu te tiendras toujours à la porte d'autrui, demandant la nourriture; on t'y apportera le reste de ce que l'on aura.

Çà et là, d'ailleurs, on vénère très-expressément cette divinité, et le Sîrozah (II, 28) la traite de Yazata (voyez ci-dessus p. 226) : *zãm hudhãoṅhem yazatem.*

Dans les *Perses* d'Eschyle le chœur conseille à Atossa d'offrir un sacrifice à la terre : χρὴ χοὰς γῇ τε καὶ φθιτοῖς χέασθαι, libationes te oportet et terræ et mortuis effundere (Édit. Didot, p. 54). Atossa déclare qu'elle va l'accomplir : γῇ τε καὶ φθιτοῖς δωρήματα ἥξω λαβοῦσα πέλανον ἐξ οἴκων ἐμῶν, terræ et mortuis munera (oblatura) sumto ex ædibus meis libo redibo (Édit. Didot, p. 60). Nous lisons dans la *Cyropédie* de Xénophon que Cyrus sacrifia à la terre : ἐπεὶ δὲ τάχιστα διέβη τὰ ὅρια, ἐκεῖ αὖ καὶ γῆν ἱλάσκετο χοαῖς καὶ θεοὺς θυσίαις καὶ ἥρωας Ἀσσυρίας οἰκήτορας εὐμενίζετο, et cum primum fines transiisset, illic rursus tellurem etiam libationibus sibi propitiam reddidit, et deos atque heroas Assyriæ incolas sacrificiis placavit (*ibid.*, p. 60). Plus loin (vers 628 et ss.) on adresse en effet des invocations à la terre.

§ 24. — *Haoma.*

Nous lisons dans la huitième dissertation de Reland (*dissertatio de reliquiis veteris linguæ persicæ*) : « Omomi. Herbæ cujusdem nomen persicum, quam contundere solebant Persæ, et invocato nomine ditis et tenebrarum, admixtoque lupi sanguine in locum solis radiis inaccessum projicere. Hæc verba sunt gravissimi auctoris Plutarchi in lib. *De Iside et Osiride*, édit. Paris, p. 359 : Πόαν τινα κόπτοντες ὄμωμι (al. leg. ὄμωμιν) καλουμένην ἐν ὅλμῳ τὸν σκότον ἀνακαλοῦνται εἶτα μίξαντες αἵματι λύκου σφαγέντος εἰς τόπον ἀνήλιον ἐκφέρουσι καὶ ῥίπτουσι. Quum vero nulla plane herbæ illius descriptio addatur, divinando assequi non possumus, quam innuere voluerit, et num recte vocem persicam aut Plutarchus scripserit, aut librarii conservarint ». Reland, comme on le voit, ne faisait point difficulté d'avouer qu'on ne connaissait que fort peu de chose, à son époque, du dieu Haoma. Depuis lors nous avons beaucoup appris sur ce point.

Haoma (le *hôm* du moyen âge, le *sôma* hindou ; cf. Windischmann, *Ueber den Somacultus der Arier*, 1847) est une plante terrestre dont le suc est exprimé dans les cérémonies du sacrifice, mais cette plante n'est que la représentation d'une divinité céleste. Le *haoma* croît sur les lieux élevés, par exemple sur la célèbre montagne Haraiti (dixième chapitre du Yaçna), et le plus puissant est le haoma blanc, que l'on nomme *gaokerena* (au moyen âge *gôkarn*, *gôkart*). Le Boundehèche parle très-expressément du haoma blanc, du *gôkarn*, auquel il accorde une vertu de premier ordre et contre lequel Ahriman a créé une plante particulière (1). D'une façon générale on peut dire que les qualités du haoma

(1) « Und bei diesem baum allsaamen steht der baum *gaokerena* zur abwehr der missgeschaffenen alters (und), damit durch ihn voller schutz der welt werde, » chap. IX, trad. Justi, p. 11. « Ueber die beschaffenheit (des baumes, welchen) man den baum *gaokerena* nennt, heisst es in der heiligen schrift : Am ersten tage (war es) als (der baum. welchen) man baum *gaokerena* nennt, im meere Vourukaşa aus der tiefe des berges hervorwuchs. Bei der bewirkung der auferstehung ist er nothwendig, denn man wird von ihm die unsterblichkeit bereiten. Añra mainyu hat gegen ihn als feind in die abgründe der wasser eine krœte als feind geschaffen, damit diese den haoma (d. i. den *gaokerena*) beschædige ; und zur zurückhaltung dieser krœte hat Ahura mazdâ zehn fische *kara* dort geschaffen, welche um den haoma bestændig herumschwimmen, so dass immer einer von den fischen den kopf nach der krœte richtet, » *ibid*, p. 24.

dont on exprime le suc selon les rites, sont celles mêmes du saint sacrifice.

En ce qui concerne Haoma considéré en tant que divinité, nous ne pouvons mieux faire, pour mettre en relief son caractère, que de reproduire le passage suivant du neuvième chapitre du Yaçṇa :

hâvanîm â ratûm â haomô upâiṭ zarathustrem | âtarem pairi yaoždathentem gâthāǫçća çrâvayantem |

â dim pereçaṭ zarathustrô kô nare ahi | yim azem viçpahé aṅhèus açtvatô çraéstem dâdareça qahé gayéhé qanvatô ameṣahé.

A la première période du jour, Haoma vint vers Zarathustra qui purifiait le feu (1) et faisait entendre les cantiques.

Zarathustra l'interrogea : Qui es-tu, ô homme ! toi que je viens de voir [m'apparaissant comme] l'homme le plus beau de tout le monde corporel, avec ton corps brillant [et] immortel ?

âat mé aêm paiti aokhta haomô aṣava dûraoṣô | azem ahmi zarathustra haomô aṣava dûraoṣô | â mām yâçaṅuha çpitama phrâ mām hunvaṅuha qaretêê | aoi mām çtaomainé çtûidhi yatha mâ aparaćiṭ çaoṣyantô çtavān |

. . . .

Alors Haoma, le pur, qui éloigne la mort, me dit : O Zarathustra ! Je suis Haoma, le pur, qui éloigne la mort. Désire-moi, ô très saint ! exprime-moi (2) pour me manger. Loue-moi dans un chant de louange, de même que me loueront (3) plus tard les [individus qui seront] utiles [au développement du mazdéisme].

. . . .

âaṭ aokhta zarathustrô nemô haomâi | vaṅhus haomô hudhâtô haomô arsdâtô | vaṅhus baéṣazyô | hukerephs hveres | verethrajāo zairigaonô nāmyāçus | yatha qarenti vahistô urunaêća pâthmainyôtemô |

Alors Zarathustra dit : Vénération à Haoma ! Haoma est bon, bien créé, donnant le juste (4), faisant de bons présents, donnant le salut ; doué d'un beau corps, agissant bien, victorieux, de couleur d'or, ayant des membres fle-

(1) C'est-à-dire, ainsi que l'enseigne la tradition, le lieu où le feu était entretenu.

(2) Fais couler mon suc.

(3) Plusieurs commentateurs (Kossowicz, Harlez) mettent le verbe au passé : sicuti celebraverunt. La tradition ancienne le rend par le futur. M. Spiegel démontre dans son Commentaire (II, p. 86) que ce n'est point sans raison.

(4) Nous suivons la tradition ancienne pour rendre cette épithète et les deux suivantes. Burnouf et M. Spiegel s'en écartent ; ils disent : créé juste, créé bon, rechtgeschaffen, gutgeschaffen.

xibles (1). Quand on le mange, [il est] excellent et accumule beaucoup [de trésors] pour l'âme.

nî tê zâiri madhem mruyê | nî amem nî verethraghnem | nî daçvare nî baêşazem | nî phradathem nî varedathem | nî aojô viçpôtanûm nî maçtîm viçpôpaêçanhem |

O [toi qui es couleur] d'or ! je dis ta sagesse, ta puissance, ta victoire, ton accroissement, la force de tout ton corps, la grandeur de toutes tes formes.

nî taṭ yatha gaêthâhva vaçôkhşathrô phraćarânê ţbaêşo taurvâo drujim vanô | nî taṭ yatha taurvayêni viçpanãm ţbaêşavatãm ţbaêşâo daêvanãm maşyânãmća | yâthwam pairikanãmća çâthrãm kaoyãm karaphnãmća | mairyanãmća bizanranãm aşemaoghanãmća bizanranãm | haênayâoçća perethu ainikayâo dawnithyâo patnithyâo |

Je le dis, de façon à ce que je puisse parcourir les mondes doué d'une puissance absolue, fondant sur la haine, battant la tromperie (2) ; je le dis, de façon à ce que je puisse fondre sur la haine de tous les démons et hommes haïsseurs, des Yâtus, des Pairikas, des Çâtars (3), des Karapans ; des [êtres] qui donnent la mort (4) bipèdes, des aşemaoghas bipèdes, des loups quadrupèdes ; de l'armée [des mauvais êtres] [formée d'un] grand nombre d'ennemis, pleine de tromperie, s'avançant

imem thwãm paoirim yânem haoma jaidhyêmi dûraoşa vahistem ahûm aşaonãm raoćanhem viçpô qâthrem | imem thwãm bitim yânem haoma jaidhyêmi dûraoşa drvatâtem anhâoçê tanvô | imem thwãm thritîm yânem haoma jaidhyêmi dûraoşa dareghôjîtîm ustânahê | imem thwãm tûirîm yânem haoma jaidhyêmi dûraoşa yatha aêşô amavâo thrãphdhô phrakhstânê zemâ paiti ţbaêşô

Je te demande ce premier bien, ô Haoma qui éloignes la mort, le lieu excellent des [êtres] purs, éclatant, de toute splendeur (5). Je te demande ce second bien, ô Haoma qui éloignes la mort, la solidité de ce corps. Je te demande ce troisième bien, ô Haoma qui éloignes la mort, une longue vie de la force vitale. Je te demande ce quatrième bien, ô Haoma qui éloignes la mort, que je puisse aller par (?) la terre, joyeux (?), fort, prospère,

(1) Des rameaux qui s'inclinent aisément.

(2) C'est-à-dire, luttant contre les démons ennemis des Mazdéens, contre les Drujes.

(3) Westergaard : êtres ennemis ; les Parsis modernes : tyrans.

(4) Nous traduisons le mot littéralement. En fait, on ignore quelle sorte d'êtres il peut bien désigner. Il serait loisible de le transcrire purement et simplement, les mairyas, comme nous avons fait pour le mot suivant dont la signification particulière est aussi fort obscure.

(5) C'est le paradis que désignent toujours ces mots, *vahistem ahûm*.

taurvão drujim vanó | imem thwãm pukhdhem yânem haoma jaidhyêmi dûraoṣa yatha veretrajão vanaṭpeṣanó phrakhstânê zemâ paiti ṭbaêṣo taurvão drujim vanó | imem thwãm khstûm yânem haoma jaidhyêmi dûraoṣa paourva tâyûm paourva gadhem paourva vehrkem bûidhyôimaidhê | mâçis paourvô bûidhyaêta nó viçpê paourva bûidhyôimaidhê |

fondant sur la haine, battant la tromperie. Je te demande ce cinquième bien, ô Haoma qui éloignes la mort, que je puisse aller par (?) la terre, vainqueur, frappant les ennemis, fondant sur la haine, battant la tromperie. Je te demande ce sixième bien, ô Haoma qui éloignes la mort : que nous apercevions les premiers la meurtrier (?), les premiers le loup; qu'aucun ne nous aperçoive le premier : que les premiers, nous les apercevions tous.

haomó aêibis yôi aurvantô hita takhṣenti erenâum zâvare aojãoçća bakhṣaiti | haomó azizanâitibis dadhâiti khṣaêtô puthrîm uta aṣava phrazaintîm | haomó taêćiṭ yôi katayô naçkô phraçãoňhô ãoňhenti çpânô maçtîmća bakhṣaiti | haomó tãoçćiṭ yão kaininó ãoňhare dareghem aghravô haithîm râdhemća bakhṣaiti mósu jaidhyamnô hukhratus |

Haoma donne à ceux qui font presser leur attelage (1) la vigueur et la force. Haoma donne à celles qui n'ont pas enfanté une brillante lignée, une postérité pure. Haoma donne aux gens de la maison qui récitent les Naçkas l'accroissement [de sainteté] et la grandeur. Haoma donne aux filles qui sont restées longtemps sans être mariées, un époux qui demande bientôt [et est] doué d'une bonne intelligence.

haomó temćiṭ yim kereçânim apa khṣathrem niṣâdhayaṭ yô raoçta khṣathrôkâmya | yô davata nôiṭ mê apãm âthrava aiwistis vereidhyê daňhava ćarâṭ | hô viçpê varedhanãm vanâṭ ni viçpê varedhanãm janâṭ |

Haoma a déposé du pouvoir Kereçâni, qui était élevé par amour du pouvoir (2), qui disait : que [nul] prêtre ne parcoure la région pour le développement [du mazdéisme] (3). Celui-là voulait frapper tout développement, voulait abattre tout développement [du mazdéisme].

usta tê yô qâaojaňha vaçôkhṣathrô ahi haoma | uta tê apivatahê pôuruvaçãm erežukhdhanãm usta tê nôiṭ pairi phrâça erežukhdhem perçahê vâćim |

Honneur à toi, ô Haoma, qui par [ta] propre puissance es seigneur absolu. Honneur à toi, ô Haoma, qui sais nombre de paroles droitement prononcées. Honneur à toi, ô Haoma ; tu ne demandes

(1) Passage très obscur et sur lequel la tradition ne jette aucune lumière.

(2) Spiegel : der empor kommen war begierig nach der herrschaft. Harlez : enflé par son amour de la domination.

(3) Nous laissons à l'écart le mot très-obscur *aiwistis*.

pas la parole droitement prononcée (1).

phrá té mazdāo baraṭ paurvanîm aiwyāoṅhanem çtehrpaéçaṅhem mainyû tástem vaṅuhîm daénãm mazdayaçnîm | áaṭ aiṅhé ahi aiwyáçtó bareṣnus paiti gairinãm drájaṅhé aiwidháitiçća grúçća mãthrahê |

Mazdâ t'a apporté, à toi le premier, la ceinture ornée d'étoiles, disposée dans le ciel, la bonne loi mazdéenne. Puis, entouré de cette ceinture, tu es sur le sommet des monts : pour [assurer] la prolongation de la cérémonie (?) et du chant du texte [sacré].

. . . .

A vrai dire, dans tous ces éloges il n'y a rien de bien particulier ; Haoma n'est point la seule divinité qu'invoquent les jeunes filles pour obtenir un mari et les femmes pour devenir mères. Mais à coup sûr toutes ces louanges ne peuvent s'appliquer qu'à un grand et puissant dieu, et ce cas est bien celui de Haoma, comme il ressort de l'ensemble du texte sacré. Ce simple passage du dixième chapitre du Yaçna montre quelle est sa vertu souveraine : « La plus petite libation, ô Haoma, la plus petite louange, ô Haoma, la plus petite consommation, ô Haoma, est la mort de mille démons. [Toute] impureté produite disparaît de cette maison, où on honore (?), où on loue le Haoma guérisseur », *nitemaćiṭ haoma hûitis nitemaćiṭ haoma çtûitis nitemaćiṭ haoma qareitis hazaṅraghnyâi açti daêvanãm | naçyêitî hathra phrâkereçta ahmaṭ haća nmânâṭ âhitis | yathra bâṭ upâzaiti yathra bâṭ upaçtaoiti haomahê baêṣazyêhê.*

Un mot sur le *parahaoma*, le *parâhôm* du moyen âge. On appelle ainsi le suc exprimé de la plante *haoma* : « J'honore le haoma et le parahaoma » (Yaçna, chap. III... III).

§ 25. — *Daêna.*

C'est la loi, la bonne loi mazdéenne, la loi révélée, *dîn* au moyen âge et dans les temps modernes. Daêna est sans doute

(1) Vraisemblablement : tu n'as pas besoin d'une révélation.

une divinité impersonnelle ; mais c'est réellement une divinité. Un Yast du Petit Avesta, le seizième, lui est consacré. Nous n'y voyons rien de particulier, si ce n'est le rapprochement de la bonne loi créée par Ormuzd avec la suprême sapience (*ćiçti-*, génit. *ćiçtôis vañhuyǽ*).

La loi est d'ailleurs invoquée maintes fois dans l'Avesta, de la même façon que sont invoquées les autres divinités : « Je loue la bonne loi mazdéenne qui écarte les dissensions » (Yaçna, XIII, 27) ; « Nous honorons la Phravaṣi du pur Zarathustra ; nous honorons les paroles de Zarathustra, nous honorons la loi de Zarathustra « (ibid., VXII 9) ; « J'invoque la loi mazdéenne, Aṣi vañuhi, Pârendi » (ibid., XIV 2) ; « Nous louons le bon développement du monde, la bonne loi mazdéenne » (Vispered, VIII, 11), etc.

Quant à la puissance même de la loi, elle est hautement proclamée par ce passage de la fin du troisième chapitre du Vendidad :

çpayêiti zî çpitama zarathustra daêna mâzdayaçnis nars açtaranahê bandem | çpayêiti draoṣem | çpayêiti aṣavaghnîm | çpayêiti naçuçpaêm | çpayêiti anâperethem skyaothnem | çpayêiti viçpa tâ skyaothna yâçića verezyêiti | mūnayem ahê çpitama zarathustra daêna mâzdayaçnis nars aṣaonô phramerezaiti viçpem duṣmatemća dužûkhtemća dužvarstemća yatha vâtô derezitakathrô thwâṣem daṣinaṭ pairi phramerezôiṭ | vôhû idha zarathustra hvarestem skyaothnem verezemnem | vañuhi daêna mâzdayaçnis perenâyus ćithãm thwereçaiti.

O très-saint Zarathustra, la loi mazdéenne fait tomber le lien de l'homme qui [l']honore. Elle efface la mort d'un homme pur. Elle efface l'ensevelissement d'un mort. Elle efface des actes inqualifiables. Elle efface la dette considérable. Elle efface tous les méfaits que l'on accomplit. O très-saint Zarathustra, la loi mazdéenne efface toutes les mauvaises pensées, paroles et actions d'un homme pur, de même qu'un vent puissant, arrivant avec promptitude, balaye la plaine (1). O Zarathustra, il est bon d'accomplir une bonne action. La bonne loi mazdéenne effectue l'expiation définitive.

(1) Telle est la version de la tradition. Une autre interprétation explique *thwâṣem* par « le ciel » et *daṣinaṭ* par « venant de la droite » : de même qu'un vent puissant et rapide, venant de droite, purifie le ciel. Voir sur ces deux interprétations Spiegel, *Revue de linguistique*, t. IV, p. 24.

§ 26. — *Aṣi vañuhi* (1).

La belle jeune fille, Aṣi vañuhi (la bonne pureté), une des incarnations de la prière (2), est sœur de la loi mazdéenne, fille d'Ormuzd et de la sainte Ârmaiti. C'est ce que dit expressément le dix-septième Yast du Petit Avesta, dont voici le résumé :

« Nous honorons Aṣi vañuhi, brillante, grande, élevée, très digne de respect, puissante, distributrice de dons utiles, auxiliatrice, vaillante ; fille d'Ahura mazdâ, sœur des Ameṣas çpentas, procurant l'intelligence céleste. Elle vient à celui qui l'invoque et lui offre des dons. A cause de son éclat et sa majesté, je veux honorer hautement par un sacrifice Aṣi vañuhi.

« Tu es belle, Aṣi ! Tu es pleine d'éclat, Asi ! Tu donnes la splendeur aux hommes que tu protèges. La demeure où Aṣi vañuhi pose amicalement les pieds est pleine de parfum. Les hommes que tu protèges sont souverains. Heureux qui tu protèges ! Protège-moi, toi qui es puissante. Leurs demeures sont bien établies, elles sont riches en pureté, leurs sièges sont bien garnis de couvertures ; les femmes qu'ils aiment sont ornées de boucles d'oreilles et de colliers : quand viendra le maître de la maison ? Leurs filles sont belles de corps, ont des doigts effilés ; elles sont aussi belles de corps que le

(1) « Dans l'opinion de Nériosengh les deux mots zends désignent un Ized femelle chargé d'assurer aux gens de bien la conservation du bonheur qu'ils doivent à la volonté d'Ormuzd. Cet Ized est donc, d'après cette interprétation, un véritable ange gardien, son nom n'en signifie pas moins la pureté excellente ; et quoique les Parses aient fait de cette idée une personnification spéciale, nous croyons pouvoir ici nous éloigner en partie de leur sentiment, parce que, d'une part, Ascheshing est un Ized assez rarement invoqué, et dont le nom n'a pas autant le droit d'être conservé que celui de Bahman, par exemple ; et que de l'autre notre paragraphe ne renferme, comme objet d'invocation, que des facultés de l intelligence, ou des qualités de l'âme dont les Parses n'ont pas fait, que je sache, des génies particuliers. Or, on ne voit pas pourquoi on ferait une exception en faveur de la pureté excellente. » Eug. Burnouf, *Commentaire sur le Yaçna*, p. 471.

(2) Darmesteter, *Ormazd et Ahriman*, p. 225, note.

peuvent souhaiter ceux à qui elles seront données. Leurs chevaux sont rapides, leurs chameaux ont la bosse puissante et se laissent docilement conduire; ils sont pourvus de richesses. Regarde-moi, viens à moi bienveillante, ô Aṣi ! Tu es bien faite, de bonne souche, tu es puissante, tu es la majesté pour les corps. Ton père est Ahura mazdâ le plus grand et le meilleur des Yazatas. Ta mère est la sainte Ârmaiti. Tu as pour frères le bon Çraoṣa le saint, Raṣnu le puissant et Mithra aux vastes pâturages; la loi mazdéenne est ta sœur.

« Célébrée par les Yazatas, Aṣi vañuhi, sur son char, dit : Qui es-tu, toi qui me sacrifies et dont la voix est la plus belle de toutes celles de mes invocateurs? Le saint Zarathustra dit alors : [Je suis] le premier homme qui honora Aṣa vahista, qui offrit un sacrifice à Ahura mazdâ, aux Ameṣas çpentas; à la naissance et à la croissance duquel se réjouirent et grandirent les eaux et les plantes; à la croissance duquel Añra mainyu s'enfuit de la terre, disant : Tous les Yazatas ne me chassent pas contre mon gré, Zarathustra seul m'atteint contre ma volonté; il me frappe avec l'Ahuna vairya (1). Alors Asi vañuhi dit : Approche-toi de moi, approche-toi de mon char. Zarathustra s'approcha près d'elle, près de son char. Elle le caressa de la main gauche et de la main droite, de la main droite et de la main gauche, disant : Tu es beau, Zarathustra ! Tu es bien fait, ô saint, avec de belles jambes et de longs bras. La majesté a été donnée à ton corps, la pureté à ton âme, ainsi que je te le dis. »

Les dix derniers versets de ce morceau offrent quelque difficulté (2). Aṣi se plaint de la courtisane qui n'enfante pas, et de celle qui attribue à son époux l'enfant qu'elle a d'un autre homme; elle se plaint des hommes qui laissent les jeunes filles sans les épouser et les privent ainsi d'avoir des enfants,

(1) La prière *honover*.
(2) M. Geldner en donne une traduction dans son livre *Ueber die metrik des jüngeren Avesta*, p. 88.

et elle se demande ce qu'elle doit faire, aller au ciel ou revenir à la terre. Ormuzd lui dit enfin : « Belle Aṣi, ne va pas au ciel, ne retourne pas à la terre (*mâ avi açmanem phraṣûça mâ avi zãm niurvaêçê*); viens ici avec moi dans ma belle demeure (*itha mê tûm hãmćarañuha antarem aredem nmânahê çrîrâhê*). Je veux t'honorer par ce même sacrifice au moyen duquel t'honora Vìstâçpa. Que le prêtre élève la voix, se tenant derrière le faisceau de rameaux consacrés (*berezem barât zaota vâćem histemnô paçća bareçma*). Je veux t'honorer par ce sacrifice (*ana thwâ yaçna yazânê ana yacna phrâyazânê*) ô belle Aṣi ! »

§ 27. — *Pârendi.*

Il n'y a que fort peu de choses à dire de cette divinité. L'Avesta la mentionne à côté d'Aṣi vañuhi (Yast huitième) ; elle veille sur les trésors de la terre, sur les métaux précieux. En fait, c'est une personnification de la prière (1), de la prière fructifiante, riche de dons et de bénédictions. Elle reçoit l'épithète de *raoratha-*, montée sur un char léger, *pârendîm raorathãm*, *pârendyå raorathayå*.

§ 28. — *Dâmôis upamana.*

D'après Windischmann, l'*imprécation*, d'après M. Spiegel, le *serment*; à coup sûr un Yazata (cf. p. 226), une véritable personne divine. Burnouf dit à son sujet : « Un point qui peut paraître, au premier abord, moins facile à déterminer, c'est le rôle des deux mots *upamanem* et *yazatem* (*dâmôis upamanem yazatem*). Lequel de ces deux termes est le substantif, lequel est l'adjectif? Cette question ne peut être convenablement résolue qu'après celle qui porte sur le sens de *upamanahê*. Or, j'ai, il y a déjà longtemps, essayé d'expliquer ce mot, en le supposant formé de *upa* (sous) et d'un dérivé du

(1) J. Darmesteter, *Ormazd et Ahriman*, p. 251.

radical *man* (penser). Ce dérivé n'est sans doute autre chose que le sanskrit *manas* ou le zend *manô* (esprit), lequel perd sa sifflante finale. La réunion des mots *upa* et *manô*, formant le composé *upamana*, signifie « celui qui est *sous* », c'est-à-dire « *dans* l'intelligence » interprétation que Nériosengh nous fournit en partie dans les mots *manasâ saha* (avec l'esprit). Cette interprétation que j'ai vainement essayé de remplacer par une autre, me paraît, malgré le dissentiment de M. Bopp, qui compare le zend *upamana* au sanskrit *upamâna*, rendre compte du texte d'une manière satisfaisante, et s'accorder en même temps avec la glose de Nériosengh. Or, si une fois on croit devoir l'admettre, *upamanahê* pourra être ou un substantif, alors ce sera le mot principal de la phrase, et l'on traduira « ce qui est dans l'esprit du sage, redoutable, puissant, Ized (*yazata*) » ; ou un adjectif comme « mental », et alors Ized sera le principal objet de l'invocation, d'où l'on aura : « j'invoque l'Ized redoutable, puissant, qui est dans l'esprit de l'homme de bien ». De ces deux traductions, la première me paraît la meilleure.

« Ce ne peut être le mot Ized qui est l'objet principal de la phrase; il n'est là sans doute que comme apposition aux autres mots qui caractérisent « ce qui dans l'esprit du sage est redoutable et puissant, c'est-à-dire « l'imprécation ». Ce dernier mot n'est pas, il est vrai, exprimé dans notre texte (à moins que ce ne soit *upamanahê*), mais il n'y est pas moins implicitement contenu, et le silence de notre paragraphe prouverait seulement le soin avec lequel les anciens peuples, en général, évitaient de prononcer des mots de mauvais augure. Nériosengh, dans sa glose destinée à l'explication de l'original, a précisé le sens de la manière la plus claire, en se servant du mot sanskrit *çâpa* (imprécation) : « Le souhait, dit-il, des gens de bien est de deux sortes ; l'un est mental, l'autre est prononcé. Prononcé, c'est la bénédiction très-puissante ; mental, c'est l'imprécation, qui ne l'est pas moins... » C'est là un excellent commentaire du zend *upamana*, et ce commentaire explique fort bien comment on a pu appeler mentale l'imprécation qui ne sort pas de la pensée où elle a pris naissance ». *Commentaire sur le Yaçna*, p. 540.

Il semble en somme, malgré la difficulté qui plane sur ce sujet, que l'on ait affaire ici à la personnification de l'imprécation contre les créatures démoniales.

§ 29. — *Le texte saint.*

Le texte saint lui-même, la parole sainte, le *mãthra çpenta* est réellement dieu : il est honoré comme tel, il a les vertus d'un dieu.

La puissance curative du texte saint est nettement indiquée dans plusieurs passages de l'Avesta. Au chapitre septième du Vendidad, il est dit expressément que, de tous les médecins, celui qui traite par le texte saint est le meilleur : *yaṭ pouru baêṣaza henjaçãnti çpitama zarathustra | kĕretô baêṣazèçċa urvarô baêṣazèçċa mãthrô baêṣazèçċa | aêṣô zî açti baêṣazanãm baêṣazyôtemô yaṭ mãthrem çpentem baêṣazyô*, « lorsque plusieurs médecins viennent ensemble, ô très-saint Zarathustra, médecins opérateurs, médecins traitant par les plantes, médecins traitant par le texte [saint], celui-là est le meilleur de tous les médecins qui emploie pour remède le texte saint (1). »

Au chapitre dix-neuvième du même livre, Zarathustra tenté par Aṅra mainyu, assailli par les divinités perverses, triomphe de leurs attaques en récitant le texte sacré. De la région septentrionale (*apâkhtaraṭ haċa naêmâṭ*) Aṅra mainyu, chef des démons (*daêvanãm daêvô*), se précipite et lance contre Zarathustra le démon Bûiti. Zarathustra s'arme, pour lui résister, de l'oraison *yathâ ahû vairyô*. Le démon repoussé revient à Aṅra mainyu et lui dit : Je ne vois pas

(1) *Les médecins et la médecine dans l'Avesta* (*Revue de linguistique*, t. X, p. 144).

comment donner la mort au très-saint Zarathustra (*nôiṭ hê aoṣô pairivaênâmi çpitamâi zarathustrâi*) : Zarathustra est plein d'éclat et pur. — Ce dernier se dit alors : Les démons complotent ma mort. Il se lève et s'avance, muni des armes que lui a données le créateur Ahura mazdâ ; il dit à Añra mainyu : Je tuerai la création des démons, le démon Naçu, la Pairika ! Añra mainyu répond : O pur Zarathustra, ne mets pas à mort ma création ! Renie la bonne loi mazdéenne, pour trouver le bonheur comme le trouva Vadhaghna, maître du pays. — Et Zarathustra : Je ne renierai point la bonne loi mazdéenne, quand bien même mes os, mon âme, mon intelligence se désagrégeraient (*nôiṭ açtaća nôiṭ ustânemća nôiṭ baodhaççá vîurvîçyâṭ*). — Tes armes ? dit Añra mainyu. — Le mortier, la coupe, le haoma, les paroles prononcées par Ahura mazdâ, voilà mes armes excellentes. — Et Zarathustra récite à nouveau l'oraison *yathâ ahû vairyô*, un des morceaux les plus puissants du texte sacré.

Au soixante-dixième chapitre du Yaçna : « Nous honorons toutes les parodes que Mazdâ a prononcées, qui terrassent les mauvaises pensées, qui terrassent les mauvais discours, qui terrassent les mauvaises actions... Nous honorons la force, la puissance victorieuse, la majesté de toutes ses paroles. »

Au onzième Yast : « O Zarathustra ! celui, homme ou femme, qui prononce cette parole révélée, avec un esprit pur, des discours purs, des actes purs, lorsqu'il est en péril par le fait des eaux, lorsqu'il a un grand effroi, dans une nuit obscure, nuageuse, dans tout accident, ni le jour, ni la nuit, aucun oppresseur, aucun vexateur ne le regardera. O Zarathustra, tu dois prononcer cette parole révélée, lorsque s'approche l'oppresseur, le vexateur... » Et dans le troisième verset : « c'est le *mâthra çpenta* qui chasse le mieux les Drujes invisibles. »

Au quinzième chapitre de Vispered : « Nous honorons Ahura mazdâ, nous honorons les Ameṣas çpentas, nous honorons tous les mâthras ». Au vingt-quatrième chapitre : « Nous commençons la louange du texte saint. »

Au vingt-deuxième chapitre du Vendidad, septième verset : « Puisses-tu me porter remède, ô *mâthra çpenta* très-brillant ! » *mãm tûm baêṣazyôis mãthrô çpentô yô aṣqarenō.*

D'autre part, le texte saint est donné parfois comme l'âme même d'Ormuzd (chapitre dix-neuvième du Vendidad ; treizième Yast), comme le corps de Çraoṣa (Yaçna, IV, 50). Le mot *tanumãthra* (*zaota tanumãthrô, mithrem tanumãthrem, çraoṣahê tanumãthrahê*) se rencontre çà et là dans l'Avesta ; il donne à entendre une personne ayant pour corps le texte saint lui-même, identifié avec le texte saint (1). Burnouf dit au sujet de ce mot : « Il faut reconnaître que cet adjectif est un composé possessif, et traduire : celui qui a la parole pour corps, celui dont la parole est le corps ; et peut-être, par extension, parole faite corps, incarnée » (2). On trouve dans un passage (dixième chapitre du Yaçna) le négatif *atanumãthra-, zaota atanumãthrô*. L'adjectif *vîçpemmãthra-* veut dire « connaissant tout le texte saint » ; *hudhamãthra-*, « pourvu du texte saint » (*zarathustrem hadhamãthrem*) ; etc., etc.

On peut ajouter ici, à propos du texte saint, qu'il n'est point loisible de le communiquer à tout le monde. Le quatrième Yast se termine par cette recommandation : « O Zarathusthra, ne fais pas connaître ce mãthra à d'autres qu'au père, ou au fils, ou au frère né du même corps, ou au prêtre », et nous retrouvons ce passage au quatorzième Yast. Il s'agit évidemment ici de l'enseignement filial tradi-

(1) « Man muss alle heiligen sprüche auswendig wissen und sie richtig hersagen kœnnen, dieselben müssen so zu sagen im kœrper des priester wohnen (dieselbe auschauung haben die Hindus bezüglich des Veda), er muss demnach ein *tanumãthrô* sein ; deswegen ist Serosch (Çraoṣa), der schutzengel der ganzen zoroastrischen religion, und der musterpriester vorzugsweise *tanumãthrô*, d. i. der das heilige wort in sich hat » (Haug, *Ueber den gegenwærtigen stand der zendphilologie*, p. 40).

(2) *Commentaire sur le Yaçna*, p. 40.

tionnel, mais il faut remarquer qu'un ordre semblable ne se trouve pas dans les morceaux plus anciens de l'Avesta, c'est-à-dire ni dans le Vendidad, ni dans le Yaçna, ni dans le Vispered.

§ 30. — *Çaoka.*

Nous ne savons rien de précis sur cette divinité. Si nous inscrivons son nom immédiatement après celui du texte saint (*mâthra çpenta*), c'est que çà et là, dans l'Avesta, les deux mots sont rapprochés l'un de l'autre, par exemple dans les premiers versets du vingt-deuxième chapitre du Vendidad. Dans ce chapitre, le nom de *Çaoka* revient à maintes reprises, mais nous ne découvrons rien qui nous aide à déterminer le caractère de cette bonne déesse (*çaoka vañuhi*) : « Ahura mazdâ dit au très saint Zarathustra : moi, Ahura mazdâ, le créateur des biens, lorsque je créai cette belle demeure, éclatante, visible de loin, le serpent me regarda ; le serpent Añra mainyu, plein de mort, créa à mon encontre quatre-vingt-dix, neuf-cents, neuf-mille et quatre-vingt-dix mille maux. Aide-moi, ô brillant texte saint ! Je te donnerai, en compensation, mille chevaux rapides. Je t'honore, ô bonne Çaoka, créée par Mazdâ ! » Çaoka est une divinité secourable ; et le fait qu'elle est invoquée en même temps que le texte saint ne laisse guère de doute que ce ne soit encore une personnification de la prière, dont la vertu est bien connue.

§ 31. — *Les Phravaṣis.*

On donne le nom de *Phravaṣis* (1), de « Férouers » (zend *phravaṣi*, éranien du moyen âge *phravâṣ, phrôhar*) à une classe d'êtres divins que Burnouf a fort bien définis « le type

(1) Phravaṣi est du genre féminin ; il faut dire *une* et non pas *un* Phravaṣi. C'est ce que prouve la formule *vañuhîs phravaṣayô*.

divin de chacun des êtres doués d'intelligence, son *idée* dans la pensée d'Ormuzd... Ce sens est établi tout à la fois par la tradition et par les textes. Aussi de tous les mots zends que Nériosengh, il y a trois cents ans, avait à traduire en sanskrit, il n'en est peut-être aucun qu'il dût plus religieusement conserver, parce que ce mot désigne un être que les Parses invoquent sans penser au sens propre du nom qu'ils lui donnent, et ensuite parce que la mythologie indienne ne lui offrait aucun personnage correspondant qu'il pût mettre à sa place. Loin de là *phravaṣi* ne se trouve pas une seule fois dans la glose de Nériosengh ; il y est toujours remplacé par le mot *vrddhi* (prospérité, succès)... Ce mot est formé selon moi de *phra,* préfixe indiquant l'élévation, la supériorité, et du substantif *vaṣi,* qui sans doute a du rapport avec la racine germanique *wachsen* (goth. *vahsja*), croître, augmenter. Si Nériosengh a, de lui-même ou à l'exemple des Parses ses devanciers, interprété ce mot d'après une analyse conforme à celle que nous venons de donner, on s'étonnera moins qu'il n'ait trouvé d'équivalent à *phravaṣi* que dans le sanskrit *vrddhi.* Mais nous devons toujours supposer qu'il attachait à ce mot une valeur un peu différente de celle que lui assigne le sanskrit classique, et qu'ainsi *vrddhi* devait comprendre les idées de supériorité, de gloire, dans le sens religieux, de manière qu'un terme dont la valeur propre est « succès », pût désigner le type idéal de chaque être, ou, dans la mythologie des Parses, cette classe de génies bienfaisants qui dispensent le bonheur aux hommes vertueux, dont ils sont eux-mêmes la glorieuse apothéose... Il semble même que les anciens monuments de l'art persan, et en particulier ceux de Persépolis, nous offrent l'image sensible de cette idée et la justification de notre analyse, dans la figure même du Férouer qui se tient toujours au-dessus de celle du roi, s'élève et croît (*vakhs*) pour ainsi dire au-dessus de lui, et le représente dans la région supérieure (*phra*), tel qu'il existe dans la région inférieure » (*Op. cit.* p. 270).

L'origine du mot n'est point celle que suppose Burnouf. La consonne *ṣ* est ici pour un groupe *rt* plus ancien. C'est ainsi, par exemple, que *maṣya-*, homme, répond au perse *martiya-*, au sanskrit *martya-* ; *meṣa-*, mort, au sanskrit *mrta-*; *peṣana-*, bataille, au sanskrit *prtanâ-* ; etc. etc. (*Grammaire de la langue zende*, deuxième édition, p. 89 ; Fr. Müller, *Erânica*, 10 ; Schweizer-Sidler, *Zeitschr. für vgl. sprachforsch.* t. XVII, p. 140). Le sens serait celui de « préexistants » (1). qui répondrait parfaitement à la nature des *Phravaṣis*.

La Phravaṣi d'un individu n'est point son âme : le mot qui répond à cette dernière notion est *urvan-* ; c'est, comme le dit M. J. Darmesteter (2), la forme spirituelle de l'être, indépendante de sa vie matérielle, et antérieure à elle. Peut-être bien est-ce l'élément d'union de l'âme et du corps, mais, à coup sûr, un élément indépendant de ce dernier (3). Le Férouer est antérieur à l'être dont il est le prototype divin, et il lui survit ; et ce ne sont pas seulement les hommes qui possèdent une Phravaṣi : ce sont encore les Yazatas, les saints immortels, Ormuzd lui-même.

Le treizième Yast du Petit Avesta est consacré aux Phravaṣis ; nous en donnons une version très-sommaire (4).

« Ahura mazdâ dit au saint Zarathustra : je te fais connaître la puissance, la force, la majesté, le secours, la joie des Phravaṣis des purs, ô pur, ô saint ! comment elles me portent secours. Par leur éclat et leur majesté je maintiens ce ciel, ô Zarathustra, qui brille là haut et entoure cette terre. Par leur éclat et leur majesté, je maintiens Ardvi çûra Anâhita qui coule à pleins flots, secourable, soumise aux lois d'Ahura, digne des louanges du monde corporel.

« Purifiant la semence virile, procurant aux femmes un heu-

(1) Cf. Haug, *Essays on the sacred language of the Parsees*, p. 186. Justi, *Handbuch der zendsprache*. p. 199.

(2) *Op. cit.*, p. 130.

(3) Spiegel, *Erânische alterthumskunde*, t. II, p. 92.

(4) Windischmann, *Zoroastrische studien*, p. 313. Roth, *Zeitschr. der deutschen morgenl. gesellsch.* t. XXV, p. 217.

reux enfantement; grande et renommée au loin, plus grande que toutes les autres eaux qui se pressent sur le monde. Par leur éclat et leur majesté je maintiens la large terre sur laquelle se pressent les eaux courantes, sur laquelle croissent des végétaux de toute sorte pour la nourriture du bétail et des hommes, pour la nourriture des régions éraniennes. Par leur éclat et leur majesté je maintiens les enfants dans [le ventre de leurs] mères, de façon à ce qu'ils ne périssent pas. Car si les puissantes Phravaṣis des êtres purs ne me donnaient pas assistance, il n'y aurait pas de bétail ni d'hommes; la richesse, l'empire, le monde corporel appartiendraient aux Drujes. Par leur éclat et leur majesté les eaux coulent, les végétaux croissent, les vents soufflent, chassant les nuées. Par leur éclat et leur majesté les femmes enfantent heureusement. Par leur éclat et leur majesté le soleil, la lune, les étoiles vont leur chemin. Les Phravaṣis des êtres purs sont un secours dans les violents combats; les Phravaṣis des êtres purs les plus puissantes sont celles des êtres vertueux qui ont vécu avant la révélation de la loi (1) et celles des êtres utiles qui ne sont pas nés encore; puis, parmi les autres, celles des vivants sont plus puissantes, ô Zarathustra, que celles des morts.

« Ahura mazdâ dit au saint Zarathustra : Si dans ce monde corporel tu éprouves quelque effroi, prononce ces paroles victorieuses : je loue, j'invoque les saintes Phravaṣis des êtres purs, les Phravaṣis des maisons, des hameaux, des tribus, des districts, celles des êtres vivants, de ceux qui ont vécu, de ceux qui doivent vivre; qui soutiennent le ciel, l'eau, la terre, le bétail, les enfants dans [le sein de] la mère; qui procurent la victoire à qui les prie, beaucoup d'éclat à qui leur sacrifie; qui vont là surtout où sont des hommes purs.

(1) C'est vraisemblablement le sens du mot *paoiryôṭkaêṣa-*; cf. Spiegel, *Comment.* t. II, p. 69; *Erân. alterthumskunde,* t. II, p. 300. D'après M. J. Darmesteter (*Mémoires de la société de linguistique,* t. II, p. 300), ce mot donnerait à entendre les anciens fidèles, ceux qui ont précédé les générations actuelles.

« Nous invoquons les bonnes, fortes, saintes Phravaṣis des êtres purs, qui sont les plus puissantes des guerriers montés sur des chars ; elles sont là où des hommes forts combattent victorieusement. Ahura mazdâ les appela à son aide pour soutenir le ciel, l'eau, la terre, le bétail, les végétaux, l'enfant dans le sein de la mère.

« Nous honorons les Phravaṣis amicales qui ne sont pas les premières à blesser ; qui ont une ferme volonté contre les êtres nuisibles, qui abattent les bras puissants des ennemis ; fortes, redoutables, voyant au loin, renversant la haine de tous les adversaires, hommes et démons, terrassant avec force les ennemis. Vous donnez au bon la victoire créée par Ahura et le triomphe qui vient d'en haut, vous, êtres très-utiles pour ces régions, lorsque vous n'êtes pas offensées. Il faut vous honorer et vous louer. Nous honorons les bonnes, puissantes Phravaṣis, illustres, fortes, invulnérables, qu'appellent à l'aide l'attaquant et l'attaqué ; qui vont particulièrement là où des hommes purs conservent surtout la pureté dans leur pensée, là où elles sont surtout honorées, là où l'homme pur est content et non maltraité. Nous honorons les Phravaṣis aux armées nombreuses, aux drapeaux levés ; qui, dans le choc, détruisent les ailes, font céder le centre [des ennemis] ; elles qui procurent un grand éclat à qui les honore, comme le fit le pur Zarathustra ; qui ont des casques de fer, des armes de fer, s'avançant pour tuer mille démons, lorsque le vent vient vers elles apportant l'odeur des hommes. Ces hommes les reçoivent comme des hôtes, elles en qui est l'odeur de la victoire, ils vont à leur encontre avant qu'on ne lève les bras. Là où on leur sacrifie avec un esprit fidèle, là arrivent les puissantes Phravaṣis avec Mithra, Raṣnu, la puissante imprécation (p. 281), avec le vent victorieux. Nous honorons les bonnes et puissantes Phravaṣis qui viennent lors des jours complémentaires de l'année et vont çà et là durant dix nuits cherchant qui les appelle à l'aide : Qui nous honorera ? Qui nous offrira un sacrifice? Quelle est celle d'entre nous dont on prononcera le nom? A qui d'entre nous offrira-t-on des présents? L'homme qui leur offre un sacrifice, les puissantes Phravaṣis le bénissent : Dans cette demeure il y aura beaucoup de bétail et beaucoup d'hommes, il y aura des chevaux rapides. L'homme qui toujours nous offre ici un sacrifice, sera honoré. Nous honorons les bonnes, les puissantes Phravaṣis qui montrent de belles routes aux eaux créées par Mazdâ et qui auparavant étaient stagnantes ; elles vont maintenant dans le chemin créé par Mazdâ. Nous honorons les bonnes et puissantes Phravaṣis qui montrent la belle croissance aux végétaux pleins de suc, lesquels auparavant restaient au même lieu sans grandir. Ils croissent maintenant au temps indiqué par la volonté d'Ahura mazdâ. Nous honorons les bonnes et puissantes Phravaṣis qui montrent la route aux étoiles, à la lune, au soleil, aux lumières increéées, qui auparavant demeuraient immobiles par crainte des démons ; ils avancent maintenant... Nous honorons les bonnes et puissantes Phravaṣis qui veillent sur le lac Vourukaṣa, qui veillent sur la constellation des sept astres, qui veillent sur la semence du saint et pur Zarathustra, au nombre de quatre-vingt-dix-neuf mille neuf cent quatre-vingt-dix-neuf; qui combattent à la droite du puissant Ahura mazdâ. Nous honorons les bonnes et puissantes Phravaṣis, plus grandes, plus fortes, plus victorieuses, plus secourables, plus actives que les mots ne le pourraient exprimer, qui viennent par dizaine de milliers au milieu des offrandes du sacrifice. Dans les batailles elles combattent à leur place, comme un homme fort, comme un guerrier, luttant pour la défense des trésors amassés. Si le chef d'une contrée les invoque, elles arrivent à son secours, comme un oiseau bien empenné ; elles lui servent d'armes, de défense, contre la Druje invisible, contre le méchant Aṅra mainyu.

« Nous honorons les êtres célestes, les esprits, les lois, les âmes du bétail, les âmes des animaux qui marchent, des animaux aquatiques, des oiseaux. Nous honorons les

Phravaṣis. Ce sont les plus actives des créations des deux êtres célestes ; elles se tenaient là, dressées, quand les deux êtres célestes, le bon esprit et le pervers, firent leurs créatures. Lorsque Añra mainyu pénétra dans la création de la bonne pureté, Vôhu manah et le feu s'interposèrent, pour qu'il n'empêchât pas le cours des eaux et la croissance des végétaux. Les eaux du fort créateur, du puissant Ahura mazdâ, courent toujours et les végétaux grandissent. Nous honorons toutes les eaux, nous honorons tous les végétaux. Nous honorons toutes les bonnes, fortes et saintes Phravaṣis des êtres purs. Nous honorons toutes les Phravaṣis des êtres qui ont été jusqu'à ce jour ; celle d'Ahura mazdâ, la plus grande, la meilleure, la plus belle, la plus puissante, la plus intelligente, dont le texte saint est l'âme. Nous honorons les Phravaṣis des êtres purs, des Ameṣas çpentas, qui tous les sept ont la même pensée, la même parole, la même action, qui ont un même père et seigneur, à savoir le créateur Ahura mazdâ.

« Nous honorons les bonnes et puissantes Phravaṣis du feu urvâzista (1), du saint Çraoṣa qui a pour corps le texte saint ; de Nairya çañha (2) ; de Raṣnu, de Mithra aux vastes pacages, du texte saint, du ciel, de l'eau, de la terre, des végétaux, de Gaya maretan (3). Nous honorons la Phravaṣi et la sainteté du saint Zarathustra, qui fut le premier prêtre le premier guerrier, le premier agriculteur, qui le premier des êtres corporels honora le [monde] pur, anéantissant les démons, dévoué à la foi en Ahura ; qui le premier des êtres corporels récita les prières contre les démons et désigna comme indigne de louange toute la création démoniale ; qui annonça la sainte parole panégyriste de la pureté ; que les Ameṣas çpentas souhaitèrent, en communauté de désir avec le soleil ; à la naissance et à la croissance duquel les eaux et

(1) Voyez ci-dessus, page 235.
(2) Voyez ci-dessus, page 236.
(3) Gayômart, dont il sera question plus loin.

les végétaux se réjouirent et s'accrurent ; à la naissance et à la croissance duquel toutes les créatures du saint esprit annoncèrent le salut : Salut pour nous ! Il est né le prêtre, le saint Zarathustra ; il nous sacrifiera et nous offrira des dons, il développera la loi mazdéenne sur les sept régions.

« Nous honorons la Phravaṣi d'Açmôqanvat, de Çaêna, etc., etc., etc. (1).....

« Nous honorons les Phravaṣis de tous les hommes purs, de toutes les femmes pures, depuis Gaya maratan jusqu'au victorieux Çaoṣyat. Que les Phravaṣis des êtres purs arrivent bientôt à notre aide ! Habitez ici, êtres bons, eaux, végétaux, Phravaṣis des êtres purs ! Soyez bien accueillies dans cette demeure ! Nous honorons les Phravaṣis de tous les hommes purs et de toutes les femmes pures ; Zarathustra, nous le savons, est le premier d'entre eux. Nous honorons les premiers croyants, nous honorons Zarathustra, chef et maître de tout le monde corporel, le plus savant, le plus puissant, le plus majestueux, le plus louable des êtres. Nous honorons cette terre, ce ciel, ces biens ; les âmes des êtres purs, qui combattent, combattront, ont combattu (pour la bonne loi). Que les Phravaṣis des vaillants, des victorieux arrivent satisfaites dans cette demeure, qu'elles la bénissent, qu'ils en emportent la louange et l'invocation pour le créateur Ahura mazdâ et les Ameṣas çpentas. Qu'elles ne s'éloignent jamais, en se plaignant, de cette demeure, de nous Mazdéens ! »

Le vingt-troisième chapitre du Yaçna et le vingt-sixième sont également consacrés aux Phravaṣis, mais ils ne contiennent rien que l'on ne trouve déjà dans le Yast qui vient d'être analysé.

Nous pouvons ajouter que les Phravaṣis président à cette partie du jour qui s'appelle *aiwiçrûthrema* (cf. Hyde, *Veterum Persarum et Parthorum et Medorum religionis historia*,

(1) Les versets 96 à 142 contiennent l'énumération d'un très-grand nombre de personnages de l'ancienne légende éranienne.

p. 166; Yaçna, chap. premier, vers. 16; quatrième Gâh), et qui s'étend du lever des étoiles jusqu'à minuit.

§ 32. — *Drvâçpa* (*gèus urvan*).

Nous verrons, en parlant de la genèse mazdéenne, que le chef des esprits bienfaisants créa tout d'abord un taureau, le taureau primitif, le taureau créé unique (*aêvôdâta-*, au moyen âge *èvakdât*); nous verrons que ce taureau fut mis à mort par Aṅra mainyu et qu'alors son âme (*gèus urvan*) gagna le ciel. Cette âme du taureau, le *gèus urvan* du texte ancien, le *gôṣurûn* de l'éranien du moyen âge, passa à l'état de divinité bienfaisante, protectrice du bétail. Elle reçoit le nom de Drvâçpa qui signifie « aux chevaux solides (1). »

Le neuvième Yast, qui est consacré à cette divinité, nous apprend en réalité fort peu de chose sur son compte. En voici une version très-sommaire.

« Nous honorons Drvâçpa, puissante, créée par Mazdâ, pure, qui donne la santé au bétail, qui donne la santé aux animaux de trait, aux adultes, aux jeunes, qui veille de loin; qui a des chevaux attelés, des roues brillantes; forte, de belle forme, salutaire, solide, protégeant les hommes purs. Haoṣayaṅha lui sacrifia au sommet d'une montagne haute, belle, créée par Mazdâ, cent chevaux, mille bœufs, dix mille têtes de petit bétail : Donne-moi, ô bonne, très-utile Drvâçpa, la faveur de battre les démons, de ne pas fuir, effrayé, devant les démons. Drvâçpa, forte, créée par Mazdâ, lui accorda cette faveur, à lui qui offrait un sacrifice.

« Yima khṣaêta lui sacrifia : Donne-moi la faveur, ô bonne, très-utile Drvâçpa, d'apporter aux créatures de Mazdâ de gras troupeaux et l'immortalité; d'éloigner des créatures de Mazdâ la faim et la soif, la vieillesse et la mort, le chaud

(1) Sur l'âme du taureau consulter Windischmann, *Zoroastrische studien*, p. 64; Spiegel, *Erânische alterthumskunde*. t. II, p. 76; Haug, *Essays*, p. 140, p. 182; Weber, *Indische streifen*, t. II, p. 462.

et le froid, pendant mille ans. Drvâçpa lui accorda cette faveur, à lui qui offrait un sacrifice.

« Thraêtaona lui sacrifia : Donne-moi la faveur, ô bonne, très-utile Drvâçpa, de tuer le serpent aux trois gueules, aux trois corps, aux six yeux, aux mille forces. Drvâçpa lui accorda cette faveur.

« Le beau, le royal Haoma aux yeux d'or, lui sacrifia sur la cime la plus élevée : Donne-moi, ô bonne, très-utile Drvâçpa la faveur d'enchaîner Phrañraçyan (1), de le conduire comme prisonnier de Huçrava ; que Huçrava le tue derrière le lac Ćaêćaçta (2). Drvâçpa lui accorda cette faveur.

« Le pur Zarathustra lui sacrifia dans l'Airyana vaêjah de la bonne création : Donne-moi, ô bonne, très-utile Drvâçpa, de m'attacher la bonne, la noble Hutaoça (3), pour penser, parler, agir d'après la loi ; qu'elle imprime dans sa pensée la bonne loi mazdéenne. Drvâçpa lui accorda cette faveur.

« Vîstâçpa lui sacrifia : Donne-moi cette faveur, ô bonne, très-utile Drvâçpa, de repousser dans la bataille (4).... Drvâçpa lui accorda cette faveur, à lui qui offrait un sacrifice et demandait une grâce. »

§ 33. — *Zrvan, Zrvâna.*

Que le temps, le temps incréé (nominatif *zrvânem akerenem*) soit dans l'ancienne religion mazdéenne un dieu véritable (bien que certaines énumérations importantes n'en fassent point mention), on n'en saurait douter. Au chapitre dix-neuvième du Vendidad, Ormuzd dit expressément à Zoroastre : « Honore, ô Zarathustra, la bonne loi mazdéenne, les Ameşas çpentas [qui président] à la terre divisée en sept parties,

(1) Justi, *Handbuch* p. 197.

(2) *Zeitschrift der deutschen morgenlœndischen gesellschaft*, t. XXXIII, p. 311 ; Justi, *op. cit.* p. 107. Windischmann, *Zoroastrische studien* p. 13.

(3) La femme de Vîstâçpa ; cf. le quinzième Yast, verset trente-sixième.

(4) Ici une série de noms propres.

honore le temps incréé, l'air qui agit dans les « hauteurs » ; et Zoroastre répond : « J'honore la sainte parole, le temps incréé, l'air, etc. » Cette même invocation se retrouve dans les deux sections du Sîroza et dans quelques autres passages.

Pas plus que la lumière incréée, dont il a été parlé ci-dessus (p. 247), Zrvan n'émane d'Ormuzd ; mais, à coup sûr, il n'est pas davantage le père d'Ormuzd et d'Ahriman, comme l'ont prétendu quelques auteurs qui n'avaient de l'Avesta qu'une connaissance superficielle. C'est là une opinion que rien, absolument rien, ne peut justifier.

Cette conception du *temps premier principe* est postérieure au mazdéisme ancien ; elle appartient à une époque plus récente. C'est la doctrine de la secte des *Zérvanites* ou *Zérvaniens*.

Quant au temps « à la longue domination », *dareghôqadhâta-* (*zrvânem dareghôqadhâtem*), invoqué dans quelques passages du Petit Avesta, c'est, comme l'explique la tradition, la période de douze mille ans (de neuf mille, selon d'autres), période de la durée du monde terrestre d'après les conceptions mazdéennes. Nous en reparlerons plus loin.

§ 34. — *Les jours et parties du jour consacrés aux différentes divinités bienfaisantes.*

Après cette énumération des divinités bienfaisantes, nous pouvons dire incidemment quels sont les jours du mois qu'on a consacrés particulièrement à chacune d'elles.

Le premier à Ahura mazdâ (cf. Yaçna, chap. I, vers. 36) ;
Le second à Vôhu manah ;
Le troisième à Aṣa vahista ;
Le quatrième à Kkṣathra vairya ;
Le cinquième à Ârmaiti ;
Le sixième à Haurvatât ;
Le septième à Ameretât ;
Le neuvième à Âtar

Le dixième aux eaux (*âpô*) ;
Le onzième au soleil ;
Le douzième à la lune ;
Le treizième à Tistrya ;
Le quatorzième à Drvâçpa ;
Le quinzième à Thwâṣa ;
Le seizième à Mithra ;
Le dix-septième à Çraoṣa ;
Le dix-huitième à Raṣnu :
Le dix-neuvième aux Phravaṣis ;
Le vingtième à Verethraghna ;
Le vingt-unième à Râman ;
Le vingt-deuxième à Vâta ;
Le vingt-quatrième à Daêna ;
Le vingt-cinquième à Aṣi vañuhi ;
Le vingt-sixième à Arstât ;
Le vingt-septième à Açman ;
Le vingt-huitième à la terre ;
Le vingt-neuvième au texte saint (*mãthra çpenta*) ;
Le trentième à la lumière infinie (*anaghra raoćah*).

Puis, comme nous l'avons déjà vu, aux cinq parties du jour, préside telle ou telle divinité. A la partie qui commence à minuit et dure jusqu'au point du jour (*uṣahina*, au moyen âge *uṣahin*) préside Çraoṣa (1) ; à la partie qui commence avec la première aurore et prend fin à midi (*hâvani*, huzvârèche et parsi *hâvan*), préside Mithra ; à la partie qui commence à midi et finit au crépuscule (*rapithwina*, au moyen âge *rapitpin*, *rapitvan*) préside, entre autres Aṣa vahista ; à la quatrième partie (*uzayêirina*, au moyen âge *uzairin*), qui commence avec le crépuscule et finit à l'apparition des étoiles, préside Apãm napat : enfin les Phravaṣis et Verethraghna président à la dernière partie (*aiwiçrûthrema*, au moyen âge *aipçrûçrim*,

(1) Voir Hyde, *Veterum Persarum et Parthorum et Medorum religionis historia*, p. 166. Haug, *Essays*, p. 151.

aibçrûçrim, iviçrûtrem) qui dure de l'apparition des étoiles à minuit (1). En hiver le temps « rapithwina » n'est point compté, et le temps « hâvani » dure jusqu'au coucher du soleil.

En outre, de même que les différents jours du mois sont consacrés à telles et telles divinités, de même les différents mois ont chacun un dieu pour patron ; c'est ce qu'enseigne sinon le texte même de l'Avesta, du moins la tradition : mars est consacré aux Phravaşis, avril à Aşa vahista, mai à Haurvatât, etc. (cf. Spiegel, *Erânische alterthumskunde*, t. III, p. 668). Quant aux noms des mois, l'Avesta ne nous les a pas conservés, mais les textes perses des inscriptions cunéiformes en citent jusqu'à huit et l'on peut en restituer un neuvième ; il ne manque que les noms de nos mois d'août, septembre et octobre (cf. Ménant, *Achémén.* p. 173). On peut consulter sur l'année, les mois et le nom des jours perses Brisson *De regio Persarum principatu libri tres*, p. 609, Mandelslo, *op. cit.* p. 183, et surtout l'ouvrage cité de Hyde, p. 183 ; Fréret, dans le tome seizième de l'Académie des inscriptions et Belles-Lettres (1751), p. 233 ; Benfey, *Ueber die monatsnamen*, etc. ; voir ci-dessus, Introduction, p. 68.

(1) Voir le vingt-cinquième chapitre du Boundehèche ; édition Justi, p. 34, et p. 217.

(2) « Quoique leurs mois ne soient que de trente jours, leur année ne laisse pas d'être composée de trois cent soixante-cinq jours ; car ils ajoutent cinq jours au dernier mois. »

CHAPITRE III

Les divinités malfaisantes.

Nous laissons le panthéon lumineux et bienfaisant, les dieux de la splendeur, de la création pure (*aṣaonô çtôis*), les dieux protecteurs des fidèles Mazdéens, et nous arrivons au panthéon ténébreux et malfaisant, aux divinités qui luttent contre les créations d'Ormuzd, s'acharnent à la destruction du monde pur et veulent arracher les fidèles à la bonne loi mazdéenne (*daênãm mâzdayaçnîm*). Les divinités malfaisantes ne sont pas moins nombreuses que les divinités bienfaisantes ; on compte les démons par milliers ; mais de tous ces êtres pervers bien peu de noms ont été conservés et sont parvenus jusqu'à nous.

§ 1. — *Añra mainyu.*

Ahriman, l'adversaire direct d'Ormuzd, est à la tête de la troupe pernicieuse, de la troupe néfaste (*ithyêja-*, *marṣaona-*, *pourumahrka-*) ; c'est l'Âharman du moyen âge éranien.

Dans sa huitième Dissertation, plusieurs fois citée déjà, Reland dit sous le mot *Arimanes* : « Malus genius apud Persas. Hesychius. Ἀριμάνης ὁ Ἅδης παρὰ Πέρσαις. In Talmude *Hormin* nomen est mali genii, quod suspicabar aliquando pro *Hormoz* (Oromasde) positum, sed quia malum esse genium dicunt, ex Arimane potest deflexum videri. Hodieque *Ahari-*

man, nomen est diaboli : unde non est necesse illum compositum credere ex *Ari* et *Mani*, quæ duo sint nomina persica simplicia, uti illustris Scaliger volebat, *lib.* VI *de emend. temporum*, *p.* 551, ubi tabellam exhibet nominum persicorum simplicium, ingeniose quidem constructam, ut inde omnia nomina propria persica sibi nota deduceret, sed (quod pace tanti viri dixerim) ut mihi quidem videtur, nullius aut exiguæ utilitatis : quandoquidem eam tabulam ex variis syllabis nominum persicorum conflavit, et ipsa nomina persica ex illa explicat, quasi per circulum... Nec enim *Ari* in voce persica est, sed *Aher* quod flexerunt Grœci in ἄρι vel ἄρει. *Aher* autem non est nomen proprium persicum, ut nec *man* altera pars vocis *Ahermen*, quamvis a Græcis in μάνης de μάνιος flexa sit, ut conveniret cum voce ipsis nota 'Αρειμάνιος, *bellandi amore insanus* de qua multa habet Stephanus *Schediasm.* IV Z 5. Atque ita se res habet in aliis. »

La seconde partie du nom d'Ahriman, *mainyu*, ne peut nous arrêter ; c'est le mot qui se retrouve dans l'expression *çpenta mainyu*, l'esprit saint, dénomination d'Ormuzd (*çpentaçća mainyus añraçća*, Yast XIX vers. 44). Quant au premier terme, *añra*, il offre une certaine difficulté. La version sanskrite de Nériosengh le rend par un mot dont le sens est celui de « tueur, meurtrier », tout comme le fait la traduction huzvârèche et le parsi, *ganâ mainyô*). On a supposé que la racine était la même que celle de *açta-*, lancé, *añhaṭ*, il lança ; (cf. le sanskrit *as*, lancer, expulser). La forme *añra-* serait pour *añhra-*, phénomène très-connu en zend (comparez *hazañra-* pour *hazañhra-*, mille, sanskrit *sahasra-*) ; mais on donne à la racine *as*, *añh*, un sens qu'elle ne possède point, celui de « tuer ». Il a fallu recourir à une autre hypothèse. Dans son Lexique indo-européen M. Fick place *añra-* à côté de *angra-*, f., méchanceté (cf. latin *angor*, *ango*, grec ἄχομαι, etc.). Ce rapprochement est justifiable sous le rapport des lois phonétiques. Partant d'une forme aghra-, l'on aurait eu azra-, puis açra-, puis asra-, ahra-, añhra-, d'où *añra-*. Le sens de « tueur, meurtrier » serait ainsi tout à fait justifié (1).

Nous avons insisté plus haut sur ce point important que les deux principes adversaires, celui du bien et celui du mal, Ormuzd et Ahriman, sont coéternels, qu'ils n'ont eu de commencement ni l'un ni l'autre, et que l'erreur des auteurs qui ont voulu donner à Ormuzd une certaine antériorité sur le chef de la mauvaise création, est une erreur capitale. Il en est de ces deux divinités comme de la lumière sans commencement, *anaghra raoćah*, dont il a été parlé plus haut (p. 247), et de l'obscurité également sans commencement, *anaghra temah* (*anagraêṣva temôhva*, *anagraêṣva raoćôhva*, Yast vingt-deuxième). Il serait superflu de revenir sur ce sujet après ce qui a été exposé dans le chapitre sur le dualisme (p. 151).

Ce que nous avons dit d'Ormuzd, dans le premier paragraphe consacré aux divinités bienfaisantes, nous dispensera aussi de nous arrêter longtemps sur Ahriman. Ce dernier est créateur comme le premier, mais sa création d'êtres intellectuels et d'êtres corporels, n'est qu'une riposte à celle d'Ormuzd. On le verra dans le livre suivant où il doit être traité de la conception du monde chez les Mazdéens. Là également nous parlerons du premier taureau et du premier homme, et de leur mort due à Ahriman. Ce dernier est, en somme, le créateur de tous les maux, de toutes les maladies, comme le déclare très-expressément le vingtième chapitre du Vendidad :

« Zarathustra interrogea Ahura mazdâ : Ahura mazdâ, esprit très-saint, créateur des mondes corporels, [être] pur qui fut le premier des mortels secourables, resplendissants, puissants, doués d'un merveilleux pouvoir, illustres, forts, qui retint la maladie à la maladie, qui retint la mort à la mort, qui retint les ardeurs de la fièvre du corps de l'homme ?

« Ahura mazdâ dit alors : Très-saint Zarathustra, Thrita

(1) Consulter sur ce point Spiegel, *Commentar*, t. II, p. 178 ; *Arische studien*, premier cahier p. 39 ; Fick, *op. cit.*, t. 1, 2e édit., p. 5. *Revue de linguistique*, t. V, p. 78.

fut le premier des mortels secourables, resplendissants, puissants, doués d'un pouvoir merveilleux, illustres, forts, qui retint la maladie à la maladie, qui retint la mort à la mort, qui retint les ardeurs de la fièvre loin du corps de l'homme Il demanda un remède à (?) Khṣathra vairya pour lutter contre la maladie, pour lutter contre la mort, pour lutter contre le mal, pour lutter contre la fièvre, l'infection, l'impureté qu'Añra mainyu créa à l'égard du corps humain. Alors, moi, Ahura mazdâ, je produisis les plantes médicinales par centaines, par milliers, par dizaines de mille; parmi elles le *gaokerena* (1). Nous chérissons tout cela, nous demandons instamment tout cela, nous trouvons tout cela à l'égard du corps humain. Je te maudis, ô maladie; je te maudis, ô mort; je te maudis, ô mal; je te maudis, ô fièvre; mauvais état (?), je te maudis! Je combats la maladie, je combats la mort, je combats le mal, je combats la fièvre, je combats l'infection, l'impureté qu'Añra mainyu créa à l'égard du corps humain (2). »

Quoiqu'il en soit, toutes les créations d'Ahriman viennent se heurter un jour à un obstacle invincible, au très-saint Zoroastre. A l'apparition de Zoroastre, les esprits de perdition, déconcertés, ne peuvent plus regagner leur premier domaine, le royaume des ténèbres; ils errent désormais, sans pouvoir même prendre forme humaine, refoulés dans les régions les plus septentrionales, *apâkhdhra naêma*.

Quant à la lutte d'Ahriman et de ses démons contre le saint Zoroastre, nous l'avons reproduite, d'après le texte de l'Avesta, dans le chapitre du livre premier consacré à ce vénérable personnage (voyez ci-dessus p. 145); nous n'avons donc pas à y revenir. Zoroastre repousse toutes les attaques

(1) Windischmann, *Zoroastrische studien*, pp. 89, 169, 251; Spiegel, *Die traditionelle litteratur der Parsen*, t. II, p. 113; Kuhn, *Die herabkunft des feuers*, p. 119. Le *gaokerena* est le « haoma » blanc (Justi, *Handbuch der zend sprache*, p. 99), le *gôkarn, gôkart* du moyen âge. parsi *gogarv, gugarv*; Justi, *Der Bundehesh*, p. 225.

(2) *Revue de linguistique*, t. X, p. 127.

de l'armée du mal, et Ahriman s'avouant battu (dix-septième Yast, vers. 19) se précipite aux enfers, vaincu par l'intervention d'Âtar et de Vôhu manah (ibid. vers. 77). La tradition l'y montrera gardé par un Ameṣa çpenta et un Yazata, par Aṣa vahista et par Verethraghna (1).

§ 2. — *Les Daêvas.*

Les *daêvas*, les démons (les *dévs* du moyen âge) sont en nombre incalculable, et il en est bien peu dont le nom particulier soit parvenu jusqu'à nous. Ils forment une véritable armée, *haêna-* (vieux perse *haênâ-*, huzvârèche *hèn*, sanskrit *sênâ-*) : *drvaitibyô haênèbyô* ; leur chef est Ahriman, le démon des démons, le div des divs.

Il en est qui habitent les régions aériennes (*mainyava daêva*), êtres tout à fait invisibles ; c'est à eux que fait allusion Diogène Laërce dans son introduction : Τοὺς δὲ Μάγους περί τε θεραπείας θεῶν διατρίβειν.... ἀσκεῖν τε μαντικὴν καὶ πρόρρησιν, καὶ θεοὺς αὑτοῖς ἐμφανίζεσθαι λέγοντας. Ἀλλὰ καὶ εἰδώλων πλήρη εἶναι τον ἀέρα κατ'ἀπόρροιαν ὑπ'ἀναθυμιάσεως εἰσκρινομένων ταῖς ὄψεσι τῶν ὀξυδερκων. « divinationem præterea prædictionemque exercere, sibi deos apparere asserentes; plenum esse spectris aerem, quæ tenuiter veluti ex evaporatione acute cernentium

(1) « Nach verlauf der erwæhnten dreitausend jahre existirten also der mensch. die welt und die übrigen genannten geschœpfe. Nun bestürmte der bœsartige Ahriman wiederum den himmel, und durchbrach berge und erde ; er durchkreisste die welt und befleckte sich selbst mit allem bœsen und unreinen was in der welt war. Da er aber gegen das himmlische nichts vermochte, so führte er neunzig næchte und tage krieg in der welt. Der himmel drehte sich und die paradiesbewohner kamen der welt zu hülfe ; sie ergriffen sieben der schlimmsten diws, führten sie in den himmel, und banden sie mit paradiesischen fesseln. Ahriman plagte den Kajumerts mit tausend plagen, bis er verschwand, aus ihm enstand vieles, worüber mehreres zu sagen ist. Auch aus dem stiere gingen vielerlei dinge und thiere hervor. Darauf wurde Ahriman ergriffen, und durch dieselbe œffnung, wodurch er in die welt gekommen, in die hœlle gebracht. Hier band man ihn mit paradiesischen fesseln, und übertrug seine bewachung den beiden engeln Ardibehischt Amschasfend und Behram Ised. » Vullers, *Fragmente über die religion des Zoroaster*, Aus dem persischen übersetzt, etc. ; p. 49. (*Ulemaï Islam*).

oculis influant », édit. Didot, p. 2; cf. *Vie de Pythagore*, *ibid.*, p. 211 : εἶναί τε πάντα τὸν ἀέρα ψυχῶν ἔμπλεων... D'autres habitent en telles ou telles régions terrestres.

C'est des régions septentrionales qu'ils se précipitent à l'attaque des créatures mazdéennes : *apâkhtarat̰ hača naêmât̰ apâkhtaraêibyô hača namaêibyô* (Vendidad, chap. dix-neuvième) ; c'est dans les régions septentrionales qu'ils cherchent un refuge. C'est particulièrement durant la nuit et l'obscurité qu'ils se livrent à leurs incursions. Pourtant il n'en est pas toujours ainsi, et nous voyons au treizième chapitre du livre cité le daêva *zairimyañura, daêum yim zairimyañurem nãma,* se montrer à chaque aurore, adversaire redoutable du *çpenta mainyu* (1).

Il y a des démons mâles et des démons femelles, comme l'indique le premier verset du dixième chapitre du Yaçna : *vis apãm idha patentu vî daêvãoñhô vî daêvyô,* « que les démons mâles, et que les démons femelles s'en aillent », mais peut-être faut-il comprendre parmi ces derniers les Drujes et les Pairikas dont nous parlerons un peu plus loin.

Quant aux démons « vareniens, » *varenya daêva*, et aux démons « mâzaniens, » *daêva mâzainya*, on admet pour l'ordinaire qu'ils tirent leur nom du pays de leur origine : ces derniers du Mazendérân (2), les autres de Varena (3). Quoi qu'il en soit de la première épithète, il est possible, comme le suppose M. de Harlez, que la seconde ait simplement le sens de « livré à ses passions, livrés à leurs passions » ; c'est ce qu'indique d'ailleurs la version traditionnelle (4).

L'Avesta enseigne, dans toutes ses parties, que les armes

(1) Kohut, *Ueber die jüdische angelologie und dæmonologie in ihrer abhængigkeit vom Parsismus*, p. 61.

(2) Spiegel, *Commentar*, t. I, p. 275 et p. 375. D'après M. J. Darmesteter ce seraient des démons « sorciers », des magiciens, des enchanteurs ; *Ormazd et Ahriman*, p. 157.

(3) Spiegel, *Varena* (Zeitschrift der deutschen morgenlændischen gesellschaft, t. XXXIII, p. 716).

(4) Zeitschr. der deutschen morgenlændischen gesellschaft, t. XXXIII, p. 308.

qu'il faut employer pour repousser les attaques des démons, sont les prières mazdéennes, l'invocation des divinités bienfaisantes, la récitation du texte saint, le sacrifice aux dieux. C'est ainsi que Zoroastre triompha dans la lutte terrible qu'il eut à soutenir contre l'armée du mal. « La moindre offrande de haoma, lisons-nous dans le dixième chapitre du Yaçna, la moindre louange de haoma, la moindre dégustation de haoma suffisent à tuer des milliers de démons », *nitemaćiṭ haoma hûitis nitemaćit haoma çtûitis nitemaćiṭ haoma qareitis hazan̄raghnyâi açti daêvanãm*. Au dixième chapitre du Vendidad, Ormuzd enseigne à Zoroastre les paroles qui doivent triompher des démons : Je chasse tel et tel démon... « Telles sont les paroles qui sont faites pour la défaite d'An̄ra mainyu », *ima aêtê vaća yôi henti an̄rahê mainyèus çnathem*. C'est là un point bien connu et sur lequel il n'y a pas à insister.

Un des principaux démons, un des plus redoutables auxiliaires d'Ahriman, est *Aêṣma*, démon de la colère, le Khaṣm, Khiṣm plus moderne, l'Asmodée biblique (1), auquel on donne souvent l'épithète de *khrvîdru-*, « à la lance terrible » : *çnathâi aêṣmahê khrvîdraos*, « pour la défaite d'Aêṣma à la lance terrible. » C'est l'adversaire particulier de Çraoṣa à la forte lance (*darṣidru-*) et de Mithra. Il est appelé aussi Aêṣma du mauvais éclat, *dusqarenah-*. C'est lui qui pousse les hommes à la persévérance dans le mal, c'est lui qui leur souffle l'esprit de colère et de vengeance.

Windischmann a recueilli avec soin les différents passages de l'Avesta où il est question d'Aêṣma ; on ne trouvera dans son étude rien de particulier, mais il s'en dégage d'une façon très-évidente ce fait signalé ci-dessus, qu'après An̄ra mainyu, Aêṣma est le plus redoutable des dieux malfaisants. Dans la lutte terrible qu'engage Ormuzd avec Ahriman, tandis que

(1) Windischmann, *Zoroastrische studien*, p. 143. Benfey, *Ueber die monatsnamen einiger vœlker, insbesondere der Perser*, etc, p. 201. Kohut, *op. cit.* p. 75.

le premier est soutenu par Vôhu manah, Âtar, Aṣa vahista, le second a pour auxiliaires Aka manah, Aži dahâka et Aêṣma.

Lorsque nous avons parlé des saints immortels, nous avons dit qu'à chacun de ces Ameṣas çpentas était opposé un adversaire particulier. Nous arrivons à ces six démons.

Aka manah, l'esprit méchant, la méchante pensée (nominatif *Akem manô*), l'Akoman du moyen âge, est l'ennemi de Vôhu manah. C'est la première des créatures d'Ahriman, d'après la tradition.

Au saint immortel Aṣa vahista (p. 215) est opposé *Andra* (ou *Indra*), l'Andar, Ander du moyen âge, qui, lui aussi, est finalement vaincu. Andra a pour mission d'attendre au pont Tchinvat les âmes damnées et de les précipiter dans l'abîme ; c'est lui qui, dans ce monde, est le principal auteur des soucis et des peines morales.

Çauru est l'adversaire de Khṣathra vairya. Çauru, d'après la tradition, personnifie la dureté de cœur.

Nāonhaithya, qui pousse à l'orgueil et à l'arrogance, est l'adversaire de la sainte Ârmaiti (p. 223).

A Haurvatât est opposé *Tauru*, le Taric du moyen âge, la soif ; à Ameretât est opposé *Zairića*, la faim.

Après ce groupe des six « contre Amchaspands » nous avons à mentionner un auxiliaire d'Aêṣma, *Akataṣa* (*akataṣem daêum*), que certains moments Aghataṣa, et dont le rôle est d'ailleurs fort effacé.

Açtôvîdhôtu (en huzvârèche Açtivahat) a plus d'importance (1). C'est le démon de la mort, l'ennemi particulier des

(1) Nous lisons dans le *Commentaire sur le Yaçna* de Burnouf, p. 465, en note : « J'entends les mots *açtô vīdôtus* comme Anquetil les explique autre part (*Zend Avesta*, t. 1, 2e partie, p. 296, note 3), quand il traduit : « Celui qui sépare les os. » C'est pour obtenir ce sens que je lis avec le Vendidad-sadé *vīdôtus*, de *vi* et de *dôtus*, qui dérive du radical *dô* (couper, diviser) ; je préfère cette leçon à celle des autres manuscrits, *vīdhaotus*, mot qu'il faudrait tirer du radical *dhû* (agiter, secouer), en admettant, ce qui est peu probable, que le suffixe *tu* exige un *guna*. Il faut encore remarquer le mot *açtô*, forme que prend en composition le substantif zend qui répond au sanskrit *asthi*, et dont nous verrons d'autres cas qui font penser à un thème *açt*. Cette forme *açtô* est très-fréquente dans les textes zends, et nous en voyons un nouvel exemple dans *açtô bidhem* (qui brise les os).

Phravaṣis (Yast treizième, verset onzième). Au cinquième livre du Vendidad le Mazdéen demande à Ormuzd : « Créateur ! L'eau tue-t-elle un homme ? (*dâtare âphs narem jainti vâ*). Ahura mazdâ répondit : L'eau ne tue pas l'homme ; Açtôvîdhôtu le lie (1), les oiseaux l'emportent (voir, plus loin, le chapitre sur les funérailles : *âat mraot ahurô mazdâo âphs narem nôit jainti | açtôvîdhôtus dim bandayêiti rayô dim baçtem nayêiti*). » Et encore : « Créateur ! Le feu tue-t-il un homme ? Ahura mazdâ répondit : Le feu ne tue pas l'homme ; Açtôvîdhôtu le lie, et les oiseaux l'emportent ; le feu consume à la fois et les os et la force vitale ». Açtôvîdhôtu est l'Astouïad d'Anquetil Duperron.

En parlant de Tistrya (p. 240) nous avons cité le nom d'*Apaoṣa*, son ennemi particulier, l'*Apavaṣ* du moyen-âge. Apaoṣa revêt la forme d'un mauvais cheval noir, et sa fonction est de s'opposer à la distribution des eaux bienfaisantes ; c'est le démon de la sécheresse. Sa lutte avec Tistrya est décrite au huitième Yast, versets 20 ss. Le radieux Tistrya, sous la forme d'un magnifique cheval, tout éclatant, se dirige vers la mer Vourukaṣa ; le démon Apaoṣa, sous la forme d'un cheval noir (*açpahê kaurvahê*) se précipite à son encontre. La lutte dure trois jours et trois nuits : c'est le démon qui l'emporte et qui repousse Tistrya. Ce dernier, avec l'aide d'Ormuzd, revient à la charge et, à son tour, il est vainqueur.

Çpenjaghra (le Çpôjgar, le Çpôzar du moyen âge) a un rôle assez analogue à celui du démon dont il vient d'être question. Il est battu par Vâzista, le feu céleste : *âtarem vâzistem phrâyazaêsa daêum janen yim çpenjaghrem*, honore le feu Vâzista qui abat le démon Çpenjaghra (Vendidad, chap. XIX, V, 135).

Le démon *Bûiti* (*Bût* en huzvârèche), dont il est question au verset quatrième du même chapitre, est un de ceux qui

(1) Ou bien : le frappe.

s'attaquent à Zoroastre et cherchent à lui donner la mort. On ignore quelles étaient ses attributions particulières.

Parmi les démons d'ordre secondaire dont le rôle est plus ou moins nettement décrit, on peut encore citer *Vîzareṣa* qui entraîne les âmes à l'enfer. Nous lisons au dix-neuvième chapitre du Vendidad que, l'homme ayant rendu le dernier soupir, les démons accourent, et alors, est-il ajouté, *vîzareṣô daêvô nāma çpitama zarathustra urvânem baçtem vâdhayêiti drvatām daêvayaçnanām merezujîtîm maṣyânām*: le démon nommé Vîzareṣa, ô très-saint Zarathustra ! entraîne l'âme des pécheurs. C'est le dév Vîzarṣ du moyen âge.

L'Avesta parle encore des démons du vent, des démons du désir (tel est du moins le sens de la tradition, cf. Spiegel, *Comm.* I p. 287) : *paiti perenê varenya daêva paiti perenê vâtô daêva* (chap. X, v. 24), je combats les démons du désir, je combats les démons du vent ; mais cela est dit d'une façon générale et sans que l'on donne à ces démons un nom particulier.

On peut énumérer d'autre part certaines personnifications, telles que celle de la tromperie, *Daiwi* ou *Daêwi*, ou de la mendicité et de la gueuserie, *Driwi* (Vendidad, chap. II, v. 82 ; Windischmann, *Münchener gelehrte anzeigen*, t. XLI, p. 38).

Le nom d'*Araçka* se trouve deux fois dans l'Avesta. Tout d'abord au verset dix-huitième du neuvième chapitre du Yaçna, puis au seizième verset du quinzième Yast ; la phrase est d'ailleurs la même dans les deux passages : *yimahê khṣâthrahê noiṭ aotem ãoñha nôiṭ garemem nôiṭ zaurva ãoñha nôiṭ merethyus nôiṭ araçka daêvôdâtô*, dans le domaine de Yima il n'y avait point de froid, point de chaleur, point de vieillesse, point de mort, point d'envie créée par les démons. Araçka peut passer en effet pour le démon de l'envie, bien que dans le fragment ci-dessus cité ce mot soit pris purement et simplement dans l'acception d'un substantif commun. C'est l'*arask*, le *rask*, l'*aresk* des idiomes éraniens du moyen âge.

Au surplus, le nombre des démons, dans la religion zoroastrienne, est à peu près infini. Au troisième Yast, nous voyons qu'Aṣa vahista abat des milliers et des myriades de daêvas : *yô janaṭ aêṣãm daêvanãm hazañrâi hazañrô pairi baêvarâi baêvanô*. Au quatrième Yast, il est question de l'individu qui invoque les Ameṣas çpentas « contre des milliers et des myriades de daêvas. » Dans plusieurs passages, nous voyons que ces démons forment de véritables armées. On demande, par exemple, à Çraoṣa, dans le cinquante-sixième chapitre du Yaçna, sa protection contre la mort, contre Aêṣma, contre les troupes persécutrices : *pairi drvataṭ mahrkâṭ pairi drva- taṭ aêṣmâṭ pairi drvaṭbyô huênèbyô*. Dans le premier Yast, onzième verset, il est parlé de ces troupes hostiles; aux drapeaux déployés (*urgcreptôdraphṣayæ*). Au huitième Yast, au quatorzième, le texte saint dit que dans les pays de l'Eran, lorsqu'on honore par des sacrifices Tistrya, Verethraghna, il n'y a pas à redouter l'incursion de ces armées.

Âzi dont le nom ne se présente pas très-souvent dans l'Avesta, n'en est pas moins une créature très-redoutée. Au dix-huitième chapitre du Vendidad nous voyons que le feu, fils d'Ormuzd, dit, à tel et tel moment de la nuit, au chef de famille mazdéen de se lever, de se vêtir, de se laver les mains, de l'entretenir de bois à brûler, sans quoi, ajoute-t-il, Âzi, créature des démons se jetterait sur moi : *ava mê âzis daêvôdâtô parôiṭ pairithnem* (verset 45). Évidemment il n'y a point pour le Mazdéen d'adversaire plus terrible qu'un pareil ennemi du feu.

Au dix-huitième Yast du petit Avesta, Ormuzd déclare à Zoroastre, qu'il a créé l'éclat, la majesté de l'Eran (*airyanem qarenô*) pour lutter contre Âzi; au soixante-septième chapitre du Yaçna, le Mazdéen sacrifie aux eaux saintes, aux eaux excellentes créées par Ormuzd, pour lutter contre Âzi, créature démoniaque, pour lutter contre la Pairika.

Âzi, dont Nériosengh dans sa version sanskrite du Yaçna,

traduit le nom par *lôbha*, qui veut dire « désir » est en réalité un démon du désir.

Le nom du démon *Kereçâni* qui se rencontre au verset soixante-quinzième du neuvième chapitre du Yaçna, est celui d'un adversaire déclaré de Haoma :

haomô temêiṭ yim kereçânîm apa khṣathrem nishâdhayaṭ yô raoçta khṣathrô kâmya | yô davata nôiṭ mê apãm âthrava aiwistis vereidhyê daṅhava ćaraṭ | yô viçpê varedhanãm janâṭ.	Haoma a renversé de l'empire Kereçâni, qui s'enorgueillissait par amour du pouvoir; qui disait : un prêtre ne parcourra pas désormais mon pays; qui voulait détruire tout accroissement [de la foi mazdéenne].

Consultez Spiegel, *Erân*, p. 237 ; Albr. Weber, *Indische studien*, t. II, p. 313 ; Ad. Kuhn, *Die herabkunft des feuers*, p. 146.

En face des Gandharvas de l'Inde et des Centaures de la Grèce, dont le nom remonte à une forme thématique commune *ghandharva-* (*Revue de linguistique*, t. II. p. 465), nous trouvons le Gandarewa de l'Avesta (1).

Il est question de celui-ci dans trois passages des Yasts. Ce démon habitait la Caspienne (*Vourukaṣa*) et fut tué par le héros Kereçâçpa. Le texte saint, dans deux des passages où il parle du Gandarewa, lui donne le surnom de *zairipâṣna* : le Gandarewa au talon d'or, *gandarewem yim zairipâṣnem* (accusatif).

Dans le cinquième Yast, consacré à la louange d'Ardvi çûra Anâhita, déesse des eaux fécondantes, nous voyons le héros Kereçâçpa demander à ce bon génie la grâce de triompher du Gandarewa. Au dix-neuvième Yast, verset quarante-unième, il est fait de nouveau allusion à la victoire du même héros sur ce même démon.

Nous ne connaissons qu'un nombre très-restreint des

(1) Consulter : Kuhn, *Die herabkunft des feuers*, p. 124. *Indische studien*, t. II p. 225, *Zeitschrift für vergleichende sprachforschung*, t. I, pp. 181, 193, 513. Spiegel, *Grammatik der pârsisprache*, p. 196.

démons dont ces troupes ennemies étaient composées. Outre les noms des démons dont il a été parlé ci-dessus d'une façon individuelle, nous pouvons cependant en citer plusieurs autres : *Baṣi*, *Bûji*, *Bûidhi*, *Bûidhiža*, *Çaêni*, *Haṣi*, *Kundižu*, *Mûidhi* (dévastation?), *Kapaçtis* (ou *Kapaçti*), *Kaquži*, *Ayêhyê* (1).

§ 3. — *Les Drujes.*

Après avoir parlé des démons proprement dits, des Dévs, M. Spiegel, dans son livre sur les Antiquités éraniennes, parle des Drujes, puis des Péris. C'est un ordre régulier que nous devons également adopter.

La Druje est une divinité du sexe féminin (nominatif singulier *drukhs*, accusat. *drujem*: pluriel, nominatif et accusatif *drujô*). Au moyen âge le mot est *drûj*, plus récemment *daruj* (2). Il signifie : celle qui trompe, qui séduit : comparez les formes verbales *družaiti*, il trompe, *druženti* ils trompent.

C'est dans toutes les circonstances de la vie, c'est à toute heure du jour et de la nuit, que le fidèle Mazdéeen est exposé aux attaques d'Ahriman. De là, dans l'Avesta, l'éloge de la veille et les imprécations contre un sommeil trop prolongé.

Le démon du sommeil, la plus importante des Drujes, répond au nom de *Bûṣyãçta*. C'est un démon femelle : *bûṣyãçta yâ zairina*, la jaunâtre Bûṣyãçta; *bûṣyãçta yâ dareghôgava* (3), *Bûṣyãçta* qui a de longues mains. Dans les idiomes éraniens du moyen âge, ce démon a pris le nom de Bûṣâçp, de Bûṣyâçp ; plus tard celui de Bûṣâç.

(1) Spiegel, *Erân*, p. 240.
(2) *Journal asiatique*, 1844, p. 501 ; 1845, p. 429. Cf. Kuhn, *Zeitschrift für vergleichende sprachforschung*, t. I, p. 181.
(3) Windischmann, *Die persische Anâhita*, 31.

D'après Windischmann (*Mithra*, p. 45), ce mot serait un dérivé du participe futur du verbe « être » (accusat. masc. *bûṣyantem*, fémin. *bûṣyêintîm*) ; ce serait le démon de la procrastination, de la remise continuelle des affaires à l'avenir : « die trægheit, die alles morgen und nicht heute thut. » M. Spiegel n'accepte point cette étymologie ; il s'en réfère plutôt à une racine *bûṣ*, correspondant au sanskrit *bhûṣ*, orner, parer (*Comment.*, I, p. 289).

Dans le dix-huitième chapitre du Vendidad, nous trouvons plusieurs passages intéressants relatifs à cette déesse et au sommeil que condamne Ormuzd.

Zoroastre interroge Ormuzd ; il lui demande quel est le ministre de Çraoṣa (*çraoṣâvareza*) et le dieu répond (1) :

meregho yô parôdars nāma çpitama zarathustra | yim maṣyâka avi duzvaćanhô kahrkatâç nāma aojaiti | âaṭ hô mereghô vâćim baraiti upa uṣāonhem yām çûrām | uçehistata maṣyâka çtaota aṣem yaṭ vahistem nista daêvô | aêṣa vô dvaraiti bûṣyāçta dareghôgava | hâ viçpem ahûm açtvantem hakaṭ raoćanhem phraghrâtô niqabdayêiti. |

qaphça dareghô maṣyâka nôiṭ tê çaćaiti | mâ thrayām vahistanām aiwithyô buyata

[C'est] l'oiseau qui a nom *parô dars*, ô très-saint Zarathustra, [et] que les hommes mal parlants appellent *kahrkatâç* (2). Cet oiseau élève la voix au point du jour (3). Levez-vous, hommes ! Louez le pur qui est excellent ; à bas les démons (4). Contre vous se précipite Bûṣyāçta aux longues mains. Elle endort tout le monde corporel (5).

Un long sommeil, ô homme, ne te convient pas. Soyez abandonnés aux trois [choses] excel-

(1) Haug. *Ueber das XVIII. Kapitel des Wendidâd. — Revue de linguistique*, t. VI p. 330.

(2) J. Darmesteter. *Mémoires de la société de linguistique*, t. III, p. 71.

(3) Spiegel : bei jeder göttlichen morgenröthe. Justi : beim heiligen frühlicht. Haug : beim anbruch der siegreichen morgenrœthe. Harlez : au retour de la brillante aurore.

(4) Spiegel : preiset die beste reinheit, vertreibet die daêva (oder : vertrieben sind die daêvas). Haug : preist das wahre welches das beste (ist) ; verschwunden (sind) die dewas.

(5) « L'oiseau élève la voix à l'approche de la puissante aurore : levez-vous, s'écrie-t-il, ô mortels, récitez l'*aṣem yaṭ vahistem* ; mort aux démons ! Voici que fond sur vous Bûṣyāçta aux longues mains ; elle rendort le monde matériel, à peine éveillé à la lumière ; ô mortel, un long sommeil ne te convient pas. » Darmesteter. *Ormazd et Ahriman*, p. 181.

humatahêća manañhô hûkhtahêća vaćañhô hvarestahêća skyaothnahê | thrayãm aćistanãm aiwithyô buyata duṣmatahêća manañhô dužvarstahêća skyaothnahê. |

lentes : à la bonne pensée, à la bonne parole, à la bonne action. Eloignez-vous des trois [choses] exécrables : la mauvaise pensée, la mauvaise parole, la mauvaise action.

Et Ormuzd ajoute :

âaṭ mê paoiryâi thriṣvâi khṣaphnê âtars ahurahê mazdão nmânahê nmânô paitîm yaçaiti avañhê nmânahê nmânô paitê uçehista | aiwi vaçtra yãoñhayañuha phrâ zaçta çnayañuha â aêçmãm yâçayañuha avi mãm bara paiti mãm raoćaya aeçmanãm yaoždâtanãm phraçnâtaêibya zaçtaêiba

Au premier tiers de la nuit, le feu qui est mon fils, à moi Ahura mazdâ, appelle au secours le maître de la maison : Lève-toi, maître de la maison ! Habille-toi, lave tes mains, cherche du bois à brûler ; apporte-le-moi ; fais-moi resplendir [en me donnant] des bois purs avec [tes] mains lavées.

Plus loin, au verset 46 : Au second tiers de la nuit, le feu, qui est mon fils, à moi Ahura mazdâ, appelle au secours l'agriculteur : Lève-toi, etc... Plus loin encore, au verset 48 : Au troisième tiers de la nuit, le feu, qui est mon fils, à moi Ahura mazdâ, appelle au secours le saint Çraoṣa.

« Et (continue le dieu) le saint Çraoṣa éveille l'oiseau qui a nom *parôdars*, ô très-saint Zarathustra ! que les hommes mal parlants nomment *kahrkatâç*. Cet oiseau élève la voix au point du jour : Levez-vous hommes ! Contre vous se précipite Bûṣyãçta aux longues mains. Elle endort tout le monde corporel ; un long sommeil, ô homme, ne te convient pas. Soyez adonnés aux trois [choses] excellentes, etc. (Voyez p. 312).

âaṭ aoṣaitê hakha haṣa ana barezis çayamnanãm | uçehista tu vyârayêiti | yatârô paourvô uçehistaiti parâiti vahistahê añhêus.

Alors l'ami dit à [son] ami [qui est encore] couché : Lève-toi.... celui des deux qui se lève le premier atteint le séjour excellent (le paradis).

Dans le fragment que l'on possède du vingt et unième Yast,

Ormuzd, interrogé par Zoroastre, déclare à ce dernier que la prière *aṣem vohû* vaut au centuple dite par un homme qui se prépare au sommeil, qu'elle vaut mille fois dite par un homme s'éveillant, se levant, louant les bonnes pensées, les bonnes paroles, les bonnes actions.

Dans un autre fragment très-court du Petit Avesta (Spiegel, trad. III. p. 191), nous voyons Bûṣyãçta accourant des régions du nord avec ses longues mains, disant : « Dormez, ô hommes, dormez vous qui menez une vie pécheresse ! »

En tous cas, une remarque intéressante à faire c'est que de l'idée d'un mauvais sommeil, œuvre des démons, est née celle d'un bon sommeil, œuvre d'Ormuzd. Nous trouvons au huitième chapitre du Vispered, verset seizième, ce passage caractéristique :

qaphnem mazdadhâtem yazamaidê ṣâitîm paçvãô virayãô.	Nous honorons le sommeil, créature de Mazdâ, satisfaction du bétail et des hommes.

Il est clair qu'il s'agit ici du sommeil légitime, du sommeil qui n'a rien d'excessif et qui n'est que le repos naturel des fatigues de la veille

La Druje *Naçu* joue dans l'Avesta un rôle important. C'est le génie de l'impureté, qui, au moment de la mort se précipite sur le corps. Toute la première partie du septième chapitre du Vendidad s'occupe de ses méfaits. Zoroastre interroge Ormuzd et lui demande quel est le moment auquel Naçu fond sur le corps humain. C'est, répond le dieu, aussitôt après la mort ; Naçu, sous la forme d'une mouche, se précipite des régions du nord (*apâkhedhraêibyô naêmaêibyô*). Nous parlerons plus loin de l'impureté et des causes d'impureté d'après la conception de la loi mazdéenne.

Jahi, la Druje de l'impudicité, pleine de sorcellerie (*jahi yâtumaiti*) est assez souvent citée dans l'Avesta, mais on ne sait que fort peu de chose de ses attributions ; la tradition nous dit qu'elle a pour adversaire Aṣi vañuhi, la bonne pureté. C'est elle, c'est Jahi, comme nous l'apprend le commencement du vingt-et-unième chapitre du Vendidad, qui tue le taureau primitif, dont nous aurons à parler ci-dessous. Le vieux texte de l'Avesta parle peu de Jahi, mais la tradition du moyen âge est très-explicite sur son compte. Voyez particulièrement le 3e chapitre du Boundehèche, édition Justi, p. 5.

Le « mauvais œil ». *Agha daoithri* (accusatif *aghãm daoithrîm*, cf. Justi, *Gœttinger gelehrte anzeigen*, 1863, p. 1897), est également compris au nombre des Drujes, mais l'Avesta ne donne guère que son nom.

Bien qu'appartenant aux divinités masculines, *Aži dahâka* (au moyen âge Aždahâk, Až i dahâk) est compté au nombre des Drujes, par exemple, au neuvième chapitre du Yaçna: *yô janaṭ ažîm dahâkem thrizaphanem thrikameredhem khṣvas aṣîm hazañrâ yaokhstîm | aṣaojañhem daêvîm drujim aghem gaêthâvyô krvantem* : « [Thraêtaona] qui tua Aži dahâka aux trois gueules, aux trois têtes, aux six yeux, aux mille forces, la puissante Druje démoniaque, mauvaise pour les mondes, terrible. » C'est là d'ailleurs un fait isolé et difficile à expliquer.

Aži dahâka, le « serpent pernicieux », dont la légende a fait Zohâk, apparaît dans le dix-neuvième Yast comme l'auxiliaire d'Ahriman dans sa lutte contre Ormuzd (Cf. Windischmann, *Zoroastrische studien*, p. 29). Nous renvoyons ici à ce que nous avons dit plus haut, p. 234, du combat d'Âtar contre Aži dahâka. Plus tard, ce dernier est tué par Thraêtaona.

La légende éranienne du moyen âge donne une place considérable aux hauts faits de Féridoun et d'Aždahâk (Thraêtaona (1) et Aži dahâka).

(1) Roth. *Zeitschrift der deutschen morgenlændischen gesellschaft*, t. II, p. 216.

§ 4. — *Les Pairikas.*

On ignore quel pouvait être le nombre des Pairikas, et même si ce nombre était limité. La Pairika est un démon femelle dont le nom (*parîk* en huzvârèche, plus tard *parî* et *peri* dans d'autres idiomes éraniens) serait parent de *pairithna-*, combat, *peretentê*, ils combattent. Les anciennes Péris de l'Avesta sont en effet des divinités essentiellement vouées à la lutte contre les créatures d'Ormuzd. De nombreux passages du Vendidad, du Yaçna et particulièrement des Yasts les représentent comme une troupe d'ennemies toujours agressives. Elles volent entre ciel et terre : *patenti antare zãm açmanemća* (huitième Yast).

Dans le chapitre bien connu de la tentation de Zoroastre par Ahriman (Vendidad XIX, 18), nous lisons le passage suivant :

uzvaédhayaṭ zarathustrô añrem mainyûm duẑda añra mainyô | janâni dãma daêvô dâtem janâni naçus daêvodâtem | janâni pairikãm.	Zarathustra déclara à Añra mainyu : ô Añra mainyu pourvu de la mauvaise science ! que je mette à mort (1) la créature démoniaque ; que je mette à mort Naçu, créature des démons ; que je mette à mort la Pairika !

Dans le neuvième chapitre du Yaçna, versets 59 ss. :

nî taṭ yatha gaêthâhva vaçô khṣathrô phraćarânê ṭbaêṣô taurvâo drujim vanô | nî taṭ yatha taurvayêni viçpanãm ṭbaêṣavatãm ṭbaêṣâo daêvanãm maṣyânãmća | yâthwãm pairikanãmća çathrãm kaoyãm karaphnãmća.	Que j'aille à ma volonté, par les lieux, dominateur, vainquant l'hostilité, abattant la Druje ; que je vainque l'hostilité de tous les hommes et démons adversaires ; des Yâtus, des Pairikas, des Çâtars, des Kavis, des Karapans.

(1) Le mot *janâni* est une première personne de l'impératif.

Dans le chapitre cinquante-septième du même livre, v. 18 ss., c'est aux eaux saintes que le fidèle s'adresse pour repousser l'attaque des Pairikas. Dans le cinquième Yast on adresse la même demande à Ardvi çûra Anâhita, déesse des eaux fécondantes. Ici Ormuzd dit à Zoroastre : Honore Ardvi çûra, la déesse pure, au large cours, salutaire, avec ses quatre bêtes de trait qui terrassent (1) les démons, les Yâtus, les Pairikas.

Au sixième Yast, c'est le soleil que l'on invoque : Celui qui offre un sacrifice au soleil immortel, plein d'éclat, possédant de rapides chevaux, pour lutter contre les ténèbres, contre les démons issus des ténèbres, pour lutter contre les Yâtus et les Pairikas, celui-là offre un sacrifice à Ahura mazdâ et aux Ameṣas çpentas.

Au quatrième Yast on s'adresse aux divins Yazatas qui délivrent l'homme pur des troupes d'êtres ennemis, des Yâtus, des Pairikas.

Au troisième Yast, verset cinquième, nous voyons Aṣa vahista, l'Ameṣa çpenta qui personnifie la pureté mazdéenne, combattre Yâtus et Pairikas.

Au treizième Yast, verset cent trente-cinquième, on invoque dans le même but les Phravaṣis, ces prototypes des êtres.

Dans le Yast consacré à Tistrya nous trouvons ces différents passages : « Nous honorons Tistrya, brillant, plein de majesté, qui combat les Pairikas, qui cherche à abattre les Pairikas (v. 8)...... J'honore le groupe des sept étoiles (2) pour lutter contre les Yâtus et les Pairikas (v. 12)...... Nous honorons Tistrya, brillant, plein de majeste, qui chasse les Pairikas (v. 39).

Dans le dixième Yast, consacré à Mithra, on lit : Nous honorons Mithra qui frappe les démons à la tête, ennemi des Pairikas (v. 26).

(1) Spiegel : die peinigen die pein aller Daêvas, etc.
(2) La Grande-Ourse.

Une grande partie du panthéon mazdéen concourt donc à la lutte contre les créatures du méchant Ahriman.

Dans les incantations purificatoires il est naturellement question des Pairikas; on les mentionne d'une façon spéciale. C'est ainsi qu'au onzième chapitre du Vendidad, Zoroastre demandant à Ormuzd de lui révéler les procédés de purification des habitations, de l'eau, de la terre, des différents êtres, le dieu lui indique tout d'abord la récitation de certaines prières, et lui d'ajouter ensuite :

perenê aêşmem perenê naçûm | perenê hãm raêthwem perenê paitiraêthwem | perenê bûşyãçta yâ zairina | perenê bûşyãçta yâ dareghógava | perenê pairikãm yâ áiti âtarem âpem zãm gãm urvarão.

Je combats Aêşma, je combats Naçu; je combats la souillure indirecte, je combats la souillure directe ; je combats la jaune Bûşyãçta; je combats Bûşyãçta aux longues mains ; je combats la Pairika qui va vers le feu, l'eau, la terre, le bétail, les plantes.

De même, au vingtième chapitre du même livre, le fidèle s'écrie :

paiti perenê yaçkahê paiti perenê mahrkahê paiti perenê aážu paiti perenê taphnu paiti perenê aghişyão pûityão âhityão yâ anrô mainyus phrákerentaț avi imãm tanûm yâm maşyânãm | paiti perenê viçpem yaçkemća mahrkemća viçpê yâtavô pairikãoçća viçpão janayô yão drvaitis.

Impugno morbum, impugno mortem, impugno malum, impugno æstum, impugno vitium, putretudinem, tabem, quæ Anrus mainyus creavit adversum corpus mortalium. Impugno omnem morbum mortemque, omnes Yatus et Pairikas, omnes Janes irruentes.

Dans ce qui précède il n'est question de la Pairika, des Pairikas, que d'une façon générale, en groupe, en ensemble. D'après certains auteurs il serait question dans l'Avesta de telles et telles Pairikas nommées individuellement. Ainsi, dans deux passages du Vendidad, on parlerait d'après M. Spiegel (Av. trad. III, p. 41, Comm. I, p. 29) d'une Pairika *Khnãthaiti*, mais ce mot n'est point expliqué d'une façon définitive. Pour certains auteurs c'est un nom, pour d'autres auteurs c'est un verbe. Lassen lisait *pairikãm yâ khnāthaiti* et traduisait : « eine Pairika welche tödtet » (*Die altp. keilinschr.* p. 66). Westergaard : *pairikãm yãm khnāthaiti* « Pairika welche er zerschlug » (*Indische studien* d'Albr. Weber, III p. 432). M. Justi : « die Pairika welche man anbetet » (s. v. *knāth*, sich beugen, anbeten). M. Spiegel : « Dann machte eine opposition desselben Anramainyus, der voll tod ist, eine Pairika, Khnāthaiti » (Vend. I 35, 36). Au dix-neuvième chapitre il traduit ainsi : « Ich werde schlagen die Pari welche man anbetet (?) » ; M. de Harlez : « Pairika, adoratrice des faux dieux ». M. James Darmesteter : « la Pairika Knāthaiti ». En somme, il ne semble pas que nous ayons affaire ici à un nom propre, au nom d'une Pairika particulière.

Dans deux passages du Yaçna (XVII 46, LXVII 23) on trouverait le nom d'une Païrika : Mûs. M. Justi dit au sujet de ce mot, dans son Dictionnaire : « nom propr. einer Pairika, mit uelcher vielleicht der Bundehesh (13, 2. 3) genannte Muṣpar verwandt ist. » Les deux passages ci-dessus indiqués contiennent cette phrase : *avaṅhẽ mûs avaṅhẽ pairikayẽ paitistâtayaê* « pour résister à Mûs, à la Pairika. » Que Mûs soit le nom d'un démon, il n'en faut point douter, mais rien ne dit que ce soit précisément le nom d'une Pairika, ainsi que l'a supposé Windischmann : « Es scheint also eine Pairika, zu sein. » (Zoroastrische studien p. 259). M. Spiegel traduit le mot par « widerstrebend » dans sa version de l'Avesta (III p. LI, II p. 92 et p. 198). Dans son Commentaire il le regarde comme un nom propre.

Reste le mot *dužyâirya* que l'on rencontre en deux passages du huitième Yast, versets 36 et 51. Ormuzd dit à Zoroastre : J'ai créé l'astre Tistrya aussi digne d'être honoré que moi, pour qu'il combatte contre la Pairika *dužyâirya* que les hommes qui parlent mal appellent *huyâirya* (v. 51)... Il semble difficile de voir véritablement un nom propre dans le mot en question ; c'est une pure épithète, comme son opposé qui termine la phrase.

M. Justi traduit fort bien ce passage par cette expression : « Pairika welche misswachs bringt », la Pairika qui est hostile à la croissance des bonnes créatures. On trouve, il est vrai, dans les inscriptions de Darius le nom du démon *dusiyâra* qui correspond exactement au zend *duzyâirya* :

aura
mazdâ . pâtuv . haćâ . hainây
â . haćâ . dusiyârâ . haćâ . dra
ugâ . aniya . imâm . dahyâum . mâ
. âjamiyâ . mâ . hainâ . mâ . dus
iyâram . mâ . drauga .

Mais ici encore il est évident que l'on a affaire plus ou moins à un terme général, à une épithète, à un qualificatif. Toute Pairika a été et est *duzyâirya*.

§ 5. — *Les Yâtus.*

Les *Yâtus*, ou enchanteurs, sont des divinités masculines, d'ordre inférieur, intimement liées aux Pairikas : « Donne-moi, ô Ardvi çûra Anâhita, la domination sur les Pairikas et les Yâtus » (cinquième Yast, vers. 22); « celui qui sacrifie au soleil pour repousser les Pairikas et les Yâtus » (sixième Yast, vers. 4); « tous les Yâtus et les Pairikas » (Vendidad, chap. XX vers. 29), etc., etc. Parfois cependant les Yâtus sont cités seuls; ainsi, au huitième chapitre du Yaçna, verset neuvième.

Dans les imprécations que renferme le vingtième chapitre du Vendidad, on n'a garde d'oublier les Yâtus : « Je combats — dit le Mazdéen — je combats la maladie, la mort, les maux, la fièvre; je combats toute maladie et toute mort, tous les Yâtus et Pairikas. »

Les Yâtus ont pour ennemis tous les dieux bienfaisants. Ils sont combattus et vaincus par les saints immortels, par

Aṣa vahista : « Aṣa vahista combat tous les Yâtus et les Pairikas, qui relèvent d'Añra mainyu » (Yast III) ; par Mithra (Yast X, vers. 34) ; par Ardvi çûra Anâhita (Yast V, vers. 22, 46, etc.) ; par Haoma (Yaçna IX, vers. 61) ; par le soleil (Yast VI, vers. 4) ; par les constellations (Yast VIII, vers. 12) ; par les Phravaṣis (Yast XIII, vers. 135), etc., etc.

Au surplus, il faut faire remarquer que tous les Yâtus n'appartiennent pas au monde des esprits. Les Mazdéens ont donné ce même nom de sorciers, d'enchanteurs, à des hommes pervers, ennemis de la religion mazdéenne. Le verset quarante-quatrième du huitième Yast dit de l'étoile Tistrya que « ne peuvent la faire périr ni Añra mainyu, ni les Yâtus et les Pairikas, ni les Yâtus qui sont parmi les hommes », c'est-à-dire les Yâtus humains. C'est là une conception qui n'a rien de primitif : l'homme-yâtu est né à une époque tout à fait secondaire du mazdéisme.

§ 6. — *Les Janis*

De cette classe de divinités féminines (singulier nominat. *jaini̇s*, pluriel accusat. *jañayô*) nous ne savons guère que le nom. La fonction particulière nous est inconnue : « Je combats toute maladie et toute mort, tous les Yâtus et les Pairikas, toutes les Janis », Vendidad XX, vers. 25. Au dixième chapitre du Yaçna, verset quarante-deuxième, nous voyons les Janis combattues par Haoma ; le Mazdéen demande à ce dernier d'écarter les Janis trompeuses.

§ 7. — *Les Çâtars.*

Les *Çâtars*, ou « tyrans », font partie de l'armée démoniaque d'Ahriman (génitif pluriel *çâthrãm*). Cette traduction de « tyrans » est celle de la tradition du moyen âge, et elle n'a rien que de satisfaisant. Les Çâtars sont communément réunis, dans les imprécations mazdéennes, aux Yâtus, aux Pairikas, dont il a été question ci-dessus, et aux Kavis et Karapans dont nous parlerons tout à l'heure.

Ces génies du mal ne nous offrent, du reste, aucun caractère particulier ; nous voyons qu'on invoque contre eux les différentes divinités auxiliatrices, par exemple Haoma (Yaçna IX, vers. 61) ; Ardvi çûra Anâhita (Yast V, vers. 22) ; les Phravaşis (Yast XIII, vers. 135), etc., etc.

§ 8. — *Kavis et Karapans.*

Ces deux groupes d'auxiliaires subalternes d'Ahriman sont, comme les Çâtars, associés aux Yâtus et aux Pairikas dans la malédiction. Les premiers sont considérés par la tradition comme des aveugles, les seconds comme des sourds, en réalité comme des êtres fermés aux enseignements mazdéens. Haug n'admet pas cette interprétation (1), due, selon lui, à une étymologie « ridicule » (2). Il regarde les Kavis et les Kara-

(1) *Ueber den gegenwærtigen stand der zendphilologie*, p. 60.

(2) « Herr Justi antwortet dass daruntur die geistig tauben und geistig blinden zu verstehen sind. Hier wære aber sofort zu untersuchen ob die zoroastrische religion wirklich solche christliche begriffe kennt. Dass dies nicht der fall sei, habe ich bereits in der einleitung zum *Zand-pahlavî glossary* nachgewiesen und dort gezeigt dass die ganze erklærung nur auf einer læcherlichen etymologie alter Desturs beruhe, die *karapan* mit dem neupersischen *kar*, taub, und *kâvayô* mit *kîkh*, unrath in den augen, wodurch man verhindert wird zu sehen, identificirten... Ich fasse *karapanô* und *kavayô* als bezeichnungen von priestern einer feindlichen partei, der Dewaverehrer, also der wedischen Inder (s. Gâth., I, p. 177, 79, 80) und habe keinen grund davon abzugehen, da sie sich gut begründen læsst und überall einen guten sinn gibt. Beide wœrter wurden zwar in den spæteren büchern als namen von bœsen wesen gebraucht, aber in den Gâthas lassen sie sich noch deutlich als etwas historisches erkennen. » *Op. cit.*, p. 61. Voyez, d'autre part, *An old zand-pahlavî glossary*, p. LII : « As both words which are frequently put together are used in a bad sense, the sasanian interpreters dit not venture to identify *kâvayas* with *kavi*, king, but put the meaning blind upon it. To this they were apparently lead by *karap*, as they identified this word with the persian *kar*, deaf. If *karap* meant deaf, the signification blind lay very near fort *kayk*. And, indeed, they could easily obtain it by reading *kik* which means in parsian the pupil of the eye. The traditional meaning of *kavayas* and *kara-*

pans comme des individus primitivement historiques, comme des prêtres des divinités tenues pour perverses par les Eraniens, c'est à-dire des « dévas » de l'Inde. Cette controverse repose sur le système même de l'interprétation des anciens livres mazdéens ; c'est un sujet que nous avons étudié dans l'introduction du présent livre et nous n'avons pas à y revenir en ce moment. Il nous suffit de constater que dans le texte même de l'Avesta, tel que nous le possédons, Kavis et Karapans jouent réellement le rôle de génies pervers et redoutables.

Contre les Kavis et les Karapans corrupteurs et pervers (Yaçna XXXII 12, XLV 11), on invoque presque tous les dieux auxiliateurs : Ahura mazdâ, Mithra, Ardvi çûra Anâhita, Haoma, les Phravaṣis, etc., etc., comme on peut le voir dans les différents Yasts du Petit Avesta.

§ 9. — Les impies *aṣemaoghas*.

Ce ne sont pas, à proprement parler, des divinités ou même des génies inférieurs ; ce sont des êtres humains qui cherchent à faire naître la discorde et la lutte. Hyde (*op. cit.* p. 80) parle d'un démon Aṣemaogha, de même Anquetil Duperron ; mais, ainsi que le fait remarquer M. Spiegel (1), rien, dans tout le texte de l'Avesta, n'autorise à attribuer à l'aṣemaogha une qualité surnaturelle.

En fait, le terme d'*aṣemaogha* est générique. Il ne désigne pas tel ou tel personnage particulier, tel ou tel individu démoniaque ; il s'applique à toute une classe d'êtres. Les *aṣemaoghas* sont les hétérodoxes qui se donnent pour mission d'en-

panô, the blind and the deaf, rests thus entirely on bad etymological guesses, and it shows little taste, and far less critical judgment, if european scholars adopt such absurd interpretations wich are without any foundation whatever. »

(1) *Commentar*, t. I, p. 150.

tretenir la lutte et les contestations religieuses. On comprend à quel point ils sont redoutés et haïs par les fidèles mazdéens.

Toute la fin du neuvième chapitre du Vendidad (à savoir les versets 188-196), lequel a pour sujet les cérémonies de purification, est consacrée aux aṣemaoghas. Zoroastre demande à Ormuzd quel est l'individu qui détruit la prospérité et la santé, qui apporte la maladie et la mort, et le dieu répond à son prophète que c'est l'aṣemaogha, l'individu qui se charge d'opérer une cérémonie purificatoire, sans avoir reçu de qui de droit la connaissance des préceptes religieux du mazdéisme (*nôiṭ apivatâitê daênayẫ mâzdayaçnôis yaozdâthryâṭ haća*). Il faut que l'aṣemaogha soit terrassé pour que l'abondance, pour que la santé reviennent, pour que reparaisse également la prospérité des céréales et des prés : *yavanãmća vâçtranãmća uruthem.*

Dans un certain nombre de passages de l'Avesta on implore contre l'aṣemaogha le secours des divinités bienfaisantes. Ainsi, au dix-septième chapitre du Yaçna, le Mazdéen s'adresse à Ormuzd, aux saints immortels (Ameṣas çpentas), au soleil, à la lune, à Mithra, à Çraoṣa, aux Phravaṣis, au ciel, à la terre, au paradis, à l'eau courante, pour combattre le démon Âzi, pour combattre les Pairikas, pour combattre l'impur aṣemaogha : *aṣemaoghahêća anaṣaonô.* Au soixante-septième chapitre du même livre, c'est tout particulièrement l'eau sainte, créée par Ormuzd (*ahurânis ahurahê*) que l'on invoque, pour lutter également contre Âzi, contre la Pairika, contre l'impur aṣemaogha. Dans le troisième Yast, consacré à Aṣa vahista, on voit que la récitation du *mãthra*, du texte saint, met en déroute la maladie, la mort, les démons, l'impur aṣemaogha, et Ahriman dit lui-même qu'Aṣa vahista a vaincu les plus violentes maladies, les plus violents des êtres pernicieux, les plus violents des démons, qu'il a vaincu les aṣemaoghas. Au treizième Yast, Yast des Phravaṣis, il est encore question de la lutte contre les aṣemaoghas et de la victoire sur ces hérétiques (verset 105).

D'après M. Justi, le mot en question serait un composé de *aṣa-*, pureté, et d'une racine *mugh* (sanskrit *muh*, animo conturbari, deliquium animi pati). Pour M. Spiegel, la seconde partie de ce composé serait bien celle qui vient d'être indiquée, mais la première consisterait en *aṣe*, pour *as*, au sens de: très, beaucoup. Ces hypothèses étymologiques demanderaient à être appuyées de quelque preuve convaincante.

Au moyen âge, le nom de l'*aṣemaogha* est *aṣmôg*, *aṣmôk*, *asmôi*.

LIVRE III

LA CONCEPTION DU MONDE

DANS L'AVESTA

CHAPITRE PREMIER

La révélation.

La religion de l'Avesta est, avant tout, une religion révélée ; tel est son premier caractère. C'est par un dieu qu'elle a été communiquée aux Mazdéens, ou, pour mieux dire, à Zoroastre, le prophète du mazdéisme.

Des commentateurs modernes, jaloux de défendre contre le mazdéisme les croyances et les enseignements de quelque autre religion, ont dit que Zoroastre était « privé des lumières de la révélation » (1), « qu'il lui manquait, pour se diriger dans ses spéculations, la connaissance des vérités révélées » (2). C'est là un étrange reproche. La révélation de Zoroastre ne le cède en rien, aux yeux de tout critique désintéressé, à

(1) Harlez. *Introduction* au tome premier, p. 42.
(2) *Ibidem*, p. 62.

celle de Moïse, par exemple. D'un côté, le dieu révélateur est une divinité sémitique, de l'autre c'est une divinité éranienne, mais il n'y a pas d'autre différence que celle-là, et il n'y a point d'autre raison que celle d'une foi échappant à toute discussion, pour accepter l'une des deux révélations et repousser la seconde. En fait, le zoroastrisme repose en premier lieu, tout comme le mosaïsme, sur une révélation expresse et formelle.

Ouvrons le Vendidad. Le dix-huitième chapitre tout entier, un des plus importants de l'ouvrage, traite de la révélation. Ormuzd invite Zoroastre à l'interroger; celui-ci pose ses demandes et le dieu répond sans ambages et sans réticences :

paiti mãm erezvô pereçañuha | *yim dadhwãoñhem çpènistemća vaêdhistemća paiti vaćistemća parstem* | *avatha tê añhaṭ vañhô avatha añhão çpanyão yêzi mãm paiti pereçãoñhê.* « O honnête [Zarathustra], interroge-moi, [moi] qui [suis] le créateur très-saint, très-savant, et qui réponds parfaitement (1) lorsque je suis interrogé. Si tu m'interroges, tu en retireras du profit et tu seras plus saint. » Zoroastre se rend à l'invitation d'Ormuzd, et lui pose une série de questions. Il demande, par exemple, quel est l'individu qui commet envers lui la plus grave offense (verset 123). Tout ce chapitre est un entretien d'Ormuzd et de Zoroastre, ou, pour parler plus exactement, c'est le récit d'une révélation d'Ormuzd à Zoroastre, faite sous forme de dialogue.

Le second chapitre du même livre serait plus significatif encore, si la chose était possible. Le dieu révèle au prophète qu'une révélation a déjà été faite, avant lui, à un autre individu, à Yima. Voici d'ailleurs un fragment du texte avec la traduction :

pereçaṭ zarathustrô ahurem mazdãm ahura mazda mainyô çpènista dâtare gaêthanãm açtvaitinãm aṣaûm | *kahmâi*

(1) Spiegel : der antwort gerne giebt, wenn er gefragt wird. Haug : den der am meisten antworten giebt, wenn er gefragt wird (*Bullet. de l'académie de Munich* ; 1868, II, 4, page 515). Voyez *Revue de linguistique*, t. VI, p. 323 ss.

paoiryô maṣyanãm apereçê tûm yô ahurô mazdâo | anyô mana yaṭ zarathustrâi kahmâi phradaêçayô daênãm yãm âhuirîm zarathustrîm. « Zarathustra interrogea Ahura mazdâ. Ahura mazdâ, esprit très-saint, créateur des mondes corporels, pur. Quel est le premier des hommes, autre que moi qui suis Zarathustra, à qui tu t'adressas, à qui tu révélas la loi d'Ahura, la loi de Zarathustra? »

âaṭ mraoṭ ahurô mazdâo yimâi çrîrâi hvâthwâi aṣâum zarathustra | ahmâi paoiryô maṣyânãm apereçê azem yô ahurô mazdâo | anyô thwaṭ yaṭ zarathustrâi ahmâi phradaêçaêm daênãm yãm ahuirîm zarathustrîm. « Ahura mazdâ dit alors : [C'est] à Yima, beau, bon chef de troupeau (1), ô pur Zarathustra, c'est à lui, le premier d'entre les hommes, que je me suis adressé, moi, Ahura mazdâ, [à lui le premier], autre que toi, Zarathustra. Je lui ai révélé la loi d'Ahura, de Zarathustra. »

Nous trouvons dans le Petit Avesta, au douzième Yast, un passage non moins frappant. Zoroastre implore Ormuzd et reçoit de lui une révélation nouvelle. Il est bien d'autres passages que nous pourrions citer, mais nous nous en tiendrons à ce fragment du vingtième chapitre du Yaçna, fragment qui proclame dans les termes les plus formels la révélation d'Ormuzd :

mazdâo phrâmraoṭ ćim phrâmraoṭ aṣavanem mainyaomća gaêthîmća | ćvãç phrâmraoṭ phravâkem vahistô khṣayamnô ćvantem aṣavanem vahistemća.

Voici la traduction de ces trois versets : « Mazdâ a parlé. A qui a-t-il parlé? — A l'être pur, céleste et terrestre. — En quelle qualité a-t-il parlé? — En tant que seigneur excellent. — A qui s'est-il adressé? — A l'être pur, excellent. »

Ormuzd est donc un dieu révélateur : profatus est, *phrâmraoṭ*. C'est en tant que seigneur très-bon qu'il a fait

(1) Troupeau, *grex*, doit s'entendre ici d'hommes et non de bétail. Cf. Spiegel, *Comm.*, t. I, p. 50.

sa révélation au monde céleste et au monde terrestre; il s'est adressé à l'homme pur, à l'homme qui a fait abstraction de son bon plaisir et se soumet à la loi mazdéenne.

Enfin au commencement du dix-neuvième chapitre du même livre, nous voyons Zoroastre s'adresser à Ormuzd, et lui dire : O Ahura mazdâ, esprit très-saint, créateur des mondes corporels, ô pur, quelle est la parole, ô Ahura mazdâ, que tu m'as dite?..... C'est, répond le dieu, la prière ahuna vairya (l'*honover*). Et plus loin le prophète reprend : L'esprit très-saint m'a dit cette parole... (versets 1, 2, 4, 21).

Rhode, dans son livre *Die heilige sage des zendvolks*, a consacré tout un chapitre (p. 412 et suiv.) à la révélation d'Ormuzd : *Von der offenbarung Ormuzd*. Il montre que cette révélation a un double but; en premier lieu, elle fournit à l'homme le moyen de combattre le mauvais principe, d'éloigner le mal physique et le mal moral et de se fortifier dans le bien; en second lieu, elle enseigne à l'homme à trouver son bien-être sur la terre, grâce à la pratique de la loi.

Il nous serait facile de joindre nombre d'autres passages à ceux que nous venons de citer, et nous découvririons sans peine des morceaux analogues dans toutes les parties de l'Avesta. Mais nous n'avons que faire d'insister sur un sujet aussi simple. Nous ne pouvons que répéter ce que nous disions au commencement de ce chapitre : il n'y a point de religion qui présente, plus que ne le fait la doctrine mazdéenne, le caractère d'une religion révélée.

CHAPITRE II

La création.

Nous ne saurions mieux commencer ce chapitre qu'en reproduisant la première page du troisième chapitre de l'Introduction au troisième volume de la version de l'Avesta par M. Spiegel. Après avoir traduit ce morceau, nous reviendrons sur les passages qui nous paraissent réclamer des éclaircissements.

« On ne rencontre nulle part dans l'Avesta un récit détaillé de la création du monde, mais les différentes allusions qu'on y trouve démontrent que les renseignements transmis par les Parses sur ce sujet s'accordent avec la conception ancienne. Le premier chapitre du Boundehèche contient une narration explicite de la création. Il y est dit qu'originellement la puissance d'Ahura mazdâ et celle d'Aňra mainyu sont égales. Ils habitent éloignés l'un de l'autre : le premier dans la lumière la plus élevée, le second dans la plus profonde obscurité. L'un est la perfection même, l'autre est le mal accompli. Grâce à sa sapience extrême, Ahura mazdâ connaît tout l'avenir et règle en conséquence ses actions ; Aňra mainyu, par contre, ne sait le résultat de ses actes qu'au moment où ils sont réalisés. Entre les deux génies, et les séparant, est un espace vide. Dès qu'il eut reconnu la présence d'Ahura mazdâ, Aňra mainyu conçut l'idée de l'anéantir. Ahura mazdâ voyant, grâce à sa prescience, que le succès de la lutte avec un adversaire d'égale force était douteux, s'il l'engageait immédiatement, mais qu'il l'emporterait à coup sûr s'il parvenait à gagner du temps et à affaiblir Añra mainyu peu à peu, proposa une trêve de neuf mille années, à l'expiration de laquelle commencerait le combat. Ignorant l'avenir, Añra mainyu accepta ce pacte désastreux. Déjà, avant ce traité, Ahura mazdâ avait fait sa création spirituelle, de même qu'Añra mainyu avait créé ses Daêvas et ses Drujes. Le pacte conclu, Ahura mazdâ récita la prière *yathâ ahû vairyô* ; Añra mainyu vit aussitôt quel funeste traité il avait fait, et comprit que la victoire devait rester à son adversaire. Plein d'effroi à cette découverte, il gagna rapidement le plus obscur de l'enfer et s'y tint en repos durant trois mille ans. Ahura mazdâ utilisa cette période pour créer le monde matériel : celui-ci fut comme un bastion placé dans l'espace vide qui est entre les deux principes. La première de ses créatures matérielles fut le ciel ; puis ce fut l'eau ; puis la terre ; puis, sur celle-ci, ce furent les arbres, les animaux, les hommes. Cette création eut lieu dans ce qu'on appelle les Gahanbârs (1) : le ciel fut créé en quarante-cinq jours, l'eau en soixante, la terre en soixante-quinze, les arbres en trente jours, les animaux en quatre-vingts, les hommes en soixante-quinze ; soit un total de trois cent soixante-cinq jours pour la durée de la création entière : Ahura mazdâ savait qu'Añra mainyu serait poussé à prodiguer sa force inutilement et devait être finalement vaincu. En vain ses Daêvas disaient à Añra mainyu qu'il devait tenter le combat et attaquer la nouvelle création de son adversaire ; ce ne fut qu'après trois mille ans écoulés que, persuadé par Jahi, il se décida à livrer bataille. Il restait encore six mille ans jusqu'au jour de la lutte décisive, et Añra mainyu commença son attaque avec un grand déploiement de force pour rattraper le temps perdu. »

Nous avons déjà dit qu'Ormuzd et Ahriman étaient tous

(1) Les six fêtes de l'année commémoratives de la création. Chacune de ces fêtes reçoit le nom de *gâh*. Voir Justi, Lexique du Boundehèche, p. 217.

deux éternels : le dernier doit être défait, il est vrai, mais sa ruine ne proviendra pas de ce qu'il n'est qu'une créature luttant contre un dieu supérieur ; tout comme Ormuzd il est incréé, et tous deux, avant la lutte qu'ils doivent engager, siègent dans leur élément respectif : l'un dans l'éclat increé, l'autre dans l'obscurité également sans commencement (*anaghra raoćah, anaghra temah*). Il n'existe à cette époque aucune sorte de créatures. Entre les deux adversaires est le vide.

La création spirituelle précède la création matérielle. Ormuzd crée les divinités bienfaisantes. Dans le texte de l'Avesta, Ormuzd rappelle que celles-ci procèdent de lui. Au commencement du dixième Yast : « Lorsque, dit-il, lorsque je créai Mithra aux vastes pâturages, je le créai aussi digne d'adoration que je le suis moi-même. » Au quinzième verset du onzième Yast nous lisons : « Nous honorons Çraoṣa que le pur Ahura mazdâ créa comme adversaire d'Aêṣma. »

De même les divinités malfaisantes procèdent à leur tour d'Ahriman, avant toute création terrestre.

Ormuzd sait que pour atteindre au succès il doit créer le monde matériel, puisque c'est contre la vertu de Zoroastre que devront finalement échouer les attaques d'Aṅra mainyu et de ses démons. Il le crée donc, et de sa seule volonté, sans le tirer d'aucune matière primitive préexistante.

Il a été dit plus haut que cette création a eu successivement pour objet : le ciel, l'eau, la terre, les végétaux, les animaux, les hommes. C'est ce qu'enseigne le Boundehèche (fin du premier chapitre) ; mais c'est aussi ce que devaient admettre les anciens Mazdéens, comme on peut le conjecturer très-légitimement de quelques passages du dix-neuvième chapitre du Yaçna. Au second verset, il est dit que la sainte parole d'Ormuzd existait « avant le ciel, avant l'eau, avant la terre » ; au seizième verset, le dieu déclare lui-même qu'il a émis cette parole « avant la création du ciel, avant l'eau, avant la terre, avant les végétaux, avant la vache quadrupède, avant l'homme bipède ». Rien de plus décisif.

La création matérielle opérée par Ahriman n'est qu'une réponse à la création matérielle faite par Ormuzd. Une des opérations des démons est de rompre en sept parties la terre que ce dernier avait créée absolument une. Ces sept parties portent chacune, dans l'Avesta, le nom de *karṣvar,* ou *karṣvan* (*vî hapta karṣvãn jaçaiti,* il va par les sept karṣvars; *avaṭ karṣvare, imaṭ karṣvare*), en huzvârèche et en parsi *kèṣvar*, plus tard *kiṣvar*. Le dix-neuvième chapitre du Vendidad donne le nom de ces sept régions. Le karṣvar dont l'Eran fait partie (avec d'autres contrées) est appelé *qaniratha* (*viçpem imaṭ karṣvare yaṭ qanirathem*; huzvârèche et parsi *qaniraç*). Ces sept régions sont séparées les unes des autres par différentes mers (1).

Dans le premier chapitre du Vendidad, Ormuzd révèle à Zoroastre l'œuvre de la création terrestre et lui raconte la contre-création d'Ahriman; nous n'avons ici qu'à renvoyer à ce que nous avons dit ci-dessus dans les quelques pages consacrées à Ormuzd (p. 12).

Nous avons à parler maintenant de deux créatures primitives d'Ormuzd, lesquelles jouent un rôle important dans l'ancienne histoire du monde telle que la conçoivent les Mazdéens. Nous voulons dire le premier taureau et le premier homme.

D'après la tradition éranienne, le premier être vivant fut le « taureau créé unique », en zend *gâus aêvôdâtô* (nominat.), au moyen âge *ayô lât, èvakdât*. Ahriman lança contre lui ses perverses créatures : il dépérit peu à peu, s'affaiblit et mourut. Le Boundehèche rapporte que de chacun de ses membres il sortit cinquante-cinq espèces de graines et douze espèces de plantes salutaires. La partie claire et puissante de sa semence gagna la lune, et il en fut formé deux êtres de même nature, l'un mâle, l'autre femelle, d'où vinrent sur la

(1) Au centre est le karsvar *qanirathq*, au nord-ouest de celui-ci le karsvar *vourubaresti* (huzv. *vorûbarst*), au nord-est le karsvar *vourujaresti* (huzv. *voiûjarst*), à l'est le karsvar *çavahê*, au sud-est le karsvar *vîdadhaphsu*, au sud-ouest le karsvar *phradadhaphsu*, à l'ouest, enfin, le karsvar *arezahê* (huzv. *arzahê*); cf. Windischmann, *Zoroastrische studien*, p. 67.

terre deux cent soixante-douze animaux (1). Quant à l'âme du taureau, *gèus urvan*, ou *Drvâçpa*, nous avons vu ci-dessus p 294, qu'elle était passée au rang de divinité bienfaisante, protectrice des animaux.

La légende du taureau primitif n'est pas explicitement exposée dans le vieux texte de l'Avesta, mais elle y est très-évidemment sous-entendue. C'est ainsi que la lune y reçoit l'épithète de *gaoćithra-* « contenant la semence du taureau »: *mãońhem gaoćithrem* (Yast VII, Yast XVII). Au chapitre vingt-quatrième du Vispered, au chapitre soixante-septième du Yaçna on honore formellement le taureau primitif.

L'Avesta fournit un peu plus de renseignements sur l'homme primitif, *gaya maretan*, le Gayômart, Gayômard du moyen âge. Au quatorzième chapitre du Yaçna nous lisons: *gèuçća hudhãońhô gayêqyâćâ marathnô aṣaonô phravaṣîm yazamaidê* « nous honorons la Phravaṣi du taureau aux bons présents et du pur Gaya maretan »; au vingt-troisième chapitre du même livre : *gayêhê marathnô aṣaonô phravaṣîm yazamaidê* « nous honorons la Phravaṣi du pur Gaya maretan » ; au soixante-septième : *nèmô gèus nèmo gayâhê* « honneur au taureau, honneur à Gaya. » Au seizième Yast : *gayêhê marathnô aṣaonô phravaṣîm yazamaidê yô paoiryô ahurâi mazdâi manaçća gusta çâçnãçća yahmaṭ haća phrathwereçaṭ nâphô airyanãm daqyunãm ćithrem airyanãm daqyunãm* « nous honorons la Phravaṣi du pur Gaya maretan qui, le premier entendit la pensée et les ordres d'Ahura mazdâ, et duquel [Ahura mazdâ] a fait la race des pays éraniens. »

D'après la tradition, Gayômart est, comme le taureau, attaqué par les créatures d'Ahriman, par Buṣyâçta, par Açtôvîdhôtu, par mille démons. Au bout de trente ans Gayômart succombe, et sa semence, purifiée par la lumière solaire donne naissance à l'humanité (2).

(1) Chapitre dixième. Édition Justi, p. 11.

(2) Voici la version que donne M. Justi du commencement du quinzième chapitre du Boundehèche : « Ueber die beschaffenheit der menschen heisst es

L'œuvre du fidèle mazdéen est double : d'une part, étendre, développer la création d'Ormuzd ; d'autre part, combattre et chercher à anéantir les créatures d'Ahriman.

Au second chapitre du Vendidad, Ormuzd racontant à Zoroastre sa révélation à Yima, rapporte qu'il dit à ce dernier : « Étends mes mondes, rends mes mondes fertiles », et que Yima lui répondit : « Je veux étendre tes mondes, je veux rendre tes mondes fertiles ». Parmi les créatures d'Ormuzd que le Mazdéen avait en soin tout particulier, au premier rang se trouvait le chien (1). Au troisième chapitre du Vendidad, Zarathustra demande à Ahura mazdâ quels sont les

in der heiligen schrift : gaya maretan liess beim sterben saamen. Dieser saame wurde durch die umdrehung des lichtes der sonne gelæutert und ein theil (davon) dem schutz des Nairyôçanha übergeben und den andern theil nahm Çpenta ârmaiti an sich. 40 jahre (nachher) sind (die ersten menschen) als Reivaççtaude, mit einem stengel, fünfzehnjæhrig, funfzehnblætterig (wie die staude 15 blætter trug, so hatten die ersten menschen das ansehen von fünfzehnjæhrigen), im monat Mithra am festtage Mithragan ans der erde gewachsen in der weise, das ihre hænde an den ohren zurücklagen, und eines mit demandern verbunden, mit einer gestalt, einem gesicht waren sie (beide) geschaffen, und die mitte des leibes von beiden war verbunden ; so waren sie in einer gestalt, dass nicht sichtbar war, welches der mann und welches das weib war, ob der glanz des Ahura mazda (die seele bereits in ihnen) oder noch nicht (in ihnen) war, wie gesagt ist : was ist zuerst geschaffen, die seele oder der leib? Da sprach Ahura mazdâ : die seele ist früher geschaffen, der leib ist dann für dieselbe geschaffen, in den leib wurde sie gelegt, damit sie die thætigkeit bewirke (den organismus in bewegung setze), und der leib ist zur thætigkeit geschaffen. Hieraus folgt der schluss : die seele ist früher geschaffen und der leib spæter. Darauf gelangten beide von der pflanzengestalt zur gestalt von menschen. Die seele geht in unsichtbarer weise zu den Yazatas (sie strebt himmelwærts und bewirkt dadurch den aufrechten gang des menschen, os cœlum tueri jussit), das ist, die seele pflegt auch jezt (bei uns wie bei den ersten menschen) in der weise eines baumes nach oben zu streben ; dieses (baumes, dieser staude Reivaç) früchte (waren) 10 arten von menschen. Es sprach Ahura mazdâ zu Maṣya und Maṣyâna : Seid menschen, seid die eltern der welt. »

(1) Chinon dit en parlant des Parsis modernes : « Les deux animaux qu'ils chérissent si fort sont le bœuf et le chien. Ils ne peuvent jamais ni tuer ni manger de bœuf, et cela leur est expressément défendu. Ils ont pour cet animal un très-grand respect, à cause, disent-ils, du service qu'il rend à l'homme en labourant la terre qui produit tant de sortes de grains pour sa nourriture. Ils conservent aussi fort chèrement la vache, mais mangent du lait qu'elle leur donne, et même quand ils voient qu'elle est en état de ne leur plus rendre de service, ils la peuvent tuer et manger sa chair. La grande raison qu'ils ont d'aimer cet animal, c'est à cause du remède qu'il leur fournit pour se purifier de toutes leurs immondicités légales, jusques même à s'en servir pour l'expiation de leurs péchés. » *Relations nouvelles du Levant*, p. 435.

principaux bienfaits qu'il est possible d'exercer envers la terre. Le dieu répond à Zarathustra que la terre est heureuse avant tout lorsque s'élève sur son sein la demeure d'un homme pur. Le saint questionne le dieu au sujet des peines méritées par les individus qui, après avoir enterré *des chiens morts et des hommes morts*, passent une année entière, deux années, sans fouiller leur sépulture. Au huitième chapitre du même livre, Ahura mazdâ est interrogé sur les cérémonies qu'il convient d'observer lorsqu'*un chien ou un homme* vient à mourir en plein air et non plus dans sa demeure, et sur le mode de purification des gens qui ont porté à la fosse le cadavre *d'un chien ou d'un homme*. Zarathustra, au cinquième chapitre, questionne le même Ahura mazdâ sur les cas d'impureté produits par le contact du cadavre d'un *homme*, et aussitôt après il le questionne sur les cas d'impureté produite par le contact d'un *chien*. Ce n'est point seulement dans ces quatre ou cinq passages que le texte saint rapproche ainsi l'un de l'autre l'homme et le chien, et semble les placer en dehors des différentes créatures ; mais il serait superflu de faire ici le relevé de tous les autres. Au premier livre de ses *Histoires*, Hérodote remarque que les mages avaient un respect particulier de la vie des hommes et de celle des chiens : Οἱ δὲ δὴ Μάγοι αὐτοχειρίῃ πάντα πλὴν κυνὸς καὶ ἀνθρώπου κτείνουσι, « Magi vero omnia manu sua occidunt, excepto cane atque homine » (Clio, 140).

Ce respect que les Mazdéens professaient pour le chien avait-il un motif spécial; était-il le souvenir d'anciens événements, d'anciennes croyances dont on pouvait bien avoir perdu déjà le véritable sens, c'est ce que nous ne pouvons assurer. Faut-il simplement en voir la cause dans la reconnaissance à laquelle le chien devait avoir un si juste titre pour ses bons offices, dans une société où la vie de campagne, la culture de la terre, l'élevage du bétail jouaient un rôle si considérable? Peut-être les deux opinions ont-elles ici, comme bien souvent, une égale raison d'être.

Deux passages importants de l'Avesta sont consacrés au fidèle serviteur et ami de l'homme.

Au quinzième chapitre du Vendidad, Zoroastre interroge Ormuzd sur les actes coupables que condamne la loi religieuse ; nous trouvons, entre autres réponses, la suivante : *bitîm aêtaêṣãm skyaothnanãm yôi verezinti maṣyâka | yô çûnê yim paçus haurvê vâ vis haurvê vâ vis haurvê vâ açtãm ahmarstanãm dadhâiti garemanãm vâ qarethanãm | yêzića aêtê açta dâtâhva arə̄ntê garemôhva vîdhə̄ntê | yaṭ vâ aêtê garemô qaretha çtamanem vâ hizvãm vâ apa dažaṭ | ahmaṭ haća iriṣyâṭ | yêzi taṭ paiti iriṣyêiti | aňhaṭ haća skyaothnavareza atha bavaiti peṣôtanus.* C'est-à-dire : « Le second de ces actes [mauvais] qu'accomplissent les hommes, [ç'est que] quelqu'un donne à un chien gardien du bétail ou gardien de la maison des os dans lesquels il ne peut mordre ou des aliments chauds, et si ces os entrent dans les dents, se placent dans la gorge, ou si ces aliments chauds brûlent la bouche ou la langue, de façon que le chien se blesse, celui qui a fait cette action est *peṣôtanu* » (1).

La troisième des fautes capitales qu'Ormuzd signale à Zoroastre se rapporte également au chien :

thritîm aêtaêṣãm skyaothnanãm yôi verezinti maṣyâka | yô gadhwãm yãm aputhrãm janaiti vâ vayêiti vâ khraoçyêiti vâ pazdayêiti vâ | yêzića aêṣa gadhwa maighê vâ ćâitê vâ uruidhi vâ apô vâ nâvayə̄ paidhyâiti | ahmaṭ haća iriṣyâṭ | yêzi taṭ paiti iriṣyêiti | aňhaṭ haća skyaothna vareza atha bavaiti peṣôtanus.

Dans le premier verset de ce fragment, nous retrouvons le premier verset du fragment précédent avec *thritîm* « troisième »

(1) C'est là une de ces expressions qu'il vaut encore mieux donner telles quelles dans une version de l'Avesta que de traduire par un mot ou par une périphrase dont l'exactitude ne serait rien moins que certaine. Dans le premier volume de son *Commentaire*, M. Spiegel a étudié ce mot d'aussi près que possible (t. I, p. 127) ; M. Frédéric Müller (Beitræge zur vgl. sprachf. t. V, p. 382) et Haug (An old zand-pahlavi glossary, p. 104), l'ont également examiné, mais leurs recherches n'ont abouti qu'à des conjectures plus ou moins vraisemblables, plus ou moins probables.

à la place de *bitîm* « second ». Voici la traduction du deuxième : « celui qui bat, ou met en fuite, ou effraie par ses cris, une chienne qui n'a pas encore mis bas ». Au propre *aputhra-* signifie simplement « sans enfants, sans petits » ; comme le démontre facilement l'ensemble du texte, et comme le laisse d'ailleurs entendre la version huzvârèche, il est question ici d'une chienne qui n'a pas encore mis bas ses petits, d'une chienne qui est pleine (1).

Troisième verset du fragment, dix-huitième du chapitre : « Et si cette chienne tombe dans un trou, ou dans un puits, ou dans une embûche, ou dans un cours d'eau, de façon qu'elle se blesse, celui qui a fait cette action devient *peṣôtanu.* »

Nous passons du vingt-unième verset au soixante-unième. Dans l'intervalle, Ahura mazdâ a signalé à Zarathustra les quatrième et cinquième fautes qui n'ont rien à faire avec le sujet dont nous nous occupons et que nous pouvons dès lors passer sous silence.

A partir du verset soixante-unième toute la fin du quinzième chapitre du Vendidad est consacrée de nouveau aux soins que réclame le chien. Nous diviserons ce fragment en trois morceaux. Dans la première partie il est question des soins dus à la chienne qui vient de mettre bas (v. 61-121) ; dans la seconde, il est question de la garde des jeunes chiens (v. 122-126) ; dans la troisième, enfin, il est question de la reproduction des chiens (v. 127-133).

Voici le texte de la première partie :

dâtare yêzi taṭ phrajaçâṭ antare çairê varezânê | kahmâṭ mazdayaçnanãm harethrem barâṭ | âaṭ mraoṭ ahurô mazdǡ yô hê añhaṭ nazdistem nmânem uzdaçta aêtahmâyus paiti

(1) Tous les autres mots du verset s'expliquent facilement, sauf un seul, le mot *pazdayêiti*. Non-seulement le sens de ce mot est obscu,r mais encore, on ne sait pas d'une façon bien assurée quel est le premier des éléments qui entrent dans sa composition. M. de Harlez dit : « celui qui lève le pied sur elle », et dérive ainsi ce mot, comme M. Justi, de *padha-* « pied » ; M. Spiegel reste dans le doute et traduit d'après la version huzvârèche : « oder hinter her in die hænde schlægt, » c'est-à-dire « qui frappe derrière elle dans ses mains. »

harethrem | *vîçpem â ahmât thrâthrem kerenavât yat aêtê yô çpâna uzjaçãn* | *yêzi nôit harethrem baraiti* | *aêtadha aêtê yô çpâna adhâityô aṅharethrem irişyãn* | *para aêşãm irişantãm raêşè ćikayât baodhâvarstahê ćithaya* | *dâtare yêzića aêşa gadhwa ustrô çtânaêşva phrajaçât* | *kahmât mazdayaçnanãm harethrem barât* | *âat mraot ahurô mazdå yô aêtem ustrô çtânem uzdaçta* | *aêtahmâyus paiti harethrem* | *vîçpem â ahmât thrâthrem kerenavât yât aêtê yô çpâna uzjaçãn* | *yêzi nôit* (comme plus haut) — *aêthada aêtê* (comme plus haut) | *para aêşãm* (comme plus haut).

Voici la traduction des deux premiers versets de ce fragment, les soixante-unième et soixante-deuxième du chapitre : « O créateur, si alors [une chienne] vient à mettre bas, duquel des Mazdéens doit-elle recevoir le soutien (1) ? »

Troisième verset : « Ahura mazdâ répondit alors : « Celui dont la maison est bâtie la plus proche, que celui-là porte secours. »

Le sens du verset suivant est tout aussi clair : « Qu'il la soutienne jusqu'à ce que les chiens puissent aller. » A proprement parler le verbe *uçjaçãn* veut dire « avancent, viennent dehors. » MM. Justi et de Harlez le traduisent par « naissent » : « jusqu'à ce que les jeunes chiens soient venus au monde. » Ce n'est pas assez dire. Le Mazdéen doit avoir soin de la chienne tant que les petits réclament les soins de leur mère, et plus loin dans les versets soixante-deuxième et suivants, il est question de l'époque où les jeunes chiens peuvent être livrés à eux-mêmes.

« S'il ne porte pas secours, — [si] par suite les chiens ne

(1) M. Justi traduit les mots *antare çairê varezânê* par (in die niedermachung, » c'est-à-dire « dans l'acte de mettre bas » ; M. Spiegel avait traduit de la même façon : « Wenn diese hündin niederkommt. » Cherchant à serrer le texte de plus près, M. de Harlez a ainsi compris ce fragment : « Si [une chienne] met bas dans un lieu de culture ; » nous pensons, au contraire, qu'il s'éloigne de la lettre même de ce passage et qu'il le commente bien inutilement. L'auteur commence par demander d'une façon générale quel est celui des Mazdéens auquel il incombe de prendre soin d'une chienne qui met bas. Il distinguera et précisera tout à l'heure.

recevant pas le secours voulu souffrent, — qu'il paye les maux de ces [chiens] souffrant par la peine du *baodhôvar sta*» Il est difficile de dire en quoi consistait cette peine.

Verset soixante-huitième et suivants : « O créateur, si cette chienne vient à mettre bas dans une étable de chameaux, quel est celui des Mazdéens qui doit la soigner? Ahura mazdâ répondit alors : Celui qui a bâti cette étable de chameaux doit lui donner secours. Il doit donner ses soins jusqu'à ce que les [jeunes] chiens puissent aller. S'il ne... (*comme ci-dessus*). »

Le saint continue à interroger Ahura mazdâ et lui demande successivement quel doit être le protecteur de la chienne qui met bas dans une écurie, dans une étable, dans un parc de bétail, dans une cave, dans un pâturage (*açpô çtânaêṣva*, *gavô çtânaêṣva*, *paçus haçtaêṣva*, *avakantaêṣva* (1), *vâçtrê*); la réponse est toujours la même, et nous pouvons nous dispenser de la répéter ainsi cinq fois encore.

Du verset cent vingt-deuxième au cent vingt-sixième il est question spécialement des jeunes chiens et de l'âge auquel ils peuvent être livrés à eux-mêmes :

dâtare yaṭ aêtê yô çpâna qâzaênem qâdraonem bavãn | âaṭ mraoṭ ahurô mazdå yavaṭ aêtê çpâna bis hapta nmâna pairi taćahi bavãn.

Le sens du premier verset est celui-ci : O créateur, quand les chiens sont-ils capables de se suffire? Mais ce n'est là qu'une traduction très-libre et très-générale. En fait, *qâzaêna-* veut dire : « ayant ses armes propres, pouvant se défendre par lui-même », et *qâdraona-* « ayant son pain propre, capable de trouver sa nourriture ». Voici la traduction du verset : « Alors Ahura mazdâ dit : quand ces chiens peuvent courir deux [fois] sept [fois] autour des maisons », ou bien, selon M. Spiegel : « quand ils peuvent courir autour de deux

(1) Nous omettons, avant ce mot, un terme difficile à expliquer, mais qui semble cependant lui faire opposition; peut-être aurait-il le sens de « grenier. » Anquetil-Duperron le traduit par « lieu élevé. »

fois sept demeures ». Ce passage est bien obscur, et nous ne voyons aucun motif pour adopter l'une de ces versions de préférence à l'autre. Qui sait même si, l'une et l'autre, elles ne sont pas fautives?

vaçô paççaêta phrakhstâitê aiwigamê itha hama.

« A leur gré, ensuite, qu'ils aillent en avant, en hiver comme en été. »

khṣvas mãoṅhô çûnô thrâthrem hapta çaregha aperenâyûkahê.

« Six mois [doit durer] la protection du chien, sept ans [celle] de l'enfant ». Le premier âge, l'âge des premiers soins est de six mois pour le chien, de sept ans pour l'enfant.

Nous arrivons à la deuxième partie du fragment; il y est question, avons-nous dit, de la reproduction des chiens. Le morceau va du cent vingt-septième au cent trente-troisième verset. En voici le texte :

dâtare yêzi vaçen mazdàyaçna jvô dakhṣtem maêthmanem | kutha tê verezyãn aêtê yô mazdayaçna | âaṭ mraoṭ ahurô mazdão aêtadha hê aêtê mazdayaçna aṅhão zemô avakanem avakanayen maidhyôi paçus haçtaêṣva | maidhyô paitistânê khroždmuçmê maidhyô nars vareduçmê | paoiryâi nidarezayen aperenâyûkem avatha âtare ahurahê mazdão puthrem | vîçpem â ahmâṭ thrâthrem kerenavâṭ yavaṭ aêṣô çpâ anya jaçô | aiwiča aparem paitiča aparem apâča paourvaêibya nôiṭ kim avatha iriṣyãn.

La traduction littérale du premier verset de ce fragment est des plus difficiles. Pour M. Spiegel il signifie : « Schœpfer! wenn die Mazdayaçnas einen læufigen hund (mit einem anderen) in verbindung bringen wollen »; pour M. Justi : « Wenn sie einen læufigen hund zur begattung bringen wollen »; pour M. de Harlez : « Si des Mazdéens veulent unir des chiens pour avoir des jeunes ». Dans ces différentes traductions le sens est toujours le même, et ce sens est sans aucun doute celui du texte zend, mais quel est le mot à mot de ce texte ? Le second verset est parfaitement simple et clair : « Comment ces Mazdéens doivent-ils agir ? »

« Ahura mazdâ dit alors : que ces Mazdéens creusent une fosse dans cette terre, au milieu des pacages du bétail ». Les deux derniers termes « au milieu » et « dans les pacages » sont au vocatif dans le texte. Pour la tradition le verset suivant se traduit ainsi : « [Que cette fosse soit] de la moitié d'un pied dans le terrain dur, de la moitié [de la hauteur d'un homme] dans le terrain mou », et cette version paraît être exacte.

Cent trente-unième verset : « Tout d'abord qu'ils l'attachent loin des enfants et du feu, fils d'Ahura mazdâ. » Ce sens est celui que donne la version huzvârèche, et il est raisonnable. On place le chien loin des ébats des enfants et loin du feu ; une glose ajoute que sans cette précaution il pourrait mordre les enfants et souiller le feu. Mais ici encore se présente une difficulté grammaticale, et cette difficulté est importante. Il s'agit des formes *aperenâyûkem* et *âtare* qui se trouvent à l'accusatif. Faut-il donc penser que ces deux formes sont les régimes directs du verbe *nidarezayen ?* M. Spiegel est disposé à l'admettre. Ce ne serait pas le chien, dit-il dans son Commentaire, que l'on doit écarter des enfants et du feu ; ce sont, au contraire, les enfants et le feu que l'on doit tenir éloignés du chien. En tout cas, l'idée sommaire, l'idée générale de l'auteur est que, dans cette circonstance, le chien, d'une part, et, d'autre part, les enfants et le feu, doivent être tenus à distance : les deux versions la rendent également. « Qu'on lui donne assistance jusqu'à ce qu'un autre chien arrive. »

Le dernier verset est difficile à comprendre. M. Spiegel le traduit : « Einen spæteren und noch einen spæteren soll man von den früheren (hunden fernhalten), nicht sollen sie ihn verwunden » ; le texte voudrait dire que si d'autres chiens surviennent, il faut les empêcher d'approcher des premiers pour que la chienne ne soit pas blessée. M. de Harlez traduit :

« Qu'ils laissent venir cet autre chien, qu'ils en laissent venir un deuxième en le tenant écarté des deux premiers pour qu'ils ne le blessent pas. » Dans la première version il s'agit donc de l'arrivée de trois chiens, et dans la seconde de deux chiens seulement. Les deux traducteurs ne donnent d'ailleurs à leur version qu'une valeur conjecturale, et en cela ils ont raison ; ce verset est, en effet, fort obscur, et la tradition n'aide guère à l'interpréter. Nous pouvons cependant comprendre qu'il s'agit de se mettre en garde contre l'arrivée d'un nouveau chien, *aiwića aparem*, et encore celle d'un autre chien, *paitića aparem ;* puis, qu'il s'agit de les tenir écartés des deux précédents, *apaća paourvaêibya*, pour qu'ensuite, *avatha,* ces deux derniers venus ne blessent pas, *nôiṭ iriṣyān*, le chien dont il a été le premier question, *kim*, lui, c'est-à-dire évidemment la chienne exposée.

Dans ces différents passages du quinzième chapitre du Vendidad, l'on voit que les difficultés ne manquent point. Et pourtant nous sommes loin de nous trouver en présence d'une des parties les plus obscures de l'Avesta. Ici les difficultés ne sont la plupart du temps que de l'ordre grammatical, et elles ne nuisent guère à l'intelligence générale du texte.

Voici d'ailleurs une traduction de l'ensemble du morceau :

« Combien, en ce monde corporel, y a-t-il d'actions qui, une fois accomplies, si l'on n'en fait point pénitence, si l'on ne les expie pas, constituent [leur auteur] pécheur et *peṣôtanu ?* »

(Ahura mazdâ répond à son saint que ces actions sont au nombre de cinq, et il lui fait connaître la première qui n'a point rapport à notre sujet. Il continue ainsi) :

« Le second de ces actes que commettent les hommes, c'est de donner à un chien qui garde le bétail ou qui garde le logis des os dans lesquels il ne peut mordre ou des aliments brûlants. Si ces os se placent dans ses dents ou dans sa gorge, si ces aliments chauds lui brûlent ou la gueule ou la langue, et si alors il se blesse, [celui qui les lui a donnés] devient pécheur et *peṣôtanu*.

« Le troisième de ces actes que commettent les hommes, c'est de battre, de mettre en fuite, d'effrayer par des cris... une chienne portant des petits. Si cette chienne tombe dans un trou, dans un puits, dans un piège, dans un cours d'eau, et si alors elle se blesse, [l'homme qui en est cause] devient pécheur et *peṣôtanu*. »

(Ici nous passons encore un certain nombre de versets qui ne se rattachent pas au sujet; Zarathustra poursuit ses demandes) :

« O créateur, si une chienne vient à mettre bas, quel est, parmi les Mazdéens, celui qui doit lui donner des soins? — Ahura mazdâ répondit : Celui-là doit lui donner ses soins près de la demeure duquel elle met bas; qu'il veille sur elle jusqu'à ce que ses petits puissent aller. S'il ne leur donne pas ses soins, et si ces chiens ainsi privés du secours qui leur est dû viennent à en souffrir, qu'il paye leur souffrance par la peine du *baodhôvarsta*. — O créateur, si cette chienne vient à mettre bas dans une étable de chameaux, dans une écurie, dans une étable, dans un parc de bétail, dans une cave, quel est parmi les Mazdéens celui qui doit lui donner des soins? — Ahura mazdâ répondit : C'est celui qui a construit cette étable de chameaux, cette écurie, cette étable, qui a fait ce parc de bétail, cette cave, ce pâturage; il doit lui donner ses soins jusqu'à ce que les petits puissent aller. S'il ne leur donne pas ses soins et si ces chiens, ainsi privés du secours qui leur est dû, viennent à en souffrir, qu'il paye leurs maux par la peine du *baodhôvarsta*.

« O créateur, quand les chiens sont-ils capables de se défendre par eux-mêmes et de pourvoir eux-mêmes à leur nourriture? — Ahura mazdâ répondit : C'est lorsqu'ils peuvent courir autour de quatorze maisons (1). Alors, qu'ils

(1) Passage fort obscur, et dont la traduction est très-difficile. Voyez ce que nous en avons dit ci-dessus.

aillent comme ils le voudront, en hiver comme en été. Il faut veiller six mois sur le chien, sept ans sur l'enfant.

« Créateur, si des Mazdéens désirent unir des chiens pour en avoir des petits, que doivent faire ces Mazdéens ? — Ahura mazdâ répondit : Ils doivent creuser une fosse en terre, au milieu des pacages du bétail, profonde de la moitié d'un pied dans un terrain dur, de la moitié d'une taille d'homme dans le terrain mou. Qu'ils tiennent tout d'abord à distance les enfants et le feu, fils d'Ahura mazdâ. On doit veiller [sur le chien] jusqu'à ce qu'un autre approche. S'il en survient un autre, puis un autre encore, il faut les tenir éloignés des deux précédents, pour qu'ils ne blessent point le premier. »

L'autre fragment fait partie du treizième livre du Vendidad ; il va du verset vingt-unième au cent soixante-deuxième, et paraît plus suivi que les différents morceaux qui nous ont occupés jusqu'ici. Ici encore, c'est Ahura mazdâ qui répond aux demandes du saint Zarathustra :

yô aêtaêṣãm çûnãm jainti yim paçus haurvãmća vis haurvãmća vôhunazgãmća drakhtô hunaranãmća | khraoçyôtaraća nô ahmâṭ vôyôtaraća havô urva parâiti parô açnâi añuhê | yatha vehrkô vayôtuitê dramnê barezistê razuirê | nôiṭ hê anyô urva haom urvânem paiṭi irista bãzaïti khraoçyâća vôyaća añuhê | naêdha çpâna piṣu pâna paiti irista bãzaiti khraoçyâća vôyaća añuhê.

« Celui qui tue [un] de ces chiens qui [est] gardien du bétail, gardien de la maison, chien dressé. » La traduction du mot *vôhunazgãm* serait toute conjecturale si on ne le rencontrait que dans ce passage. M. Justi traduit « abgerichteter jagdhund », mais sans donner sa version pour parfaitement exacte. Il se peut qu'il s'agisse ici d'un chien dressé à l'attaque des animaux malfaisants ou du gibier. En tous cas, il ne s'agit point simplement d'un chien de garde du logis, puisque le mot précédent, *vis haurvãm*, a précisément et uniquement ce sens. Plus bas, lorsque nous en serons au verset cinquante-quatrième, nous verrons qu'il s'agit ici d'un vrai garde du corps, d'un chien préposé à la défense personnelle de son maître.

Le verset suivant offre une certaine difficulté. Il signifie pour M. Spiegel: « Dessen seele geht grauenvoll und krank von dieser unserer (welt) hin zur überirdischen. » Pour ce même auteur *ḳhraoçyôtara* et *vôyôtara* seraient à l'instrumental et adverbiaux; nous pensons qu'il faut y voir deux nominatifs du singulier se rapportant au nominatif *urva* « âme », et que le suffixe *tara* qui les termine ne fait, quelle que soit sa nature, qu'accentuer le sens des mots radicaux. Le premier mot veut donc dire « toute pleine d'angoisse », et le second « toute pleine de crainte ». D'où l'âme s'en va-t-elle ainsi? De parmi nous, *nô ahmâṭ*, de ce monde. Où va-t-elle? Dans l'autre monde, *parô açnâi añuhê*. Le sens des deux premiers versets est donc celui-ci : « L'âme de celui qui tue un chien gardien du bétail, un chien gardien du logis, un chien préposé à la garde de son maître, un chien dressé, s'en va de ce monde dans l'autre toute pleine d'angoisse, toute pleine de crainte ». Le verset suivant, le vingt-troisième, fait suite aux précédents : « De même qu'un loup dans une forêt antique, très-profonde ». Qu'est-ce que le mot *dramnê*? Nous n'avons pu le comprendre, et M. Spiegel ne voit point quel peut être son correspondant dans la version huzvârèche. Pour M. Justi il pourrait signifier « parcourue », c'est-à-dire « parcourue par lui, par le loup : in dem uralten (von ihm) durchstreiften hohen wald » ; mais cette explication est encore conjecturale.

Il s'agit ensuite des peines encourues par les Mazdéens qui ont blessé un chien :

yô çûnê pistrem jainti yim paçus haurvâi | uç vâ hê gaoṣem thwereçaiti apa vâ hê paidhyãm kerentaiti | yaçê taṭ paiti avǡ gaêthǡ tâyus vâ vehrkô vâ apaitibusti haća gaêthâbyô para baraiti daça | adhâṭ paiti âphṣè ćikayaṭ | ćikayaṭ çûnahê raêṣô baodhô varstahê ćithaya.

« Celui qui blesse un chien gardien du bétail. » Les mots

pistrem jainti disent évidemment « blesser, frapper et blesser », mais il est assez difficile d'expliquer clairement *pistrem*. Vingt-septième verset : « Ou s'il lui coupe une oreille ou lui coupe une patte ». Le verset suivant offre plus de difficulté : « Si alors ou un voleur ou un loup vient à ce parc de bestiaux, sans qu'il y ait avertissement... ». Le chien ayant été blessé ne peut avertir de la venue des voleurs ou des loups, tel est le sens du verset, mais il se présente ici plusieurs difficultés lexiques ou grammaticales ; toutefois, le sens est trop clair pour qu'il y ait le moindre doute dans la traduction. Qu'est-ce encore que *apaitibusti?* Nous y reconnaissons bien l'*a* privatif et un *busti-* dérivé de *bud* « savoir » (sanskrit *budh*), mais quelle est la forme précise de ce mot? En tous cas, le sens est toujours très-clair, et la difficulté ne porte que sur la forme même des mots, non sur la signification de la phrase. Les derniers mots sont encore assez difficiles à expliquer littéralement ; l'auteur veut dire évidemment que le voleur ou le loup emporte (*parabaiti*) des pacages (*gaêthâbyô*) quelque chose ; mais qu'est-ce que ce mot *daça* qui paraît être le régime du verbe *baraiti?* Jusqu'à présent, il a été impossible de lui donner un sens.

« Qu'alors [celui-là] paye la valeur perdue ; qu'il paye la blessure du chien par la peine du *baodhô varsta* ».

Les versets trente-unième à trente-cinquième ne sont que la reproduction des cinq versets précédents, avec cette seule différence qu'il y est question, non plus d'un chien gardien du bétail, mais d'un chien gardien du logis : à *paçus haurvâi* et *avā̊ haêthā̊* sont substitués *vis haurvâi* et *avā̊ viçô*, et *vîžibyô* à *gaêthâbyô*.

dâtare yô çpânem jainti yim paçus haurum phrazâbaodhañhem çnathem vîkereṭ ustânem | kâ hê açti citha | âaṭ mraoṭ ahurô mazdā̊ asta çata upâzananãm upazôiṭ açpahê astraya aêta çata çraoṣô caranaya.

« O créateur, celui qui frappe un chien gardien du bétail [et lui porte] un coup mortel, endommageant [sa] fonction vitale, quelle est sa peine ? », c'est-à-dire : comment doit-il être puni ? « Ahura mazdâ répondit alors : Qu'il donne huit cents coups avec l'aiguillon du cheval, huit cents avec l'aiguillon du bétail ». Une explication ici est nécessaire. Dans la croyance mazdéenne un certain nombre de créatures étaient impures, nuisibles et devaient être mises à mort par les sectateurs de la loi. Hérodote, dans le passage de ses Histoires que nous avons déjà cité, rapporte que les mages ont entre autres soins celui de tuer certains animaux : κτείνοντες ὁμοίως μύρμηκάς τε καὶ ὄφις καὶ τἄλλα ἑρπετὰ. C'est précisément ce soin qui est imposé aux délinquants que signale l'Avesta : ils doivent, comme punition, s'armer de l'aiguillon qui sert à conduire le bétail, et mettre à mort tant de centaines, tant de milliers des animaux nuisibles indiqués par le livre saint. Ils doivent par cette action méritoire racheter leur faute.

Les neuf versets suivants répètent les trois qui précèdent, avec cette seule différence qu'il y est question, au lieu du chien gardien des troupeaux, du chien gardien du logis, puis de celui que nous avons supposé ci-dessus être un chien de garde personnelle, puis enfin d'un jeune chien : *vis haurvum*, *vôhunazgem*, *taurunem*. Il y a encore cette différence que les coups se réduisent successivement au nombre de sept cents (*hapta çata*), puis de six cents (*khṣvas çata*), puis enfin de cinq cents (*panća çata*) s'il s'agit d'un jeune chien. Nous pouvons donc nous dispenser de reproduire ces neuf versets du texte.

Ahura mazdâ ajoute, après cette énumération, une énumération nouvelle de différentes espèces de chiens, dans laquelle certains noms paraissent encore obscurs. Ce quarante-huitième verset pourrait bien être interpolé, et nous passons immédiatement au suivant, le quarante-neuvième, et à celui qui l'accompagne. Zarathustra reprend la parole :

dâtare kva açti çpâ paçus haurvô dâityô gâtus | âaṭ mraoṭ ahurô mazdå yô yujyêstim haća gaêthâbyô parâiti çraêṣemnô tâyûm vehrkemća.

« O créateur où un chien gardien du bétail a-t-il sa place légale ? » La réponse d'Ahura mazdâ est que le chien doit se tenir à une distance d'un *yujyêçti* du pacage, pour marcher au voleur et au loup. Le sens du verset est fort clair, mais l'explication littérale offre des difficultés.

Les versets cinquante-unième et cinquante-deuxième sont la répétition des deux précédents, avec cette différence qu'à la place de *paçus haurvô* nous trouvons *vis haurvô*, puis *hâthrô maçañhem adhwanem* « une étendue longue d'un *hâthra* » à la place de la mesure plus haut indiquée, et enfin *vîžibyô* à la place de *gaêthâbyô*. La mesure du *hâthra* serait, d'après le Boundehèche, la distance à laquelle la vue peut discerner les choses, « reconnaître si un animal est noir ou blanc (1). »

Au cinquante-troisième verset, nous trouvons la répétition de la même demande, avec cette modification qu'il ne s'agit plus du *çpâ paçus haurvô* ou du *çpâ vis haurvô*, mais bien du *çpâ vôhunazgô*. Ahura mazdâ répond :

yô naêcim içaitê hunaranãm tanuyê içaitê thrâthrem.

Voici le mot à mot de ce passage : « Celui qui ne demande aucun [des chiens dressés aux] arts, [celui qui] demande la protection pour [son] corps ». Le chien *vôhunazgô*, qui n'a rien de commun avec le chien qui garde le bétail et celui qui garde le logis, est donc un chien de défense personnelle, un garde du corps, et sa place est près de celui qui désire ainsi son secours. Plus haut, nous avons rencontré déjà ce mot *vôhunazgô*, dont le sens semblait alors bien incertain. Le verset qui nous occupe en ce moment écarte tous les doutes, et donne une explication fort claire.

dâtare yô çpânem tarô pithwem daçtê yim paçus haurum ćvaṭ aêtaêṣãm skyaothnanãm âçtâraiti | âaṭ mraoṭ ahurô mazdå yatha aêtahmi añhvô yaṭ açvaiti phratemônmânahê nmânôpaitîm paiti tarôpithwem daithyâṭ atha âçtâraiti.

(1) Chap. XXVI de l'édition de M. Justi. Cette matière des mesures de distance n'est pas parfaitement claire ; M. Justi en dit quelques mots dans le lexique joint à sa version du Boundehèche, p. 196 et 268.

« O créateur, celui qui donne à un chien gardien du bétail une nourriture mauvaise, [par] lequel des actes [mauvais] se souille-t-il?

Ahura mazdâ dit alors : De même que si, dans ce monde corporel, il donnait une nourriture mauvaise au chef d'une maison de qualité, de même il se souille. »

Les deux versets suivants sont la répétition des deux précédents, avec cette différence qu'il s'agit d'un chien *vis haurum* et d'un chef de maison de rang moyen, *madhemônmânahê nmânôpaitîm*. Le saint poursuit ses questions :

dâtare yô çpânem tarôpithwem daçtê yim vôhunazgem ćvaṭ aêtaêṣãm skyaothnanãm âçtâraiti | âaṭ mraoṭ ahurô mazdå narem bôiṭ idha aṣavanem jaçentem ahmya nmânê maṭ avabyô dakhstâbyô yatha âthrava paiti tarôpithwem daithyâṭ atha âçtâraiti

« O créateur, celui qui donne une mauvaise nourriture à un chien préposé à la garde personnelle, [du] quel des actes [mauvais] se souille-t-il? Ahura mazdâ dit alors : [Comme si] on donnait une mauvaise nourriture à un homme pur venant ici dans la maison avec ces signes comme un prêtre; de même il se souille ». C'est-à-dire : il se rend coupable comme s'il donnait une mauvaise nourriture à un homme pur, revêtu des caractères d'un prêtre, venant dans sa maison. »

Zarathustra demande à Ahura mazdâ, dans le soixante-unième verset, quel est le délit que l'on commet en donnant une mauvaise nourriture à un jeune chien; c'est la phrase déjà étudiée ci-dessus, avec substitution des mots *çpânem yim taurunem*. Le dieu lui répond :

yatha aêtahmi aṅhvô yaṭ açtvaiti aperenâyûkem dahmô keretem skyaothnâvareçzem verezyâṭ skyaothnem paiti tarôpithwem daithyâṭ atha âçtâraiti.

Ce verset est plein d'obscurité. Il s'agit de l'accomplissement d'une action délictueuse, d'un enfant, *aperenâyûka*, et encore, comme ci-dessus, d'un manque de soins dans l'alimentation. L'auteur a-t-il voulu dire que celui qui donnait à un jeune chien une mauvaise nourriture faisait une aussi méchante action que s'il traitait ainsi un enfant? Cela est vraisemblable, mais ce n'est qu'une interprétation conjecturale.

dâtare yô çpânem tarôpithwem daçtê yim paçus haurum | ka hê açti citha | âaṭ mraoṭ ahurô mazdâo aêtahê paiti peṣô tanuyê duyê çaitê upâzananãm upâzôiṭ açpahê astraya duyê çaitâ çraoṣô caranaya.

« O créateur, celui qui donne une mauvaise nourriture à un chien gardien du bétail, quelle est sa peine? Alors Ahura mazdâ dit : Pour ce péché (?) qu'il donne deux cents coups de l'aiguillon [avec lequel on mène le] cheval, deux cents coups de l'aiguillon [avec lequel on mène le] bétail. »

Les versets suivants ne font que reproduire le cadre des versets qui précèdent; toutefois, il n'y est plus question du chien gardien des bestiaux et de deux cents coups d'aiguillon, mais bien du chien préposé à la garde des habitations, *vis haurum*, de celui qui est préposé à la garde personnelle, *vôhunazgem*, du jeune chien, *çpânem yim taurunem*, et, respectivement, de quatre-vingt-dix, de soixante-dix et de cinquante coups d'aiguillon à donner.

aêtem zi aêtahmi aṅhvô zaṭ açtvaiti çpitama zarathustra çpentahê mainyêuṣ dâmanãm âçistem zrvânem upâiti yaṭ çpânô | yôi histenti aqarô upa qarentãm.

« Car dans ce monde corporel, ô saint Zarathustra, le chien est parmi les créatures du saint esprit, celle qui vieillit le plus vite ». Et le verset suivant ajoute : « Ceux qui demeurent sans nourriture près des gens qui se nourrissent. »

parô çpâçânô evindânô | parô khṣûiçca âzûitiçca gêus maṭ baratu qarethanãm | çûnahê aêvahê dâityô pithwem.

« Devant [les chiens qui] veillent sans [s'occuper de] trouver [leur nourriture], devant [eux] qu'on apporte de la soupe à la farine (?), de la graisse, de la viande ; [telle est] la nourriture légitime du chien. »

dâtare yaṭ ahmi nmânê yaṭ mâzdayaçnôis çpâ avacâo vâ

buvaṭ adhâityô khratus | kutha tê verezyãn aêtê yô mazdayaçna.

« O créateur, lorsque dans cette maison mazdéenne un chien est sans voix ou d'un mauvais caractère, que doivent faire les Mazdéens » ?

âaṭ mraoṭ ahurô mazdå ava hê barayen tâstem dâuru upa tãm manaothrîm | çlamanem hê adhâṭ nyâzayen açti maçô khraoždvahê | aêtahmâiciṭ nidarezayen | phrâ himciṭ nidarezayen.

D'après M. Spiegel, il s'agirait de mettre à la tête du chien un morceau de bois taillé et de lui lier la gueule; en somme, il serait simplement question d'une muselière. M. de Harlez traduit ainsi : « Qu'on attache un morceau de bois taillé à son collier, qu'on y assujettisse sa bouche; qu'on lie le bois des deux côtés et qu'on l'attache lui-même... ». Seuls les derniers mots du texte sont clairs : « Qu'on l'attache ». Ainsi on musellerait, puis on attacherait ce chien d'un caractère méchant.

yêzi nôiṭ çpâ avacå vâ adhâityô khratus paçus vâ narem vâ raêṣyâṭ | para hê iriṣentô raêṣem cikayaṭ baodhô varstahê cikaya.

« Ne [fait-on] pas [ainsi], si le chien sans voix ou d'un mauvais caractère blesse une bête ou un homme, que [le maître du chien] paie le mal du blessé par la peine du *baodhôvarsta*. »

paoirîm paçum avaghnâṭ paoirîm narem raêṣyâṭ daṣinem hê gaoṣem upa thwereçayen | bitîm paçum avaghnâṭ bitîm narem raêṣyâṭ hôim hê gaoṣem upa thwereçayen | thritîm..... daṣinem hê paidhyãm upa kerentayen | tuirîm..... hôyãm hê paidhyãm upa kerentayen | pukhdhem..... dumenciṭ hê upa thwereçayen.

« Au premier animal qu'il mord, au premier homme qu'il blesse, qu'on lui coupe l'oreille droite; au second, l'oreille gauche; au troisième, la patte droite; au quatrième, la patte gauche; au cinquième, la queue. » Le sens du premier verbe est évidemment celui de « mordre », non de « tuer » ; pour le châtier ainsi, on n'attend évidemment pas que le chien ait tué un animal domestique.

Après quoi Ahura mazdâ recommande comme ci-dessus d'attacher ce chien méchant. Si on ne l'attache, ajoute-t-il encore, et s'il vient à blesser une bête ou un homme, son maître doit payer cette blessure par la peine du *baodhô-varsta.*

dâtare yaṭ ahmi nmânê yaṭ mâzdayaçnôis çpâ ahãmbaodhemnô vâ bavaṭ adhâityô khratus | kutha tê verezyãn aêtê yô mazdayaçna | âaṭ mraoṭ ahurô mazdå avatha hê baêṣdzem upôiçayen yatha kahmâiciṭ aṣaonê.

« O créateur, si dans cette maison mazdéenne se trouve un chien n'ayant point son sens ou d'un mauvais caractère ; que doivent faire les Mazdéens ? Ahura mazdâ dit alors : « Qu'ils lui cherchent un remède de même que pour quelqu'un de pur ». C'est-à-dire qu'ils cherchent à le guérir comme ils chercheraient à guérir un homme pur.

dâtare yêzi içemnô nôiṭ vindâiti.

« O créateur, s'il ne prend pas celui-là de bonne grâce », c'est-à-dire s'il se refuse à prendre ce médicament. Ici alors se trouve répété cet obscur passage où il est vraisemblablement question de museler le chien et, très-certainement, de l'attacher ; et Ahura mazdâ ajoute :

yêzi nôiṭ çpâ ahãmbaodhemnô maighê vâ câitê vâ vaêmê vâ uruidhi vâ apô vâ nâvayå paidhyâiti.

« Si [le maître] ne [se conduit] pas [ainsi et si] le chien non dans son sens tombe dans un trou, ou dans un puits, ou dans un piège, ou dans un cours d'eau ». Tout ce passage a été expliqué dans le morceau ci-dessus étudié du quinzième livre du Vendidad.

ahmâṭ haca iriṣyâṭ | yêzi taṭ paiti iriṣyêiti | ahmâṭ haca skyaothnâvareza atha bavaiti peṣôtanus.

Ce passage, également, a été déjà traduit : Si le chien se blesse, son maître est coupable.

Ahura mazdâ fait ici à son saint un très-curieux éloge du chien.

« O Zarathustra ! moi Ahura mazdâ, je créai le chien qui est pourvu de son propre vêtement, de sa propre chaussure, vigilant, armé de dents acérées et qui reçoit de l'homme sa nourriture pour garder les parcs de bétail. Lorsqu'il est maître de ses facultés, lorsqu'il veille sur les parcs de bétail et lorsqu'il est habile à donner de la voix, ô saint Zarathustra, ni le voleur ni le loup n'emportent rien sans qu'il avertisse. »

(Ici se trouve un verset fort obscur où il est question du loup ; nous le passons, faute de certitude ; Zarathustra reprend :)

« O créateur, lequel de ces deux [genres de] loups est le plus meurtrier, ô pur Ahura mazdâ, celui qui provient d'un chien et d'une louve ou celui qui provient d'un loup et d'une chienne ? — Ahura mazdâ répondit : O pur Zarathustra ! De ces deux [genres de] loups, le plus meurtrier est celui qui provient d'un chien et d'une louve.

« Les chiens gardiens du bétail, les chiens gardiens du logis, les chiens préposés à la garde personnelle, les chiens dressés s'élancent, lorsque [vient] pour porter la destruction dans les parcs de bétail ce [chien-loup], plus meurtrier, plus mauvais, plus destructeur de parcs de bétail que [tout] chien. [Ils s'élancent de même lorsqu']accourt ce loup[-chien] plus meurtrier, plus mauvais, plus destructeur de parcs de bétail que [tout] autre loup.

« Le chien a huit caractères : celui d'un prêtre, d'un guerrier, d'un agriculteur, d'un serviteur (?), d'un voleur, d'un animal de proie, d'une courtisane, d'un enfant.

« Il se nourrit comme un prêtre ; il est content comme un prêtre ; il est patient (?) comme un prêtre ; il lui suffit d'une faible nourriture comme à un prêtre ; tel est son caractère de prêtre. Il va en avant comme un guerrier ; [il va] devant et derrière le logis comme un guerrier ; tel est son caractère de guerrier. Comme l'agriculteur, il est vigilant et n'a pas un sommeil complet; [il va] devant et derrière le logis comme un agriculteur; [il va] derrière et devant le logis comme un agriculteur; tel est son caractère d'agriculteur. Il désire l'obscurité comme un voleur; tel est son caractère de voleur. Il aime l'obscurité comme un animal de proie; tel est son caractère d'animal de proie. Il est amical comme une courtisane; tel est son caractère de courtisane. Il est dormeur comme un enfant; il est caressant comme un enfant; il a la langue longue comme un enfant; tel est son caractère d'enfant. »

Le castor (*udra-*) est également une créature d'Ormuzd; celui qui tue cet animal est passible d'une lourde peine. Il lui faudra tuer dix mille grenouilles, dix mille serpents, dix mille fourmis, des milliers et des milliers d'autres animaux créés par Ahriman. On lit au treizième chapitre du Vendidad : « Celui qui tue un castor produit une chaleur nuisible aux prairies. O très-saint Zarathustra, de ces lieux il naissait auparavant de la nourriture, de la santé, du bien-être, des grains, des pâturages. O créateur, comment tout cela y reviendra-t-il? Ahura mazdâ répondit : Pas avant que n'ait été tué celui qui a tué le castor, ou qu'il n'ait sacrifié, en honneur de l'âme pieuse de celui-ci, durant trois jours et trois nuits. »

Quant aux créatures d'Ahriman, le devoir du bon Mazdéen est de les poursuivre et de les anéantir. Cette œuvre de destruction est même une obligation stricte, comme nous venons de le voir, pour le rachat des fautes contre la loi. Un grand nombre des animaux d'Ahriman sont compris sous le nom général de *khraphçthras* (zend *khraphçthra-*, au moyen âge *kharphaçtar*, *kharvaçtar*, plus tard *kharâçtar*); ce sont divers reptiles. La fourmi est considérée aussi comme une bête diabolique : *maoiri* ; *môr* en huzvârèche. Le *zairimyañuhra* (huzvârèche *zârîmnyûr*) que le treizième chapitre du Vendidad signale comme une créature d'Ahriman, est peut-être un hamster, une sorte de rongeur, un rat des champs (1), peut-être (comme le veut la tradition), une tortue (2) : « Quelle est la créature d'Aṅra mainyu, qui, chaque matin, au lever du soleil, s'avance, adversaire du saint-esprit ? Ahura mazdâ répondit : C'est le démon *zairimyaṅura* ; celui qui le tue a racheté ses mauvaises pensées, paroles et actions. »

Nous avons cité un peu plus haut, un passage d'Hérodote relatif à la destruction méritoire, chez les Perses, de certains animaux réputés nuisibles. Il est d'autres passages que nous pourrions tirer des auteurs grecs et qui se rapportent au même sujet. On lit, par exemple, dans Agathias : ἑορτήν τε πασῶν μείζονα τὴν τῶν κακῶν λεγομένην ἀναίρεσιν ἐκτελοῦσιν, ἐν ᾗ τῶν τε ἑρπετῶν πλεῖστα καὶ τῶν ἄλλων ζώων ὁπόσα ἄγρια καὶ ἐρημονόμα κατακτείνοντες, τοῖς Μάγοις προσάγουσιν, ὥσπερ ἐς ἐπίδειξιν εὐσεβείας ταύτῃ γὰρ οἴονται τῷ μὲν ἀγαθῷ κεχαρισμένα διαπονεῖσθαι, ἀνιῶν δὲ καὶ λυμαίνεσθαι τὸν Ἀριμάνην, II. 24, dans Plutarque (*De Is.*, 47) : ils estiment que des herbes et plantes, les unes appartiennent au bon dieu, et les autres au mauvais dæmon, et semblablement des bestes, comme les chiens, les oyseaux et les herissons terrestres, soient à dieu, et les aquatiques au mauvais dæmon, et à ceste cause reputent bien heureux ceulx qui en peuvent faire mourir plus grand nombre (version d'Amyot, édit. de l'an XI). Dans un autre écrit du même auteur : τοὺς δ'ἀπὸ Ζωροάστρου μάγους τιμᾶν μὲν ἐν τοῖς μάλιστα τὸν χερσαῖον ἐχῖνον, ἐχθαίρειν δὲ τοὺς ἐνύδρους μῦς, καὶ τὸν ἀποκτείνοντα πλείστους θεοφιλῆ καὶ μακάριον νομίζειν, magos autem, qui a Zoroastre descendunt, terrestrem echinum quam maxime venerari, mures aquatiles odisse, diisque carum et beatum judicare eum qui plurimos interfecerit. *Sumposiakôn problêmatôn* bibl. IV.

Pietro della Valle, dans ses *Viaggi*, traduction française, t. II, p. 107, parle de l'aversion des Parses modernes pour certains animaux : « Sur toutes choses, dit-il, ils ont en hor-

(1) Spiegel, *Commentar*, t. I, p. 297.
(2) Darmesteter, *op. cit.* p. 283.

reur les Grenoüilles, les Tortuës, les Escrevisses et les autres animaux, qui à leur auis troublent et infectent l'eau; si bien qu'ils en tuent autant qu'ils en rencontrent : peut estre aussi qu'ils en font autant des autres insectes de la terre, comme serpents, fourmis et autres semblables, conformement à la pratique des anciens Persans, c'est à dire leurs Mages, selon Herodote. »

Nous trouvons le même témoignage dans les *Relations nouvelles du Levant* de Gabriel de Chinon : « Les animaux que les Gaures ont en horreur sont les serpens, les couleuvres, les lezars, et autres de cette espece, les crapaux, les grenoüilles, les écrevisses, et cancres de mer, les fourmis, les rats et souris, et sur tout le chat, qu'ils disent être la ressemblance de Mahomet, pour lequel ils ont une aversion extrême... L'horreur qu'ils ont pour cet animal est cause qu'ils n'en gardent jamais dans leurs maisons, et aiment mieux supporter le desordre que leur font les rats et les souris, qu'ils tâchent toutefois d'exterminer par d'autres moyens, que d'être obligés de garder un animal qu'ils ne peuvent voir sans peine, à cause de celui qu'il represente. Pour les autres animaux dont j'ay parlé, ils en font parfois de beaux massacres, sur tout aprez la mort de quelqu'un d'eux, s'en faisans apporter à ce sujet, autant qu'ils peuvent. Ils les achetent bien cher, les tuent ensuite, et en font un sacrifice au diable; mettans cette action au nombre des œuvres satisfactoires pour l'ame du defunt. La raison qui leur inspire cette grande aversion pour ces animaux, c'est qu'ils disent qu'ils n'ont pas été creés de Dieu comme les autres; mais qu'ils sont des productions du demon, comme sortis de lui (pour me servir de leurs termes) et ainsi ils participent de sa nature maligne (*Op. cit.*, p. 462).

CHAPITRE III

Sort de l'homme après la mort.

L'Avesta enseigne en termes formels le dogme d'une âme et d'un corps distinct. Il parle expressément de la séparation de l'âme et du corps : *paçća açtaçća baodhaṅhaçća vî urvîstîm* « après la séparation du corps et de l'intelligence » (Vendidad, chap. VIII, vers. 252). L'âme reçoit le nom de *urvan*- (au moyen âge *rubân*, *ruān*, *rvān*, plus tard *ruvân*). Il n'y a pas lieu d'insister sur le fait de cette croyance chez les Mazdéens ; nous en avons eu plus d'une fois, dans tout ce qui précède, des témoignages très-précis. Ce que nous avons à rechercher ici, c'est l'idée que se faisait le zoroastrisme des événements qui suivent la séparation du corps et de l'âme.

On peut dire, d'une façon générale, que l'âme des fidèles d'Ormuzd gagne le paradis, et que celle des sectateurs d'Ahriman gagne les enfers, attendant, les unes et les autres, l'époque de la résurrection. Voyons ce que rapportent à ce sujet, premièrement le dix-neuvième chapitre du Vendidad, secondement le vingt-deuxième Yast du petit Avesta, troisièmement la tradition du moyen âge.

Voici tout d'abord la traduction sommaire des versets 90 à 107 du chapitre en question du Vendidad. C'est Ormuzd qui répond à une question de Zoroastre :

« L'homme étant mort, les méchants démons viennent l'attaquer (1) ; la troisième nuit, au lever de l'aurore et lors-

(1) Spiegel, *Comment.*, t. I, p. 439 ; Kossowicz, *Decem Sendavestæ excerpta*, p. 22.

que le victorieux Mithra atteint avec un pur éclat le sommet des montagnes (1) et que se montre le soleil lumineux, alors le démon Vîzareṣa, ô saint Zarathustra, emmène, enchaînée, l'âme des méchants sectateurs des démons (*urvânem baçtem vâdhayêiti drvatãm daêvayaçnanãm*), vers les chemins où passent les bons et les mauvais (2) au pont Tchinvat, créé par Ahura mazdâ. L'âme pure est transportée par delà l'Haraberezaiti, par delà le pont Tchinvat. Vôhu manah se lève de son trône d'or et dit: Qui es-tu, être pur, qui viens ici du monde périssable au monde impérissable ? Les âmes pures, joyeuses, vont vers le trône d'or d'Ahura mazdâ, des Ameṣas çpentas, vers le paradis, demeure d'Ahura mazdâ, demeure des Ameṣas çpentas, demeure des autres êtres purs. »

Passons au vingt-deuxième Yast ; en voici une version également sommaire :

« Zarathustra interrogea Ahura mazdâ : Ahura mazdâ, être céleste, très-saint, créateur des mondes corporels, pur, lorsque meurt un homme pur, où séjourne son âme durant cette nuit (3) ? Ahura mazdâ répondit : Elle se place dans le voisinage de la tête, récitant le cantique « ustavaiti », implorant [son propre] salut. Pendant cette nuit, cette âme éprouve autant de joie qu'en possède le monde vivant.

« Durant la seconde nuit où demeure son âme ? Ahura mazdâ répondit : Dans le voisinage de la tête (*ut supra*...). Dans cette nuit également elle éprouve autant de joie qu'en possède le monde vivant. La troisième nuit achevée, l'âme de l'homme pur s'en va à travers les plantes répandant de suaves parfums vers la lumière. Du midi vient à son encontre un vent odoriférant, plus odoriférant que les autres vents. Recevant ce vent dans ses narines, l'âme de l'homme pur s'avance : D'où vient ce vent très-odoriférant que mes narines ont senti?

(1) Voir ci-dessus, p. 178.

(2) Kossowicz : vias ingreditur quique peccato, quique sanctitati [addictus fuerit] ; *op. cit.*, p. 23. Spiegel : « wer für den bösen (geist), wer für den reinen (geist) ist, » *op. cit.*, t. I, p. 441.

(3) Pendant la première nuit après la mort.

« Sous la forme d'une belle jeune fille, brillante, puissante, de forte poitrine, noble, de brillant visage, âgée de quinze ans, aussi belle que les plus belles créatures, sa propre loi vient vers elle (1). Et l'âme de l'homme pur lui dit : Quelle jeune fille es-tu, toi la plus belle que j'aie jamais vue ? (*ćisća ćarâitis ahi yãm it yavatarâitinãm kehrpa çraêstãm dadâreça*). Et sa propre loi lui répond : Je suis, ô jeune homme, ta bonne pensée, ta bonne parole, ta bonne action, ta bonne loi, la propre loi de ton propre corps. Tu t'es attaché à moi par tes bonnes pensées, tes bonnes paroles, tes bonnes actions. Si tu voyais quelque individu exerçant des maléfices, tu le terrassais en récitant les saints cantiques, en sacrifiant aux bonnes eaux, au feu, fils d'Ahura mazdâ. Moi, agréable, tu m'as rendue plus agréable encore ; belle, tu m'as rendue plus belle ; désirable, tu m'as rendue plus désirable ; assise en une place élevée, tu m'as fait asseoir sur une place encore plus élevée.

« L'âme de l'homme pur va tout d'abord au lieu [paradisiaque] de la bonne pensée, puis à celui de la bonne parole, puis à celui de la bonne action, puis à celui des splendeurs sans commencement (*anaghraêşva raoćôhva*).

« Un homme pur, mort précédemment, lui demande : Comment es-tu venu, ô être pur, du monde corporel en ce monde invisible, du monde périssable en ce monde impérissable ? Combien longue t'a paru cette route du salut ?

« Ahura mazdâ dit : Ne l'interroge pas, ne lui demande pas quel est le terrible chemin qu'il a parcouru, le chemin de la séparation de l'âme et du corps. Voici qu'on lui apprête les mets propres à un jeune homme qui pense, qui parle, qui agit bien.

« Zarathustra demanda : Lorsqu'un méchant vient à mourir, où demeure son âme cette nuit ? Ahura mazdâ répondit : Elle erre dans le voisinage de la tête, répétant la prière *kè*

(1) Spiegel : Kommt ihm entgegen sein eigenes gesetzt. Kossowicz : Illius obviam venit quæ propria sua religio est, virginis sub forma, etc., etc.

mãm (1) : Quel pays adorerai-je? Où dois-je aller en priant, ô Ahura mazdâ? Durant cette nuit, elle ressent autant de tristesse qu'il y en a dans tout le monde vivant.

« Où séjourne-t-elle durant la seconde nuit? Elle séjourne dans le voisinage de la tête (*ut supra*...). La troisième nuit achevée, l'âme de l'homme méchant va dans un lieu impur et infect. Au devant d'elle vient un vent du nord de mauvaise odeur, de plus mauvaise odeur que tout autre vent. Et l'âme du méchant dit : « D'où vient ce vent de très-mauvaise odeur que je sens avec mes narines ?

« Il s'en va tout d'abord dans le lieu de la mauvaise pensée, puis dans celui de la mauvaise parole, puis dans celui de la mauvaise action, puis dans les ténèbres sans commencement. Un méchant, mort précédemment, lui demande : Comment, ô méchant décédé, emmené par les Drujes, es-tu venu du monde corporel au monde spirituel, du monde périssable au monde impérissable. Combien long t'a paru le chemin ?

« Ahura mazdâ dit : Ne lui demande pas quel est le terrible chemin qu'il a parcouru, le chemin de la séparation de l'âme et du corps. Comme mets on lui apporte des poisons, comme il convient pour un jeune homme qui pense, qui parle, qui agit mal. »

Au surplus, les écrits parses du moyen âge parlent, eux aussi, du sort immédiat de l'homme après la mort. Dans le livre du Minokhired (3), nous trouvons un passage qui concorde parfaitement avec l'enseignement de la première période du mazdéisme. Trois jours et trois nuits, dit ce livre, l'âme reste près de la tête du défunt ; au quatrième jour, à l'aurore, sous la protection du saint Çrôș (Çraôșa, p. 199) et de Behrâm (Verethragna, p. 210), combattue par les méchantes divinités, elle arrive au redoutable pont Tchandôr (le pont Tchinvat, *ćinvaṭperetu*—). Elle y trouve comme adversaires

(1) Yaçna, chap. XLV.
(2) Ou : le plus mauvais que j'aie jamais senti.
(3) Voir ci-dessus, introduction, p. 209, en note.

Khaṣm (Aêṣma, p. 306), Açtôvahât ; comme juges, Mihr, Çrôṣ, Rasn (Mithra, Çraoṣa, Raṣnu, p. 209).

Devant ce tribunal, tous sont égaux, le roi et le dernier des hommes. C'est Çrôṣ qui fait franchir le pont, et alors, les bonnes actions se présentent sous la forme d'une belle jeune fille, plus belle que toutes celles de ce monde. L'âme pieuse lui demande : Qui es-tu, belle jeune fille, la plus belle, la meilleure que j'aie jamais vue ? Je ne suis pas une jeune fille, répond-elle, je suis tes bonnes actions, ô toi, fidèle, pourvu de bonnes pensées, de bonnes paroles, de bonnes actions ! Dans le monde, où tu as vu que l'on honorait les démons, tu as honoré les Yazatas. Tu as vu l'honnête homme méprisé, tu as vu la richesse indignement acquise et tu n'as pas agi ainsi ; tu as fait le bien, tu as acquis la richesse par des moyens honnêtes. Voici que je suis tes bonnes pensées, tes bonnes paroles, tes bonnes actions ; si je suis pleine d'éclat, tu le dois être plus encore que moi. Et il vient à l'encontre de l'âme pieuse un vent odoriférant, plus odoriférant que tous les parfums. L'âme pieuse demande à Çrôṣ : Quel est ce vent, le plus odoriférant que j'aie jamais respiré ? Çrôṣ répond : il vient du paradis. L'âme pieuse va d'abord au lieu de la bonne pensée, puis à celui de la bonne parole, puis à celui de la bonne action, puis enfin à celui de la lumière sans commencement. Tous les Yazatas et les Ameṣas çpentas viennent à sa rencontre et lui demandent : O jeune homme fidèle, comment viens-tu du monde périssable et mauvais, dans ce monde impérissable où il n'y a point d'opposition (1) ? Ne l'interrogez pas, dit Ormuzd, car il s'est séparé de son corps chéri et a fait le terrible voyage. Donnez-lui les meilleurs aliments ; qu'il se repose des trois jours et des trois nuits, du passage du pont, et qu'on le place au séjour de tous les plaisirs. Et si un méchant vient à mourir, son âme erre trois jours et trois nuits dans le voisinage de sa

(1) C'est-à-dire où il n'y a point de créatures du mal, opposées à celles du bien.

tête, disant : Où irai-je? Qui me sauvera? Dans ces trois jours et ces trois nuits, il voit tous les méfaits qu'il a commis dans le monde. Au quatrième jour le démon Vìzars arrive, enchaîne l'âme perverse et l'emmène au pont Tchandôr ; il la saisit, la frappe et l'entraîne à l'abîme. Elle crie, elle lutte, mais en vain. Nul des bons, nul des méchants ne viennent à son aide, et le démon Vìzars l'emmène, sans espoir, aux enfers. Et une jeune fille vient à son encontre, à laquelle aucune autre jeune fille ne ressemble. Qui es-tu, jeune fille la plus méchante, la plus laide que j'aie jamais vue? Je ne suis pas une jeune fille, répond-elle : je suis tes mauvaises pensées, tes mauvaises paroles, tes mauvaises actions. Voyant dans le monde qu'on honorait les Yazatas, tu as honoré les démons ; tu as méprisé les hommes pieux ; tu as refusé l'aumône; tu as fermé ta porte. Tu as trompé, donné de faux témoignages, tenu des discours méchants. Si je ne suis point digne d'honneur, tu l'es encore moins que moi. Si je me trouve dans un séjour redoutable, le tien le sera plus encore. Et le pervers vient tout d'abord au lieu de la mauvaise pensée, puis à celui de la mauvaise parole, puis à celui de la mauvaise action, puis enfin il arrive devant les démons. O toi, demandent-ils, quels crimes as-tu commis, pour voir Ahriman, les démons et l'enfer le plus ténébreux? Ahriman dit aux démons : Ne l'interrogez pas, car il s'est séparé de son corps chéri ; mais donnez-lui les plus impurs, les plus mauvais aliments : des poisons, des serpents, des scorpions (1).

Le petit ouvrage parsi de l'*aogemadaêćâ* (ainsi dénommé du mot zend qui le commence, « nous venons »), traite également du sort de l'homme après la mort. Ce qu'il en dit concorde pleinement avec le récit précédent (voir Geiger, *Aogemadaêćâ, ein Pârsentractat*, pp. 7, 51, 62).

Dans le séjour des bienheureux et dans celui des damnés, les âmes des défunts attendent l'heure de la résurrection,

(1) Spiegel. *Die traditionelle literatur der Parsen*, t. II, p. 138.

dont nous parlerons plus loin. Quant à l'âme dont les vertus et les crimes se balancent, elle attend cette même heure dans le monde intermédiaire.

Le pont Tchinvat (accusat *činvatperetû*, locat. *činvatô peretō*, — parsi *čandôr puhal*, plus récemment *čînvad pul*), est mentionné dans l'Avesta une quinzaine de fois. C'est le pont qui conduit de ce monde dans le ciel, et où se tiennent les trois juges, Mithra, Çraoṣa, Raṣnu, qui prononcent sur le sort de l'âme. Le pont Tchinvat est gardé par des chiens (1), et c'est à son passage que le démon Vîzareṣa précipite dans l'abîme les âmes damnées. Mandelslo, dans ses « Voyages de Perse aux Indes » (traduction de Wicquefort) parle du jugement dernier chez les Parses : « Saroch, dit-il, *Saroch* se saisit de l'âme au sortir du corps, et la conduit par devant deux juges qu'ils appellent *Meer Resus* et *Saros*, pour être examinée, et pour recevoir d'eux sa condamnation ou son absolution pour tous les péchez qu'elle a commis. Les formes selon lesquelles on y procede sont, que l'on met les bonnes et les mauvaises œuvres dans deux balances, pour être jugées par le poids. Les bons et les mauvais Anges se tiennent auprès des balances, et emportent les âmes qui leur sont adjugées, ou dans le Paradis, où elles jouïssent d'une joye éternelle, ou dans l'enfer pour y être tourmentées jusqu'à la fin du monde », p. 181. Chinon parle expressément du pont Tchinvat : « Les âmes vont d'une plaisante façon en enfer : elles passent par-dessus le pont qui conduit en paradis, lequel s'amoindrissant peu à peu, se fait enfin si étroit, qu'elles sont contraintes de tomber dedans l'enfer, qui est sous ce pont, et qui est un lieu fort profond et fort obscur » (*Relations nouvelles du Levant*, p. 468).

En ce qui concerne le sens même du mot *činvat*-, M. Kossowicz s'exprime ainsi dans la préface du troisième cahier de sa publication des cantiques de Yaçna : « Locus ubi fit judicium, in gât^{e}is et ṣendavesta *judicis pons* appellatur; qui in

(1) Windischmann. *Zoroastrische studien*, pp. 4, 282.

gât[e]is forma orationis pleniore, *ćinvatô peretus*, in ṣendavesta vero contractiore *ćinvatperetus* enunciatur (1). »

Le paradis est appelé le lieu excellent, *vahista aṅhu* (à l'accusatif *vahistem ahûm*) : *nizbâyêmi vahistem ahû n aṣaonãm raoćaṅhem vîçpôqathrem nizbayêmi garônmânem maêthanem ahurahê mazdå maêthanem ameṣanãm çpentanãm.* « J'invoque le lieu excellent des [êtres] purs, splendide, de tout éclat; j'invoque le paradis, demeure d'Ahura mazdâ, demeure des Ameṣas çpentas », Vendid. chap. XIX, vers. 120, 121. Le nom de *garônmâna* (ou *garôdemâna*, en huzvârèche *garôtmân*, en parsi *garôthmãn*) est celui de la partie tout à fait supérieure du ciel, du séjour paradisiaque par excellence, le séjour de l'honneur suprême, des cantiques d'adoration (*garah-*). C'est le *vahista ahu* par excellence. On compte d'ailleurs, ainsi que nous l'avons vu dans les morceaux cités un peu plus haut, trois étages paradisiaques précédant le lieu même où demeure Ormuzd. L'âme des bienheureux franchit ces trois séjours avant d'atteindre à la lumière increéée : c'est d'abord celui de la bonne pensée, puis celui de la bonne parole, puis celui de la bonne action : *humata-*, *hûkhta-*, *hvarsta-* ; en huzvârèche *humat*, *huukht*, *huvarst*. Plus tard les Parses compteront jusqu'à sept stations.

De même que le paradis est le lieu excellent, de même l'enfer est le lieu mauvais par excellence : *aćista aṅhu* (à l'accusatif *aćistem ahûm*) ; et de même qu'il y a trois paradis précédant la demeure d'Ormuzd, de même il y a trois enfers précédant la demeure d'Ahriman et les ténèbres complètes : le lieu de la mauvaise pensée, celui de la mauvaise parole, celui de la mauvaise action, *dusmata-*, *dužukhta-*, *dužvarsta-*. Le parallélisme est complet.

(1) *Sarat'ustricæ gât'æ posteriores tres*, p. 25.

CHAPITRE IV

La résurrection.

Le monde n'a été créé par Ormuzd que dans un but bien déterminé, et comme un simple moyen de terrasser Ahriman ; quand ce dernier sera vaincu, le monde n'aura plus raison d'être, son dernier jour sera venu. Il a été dit plus haut que la durée du monde était de douze mille ans.

La première période prend fin avec Zoroastre. L'apparition de ce saint a porté aux forces démoniales un coup dont elles ne pourront pas se relever ; mais elles sont loin d'être anéanties et la lutte continue. De la semence perdue de Zoroastre, et conservée par Anâhita (1), il naîtra un nouveau prophète, dont l'Avesta ne nous a légué que le nom (2), Ukhṣyaṭereta (en huzvârèche Khorṣètdar, plus tard Oṣèdar-bâmî) ; il en naîtra plus tard un second, Ukhṣyaṭnemah (en huzvarèche Khorṣètmâh, le plus moderne Oṣèdarmâh) ; puis un troisième, Çaoṣyat, le Çôçiôṣ et Çaosyôs du moyen âge (3). De ce dernier le texte de l'Avesta parle expressément. Comme l'indique son nom, Çaoṣyat est celui qui doit être utile, qui doit rendre service : on l'appelle *açtvaṭereta-* « celui qui est élevé parmi les êtres corporels ». Le treizième Yast dit de lui : « Nous honorons la Phravaṣi du pur Açtvaṭereta, qui sera Çaoṣyat (4) le victorieux, l'élevé parmi les êtres corporels. Il est tellement auxiliateur qu'il sauvera tout le monde corporel ; il est tellement élevé parmi les êtres corporels, que, doué

(1) Treizième Yast, vers. soixante-deuxième.
(2) Même Yast, vers. cent vingt-huitième.
(3) Voir ci-dessus, livre I, chap. 2e.
(4) C'est-à-dire qui sera l'homme utile, le sauveur.

d'un corps et de forces vitales, il luttera contre le destructeur des êtres corporels, pour combattre la Druje de l'espèce à deux pieds (1), pour combattre les fléaux qui luttent contre les êtres purs. »

Nous n'avons pas à rapporter ici tout ce que disent des deux premiers prophètes les livres éraniens du moyen âge ; cela est en dehors du plan que nous nous sommes tracé.

Çaoṣyat naîtra, lui aussi, de la semence de Zoroastre, conservée dans le lac Kãçu (*zrayô yaṭ kãçum haêtumatem*, dix-neuvième Yast ; *haća apaṭ kãçaoyâṭ*, Vendidad chap. dix-neuvième) ; sa mère est Eredaṭphedhri (treizième Yast). L'œuvre de la résurrection des morts sera provoquée, d'après la tradition, par un grand sacrifice que Çaoṣyat offrira, aidé de trente personnes, quinze hommes et quinze femmes, ayant déjà vécu, d'une pureté accomplie, et attendant dans le sommeil cette glorieuse prédestination. Les hommes faits renaîtront âgés de quarante ans ; les enfants, âgés de quinze ans. L'Avesta cite le nom de quelques-uns de ces auxiliaires de Çaoṣyat : Peṣôtanu (*ayaçka amahrka bavâhi yatha peṣôtanu*, sois exempt de maladie et de mort, comme l'est Peṣôtanu ; vingt-quatrième Yast) ; Agraêratha ; Kereçâçpa ; Urvataṭnara, fils de Zoroastre (2). Tous les hommes, lors de la résurrection des corps, accepteront la loi mazdéenne, et n'auront que de bonnes pensées, de bonnes paroles, n'accompliront que de bonnes actions.

En même temps que se produit la résurrection des morts, a lieu le triomphe final d'Ormuzd sur Ahriman. Le premier, ainsi que nous l'avons dit plus haut, est soutenu, dans cette dernière lutte, par Vôhu manah, Aṣa vahista, Khṣathra vairya, la sainte Ârmaiti, etc. ; le second par Aka manah, Andra, Çauru, etc. (dix-neuvième Yast, *in fine*). La tradition nous apprend que tous les mauvais génies seront anéantis : il n'en restera plus que deux, Ahriman et le serpent ; ce dernier se

(1) Revêtant la forme humaine.
(2) Voir le trentième chapitre du Boundehèche ; édition Justi, p. 39.

consumera dans l'airain fondu ; Ahriman se précipitera au fond de l'enfer qui disparaîtra dans les flammes, et le monde, immortel, sera délivré à jamais de toute impureté (chapitre trente-unième du Boundehèche, édit. Justi, p. 42).

Zoroastre, au dix-neuvième chapitre du Vendidad, déclare à Ahriman, en termes formels, qu'il le combattra jusqu'au jour où naîtra le sauveur, Çaoṣyat : « Je combattrai la création démoniale, je combattrai la démoniale Naçu, je combattrai la Pairika, jusqu'à ce que le victorieux Çaoṣyat naisse du lac Kâçu. »

Quant aux *çaoṣyats,* dont l'Avesta parle çà et là, ce sont ces êtres purs, ci-dessus mentionnés, qui attendent dans un long sommeil la venue du troisième prophète, du *çaoṣyat* proprement dit, pour contribuer au sacrifice suprême dont sortira la résurrection des corps : *avi mãm çtaomainê çtûidhi yatha mâ aparacit çaoṣyantô çtavãn,* « Invoque-moi par un acte de louange comme les futurs sauveurs », dit Haoma à Zoroastre, dans le neuvième chapitre du Yaçna.

Windischmann a traité deux fois de cette question de la résurrection chez les anciens Éraniens. Dans son important écrit sur Mithra (*Ueber Mithra*, p. 73), il rassemble d'abord les passages où il est parlé du premier et du dernier homme, de Gaya maretan et de Çaoṣyat : *haća gayâṭ marathnaṭ â çaoṣyantâṭ verethraghnaṭ* « de Gaya maretan jusqu'au victorieux Çaoṣyat » ; il étudie ensuite le nom même de ce dernier, puis son rôle, d'après l'Avesta et d'après la tradition du moyen âge. Il parle enfin de ses compagnons (*yôi takhma çaoṣyantô yôi takhma verethrâjanô*, les puissants sauveurs, les puissants vainqueurs). C'est une étude de première main et qui a une importance capitale.

Dans l'autre morceau, inséré dans le volume des *Zoroastriche studien*, Windischmann rassemble les passages des auteurs anciens, relatifs au dogme de la résurrection chez les anciens Mazdéens. Il est bon de reproduire ici les passages dont il s'agit. Diogène Laërce s'exprime ainsi dans son Préambule : Ἀριστοτέλης δ'ἐν πρώτῳ περὶ φιλοσοφίας καὶ πρεσβυτέρους εἶναι (τοὺς Μάγους) τῶν Αἰγυπτίων, καὶ δύο κατ' αὐτοὺς εἶναι ἀρχὰς· ἀγαθὸν δαίμονα καὶ κακὸν δαίμονα, καὶ τῷ μὲν ὄνομα εἶναι Ζεὺς καὶ Ὠρομάσδης, τῷ δὲ Ἅιδης καὶ Ἀρειμάνιος. Φησὶ δὲ τοῦτο καὶ Ἕρμιππος ἐν τῷ πρώτῳ περὶ Μάγων, καὶ Εὔδοξος ἐτ τῃ περιόδῳ καὶ Θεόπομπος ἐν τῇ ὀγδόῃ τῶν Φιλιππικῶν· ὃς καὶ ἀναβιώσεσθαι κατὰ τοὺς Μάγους φησὶ τοὺς ἀνθρώπους καὶ ἔσεσθαι ἀθανάτους, καὶ τὰ ὄντα ταῖς αὐτῶν ἐπικλήσεσί διαμένειν, « Quod Hermippus quoque in primo de Magis ait atque Eudoxus in Periodo et Theopompus Philippicorum libro octavo : qui et revicturos homines ex magorum sententia dicit, immortalesque futuros, et universa illorum precationibus consistere » (Édition Didot, p. 2). Et Windischmann ajoute : « Es wære zwar wohl auch mœglich αὐτῶν auf ἀνθρώπους zurück zu beziehen, und ταῖς αὐτῶν ἐπικλήσεσι mit : durch ihre anrufungen, d. i. vermœge derselben zu übersetzen, wie es wirklich von einigen auslegern geschehen ist; allein der sinn, der dadurch gewonnen wird, ist ein durchaus unpassender. Mit letzterem kann wohl nichts anderes gemeint sein, als dass die geschœpfe nach ihrem jetzigen bestand und ihrer jetzigen benennung neu hergestellt werden und fortdauern, nicht etwa im sinne einer heraklitischen oder stoischen apokatastase, wo ein weltsystem untergeht, um einem ganz neuen platz zu machen. Und kürzer Æneas von Gaza : ὁ δὲ Ζωροάστρης προλέγει, ὡς ἔσται ποτὲ χρόνος, ἐν ᾧ πάντων νεκρῶν ἀνάστασις ἔσται· οἶδεν ὁ Θεόπομπος (*Dial. de animi immort.*, p. 77). »

Le texte de Plutarque est tout à fait significatif :

« Oromazes s'estant augmenté par trois fois, s'esloigna du soleil autant comme il y a depuis le soleil jusques à la terre, et orna le ciel d'astres et d'estoilles, entre lesquelles il en establit une, comme maistresse et guide des autres, la Caniculaire. Puis ayant fait autres vingt et quatre dieux, il les mit dedans un œuf, mais les autres qui furent faicts par Arimanius en pareil nombre, gratterent et ratisserent tant cet œuf qu'ils le percerent, et depuis ce temps là les maux ont esté pesle mesle brouillez parmy les biens. Mais il viendra un temps fatal et predestiné, que cest Arimanius ayant amené au monde la famine ensemble et la peste, sera destruict et de tout poinct exterminé par eulx : et lors la terre sera toute plate, unie et egale, et n'y aura plus que une vie et une sorte de gouvernement des hommes, qui n'auront plus que une langue entre eulx et vivront heureusement.

Theopompus aussi escrit que selon les magiciens, l'un de ces dieux doit estre trois mille ans vaincueur, et trois autres mille ans vaincu, et trois autres mille ans qu'ils doivent demourer à guerroyer et à combattre l'un contre l'autre, et à destruire ce que l'autre aura fait, jusqu'à ce que finablement Pluton sera delaissé, et perira du tout, et lors les hommes seront bien heureux, qui n'auront plus besoing de nourriture, et ne feront plus d'ombre, et que le dieu qui a ouvré, fait et procuré cela, chomme cependant et se repose un temps, non trop long pour un dieu, mais comme mediocre à un homme qui dormiroit. Voilà ce que porte la fable controuvée par les mages » (*De Is. et Osir.*, version d'Amyot ; Édit. de l'an XI).

Windischmann rappelle enfin, non sans raison, ce passage d'Hérodote où il est raconté que Cambyse ayant ordonné à Prèxaspe de tuer Smerdis, et pensant que cet ordre n'avait pas été suivi, Prèxaspe lui répondit : J'ai exécuté ta volonté ; si les morts revivent, attends-toi à ce que le Mède Astyage se lève aussi contre toi, εἰ μὲν νυν οἱ τεθνεῶτες ἀνεστέασι... (Livre III, chap. 62).

Il est clair que cette croyance des anciens Mazdéens à la résurrection des corps était une vieille croyance, bien qu'elle ne provînt très-certainement pas de la plus ancienne mythologie indo-européenne ; les témoignages que nous venons de citer ne laissent aucun doute sur ce point. On ne peut raisonnablement arguer du silence des vieilles inscriptions perses à ce sujet ; les rois achéménides n'étaient pas tenus en effet d'exposer dans leurs monuments épigraphiques tout le dogme mazdéen.

Le mot zend qui signifie résurrection est *phraṣôkereti-* (au moyen âge *phraṣkant*, *phraṣègard*), que la version sanskrite de Nériosengh rend par *vrddhikaritâ*. On le rencontre quatre ou cinq fois dans l'Avesta : *upa çûrãm phraṣôkeretîm*; *hadha çûrayå vaṅhuyå phraṣôkeretôiṭ*, etc. Il est composé de *phraṣa*, ultérieur, postérieur, futur, et *kereti-*, accomplissement, exécution.

Ici nous avons à dire quelque chose d'une expression qui se rencontre çà et là dans les anciens textes mazdéens, et qui se rapporte à notre sujet : *yavaê yavaêtâitê*. Anquetil Duperron, guidé par la tradition parse contemporaine, les traduisait ainsi : « jusqu'à la résurrection ». Aux yeux de Burnouf, ils signifiaient : « pour toujours » ; Windischmann a démontré que la version d'Anquetil était au fond parfaitement exacte (1), et que la traduction « pour toujours » ne peut s'entendre que de cette façon : jusqu'au jour de la résurrection, non point dans le sens absolu du mot « toujours ».

Quant à la question de savoir quelle est l'origine du dogme de la résurrection des corps chez les Éraniens, et quel rapport peut avoir ce dogme avec les croyances sémitiques, c'est une question qui ne rentre pas dans le cadre de notre ouvrage et que nous n'avons pas à aborder.

Nous n'avons, pour terminer cette partie de notre livre, qu'à la résumer en quelques mots : Ormuzd crée le monde matériel comme moyen de combattre Ahriman ; ce dernier opère une contre-création, lance à l'attaque toutes ses forces et est tenu en échec par la vertu de Zoroastre. De la semence de celui-ci naîtront trois prophètes dont le dernier, Çaoṣyat, effectuera par un sacrifice à Haoma la résurrection des corps. En même temps, Ahriman gagnera définitivement le plus profond des enfers, et tous les ressuscités seront acquis à la bonne loi mazdéenne.

(1) *Zoroastrische studien*, p. 231.

LIVRE IV

LA LOI MAZDÉENNE

CHAPITRE I

La pureté mazdéenne. Les causes d'impureté et les cérémonies de purification.

Le terme qui désigne l'état de conformité aux prescriptions mazdéennes et de fidélité à la loi d'Ormuzd, est le mot *aṣa-*. On le traduit par « pureté » (1), et cette version est exacte. C'est celle de Nériosengh, — c'est-à-dire de la tradition du moyen âge (sanskrit *puṅya-*), — c'est celle d'Anquetil Duperron et de Burnouf (2) : la pureté mazdéenne, c'est l'ensemble des bonnes pensées, des bonnes paroles, des bonnes actions, bonnes en ce sens qu'elles répondent aux préceptes de la révélation zoroastrienne.

A côté du substantif neutre *aṣa-*, nous trouvons, en zend, l'adjectif *aṣa-*, pur. On a supposé — et nous avons partagé cette idée — que ce mot correspondait au sanskrit

(1) Justi : *reinheit; Handbuch*, p. 39.
(2) *Commentaire sur le Yaçna*, p. 16 et p. 116.

aćcha-, clarus (1). Les principes de la phonétique n'y font point obstacle, mais ils ne font point obstacle non plus à ce que le mot en question corresponde au sanskrit *rta-* (2). L'expression *aṣa vahista* est rendue au moyen âge par *ardabehest*, *ardibahist*, qui provient, sans nul doute, d'une forme plus ancienne « arta vahista » : cela suffit à trancher la question. Que le sens primitif du sanskrit *rta-*, verus, soit celui de « rectus », il n'y a pas à en douter. L'homme auquel s'applique cette épithète est l'homme recte et droit, l'homme qui conforme sa vie aux préceptes de rectitude formulés par la loi.

Mais s'en suit-il que le mot zend *aṣa-* doive être traduit étymologiquement et abstraction faite de tout autre ordre de considération? Nullement, pensons-nous. Il y a ici une question de méthode. Ce n'est point par « rectitude », par « ordre » que nous devons le rendre, c'est par « pureté » comme l'a compris Nériosengh et comme l'indique tout le contexte des vieux livres mazdéens.

M. Hübschmann, dans ses *Avesta studien* (Munich, 1873), traduit *aṣa-* par « ordre cosmique, weltordnung » (3), et M. Darmesteter, dans son livre *Ormazd et Ahriman*, adopte cette manière de voir (p. 7). D'après lui, également, ces expressions de bonne pensée, de bonne parole, de bonne action « ne sont point des mots de la morale humaine, mais de la morale religieuse et liturgique ». Mais on ne peut s'empêcher d'admettre qu'il y a ici, comme dans tout le mazdéisme — et l'on pourrait dire dans toute religion révélée — confusion de ces deux conceptions de morale humaine et de morale religieuse. La tradition du moyen âge et les Parsis contempo-

(1) Justi, *op. cit.*, p. 39 ; Joh. Schmidt, *Die wurzel ak*, p. 31 ; Fick, *Wœrterbuch der indogerm. grunspr.* p. 243 ; Eug. Burnouf, *op. cit.*, p. 16.

(2) Fr. Müller, *Eránica* ; Albr. Weber, *Indische streifen*, t. II, p. 478 ; Schweizer-Silder, *Zeitschr. f. vgl. sprachforschung*, t. XVII, p. 140 ; Windischmann, *Mithra*, p. 18 et p. 44 ; Oppert, *l'Honover*, p. 18 ; Haug, *Sitzungsberichte der bayer. akad.*, 1868, II, p. 527 ; Roth, *Zeitschr. der deutschen morgenl. gesellschaft*, t. XXV, p. 19.

(3 *Op. cit.* p. 672.

rains; fidèles à leurs conceptions religieuses, confondent très logiquement en une seule et même idée les notions de bien moral, c'est-à-dire de « pureté », et celle d'ordre cosmique. La version d'*aṣa-*, par « pureté », celle d'*aṣavan-*, par « pur » (*aṣâum zarathustra*, ô pur Zoroastre !) peuvent donc être regardées comme tout à fait légitimes.

L'Avesta fait à maintes reprises l'éloge de la pureté mazdéenne. Au cinquième chapitre du Vendidad nous lisons : *yaozdâo maṣyâi aipî zâthem vahistâ*, « la pureté est pour l'homme le plus grand des biens, après la naissance » ; par *yaozdâ-* on entend le résultat de l'acte purificatoire qui confère, qui restitue la pureté. Quant à l'expression même *aṣa-* on la rencontre fréquemment : « Que viennent en cette maison le contentement, la sagesse, que viennent en cette tribu la pureté, la domination, l'éclat » Yaçna, chap. cinquante-neuvième) ; « Nous honorons la pureté excellente », *aṣahê vahistahê* (Vispered, chap. vingt-sixième) ; etc.

L'*aṣa-* est l'objet d'une petite prière spéciale, l'*aṣem vohû*, qui passe, dans la religion mazdéenne, pour tenir le second rang parmi toutes les autres invocations particulières, et qui ne le cède en vertu qu'à l'oraison *yathâ ahû vairyô* dont nous nous occuperons plus loin. L'*aṣem vohû* (huzvârèche *aṣem-vohuk*), ainsi nommé des deux premiers mots qui le composent, a pour texte : *aṣem vohû vahistem açtî | ustâ açtî ustâ ahmâi | hyaṭ aṣâi vahistâi aṣem*. En voici la traduction : « La bonne pureté est le bien suprême ; salut à celui qui est le plus pur en pureté ». Consultez Spiegel, *Comment.* t. II p. 406 ; *Die traditionelle literatur der Parsen*, t. II p. 166. Un des deux fragments conservés du vingt-unième Nosk de l'Avesta (voir ci-dessus p. 97) est consacré à l'éloge de cette prière. En voici la version sommaire :

« Zarathustra demanda à Ahura mazdâ : O Ahura mazdâ, céleste, très-saint, créateur des mondes corporels, être pur ! Où est uniquement [contenue] ta parole, qui exprime toute espèce de bien, tout ce qui découle de la pureté ? Ahura mazdâ lui répondit : [Dans] l'oraison *aṣem vohû*, ô Zarathustra ! celui qui récite l'*aṣem vohû* avec foi, celui-là m'honore ; il honore l'eau, la terre, la vache, les végétaux ; il honore tous les biens créés par Mazdâ, qui ont une pure origine. Car cette parole bien prononcée, ô Zarathustra ! atteint l'oraison *yathâ ahû vairyô* ; à l'âme pure elle donne force et victoire.

« Quel est l'*aṣem vohû* qui vaut en grandeur, bonté et beauté autant que cent autres ? Ahura mazdâ lui répondit : C'est celui, ô pur Zarathustra ! que, après avoir consommé le haoma, dit un homme avec pureté, honorant les bonnes pensées, les bonnes paroles, les bonnes actions, éloignant les mauvaises pensées, les mauvaises paroles, les mauvaises actions.

« Quel est l'*aṣem vohû* qui en vaut mille autres ? C'est celui que dit un homme, secouant le sommeil, honorant les bonnes pensées, les bonnes paroles, les bonnes actions, éloignant les mauvaises pensées, les mauvaises actions.

« Quel est l'*aṣem vohû* qui en vaut dix mille autres ? C'est celui que dit un homme s'éveillant, se levant ; honorant, etc.

« Quel est l'*aṣem vohû* qui vaut autant que la région terrestre qaniratha (1) avec le bétail, les chars, les hommes ? C'est celui que dit avec pureté un homme arrivé au dernier moment de sa vie, honorant, etc.

« Quel est l'*aṣem vohû* qui vaut autant que tout ce qui est entre le ciel et la terre, que la terre, que les lumières, que tous les biens créés par Mazdâ qui ont une origine pure ? Ahura mazdâ répondit : C'est, ô pur Zarathustra ! celui que l'on dit en chassant toutes les mauvaises pensées, paroles et actions. »

A côté du neutre *aṣa-* nous trouvons le féminin *aṣi-* ; nous avons parlé ci-dessus de la déesse Aṣi vañuhi, la bonne pureté (p. 279) et nous n'avons pas à revenir sur ce sujet.

L'impureté, ou, pour mieux dire, la souillure, est une

(1) Voir ci-dessus, p. 333.

création d'Ahriman. En principe, on peut dire que le respect et l'accomplissement effacent les impuretés et les souillures; nous avons cité plus haut (p. 278) ce passage du Vendidad où il est dit que la loi efface les mauvaises pensées, les mauvaises paroles, les mauvaises actions, « de même qu'un vent puissant balaye la plaine. » Mais, en particulier, l'Avesta énumère un certain nombre de causes d'impureté et indique les procédés de purification.

Ce sont ces cas spécialement déterminés que nous allons passer en revue.

Les voyageurs européens du dix-septième siècle, qu'il est intéressant de citer, ont eu soin de parler, dans leurs narrations, des usages qu'ils ont remarqués chez les Guèbres, relativement à tels ou tels cas de soi-disant impureté et à telles et telles cérémonies purificatoires. Voici deux ou trois extraits assez curieux.

Chinon : « Ce qui m'a le plus étonné, c'est que les cheveux et la barbe qu'ils nourrissent avec beaucoup de soin, et surtout leurs prêtres qui ne se les coupent jamais, sont immondes parmi eux. Il en est de même des ongles lorsqu'elles sont retranchées des parties du corps qu'elles ornent. Aussi ces superfluités ne peuvent être gardées dans la maison. Car aussitôt qu'on les a coupées, on les porte hors de leur ville dans un lieu écarté. Et s'il arrivoit qu'en se peignant la barbe, quelque poil tombât sur leur vêtement et qu'il y demeurât plus d'un certain temps limité, qui n'est pas plus que de la moitié d'un jour, il faut qu'il soit lavé avec de l'urine de vache ou de bœuf, qui est leur seule purification. Et si ces choses tomboient à terre, et qu'elles y demeurassent plus qu'il n'est permis, ils raclent la superficie du lieu, qui est au nombre des choses immondes, et elle est portée dans une espèce de réservoir destiné à cet usage. » *Relations nouvelles du Levant ou traité de la religion, du gouvernement et des coutumes des Perses, des Arméniens et des Gaures*, par le P. G. D. C. Lyon 1671, p. 455.

Tavernier : « Dès que les femmes ou les filles sentent qu'elles ont leurs ordinaires, elles sortent promptement de leur logis, et vont demeurer seules à la campagne dans une petite hute faite de trois clayes, avec une toille pendue au devant et qui sert de porte. Pendant le temps que cela dure on leur porte tous les jours à boire et à manger, et quand elles en sont quittes, chacune selon ses moyens envoye au prestre un chevreau, ou une poule, ou un pigeon pour offrande, après quoy elles vont aux bains, et puis invitent quelques-uns de leurs parents à manger. » *Six voyages en Turquie, en Perse et aux Indes, pendant l'espace de quarante ans.* Paris, 1676-77 et 1678-79 ; t. III, p. 437.

Et dans un autre passage (t. I, p. 440) :

« J'ay dit plus haut que les Gaures nourrissent avec grand soin leur barbe et leurs cheveux, et que quand ils sont contraints par quelque occasion de les couper, il ne peuvent les garder dans leurs maisons, mais qu'ils les portent hors de la ville à un lieu qui est destiné pour cet effet. Mais il faut remarquer de plus, que quand il arrive qu'en se peignant la barbe ou la teste il tombe quelques cheveux sur leurs habits, et qu'ils y demeurent plus de six heures, il faut que ces habits soient lavez d'urine de vache ou de bœuf pour les purifier. »

Sanson : « Ils (les Gaures) ont des saints qu'ils reverent, et ils disent que les moyens de le devenir sont de travailler à purifier les elemens, labourer la terre, cultiver les jardins purger l'eau des insectes et entretenir le feu. Ils s'occupent à tout cela, par principe de religion, ils ont coutume de laisser dans leurs testamens quelque somme, à condition qu'on exterminera dans les ruisseaux un certain nombre de grenouilles, de crapaux, de serpens et autres insectes. Ils en laissent aussi pour enlever les charongnes que les mahometans laissent pourrir où elles tombent. Purifier l'air et preserver les villes de la puanteur qu'elles exalent, est une action pieuse parmi eux. » *Estat present du royaume de Perse.* Paris, 1694 ; p. 262.

Nous allons voir de quelle façon le texte même de l'Avesta vient confirmer la plus grande partie de ces relations.

Il y a plusieurs modes de purification. Le premier, le plus simple, est le récit d'une prière déterminée, dite par celui-là même qui a quelque souillure à effacer. L'individu qui efface ainsi sa faute, se lave à l'eau les mains, l'avant-bras, le visage les pieds. Cette cérémonie reçoit en huzvârèche le nom de *pâlyâp*, mot qui correspond au terme zend *pailyâpa-*.

Le procédé de purification au moyen de l'urine de vache est plus sérieux que le précédent. L'urine de vache, *gaomaêza-* (au moyen âge *gômêj*, *gômêz*). Au troisième livre du Vendidad, Ormuzd dit à Zoroastre qu'un des lieux les plus heureux de la terre est celui où les bestiaux et les bêtes de trait répandent leur urine : *yâț bâ paiti phraêstem maêzanti paçvaçça çtaorâçca*.

Un procédé plus solennel et d'ailleurs réservé à des cas tout à fait graves, consistait en des pratiques, répétées durant neuf nuits, et qu'exposent les cent quarante-cinq premiers versets du neuvième chapitre du Vendidad. On choisissait un emplacement éloigné du feu, éloigné des routes où passent d'habitude les troupeaux ; ce lieu devait être aride et dépourvu de végétation. On creusait six trous, dont la profondeur était variable suivant la saison ; profondeur de deux doigts en été, du double en hiver. Ces six trous, distants l'un de l'autre d'un pas, forment la figure ci-dessous :

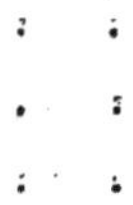

Un peu plus loin on creuse trois autres trous, d'où la figure :

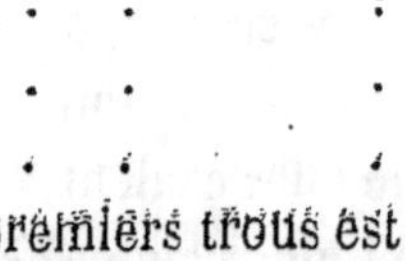

L'ensemble des six premiers trous est alors enceint de trois sillons, en forme de parallélogrammes et se comprenant l'un l'autre : le plus petit enveloppant les six trous, le second enveloppant le premier, le troisième enveloppant le second (1).

Autour des trois autres trous on trace de même un triple sillon.

Enfin, enveloppant tout cet ensemble de trous et de sillons, on trace un sillon quadrangulaire, compris lui-même dans un second sillon quadrangulaire plus grand, ce second dans un troisième, celui-ci dans un quatrième, celui-ci dans un cinquième, puis celui-ci dans un sixième; c'est-à-dire que les deux premiers groupes de figures sont compris, à leur tour, dans six sillons quadrangulaires enveloppés les uns par les autres, le sixième et dernier comprenant ainsi le plus grand espace de terrain. « L'individu souillé se tient près des six trous, dans l'intérieur des sillons, le prêtre en dehors. Après une courte prière, dite par le prêtre et répétée par l'individu souillé, ce dernier est par le premier aspergé d'urine de vache. Celle-ci est versée dans un récipient de métal adapté à un bâton, à neuf nœufs. Au moyen de ce bâton le prêtre placé en dehors peut atteindre avec la cuiller l'individu souillé. Celui-ci ayant tout le corps purifié avec l'urine de vache, l'ahuna vairya est récité, et l'impureté, ou, d'après la conception des Parses, le démon de l'impureté abandonne l'homme dont il s'agit. Celui-ci gagne les cinq autres trous, et à chacun d'eux le prêtre récite de nouveau l'ahuna vairya. Au sixième, l'individu purifié se frotte quinze fois avec de la terre, puis, aux trois autres trous se lave avec de l'eau. Il lui faut attendre ensuite neuf nuits et se laver trois autres nuits encore, avant d'être considéré comme tout à fait purifié et de commercer avec les autres hommes (2). »

Cette cérémonie des neuf nuits a reçu dans le cours des âges certaines modifications. Le plan de la disposition

(1) La figure complète formée par ces trous et ces sillons est représentée dans l'une des gravures de l'ouvrage d'Anquetil. M. Spiegel l'a reproduite dans un des volumes de sa version de l'Avesta.

(2) Spiegel. *Trad. de l'Avesta*, t. II, p. LXXXVI.

du terrain a été quelque peu changé ; les fosses sont remplacées par des pierres en neuf petits tas ; mais le fond est bien resté le même. Il est facile de s'en convaincre par le récit que fait Anquetil de cette cérémonie à laquelle il a pu assister (1).

(1) « Le *Baraschnom no schabé*, c'est-à-dire le Baraschnom de neuf nuits, est la plus efficace de toutes les purifications. Au Kirman on choisit ordinairement pour cette cérémonie un jardin situé hors des villes, ou du moins dans un lieu peu fréquenté, et l'on prend dans ce jardin, dont les murs doivent être fort élevés, un emplacement de trente gâms (quatre-vingt-dix pieds) de long, sur seize environ de large. Après l'avoir nettoyé, le prêtre creuse autour un petit fossé d'un peu plus d'un *vileschté* (douze doigts) de profondeur, que l'on entoure ensuite d'une haie et que l'on couvre de sable.

« Celui qui administre le Baraschnom doit être de famille de Destour, d'une sainteté reconnue et très habile dans la loi. Il faut qu'il ait au moins trente ans, et l'impuissance l'exclurait de ce ministère.

« Après avoir demandé au Davar qui est le chef civil des Parses, la permission de donner le Baraschnom, il célèbre l'Izeschné, au Kirman pendant trois jours, dans l'Inde un jour seulement, et trace ensuite des Keischs dans l'emplacement où doit se faire la cérémonie.

« Les Destours de l'Inde et ceux du Kirman varient sur la forme et sur l'arrangement de ces Keischs. Comme ce n'est pas ici le lieu de discuter ces différences qui ne peuvent intéresser que des Parses, je me contente de décrire la manière dont ces Keischs sont tracés, dans l'Inde, par les Mobeds qui adoptent la distribution du Baraschnom-gâh du Kirman.

« Le Mobed commence par faire Padiaves quatre-vingt-treize pierres, dont il forme treize tas, de cinq et de trois pierres qu'il pose à un gâm l'un de l'autre, descendant du Nord au Sud. Puis il attache un couteau de fer à un bâton à neuf nœuds ; et disant le Vaj Serosch, il entoure ces pierres du Keisch 1, et trace ensuite les trois Keischs 2, les trois 3, les trois 4, et enfin les trois Keischs 5, qui sont séparés des trois 2, prononçant à chaque Keisch : C'est le désir d'Ormuzd, etc., remettant ensuite le couteau à la première pierre des trois Keischs 2. il achève le Vaj Serosch.

« Alors un Herbed, le Penom sur le visage, apporte dans les Keischs une certaine quantité d'urine de bœuf et d'eau, que l'on a mise dans des vases purs avec les cérémonies usitées : et après avoir versé dans le vase à l'urine une goutte de Néreng gomez din Jeschté et dans le vase à l'eau une goutte de Néreng ab Jeschté, le Mobed met dans une cuiller de fer un peu de Néreng gomez din et de cendre prise au feu Behram et présente ce mélange à celui qui va être purifié. L'impur le boit en priant, étant encore habillé et se tenant sur la pierre.

« Ensuite le Mobed prend le bâton à neuf nœuds, entre dans les Keischs et attache la cuiller de fer au neuvième nœud. L'impur entre aussi dans les Keischs. On y amène un chien : et si c'est une femme que l'on purifie, comme elle doit être nue, c'est aussi une femme qui tient le chien. Le Mobed qui la purifie (c'est ordinairement un vieillard) passe la cuiller par le trou d'un mur de six à sept pieds de haut ou par celui d'une toile épaisse qui le sépare de la femme.

« Lorsque celui qui doit être purifié est dans les Keischs, le Mobed tenant la cuiller des deux mains, la pose sur sa tête (de l'impur) et dit le Vaj Serosch jusqu'à « avertissez-le de cela. » Il purifie ensuite cette cuiller en y mettant trois fois du Néreng, puis, uni à un autre Mobed qui le tient par la manche,

Une cause de souillure des plus considérables est le contact d'un cadavre. Les cinquième, sixième, septième, huitième chapitres du Vendidad traitent en grande partie de ce sujet. Nous allons examiner successivement ces différents morceaux.

Et d'abord le cinquième chapitre. En voici le résumé.

Un homme meurt dans les profondeurs des vallées. Du haut des montagnes, les oiseaux s'abattent sur ces vallées ; ils se précipitent sur le cadavre et se mettent à le lacérer. Puis ils reprennent leur vol vers la cime des montagnes. Perchés sur un arbre, ils laissent tomber des morceaux du cadavre. Voici qu'un homme, venu de la vallée, arrive au sommet des montagnes, va à l'arbre où se tiennent ces oiseaux, et veut y couper du bois à brûler. Quelle peine aura-t-il à expier ? — Ormuzd répond : On n'est point souillé par le contact d'un cadavre qu'ont emporté des chiens, des oiseaux, des loups ou bien le vent. S'il en était ainsi, tout le monde corporel serait bientôt souillé. — Un homme verse de l'eau sur un champ de céréales ; l'eau s'écoule et rencontre un cadavre qu'ont apporté un chien ou un loup. Quelle est la peine encourue ? —

il remplit la cuiller d'urine qu'il verse sur l'impur qui est nu, en lui disant à voix basse de se laver tout le corps ainsi qu'il est détaillé dans le Vendidad.

« L'impur ayant la main droite sur sa tête et la gauche sur le chien, passe successivement sur les six premières pierres et s'y lave avec l'urine que lui donne le Mobed. A chaque pierre le purificateur prononce l'Avesta en Zend. A la septième (c'est-à-dire au septième tas de cinq pierres) il donne à l'impur trois cuillerées de poussière, lui en met sur la tête et lui verse quinze poignées de terre sur le corps pour qu'il sèche jusqu'à la dernière goutte de l'urine dont il s'est d'abord frotté. Après cela l'impur met encore la main droite sur sa tête, la gauche sur le chien ; le purificateur dit l'Avesta et l'impur s'avance vers les pierres (les tas de cinq pierres) sur lesquelles se font les purifications à l'eau. Il se lave une fois à la première, deux fois sur la seconde, trois fois sur la troisième avec de l'eau Padiave, récitant avec le purificateur les prières ordonnées

« Ces ablutions faites, l'impur sort des Keischs, et se tenant sur la pierre (c) il se lave trois fois les mains et le visage. On verse encore sur lui trois cuillerées d'eau, dont il se lave tout le corps, disant à chaque cuillerée avec le purificateur : *J'adresse une prière pure à la douce terre.* On lui répand ensuite sur la terre un vase plein d'eau. Il remet après cela ses habits, achève le Vaj Serosch avec le purificateur et ceint le Kosti.

« Celui qui prend le Baraschnom reste dans cet état pendant neuf jours, séparé des autres hommes. Au bout des trois premières nuits, il se lave le corps avec un vase d'urine et un vase d'eau ; au bout de la sixième, avec un vase d'urine et deux d'eau, et après les neuf nuits, avec un vase d'urine et trois d'eau. »

Ormuzd répond : Aucune. Un cadavre apporté par un chien, par un loup, ne rend point l'homme impur. Sans quoi, bientôt, tous les hommes seraient impurs. — L'eau est-elle jamais cause de la mort de l'homme? — Non, jamais, répond Ormuzd ; Açtôvîdhôtu (p. 306) enchaîne l'homme et les oiseaux l'emportent. L'eau l'emmène, tantôt surnageant, tantôt submergé, puis les oiseaux le dévorent. — Le feu tue-t-il jamais un homme? — Pas davantage. C'est Açtôvîdhôtu qui le lie ; les oiseaux l'emportent : le feu consume à la fois le corps et les forces vitales. — Créateur ! L'été passé et l'hiver venu, de quelle façon les Mazdéens doivent-ils agir, lorsqu'un homme est mort? — Ormuzd répond : Ils doivent élever trois *katas* (1), ne touchant pas la tête, ne dépassant pas les mains et les pieds. Ils doivent ensuite y déposer le corps inanimé, durant deux, trois nuits ou un mois, jusqu'à ce que les oiseaux prennent leur vol, jusqu'à ce que les végétaux entrent en croissance, jusqu'à ce que le vent sèche la terre. Et ce moment arrivé, les Mazdéens exposent le cadavre au soleil. S'ils n'agissent pas ainsi, ils encourent la même peine que pour le meurtre d'un homme pur, jusqu'à ce que le cadavre ait été purifié, les *dakhmas* (2) purifiés, le corps mangé par les oiseaux. — Créateur ! Si parmi des hommes habitant la même demeure, il en vient un à mourir, sur combien d'entre eux la Druje Naçu (voir ci-dessus p. 314) étend-elle l'impureté? — Ormuzd répond : Est-ce un prêtre qui meurt, alors Naçu s'élance, se place sur le onzième de ces hommes et souille le dixième. Est-ce un guerrier, elle se place sur le dixième et souille le neuvième. Est-ce un agriculteur, elle se place sur le neuvième et souille le huitième. Est-ce un chien chargé de garder le bétail, elle se place sur le huitième et souille le septième. Est-ce un chien gardien du village, elle se place sur

(1) En huzvârèche *katak* ; plus tard *kadah*, *gadah*.

(2) Il sera parlé des *dakmas* lorsque l'on traitera des funérailles. On peut dire déjà que ce sont les emplacements où se trouvent exposés aux oiseaux de proie les corps des Mazdéens défunts ; cela d'après les préceptes mêmes de la loi de Zoroastre.

le septième et souille le sixième; etc., etc. Est-ce un chien qui vient de naître, elle se place sur le second et souille le premier. Est-ce un chien qui n'est pas encore venu à la vie (?), elle se place sur le premier et le souille. Si c'est un chien *urupi* (1)? Celui-là ne souille point les créatures de Çpenta mainyu, ni indirectement, ni directement, sauf qui le frappe ou le tue. — Si c'est un *aṣemaogha* humain (voir ci-dessus p. 323), il ne souille pas plus que ne le fait un lézard (2) mort depuis un an; vivant, il frappe l'eau, il éteint le feu, il mène le bétail dans une fausse voie : non pas quand il est mort. Vivant, il enlève à l'homme la nourriture, les prés, les végétaux, les métaux: non pas quand il est mort. — Créateur! Si dans une maison mazdéenne meurt un chien ou un homme, que doivent faire les Mazdéens? — Ormuzd répondit: Ils doivent emporter hors de cette maison le *bareçman* (3), la coupe, le haoma, le mortier (4). Qu'on emporte le corps au lieu où il doit être exposé et lacéré par les animaux. — Pour rapporter le feu dans cette maison, il faut attendre neuf nuits (en hiver), un mois (en été). Si l'on y contrevient la peine, est de deux cents coups de l'aiguillon, deux cents coups de l'instrument qui sert à pousser le bétail (5).

La suite de ce chapitre cinquième s'applique à la femme qui met au monde un enfant mort; nous y reviendrons tout à l'heure. Pour en demeurer aux impuretés causées par le contact de cadavres, passons au sixième chapitre.

Combien de temps doit-on laisser inculte la terre sur laquelle sont morts des chiens ou des hommes? Ormuzd répond : Une année durant. Sur cette terre on ne répand pas d'eau; mais que l'on cultive et que l'on arrose à volonté tout

(1) D'après certains commentateurs, le « renard »; version conjecturale.

(2) En zend : *vazagha-*; huzvârèche et parsi, *vazag*. Peut-être : crapaud, grenouille.

(3) Le rameau consacré, dont il sera parlé plus loin à propos des cérémonies du sacrifice. Le *barçum* ou « barsom. »

(4) Le mortier dans lequel on exprime le suc de la plante « haoma. »

(5) Il sera parlé un peu plus loin de la nature de cette peine.

autre bien. Si durant cette année des Mazdéens cultivent ou arrosent la terre sur laquelle sont morts des chiens ou des hommes, ils deviennent impurs, ils sont souillés. Pour se racheter il leur faudra donner deux cents coups de l'aiguillon, deux cents coups de l'instrument à pousser le bétail. — Si les Mazdéens désirent rendre cette terre à la culture, pouvoir la travailler et l'arroser, que doivent-ils faire? Ormuzd répond : Ils doivent rechercher tous les fragments d'os, de chair, les cheveux, les ongles, le sang écoulé. S'ils ne le font point, la peine sera de deux cents coups, etc., etc. Créateur! Si l'on jette un os de chien ou d'homme, le plus petit os d'un doigt, quel est le châtiment? Ormuzd répond : Trente coups, etc., etc. La grande phalange du doigt moyen? Cinquante coups. La dernière phalange du plus grand doigt? Soixante-dix coups. Un doigt, une côte? Quatre-vingt dix coups. Deux doigts, deux côtes? Deux cents coups. Un bras? Quatre cents coups. La tête? Six cents coups. Le corps entier? Mllie coups. Si des Mazdéens, en route, rencontrent un corps flottant sur l'eau, que doivent-ils faire? Ormuzd répond : S'arrêter, dépouiller leurs vêtements, amener le corps hors de l'eau. Si celui-ci est en état de décomposition? Il en faut prendre ce qu'il est possible de prendre et déposer ces restes sur la terre sèche. Créateur, quelle est la quantité d'eau dormante (où un cadavre se trouve) qui est souillée? Ormuzd répond : Six pas à l'entour du cadavre. Cette eau ne peut être bue que le corps n'ait été retiré. Qu'on jette, selon qu'il sera possible, la moitié, le tiers, le quart, le cinquième de l'eau dont il s'agit; cette eau sera purifiée et l'on en pourra boire comme auparavant. Quelle est la quantité d'eau de puits souillée par un cadavre? Ormuzd répond : Cette eau ne peut être bue qu'on n'ait retiré le cadavre; qu'on dépose celui ci sur la terre sèche; qu'on jette la moitié, le tiers, le quart, le cinquième de cette eau; alors l'eau sera purifiée et on la pourra boire comme auparavant. Quand redevient pur le haoma qui a été en contact avec un cadavre de chien ou d'homme? Ormuzd répond : O Zoroastre! Il est pur. Le suc de Haoma ne souffre ni corruption ni mort. Si le suc n'est pas exprimé, la branche de Haoma est souillée la longueur de quatre doigts. On la doit placer sur la terre, au milieu de la demeure, une année durant; ce temps écoulé, on en peut consommer comme auparavant

Septième chapitre du même livre.

A quel moment, ô créateur! la Druje Naçu se précipite-t-elle sur le cadavre? — Aussitôt après la mort, Naçu arrive des régions du nord; elle souille les vêtements du défunt. Si ceux-ci sont souillés de liquide impur, de sang, d'immondices, qu'on les déchire, qu'on les enfouisse. Dans le cas contraire, qu'on les lave avec de l'urine de vache. S'il s'agit de vêtements tissés, on doit les laver trois fois avec cette urine, les frotter trois fois avec de la terre, les laver trois fois avec de l'eau, les laisser trois mois à l'air, à la fenêtre de la maison. S'il s'agit de vêtements de peau, on doit les laver six fois avec de l'urine de vache, les frotter six fois avec de la terre, les laver à l'eau six fois, et les laisser six mois à l'air, à la fenêtre de la maison. — O très-saint Zoroastre! L'eau qui s'appelle Ardvi çûra purifie mes eaux. Elle purifie la semence de l'homme; le fruit et le lait de la femme. — O créateur! Comment se peuvent purifier les hommes qui ont mangé d'un cadavre de chien ou d'homme? — Ormuzd répond : Ces hommes sont impurs pour toujours. — Comment sont purifiés ceux qui souillent l'eau ou le feu en y apportant un cadavre? — Ormuzd répond : Ils sont impurs à jamais. Ils sont les auxiliaires du chien *madhaka*, ils sont les auxiliaires de la sécheresse qui détruit les prés; ils sont les auxiliaires de l'hiver créé par les démons, qui tue les troupeaux qui sont à jamais impurs. — O créateur! Quand est purifié le bois qui a été en contact avec le cadavre d'un chien ou d'un homme. — Ormuzd répond : Si ce cadavre n'a pas encore été lacéré par les chiens et les oiseaux, on doit placer sur la terre un morceau du bois en question de la longueur d'une *vîtasti* (1), s'il est sec, d'une *phrârâthni* (2), s'il ne l'est point ; qu'on l'arrose d'eau et il est purifié. Si le cadavre a été lacéré par les chiens et les oiseaux, on doit placer sur la terre un morceau du bois en question de la longueur d'une *phrârâthni*, s'il est sec, d'un *phrâbâzu*, s'il ne l'est pas (3) ; qu'on l'arrose avec de l'eau et il est purifié. — Comment est purifié le blé, le fourrage qui a été en contact avec le cadavre d'un homme ou d'un chien ? — Ormuzd répond : Si ce cadavre a été lacéré par les chiens et les oiseaux, qu'on place à terre une quantité de blé, de fourrage, sur la longueur d'une *vîtasti*, s'ils sont secs, d'une *phârâthni*, s'ils sont verts ; on répandra de l'eau une fois, et la purification sera faite. Si le cadavre n'a pas encore été lacéré, les mesures seront doublées. — O créateur ! Après combien de temps redevient pure la terre sur laquelle gît un homme mort, la face au soleil ? — Ormuzd répond : Après une année. — Après combien de temps redevient pure la terre dans laquelle a été enfoui le corps d'un homme ? — Après cinquante ans, répond Ormuzd. — Combien de temps après que des cadavres d'hommes ont été déposés dans les *dakhmas*, la terre redevient-elle pure ? — Ormuzd répond : Pas avant que la poussière ne soit confondue. O très-saint Zoroastre ! Pousse chaque homme du monde corporel à aplanir les *dakhmas* ; celui qui agit ainsi de toutes ses forces rachète ses fautes de pensée, de parole, d'action. Les démons se rassemblent dans ces *dakhmas* et y sont satisfaits. — O créateur ! Comment peuvent être purifiés les récipients servant à l'alimentation et qui ont été en contact avec le cadavre d'un chien ou d'un homme ? — S'ils sont en or, il les faut laver une fois avec de l'urine de vache, puis les frotter de terre et les laver une fois avec de l'eau. S'ils sont en argent, on répète six fois cette pratique ; trois fois s'ils sont en airain ; s'ils sont en terre, en bois,

(1) Environ vingt centimètres.
(2) Le double de la longueur précédente.
(3) Le double de la précédente longueur.

ils demeurent souillés à jamais. — Comment peuvent être purifiés les animaux qui ont mangé du cadavre d'un chien ou d'un homme? — Durant un an, répond Ormuzd, ils ne peuvent plus servir à l'alimentation des hommes purs. — Quel est l'homme, ô Ormuzd, qui tout en désirant la pureté lance cependant la Druje en ce monde? — C'est, répond Ormuzd, celui qui use de l'eau souillée par le contact d'un cadavre, sans la purifier; c'est celui qui répand de l'eau durant l'obscurité, sans accomplir de purification.

Le chapitre huitième traite d'un sujet analogue.

Il indique que les porteurs de morts doivent, après s'être acquittés de leur office, se laver les cheveux et le corps avec de l'urine; que par le chemin qu'a suivi le cortège funéraire, on doit ensuite faire passer trois fois, avant toute personne ou tout animal, un chien jaune « à quatre yeux », c'est-à-dire ayant au-dessus des yeux deux taches dans son pelage; ou un chien blanc à oreilles jaunes.

La Druje Naçu prend alors la fuite vers les régions du nord. Puis un prêtre arrive et récite la prière *yathâ ahû vairyô*.

Créateur! Comment doivent être purifiés ceux qui ont été en contact avec le cadavre d'un homme ou d'un chien? De la façon suivante : si le cadavre a été lacéré par les chiens et les oiseaux, qu'ils se lavent avec de l'urine de vache et de l'eau, ils seront purifiés; si le cadavre n'a pas été lacéré, que les Mazdéens creusent trois trous en la terre. Auprès de ces trous, l'individu souillé se lavera avec de l'urine de vache, puis avec de l'eau. Qu'on creuse trois autres trous et que l'impur s'y lave avec de l'urine de vache, puis avec de l'eau. On attendra que le haut de la tête soit sec. Pour la troisième fois, les Mazdéens creuseront trois trous, à trois pas des précédents. Il lavera son corps avec de l'eau, pas avec de l'urine; d'abord les mains, sans quoi tout le corps serait souillé. Celles-ci, lavées par trois fois, on lui arrosera la tête par devant. La Druje Naçu descend alors entre les sourcils.

L'eau, arrivant à cette place, Naçu se précipite à la nuque. Poursuivie en tous lieux par l'eau purificatrice, Naçu gagne successivement les joues, l'oreille droite, la gauche, l'épaule droite, la gauche, l'aisselle droite, la gauche, le haut de la poitrine, le dos, le sein droit, puis le gauche, les côtes de droite, celles de gauche, la hanche droite, la hanche gauche, les cuisses, les genoux, les membres inférieurs, le pied droit, le pied gauche, la plante du pied droit, celle du pied gauche; elle y devient plate comme l'aile d'une mouche; elle gagne les doigts de pieds et fuit enfin vers les régions du nord. — O créateur! Comment seront purifiés ceux qui, en un lieu éloigné, se sont arrêtés à un cadavre? — Ormuzd répond : Si le cadavre a déjà été lacéré par les chiens et les oiseaux, l'homme se lavera le corps avec de l'urine de vache trente fois; il se frottera trente fois les mains et se lavera la tête. Si le cadavre n'a pas encore été lacéré, l'homme souillé se lavera et se frottera quinze fois. Qu'il hâte sa marche durant l'étendue d'un *hâthra* (1), et crie, à la rencontre de quelqu'un : J'ai, sans le vouloir, été en contact avec un cadavre; je désire être purifié! Si le premier qu'il rencontre ne le purifie pas, cette personne se charge elle-même du tiers de la souillure. — Qu'il coure pendant un second *hâthra*; s'il rencontre une seconde personne qui ne le purifie pas, cette personne se charge par là de la moitié de la souillure. — Qu'il coure pendant un troisième *hâthra*, s'il rencontre une troisième personne qui ne le purifie pas, cette personne se charge elle-même de la souillure entière. — Qu'il continue jusqu'à la première maison, jusqu'au premier village, et élève alors la voix, disant : J'ai, sans le vouloir, été en contact avec un cadavre; je désire être purifié! Si on ne le purifie pas, qu'il se lave le corps avec de l'urine de vache et de l'eau, et il sera pur.

Ce même chapitre huitième contient un passage également

(1) Huzvârèche, *hâçar*. On le parcourt en une heure vingt minutes environ. Voir Justi, Lexique du Boundehèche, p. 268.

bon à signaler et relatif à la purification du feu auquel on a donné un cadavre à consumer.

Une femme vient-elle à mettre au monde un enfant mort, il y a lieu d'opérer des cérémonies purificatoires. C'est ce que mentionne expressément le cinquième chapitre du même livre.

O créateur ! Si dans une demeure mazdéenne une femme devient grosse, si elle porte l'enfant un, deux, trois, quatre, cinq, six, sept, huit, neuf, dix mois et le met inanimé au monde, que doivent faire les Mazdéens ? — Ormuzd répond : On la doit placer à la place la plus pure de cette maison mazdéenne, à la place la plus sèche ; là où passent le moins le bétail et les animaux de trait, et le feu, fils d'Ormuzd, et l'homme pur. — A quelle distance du feu, de l'eau, des hommes purs ? — A trente pas du feu et de l'eau, à trois pas des hommes purs Puis les Mazdéens doivent sur cette terre édifier une enceinte. Ils doivent apporter à la femme des aliments et des vêtements. — O créateur ! Quel est le premier aliment que prendra cette femme ? — Ormuzd répond : De la cendre et de l'urine de vache, trois, six ou neuf *ṣâmas* (1) ; elle arrose ainsi les *dakhmas* (2) qui sont dans le sein des femmes fécondes. Puis elle mangera du lait de jument, de vache, de brebis, de chèvre, des fruits, de la viande cuite, du froment pur, du vin sans eau. — O créateur ! Combien de temps doit-elle attendre, avant de goûter à la viande, au froment, au vin ? — Trois nuits, répond Ormuzd. Après trois nuits elle se lavera le corps nu, avec de l'urine de vache, auprès des neuf trous (3), et elle sera pure. — O créateur ! Combien de temps doit-elle attendre après les trois nuits, avant qu'elle puisse reprendre l'habitation, la nourriture, le vêtement des autres Mazdéens ? — Ormuzd répond : Elle doit attendre neuf

(1) On ignore de quelle mesure il s'agit ici. Anquetil rend le mot par « gouttes. »
(2) Voir plus loin, au chapitre des funérailles.
(3) Voir ce qui vient d'être dit ci-dessus, p. 379.

nuits. Après neuf nuits elle se lavera le corps avec de l'urine de vache et de l'eau, et elle sera pure.

Un passage plus haut cité du voyageur Tavernier (p. 378) parle de l'impureté attachée à la femme affectée du flux périodique. L'Avesta contient plusieurs passages relatifs à ce sujet; le plus important est le chapitre seizième du Vendidad, dont voici une traduction :

dâtare gaêthanãm açtvaitinãm aṣâum yaṭ ahmi nmânê yaṭ mâzdayaçnôis nâirika ćithravaiti dakhstavaiṭi vôhunavaiti nishadhâṭ | kutha tê verezyãn aêtê yô mazdayaçna | âaṭ mraoṭ ahurô mazdâo aêtadha aêtê mazdayaçna panta vîćinaêta | pairi urvarâbyaçća | hisku pãçnu gâtu nidhayaêta | phratara haća nmâna verezyãn | yaṭ vâ naêmem yaṭ vâ thrisûm yaṭ vâ ćathruṣûm yaṭ vâ pangtanhûm | yêzi nôiṭ nâirika âthrê aiwi vaênâṭ |

Créateur des mondes corporels, ô pur! Lorsque dans une maison mazdéenne réside une femme affectée du flux périodique (1), que doivent faire les Mazdéens? Ahura mazdâ dit alors : les Mazdéens doivent débarrasser le chemin des arbres, des végétaux, de [tout ce qui peut être] bois à brûler; que le lieu soit fait sec [et tout] poudreux; qu'on le rende plus élevé ou de la moitié, ou du tiers, ou du quart, ou du cinquième que [le reste de] la demeure; sinon, la femme verrait jusqu'au feu.

dâtare gaêthanãm açtvaitinãm aṣâum ćvaṭ drâjô haća âthraṭ ćvaṭ drâjô haća apaṭ ćvaṭ drajô haća bareçman phraçtairyâṭ ćvaṭ drajô narebyô aṣavabyô | âaṭ mraoṭ ahurô mazdâo panća daça gâim haća âthraṭ panća daça gâim haća apaṭ panća daça gâim haća bareçman phraçtairyâṭ thrigâim haća narebyô aṣavabyô | dâtare gaêthanãm açtvaitinãm aṣâum ćvaṭ drâjô ava histâṭ aêṣa yô nâirikayâo ćithravaityâo qarethem phrabarâṭ | âaṭ mraoṭ ahurô mazdâo thrigâim ava histâṭ aêṣa yô nâirikayâo ćithravaityâo dakhstavaityâo vôhunavai-

Créateur des mondes corporels, ô pur! A quelle distance du feu, à quelle distance de l'eau, à quelle distance du rameau consacré, à quelle distance des hommes purs? Ahura mazdâ dit alors : A quinze pas du feu, à quinze pas de l'eau, à quinze pas du rameau consacré, à trois pas des hommes purs. Créateur des mondes corporels, ô pur! A quelle distance doit se tenir de la femme affectée du flux périodique, celui qui doit [lui] apporter la nourriture? Ahura mazdâ répondit alors : Qu'il se tienne à trois pas [d'elle], celui qui doit apporter la nourriture à la femme affectée du flux périodique. Comment doit-

(1) Les trois épithètes que présente le texte paraissent être synonymes et peuvent, à la rigueur, être rendues par une seule formule.

tyāo qarethem phrabarāṭ | činem qarethem phrabarāṭ činem yaom phrabarāṭ | ayañhaēnem vā çrum vā nitema khṣathra vairyaị | čvaṭ qarethem phrabarāṭ čvaṭ yaom phrabarāṭ | dva danare yāyūirinām aēva danare khṣaodrinām | . . . .

yēzi nāirika vōhunis aiwi vaēnāṭ yaṭ hē thrāyō khṣaphna çaćāonti airimē gātūm hē nishadhaēta viçpem ā ahmāṭ yaṭ hē čathwārō khṣaphna çaćāonti | yēzi nāirika vōhunis aiwi vaēnāṭ yaṭ hē čathwārō khṣaphna çaćāonti airimē gātūm hē nishadhaēta viçpem ā ahmāṭ yaṭ hē panča khṣaphna çaćāonti yēzi nāirika vōhunis aiwi vaēnāṭ yaṭ hē panča khṣaphna çaćāonti airimē gātūm hē nishadhaēta viçpem ā ahmāṭ yaṭ hē khṣvas khṣaphna çaćāonti yēzi nāirika vōhunis aiwi vaēnāṭ yaṭ hē khṣvas khṣaphna çaćāonti airimē gātūm hē nishadhaēta viçpem ā ahmāṭ yaṭ hē hapta khṣaphna çaćāonti yēzi nāirika vōhunis aiwi vaēnāṭ yaṭ hē hapta khṣaphna çaćāonti airimē gātūm hē nishadhaēta viçpem ā ahmāṭ yaṭ hē asta khṣaphna çaćāonti yēzi nāirika vōhunis aiwi vaēnāṭ yaṭ hē asta khṣaphna çaćāonti airimē gātūm hē nishadhaēta viçpem ā ahmāṭ yaṭ hē nava khṣaphna çaćāonti yēzi nāirika vōhunis aiwi vaēnāṭ yaṭ hē nava khṣaphna çaćāonti | āaṭ hē paityārem ava barenti daēva daēvanām yaçnāiča vahmāiča | aētadha hē aētē maz-

il apporter la nourriture? Comment doit-il apporter le grain? Dans [un vase] de fer, ou de plomb, [c'est-à-dire] dans un vil métal.

Quelle quantité de nourriture doit-il apporter? Quelle quantité de grain doit-il apporter? Deux *danars* (1) de pain (?), un *danar* de boisson (?). . . . .

Si une femme aperçoit du sang quand trois nuits se sont écoulées, elle doit se placer dans un lieu solitaire (2) jusqu'à ce que quatre nuits se soient écoulées. Si la femme voit du sang quand quatre nuits se sont écoulées, elle doit se placer dans un lieu solitaire jusqu'à ce que cinq nuits se soient écoulées. Si la femme voit du sang après que cinq nuits se sont écoulées, elle doit se placer dans un lieu solitaire jusqu'à ce que six nuits se soient écoulées. Si la femme voit du sang après que six nuits se sont écoulées, elle doit se placer dans un lieu solitaire jusqu'à ce que sept nuits se soient écoulées. Si la femme voit du sang après que sept nuits se sont écoulées, elle doit se placer dans un lieu solitaire jusqu'à ce que huit nuits se soient écoulées. Si la femme voit du sang après que huit nuits se sont écoulées, elle doit se placer dans un lieu solitaire jusqu'à ce que neuf nuits se soient écoulées. Si la femme voit du sang après que neuf nuits se sont écoulées, alors [c'est que] les démons lui apportent une opposition (3), pour l'honneur et l'invocation des démons. Alors, que les Mazdéens

(1) Mesure de quantité (huzvârèche *dânar*).
(2) Comparez la relation de Tavernier, citée ci-dessus p. 378.
(3) Ont mis en elle une opposition [à la bonne création].

dayaçna panta vîcinaêta | pairi urvarâbyaçča varedhâbyaçča aêçmaêibyô | aêtadha hê aêtê mazdayaçna anhâo zemô thris maghem ava kanayen | dva magha phraçnâdhayen maêçmana gèus aoim âpô | khraphçtrem ava janaêta maoirîm dânôkarṣem yaṭ vâ hama duyê çaitê | kahyâcit anrô mainyavanãm khraphçtranãm ava janyâṭ yaṭ vâ aêtê zaêna | aêtahê yaṭ mazdayaçnahê aêtayâo nâirikayâo ćithravaityâo dakhstavaityâo vôhunavaityâo dakhstem uzvarezyâṭ | kâ hê açti ćitha | âaṭ mraoṭ ahurô mazdâo aêtahê paiti peṣôtanuyê duyê çaitê upâzananãm upâzôiṭ açpahê astraya duyê çaitê çraoṣôćaranaya | dâtare yô nâirikayâo ćithravaityâo dakhstavaityâo vôhunavaityâo paurvôvaçna skyaothna tanûm irithyâṭ | yaṭ hê ćitha dakhstem bavaiti | kâ hê açti ćitha | âaṭ mraoṭ ahurô mazdâo thriçatem upâzananãm upâzôiṭ açpahê astraya thriçatem çraoṣôćaranaya | bityâi upaêta bityâi niṣaçti panćâçatem upâzananãm upâzôiṭ açpahê astraya panćâçatem çraoṣôćaranaya | thrityâi upaêta thrityâi niṣaçta haptâitim upâzananãm upâzôiṭ açpahê astraya haptâitim çraoṣôćaranaya | yô nâirikãm ćithravaitîm dakhstavaitîm vôhunavaitîm khṣudrâo avi phranharezaiti | nôiṭ vanhô ahmâṭ skyaothnem verezyêiti

débarrassent un chemin des arbres, des végétaux, de [tout ce qui peut être] bois à brûler.

Les Mazdéens doivent alors creuser trois trous dans la terre; qu'ils lavent deux [de ces] trous avec de l'urine de vache, un avec de l'eau. Qu'ils tuent des animaux nuisibles : deux cents fourmis, qui emportent le grain pendant l'été; pendant l'hiver deux cents autres bêtes nuisibles quelconques, créatures d'Anra mainyu. Si quelque Mazdéen fait disparaître le signe de la femme qui est affectée du flux périodique (1), quelle est la peine? Ahura mazdâ dit alors : que l'on frappe deux cents coups de l'instrument avec lequel on mène les chevaux, deux cents coups de l'instrument avec lequel on mène le bétail.

O créateur! Si [en agissant ainsi, en procédant à cette suppression] il blesse par cet acte volontaire le corps de la femme affectée du flux périodique... quelle est la peine? Ahura mazdâ dit alors: qu'il frappe trente coups de l'instrument avec lequel on mène les chevaux, trois cents de celui avec lequel on mène le bétail. Pour la seconde fois, qu'il frappe cinquante coups de l'instrument avec lequel on mène les chevaux, de celui avec lequel on mène le bétail. Pour la troisième fois qu'il frappe soixante-dix coups de ces instruments. Celui qui a des rapports charnels avec une femme affectée du flux périodique, ne fait pas une meilleure action que s'il

(1) Telle est l'ancienne version traditionnelle. La fin du chapitre indique bien qu'il est question ici de fautes commises par un Mazdéen, à l'occasion de l'état dans lequel se trouve la femme dont il s'agit.

yadhôiṭ puthrahê hvâzâtahê phrâ naêzem naçûm paêâṭ paiti âthrê uthrem barâṭ.	brûlait le cadavre impur de son propre fils et portait un liquide impur dans le feu.

Dans deux autres passages du Vendidad, nous trouvons cette même prescription formellement exprimée. Au vingt-troisième verset du quinzième chapitre : *yô nâirikām ćithravaitîm dakhstavaitîm vôhunavaitîm khṣudhrǣ avi phraṅharezaiti* | *aṅhaṭ haća skyaothna vareza atha bavaiti peṣôtanvi* ; celui qui etc... celui-là devient *peṣôtanu*. Au verset cent trente-quatrième du dix-huitième chapitre : *yô nâirikām ćithravaitîm dakhstavaitîm vôhunavaitîm baodhô vîdhwǣ ćikithwǣ baodhaṅhaitîm vîthuṣîm avi ćićithuṣîm khṣudrǣ avi phraṅharezaiti* | *kaṭ aṅhê açti paititis kaṭ aṅhê açti âperetis kaṭ aêtahê paiti varsta skyaothna ćićithwǣ azaiti* | *âaṭ mraoṭ ahurô mazdǣ yô nâirikām ćithravaitîm dakhstavaitîm vôhunavaitîm baodhô vîdhwǣ ćikithwǣ baodhaṅhaitîm vîthuṣîm ava ćićithuṣîm khṣudrǣ avi phraṅharezaiti* | *hazaṅrem anumayanām phraćinuyâṭ* | *vîçpanām aêtaêṣām paçvām aphçmanivǣ zaothrê âthrê aṣaya vaṅuhya phrabarôiṭ* | *bâzva aiwyô vaṅuhibyô phrabarôiṭ* | *hazaṅrem vazyanām aêçmanām khraoždvanām huṣatanām pairistanām âthrê aṣaya vaṅuhya phrabarôiṭ* | *hazaṅrem vazyanām aêçmanām varedvanām urvâçnyǣ vâ vôhu keretôis vâ hadhâ naêpatayǣ vâ kāmćiṭ vâ hubaoiditemanām urvaranām âthrê aṣaya vaṅuhya phrabarôiṭ* | *hazaṅrem zaothranām haomavaitinām gaomavaitinām yaoždâtanām pairiṅharstanām dahmô yaoždâtanām dahmô pairiṅharstanām hām irista aêtayǣ urvarayǣ yǣ vaoćê hadhâ naêpata aiwyô vaṅuhibyô aṣaya vaṅuhya phrabarôiṭ* | *hazaṅrem ažinām udarô thrustanām ava jaṅyâṭ duyê hazaṅrê anyaêṣām ćiṭ* | *hazaṅrem vazaghanām dâdhmainyanām ava jaṅyâṭ duyê hazaṅrê upâpanām* | *hazaṅrem maoirinām dânôkarṣanām ava jaṅyâṭ duyê hazaṅrê anyaêṣāmćiṭ* | *thriçatem phraçćinbananām phraçćinbayôiṭ taraçća âpô nâvayǣ* | *hazaṅrem upâzananām upâzôiṭ açpahê astraya duyê hazaṅrê çraoṣôćaranaya* | *taṭ aṅhê açti paititis taṭ aṅhê açti âperetis taṭ aêtahê paiti varsta skyaothna ćićithwā̊ azaêta | yêzi azaiti tem ahûm paithyâiti yim aṣaonãm | yêzi nôiṭ azaiti tem ahûm paithyâiti yim drvatãm | temañhuênem temaçćithrem temañhem.* « Celui qui s'unit charnellement, conscient du fait, à une femme affectée du flux périodique, et le sachant elle-même, comment doit-il expier sa faute ? Ahura mazdâ dit alors : Il doit se procurer mille têtes de petit bétail. Qu'il apporte au prêtre les parties voulues (1), avec pureté et bonté, pour le feu. Avec les bras, il doit présenter des dons aux bonnes eaux (2). Il doit apporter au feu avec pureté et bonté mille charges de bois dur, bien taillé, sec : mille charges de bois mou, santal, benjoin, grenadier, ou quelque autre bois odoriférant. Il doit composer un faisceau de mille rameaux. Il doit offrir aux bonnes eaux, avec pureté et bonté, mille eaux consacrées, avec du haoma et de la viande. Il doit tuer mille serpents rampant sur le ventre et deux mille autres. Il doit tuer mille crapauds, deux mille grenouilles. Il doit tuer mille fourmis entraînant le grain et deux mille autres. Qu'il construise trente ponts sur l'eau courante. Qu'il frappe mille coups avec l'instrument qui sert à mener les chevaux, mille coups avec celui qui sert à mener le bétail. C'est de la sorte qu'il peut effacer sa faute. S'il l'efface, il arrivera au séjour des purs ; s'il ne l'efface pas, il arrivera au séjour destiné aux pervers, ténébreux, fils des ténèbres, aux ténèbres. »

L'Avesta parle également du mode d'expiation de la pollution volontaire et de la pollution involontaire. Dans ce dernier cas, d'après le huitième livre du Vendidad, la rédemption est au prix de huit cents coups à donner avec chacun des instruments qui ont été mentionnés ci-dessus. L'acte a-t-il été volontaire, les versets quatre-vingt-unième et quatre-vingt-deuxième commencent par déclarer que le rachat est impos-

(1) Haug : « die nierenfettstücke. » *Ueber das XVIII. kapitel des Wendîdâd*, p. 524. Il s'agit, d'après la tradition, de la graisse des victimes.

(2) Haug : « er soll durch [hin-und herbewegung] des arms [sic] den guten wassern darbringen », *ibid.*

sible, puis les versets suivants, qu'on a lieu de croire interpolés, déclarent qu'on peut se purifier en rendant honneur à la loi mazdéenne qui a le don d'effacer toutes les fautes. Au dix-huitième chapitre du même livre nous rencontrons la même question et les mêmes préceptes.

Dans ce même chapitre, on condamne également le jeune homme de quinze ans qui, dépouillant ses habits mazdéens, a des rapports avec une prostituée : les démons s'emparent de lui et le rendent totalement impur. Mais, la plus grave offense est l'union du Mazdéen avec une personne infidèle. Par son regard, il change en bourbier le tiers des eaux qui se précipitent des montagnes, il anéantit le tiers de la croissance des arbres, le tiers des herbes qui couvrent la terre, il enlève aux hommes purs le tiers de leurs bonnes pensées, de leurs bonnes paroles, de leurs bonnes actions, de leurs forces, de leur victoire, de leur vertu. Il est plus nuisible que les serpents et que les loups.

Le Vendidad enseigne encore, dans le quinzième chapitre, que les rapports sont impurs et criminels avec une femme enceinte ; que le séducteur d'une jeune fille est responsable du mal qui arriverait à l'enfant si ce dernier n'était point nourri ; que si la jeune fille enceinte avant son mariage, est poussée par l'homme qui l'a séduite à souffrir les manœuvres abortives d'une vieille femme, tous trois sont également coupables : la fille, l'homme, la vieille.

Mandelslo, dans ses *Voyages de Perse aux Indes* (traduct. Wicquefort, p. 1727), parle expressément de la chasteté des Parses : « L'adultere et la paillardise, dit-il, sont les plus grands pechez qu'ils puissent commettre, et qu'ils puniroient sans doute de mort, s'ils avoient l'administration de la justice », p. 184.

Il est à peine besoin d'ajouter qu'aux yeux du Mazdéen la pédérastie était un crime épouvantable. Athénée rapporte que les Perses avaient appris cet enseignement à l'école des Grecs : Πέρσας δὲ παρ' Ἑλλήνων φησὶν Ἡρόδοτος μαθεῖν τὸ παισὶ χρῆσθαι (XIII, 603) ; cette assertion est inexacte. L'Avesta mentionnant, pour les flétrir, ces mœurs infâmes, il est évident qu'elles étaient pratiquées avant que les pays éraniens n'aient été en contact avec la Grèce (1). Voltaire en parle dans la *Défense de mon oncle* (1767) : « Mon oncle, toujours discret, toujours sage, toujours persuadé que jamais les lois n'ont pu violer les mœurs, s'exprime ainsi dans la *Philosophie de l'histoire* : « Je ne croirai pas davantage Sextus Empiricus qui prétend que, chez les Perses, la pédérastie était ordonnée ». Quelle pitié ! Comment imaginer que les hommes eussent fait une loi qui, si elle avait été exécutée, aurait détruit la race des hommes ? La pédérastie, au contraire, était expressément défendue dans le livre du *Zend* ; et c'est ce qu'on voit dans l'abrégé du *Zend*, le *Sadder*, où il est dit (porte 9) qu'il n'y a point de plus grand péché ». Chap. V.

Brisson avait écrit à ce sujet : « Ad hanc vero uxorum pellicumque turbam, παιδεραστείαν accessisse, quis credat ? Ac plane, ab hoc Persas crimine Ammianus Marcellinus vindicat, qui, *puerilium stuprorum expertes* fuisse, lib. XXIV. adserit. Contradicit tamen Herodotus libr. I. cujus verba scribæ vice recitabo, nec quidquam addam de meo. Ea sic habent : καὶ εὐπαθείας τε παντοδαπὰς πυνθανόμενοι ἐπιτηδεύουσι, καὶ δὴ καὶ ἀπ' Ἑλλήνων μαθόντες παισὶ μίσγονται. Quod reprehendit Plutarchus hoc modo : *Persas ait a Græcis violationem masculi sexus didicisse ; at qui Græcis Persæ hujus impuritatis minerval debent, apud quos fere omnes alii scriptores consentiunt mares fuisse exsectos, antequam Græcum illi vidissent mare ?* Molles quoque cinædos et muliebria passos, probrosos apud Persas habitos, testimonio est, quod apud Curtium (49) X, I,

(1) Comparez le passage de Xénophon (II, 2) dont voici la traduction : « Atque hic rursum Cyrus jocari cœpit. Nam quum animadvertisset e præfectis manipulorum quendam sibi parasse cenæ socium et juxta se discumbere jussisse hominem et hirsutum et deformem admodum, manipuli præfecto nominatim compellato, sic eum affatus est : Num et tu, Sambaula, inquit, in morem Græcorum hunc accumbentem tibi adolescentulum, quia formosus sit circumducis ? »

26. Oxines Persa ait, *nec moris esse Persis mares ducere eos qui stupro effeminarentur* ». *Op. cit.* p. 500.

De fait, le premier chapitre du Vendidad attribue à Aṅra mainyu la création du vice dont il s'agit (verset quarante-quatrième), et nous lisons au huitième : *arṣadhaća viptô arṣadhaća vaêpayô çpitama zarathustra hâv açti daêvô hâv daêvayâzô hâv daêvanãm khwazô hâv daêvanãm khumbô | hâv daêvanãm kunâiris hâv hvâç daêvô hâv viçpô daêvô hô para meretô daêvô hô paçća meretô mainyava daêva phrâbavainti | yaṭ maṣyô maṣîm khṣudrãm phrañharezaiti yaṭ vâ maṣyô maṣyânãm khṣudranãm para gèurvayêiti.* « Celui-là est un démon, celui-là est un louangeur des démons, celui-là est un incube de démons, celui-là est un succube des démons, celui-là est un prostitué aux démons, celui-là est lui-même un démon, celui-là est un démon total, celui-là est avant la mort un démon, celui-là est après la mort un démon spirituel, qui, etc., etc. ».

Nous arrivons à un autre ordre d'idées.

Xénophon dit au second chapitre de la Cyropédie : αἰσχρὸν μὲν γὰρ ἔτι καὶ νῦν Πέρσαις καὶ τὸ ἀποπτύειν καὶ τὸ ἀπομύττεσθαι καὶ τὸ φύσης μεστοὺς φαίνεσθαι, αἰσχρὸν δὲ ἔτι καὶ τὸ ἰόντα που φανερὸν γενέσθαι ἢ τοῦ οὐρῆσαι ἕνεκα ἢ καὶ ἄλλου τινὸς τοιούτου ; turpe enim hac etiam tempestate apud Persas habetur exspuere, nasum emungere et flatus videri plenos : turpe item ducitur si quis ire quoquam conspiciatur vel mejendi vel alius hujus modi rei causa (Edit. Didot, p. 6).

Cette relation est exacte ; elle est confirmée par quelques passages de l'Avesta, par toute la tradition éranienne du moyen âge, par les usages des Parses contemporains (1).

(1) Comparez Brisson, *op. cit.* p. 356 : « Quin etiam aquam Persæ divini numinis instar colebant : eique non secus atque igni divinos honores tribuebant, quemadmodum Strabo libr. XV. et Agathias libr. II, scribunt. Sidon. Apollin. Panegyr. Leon. *Magis juratur ab illis ignis, et unda, deus.* Fluvios etiam Persas coluisse Arnob. libr. VI et Clemens Alex. tradunt : in tantum, ut nec lotio nec sputo fœdari et inquinari flumina fas esset. Proinde in flumine ut Herod libr. I et Strabo libr. XV et Agathias consentiunt, neque lavabant, neque vesicam levabant, nec inspuebant : nec cadaver, aut alia quæ spurca, polluta aut contaminata viderentur, in profluentem abjiciebant. Ac ne manus quidem ut iidem testantur, vivo flumine Persæ abluebant. » Voici les paroles

Au dix-huitième chapitre du Vendîdad, nous lisons, par exemple, que Çraoṣa interrogeant la Druje, lui demande quels sont les quatre hommes pervers qui lui servent d'époux. Le premier, répond celle-ci, est celui qui refuse un vêtement au pauvre ; le second, celui qui en urinant éclabousse son propre pied : *yaṭ nâ paurva phrabda phrabdôdrâjô phramaêzaiti* (1). Le coupable reculant de trois pas doit réciter trois fois l'oraison *aṣem vohû*, deux fois l'*humatanãm*, trois fois l'*hukhṣathrôtemâi*, quatre fois l'*ahuna vairya* puis le *yêñhê hatãm*.

Le dix-septième chapitre du même livre énumère un certain nombre de préceptes relatifs à la taille des cheveux et des ongles. Voici la traduction de ce morceau (2) :

« Zarathustra interrogea Ahura mazdâ : Ahura mazdâ, esprit très-saint, créateur des mondes corporels, pur ! Comment l'homme réjouit-il les démons pour son plus grand dommage ?

« Ahura mazdâ répondit : O pur Zarathustra ! C'est lorsque, dans ce monde corporel, il se peigne, se taille les cheveux, se coupe les ongles, et [lorsque] les cheveux [ou] les ongles coupés sont laissés à terre. A cette place de la terre les démons se rassemblent ; à cette place de la terre se rassemblent les animaux malfaisants que les hommes appellent vermine, qui mangent le grain et les habits dans leurs coffres. C'est pourquoi, ô Zarathustra ! Lorsque dans ce monde corporel, tu te peignes, tu te tailles les cheveux, tu te coupes les ongles, porte [ce qui tombe] à dix pas des hommes purs, à vingt pas du feu, à trente (3) pas de l'eau, à cinquante pas du faisceau de rameaux ; là, tu creuseras un trou, profond d'une *disti* dans

d'Agathias (traduction Cousin, t. II, p. 582) : « Ils ont une vénération si grande pour l'eau, que jamais ils n'y touchent, jamais ils n'en lavent leur visage, et jamais ils ne s'en servent que pour boire, et pour arroser les herbes et les plantes. »

(1) Spiegel : « wenn ein mann mit dem vorgestellten fusse am fusse hin urin læsst. » Haug : « der ist der zweite dieser meiner mænner, der einen *prapad* (vorfuss) weit über die spitze des vorfusses hinauspisst. »

(2) Outre les versions de MM. Spiegel et de Harlez, nous avons pour ce chapitre une traduction de M. Geldner ; *Zeitschrift für vergl. sprachforschung*, t. XXIV, p. 553.

(3) Geldner : trois cents, quatre cents, cinq cents ; *loc. cit.*, p. 554.

la terre dure, d'une *vîtaçti* dans la terre molle, et tu y placeras [ces débris]. Puis, ô Zarathustra, récite ces paroles victorieuses : *at aqyâi aṣâ mazdǣ urvarǣ vakhṣaṭ ahurô aṅhèus zâthôi paouruyêhyâ* (1). Avec un couteau fais à l'entour trois, six ou neuf sillons, et récite l'*ahuna vairya* trois, six ou neuf fois. Pour les ongles (2), tu dois creuser, hors de la demeure, un trou profond comme la phalange supérieure du petit doigt ; tu y porteras [les rognures] et réciteras ces paroles victorieuses : *aṣem vohû* (3). Avec un couteau tu creuseras à l'entour trois, six ou neuf trous et tu réciteras l'*ahuna vairya* trois, six ou neuf fois.

« Oiseau *aṣôzusta* (4), je te présente mes ongles, je t'offre mes ongles. Que ces ongles, ô oiseau *aṣôzusta*, soient tes lances, tes épées, tes arcs, tes traits empennés et rapides, tes pierres de fronde contre les démons mâzaniens (p. 304).

« Si l'on ne voue pas ainsi ces ongles à l'oiseau, ils vont servir de lances, d'épées, d'arc, de traits empennés et rapides, de pierres de fronde aux démons mâzaniens. »

Il est bon de donner ici le texte et la traduction du neuvième chapitre du Vendidad où il est traité des qualités requises d'un purificateur, de la rémunération qui lui est due et de quelques sujets se rattachant à cet ordre d'idées.

pereçaṭ zarathustrô ahurem mazdãm ahura mazda mainyô çpènista dâtare gaêthanãm açt-	Zarathustra interrogea Ahura mazdâ : Ahura mazdâ, esprit très-saint, créateur des mondes cor-

(1) Chapitre quarante-septième du Yaçna. Ce passage est ainsi traduit par M. Kossowicz : « Atque ei, *perenni* Sanctitate, *sua* Masdas turbas [pabula, nutrimenta] *constanter* succrescere decrevit Ahuras mundi in-natalicis primi [quo tempore mundus primum creatus fuerit] Haug : « sed huic vero Sapiens arbores crescere fecit vivus, vitæ generi primæ, » *Die gâthâ's des Zarathustra*, t. II, p. 23 ; « für sie læsst der lebendige weise durch das wahre bæume wachsen für das geschlecht des ersten lebens, » *ibid*, p. 50. Geldner : « für sie (die kuh) hat ja Mazda die kræuter wachsen lassen, » *op. cit.*, p 554. Spiegel : « also hat auch es für Mazda mit reinheit bæume wachsen lassen bei der geburt der ersten welt. »

(2) Ce qui précède concerne donc uniquement les cheveux.

(3) Yaçna, chapitre trente-troisième.

(4) L'oiseau *aṣôzusta* « ami de la pureté » ou « ami de l'homme pur, de l'homme pieux » est le hibou : voir Windischmann, *Zoroastrische studien*, p. 93. Chapitre dix-neuvième du Boundehèche, édit Justi, p. 26.

vaitinãm aṣâum | kutha aêtadha aṅhva açtvainti maṣyâka hãm vaênãontê | tê yô hãm naçûm paiti iristem tanûm yaoẑdaithyãn | âat mraot ahurô mazdão narem aṣavanem çpitama zarathustra | yô aṅhat vaćô ars vaćô mãthrem pereçô aṣava | yô phraêstem apivatâitê daênayão mâzdayaçnôis yaoẑdâthryât haća |

hô perethwi aṅhão zemô upa thwarsti urvaranãm | nava vibâzva drâjô kemćit paiti ćathruṣanãm | yat aṅhat aṅhão zemô vî âpôtememća vî urvarôtememća yaoẑdâtô zemôtememća huskô zemôtememća | kambistemća aêtê pathão phrayãn paçvaçća çtaoraća âtaremća ahurahê mazdão bareçmaća aṣaya phraçtaretem naremća yim aṣavanem | dâtare... ćvat drâjô haća âthrat ćvat drâjô haća apat ćvat drâjô haća bareçman phraçtairyât ćvat drâjô haća narebyô aṣavabyô | âat mraot ahurô mazdão thriçata gâim haća âthrat thriçata gâim haća apat thriçata gâim haća bareçman phraçtairyât thri gâim haća narebyô aṣavabyô | paoirîm upa maghem nithwereçôis paçća hamô aiwigaitîm dva erezu niçmahê paçća zemô içôis aiwi gaitîm yatha ćathwârô erezavô | bitîm upa maghem thritîm upa maghem tûirîm upa maghem pukhdhem upa maghem khstûm upa maghem ćvat

porels, pur ! Comment doivent se conduire (1) dans ce monde corporel les hommes qui veulent purifier [leur] corps [devenu la proie de] Naçu [et] souillé par un contact ? Ahura mazdâ dit alors : Très-saint Zarathustra ! [Qu'ils s'adressent à] un homme pur, possédant la parole véridique, interrogeant le texte saint, pur ; connaissant excellemment la loi mazdéenne, la tenant d'un purificateur.

Celui-ci coupe les plantes sur l'étendue de la terre, en longueur d'une brassée (?) sur les quatre côtés, là où la terre est la moins arrosée, la moins pourvue de plantes, [là où] le sol est le plus pur, [là où] le sol est le plus sec, [là où] vont le moins sur le chemin les bestiaux et les bêtes de trait, le feu fils d'Ahura mazdâ, le rameau [du sacrifice] et l'homme pur. O créateur !... A quelle distance du feu, à quelle distance de l'eau, à quelle distance du rameau consacré, à quelle distance des hommes purs? Alors Ahura mazdâ dit : A trente pas du feu, à trente pas de l'eau, à trente pas du rameau consacré, à trois pas des hommes purs. Creuse un premier trou de deux doigts de profondeur, après l'arrivée de l'été, de quatre doigts après l'arrivée de la gelée de la terre. [Creuse] un second trou, un troisième trou, un quatrième trou, un cinquième trou, un sixième trou. A quelle distance l'un des autres? A un pas. Comment, à un pas? [C'est-à-dire à

(1) Que doivent rechercher.

haća anyô anyaêibyô yatha aêvô gâim | kutha aêvô gâim yatha thripadhem | thrâyô anya magha nithwereçois | paçća hamô aiwigaitîm dva erezu niçmahê paçća zemô içôis aiwigaitîm yatha ćathwârô erezavô | ćvaṭ haća paourvaêibyô yatha thrigâim | kutha thrigâim yatha gâmān hanćayata | kutha gâmān hanćayata yatha nava padhem |

karṣaççiṭ phrakârayôis tighra khṣathra vairyô | ćvaṭ haća maghaêibyô yatha thrigâim katha thrigâim yatha gâmān hanćayata | katha gâmān hanćayata yatha nava padhem | âaṭ paçća dvadaça karṣa phrakârayôis | thrâyô yim antare vita antare thrâyô magha phrakârayôis | thrâyô yim antare vita antare khṣvas magha phrakârayôis | thrâyô yim antare vita antare nava magha phrakârayôis | thrâyô yim antareća ava antare pârentare magha phrakârayôis | thrâyô upa nava padhem açânô âiti magha âiti barôis | çaphem vâ dâdrûm vâ zem varetem vâ kâmćiṭ vâ khraoždurmanãm | paççaćta ava tâ âiti magha âiti jaçôiṭ aêṣa yâ paiti irista | âaṭ tûm zarathustra ava histôis ava nistarem karṣayâo | atha imâm vaćô drenjayôis nemaççâ yâ ârmaitis îžâćâ | paiti ṣê âdhayôiṭ aêṣa yâ paiti irista nemaççâ yâ ârmaitis îžâćâ | âaṭ hâ drukhs

trois pieds. Creuse trois autres trous, de la profondeur de deux doigts après l'arrivée de l'été, de quatre doigts après l'arrivée de la gelée de la terre. A quelle distance des premiers ? A trois pas. Comment, à trois pas ? A la façon dont vous faites se succéder les pas. Comment faites-vous se succéder les pas ? De façon à ce que [les trois pas fassent] neuf pieds.

Fais un cercle avec une pointe de métal. A quelle distance des trous ? A trois pas. Comment, à trois pas ? Comme vous faites se succéder les pas. Comment faites-vous se succéder les pas ? De façon à ce que [les trois pas fassent] neuf pieds. Ensuite fais douze cercles : fais [-en] trois à l'intérieur [desquels se trouvent] trois trous séparés. Fais [-en] trois à l'intérieur [desquels se trouvent] six trous séparés. Fais [-en] trois à l'intérieur [desquels se trouvent] neuf trous séparés. Fais-[en] trois à l'intérieur (?) en avant et en arrière des trous (1). Porte trois pierres sur les neuf pas ; ou çapha, ou dâdru, ou zem.vareta, ou quelque [autre minéral] dur. Puis qu'y aille celui qui est souillé. Et toi, Zarathustra, place-toi au bord des sillons (2) ; puis récite cette prière : *nemaççâ yâ ârmaitis îžâćâ*. Celui qui est souillé doit riposter : *nemaççâ yâ ârmaitis îžâćâ*. Alors la Druje perd du terrain à chacune des paroles : pour la perdition

(1) Cette version est conjecturale et la description que donne le texte manque de clarté. Voir d'ailleurs ci-dessus p. 379.

(2) Version conjecturale. Spiegel : an die æusserste der furchen. Harlez : entre deux sillons.

avâçtryêitê kãmcit vâ vaêañhãm | çnathâi añrahê mainyèus drvatô | çnathâi aêṣmahê khrvîm draos | çnathâi mâzainyanãm daêvanãm | çnathâi viçpanãm daêvanãm | gaomaêzem paççaêta upañherezem ayañhaênem vâ çrum vâ | yêzi çrum paiti hincôis graom ayaçôis zarathustra navapikhem âdrenjayôis | aom çrum paourva naêmât ahê gravahê | zaçta hê paoirîm phraçnâdhayen | âat yat hê zaçta nôit paoirîm phraçnâta | âat viçpãm hvãm tanûm ayaozdâta kerenaôit | âat yat hê zaçta phraçnâta âthritîm | paçca phraçnâtaêibya zaçtaêibya | baresnûm hê vaghdhanem paourum paiti hincôis | âat hâ drukhs yâ naçus paitis hê hô nâ antarât naêmât brvatbyãm upa dvãçaiti |

d'Añra mainyu l'agressif; pour la perdition d'Aêṣma qui se précipite avec violence; pour la perdition des démons mâzaniens; pour la perdition de tous les démons. Puis l'urine de vache est versée avec [un récipient] de fer ou de plomb (?); si [c'est un récipient] de plomb (1), prends un bâton à neuf nœuds, ô Zarathustra, fixe ce [récipient de] plomb à la partie supérieure de ce bâton. Tout d'abord qu'on lui lave les mains; si tout d'abord ses mains n'ont pas été lavées, il rendrait tout son corps impur. Si ses mains ont été lavées par trois fois, alors, avec les mains lavées, arrose tout d'abord le haut de sa tête. Alors la Druje Naçu se précipite sur la partie qui est située entre les sourcils.

paitis hê hô nâ antarât naêmât brvatbyô paiti hincôis | âat hâ drukhs yâ naçus paçca vagdhanem upa dvãçaiti | paçca hê vagdhanem paiti hincôis | âat hâ drukhs yâ naçus paiti qarenem upa dvãçaiti | paitis hê paitis qarenem paiti hincôis | âat hâ drukhs yâ naçus daṣinem gaoṣem upa dvãçaiti | daṣinem hê gaoṣem paiti hincôis | âat hâ drukhs yâ naçus hôim gaoṣem upa dvãçaiti | hôim hê gaoṣem paiti hincôis | âat hâ drukhs yâ naçus daṣinem çuptîm upa dvãçaiti |

Arrose-le à la partie qui est située entre les sourcils. Alors la Druje Naçu se précipite à l'occiput. Arrose-le à l'occiput. Alors la Druje Naçu se précipite à la mâchoire. Arrose-le à la mâchoire. Alors la Druje Naçu se précipite à l'oreille droite. Arrose-le à l'oreille droite. Alors la Druje Naçu se précipite à l'oreille gauche. Arrose-le à l'oreille gauche. Alors la Druje Naçu se précipite à l'épaule droite.

daṣinem hê çuptîm paiti hincôis | âat hâ drukhs yâ naçus hôyãm çuptîm upa dvãçaiti | hôyãm hê çuptîm paiti hincôis |

Arrose-le à l'épaule droite. Alors la Druje Naçu se précipite à l'épaule gauche. Arrose-le à l'épaule gauche. Alors la Druje Naçu se

(1) Windischmann : une cuiller.

âaṭ hâ drukhs yâ naçus daṣinem kaṣem upa dvãçaiti | daṣinem hê kaṣem paiti hinćôis | âaṭ hâ drukhs yâ naçus hôim kaṣem upa dvãçaiti | hôim hê kaṣem paiti hinćôis | âaṭ hâ drukhs yâ naçus paitis paitivarem upa dvãçaiti | paitis hê paitivarem paiti hinćôis | âaṭ hâ drukhs yâ naçus parsti upa dvãçaiti | parsti hê paiti hinćôis | âaṭ hâ drukhs yâ naçus daṣinem phstânem upa dvãçaiti | daṣinem hê phstânem paiti hinćôis | âaṭ hâ drukhs yâ naçus hôim phstânem upa dvãçaiti | hôim hê phstânem paiti hinćôis | âaṭ hâ drukhs yâ naçus daṣinem pereçâum upa dvãçaiti | daṣinem hê pereçâum paiti hinćôis | âaṭ hâ drukhs yâ naçus hôim pereçâum upa dvãçaiti | hôim hê pereçâum paiti hinćôis | âaṭ hâ drukhs yâ naçus daṣinem çraonîm upa dvãçaiti | daṣinem hê çraonîm paiti hinćôis | âaṭ hâ drukhs yâ naçus hôyãm çraonîm upa dvãçaiti | hôyãm hê çraonîm paiti hinćôis | âaṭ hâ drukhs yâ naçus hakhti upa dvãçaiti | hakhti hê paiti hinćôis | yêzi nairyô añhaṭ paçća hê paourum paiti hinćôis paitis aparem | yêzi çtri añhaṭ paitis hê paourum paiti hinćôis paçća aparem | âaṭ hâ drukhs yâ naçus daṣinem rânem upa dvãçaiti | daṣinem hê rânem paiti hinćôis | âaṭ hâ drukhs yâ naçus hôim rânem upa dvãçaiti | hôim hê rânem paiti hinćôis | âaṭ hâ drukhs yâ naçus daṣinem žnûm upa dvãçaiti | daṣinem hê žnûm paiti hinćôis | âaṭ hâ drukhs yâ naçus hôim žnûm upa dvãçaiti | hôim hê

précipite à l'aisselle droite. Arrose-le à l'aisselle droite. Alors la Druje Naçu se précipite à l'aisselle gauche. Arrose-le à l'aisselle gauche. Alors la Druje Naçu se précipite à la poitrine. Arrose-le à la poitrine. Alors la Druje Naçu se précipite au dos. Arrose-le au dos. Alors la Druje Naçu se précipite au sein droit. Arrose-le au sein droit. Alors la Druje Naçu se précipite au sein gauche. Arrose-le au sein gauche. Alors la Druje Naçu se précipite au flanc droit. Arrose-le au flanc droit. Alors la Druje Naçu se précipite au flanc gauche. Arrose-le au flanc gauche. Alors la Druje Naçu se précipite à la fesse droite. Arrose-le à la fesse droite. Alors la Druje Naçu se précipite à la fesse gauche. Arrose-le à la fesse gauche. Alors la Druje Naçu se précipite aux organes sexuels. Arrose les organes sexuels. Si c'est un homme, arrose-le d'abord derrière, puis devant. Si c'est une femme, arrose-la d'abord devant, puis derrière. Alors la Druje Naçu se précipite à la cuisse droite. Arrose-le à la cuisse droite. Alors la Druje Naçu se précipite à la cuisse gauche. Arrose-le à la cuisse gauche. Alors la Druje Naçu se précipite au genou droit. Arrose-le au genou droit. Alors la Druje Naçu se précipite au genou gauche. Arrose-le au genou gauche. Alors la Druje Naçu se précipite au bas de la jambe droite. Arrose-le au bas de la jambe droite. Alors la Druje Naçu se précipite au bas de la jambe gauche. Arrose-le au bas de la jambe gauche. Alors la Druje Naçu se précipite au haut du pied droit. Arrose-le au haut du pied *ẑnûm paiti hinćôis | âaṭ hâ drukhs yâ naçus daṣinem açćûm upa dvũçaiti | daṣinem hê açćûm paiti hinćôis | âaṭ hâ drukhs yâ naçus hôim açćûm upa dvũçaiti | hôim hê açćûm paiti hinćôis | âaṭ hâ drukhs yâ naçus daṣinem zangem upa dvũçaiti | daṣinem hê zangem paiti hinćôis | âaṭ hâ drukhs yâ naçus hôim zangem upa dvũçaiti | hôim hê zangem paiti hinćôis | âaṭ hâ drukhs yâ naçus daṣinem phrabdem upa dvũçaiti | daṣinem hê phrabdem paiti hinćôis | âaṭ hâ drukhs yâ naçus hôim phrabdem upa dvũçaiti | hôim hê phrabdem paiti hinćôis | âaṭ hâ drukhs yâ naçus adhairi hakhem nivôiryêitê mũnayen ahê yatha makhṣyãõ perenem | hakaṭ nigereptaêibya angustaêibya uzgereptaêibya pâṣnaêibya | daṣinem hê hakhem paiti hinćôis | âaṭ hâ drukhs yâ naçus hôim hakhem upa dvũçaiti | hôim hê hakhem paiti hinćôis | âaṭ hâ drukhs yâ naçus adhairi angusta nivôiryêitê mũnayen ahê yatha makhṣyãõ perenem | hakhaṭ nigereptaêibya pâṣnaêibya uzgereptaêibya angustaêibya | daṣinũm hê angustũm paiti hinćôis | âaṭ hâ drukhs yâ naçus hôyũm angustũm upa dvũçaiti | hôyũm hê angustũm paiti hinćôis | âaṭ hâ drukhs yâ naçus nivôiryêitê apâkhdhraêibyô naêmaêibyô makhṣi kehrpa ereghaitya phraṣnaos apazadhaṅhô akaranem driwyãõ yatha zôizdistâis khraphçtrâis | atha imũm vaćô drenjayôis yôi aṅhen vârethraghnyôtememća baêṣazyôtemem-*

droit. Alors la Druje Naçu se précipite au haut du pied gauche. Arrose-le au haut du pied gauche. Alors la Druje Naçu se précipite sur le devant du pied droit. Arrose-le sur le devant du pied droit. Alors la Druje Naçu se précipite sur le devant du pied gauche. Arrose-le sur le devant du pied gauche. Alors la Druje Naçu se presse sous la plante du pied, on dirait comme l'aile d'une mouche. [Ses] doigts [de pied] étant baissés [et] en même temps ses talons étant levés, arrose la plante de son pied droit. Alors la Druje Naçu se précipite à la plante du pied gauche. Arrose-lui la plante du pied gauche. Alors la Druje Naçu se presse sous les doigts de pied, on dirait comme l'aile d'une mouche. [Ses] talons abaissés, [et] en même temps [ses] doigts de pied relevés, arrose les doigts de son pied droit. Alors la Druje Naçu se précipite aux doigts du pied gauche. Arrose les doigts de son pied gauche. Alors la Druje Naçu s'empresse vers les régions septentrionales ayant le corps d'une mouche (ici un passage assez obscur, voir Justi, *Hdb.*, pp. 23, 162), comme les êtres nuisibles impurs. Ensuite récite cette prière qui est la plus victorieuse, la plus salutaire : *yatha ahû vairyô atha ratus* ... Au premier trou l'homme est libéré de Naçu. Alors récite cette prière au second, au troisième, au quatrième, au cinquième [trou]. Ensuite celui qui est souillé doit s'asseoir au milieu d'un trou en dehors des autres [trous, et creusé] de quatre doigts. Qu'on le frotte largement avec la terre de ces [trous].

ća yatha ahû vairyô atha ratus... | paoirîm upa maghem phrâ naçus narem bavaiti | atha imãm vaćô drenjayôis bitîm thritîm tûirîm pukhdhem khstûm paççaêta ava tâ nishadhôiṭ aêṣa yâ paiti irista antare aredhem maghahê pârentare haća anyaćibyô | avavaṭ tadha yatha ćathwârô crezavô | aêtaêṣãmća zemô perethu phravâis phradavata | panćadaça zemô hankanayen | viçpem â ahmâṭ upa mãnayen yaṭ hê upamem paiti vaghdhanahê upamâṭ vareça hiskô bavâṭ | yaṭ hê tanus hiskvi highnvi pãçnu bavâṭ | paççaêta ava tâ anya magha aiti jaçôiṭ aêṣa yâ paiti irista | paoirîm upa maghem hakereṭ âpô âaṭ hvãm tanûm pairi yaoždaithita | bitîm upa maghem bižvaṭ âpô âaṭ hvãm tanûm pairi yaoždaithita | thritîm upa maghem thrižvaṭ âpô âaṭ hvãm tanûm pairi yaoždaithita | paççaêta dim â baodhayaêta urvâçnyãô vâ vôhûgaonahê vâ vôhûkeretôis vâ hadhânaêpatayãô vâ kãmćiṭ vâ hubaoidhitemanãm urvaranãm | vaçtrâṭ paççaêta aiwyãoñhayaêta | paççaêta ava tâ âiti nmâna âiti jaçôiṭ aêṣa yâ paiti irista | airimê gâtûm hê nishadhaêta antare aredhem nmânahê pârentare haća anyaćibyô mazdayaçnaćibyô | mâ khṣayamna jaçôiṭ âtarem mâ âpem mâ zãm mâ gãm mâ urvarãm mâ narem mâ aṣavanem mâ nâirikãm aṣaonîm | viçpem â ahmâṭ yaṭ hê thrâyô khṣaphna çaêãonti | âaṭ paçća thrikhṣaparâṭ uç tanûm çnayaêta

Que l'on fouille quinze fois la terre. Qu'on attende jusqu'à ce que le haut de sa tête soit sec à partir de l'extrémité de la chevelure, jusqu'à ce que son corps soit sec de la poussière. Ensuite que l'individu souillé aille vers un autre trou. Au premier trou, qu'il purifie son corps une fois avec de l'eau. Au second trou, qu'il purifie son corps deux fois avec de l'eau. Au troisième trou, qu'il purifie son corps trois fois avec de l'eau. Ensuite qu'on le parfume avec du bois urvâçna, ou du vôhûgaona, ou de la vôhûkereti, ou du grenadier, ou quelque [autre] des plantes les plus odoriférantes. Ensuite qu'il se vêtisse. Puis que l'individu souillé aille à [sa] demeure. Dans la solitude qu'il s'asseye à l'intérieur de la demeure, loin des autres Mazdéens. Qu'il n'approche pas du feu, de l'eau, de la terre, du bétail, des plantes, de l'homme pur, de la femme pure, tant que trois nuits ne se soient écoulées. Alors après trois nuits qu'il lave [son] corps déshabillé, avec de l'urine de vache et de l'eau ; après cela il est purifié. Qu'il s'asseye dans la solitude à l'intérieur de la demeure loin des autres Mazdéens. Qu'il n'approche pas du feu, de l'eau, de la terre, du bétail, des plantes, de l'homme pur, de la femme pure, tant que six nuits ne se soient écoulées. Alors après six nuits qu'il lave [son] corps déshabillé, avec de l'urine de vache et de l'eau ; après cela il est purifié. Qu'il s'asseye dans la solitude à l'intérieur de la demeure, loin des autres Mazdéens. Qu'il n'approche pas du feu, de l'eau, de la terre,

uç vaçtrâț gèus maêçmana apâ-ča paiti avatha yaozdayãn | airimê gâtûm hê nishadhaêta antare aredhem nmânahê pârentare haća anyaêibyô maz-dayaçnaêibyô | mâ khșayamna jaçôiț âtarem mâ âpem mâ zãm mâ gãm mâ urvarãm mâ narem așavanem mâ nâirikãm așaonîm | viçpem â ahmâț yaț hê khșvas khșaphna çaćãonti âaț paçća khșvas khșaparâț uç tanûm çnayaêta uç vaçtrâț gèus maçmana apâća paiti avatha yaozdayãn | airimê gâtûm hê nișhadhaêta antare aredhem nmâ-nahê pârentare anyaêibyô mazdayaçnaêibyô | mâ khșayamna jaçôiț âtarem mâ âpem mâ zãm mâ gãm mâ urvarãm mâ narem așavanem mâ nâirikãm așaonîm | viçpem â ahmâț yaț hê nava khșaphna çaćãonti | âaț paçća nava khșaparâț uç tanûm çnayaêta uç vaçtrâț gèus maêçmana apâća paiti avatha yaozdayãn | paç-ćaêta khșayamna jaçôiț ava âtarem ava âpem ava zãm ava gãm ava urvarãm ava narem așavanem ava nâirikãm așaonîm |

du bétail, des plantes, de l'homme pur, de la femme pure, tant que neuf nuits ne se soient écoulées. Alors après neuf nuits qu'il lave [son] corps désabillé avec de l'urine de vache et de l'eau, après cela il est purifié. Dès lors qu'il approche, s'il le veut, du feu, de l'eau, de la terre, du bétail, des plantes, de l'homme pur, de la femme pure.

âthravanam yaozdathô dah-mayâț parô âphritôiț | daṅhèus daṅhupaitîm yaozdathô ustrahê paiti arșnô aghryêhê | zantèus zantupaitîm yaozdathô açpahê paiti arsnô aghryêhê | viçô viç-paitîm yaozdathô gèus paiti ukhsnô aghryêhê | nmânahê nmâ-nôpaitîm yaozdathô gèus paiti azyão | nmânahê nmânôpaitîm nâirikãm yaozdathô gèus paiti phravaityão | vaêçèusća pairi aê-tarèuçća yaozdathô gèus paiti vazyão | nitememćiț aperenâyû-kem yaozdathô paçèus garebus anumayêhê | yêzi tavãn aêtê maz-dayaçna aêtê paçvô çtaoráća aê-tahmâi nairê phrabârayen | yêzi nôiț tavãn aêtê mazdayaçna aêtê paçvô çtaoráća anyãm hê avare-tanãm aêtahmâi nairê phrabâ-

Qu'on purifie un prêtre moyennant une prière spéciale (1). Qu'on purifie un chef de district moyennant un chameau mâle de premier prix. Qu'on purifie un chef de hameau moyennant un cheval mâle de premier prix. Qu'on purifie un chef de tribu moyennant un taureau de premier prix. Qu'on purifie un chef de maison moyennant une vache de trois ans. Qu'on purifie une maîtresse de maison moyennant une vache de labour. Qu'on purifie un petit enfant moyennant un petit animal de petit bétail. S'ils le peuvent, que les Mazdéens donnent à cet individu (2) ce bétail, ces bêtes de trait. Si les Mazdéens ne peuvent donner ce bétail ou ces bêtes de

(1) Haug. *Ueber den gegenværtigen stand der zendphilologie*, p. 34.
(2) Au purificateur.

rayen | viçpem á ahmâț yaț aêșô nâ yô yaoždâthryô haća aćibyô nmânaćibyô khșnûtô adhbistô pârayâț | yêzića aêșô nâ yô yaoždâthryô haća aćibyô nmânaêibyô țbistô akhșnutô pâráiti | apa hê paçkâț phraoiriçaiti çpitama zarathustra aêșa drukhs yâ naçus nāòhanaț haća ćașmanaț haća hizumaț haća paitis qarenâț phravâkhșaț haća phrașumakaț haća | tê aêșām paiti çraoê aêșa drukhs yâ naçus upa dvāçaiti | ayoždya paççaêta bavainti yavaêća yavatâtaêća |

anuçô zî çpitama zarathustra aêșa yâ paiti irista avaț hvare âtâpaiti anuçô hāò māò anuçô avê çtârô | khșnâvayêiti zî çpitama zarathustra aêșô nâ yô yaoždâthryô yaț aêtem paiti iristem phrâ naçûm kerenaoiti | khșnâvayêiti âtarem khșnâvayêiti âpem khșnâvayêiti zām khșnâvayêiti gām khșnâvayêiti urvarām khșnâvayêiti narem așavanem khșnâvayêiti nâirikām așaonîm | paiti dim pereçaț zarathustrô dâtare gaêthanām açtvaitinām așâum | ćvaț ahmâi nairê miždem aṅhaț paçća açtaçća baodhaṅhaçća vi urviçtîm yaț aêtem paiti iristem phrâ naçûm kerenaoiti | âaț mraoț ahurô mazdāò daêçyâț ahmâi nairê avaț miždem parô açnâi aṅhê vazdvare vahistahê aṅhèus | paiti dim pereçaț zarathustrô dâtare gaêthanām açtvaitinām așâum | kutha aêtaț drukhs perenânê yâ haća irista upa jvantem upa dvāçaiti kutha aêtaț naçu perenânê yâ haća irista upa jvan-

trait, qu'ils donnent à cet homme d'autres biens, jusqu'à ce que cet homme qui accomplit la purification s'en aille de cette demeure satisfait, sans mécontentement. Si cet homme qui purifie s'en va de cette demeure mécontent, non satisfait, la Druje Naçu s'élance alors, ô très-saint Zarathustra, du nez, de l'œil, de la langue, de la mâchoire, des organes génitaux, de l'anus. La Druje Naçu se précipite sur eux jusqu'aux ongles, et dès lors ils sont impurs à tout jamais.

Certes, ô très-saint Zarathustra, le soleil, la lune, les étoiles éclairent à regret celui qui est souillé. O très-saint Zarathustra, celui qui purifie, alors qu'il libère un corps souillé, [celui-là] réjouit; il réjouit le feu, il réjouit l'eau, il réjouit la terre, il réjouit le bétail, il réjouit les plantes. il réjouit l'homme pur, il réjouit la femme pure. Zarathustra l'interrogea : O créateur des mondes corporels, [être] pur! Quelle sera après la séparation du corps et de l'esprit, la récompense de l'homme qui délivre le corps d'un individu souillé? Alors Ahura mazdâ dit : Qu'on promette à cet homme, en tant que récompense, pour le monde futur, l'accès du lieu excellent. Zarathustra l'interrogea : O créateur des mondes corporels, [toi qui es] pur! Comment puis-je combattre la Druje qui d'un mort se précipite sur un vivant? Comment puis-je combattre Naçu qui d'un mort va souiller un vivant? Alors Ahura mazdâ dit : Prononce les paroles qui sont dans les cantiques, que

tem upa raêthwayêiti | âaṭ mraoṭ ahurô mazdâo imê vaća phramrava yôi henti gâthâhva bişâmrûta | imê vaća phramrava yôi henti gâthâhva thrişâmrûta imê vaća phramrava yôi henti gâthâhva ćathruşâmrûta | mânayen bâ çpitama zarathustra aipi tâ naçus zgathaiti yatha işus gâthakhtô yatha vâ nimatô tarô yâre yatha vâ rathwya varena | dâtare gaêthanãm açtvaitinãm aşâum yêzića hô nâ paiti hinćôiṭ yô nôiṭ apivatâitê daênayâo mâzdayaçnôis yaoždâthryâṭ haća | kutha aêtaṭ drukhs perenânê yâ haća irista upa jvantem upa dvãçaiti | kutha aêtaṭ naçu perenânê yâ haća irista upa jvantem upa raêthwayêiti | âaṭ mraoṭ ahurô mazdâo mânayen bâ çpitama zarathustra aêşa drukhs yâ naçus aşaojaçtara varedhayêiti yatha para ahmâṭ aç | hâ aêta yaçka hâ aêtê mahrka hâ aêtê paityâra hamatha yatha paraćiṭ | dâtare gaêthanãm açtvaitinãm aşâum kâ hê açti ćitha | âaṭ mraoṭ ahurô mazdâ handareza-ćiṭ handarezayen aêtê yô mazdayaçna | zaçta hê paoirîm handarezayanta apa hê vaçtrâṭ barayen | pãçtô phrathañhem hê kameredhem vinâthayen | aşqaretemaćibyô çpentô mainyavanãm dâmanãm kerephs yârãm kerephs paiti niçrinuyâṭ vayãm kahrkâçãm | viti aojanô avâo hîm paiti mithnaiti viçpem duşmatemća dužûkhtemća dužvarstemća | yêzića hê anya agha skyaothna phravarsta | paitita hê ćitha | âaṭ yêzi şê

l'on doit dire deux fois; prononce les paroles qui sont dans les cantiques, que l'on doit dire trois fois; prononce les paroles qui sont dans les cantiques, que l'on doit dire quatre fois. On penserait, ô très-saint Zarathustra que Naçu part comme un trait ayant son impulsion propre, ou comme l'herbe après l'année, ou comme le revêtement (de la terre) au temps régulier. Créateur des mondes corporels, pur! Si celui qui fait l'aspersion n'a pas appris la loi mazdéenne d'un purificateur, comment puis-je combattre la Druje qui se précipite d'un mort sur un vivant? Comment puis-je combattre Naçu qui d'un mort va souiller un vivant? Alors Ahura mazdâ dit : On penserait, ô très-saint Zarathustra, que la Druje Naçu devient plus puissante qu'elle ne l'était auparavant. Elle [produit] les maladies, la mort, l'opposition [aux bonnes créatures] tout comme auparavant. Créateur des mondes corporels, pur! Quel est le châtiment de cet [homme]? Alors Ahura mazdâ dit : Que les Mazdéens l'enchaînent. En premier lieu qu'ils lui lient les mains et qu'ils lui enlèvent ses vêtements. Qu'ils lui coupent la tête dans l'étendue de la peau. Qu'on laisse le corps aux créatures dévorantes de Çpenta mainyu, dévorant le corps, [qu'on laisse] le corps aux oiseaux *kahrkâças*; en parlant ainsi : Telle est la peine de tout [homme] pensant mal, parlant mal, agissant mal. Et si celui-ci a commis d'autres méfaits, la peine est expiée. S'il n'a pas commis d'autres méfaits, il y a expiation à tout jamais. Qui est, ô Ahura

aṅya agha skyaothna nôiṭ phravarsta | paititem ahê nars yavaêća yavatâtaêća | ćis hâv aç ahura mazdâ yô mê açadhayaṭ phradathem apa baraṭ varedathem upa baraṭ yaçkem upa baraṭ mahrkem upa baraṭ | âaṭ mraoṭ ahurô mazdāo hô bá aêṣô âç aṣâum zarathustra aṣemaoghô anaṣava | aêtahmi aṅhvô yaṭ açtvainti paiti hinćaiti â dim noiṭ apivatâitê daênayāo mâzdayaçnôis yaozdâthryâṭ haća | para nû ahmâṭ haća açaṅhaṭća ṣôithrâṭća aklistaṭ çpitama zarathustra iżâća âzûitiçća para daçvareća baêṣazemća para phradathemća varedathemća vakhṣathemća para gavanāmća vâçtranāmća uruthem | dâtare gaêthanām açtvaitinām aṣâum kaṭ nô ahmâi açaṅhaêća ṣôithraêća paiti jaçâtô iżâća âzûitiçća kaṭ daçvareća baêṣazemća kaṭ phradathemća varedathemća vakhṣathemća kaṭ yavanāmća vāçtranāmća uruthem | âaṭ mraoṭ ahurô mazdāo nôiṭ nû para ahmâṭ çpitama zarathustra açaṅhaêća ṣôithraêća paiti jaçâtô iżâća âzûitiçća nôiṭ daçvareća baêṣazemća nôiṭ phradathemća varedathemća vakhṣathemća nôiṭ yavanāmća vâçtranāmća uruthem | para ahmâṭ yaṭ idha aṣemaoghô anaṣava hathrajatô nijanâiti | yaṭ vâ aêtaṅhāo daṅhèus çraoṣô aṣyô phrâyazāontê thri ayare thri khṣaparem | çaoćantaṭ paiti âthraṭ phraçtaretâṭ paiti bareçman uzdâtâṭ paiti haomâṭ | paççaêta ahmâi açaṅhaêća ṣôithraêća paiti jaçâtô iżâća

mazdâ, celui qui m'attaqua (?), emporta le bien-être, emporta l'accroissement, apporta la maladie, apporta la mort. Alors Ahura mazdâ dit : O pur Zarathustra, c'est l'impur Aṣemaogha qui dans le monde corporel asperge (1) sans avoir reçu d'un purificateur la science de la loi mazdéenne. Auparavant, ô très-saint Zarathustra, du lieu, du domaine, naissaient l'abondance, la prospérité, la santé, le remède, le bien-être, l'accroissement, l'agrandissement, la croissance des céréales et des pâturages. Créateur des mondes corporels, ô pur! quand reviendront en ce lieu, en ce domaine, l'abondance, la prospérité, quand [reviendront] la santé, le remède, le bien-être, l'accroissement, l'agrandissement, la croissance des céréales et des pâturages? Alors Ahura mazdâ dit : O très saint Zarathustra, la santé, le remède, le bien-être, l'accroissement, l'agrandissement, la croissance des céréales et des prés ne reviendront pas en ce lieu, en ce domaine, avant que l'impur Aṣemaogha n'ait été ici abattu, ou bien que l'on prie trois jours [et] trois nuits Çraoṣa, dans ce pays, près du feu brillant, avec le rameau consacré. Ensuite, dans ce lieu, dans ce domaine, reviendront l'abondance, la prospérité, la santé, le remède, le bien-être, l'accroissement, l'agrandissement, la croissance des céréales et des prés.

(1) C'est-à-dire entreprend de purifier.

âzûitiçća paççaêta daçvareća baêṣazemća paççaêta phradathemća varedathemća vakhṣathemća paççaêta yavanãmća vâçtranãmća uruthem.

Dans le chapitre suivant Ormuzd dit à Zoroastre quelles sont les prières qu'il y a lieu de réciter durant la cérémonie de purification. La plupart de ces oraisons sont déjà indiquées dans ce qui précède. Dans le chapitre onzième Zoroastre demande à Ormuzd quels sont les moyens de purifier la maison, le feu, l'eau, la terre, le bétail, les plantes, l'homme pur, la femme pure, les étoiles, la lune, le soleil, toutes les créations d'Ormuzd. Et celui-ci répond : Prononce les prières de purification, telles et telles oraisons (*ahuna vairya* et autres) et ajoute : Je combats Aêṣma ; je combats Naçu ; je combats l'impureté soit directe soit indirecte ; je combats la jaunâtre Buṣyãçta aux longues mains ; je combats la Pairika qui attaque le feu, l'eau, la terre, le bétail, les plantes ; je te combats, pervers Añra mainyu ! Récite quatre fois l'oraison *ahuna vairya*. C'est ainsi que tu as chassé Aêṣma, Naçu, l'impureté, Buṣyãçta aux longues mains, la Pairika, Añra mainyu. Récite cinq fois l'oraison *ahuna vairya*.

L'Avesta signale d'autres fautes, d'autres crimes que ceux dont nous avons parlé jusqu'ici. En premier lieu la tromperie. Dire la vérité, être fidèle à la foi jurée sont des préceptes qu'on ne peut enfreindre sans se rendre grandement coupable. On peut se reporter à ce qui a été dit au chapitre concernant le dieu Mithra (p. 173) ; on peut se rappeler les passages des auteurs grecs anciens où il est fait mention expresse de l'horreur des Perses pour le mensonge : αἴσχιστον δὲ αὐτοῖσι τὸ ψεύδεσθαι νενομίσται, (turpissimum autem apud eos habetur mendacium dicere ; Hérodote, Didot p. 47); παιδεύουσι δὲ τοὺς παῖδας, ἀπο πενταέτεος ἀρξάμενοι μέχρι εἰκοσαέτεος, τρία μοῦνα, ἱππεύειν καὶ τοξεύειν καὶ ἀληθίζεσται (puerorum institutio, a quinto anno incipiens usque in vicesimum, ad sola hæc tria refertur, equitare, arcu uti, et verum loqui), ibid.

Diodore de Sicile rapporte que chez les Perses une simple poignée de main était le gage le plus certain d'une promesse : καὶ τὴν δεξιὰν ἔδωκε τῷ Θετταλίωνι · ἔστι δ'ἡ πίστις αὕτη βεβαιοτάτη παρὰ τοῖς Πέρσαις, dextramque Thessalioni porrigit : hoc certissimum fidei apud Persas pignus est. (Édit. Didot, t. II p. 96). Voir également Strabon, livre XV, 18.

Le respect de la dette que l'on a contractée découle naturellement de cette observance de la foi jurée. Hérodote en fait également mention ; après avoir dit, comme nous venons de le voir : αἴσχιστον δὲ αὐτοῖσι τὸ ψεύδεσθαι νενόμισται, il ajoute : δεύτερα δὲ τὸ ὀφείλειν χρέος, alterum post hoc æs alienum habere (1).

La colère et les actes de violence sont sévèrement blâmés et châtiés. Les versets cinquante-quatrième à cent douzième du quatrième livre du Vendidad, traitent des coups portés méchamment, et infligent, pour le rachat de telles et telles blessures, la peine de tel ou tel nombre de coups à porter avec les instruments dont il a été question ci-dessus.

Il est temps de dire ici ce que c'était que des coups d'*astra* et de *çraoṣôćarana* dont nous venons de parler. Il ne s'agit en aucune façon, comme on pourrait le croire tout d'abord, de coups à recevoir par le pécheur en guise de châtiment ; il s'agit, tout au contraire, de coups que doit porter le pécheur lui-même, armé de tels et tels instruments, coups destinés à tels et tels animaux de la création d'Ahriman. Anéantir ceux-ci, c'est collaborer à l'œuvre d'Ormuzd, c'est libérer et étendre le monde pur, c'est faire une œuvre pie par excellence, une œuvre capable de racheter bien des méfaits. Les coups en question sont donc destinés aux *khraphçtras*, aux animaux de la création perverse. Hérodote parle de cette coutume ; il représente les Mages comme mettant à mort, avec zèle, les

(1) Voir à ce sujet Brisson, *op. cit.*, p. 420.

fourmis, les serpents : καὶ ἀγώνισμα τοῦτο μέγα ποιεῦνται, κτείνοντες ὁμοίως μύρμηκάς τε καὶ ὄφις καὶ τἄλλα ἑρπετὰ καὶ πετεινὰ (Livre I. 140). On lit dans Agathias (livre II, 24) : ἑορτήν τε πασῶν μείζονα τὴν τῶν κακῶν λεγομένην ἀναίρεσιν ἐκτελοῦσιν, ἐν ᾗ τῶν τε ἑρπετῶν πλεῖστα καὶ τῶν ἄλλων ζώων ὁπόσα ἄγρια καὶ ἐρημονόμα κατακτείνοντες, τοῖς Μάγοις προσάγουσιν, ὥσπερ ἐς ἐπίδειξιν εὐσεβείας· ταύτῃ γὰρ οἴονται τῷ μὲν ἀγαθῷ κεχαρισμένα διαπονεῖσθαι, ἀνιᾶν δὲ καὶ λυμαίνεσθαι τὸν Ἀριμάνην (1).

Les instruments désignés pour opérer la destruction des animaux impurs sont, comme il a été dit, l'*astra* et le *çraoṣôćarana*.

Le premier, *astra* (en huzvârèche *astar*) est un aiguillon, une pointe métallique avec laquelle on conduisait les chevaux (*açpahê astraya*). Cf. Weber, *Indische streifen*, t. II, p. 481. Le *çraoṣôćarana* (en huzvârèche *çrôṣćarâm*) sert à mener le bétail. Quels qu'aient été en réalité ces instruments, que dans une traduction on peut désigner par ces termes généraux : l'instrument qui sert à mener les chevaux, l'instrument qui sert à mener le bétail, il n'y a point de doute, en tous cas, sur leur application à la destruction des bêtes impures.

On peut également racheter les fautes contre la loi mazdéenne par le paiement d'une amende consistant en objets de valeur : on donne à un prêtre les choses qui sont utiles à son ministère, le couteau, le plat creux, le pénom (*paitidâna*, voyez plus loin), le mortier ; à un guerrier, la lance, l'épée, la massue, l'arc, des pierres de fronde ; à un agriculteur, la charrue, la meule, etc. (Chapitre quatorzième du Vendidad).

La transformation de terres incultes en terrains cultivés est encore un moyen d'expiation (ibidem).

(1) Ce passage d'Agathias est ainsi rendu dans la traduction Cousin, t. II, p. 582 · « Ils ont une grande fête appelée la destruction des maux, qu'ils célèbrent avec beaucoup de solennité. Ils y tuent une grande multitude de serpents, et d'autres animaux et les présentent aux mages pour marque de leur piété. En cela ils croyent faire une chose agréable au Dieu du bien et désagréable au Dieu du mal. » Voyez d'ailleurs ci-dessus, pp. 357, 378.

De même l'acte de procurer comme femme à un homme juste, une jeune fille vierge et saine (ibidem).

Le repentir dont parle à plusieurs reprises l'Avesta n'est autre chose que l'accomplissement de tels ou tels actes, tels, par exemple, que l'extermination des animaux impurs ; ce n'est pas uniquement le sentiment du regret, la pure et simple contrition. Le terme de *paitita-* n'est point un substantif, c'est un participe : il s'applique, par exemple, à la faute elle-même que le coupable se repent d'avoir commise. D'après Burnouf (*Études*, p. 22), le mot en question voulait dire « tombé », d'où « dégradé », cf. le sanskrit *patita-* : « Soit que, en partant de l'acception propre, l'expression du repentir consiste à se jeter par terre, et que l'homme tombé soit un pénitent, soit que, en partant de l'acception figurée, on suppose qu'un homme tombé et dégradé éprouve du repentir des causes de sa chute. Pour ma part je pense que *paitita* qui a dû primitivement, en zend comme en sanskrit, signifier *tombé*, n'a pris le sens de *repenti* que par extension, et sans doute parce que le coupable se jetait à terre devant le juge qui lui reprochait son crime. » Cette explication ne s'est pas imposée. Dans son Commentaire (t. II, p. XXIX) M. Spiegel fait observer tout d'abord que la forme répondant au sanskrit *patita-*, serait en zend, si elle existait, non point *paitita-*, mais bien *paçta-*. D'autre part, la racine du mot en question ne signifie pas « se repentir », en sanskrit, mais simplement « tomber » ; la première de ces significations serait encore plus invraisemblable en zend, car, dans cette langue, *pat* s'applique communément aux êtres de la mauvaise création. Le mot zend *paititi-*, qui signifie l'acte d'aller à l'encontre (de quelqu'un, de quelque chose), explique *paitita-*. Le premier est formé de la préposition *paiti* « vers, contre » et d'un dérivé de la racine *i* « aller » ; on conçoit aisément comment l'idée abstraite de repentir provient de cette première idée concrète : c'est le retour du mauvais dans le bon chemin,

« die rückkehr von dem falschen wege auf den rechten (1). »

Quant à la confession des fautes auprès d'un prêtre, ou même auprès d'un laïque, on peut dire que l'Avesta n'en offre pas la moindre trace.

(1) Voir d'ailleurs, Geldner, *Zeitschrift für vergl. sprachforschung*, t. XXIV, p. 139.

CHAPITRE II

Le saint sacrifice.

Avant d'examiner ce que dit sur ce sujet le texte zend lui-même, il n'est peut-être pas sans intérêt de rappeler les passages les plus importants des auteurs de l'antiquité classique, où il est fait mention des cérémonies sacrificiales des Perses.

Hérodote, que déjà nous avons eu l'occasion de citer plusieurs fois, parle dans son septième livre des sacrifices des Mages : ἐς τὸν (Στρυμόνα) οἱ μάγοι ἐκαλλιρέοντο σφάζοντες ἵππους λευκούς (113). Au paragraphe suivant : φαρμακεύσαντες δὲ ταῦτα ἐς τὸν ποταμὸν καὶ ἄλλα πολλὰ... (hisce et multis aliis incantamentis in fluvium peractis ; édit. Didot, p. 349). Au premier livre il parle en termes formels des sacrifices offerts sur le haut des montagnes (ἐπὶ τὰ ὑψηλότατα τῶν ὀρέων), au soleil, à la lune, à la terre, aux vents, etc., etc. Il ajoute : Θυσίη δὲ τοῖσι Πέρσῃσι περὶ τοὺς εἰρημένους θεοὺς ἥδε κατέστηκε. Οὔτε βωμοὺς ποιεῦνται οὔτε πῦρ ἀνακαίουσι μέλλοντες θύειν · οὐ σπονδῇ χρέονται, οὐκὶ αὐλῷ, οὐ πέμμασι, οὐκὶ οὐλῇσι. Τῶν δὲ ὡς ἑκάστῳ θύειν θέλει, ἐς χῶρον καθαρὸν ἀγαγὼν τὸ κτῆνος καλέει τὸν θεόν, ἐστεφανωμένος τὸν τιήρην μυρσίνῃ μάλιστα. Ἑωυτῷ μὲν δὴ τῷ θύοντι ἰδίῃ μούνῳ οὔ οἱ ἐγγίνεται ἀρᾶσθαι ἀγαθά · ὁ δὲ πᾶσι τοῖσι Πέρσῃσι καὶ αὐτὸς γίνεται. Ἐπεὰν δὲ διαμιστύλας κατὰ μέρεα τὸ ἱρήϊον ἑψήσῃ τὰ κρέα, ὑποπάσας ποίην ὡς ἁπαλωτάτην, μάλιστα δὲ τὸ τρίφυλλον, ἐπὶ ταύτης ἔθηκε ὦν πάντα τὰ κρέα. Διαθέντος δὲ αὐτοῦ μάγος ἀνὴρ παρεστεὼς ἐπαείδει θεογονίην, οἵην δὴ ἐκεῖνοι λέγουσι εἶναι τὴν ἐπαοιδήν · ἄνευ γὰρ δὴ μάγου οὔ σφι νόμος ἐστὶ θυσίας ποιέεσθαι. Ἐπισχὼν δὲ ὀλίγον χρόνον ἀποφέται ὁ θύσας τὰ κρέα, καὶ χρᾶται ὅ τι μιν ὁ λόγος αἱρέει.

« Voici de quelle façon les Perses sacrifient aux dieux. Ils n'érigent point d'autel et n'allument pas de feu ; ils ne font point usage de libations, d'instruments à vent, de gâteaux, de grains moulus. Lorsque l'on veut sacrifier à quelqu'un des dieux, l'on amène une victime dans un lieu pur, et, la tête coiffée d'une tiare couronnée en abondance de myrte, on invoque le dieu. Il est défendu au sacrifiant d'invoquer en son seul bénéfice ; il faut prier pour l'intérêt de tous les Perses et pour le roi : l'on est compris, en effet, au nombre de tous les Perses. La victime étant disséquée en petits morceaux et la viande cuite, l'on étend un tapis d'herbes très tendres, spécialement de trèfle, et l'on y dépose toutes les viandes. Alors un mage se présente, entonne une théogonie (c'est ainsi qu'ils dénomment une incantation) ; car ils ne peuvent sacrifier sans un mage. Peu après, le sacrifiant enlève les chairs et en fait ce que bon lui semble. »

Il ne faudrait pas conclure des mots οὐ σπονδῇ χρέονται que les libations fussent inconnues aux Éraniens. Loin de là ! Dans Hérodote même nous trouvons le récit de libations faites par Xerxès : *oriente sole, ex aurea phiala* (σπένδων ἐκ χρυσέης φιάλης) *libamina Xerxes fudit in mare, et ad solem conversus precatus est....* VII, 54 ; et plus loin : ἐπεὶ ἡλίου ἀνατείλαντος σπονδὰς ἐποιήσατο, *orto sole, Xerxes libamina fecit.*

Ce qui, d'autre part, dans ce passage attire l'attention, c'est la contradiction apparente entre ces mots : οὔτε πῦρ ἀνακαίουσι μέλλοντες θύειν « nec ignem accendunt sacra facturi », et ceux-ci : ἑψήσῃ τὰ κρέα « carnes elixavit ». Si nous ne nous trompons, l'explication de cette espèce d'inconséquence se trouve dans la différence entre le feu des laïques et celui des prêtres. La littérature des Perses nous fournit d'amples renseignements sur les diverses sortes de feux. Voir p. 234.

Xénophon parle à plusieurs reprises des sacrifices éraniens. Par exemple au huitième livre de la *Cyropédie*, chapitre troisième : « Posteaquam regiæ fores aperirentur, primum Jovi quaterni pulcherrimi tauri ducebantur et diis ceteris quibus magi ducentos suis e ritibus indicarant : nam Persæ multo magis existimant divinis in rebus artificum opera utendum esse, quam in aliis (χρῆναι τοῖς περὶ τοὺς θεοὺς μᾶλλον τεχνίταις χρῆσθαι ἢ περὶ τἄλλα). Secundum boves equi ducebantur, ad sacrificium soli faciendum : post eos producebatur currus albus, etc., etc. ». (Édit. Didot, p. 163). « Cum ad delubra pervenissent, sacrum Jovi fecere, tauris integris combustis ; deinde soli, combustis hic equis integris : deinde telluri mactatis hostiis, id fecere, quod magi docuerant ». *Ibid.* p. 165. Au troisième livre : ὁ δὲ Κῦρος ἔθυε πρῶτον μὲν Διὶ βασιλεῖ, ἔπειτα δὲ καὶ τοῖς ἄλλοις θεοῖς ... Συμπαρεκάλει δὲ καὶ ἥρωας γῆς Μηδίας οἰκήτορας καὶ κηδεμόνας. Au livre septième : « Quo tempore tum pater tum mater ipsius jamdudum, ceu credi par est, e vivis excesserant : hic Cyrus sacrificia statuta fecit (τὰ νομιζόμενα ἱερὰ), ex instituto patrio chorum Persarum duxit, et pro more numera in omnes distribuit.... Sumptis mox hostiis, Jovi patrio et soli et diis ceteris in summis montium jugis (ἐπὶ τῶν ἄκρων) qui Persis sacrificandi mos est (ὡς Πέρσαι θύουσιν), rem divinam fecit, et hujusmodi usus est precatione », etc., etc. *Ibid.* p. 178.

Dans les fragments de Ctésias, il est question du sacrifice à Mithra : Κτησίας δὲ παρ' Ἰνδοῖς φησιν οὐκ εἶναι τῷ βασιλεῖ μεθυσθῆναι · παρὰ δὲ Πέρσαις τῷ βασιλεῖ ἐφίεται μεθύσκεσθαι μιᾷ ἡμέρᾳ, ἐν ᾗ θύουσι τῳ Μίθρῃ (Athénée, X).

Strabon nous donne sur ce sujet de très-intéressants renseignements. Voici la version (édit. Didot, p. 623) d'un passage de son livre quinzième : « Persæ nec statuas nec aras erigunt ; sacrificant in loco excelso (ἐν ὑψηλῷ τόπῳ) ; cœlum Jovem putant ; colunt vero etiam solem, quem Mithram vocant, item lunam et Venerem et ignem et tellurem et ventos et aquam. Sacrificant in loco mundo precati et adducta hostia coronata ;

ubi magus qui sacrificium administrat, carnes in portiones distribuerit, sua quisque accepta abeunt, nulla parte diis relicta ; dicunt enim deum nihil velle præter hostiæ animam ; attamen omenti partem exiguam, ut non nulli narrant, igni imponunt.

« Præcipue igni et aquæ sacrificant, igni arida ligna imponentes adempto cortice, et arvina superinjecta ; deinde, infuso oleo, succendunt, non inspirantes, sed ventilantes (οὐ φυσῶντες, ἀλλὰ ῥιπίζοντες) ; si quis inspirat, aut mortuum quicquam cænumve in ignem injicit, morte punitur. Aquæ sacra peragunt hoc modo. Ad lacum vel flumen vel fontem venientes scrobem faciunt, et super eam hostiam jugulant, caventes, ne quid proximæ aquæ sanguine contingatur eoque polluatur ; postea carnibus myrto lauroque impositis, eas Magi gracilibus virgis tangunt (ῥάβδοις λεπτοῖς ἐφάπτονται) et magica carmina cantant, oleum lacte ac melle mixtum libantes non in ignem, nec in aquam, sed in terram ; cantationes illas diu faciunt, fasciculum virgarum myricinarum tenuium tenentes (ῥάβδων μυρικίνων λεπτῶν δέσμην κατέχοντες) ». Et plus loin : « Sunt etiam pyræthea, septa quædam ingentia ; in eorum medio ara est, in qua multus est cinis, et ignem perennem servant Magi ; et eo quotidie ingressi, preces faciunt per horam fere, ante ignem virgarum fasciculum tenentes (τὴν δέσμην τῶν ῥάβδων ἔχοντες), tiaras e lana coacta gestantes, ex quibus utrinque dependent malarum velamina quæ etiam labia contegunt... Et hæc quidem ipsi vidimus. »

Au livre sixième de l'*Anabase* d'Arrien, lorsqu'il est parlé du tombeau de Cyrus et des Mages qui le gardaient, il est dit : « Esse præterea intra ambitum in ipso ad sepulcrum ascensu exiguam quandam ædiculam, Magis extructam, qui quidem sepulcrum custodiebant, jam inde a Cambyse Cyri filio custodiæ munere a patribus in filios transmisso. Atque his quidem ovis in singulos dies ab rege dabatur, vinique et farinæ certus modus : singulis etiam mensibus equus unus quem Cyro sacrificarent (ἐς θυσίαν) ; édit. Didot, p. 175.

On lit dans Appien : « Le roi [Mithridate] ayant chassé de Cappadoce toutes les troupes de Muréna, sacrifia, selon la coutume du pays à Zeus Stratios. Sur le sommet d'une montagne on entasse une grande masse de bois; les rois y apportent les premiers morceaux. Autour de cet amas l'on en forme un autre moins considérable; sur le plus élevé l'on porte du vin, de l'huile et toute sorte d'aromates, puis, sur le plus petit, du pain et de la viande pour les assistants (tel est également le genre de sacrifice que font, à Pasargade, les rois perses). On allume le bois. La grandeur de l'incendie le fait apercevoir de mille stades en mer. Pendant plusieurs jours, dit-on, on ne peut approcher à cause de la chaleur de l'air. » *Rômaikôn Mithridateios*, LXVI. On remarquera ici encore ces mots : ἐπὶ ὄρους ὑψηλοῦ, in excelsi montis cacumine.

En ce qui concerne les incantations éraniennes, nous trouvons dans Lucien un passage confirmatif. Voici la traduction de Dindorf : « Implorare auxilium cujusdam magorum Zoroastris discipulorum et successorum : fama autem cognoveram eos incantationibus et sacris quibusdam aperire orci fores (ἐπῳδαῖς τε καὶ τελεταῖς) », *Nécyomantie*, XI. Ces incantations ne sont autres que le récit de tel ou tel morceau de l'Avesta.

Pausanias mentionne les sacrifices au soleil (livre III, chap. XX). Dans un autre passage (livre V, chap. XXVII), il rapporte ceci : « Sunt in Lydis, qui Persici cognomine vocantur, urbium Hierocæsareæ quæ dicitur et Hypæporum templa. In utroque templo est cella cum ara; super ea cinis alio longe colore a vulgari cinere. Huc ingressus magus ubi, foco aridis lignis impositis, tiara caput velarit, invocat deum nescio quem : ex libro enim carmen recitat barbaricum, lingua plane ignota Græcis. » Version de l'édit. Didot, p. 272.

Dans le préambule de Diogène Laërce nous lisons : « Magos deorum vacare cultui, et preces illis ac vota et sacrificia (καὶ θυσίας καὶ εὐχὰς), quali soli ab iis exaudiantur offerre ». Édit. Didot, p. 2.

Athénée, dans son quatrième chapitre, parle du même sujet.

Nous lisons dans Quinte Curce : « Ipse (Darius) in jugum editi montis ascendit multisque collucentibus facibus patrio more sacrificium diis præsidibus loci fecit. » L. III, chap. VIII.

Dans Clément d'Alexandrie : θύειν ἐν ὑπαίθρῳ τούτους ὁ Δείνων λέγει, θεῶν ἀγάλματα μόνα τὸ πῦρ καὶ τὸ ὕδωρ νομίζοντας.

Nous pourrions citer encore plusieurs autres auteurs, si cette énumération ne devait paraître superflue.

Après avoir rapporté ces passages des auteurs de l'antiquité, relatifs aux sacrifices mazdéens, il n'est pas sans intérêt de relater ce qu'ont écrit sur le même sujet les écrivains et les voyageurs modernes.

Brisson s'exprime ainsi dans son ouvrage *De regio Persarum principatu* : « Reges plane cottidie rem divinam fecisse constat : ejusque rei gratia mille in singulos dies victimas, in his boves, asinos et cervos, cædi consuevisse, Athenæus libr. III. refert. Sacra vero facientibus illis, Magis adstabant : idque ex Cyri instituto. Is enim, ut Xenophon lib. VIII. παιδ. p. 161. narrat, populo planum facere studens, res divinas sibi curæ et cordi esse, Magos instituit, ὑμνεῖν τε ἀεὶ, ἅμα τῇ ἡμέρᾳ, τοὺς θεοὺς, καὶ θύειν (30) δι'ἑκάστω ἡμέραν, οἷς οἱ Μάγοι θεοῖς εἴποιεν, *qui semper simul ac dies illuceret, deos hymnis concelebrarent, ac quotidie sacrificarent diis illis, quibus ipsi sacrificandum pronunciarent*. Eaque uti a Cyro constituta erant, a successoribus constantissime servata subjicit... Præsentibus ergo Magis rex hostias immolabat. Philostrat. lib. I. de vita Apollonii, his verbis : *Sacrificia, astantibus sibi Magis, peragebat, siquidem sacra, sub eorum inspectione fieri solent*. Eos etiam regum consiliis intimos fuisse, significat Dio Chrysost. Orat. XLIX » (Cf. Procop. lib. I. De bello persico). P. 168.

Citons aussi ce passage du *Voyage en Perse* d'Eugène Flandin : « Mes recherches dans les hypogées de Persépolis furent troublées par un incident qui mérite d'être raconté. J'aperçus, gravissant le sentier qui y conduisait, deux individus dont le costume me parut de loin différent de celui des Persans : c'étaient deux vieillards de petite taille, mais robustes et à l'œil vif. Au lieu du bonnet de peau d'agneau pointu, ils avaient la tête couverte d'un large turban à bouts pendants sur l'épaule. Leur barbe, au lieu d'être soigneusement teinte d'un beau noir, selon l'usage des Persans, était telle que les années l'avaient rendue, tout-à-fait blanche. Ils échangèrent entre eux quelques mots dans une langue que je n'avais pas encore entendue dans ces contrées; puis ils m'adressèrent la parole en persan. Aux questions que je leur fis, ils répondirent qu'ils étaient des marchands de Yezd, où ils se rendaient après avoir accompli un long voyage qu'ils venaient de faire dans le nord de la Perse; ils ajoutèrent que, comme presque tous les habitants de Yezd, ils étaient de religion guèbre ; qu'ignicoles, comme Djemchid, le grand roi qui avait élevé les palais de Persépolis, ils n'avaient pas voulu passer auprès de ces ruines sans venir y faire une pieuse visite. A peine avaient-ils achevé, qu'ils se mirent à ramasser du menu bois et des herbes sèches, en formèrent une espèce de petit bûcher sur le bord de l'escarpement du rocher où nous nous trouvions, et l'allumèrent en murmurant des prières dans la même langue que je les avais entendus parler à leur arrivée; ce devait être du *Zend*, la langue de *Zoroastre* et du *Zenda-vesta*, celle dont les caractères étaient gravés sur les murs de Persépolis. Pendant que ces deux Guèbres priaient devant leur feu, je levai les yeux sur le bas-relief supérieur de la façade du caveau funéraire devant lequel nous étions. La scène qu'il représentait était exactement semblable. Ce culte avait donc encore, après plus de deux mille ans, des adeptes dont la foi s'était conservée malgré les persécutions des sectateurs de Mahomet et d'Ali. Longtemps après le départ des deux Guèbres, le petit bûcher brûlait encore, et sa fumée légère montait, en colonne bleuâtre, vers le ciel. Je me sentis sous l'influence d'une impression religieuse, en me retrouvant seul à côté de ces cendres invoquées qui avaient reçu l'hommage de deux vieillards prosternés devant elles ; la fumée du sacrifice s'élevait lentement au-dessus des rochers sauvages qui dominaient la plaine silencieuse, couverte de ruines au milieu desquelles étaient encore les débris des antiques autels du feu. » T. II, p. 203.

Voyons maintenant ce que nous apprend le texte même de l'Avesta sur l'ordre et les cérémonies du sacrifice.

Tout d'abord les fidèles ont à apporter le pain, la viande, le haoma.

Le pain. Il s'agit des *draonas* (*taṭ yaṭ haomahê draônô*, le pain destiné pour le haoma ; Yaçna, chapitre dixième. En huzvârèche et en parsi *darûn* : les *darouns*). Voir ci-dessus, p. 420 le fragment cité d'Appien.

La viande. Sur l'un des draonas se place le morceau de viande. C'est cette viande qui reçoit le nom de *myazda-* (accusat. *myazdem*, génit. *myazdahê*; plus tard *myazd*, *mîzd*). Le terme de *gâu jîvya* (*imãmća gãm jîvyãm*) s'applique aux myazdas. Il a donné lieu à une discussion intéressante. MM. Spiegel et Justi l'ont rendu par « fleisch von lebenden wesen », viande d'êtres vivants, « lebendiges fleisch ». Haug repousse vivement cette traduction. D'après lui, il s'agit non de viande, de viande fraîche, mais bien de lait. A la vérité, c'est aussi ce qu'admet Nériosengh qui rend l'expression dont il s'agit par le mot sanskrit *dugdham*. Voici le texte même de la version de Haug : « Die an heiliger stætte frisch gemolkene milch, frische milch » (1). En fait, dès l'époque de Nériosengh, les Parses avaient, dans le sacrifice, substitué le lait à la viande du bœuf ou de la vache, mais le texte même de l'Avesta dit assez

(1) *Ueber den gegenwœrtigen stand der zendphilologie*, p. 15, p. 25.

clairement que les myazdas consistait primitivement en viande bovine, en viande fraîche (*jîvya-*) : De la sorte *gãm jîvyãm* a réellement, dans l'Avesta, le sens de viande fraîche de bœuf, ou de vache. De même l'expression de *gâus hudhâ* (numinatif) que Haug rend par « beurre de l'offrande » a pour sens véritable « la vache aux bons présents » (1). Il est possible que les Mazdéens modernes entendent comme le fait Haug le terme dont il s'agit (2), mais leur enseignement n'est qu'une tradition de seconde et troisième main. Cette tradition, Haug eut pu l'estimer un peu moins, lui qui, jadis, ne cessait, par système, de sacrifier à l'étymologie pure et simple la tradition ancienne, la tradition de l'époque des Sassanides. Le beurre de l'offrande n'est que l'un des produits de l'animal que l'on vante ici en personne, en toute sa personne : *gâus hudhâ, gãm hudhâõhem*. M. Hübschmann a bien éclairé le véritable sens de ce dernier mot : « gutes gebend » (3).

Le haoma. La plante jaune dont le suc sera exprimé dans la cérémonie du sacrifice. Ce suc exprimé reçoit le nom de *parahaoma* (voir ci-dessus p. 277) ; c'est le *parâhôm* du moyen âge.

On donne le nom de *zaothra* (accusat. *imãm zaothrãm*, en huzvârèche *zôhar*, plus tard *zôr*) à l'eau consacrée. Nous en reparlerons tout à l'heure.

Divers intruments, divers accessoires sont nécessaires pour l'accomplissement du sacrifice (4).

C'est d'abord le mortier, *hâvana-* (en huzvârèche *hâvan*), dans lequel sera exprimé le suc de la plante sacrée, au moyen d'un pilon.

C'est le vase dans lequel ce suc doit être recueilli, d'autres vases encore.

(1) Et non « die wohlgeschaffene kuh », comme le veut M. Justi.
(2) *Op. cit.*, p. 14.
(3) *Ein zoroastrisches lied.* p. 51.
(4) Voir à ce sujet, Anquetil-Duperron, *op. cit.* t. III, p. 532. Dubeux, *Perse* (*Univers illustré*, 1841).

C'est le *bareçman-*, le faisceau de rameaux (en huzvârèche et en parsi *barçum*, le « barsom »). Les rameaux qui forment le bareçman sont des branches de dattier, de grenadier, de tamaris (1). Au dix-neuvième chapitre du Vendidad, Ormuzd indique à Zoroastre la façon de récolter ces rameaux. Va, dit-il, va, ô saint Zoroastre, vers les arbres qui atteignent leur croissance ; vers l'arbre beau, élevé, puissant, et dis ces paroles : Honneur à l'arbre bon, créé par Ormuzd, pur. Il ne faut pas, en le coupant, jeter le rameau à terre ; il faut, ce faisant, le tenir avec la main gauche, en louant Ormuzd, en louant les Amchaspands. — Un mot, qui dans le texte de l'Avesta est fréquemment accolé au nom du bareçman, est celui de *phraçtareta-*. On l'a traduit de façons différentes et il est bon, pour ne plus y revenir, de dire ici quelle est notre opinion sur le sens du mot. M. Spiegel le rend ainsi : « [das bereçma] das zusammengebunden ist », et il s'appuie sur l'autorité de Nériosengh dont la version sanskrite donne le mot de *parigrathita-* (2). De fait, ce sens de « lié » est encore celui de la tradition moderne ; pour elle, le faisceau en question est « lié, assemblé » par cela même qu'il se compose de différentes branches maintenues les unes avec les autres au moyen d'une certaine herbe (3). Haug se refuse à admettre cette traduction et en appelle à l'étymologie. La racine verbale formant la seconde partie du mot, signifie, dit-il, non pas lier, mais bien répandre, développer (streuen, ausbreiten) : le terme serait relatif à la récolte des rameaux employés pour former le barsom, et l'on aurait ici le sens de couper, abattre ; *phraçtareta-* s'appliquerait donc à chacune des branches coupées, abattues, prise isolément, indépendamment

(1) Μάγοι δὲ καὶ Σκύθαι μυρικίνῳ μαντεύονται ξύλῳ · καὶ γὰρ ἐν πολλοῖς τόποις ῥάβδοις μαντεύονται. Δείνων δὲ ἐν τῷ πρώτῳ τῆς τρίτης συντάξεως καὶ τοὺς μάντεις φησὶ Μήδους ῥάβδοις μαντεύεσθαι (Schol. Nicand. Ther. 613). Cf. Windischmann, *Zoroastrische studien*, p. 276.

(2) *Zeitschrift der deutschen morgenl. gesellschaft*, t. XXVII, p. 659.

(3) Haug. *Ueber das XVIII. kapitel des Wendidâd*, p. 558.

des autres. Pour M. Hübschmann (1), le mot signifie « prostratus », étendu à bas. M. de Harlez dit « le bareçma formé en faisceau » (2) et critique la version de M. Spiegel ; il ne s'en éloigne pourtant pas d'une façon sensible, non plus que de l'interprétation traditionnelle. Celle-ci nous paraît tout à fait acceptable, et nous croyons qu'on peut rendre simplement et d'une façon très-exacte, cette formule : *imaṭ bareçma phraçtaretem* par « ce faisceau de rameaux ».

Le *paitidâna-* (en huzvârèche *padâm*, le *penôm* moderne, le « pénom ») est le morceau de linge que le Mazdéen, lorsqu'il prie, se place devant la bouche, pour ne point souiller le feu de son haleine. Peut-être, autrefois, n'avait-il qu'une largeur de deux doigts (3) ; plus tard on l'a taillé en de plus grandes proportions (4).

Nous pourrions parler ici d'un assez grand nombre d'autres objets ou accessoires qui figurent dans les cérémonies du parsisme moderne, mais le texte même de l'Avesta n'en faisant point mention, nous ne nous arrêtons pas sur ce sujet.

La cérémonie commence par une série d'invocations à un grand nombre de divinités. Nous donnons ici le texte et la traduction du premier chapitre du livre liturgique, le Vispered.

(1) *Avesta studien*, p. 66 !.
(2) *Traduct.*, t. I, p. 105.
(3) Spiegel. *Traduct.* t. II, p. XLVIII.
(4) D'après Haug, le pénom se compose de deux morceaux de linge à double bride et s'attachant par derrière. Il va du nez jusqu'à deux doigts par delà la bouche. Tel est le pénom de l'officiant. Le simple laïque peut le remplacer par sa manche. *Op. cit.*, p. 512. Dans les *Additions* au volume *An old zand-pahlavi glossary*, p. 128, on lit : « The Parsis distinguish two kinds of *penom* (*paiti-dâna* the cloth with which the mouth is covered when ceremonies are performed), *padâm i harbâdi*, the penom of Herbads (*aêthrapaiti*), and *padâm i hâvesti*, the penom of laymen ; for the laymen wear the penom when they make *Abân nyayiṣ*, *Ateṣ nyâyiṣ*, *Palet*, etc., by simply holding up their Sadra, or the sleeves towards the mouth. » On lit dans Anquetil, *op. cit.*, t. III, p. 530 : « Le *pénom* ou *padom* est un linge double, de six à sept pouces en quarré, que les Parses se mettent sur le nez et qu'ils attachent derrière la tête avec le cordon qui y tient... Les prêtres ne font aucune prière, ne remplissent aucune fonction de leur ministère, sans avoir le *pénom*. Les simples Parses doivent aussi le porter, lorsqu'ils prient ou qu'ils mangent. Quelques destours de l'Inde veulent qu'on le mette aux morts. »

1. *nivaêdhayêmi hankârayêmi ratavô mainyavanãm ratavô gaêthyanãm ratavô upâpanãm ratavô upaçmanãm ratavô phraptarejâtãm ratavô ravaçcarâtãm ratavô ćanranhâćãm aṣaonãm aṣahê rathwãm*

J'annonce (1), j'accomplis [le sacrifice. J'honore] les seigneurs des êtres célestes, des êtres terrestres, des êtres aquatiques, des êtres [qui sont] sous le ciel, des êtres ailés, des êtres qui courent au loin, des animaux qui ont le pied corné (2), les êtres purs, seigneurs du [monde] pur.

2. *nivaêdhayêmi hankârayêmi yâiryaêibyô aṣahê ratubyô maidhyôzaremayêhê payanhô aṣaonô aṣahê rathwô*

J'annonce, j'accomplis [le sacrifice. J'honore] les génies de l'année (3) ; seigneurs du [monde pur, Maidhyôzaremaya qui donne] le lait, pur, seigneur du [monde] pur.

3. *nivaêdhayêmi hankârayêmi maidhyôṣemahê vâçtrô dâtainyêhê aṣaonô aṣahê rathwô*

J'annonce, j'accomplis [le sacrifice. J'honore] Maidhyôṣema qui donne les prairies (2), pur, seigneur du [monde] pur.

4. *nivaêdhayêmi hankârayêmi paitishahyêhê hahyêhê aṣaonô aṣahê rathwô*

J'annonce, j'accomplis [le sacrifice. J'honore] Paitishahya (4) qui donne les céréales, pur, seigneur du [monde] pur.

5. *nivaêdhayêmi hankârayêmi ayâthremahê phraourvaês-*

J'annonce, j'accomplis [le sacrifice. J'honore] Ayâthrema qui vient

(1) Les deux mots *nivaêdhayêmi hankârayêmi* ont besoin de quelque explication. A la racine *kar* qui se trouve dans le second, M. Ascoli a très-justement rattaché le latin *colo*, j'honore, j'adore ; d'ailleurs, la tradition, aussi bien la tradition ancienne que la tradition récente, ne laisse point de doute sur le sens d'accomplir que nous adoptons. Consultez Haug, *Ueber den gegenw. stand der zendphilologie*, p. 22 ss. Burnouf traduit le mot par « je célèbre » (*Commentaire sur le Yaçna*, p. 146), mais il dit expressément que le sens exact est celui-ci : « Idjisni absolutam facio. » Nous pensons ne pas nous tromper en traduisant *hankârayêmi* par « j'accomplis » et en suppléant le régime « le sacrifice. » — Le premier mot, *nivaêdhayêmi* veut-il dire « j'invoque » comme le suppose Burnouf? Le terme dont se sert Nériosengh dans sa traduction sanskrite, *nimantrayâmi*, peut être rendu tout aussi bien par « j'appelle », comme Burnouf le reconnaît lui-même (*op. cit.*, p. 121). Ce dernier sens est, selon nous, celui qu'il faut accepter. Il concorde, d'ailleurs, avec l'analyse étymologique : je fais savoir. En fait, par ces paroles, le prêtre annonce qu'il va accomplir, qu'il accomplit le sacrifice.

(2) En huzvârèche *ćrakarćân*. Vraisemblablement les animaux domestiques, tels que chevaux et bœufs, par opposition aux animaux errants dont il est parlé immédiatement auparavant.

(3) Les génies, les diverses fêtes de l'année. Maidhyôzaremaya coïncide avec la première partie d'avril.

(4) Maidhyôṣema tombe dans la première partie de juin. On voit que l'ordre des saisons se succède.

(5) Tombe à la fin du mois d'août.

tremahê varṣni harstahêća aṣaonô aṣahê rathwô

après l'été (1), qui est le temps de la fécondation, pur, seigneur du [monde] pur.

6. *nivaêdhayêmi hankârayêmi maidhyâiryêhê çaredhahê aṣaonô aṣahê rathwô*

J'annonce, j'accomplis [le sacrifice. J'honore] Maidhyâirya (2), [saison du] froid, pur, seigneur du [monde] pur.

7. *nivaêdhayêmi hankârayêmi hamaçpathmahêdhayêhê aretô kareithinahê aṣaonô aṣahê rathwô*

J'annonce, j'accomplis [le sacrifice. J'honore] Hamaçpathmahêdhaya (3), temps où l'on accomplit les actes conformes à la loi, pur, seigneur du [monde] pur.

8. *nivaêdhayêmi hankârayêmi gaêthanãm âoñhairyêhê aṣaonô aṣahê rathwô yaṭ âoñhairyô zîzanen*

J'annonce, j'accomplis [le sacrifice. J'honore] le [temps] à venir des mondes, pur, seigneur du [monde] pur, enfantant ce qui est à venir (4).

9. *nivaêdhayêmi hankârayêmi çtaotanãm yêçnyanãm handâtanãm huphrâyastanãm aṣaonãm aṣahê rathwãm*

J'annonce, j'accomplis [le sacrifice. J'honore] les [textes du] Çtaota yaçnya (5), formant un [ensemble] composé, bien loués, purs, seigneurs du [monde] pur.

10. *nivaêdhayêmi hankârayêmi çtaotanãm yêçnyanãm handâtanãm huphrâyastanãm aṣaonãm aṣahê myazdanãm*

J'annonce, j'accomplis [le sacrifice. J'honore] les [textes du] Çtaota yaçnya, formant un [ensemble] composé, bien loués, purs, offrandes du [monde] pur.

11. *nivaêdhayêmi hankârayêmi çaredhaêibyô aṣahê ratubyô ahunahê vairyêhê phraçraothrahê aṣaonô aṣahê rathwô*

J'annonce, j'accomplis [le sacrifice. J'honore] les ans, seigneurs du [monde] pur; [le texte] *ahuna vairya*, très-efficace (6), pur, seigneur du [monde] pur.

12. *nivaêdhayêmi hankârayê-*

J'annonce, j'accomplis [le sacri-

(1) Ayâthrema coïncide avec les derniers jours de septembre. L'épithète *phraourvaêstremahê* s'explique difficilement d'elle-même; nous donnons, sous réserves, le sens que lui prête la version huzvârèche, et qui n'est peut-être qu'un commentaire.

(2) Tombe au milieu de janvier.

(3) Période de cinq jours complémentaires. Les actes conformes à la loi, dont il est ici question, sont vraisemblablement, des exercices religieux. — On trouvera des renseignements sur les diverses fêtes de l'année, dans le *Commentaire sur le Yaçna* de Burnouf et dans les *Fragmente über die religion des Zoroaster* de Vullers.

(4) Les derniers mots de ce verset ne sont qu'une version approximative.

(5) Ce sont les six derniers chapitres du Yaçna.

(6) Pour rendre cette épithète nous suivons la tradition ancienne.

mi aṣahê vahistahê çtaothwahê aṣaonô aṣahê rathwô

fice. J'honore] le texte de l'oraison *aṣa vahista*, pur, seigneur du [monde] pur.

13. *nivaêdhayêmi hankârayêmi yêñhê hâtayão huphrâyastayão aṣaonyão aṣahê rathwô*

J'annonce, j'accomplis [le sacrifice. J'honore le texte] *yêñhê hâtãm*, bien honoré, pur, seigneur du [monde] pur.

14. *nivaêdhayêmi hankârayêmi ahunavaityão gâthayão aṣaonyão aṣahê rathwô*

J'annonce, j'accomplis [le sacrifice. J'honore le cantique ahunavaiti, pur, seigneur du [monde] pur.

15. *nivaêdhayêmi hankârayêmi ghenanãm pouruçaredhô vîrôvãthwanãm mazdadhâtanãm aṣaonãm aṣahê rathwãm*

J'annonce, j'accomplis [le sacrifice. J'honore] les femmes de nombreuses sortes, les troupes d'hommes, créées par Mazdâ, pures, dames du [monde] pur (1).

16. *nivaêdhayêmi hankârayêmi ahumatô ratumatô aṣaonô aṣahê rathwô*

J'annonce, j'accomplis [le sacrifice. J'honore Ahura mazdâ] le souverain maître, le suprême seigneur, pur, seigneur du [monde] pur (2).

17. *nivaêdhayêmi hankârayêmi yaçnahê haptañhâtôis aṣaonô aṣahê rathwô*

J'annonce, j'accomplis [le sacrifice. J'honore] le Yaçna *haptañhaiti*, pur, seigneur du [monde] pur (3).

18. *nivaêdhayêmi hankârayêmi areduyão âpô anâhitayão aṣaonyão aṣahê rathwô*

J'annonce, j'accomplis le [sacrifice. J'honore] Ardvi [çûra] Anâhita [génie de l'] eau, pure, dame du [monde] pur.

19. *nivaêdhayêmi hankârayê-*

J'annonce, j'accomplis [le sacri-

(1) Par lui-même ce passage est incompréhensible. Il y est question de femmes de nombreuses sortes, *ghenanãm pouruçaredhô*, de troupes d'hommes (*vîrôvâthwanãm*). Heureusement un passage du premier chapitre du Yaçna nous autorise, avec l'aide de la tradition, à voir dans ces trois mots une espèce de tout. Il s'agirait des Phravaṣis, créées, en effet, par Ahura mazdâ, et qui sont comme des prototypes des êtres; voir ci-dessus, p. 286.

(2) Le texte dit simplement :]j'honore *ahumat ratumat*. Pour M. Spiegel, il s'agirait ici d'un certain génie (einen besondern genius), que cet auteur, d'ailleurs, ne désigne pas autrement. Pour M. Justi, ces deux mots seraient des épithètes de l'oraison *ahuna vairya*, et c'est de cette prière qu'il serait question en ce passage. En ce qui nous concerne, nous pensons, sauf preuve contraire, qu'il s'agit ici d'Ahura mazdâ lui-même; au dix-huitième verset du chapitre suivant nous voyons que ce dieu est invoqué avec les épithètes dont il s'agit : *ahumentem*, *ratumentem*.

(3) C'est-à dire le Yaçna divisé en sept sections, qui forme une partie du Yaçna pris en général; à savoir les chapitres XXXV à XLI, y compris ce dernier.

mi ustvaityāo gâthayāo aṣaonyāo aṣahê rathwô

fice. J'honore] le cantique ustvaiti, pur, seigneur du [monde] pur.

20. *nivaêdhayêmi hankârayêmi gairinãm aṣaqâthranãm pôuruqâthranãm mazdadhâtanãm aṣaonãm aṣahê rathwãm*

J'annonce, j'accomplis [le sacrifice. J'honore] les monts au pur éclat, pleins d'éclats, créés par Mazdâ, purs, seigneurs du [monde] pur.

21. *nivaêdhayêmi hankârayêmi çpentâ mainyêus gâthayāo aṣaonyāo aṣahê rathwô*

J'annonce, j'accomplis [le sacrifice. J'honore] le cantique çpenta mainyu, pur, seigneur du [monde] pur.

22. *nivaêdhayêmi hankârayêmi verethraghnahê ahuradhâtahê vanaintyāoçća uparatâtô aṣaonyāo aṣahê rathwô*

J'annonce, j'accomplis [le sacrifice. J'honore] la victoire produite par Ahura et le pouvoir supérieur victorieux, pur, seigneur du [monde] pur.

23. *nivaêdhayêmi hankârayêmi vôhu khṣathrayāo gâthayāo aṣahê rathwô*

J'annonce, j'accomplis [le sacrifice. J'honore] le cantique vôhu khṣathra, pur, seigneur du [monde] pur.

24. *nivaêdhayêmi hankârayêmi mithrahê vôurugaoyaoitôis râmanaçća qâçtrahê aṣaonô aṣahê rathwô*

J'annonce, j'accomplis [le sacrifice. J'honore] Mithra [génie des] praieries étendus et Râma qâçtra pur, seigneur du [monde] pur.

25. *nivaêdhayêmi hankârayêmi vahistôistôis gâthayāo asaonyāo aṣahê rathwô*

J'annonce, j'accomplis [le sacrifice. J'honore] le cantique vahistôisti, pur, seigneur du [monde] pur.

26. *nivaêdhayêmi hankârayêmi dahmayāo vaṅuhyāo âphritôis dahmahêća nars aṣaonô ughrahêća takhmahê dâmôis upamanahê yazatahê aṣaonô aṣahê rathwô*

J'annonce, j'accomplis [le sacrifice. J'honore] la bonne [oraison] dahma âphriti (1); [j'honore] aussi l'homme pieux, pur, et le jurement vaillant, fort, vénérable, pur, seigneur du [monde] pur.

27. *nivaêdhayêmi hankârayêmi airyamanô iṣyêhê aṣaonô aṣahê rathwô*

J'annonce, j'accomplis [le sacrifice. J'honore] Airyaman iṣya, pur, seigneur du [monde] pur (2).

(1) Consultez Haug, *Ueber den gegenw. stand der zendphilol.* p. 34. MM. Spiegel et Justi traduisent littéralement les mots *dahmayāo vaṅuhyāo âphritôis* par « der fromme gute segensspruch, » la pieuse et bonne sentence de bénédiction. Nous pensons plutôt avec Haug qu'il est fait allusion ici à une oraison bien déterminée, et non à une prière générale de bénédiction.

(2) Il s'agit vraisemblablement d'une certaine prière. Voyez le dernier chapitre du Vendidad et le chapitre cinquante-troisième du Yaçna qui contient cette pièce.

28. *nivaédhayêmi hankâra-yêmi phṣûṣô mãthrahê aṣaonô aṣahê rathwô.*

J'annonce, j'accomplis [le sacrifice. J'honore le] *phṣuṣa mãthra*, pur, seigneur du [monde] pur (1).

29. *nivaédhayêmi hankârayê-mi ratèus berezô hadhaokhtahê aṣaonô aṣahê rathwô*

J'annonce, j'accomplis [le sacrifice. J'honore] le haut seigneur Hadhaokhta (2), pur, seigneur du [monde] pur.

30. *nivaédhayêmi hankâra-yêmi âhurôis phrasnahê âhu-rôis ṭkaêṣahê âhurôis daqyu-mahê âhurôis zarathuṣtrôte-mahê aṣaonô aṣahê rathwô*

J'annonce, j'accomplis [le sacrifice. J'honore] l'entretien d'Ahura (3), la sentence d'Ahura, la région d'Ahura, le souverain pontife d'Ahura, pur, seigneur du [monde] pur.

31. *nivaédhayêmi hankâra-yêmi hadhiṣahêça vâçtravatô vâçtrôbereṭahêça gavê hudhão-ñhê gaodhayêhêça nars aṣaonô.*

J'annonce, j'accomplis [le sacrifice, J'honore] la demeure riche en prairies, [le génie] offrant le pâturage à la vache aux dons excellents, et l'homme pur qui élève du bétail.

Le second chapitre n'est que la continuation du précédent. « Avec l'eau consacrée (4) et le faisceau de rameaux, j'ho-

(1) Le nom de *phṣuṣa mãthra* est également, selon toute vraisemblance, celui d'un morceau de l'Avesta, mais nous ne pouvons dire avec certitude quel est ce morceau. Le sens de ces deux mots est celui de : parole féconde, sainte parole fructueuse.

(2) Encore un fragment du texte saint.

(3) Les mots *âhurôis phrasnahê* signifient : la question d'Ahura. Il s'agit ici des questions, des entretiens d'Ahura mazdâ avec Zarathustra, qui sont consignés tout au long dans certains passages de l'Avesta, notamment dans le Vendidad. Cette supposition nous est suggérée par le morceau du treizième chapitre du Yaçna où le pieux Mazdéen parle en termes explicites de ces questions, de ces entretiens. — Par la sentence d'Ahura, *âhurôis ṭkaêṣahê*, nous devons entendre les préceptes mêmes formulés par Ahura mazdâ ; ici la tradition est fort claire. — Quant aux mots *âhurôis daqyumahê* ils signifient la région, le district d'Ahura, et telle est, en effet, la version traditionnelle. Toutefois, ainsi que le pense M. Spiegel (*Comment.* II, p. 57), le quatorzième verset du premier chapitre du Yaçna nous permet de suppléer à ce qu'a d'incomplet la phrase qui nous occupe ; il nous laisse entendre, grâce au contexte, qu'il s'agit ici d'une personne. En tous cas, il resterait à se demander ce que peut bien être cette région d'Ahura, et ici nous ne pouvons nous aider ni de la tradition, ni de la comparaison avec d'autres passages de l'Avesta. Peut-être faut-il comprendre par ces mots le pays qui pratique la loi mazdéenne. Peut-être, d'autre part, n'est-ce pas d'un génie qu'il est question, mais bien du chef temporel suprême des contrées mazdéennes. — Quant au superlatif *zarathustrôtema*, il désigne couramment le pontife souverain.

(4) Texte : *ahmi zaothrê*. Voir sur les zaothras, p. 424. Sur le « bareçman », faisceaux de rameaux, p. 425.

nore par le sacrifice (1) les seigneurs célestes, les seigneurs des êtres terrestres, des êtres aquatiques, des êtres qui sont sous le ciel, des oiseaux, des animaux errants, des animaux domestiques (2).

Avec l'eau consacrée et le faisceau de rameaux, j'honore par le sacrifice les génies de l'armée, purs, seigneurs du [monde] pur; j'honore par le sacrifice Maidhyôzarema qui donne le lait, pur, seigneur du [monde] pur; Maidhyôṣema qui donne les prairies, Paitishahya qui donne les céréales, Ayâthrema qui vient après l'été, qui est le temps de la fécondation, Maidhyâirya, Hamaçpathmaêdhaya, le temps à venir.

« Avec l'eau consacrée et le faisceau de rameaux, j'honore par le sacrifice tous les seigneurs qu'Ahura mazdâ a dit à Zarathustra devoir être honorés et invoqués en suite (3) de la pureté excellente.

« Avec l'eau consacrée et le faisceau de rameaux, je t'honore par le sacrifice, toi, le seigneur céleste, Ahura mazdâ, le souverain et le seigneur des créatures célestes, de la création céleste.

« Avec l'eau consacrée et le faisceau de rameaux, je t'honore par le sacrifice, toi, le seigneur terrestre, très-saint Zarathustra, le souverain et le seigneur des créatures terrestres, de la création terrestre.

« Avec l'eau consacrée et le faisceau de rameaux, j'honore par le sacrifice le récitateur des saints écrits (4), homme

(1) Haug traduit *âyêçê* par : j'honore, *ayêçê yêsti* « ich verehre durch ein opfergebet » (*Ueber den gegenw. stand der zendphilol.*, p. 41, note); M. de Harlez adopte cette traduction et dit : j'honore par ce sacrifice. La version de M. Spiegel est celle-ci : « ich wünsche herbei mit lobpreis. » Elle répond peut-être assez bien à la tradition ancienne.

(2) Voir les notes relatives au premier verset du chapitre précédent.

(3) *En suite de* est la traduction littérale de *haća*. Reste à savoir si c'est à cause de *leur* pureté parfaite qu'il faut honorer tous ces seigneurs, ou s'il faut les honorer dans le dessein d'arriver à la parfaite pureté. Notre version se prête aux deux acceptions, mais aussi elle a le tort de ne point préciser.

(4) Le *phrameretar* est cité plus loin, au premier verset du sixième chapitre, à côté d'autres individus qui se livrent, comme lui, à des exercices religieux.

pur, fidèle [aux lois mazdéennes]; ayant de bonnes pensées, disant de bonnes paroles, faisant de bonnes actions; attaché à la sainte sagesse, venant en aide; dont les actions accroissent les mondes en pureté (1).

« Avec l'eau consacrée et le faisceau de rameaux, j'honore par le sacrifice les ans, purs, seigneurs du [monde] pur.

« J'honore par le sacrifice le [texte] très-efficace *ahuna vairya*, pur, seigneur du [monde] pur.

« Avec l'eau consacrée et le faisceau des rameaux, j'honore par le sacrifice les oraisons *aṣa vahista*, *yêńhê hâtãm*, etc. etc. »

Dans le troisième chapitre nous voyons le prêtre qui procède au saint sacrifice mander auprès de lui les différentes personnes qui doivent l'aider. L'acolyte se présente à chaque nouvelle demande. Il y avait primitivement dans le culte mazdéen un assez grand nombre d'acolytes (le texte, ici, en énumère sept). Par la suite du temps un seul d'entre eux assuma toutes leurs fonctions. L'officiant s'adresse ensuite aux différentes classes de Mazdéens :

1. *hâvanânem âçtâya*	Je mande le préposé au mortier (2).
2. *azem viçâi*	Me voici.
3. *âtarevakhṣem âçtâya*	Je mande le préposé à l'entretien du feu (3).
4. *azem viçâi*	Me voici.
5. *phraberetârem âçtâya*	Je mande celui qui apporte (?).
6. *azem viçâi*	Me voici.
7. *âberetem âçtâya*	Je mande celui qui apporte l'eau [consacrée].
8. *azem viçâi*	Me voici.
9. *âçnatârem âçtâya*	Je mande le préposé au nettoyage (4).
10. *azem viçâi*	Me voici.

(1) Il est question ici de l'efficacité des œuvres du fidèle.

(2) Le prêtre officiant (*zaotar*, « invocateur ») appelle ses acolytes. Le premier de ceux-ci a pour mission d'exprimer dans un mortier (*hâvana*) le suc de la plante *haoma*, qui est bu durant le sacrifice.

(3) Le feu doit être entretenu perpétuellement et préservé du contact de toute chose impure.

(4) L'acolyte qui lave les vases sacrés.

11. *raêthwiskarem âçtâya*	Je mande le purificateur.
12. *azem viçâi*	Me voici.
13. *çraoṣâvarezem âçtâya* 14. *dâhistem arsvaćaçtemem*	Je mande le confesseur (?) très sage, très-véridique.
15. *azem viçâi*	Me voici.
16. *âthravanem âçtâya rathaêstârem âçtâya vâçtrîm phṣuyantem âçtâya*	Je mande le prêtre; je mande le guerrier; je mande l'agriculteur.
17. *nmânahê nmânô paitîm âçtâya viçô viçpaitîm âçtâya zantêus zantupaitîm âçtâya dańhêus dańhupaitîm âçtâya*	Je mande le maître de maison; je mande le maître de hameau; je mande le maître de tribu; je mande le maître de district.
18. *yavânem humanańhem huvaćańhem huskyaothnem hudaênem âçtâya yavânem ukhdhô vaćańhem âçtâya qaêtvadathem âçtâya*	Je mande le jeune homme dont les pensées sont bonnes, dont les paroles sont bonnes, dont les actions sont bonnes, observateur de la loi; je mande le jeune homme disant les prières; je mande celui qui est marié avec une de ses parentes.
19. *dańhâurvaêsem âçtâya humâim pairijathanem âçtâya nmânahê nmânô pathnîm âçtâya*	Je mande celui qui parcourt le district (1); je mande celui qui apporte (?) la bonne science. Je mande la maîtresse de maison.
20. *nâirikâmća âçtâya phrâyô humatãm phrâyô hûkhtãm phrâyô hvarstãm hushãmçâçtãm ratukhṣathrãm aṣaonîm*	Je mande la femme dont les pensées sont très-bonnes, dont les paroles sont très-bonnes, dont les actions sont très-bonnes, bien instruite (2), soumise à la puissance de [son] seigneur, pure.
21. *yãm ârmaitîm çpentãm yâoçća tê ghenâo ahura mazda.*	Je mande la sainte sagesse, et ses femmes, ô Ahura mazdâ (3).

(1) La tradition ne laisse aucun doute sur cette version « celui qui parcourt le pays » (cf. Spiegel, *Comment.* II. p. 14). Mais celui-là, quel était-il ? D'après la tradition également, c'était un prêtre; vraisemblablement un prêtre nomade. Le passage *humâim pairijathanem* est très-difficile. Le premier mot n'offre aucune obscurité : il s'agit de la science mazdéenne, dont il est question également vers la fin du Mihr-yast. Quant au second, c'est un participe actif que nous ne savons à quel verbe attribuer. Le sens d' « apportant » (que nous avons bien soin de faire suivre d'un point interrogatif) est peut-être justifié par la tradition. Peut-être *pairijathanem* n'est-il qu'un qualificatif de *humâim*.

(2) Tel est le sens adopté par la tradition ancienne et moderne.

(3) L'officiant mande la sainte armaiti, la sainte sagesse dont il a été question ci-dessus déjà au dixième verset du chapitre précédent. D'après un passage du trente-huitième chapitre du Yaçna, les femmes d'Ahura mazdâ semblent être la personnification de certaines vertus, de certains biens.

22. *naremća aṣavanem âçtâya phrâyô humatem phrâyô hukhtem phrâyô hvarstem*

23. *viçtôphraoretîm èviçtôkayadhem*

24. *yêñhê skyaothnâis gaêthâo aṣa phrâdentê*

25. *âaț vô kaçćiț mazdayaçnanãm ratus âmrumaidhê ratus âçtâyaimadhê*

26. *ameṣê çpentè çaoṣyantaçća dãhistè*

27. *arṣ vaćaçtemãm aiwyâmatemãm askhrâqanutemãm*

28. *mazistè amãm âmrûmaidhê daênayão mâzdayaçnôis*

29. *athaurunãnçća rathaêstarèçća vâçtryãçća phṣuyantô*

30. *yathâ ahû vairyô yô âtarevakhṣô phrâ mê mrûtê*

31. *tûm nô âthraom zaotaçtê*

Et je mande l'homme pur dont les pensées sont très-bonnes, dont les paroles sont très-bonnes, dont les actes sont très-bons; connaissant l'observation de la loi, ne connaissant pas le péché; dont les actes accroissent les mondes en pureté.

[Nous], chacun des Mazdéens, nous nous adressons [à vous] les seigneurs, nous [vous] invoquons [vous] les seigneurs (1); [vous] les *Ameṣas çpentas* et les *Çaoṣyats* très-sages, très-véridiques, très-secourables, très-intelligents (2).

Nous nous adressons aux très grands [et] puissants [sectateurs] de la loi mazdéenne, prêtres, guerriers, agriculteurs.

Yathâ ahû vairyô. Celui qui est préposé au feu me dit (3) :

O prêtre, tu es pour nous l'invocateur (4).

Le quatrième chapitre, très-court, est la suite du précédent :

(1) Ce passage n'est pas sans difficulté. Évidemment *kaçćiț mazdayaçnanãm* est le sujet de deux verbes. La question est de savoir si le premier *ratus* est un nominatif en relation avec les deux mots précédents (nous, chaque seigneur des Mazdéens) et si le second *ratus* est un accusatif pluriel, régi par les deux verbes; ou si les deux *ratus* sont deux accusatifs, le premier régi par le premier verbe, le second par le second verbe. Nous avons adopté, sous réserves, la seconde hypothèse.

(2) Nous traduisons le dernier mot en suivant la tradition. La version de MM. Spiegel et Justi « sehr an verstand glænzend » est fondée sur une étymologie, acceptable peut-être, mais dont rien ne démontre l'exactitude. D'ailleurs, le sens qu'indique la tradition concorde mieux avec l'ensemble du texte.

(3) Les premiers mots du verset disent que l'on récite ici la prière *yathâ ahû vairyô*, un des morceaux les plus difficiles de l'Avesta. Nous avons traduit mot à mot la dernière partie du verset « il me parle » *phrâ mê mrûtê*. M. Spiegel rend ainsi ce passage : « Celui qui est âtarevakhṣa, dis le moi ! » Cela ne semble pas exact; *mrûtê*, en effet, n'est qu'une troisième personne de l'indicatif du présent. En somme, il est évident par la réponse que va lui faire son acolyte que les mots *yô âtarevakhṣô phrâ mê mrûtê* sont placés dans la bouche de l'officiant.

(4) Ces paroles sont dites par l'acolyte à l'officiant. Nous suivons, pour les rendre, la version de la tradition, mais, de fait, la forme *zaotaçtê*, ou *zaotastè*, ou *zaotaçtaêê* n'est pas sans difficulté.

1. *azem aêta zaota viçâi çtaotanãm yaçnyanãm*
2. *phraçraothremća*
3. *phramarethre.. ća*
4. *phragâthremća*
5. *phrâyastîmća*

Moi [prêtre officiant] invocateur, me voici [commençant] les [prières de] louanges du sacrifice : l'oraison, la récitation, le chant, l'acte de louanges (1).

Voici maintenant le chapitre cinquième :

1. *âća manô mata âća yazamaidhê*
2. *vañuhîmća âdãm vañuhîmća aşîm vañuhîmća ćiçtîm vañuhîmća drvatâtem*
3. *ava ratûs ava rathwya gerentê*
4. *phrâ gavê verendyâi mazdayaçna zarathustrayô*

Nous honorons les [bonnes] pensées de l'esprit, la bonne sagesse (?), la bonne pureté, la bonne science, la bonne fermeté (2).

En ce moment (3) je fais participer à [l'offrande de la] viande les Mazdéens sectateurs de Zarathustra (4).

(1) M. Spiegel rend le dernier mot par : preisen der opfergebete ; M. de Harlez par : les cérémonies des prières liturgiques. Notre propre version n'est qu'approximative. Le sens de ce verset est clair. L'officiant répond en quelque sorte à l'invitation que lui a faite l'acolyte à la fin du chapitre suivant. Il n'y a de difficulté que pour le mot *aêta*, qui est peut-être un pur et simple explétif et, pour la forme génitive de *çtaotanãm yaçnyanãm*. On peut se demander d'où vient ce génitif. Nous traduisons par les mots « me voici » la première personne du présent indicatif *viçâi*. C'est ce que nous avons fait également dans les premiers versets du chapitre précédent.

(2) Le mot *drvatâtem* signifie incontestablement « fermeté ». Mais qu'entendre ici par cette expression de « fermeté » ? Peut-être la fidélité à la loi mazdéenne.

(3) Nous rendons par ces mots « en ce moment » le sens de la phrase d'après la tradition. Celle-ci dit exactement : « En ce temps du jour, à la venue de ce temps ». Jusqu'ici il semble impossible de faire concorder cette version avec le texte lui-même, que, d'ailleurs, nous avouons ne pouvoir traduire d'aucune façon. Notons que ce verset forme une seule et même phrase avec le suivant.

(4) Ici la tradition ajoute aux mots « en ce temps du jour, à la venue de ce temps » qui forment, d'après elle, le verset précédent, les mots que voici : « Je distribue le bétail aux sectateurs de Zarathustra ». En supposant même que *mazdayaçna zarathustrayô* soit un accusatif, comment expliquer le datif *gavê* ? On pourrait supposer, à la vérité, que le texte signifie : « Je fais participer les Mazdéens au bétail ». Cette supposition, que nous présentons d'ailleurs sous toutes réserves, nous paraît s'accorder sans trop de difficulté avec le sens général du morceau. L'officiant dirait que le moment est venu de l'offrande de la viande, et, de fait, il est parlé de cette offrande dans le verset suivant. Nous ne pouvons malheureusement avoir aucun renseignement sur le verbe *phrâ verendyâi*. Voici la version de M. Spiegel : « Es lobpreisen in der zeit, an den zeitpunkten, um das vieh zu beschützen, die Mazdayaçnier, die anhænger des Zarathustra ». Elle s'écarte tout-à-fait, comme l'on voit, de la tradition, et nous devons ajouter, qu'en ce qui concerne le côté purement

5. *â hîm vaêdhayamahi rathwaêća myazdaêća rathwaêća ratuphritayaêća*

6. *viçpayão çâêadhaêa aṣaonô çtôis yaçnâiêa vahmâiêa khṣnaothrâiêa phraçaçtayaêća*

Nous les convions au temps voulu pour l'offrande de la viande, au temps voulu pour la prière, pour le sacrifice, l'invocation, la prière de contentement, la louange de toute la création pure.

Le sixième chapitre est une invocation aux Amchaspands :

1. *viçê vô ameṣa çpenta çtaota zaota zbâta yasta phramareta aibîjareta*

2. *yûṣmâkem yaçnâića vahmâića khṣnaothrâića phraçaçtayaêća*

3. *yaṭ ameṣanãm çpentanãm*

4. *ahmâkem havañhâića ratuphritayaêća aṣavaçtâića verethraghnyâića hurunyâića yaṭ çaoṣyantãm aṣaonãm*

Je viens vers vous, ô Ameṣas çpentas ! louangeur, invocateur, prôneur, récitant [les textes saints], glorificateur ; pour vous honorer, vous invoquer, vous adresser la prière de contentement, vous qui êtes les Ameṣas çpentas. Pour notre salut (3), pour la.....(?), pour l'état de pureté, pour la victoire, pour le bien-être de l'âme, [choses qui sont le propre] des *çaoṣyats* purs.

5. *pairi vè ameṣá çpentá hukhṣathrâ hudhãoñhô dadhâmi tanvaççiṭ qagyão ustanem pairi viçpão hujitayô*

O Ameṣas çpentas, doués d'une bonne puissance, doués d'une bonne sagesse, je vous donne la force vive de mon corps et tous les biens de la vie.

6. *phrâ tê verenê ahê daênaya aṣâum ahura mazda*

7. *mazdayaçnô zarathustris vîdaêvô ahuraṭkaêṣô hadha zaothrem hadha aiwyãoñhanem imaṭ bareçma aṣaya phraçtaretem aṣavanem aṣahê âyêçê yêsti.*

Je crois à toi, à ta loi, ô pur Ahura mazdâ ! [Moi] mazdéen, sectateur de Zarathustra, ennemi des démons, fidèle aux préceptes d'Ahura, avec l'eau consacrée, avec la ceinture, ce faisceau de rameaux [disposé] avec pureté, j'invoque par le sacrifice le pur seigneur du [monde] pur.

Le septième chapitre est la suite du précédent :

1. *çaçtiêa*

2. *vantâêa raphnañhâêa vi-*

Avec le [saint] enseignement, avec amour, avec joie, avec la con-

grammatical, elle ne repose également que sur des suppositions. Jusqu'à nouvel ordre nous nous en tenons à notre propre traduction qui concorde parfaitement avec l'explication traditionnelle.

(1) Sur ce mot consultez Windischmann, *Mithra*, p. 33. M. Spiegel traduit : vorbereitung, zubereitung, *Comment.*, II, p. 147.

thuṣaéibyaçéa zaothrâbyô arṣukhdhaéibyaçéa vâghžibyô

3. *ameṣè çpentè vaṅhus çrîrâis nâmān âzbaya*

4. *ameṣè çpentè vaṅhus çrîrâis nâmān aṣahé phrâyézé bereja vaṅhèus aṣahé bereja daénayão vaṅuhyão mâzdayaçnôis yéṅhé mé aṣâț hacâ.*

naissance (1) des eaux consacrées, avec les [saintes] paroles bien dites, j'invoque les Ameṣas çpentas, bons, aux beaux noms. J'honore les Ameṣas çpentas, bons, aux beaux noms, avec désir ardent de la bonne pureté, avec désir ardent de la bonne loi mazdéenne. *Yéṅhé mé aṣâț hacâ* (2).

Dans le huitième chapitre nous trouvons encore différentes invocations :

« Nous honorons les paroles conformes à la loi sainte. Nous honorons le pur Çraoṣa. Nous honorons Aṣi vaṅuhi. Nous honorons Nairya çaṅha. Nous honorons la paix victorieuse (3). Nous honorons l'activité féconde (4). Nous honorons les Phravaṣis des [êtres] purs. Nous honorons le pont Tchinvat. Nous honorons la demeure céleste d'Ahura mazdâ. Nous honorons le lieu de séjour excellent des [individus] purs, lumineux, [doué] de tout éclat. Nous honorons la route excellente [qui conduit] vers le lieu de séjour excellent.

« Nous honorons Arstât (5) ; la bonne extension des mondes, l'accroissement des mondes, ce qui est utile aux mondes, [à savoir] la loi mazdéenne.

« Nous honorons Raṣnu razista. Nous honorons Mithra [génie des] prairies étendues.

Nous honorons Pârendi, l'étendue des pensées, l'étendue des paroles, l'étendue des actions ; elle allège le corps (6).

« Nous honorons la force virile (7).....

(1) Version de M. Spiegel : mit kundigen zaothras ; M. de Harlez : avec l'eau sainte que j'offre. Nous nous contentons de traduire littéralement et en suivant la tradition

(2) Premiers mots d'une prière spéciale qui doit être récitée ici.

(3) C'est à-dire la victoire pacificatrice.

(4) La traduction de ce passage est conjecturale, mais elle ne paraît pas s'écarter de la tradition. Le sens, d'ailleurs, est satisfaisant.

(5) Arstât est la droiture personnifiée.

(6) Nous suivons la tradition ancienne.

(7) Cette force, d'après la tradition, est celle qui se trouve dans l'accomplissement des bonnes actions.

« Nous honorons le sommeil créé par Mazdâ, délice du bétail [et] des hommes.

« Nous honorons ces créatures pures qui ont été créées premièrement, qui ont été formées premièrement : avant le ciel, avant l'eau, avant la terre, avant les végétaux, avant la vache aux dons excellents.

« Nous honorons la mer Vourukaṣa. Nous honorons le vent puissant créé par Mazdâ. Nous honorons le ciel éclatant, le premier monde créé, le premier [monde] formé de la création cosmique (1).

« Nous t'honorons, ô feu, fils d'Ahura mazdâ, pur, seigneur du [monde] pur.

« Avec l'eau consacrée, avec la ceinture, ce faisceau de rameaux [disposé] avec pureté, nous honorons le pur seigneur du [monde] pur.

« Nous honorons Apãm napat. Nous honorons Nairya çañha. »

Chapitre neuvième. Invocation à Ormuzd, aux Yazatas, aux Amchaspands :

1. *aêta vaêa madhayañha ahê vaêa çendayañha ahurô mazdão aṣava*

2. *hathra vañhubyô yazataêibyô yaṭ ameṣaêibyô çpentaêibyô hukhṣathraêibyô hudhãoñbyô*

3 *panêaçaṭbiçêa çatâiçêa hazañrãiçêa baêvarebiçêa ahũkhstâiçêa phrâyèbiçêa adhaêa ahmâṭ*

Sois touché, sois satisfait par cette prière, ô pur Ahura mazdâ ; avec les bons Yazatas, les Ameṣas çpentas doués d'une bonne puissance, doués d'une bonne sagesse, [avec] cinquante, cent, mille, dix mille, un nombre incalculable et beaucoup plus encore [d'autres génies].

4. *hukhṣathrôtemâi bâṭ khṣathrem ahmaṭ hyaṭ aibî*

5. *dademahiêâ êîṣmahiêâ hvãnmahiêâ hyaṭ mazdâi ahurâiêâ aṣâiêâ vahistâi.*

Au très-puissant maître assurément, [est] la puissance. Dès lors nous la donnons, attribuons, offrons à Ahura mazdâ, à Aṣa vahista (2).

(1) C'est après la création des esprits du bien qu'Ahura mazdâ créa d'abord le ciel, puis l'eau, puis la terre.

(2) Les deux derniers versets du texte se complètent mutuellement. Ils

Les louanges et la préparation du haoma constituent l'opération principale de la cérémonie. Les neuvième, dixième et onzième chapitres du Yaçna s'appliquent particulièrement à ce sujet.

Nous avons cité ci-dessus une partie du neuvième chapitre voici maintenant un résumé sommaire du dixième :

« Que les démons mâles et femelles fuient loin d'ici ! Que viennent le bon Çraoṣa, Aṣi vañuhi, dans cette maison vouée à Haoma ! Je loue le suc exprimé de tes tiges. Je loue les nuages et l'eau qui te font croître sur le haut des montagnes. Je loue les montagnes élevées sur lesquelles croissent les haomas. Je loue la terre fertile qui te nourrit, ô Haoma ! Je loue les pays où tu croîs, doué d'une suave odeur. Tu es une source de pureté. Croîs dans tous les troncs, dans toutes les branches, dans tous les rameaux ! Haoma croît quand on l'honore, et l'homme qui l'honore est victorieux. La moindre expression du suc de Haoma, la moindre louange de Haoma tuent mille démons. Toute impureté disparaît de la maison où l'on honore Haoma. Donne-moi tes remèdes, donne-moi tes moyens de victoire ! Je veux être ton fidèle chanteur. Le dieu plein d'art t'a planté sur la haute montagne Haraiti ; les saints oiseaux t'ont porté de tous côtés. De toi proviennent les remèdes qui soulagent l'homme pieux. Honneur à Haoma, car il rend le cœur du pauvre aussi élevé que celui du plus riche. Je te voue ce corps bien formé. Honneur à Haoma, créé par Mazdâ ; Haoma créé par Mâzdâ est bon. Honneur à tous les plants de Haoma, sur la cime des montagnes, dans les vallées profondes. De la coupe d'argent, je te verse dans la coupe d'or ; je ne renverse à

forment une prière tirée du Yaçna (XXXV, 13-15). La difficulté réside dans les mots *ahmaṭ hyaṭ aibî*. Le sens de « weswegen » que M. Spiegel donne à *ahmaṭ* est sans doute très-admissible, bien que la traduction huzvâreche ne semble pas concorder avec cette interprétation. La tradition semble dire que la puissance est au maître, et que, lorsqu'il l'a reçue de lui, l'homme la lui attribue. Quant à *aibî*, cette préposition peut se lier au verbe qui commence le verset suivant. Nous ne nous dissimulons pas ce qu'a d'un peu conjectural la version que nous avons suivie.

terre aucune goutte de ta liqueur, toi si précieux, si plein de valeur. Pour toi ces chants et ces louanges ; pour toi ces prières victorieuses, puissantes contre les ennemis (1) ! »

Le onzième chapitre du Yaçna est la suite du précédent :

« Trois êtres véritablement purs invoquent en maudissant (*thrâyô haithîm aşavanô âphrivaćanhô zavanti gâusća uçpaçća haomaçća*) ; la vache, le cheval, Haoma.

« La vache dit à l'invocateur : Puisses-tu demeurer sans enfants, qu'une mauvaise réputation s'attache à toi, toi qui ne prends pas mon lait.

« Le cheval dit au cavalier ; puisses-tu ne jamais mener de chevaux rapides, toi qui ne me demandes pas ma rapidité.

« Haoma dit à qui le goûte : Puisses-tu demeurer sans enfants et dépourvu de bonne renommée, toi qui n'extrais pas mon suc (2). »

Les offrandes sont présentées aux différents dieux, le prêtre les goûte et invite l'assistance à les goûter avec lui. Il termine enfin la cérémonie par l'éloge d'Ormuzd et la bénédiction de toute la création pure (chapitre huitième du Yaçna).

Il est à peine utile d'ajouter que le communiant doit être en état de pureté parfaite. Au huitième livre du Yaçna, cette condition est expressément requise : « Mangez ce *myazda*, dit le prêtre, vous qui en êtes dignes par votre pureté et votre piété », *qarĕta narô aêtem myazdem yôi dim hanhânê aşâća phrĕrĕtića*. Au dix-huitième chapitre du Vendidad il est dit que celui qui donnerait du suc du haoma, ou du *myazda*, à un homme pervers et impur (*yô aêvahê aşavaghahê aghahê anaşaonô haomahê hutahê dadhâiti | uçephritinăm vă myazdanăm*), accomplirait une aussi mauvaise

(1) On trouvera une traduction littérale dans le livre de M. Geldner : *Ueber die metrik des jüngeren Avesta*, p. 142.

(2) *Ibidem*, p. 86.

action que s'il menait mille cavaliers dans les villages mazdéens pour y tuer hommes et bestiaux (1).

Disons quelques mots ici de l'énumération des différentes classes de prêtres que nous rencontrons dans l'Avesta.

Le *zaotar-* (en huzvârèche *zôt*, à proprement parler « l'invocateur », cf. sanskrit *hôtr-*), est, de tous les prêtres, celui qui a le premier rôle. C'est lui qui est le principal opérateur du saint sacrifice, qui récite le texte sacré. Les autres ecclésiastiques que nous allons mentionner ne sont que ses acolytes.

Le *hâvanan-* est préposé particulièrement à l'emploi du mortier (*hâvana-*) dans lequel est exprimé le suc de la plante haoma.

L'*âtarevakhṣa-* (en huzvârèche *âtarvakṣ*) a le soin du feu.

Le *phrabaretar-* veille d'une façon générale aux objets nécessaires au culte.

L'*âberet-* apporte l'eau qui doit être consacrée.

L'*âçnâtar-* lave les vases qui servent au sacrifice.

Le *rathwiskar-* (en huzvârèche *ratpîṣkar*, le « raçpi ») procède à la purification des individus et des objets souillés.

Le *çraoṣâvareza-* paraît être celui qui récite la confession.

Chacun de ces différents officiants, du zoatar jusqu'au plus humble, porte le nom générique d'*âtarvan-* (singul. nominat. *âthrava*, accusat. *âtaurunem* ou *âthravanem*, vocat. *âthraom* ; plur. nominat. *âthravanô*. En huzvârèche *âçrûk*). Le sens propre est celui de : prêtre du feu ; mais le sens général et commun est simplement celui de : prêtre.

Entre les « destours » et les « mobeds » modernes il existe une différence. Les premiers ont la haute direction intellectuelle de l'ensemble des cérémonies mazdéennes ; non-seulement ils doivent connaître par cœur tout le texte saint, mais ils doivent encore être capables de l'interpréter. Le zaotar est un destour. Le mobed n'a qu'à réciter les prières et à

(1) Version de Haug. *Ueber das XVIII. kapitel des Wendidâd*, p. 515.

entreprendre les cérémonies ; il lui suffit de connaître par cœur le texte saint, sans même le comprendre (1). Quant au « herbed » il a un grade très-inférieur dans la hiérarchie religieuse ; c'est l'individu qui par ses connaissances spéciales vient de devenir ou va devenir membre du clergé : « Ecclesiasticorum itaque ordinum sacerdotum in pyrodulia infimus est *Hyrbad*, i. e. *Ignis Præfectus* », dit Hyde. *Op. cit.* p. 366. Le mot « mobed » est en parsi *môbad*, en huzvârèche *magupat* (2), « chef des Mages » d'après la tradition. Quant au mot « herbed » il répond au parsi *hèrbaṭ*, au huzvârèche *hèrpaṭ*, au zend *aêthrapaiti-*, dont le sens est assez obscur (3).

Il arriva, dans la suite des temps, que toutes les diverses fonctions des acolytes du « zaotar » passèrent en une même main, dans la main du « rathwiskar » ou *raçpi* ; il est même très-vraisemblable que cette réunion des différents offices se produisit d'assez bonne heure. En tous cas, dans le cinquième et dans le septième chapitre du Vendidad, dans le troisième chapitre du Vispered on voit mentionnés l'officiant et ses sept acolytes. Voir ci-dessus, p. 442.

Nous avons écrit tout à l'heure le mot de *mages*. Nous devons dire ici ce que c'était réellement que les mages, ce qu'il faut entendre par ce terme.

Thomas Stanley, dans la quatorzième partie de son Histoire de la philosophie (voir ci-dessus, Introduction, p. 7 en note) consacre aux mages les chapitres quatrième et cinquième, intitulés *De institutione Magorum*, et *Sectæ ac disciplina Magorum*. On peut y trouver un certain nombre de passages tirés des auteurs anciens.

Dans sa huitième Dissertation (*De reliquiis veteris linguæ persicæ*) Reland a un article *magus*. Nous le reproduisons. « Magi, genus sapientum et doctorum habebatur in Persis.

(1) Haug. *Die Gâthâ's des Zarathustra*, t. II. p. XIV.

(2) *Ibidem*, p. XIV.

(3) D'après Burnouf, ce sens serait celui de « respectable, vénérable, seigneur respectable. » *Commentaire sur le Yaçna*, p. 457 en note. D'après Haug « le maître d'un foyer. » *An old zand-pahlavî glossary*, p. 129.

Sunt verba Ciceronis *lib. de divin.* Hesychius. Τὸν θεοσεβῆ καὶ θεολόγον καὶ ἱερέα οἱ Πέρσαι οὕτως λέγουσιν. Suidas φιλοσόφους καὶ φιλοθέους ita Persis dici observat. Et *more vulgari*, ut notat Apuleius Apolog. I. *eum ipsi proprie magum existimant, qui communione loquendi cum diis immortalibus ad omnia quæ velit incredibilia quadam vi cantaminum polleat.* Et ibid. *Si, quod ego apud plurimos lego, Persarum lingua magus est, qui nostra sacerdos, quod tandem est crimen sacerdotem esse?*... et mox citato testimonio Platonis : *Auditisne magiam, qui eam temere accusatis, artem esse diis immortalibus acceptam, colendi eos ac venerandi pergnaram, piam scilicet et divini scientem, jam inde a Zoroastre et Oromazo auctoribus suis nobilem cælitum antistitem ?* Unde apparet illos sapientia excelluisse præ reliquis, et pro sapientibus habitos, ita tamen ut cum Apollonio Tyaneo jure dicere liceat sapientes quidem illos fuisse, at non in omnibus, σοφοὺς ἀλλ'οὐ πάντα. Philostratus *in vita Apollonii lib.* I. *cap.* 18. Falluntur itaque qui per μάγους, Matth. 2. I. incantatores et præstigiatores intelligendos contendunt : uti inter alios plurimos auctor evangelii Matthæi, hebraice ex msto editi Parisiis, 1555, a Joanne Tilio episcopo briocenci (quod a munsteriano et hutteriano diversum est) qui transfert mksphîm. Lucianus illos γένος μαντικὸν, Strabo μάντεις appellat. Quum vero vocem persicam esse, et hanc ejus significationem.

« *Vel pueri norint et qui nondum ære lavantur*, opera et oleum a nobis perderentur, si ex Stephano, Brissonio, Casaubonio in Exercit. sacris, et commentatoribus ad evangelium Matthæi, *cap.* 2. plura veterum loca afferremus. Etymologiam hujus vocabuli vir in literis persicis exercitatissimus, Gentius, hoc modo tradit in not. Ad Rosarium persicum Scheich Sadi ad *pag.* 4. *Ignicola Persis geber, Arabibus mesjusi a voce mesjus appellatur. Est autem mesjus ipsis Arabibus idem ille quem Græci magum vocant, qui illis gentibus vates longe antiquissimus primus numinis arcana revelasse dicitur, ignis-*

que cultum orienti induxit, etc. Quæ ibi, lector, vide : nec enim eo libro carere potes, si persica amas, quem toto oriente, qua musis et artibus humanioribus ullus honos est, in deliciis habent, et nocturna diurnaque manu versant, una cum *Bustan* ejusdem auctoris, non eruditi tantum viri et religiosi, verum reges et imperatores. Hinc autem, quod Persæ eundem *Mog*, Arabes *Mesjusi* appellent, est, quod *magi* et *magusæi* dicantur. Ita successor regis Cambysis Ctesiæ μάγος; at Herodoto, et Basilio *Orat.* 38, μαγουσαῖος. Quod quum ignoraret Claudius Dausquejus in *notis ad Basilium, pag.* 372. textum sollicitabat, legendum ratus μάγοσθεος, id est *magus deus*, vel θεῖος, *divinus*. At nihil mutandum est. Cl. Gravius in *not. ad Matth.* 2. magum *parvis auribus* hominem interpretatur, qualis primus hujus disciplinæ auctor fuerit. Etymologus noster ineditus inter alia, μάγος παρὰ τὸ ἄγος, ὁ σημαίνει τὸν ῥυπαρόν ..... Suidas putat a Perseo illos, qui ab ipso nefanda sacra Gorgonia edocti fuerant, magos esse appellatos. Vide illum in voce Μέδουσα. Antea enim magi a Persis appellabantur *Ostanæ*. Ita scribit in voce 'Οστάναι. Οὗτοι πρῶτοι παρὰ Πέρσαις μάγοι ἐλέγοντο. Fuit autem Ostanes successor Zoroastris. Sic idem in voce 'Αστρονομία. Et inde puto est quod magos omnes ostanas dictos scribit, licet illam vocem ὀστάναι, hanc ὠστάνης scribat. At, ut alias conjecturas silentio præteream, quas qui vult in compendio legat apud Hottingerum in *Histor. Creation. pag.* 132. mihi videtur persica vox *mog* proxime ad *magus* accedere. Notat ea *ignis adoratorem* quales magi fuerunt... Habent Malæi vocem *mavi*, quæ a mago non multum abscedit, et sono et significatione. Apud Serammenses enim notat sacerdotem dei *marel*, quem sine imagine colere consueverunt; apud incolas insulæ Amboinæ, divinatorem. »

Brücker, dans son *Historia critica philosophiæ* (1) parle également des mages ; de leur nom de source incertaine ; de

(1) Voir plus haut, *Introduction*, p. 13.

leur origine ; de leurs fonctions sacerdotales; de leurs différents ordres ; de leur puissance.

A l'article *Perses* de l'Encyclopédie, Diderot s'exprime ainsi sur les mages :

« *Du mot mage.* Ceux qui le dérivent de l'ancien mot *mog*, qui, dans la Perse et dans la Médie, signifiait *adorateur* ou *prêtre du feu*, en ont trouvé l'étymologie la plus vraisemblable.

« *De l'origine du magianisme.* Cette doctrine était établie dans l'empire de Babylone et d'Assyrie, et chez d'autres peuples de l'Orient, longtemps avant la fondation des *Perses*. Zoroastre n'en fut que le restaurateur. Il faut en conclure de là l'extrême ancienneté.

« *Du caractère d'un mage.* Ce fut un théologien et un philosophe. Un mage naissait toujours d'un autre mage. Ce fut, dans le commencement, une seule famille peu nombreuse qui s'accrut en elle-même ; les pères se mariaient avec leurs filles ; les fils avec leurs mères ; les frères avec leurs sœurs. Epars dans les campagnes, d'abord ils n'occupèrent que quelques bourgs ; ils fondèrent ensuite des villes, et se multiplièrent au point de disputer la souveraineté aux monarques. Cette confiance dans leur nombre et leur autorité les perdit.

« *Des classes des mages.* Ils étaient divisés en trois classes : une classe infime, attachée au service des temples ; une classe supérieure, qui commandait à l'autre ; et un archimage, qui était le chef de toutes les deux. Il y avait aussi trois sortes de temples : des oratoires, où le feu était gardé dans une lampe ; des temples, où il s'entretenait sur un autel ; et une basilique, le siége de l'archimage, et le lieu où les adorateurs allaient faire leurs grandes dévotions.

« *Des devoirs des mages.* Zoroastre leur avait dit : Vous ne changerez ni le culte ni les prières. Vous ne vous emparerez point du bien d'autrui. Vous fuirez le mensonge. Vous ne laisserez entrer dans votre cœur aucun désir impur ;

dans votre esprit aucune pensée perverse. Vous craindrez toute souillure ; vous oublierez l'injuste ; vous instruirez les peuples. Vous présiderez aux mariages. Vous fréquenterez sans cesse les temples. Vous méditerez le *Zend-Avesta* ; ce sera votre loi, et vous n'en reconnaîtrez point d'autre : et que le ciel vous punisse éternellement, si vous souffrez qu'on le corrompe. Si vous êtes archimage, observez la pureté la plus rigoureuse. Purifiez-vous de la moindre faute par l'ablution. Vivez de votre travail. Recevez la dîme des peuples. Ne soyez ni ambitieux, ni vain. Exercez les œuvres de la miséricorde ; c'est le plus noble emploi que vous puissiez faire de vos richesses. N'habitez pas loin des temples, afin que vous puissiez y entrer sans être aperçu. Lavez-vous souvent. Soyez frugal. N'approchez point de votre femme les jours de solennité. Surpassez les autres dans la connaissance des sciences. Ne craignez que Dieu. Reprenez fortement les méchants : de quelque rang qu'ils soient, n'ayez aucune indulgence pour eux. Allez porter la vérité aux souverains ; sachez distinguer la vraie révélation de la fausse. Ayez toute con fiance dans la bonté divine. Attendez le jour de sa manifestation, et soyez-y toujours préparé. Gardez soigneusement le feu sacré ; et souvenez-vous de moi jusqu'à la consommation des siècles, qui se fera par le feu.

« *Des sectes des mages.* Quelque simple que soit un culte, il est sujet à des hérésies. Les hommes se divisent bien entre eux sur des choses réelles; comment s'accorderaient-ils longtemps sur des choses imaginaires? Ils sont abandonnés à leur imagination, et il n'y a aucune expérience qui puisse les réunir. Les mages admettaient deux principes, un bon et un mauvais ; l'un de la lumière, l'autre des ténèbres : étaient-ils coéternels, ou y avait-il priorité et postériorité dans leur existence ? Premier objet de discussion, première hérésie, première cause de haine, de trahison et d'anathème.

« *De la philosophie des mages.* Elle avait pour objet Dieu, l'origine du monde, la nature des choses, le bien, le mal, et la règle des devoirs. Le système de Zoroastre n'était pas l'ancien; cet homme profita des circonstances pour l'altérer, et faire croire au peuple tout ce qu'il lui plut. La distance des terres, les mensonges des Grecs, les fables des Arabes, les symboles et l'emphase des Orientaux, rendent ici la matière très-obscure. » (Édition Assézat, t. XVI, p. 260).

Dans les *Commentationes societatis regiæ* de Gœttingen, année 1778, p. 63, Meiners traite également des mages : *De Zoroastris vita, inventis et scriptis commentatio secunda*.

En fait, d'après les auteurs anciens, les mages étaient les prêtres perses ; Hérodote le dit en termes formels, lorsqu'il rapporte que sans un mage, on ne pouvait procéder chez eux au saint sacrifice : ἄνευ μάγου οὔ σφι νόμος ἐστὶ θυσίας ποιέεσθαι (livre premier, 132). Il ajoute que les mages étaient d'origine médique. Dans les inscriptions cunéiformes des Achéménides le mot en question se présente à plusieurs reprises. Darius dit dans l'inscription de Behistân : *martiya magus âha gaumâta nâma*, « il y avait un homme mage du nom de Gaumâta » ; *gaumâtam tyam magum*, « ce mage Gaumâta », etc., etc. Ammien Marcellin (liv. XXIII, 6) parlant de la magie réformée par Hystaspe, ajoute que les mages transmettent à leurs descendants leurs enseignements : « Quæ illi cum discipulis præsentiendi futura, per suam quisque progeniem posteris ætatibus tradunt. Ex eo per sæcula multa ad præsens, una eademque prosapia multitudo creata, deorum cultibus dedicatur..... Aucti paulatim in amplitudinem gentis solidæ concesserunt et nomen : villasque inhabitantes nulla murorum firmitudine communitas, et legibus suis uti permissi, religionis respectu sunt honorati. » Leur puissance devait être élevée au plus haut point avec le règne des Sassanides (Agathias, Hist. II, 25).

Il est très-vraisemblable en somme que les mages avaient réellement une origine médique. De la Médie ils s'étaient répandus sur tous les pays éraniens; c'était une sorte de tribu lévitique plus ou moins nomade, et dont les membres se fixaient là où la vie leur semblait la plus facile, là où leurs fonctions sacerdotales étaient le mieux rémunérées (1).

L'état de prêtre était-il un état fermé, ou tous les Mazdéens avaient-ils accès à la prêtrise grâce à telles et telles conditions? Cette question entraîne avec presque certitude, une réponse favorable au premier terme. La condition ecclésiastique était réservée à certaines familles, à ces familles d'origine médique dont nous venons de parler.

Actuellement il en est ainsi; seul, le fils de prêtre peut devenir prêtre, tout en pouvant choisir un autre état; mais un individu n'appartenant pas à une famille sacerdotale ne peut devenir prêtre (2). En ce qui concerne les temps anciens, nous voyons au quatorzième Yast du petit Avesta, que le texte saint, le *māthra*, ne peut être enseigné par un prêtre qu'aux gens de sa famille. Le neuvième chapitre du Vendidad parle, d'ailleurs, des cérémonies purificatoires faites par un individu qui n'a pas été régulièrement initié, et déclare que cette prétendue purification a un résultat tout contraire à celui que l'on en attendait. Les démons voient, par ce même fait, leur puissance s'accroître considérablement, et il ne reste aux Mazdéens qu'à châtier de façon sévère l'homme qui n'a pas craint d'usurper les fonctions sacerdotales.

Dans tout ce que nous avons dit jusqu'ici des sacrifices et des cérémonies religieuses des anciens Éraniens, il n'a pas été question de temples ni de représentations matérielles des divinités. On peut se rappeler ici le passage déjà cité du premier livre d'Hérodote :

« Les Perses, à ma connaissance, possèdent les institutions que voici : ils tiennent pour illégitime l'édification de statues, de temples et d'autels; ceux qui en élèvent sont à leurs yeux

(1) Sur les Mages, outre les auteurs déjà cités, voir Rapp, *Die religion und sitte der Perser und übrigen Eranier nach den griechischen und rœmischen quellen*, ZDMG. T. XIX. — Spiegel, *Leben Zarathustra's*, p. 71. *Erânische alterthumskunde*, t. III, p. 585.

(2) Dosabhoy Framjee, *The Parsees: their history, manners, customs and religion*, p. 277.

des insensés ; ils estiment en effet, me semble-t-il, ainsi que les Grecs, que les dieux n'ont pas une nature et une forme telles que celles des hommes. Ils ont coutume de sacrifier à Zeus sur le haut des montagnes », etc., etc.

Hérodote, dans ce fragment, trace un tableau très-exact de la croyance et des conceptions des premiers Éraniens. Aux livres VI-9, V-102, VIII-109, VII-8, nous trouvons des témoignages non douteux du zèle qu'ont apporté les Perses dans la destruction des temples et images sacrées de leurs ennemis (1).

Nulle part, dans l'Avesta, il n'est question de temples. Nous lisons seulement que le feu doit être placé dans un endroit convenable : *dâitya gâtu* (nominat. *dâityô gâtus*), dans un endroit « légitime, légal », *dâitya-*, cf. *dâta-*, loi, règle établie. Cependant, dans les inscriptions cunéiformes de Darius, il est parlé de certains édifices qu'il faut bien considérer au moins comme des autels : *adam akunavam âyadanâ tyâ gaumâta hya magus viyaka*, « Je refis les lieux de prières qu'avait détruits le mage Gaumâta ». Mais si le mage Gaumâta avait ruiné les lieux dont il s'agit, c'est qu'ils n'avaient rien de commun avec la religion des mages.

En tous cas, l'usage s'établit par la suite, chez les Mazdéens, d'élever certains abris — peu importants, à la vérité, — pour le culte du feu. Nous lisons dans la huitième Dissertation de Reland, sous le mot *Atergatis* : « Τόπον θεοῦ vel θεῶν, locum dei vel deorum persice notat, uti Simplicius, *Comm. ad*

(1) Nous lisons dans Polybe qu'Alexandre épargna les lieux sacrés des Perses, bien que ceux-ci eussent fait en Grèce tout le contraire : τῶν δὲ τοῖς θεοῖς κατεπιπεφημισμένων πάντων ἀπέσχετο · καίπερ τῶν Περσῶν μάλιστα περὶ τοῦτο τὸ μέρος ἐξαμαρτόντων ἐν τοῖς κατὰ τὴν Ἑλλάδα τόποις (V, 10). — Maxime de Tyr les accuse également d'une façon très formelle : *Dissert.* VIII, 4, *in fine*. — Dans Diodore de Sicile, nous lisons que Xerxès envoya des troupes à Delphes pour incendier le temple d'Apollon : καὶ προσέταξεν εἰς Δελφοὺς ἰέναι, καὶ τὸ μὲν τέμενος τοῦ Ἀπόλλωνος ἐμπρῆσαι, τὰ δὲ ἀναθήματα συλῆσαι, « il leur manda de se rendre à Delphes, d'incendier le temple d'Apollon et de s'emparer de ses richesses » (XI, 14).

lib. IV. *Aristotelis*, περὶ φυς. ἀκροαμ. qui ipse in Perside fuerat observavit. Recte : nam *dar*, quod Chaldæi *atr* efferunt *locus* est, et *choda*, *deus*. Præstantissimus Athenæi interpres Casaubonus *lib.* VIII. *cap.* 8. scribit certum esse, nomen Atergatis corruptum esse ex Astarta. Dictam eamdem 'Αθάραν, et a Ctesia Δερκετὼ Strabo in fine *lib.* XVI. tradit. Vide de illa Seldenum, de dis syris. »

Bayle, à l'article *Abdas*, écrit ce qui suit : « Évêque dans la Perse, au temps de Théodose le Jeune, fut cause, par son zèle inconsidéré, d'une très-horrible persécution, qui s'éléva contre les Chrétiens. Ils jouissoient dans la Perse d'une pleine liberté de conscience, lors que cet Évêque s'émancipa de renverser un des Temples où l'on adoroit le Feu. Les Mages s'en plaignirent d'abord au Roi, qui fit venir Abdas ; et, après l'avoir censuré fort doucement, lui ordonna de faire rebâtir ce Temple. Abdas n'en voulut rien faire, quoique le Prince lui eût déclaré, qu'en cas de désobéïssance, il feroit démolir toutes les Églises des Chrétiens. Il exécuta cette menace et abandonna les Fideles à la merci de son Clergé ; qui n'aiant vu qu'avec douleur la Tolérance qu'on leur avoit accordée, se déchaîna contre eux avec beaucoup de furie. »

En huzvârèche, ce lieu particulier où l'on pratique le culte du feu, reçoit le nom d'*âtaṣ gâh* ; de nos jours, ce lieu sacré est appelé par les Parses la maison du Yaçna ou la porte de Mithra (*der i Mihr*). Hyde, dans son ouvrage déjà cité, parle avec quelques détails des *pyrées* des Parses (p. 354). Anquetil Duperron en a donné une description.

Comme le dit fort bien Rhode (1), c'est la nécessité de préserver le feu contre les intempéries qui a amené chez les Éraniens l'usage de ces constructions primitivement inconnues : « Die nothwendigkeit, das auf anhœben und im freien brennende feuer gegen regen und sturm zu schützen, musste schon frühzeitig die gewohnheit herbei führen, ein obdach

(1) *Die heilige sage*, etc., p. 471.

darüber zu bauen, und diese gebæude, die *Ateschgahs*, etwa eben so einzurichten, wie sie nach Anquetil du Perrons beschreibung noch jetzt sind. Aber auch diese bedienen den namen der tempel, im sinne der Griechen, gar nicht; und die wichtigsten religiœsen gebræuche der Parsen, wie reinigungen und dergleichen, werden noch jetzt, wie zu Zoroasters zeiten unten freiem himmel vorgenommen. »

Il nous reste à parler ici de ces prières spéciales dont la récitation est prescrite à chaque instant dans la liturgie mazdéenne et auxquelles nous avons fait souvent allusion.

La plus importante de toutes est incontestablement « l'honover », l'*ahuna vairya*, dont voici le texte zend : *yathâ ahû vairyô athâ ratus aṣâṭćîṭ hâćâ vañhèus dazdâ manañhô skyaothnanãm añhèus mazdâi khṣathremćâ ahurâi â yim dregubyô dadaṭ vâçtârem.*

Version sanskrite de Nériosengh : *yathâ svâminah kâmah* [*kila yathâ ahurmijdâbhitâṣah*] *èvam âdêçyah punyât yasmât kasmâććit* [*kila yat gâryam punyam tasya tathâ âdêçah kartum yathâ hormijdasya rôćatê nânyathâ kim viçiṣṭât pun yâṭ*] *uttamasya dâtê manasah karmanâm antar bhuvanê ahurmijdasya* [*kila tam punyam prasâdam uttamam manah iti gvahmanah amiçâspintô dadâti têbhyô yê atis tasmin karmani svâmitvê ća yat ahurmijdasya rôćatê*] *râjamća ahuramajdât tasya* [*kila têna ahurmijdasya tanôr râjâ krtô bhavati*] *yah durbalêbhyô dadâti pâlanam* [*kila durbalânâm sâhâyyam pâlanâm karôti*].

Version d'Anquetil Duperron : « C'est le désir d'Ormuzd que le chef (de la loi) fasse des œuvres saintes et pures. Bahman donne (l'abondance) à celui qui agit saintement dans le monde. Vous établissez roi, ô Ormuzd, celui qui soulage et nourrit le pauvre. »

Version de M. Oppert : « Comme le verbe de la Volonté suprême, ainsi l'émanation n'existe que parce qu'elle procède d'une vérité quelconque. La création de ce qui est bon dans la pensée ou dans l'action appartient dans le monde à Mazda, et le règne est à Ahura, que le verbe a constitué le destructeur des méchants (1). »

Version de M. Roth : « Wie es eine bessere welt gibt, so auch ein haupt derselben : — den gesetzgeber eines frommen wandels. — Auch über diese welt hat Ahura Mazdâ die herrschaft, — und hat in sie den hilfsbedürftigen einen hirten gesetzt (2). »

Version de M. Haug : « Wie ein unsichtbares haupt zu wæhlen ist, so auch ein sichtbares geistliches oberhaupt zur fœrderung der frœmmigkeit. (Dieses ist) der geber des guten geistes, der werke des lebens für Mazda. Die herrschaft hat der lebensherr, welchen er (Mazda) den armen als beschützer gegeben hat » (3).

Version de M. Spiegel : « Wie es des herren wille ist, also (ist er) der gebieter aus der reinheit. Von Vohu-mano gaben (wird man empfangen) für die werke (die) in der welt fur Mazda (man thut). Und das reich dem Ahura (giebt man) wenn man den armen schutz verleiht (4). »

Version de M. Justi : « Wie es der herr willens ist, so (ist er) der meister aus reinheit (wegen seiner reinheit) ; des Vohumanô gaben (sind) für die dem Mazda in der welt (vollzognen guten) werke, und das reich (ist) dem Ormazd, welches er den armen als schultz giebt (5). »

Version de M. Kossowicz : « Sicut dominus absolutus [omnipotens], ita moderator [ille est] universa-sanctitate ex [ex sanctitate, dei omnipotentia minime sanctitatem ejus, i. e. innocentiam, clementiam, justitiam, excludit], benignae dator [auctor] mentis actionibus mundi [sanctus nempe est deus, quum omnia quae peragantur bona in mundo, apud illum fontem suam capiunt]. Masdae potestasque Ahurae est quod

(1) *L'honover, le verbe créateur de Zoroastre.*
(2) ZDMG. t. XXV, p 20.
(3) Académie de Munich. *Sitzungsber.* 1872, p 119.
(4) *Trad. de l'Avesta*, t. III, p. 3. *Comment.* t. II, p. 467.
(5) *Handbuch der Zendsprache*, p. 258.

miseris dedit [effecit] praesidium [quam potestatem miseris effecit hoc, quod eis est praesidium = in qua potestate miseri praesidium habent (1). »

Version de M. de Harlez : « De même qu'il existe un maître suprême, parfait, ainsi il est un maître de la loi (établie) pour maintenir et propager la sainteté (2), régulateur des bonnes pensées et des actions resortissant de l'ordre des choses (qui se réfère) à Mazdâ. La puissance souveraine appartient à Ahura ; il a constitué le maître de la loi protecteur (pasteur) des faibles » T. II, p. 91.

La diversité de toutes ces traductions dit assez combien le morceau est difficile. Nous nous contentons de rapporter ces différentes versions, sans donner le résultat peu satisfaisant de nos propres recherches. Nous avons à rappeler toutefois, qu'il existe dans le Yaçna un véritable commentaire de la prière *ahuna vairya*. C'est le chapitre dix-neuvième. Zoroastre demande à Ormuzd quelle est la parole que celui-ci lui a dite et qui existait avant la création. Ormuzd répond : C'est l'*ahuna vairya*, qui, récité tel qu'il doit l'être, a la valeur de cent autres cantiques. L'*ahuna vairya* bien récité amène au séjour des bienheureux. C'est la parole que j'ai prononcée avant la création du monde corporel. — Celui qui dit cette prière proclame la souveraineté d'Ormuzd.

Plus haut, p. 375, nous avons donné le texte et la traduction de la seconde des prières principales, l'*aṣem vohû* : « La bonne pureté est le bien suprême ; salut à celui qui est le plus pur en pureté ». Nous avons donné une version sommaire du fragment conservé du vingt-unième Nosk, et qui lui est consacré. Ajoutons que le vingtième chapitre du Yaçna est un commentaire de cette courte, mais puissante oraison.

La troisième prière est la prière *yêṅhê hâtãm*, ainsi nom-

(1) *Sarat'ustricœ gât'œ posteriores tres.*
(2) Ou bien : en vertu de la loi de pureté.

mée des premiers mots qui la composent : *yêṅhê hâtãm âaṭ yêçnê paitî vaṅhô mazdȧ ahurô vaêthâ aṣâṭ haćâ yȧṅhãmćâ tâççâ tȧççâ yazamaidê.* C'est-à-dire, en termes généraux : Nous honorons ceux et celles à qui Ahura mazdâ a révélé. La version littérale de ce morceau est des plus difficiles (1). En tous cas, par les êtres dont il est question on entend les Ameṣas çpentas. C'est ce que dit le vingt-unième chapitre du Yaçna qui est un court commentaire de cette prière.

Ces trois oraisons qui jouent un rôle important dans la cérémonie du sacrifice, occupent une place non moins importante dans la vie courante du Mazdéen pratiquant, qui est appelé à les réciter souvent, bien que sans les comprendre (2).

(1) D'après M. Justi : « welchem (mænnlichen wesen) unter den lebenden nun Ormazd das aus reinheit beste im opfer lehrte, und welchen (weiblichen wesen er lehrte), diese preisen wir ». *Handbuch*, p. 517.

(2) « Et quotidie in *manus lavando* et *cingulum induendo* sunt preces peculiares et ceremoniæ solennes, uti fere in omnibus suis rebus habent Persæ veteres ». Hyde, *Op. cit.*, p. 140.

CHAPITRE III

Les cérémonies en usage lors de la naissance, lors du passage à l'adolescence, lors du mariage, lors des funérailles.

Les renseignements que nous pouvons donner sur ces différents sujets sont d'importance fort inégale. Les plus précis et les plus intéressants concernent les funérailles.

§ 1er. — *La naissance.*

Au sujet de la naissance, nous ne trouvons dans l'Avesta qu'une seule prescription ; c'est, au chapitre seizième du Vendidad, le commandement de procéder au lavage de l'enfant. Il est évident, en tous cas, qu'il ne s'agit point seulement ici d'une opération de propreté et d'hygiène, mais encore d'une véritable purification, car le texte dit qu'il faut commencer par laver les mains de l'enfant ; en second lieu on lave le reste du corps :

yézi aperenâyûkô phrâṣnavâṭ zaçta 'hê paoirîm phraçnâdhayen | aêtahê yaṭ aperenâyûkahê havayâoçe tanvô.

Lorsque naît un enfant, qu'on lui lave d'abord les mains, puis [qu'on lave] le corps même de cet enfant.

Ajoutez que cette prescription est signalée au milieu d'un texte qui ne s'occupe que de purifications et de procédés purificatoires. La tradition du moyen âge considère bien, d'ailleurs, l'enfant comme ayant été souillé par le séjour qu'il a fait dans le sein de sa mère, et elle indique en termes formels un certain nombre d'actes de purification (*Sad-der*, XXVI).

Les voyageurs du dix-huitième siècle ont laissé quelques lignes sur les usages pratiqués par les Parses modernes, à la naissance d'un de leurs enfants.

Nous lisons, par exemple, dans Chinon: « Ils n'ont pas l'usage de la circoncision comme les mahométans, mais ils pratiquent quelque chose de semblable au baptême, parce qu'ils lavent l'enfant quelques jours après sa naissance, dans de l'eau où ils ont fait bouillir quelques fleurs; et durant qu'on le lave, leur prêtre, qui est présent, a coutume de faire quelques prières. Quand l'enfant meurt sans cette sorte d'ablution, il ne laisse pas, selon eux, d'aller en paradis avec les autres, ne reconnaissant point de péché originel; mais seulement ils disent que les parents rendront compte de cette négligence en cette cérémonie, qui est de profit pour l'enfant, et augmente son mérite et sa grâce devant Dieu ». *Relations nouvelles du Levant* (Lyon, 1671), p. 444.

Tavernier a purement et simplement copié ce passage : « Les Gaures, dit-il, n'ont point l'usage de la circoncision; mais à la naissance de leurs enfans ils pratiquent quelque chose d'approchant de nostre baptesme. Quelques jours aprés que l'enfant est né, ils le lavent dans l'eau où ils ont fait boüillir quelques fleurs, et durant ce lavement leur prestre qui y est present fait quelques prieres. Si l'enfant meurt sans ce lavement, il ne laisse pas d'aller en paradis; mais les parens ont à rendre conte de leur negligence envers l'enfant parce que le lavement augmente son merite et sa grace devant Dieu ». *Six voyàges en Turquie, en Perse et aux Indes* (Paris 1676-77), t. I, p. 436.

Corneille le Bruin donne d'autres renseignements : « Le troisième jour après qu'un enfant est venu au monde, ils envoient chercher un prêtre, lequel lui verse de l'eau benite dans la bouche, et dans celle de la mere. On lui donne en même tems le nom d'un de ses prédécesseurs, puis on implore l'assistance du Dieu, qui a créé le ciel et la terre, et on le prie d'accorder à cet enfant une longue vie, et toutes les choses necessaires pour son entretien ». *Voyages par la Moscovie en Perse et aux Indes Orientales* (Amsterdam, 1718), t. II, p. 388.

Hyde s'exprime ainsi : « Pro infantibus non utuntur *Circumcisione*, sed tantum *Baptismo*. seu *Lotione*, ad Animæ Purificationem internam. Infantem ad sacerdotem in Ecclesiam adductum sistunt coram Sole et Igne ; quâ factâ Cerimoniâ, eundem sanctiorem existimant. D. *Lord* dicit, quod Aquam ad hoc afferunt in Cortice arboris *Holm* : ea autem Arbor reverà est *Haum Magorum*, cujus mentionem aliâ occasione supra fecimus. Alias, aliquando fit immergendo in magnum Vas Aquæ, ut dicit *Tavernier*. Post talem Lotionem, seu Baptismum, Sacerdos imponit Nomen à Parentibus inditum *op. cit.*, p. 414. »

Anquetil dit à ce sujet : « Lorsque l'enfant est né, la mère envoie chercher du *parahom* chez un mobed, y trempe un peu de coton, le presse dans la bouche de l'enfant et lui donne ensuite du lait. Il faut le laver après cela trois fois avec de l'urine de bœuf et une fois avec de l'eau parce qu'il est impur. Avant cette cérémonie celui qui le toucherait serait obligé de se purifier. Si on ne le lave pas, ce sont les parents qui portent le péché et non l'enfant, t. III, p. 551. »

§ 2. — *L'adolescence.*

Dans le passage que nous avons eu plusieurs fois à citer du premier livre de ses *Histoires*, Hérodote rapporte que chez les Perses « l'instruction des enfants commence dès la cinquième année et dure jusqu'à la vingtième ; on ne leur apprend que ces trois choses : monter à cheval, se servir de l'arc, dire la vérité. Avant sa cinquième année, l'enfant ne paraît pas devant son père, mais vit avec les femmes : la raison en est que le père, ne ressente pas de douleur si son fils vient à mourir dans le cours de cette éducation. »

Dans des livres éraniens récents, nous voyons que le premier âge, celui de l'inconscience, s'étend jusqu'à la septième année (1), que jusqu'à cet âge les fautes que l'enfant commet passent au compte de ses parents mais que ceux-ci lui doivent enseigner, dès l'âge de cinq ans, la distinction du bien et du mal.

Brisson dit à ce sujet dans son écrit déjà cité plus d'une fois : « Pueritiam autem usque ad decimum et septimum annum Persæ porrigebant : adolescentiam vero a decimo septimo anno usque ad vigesimum et septimum impletum : inde usque ad quinquagesimum annum virilem ætatem : quam deinceps excipiebat senectus, p. 407. » Hyde : « Pueri et puellæ post 15 annorum ætatem cingulum religionis tesseram induere incipiunt, et divina præcepta eis instillantur : et adultiores qui bonis moribus et literis imbuti, Zerdushti libros legere et intelligere docentur a sacerdotibus hanc operam suscipientibus; *op. cit.*, p. 353. »

La cinquantième des « cent portes » (*Sad-der*, publ. par Hyde) porte à 15 ans l'âge de pleine raison : « Quando aliquis xv annos natus fuerit, præceptum est ut cingulum induat. Sic enim dixit Destur beatissimus, a novem mensibus quibus in matris ventre fuit, debet computum suum accipere, cum secundum hujus religionis præceptum induturus est cingulum. Ad xv ergo annos cingulum induant tam viri quam feminæ, nam sic est dictum veterum, cum vir aut femina sit xv annorum et medium cingulo non accinxerit, nemo ei det vel aquam vel panem. »

Il s'agit ici du *kosti*, de la ceinture mazdéenne (2). Man-

(1) Cf. Kleuker, *Anhang z. Zend-Av.*, II, trois. part., 19.

(2) Outre les auteurs cités ci-contre, on peut consulter sur le vêtement des Parses, Brisson, *op. cit*, p. 539; Lord, *The religion of the Parsees*, p. 199; Beausobre, *Histoire critique de Manichée et du Manichéisme*, t. I, p. 198; Chardin, t. III, pl. 58, 59, etc.

delslo dit à ce sujet, en parlant des Parsis : « On les distingue par un cordon de laine, ou de poil de chameau, dont ils se font une ceinture, qui fait deux fois le tour du corps, et qui se nouë en deux nœuds sur le dos ; c'est la seule marque de leur religion, et elle est tellement inséparable de leur profession, que si par malheur elle se perd, celui qui est assès malheureux pour l'avoir égarée, ne peut ni manger, ni boire, ni parler, ni même bouger de la place où il se trouve, qu'on ne lui en ait apporté une autre de chès le Prêtre, qui les vend. Les femmes en portent aussi-bien que les hommes, depuis l'âge de douze ans, auquel on les croid capables de comprendre les mysteres de la religion ». *Op. cit.*, p. 183.

Et Anquetil : « Le *kosti* est double et d'un seul tissu. On le fait pour l'ordinaire de laine, ou de poil de chameau... Le *kosti* doit être composé de soixante-douze fils et faire deux fois au moins le tour du corps. La largeur de cette ceinture dépend de la grosseur des fils. On voit dans le Kirman des *kostis* brodés et qui ont plusieurs doigts de large. Celui dont se servent les Parses de l'Inde est fort étroit ; il n'a que deux lignes de large, sur neuf pieds huit pouces de long ». T. III, p 530.

« A 7 ans dans le Guzarate, dit Lajard, à dix ans dans le Kirman, l'enfant, qu'il soit du sexe masculin ou du sexe féminin, doit ceindre le *kosti*..... Mais cette cérémonie se diffère souvent jusqu'à quinze ans. »

En zend, le nom du « kosti » est *aiwyǣṅhana* (accusat. *aiwyǣṅhanem*). Le kosti, une fois ceint, ne peut plus être quitté par le Mazdéen, homme ou femme, que durant le temps de son sommeil. Le cent-quinzième verset du Vendidad démontre sans conteste que c'est à l'âge de quinze ans que la ceinture mazdéenne devait être prise, non point, comme aujourd'hui, à dix ou même à sept ans. C'est ce que confirme à peu près, d'ailleurs, ce passage du premier livre de la *Cyropédie* de Xénophon : μέχρι μὲν δὴ ἓξ ἢ ἑπτακαίδεκα ἐτῶν ἀπὸ γενεᾶς οἱ παῖδες ταῦτα πράττουσιν, ἐκ τούτου δὲ εἰς τοὺς ἐφήβους ἐξέρχονται, et quidem ad sextum septimumve ac decimum ætatis annum hæc agunt pueri : ex eo autem tempore ad ephebos abeunt (Édit. Didot, p. 4). D'après les renseignements de Xénophon, l'enfance prend donc fin à seize ou dix-sept ans ; de cet âge jusqu'à la vingt-cinquième année l'individu est « éphèbe ». A cet âge on devient homme fait : ἐξέρχονται εἰς τοὺς τελείους ἄνδρας ; puis, la cinquantième année accomplie, on entre dans la quatrième période.

§ 3. — *Le mariage.*

Si notre plan comprenait, outre l'étude des textes et des institutions de l'Avesta, l'étude des coutumes parses du moyen âge et des temps modernes, nous aurions beaucoup à dire sur ce sujet du mariage mazdéen. Les cérémonies matrimoniales du parsisme actuel sont nombreuses et intéressantes. Mais nous n'avons pas à les examiner ; en le faisant, nous sortirions de notre sujet : l'étude des institutions mazdéennes telles qu'elles se présentent dans les livres de l'Avesta que nous possédons.

Or, si nous nous en tenons aux seuls textes zends, nous ne possédons qu'un très-petit nombre de renseignements sur le mariage des sectateurs de Zoroastre.

Nous allons voir, d'ailleurs, que ces renseignements sont confirmés de tous points par les relations des auteurs grecs de l'antiquité.

Ce qui frappe tout d'abord dans les institutions de la famille mazdéenne, c'est le grand honneur qui est attaché au fait même du mariage. C'est un point qu'il n'est pas hors de propos de relever, car d'autres religions n'ont pas hésité, à l'encontre du mazdéisme, à donner très-formellement le pas au célibat sur le mariage (1).

(1) *Evang.* Matth., XXII, 30; Paul, I *Corinth.* 7; Cyprien, *De hab. virgin.*;

Or, au chapitre quatrième du Vendidad (versets 130 et ss.) Ormuzd dit nettement à Zoroastre que l'homme marié est préférable à celui qui ne l'est point. Ce passage offre certaines difficultés de détail, mais il n'y a pas lieu de se méprendre sur le sens général ; il donne, d'une façon tout-à-fait explicite, la préférence à l'homme marié sur le célibataire ; à celui qui est à la tête d'une maison sur celui qui ne se trouve pas dans cette condition ; au père de famille sur l'homme qui n'a pas d'enfants.

La jeune fille mazdéenne n'est donc pas élevée dans l'idée qu'un célibat perpétuel peut lui constituer un titre de vertu. Nous voyons, tout au contraire, qu'elle supplie les dieux de lui accorder un mari. Elle le demande, d'ailleurs, pourvu de toutes les qualités. C'est au dieu de l'air qu'elle s'adresse, à Râma qâçtra. « Donne-nous, lui dit-elle, donne-nous, ô air, toi qui exerces ta puissance sur les hauteurs, de pouvoir obtenir un chef de maison, un jeune homme au corps distingué, qui nous puisse nourrir aussi longtemps que nous vivrons, qui nous crée une postérité » (Version de M. Spiegel t. III, p. 156).

Et parmi toutes les louanges du Haoma, du parfait, du beau, du glorieux Haoma ; du Haoma qui donne la santé, de longs jours, puis le paradis ; qui donne aux femmes une progéniture, une des plus hautes est celle-ci, qu'il procure aux filles un mari :

haomô tãoçcit yão kainînô ãoñhare dareghem aghravô haithîm râdhemća bakhṣaiti « Haoma dote d'un époux les filles qui sont longtemps restées non-mariées. »

C'est ce que dit le soixante-quatorzième verset du neuvième chapitre du Yaçna.

On conçoit dès lors que l'acte de marier un Mazdéen ait été rangé au nombre des bonnes œuvres. Et de fait, au chapitre

Jerôme, *contra Jovin.* I ; Augustin, *De bono conjug.* IX, X, Consultez Bouteville, *La morale de l'Église et la morale naturelle*, p. 230 ss.

quatorzième du Vendidad, entre toutes les œuvres de rédemption imposées au Mazdéen qui veut se racheter d'avoir donné la mort à un *udra* (1), se trouve, au verset soixante-quatorzième, la recommandation expresse de marier une jeune fille à un homme pur :

kanyãm açkendãm anupayatãm narebyô aṣavabyô aṣaya vañuhya urunê ćithîm niçrinuyâṭ, « Qu'il procure avec pureté, avec bonté, pour rachat de son âme, à des hommes purs une fille saine, vierge. »

Et si cette œuvre est un acte de vertu, il va de soi que l'acte contraire est essentiellement coupable. C'est ce que dit le verset 59e du XVIIe Yast ; si ce verset, d'ailleurs assez obscur, doit être entendu en ce sens qu'une des plus mauvaises actions est d'empêcher une fille, qui est restée longtemps non-mariée, de prendre un époux. Mais le passage, répétons-le, n'est point parfaitement clair, et M. Justi lui donne un autre sens dans son Dictionnaire, page 125. Il n'est pas sans intérêt de rapporter ici ce que dit Anquetil, à ce sujet, dans le troisième volume de son ouvrage, bien que ses paroles s'appliquent aux Parsis modernes : « Rien n'est pour le Parse d'une obligation plus étroite que le mariage », page 556 ; et plus loin, à la page suivante : « Lorsqu'une fille est en âge, elle peut se présenter à son père ou à son frère, enfin à celui qui a soin d'elle, et lui demander à être mariée. Si ses parents n'ont pas égard à sa demande, ils se rendent coupables du plus grand crime. Mais si c'est elle qui refuse d'être mariée, qu'elle persiste dans cette résolution jusqu'à dix-huit ans, et meure vierge, quelques bonnes œuvres qu'elle ait faites d'ailleurs, elle restera en enfer jusqu'à la résurrection. »

Le XIVe chapitre du Vendidad nous apprend, d'autre part, que la jeune fille à marier doit être âgée de quinze ans, *panćadaçîm çaredhem* ; le texte est formel. En tout cas, cette li-

(1) Le castor ? La loutre ?

mite a été abaissée depuis l'antiquité. Voici, en effet, ce que nous lisons à ce sujet dans Anquetil :

« Au Kirman les fiançailles se font quand la fille a neuf ans ; mais elle ne peut être mariée avant douze ans, ni livrée à son mari avant treize, à moins qu'elle n'ait ses règles ; les parents qui avanceraient ce terme se rendraient coupables du *tanafour*. A treize ans, que la fille ait ses règles ou ne les ait pas, dans l'Inde, il lui est permis de demeurer avec son mari. » Tome III, page 557.

Le même passage de l'Avesta (chap. XIV, verset 66) dit non moins expressément que l'époux donné à la jeune fille doit être un Mazdéen : *narebyô aṣavabyô nâirithwana upa vâḏhayaêta*, Qu'il [la] marie à des hommes purs ! L'homme pur n'est autre que le bon Mazdéen.

Nous arrivons à parler du mariage entre consanguins qui chez les Perses, ainsi qu'on le sait par les auteurs anciens, était admis. L'union entre proches parents n'était pas seulement licite, elle était recommandée par l'Avesta en termes formels. Ces sortes de mariages ont été admis aussi bien par les populations les plus civilisées, que par celles qui occupent les derniers degrés de l'échelle humaine : anciens Égyptiens (1), Incas péruviens (2), Veddas de Ceylan (3) ; et de même, ils ont été repoussés, aussi bien par des peuples appartenant aux races inférieures, comme les Australiens, que par des peuples qui sont placés tout à fait à la tête de la civilisation.

Les témoignages des auteurs de l'antiquité en faveur du mariage entre consanguins chez les Perses, sont nombreux. Au livre troisième d'Hérodote nous voyons Cambyse épouser successivement deux de ses sœurs. On connaît ces vers de Catulle :

(1) Ebers. *Von Gosen zum Sinai*, p. 82.
(2) Garcilasso. *Commentarios reales*, t. I, l. IV, chap. 9.
(3) Tylor. *La civilisation primitive*, t. I, p. 58.

Nascatur magus ex Gelli matrisque nefando
Conjugio, et discat persicum haruspicium.
Nam magus ex matre et gnato gignatur oportet,
Si vera est Persarum impia relligio.

Strabon, dans son XVe livre, parle également de l'union du fils et de la mère : τούτοις δὲ καὶ μητράσι συνέρχεσθαι νενόμισται, hi cum matribus instituto maiorum coeunt (Edit. Casaubon, 1587, p. 505).

Philon dit aussi, en termes formels, que les Perses de haut rang se mariaient avec leurs mères : « La mesme loi reprouuant et haïssant la coutume des Perses, l'a defenduë, comme la plus meschante du monde : car en ce païs-là les grands seigneurs prennent en mariage leurs meres, et reputent les enfans qui en sont issus fort nobles, auec ce les honnorent (comme on dit) de la roiauté. Se peut-il trouuer une meschanceté plus grande, que de souiller le lict de son feu pere, lequel il falloit garder, comme sacré, sans y toucher aucunement ? Ne porter point de reuerence à sa mere, laquelle est demeurée vefue ? Qu'vne mesme personne soit mere et femme ? Que les enfans des deux soient freres du pere, et petit fils de la mere ? Que celle qui les a enfantez soit mere et aieule, et celui les a engendrez soit pere et frere vterin ? » *Les oeuvres de Philon ivif, avthevr tres-eloqvent et philosophe tres-grave, mises de grec en françois* par Pierre Bellier, page 231 ; Paris, 1575 (Traité *Des loix particulieres*).

Dans la vie d'Artaxerxès par Plutarque nous lisons le passage suivant qui n'est pas moins significatif : « Si s'apperceut qu'il (Artaxerxes) estoit desespereement amoureux de l'une de ses propres filles qui s'appelloit Atossa, mais qu'il dissimuloit son affection le mieux qu'il pouvoit, et la desguisoit pour le regard d'elle principalement, combien qu'aucuns veuillent qu'il l'avoit jà despucelée. Incontinent que Parysatis eut descouvert ceste amour, elle commencea à faire beaucoup meilleure chere et plus de caresses à la fille que paravant, et en parlant à son pere, luy louoit tantost sa beaulté, tantost sa bonne grace et son doulx maintien, disant qu'elle sentoit sa royne et sa grande princesse : de maniere que peu à peu elle luy persuada à la fin de l'espouser publiquement, sans autrement s'arrester aux loix et aux opinions des Grecs, attendu que Dieu l'avoit donné aux Perses pour leur establir loy, et leur definir ce qui est juste, ou injuste, honeste, ou deshoneste ». Traduction d'Amyot, édition de 1818 : tome VIII, page 461.

Lucien, dans son livre sur les sacrifices (ΠΕΡΙ ΘΥΣΙΩΝ 5) dit très-expressément que l'union d'un frère et d'une sœur était légale chez les Perses : ἔγημε δὲ ... τὴν ἀδελφὴν κατὰ τοὺς Περσῶν νόμους. Athénée, parlant des mœurs dissolues d'Alcibiade, fait allusion à la coutume qu'avaient les Perses de s'unir à leur mère, à leurs filles, à leurs sœurs : συνεῖναι γὰρ φησιν αὐτὸν καὶ μητρὶ καὶ θυγατρὶ καὶ ἀδελφῇ ὡς Πέρσας « cum matre, filia, sorore, more Persarum » (L. v, c. 20 ; voyez Bayle, Diction. hist. et crit., article *Cimon* note D). Clément d'Alexandrie est aussi formel : Postquam ad pubertatem pervenerint, cum sororibus et matribus... coeunt, ἡβήσαντες δὲ ἀδελφαῖς καὶ μητράσι ... Pædag. l. I c. VII (opera e græco in latinum conversa a G. Herveto ; Paris, 1590, p. 144). Tertullien dit que Ctésias parlait de l'union du fils et de la mère, commune chez les Perses : Persas cum suis matribus misceri refert Ctesais. » Dans la Préface de Diogène Laërce nous trouvons ce passage au sujet des mages : καὶ ὅσιον νομίζειν μητρὶ ἢ θυγατρὶ μίγνυσθαι, ὡς ἐν τῷ εἰκοστῷ τρίτῳ φησὶν ὁ Σωτίων « justum matri ac filiæ misceri, ut in vicesimo tertio libro ait Sotion » ; et dans la vie de Pyrrhon du même auteur : καὶ ἄλλοις μὲν ἀγαθὸν, ἄλλοις δὲ κακόν. Πέρσαι μὲν γὰρ οὐκ ἄτοπον ἡγοῦνται θυγατρὶ μίγνυσθαι « idemque aliis bonum, aliis malum putatur. Nam Persis quidem filiabus misceri nefas non est » L. IX c. XI, 83. L'empereur Julien relate dans son ἐγκώμιον la coutume persane de l'union entre frère et sœur : ... νόμος δὲ ἐδίδου γαμεῖν ἀδελφὴν τῷ Πέρσῃ (I, page 11 de l'édition Teubner). S. Jérôme dit dans son écrit contre Jovinien : Persæ... cum matribus et aviis, cum filiabus et neptibus copulantur (Adversus Jovinianum, l. II). Agathias dit dans son second livre : οὐ μόνον ἀδελφαῖς τε καὶ ἀδελφιδαῖς ἀνέδην μιγνύμενοι, ἀλλὰ πατέρες τε θυγατράσι καὶ τὸ δὴ πάντων ἀνοσιώτερον (ὦ νόμοι γε καὶ φύσις) υἱοὶ τεκούσαις ; non solum cum sororibus et neptibus rem habentes, sed patres cum filiabus, et quod omnium est scelestissimum (o leges, o natura) filii cum matribus (1).

Ces citations dont il nous serait facile d'augmenter le nombre ont été confirmées par l'intelligence du texte même de l'Avesta.

Au livre du Vispered nous voyons l'officiant, après avoir appelé au sacrifice ses différents acolytes, les prêtres, les guerriers, les agriculteurs, les chefs de famille et de bourgade, convoquer celui qui s'est marié à l'une de ses parentes : *yavânem humanañhem huvacañhem huskyaothnem hudaênem âçtâya yavânem ukhdhô vacañhem âçtâya qaêtvadathem âçtâya :* juvenem bene sentientem, bene dicentem, bene agentem, legi addictum arcesso ; juvenem verba [h. c. preces] recitantem arcesso ; cum sanguinea junctum arcesso (Chap. II, vers. 18). Au XIIIe chapitre du Yaçna, dans les trois derniers versets, le Mazdéen, après avoir confessé sa foi en Ormuzd, après avoir maudit les démons, après s'être proclamé mazdéen et adepte de Zororastre, termine ainsi la série de ses protestations : *âçtuyê humatem manô âçtuyê hûkhtem vacô âçtuyê varestem skyaothnem âçtuyê daênãm mâzdayaç-*

(1) Voir le Ctésias de l'édition Didot, p. 60. Cf. Xanthi fragm., 28. Théodoret. *De Græc. affect cur.*, p. 614. Euseb. P. E., VI, p. 275 : παρὰ Πέρσαις νόμος ἦν γαμεῖν τὰς θυγατέρας καὶ τὰς μητέρας, καὶ οὐ μόνον ἐν τῇ χώρᾳ ἐκείνῃ καὶ ἐν ἐκείνῳ τῷ κλίματι τούτους τοὺς ἀνοσίους γάμους οἱ Πέρσαι ἐποίησαν, ἀλλὰ καὶ ὅσοι αὐτῶν τῆς Περσίδος ἐξεδήμησαν, κ. τ. λ. On lit dans Agathias (traduct. de Cousin, t. II, p. 579) : « Ce sont eux qui ont corrompu l'honnêteté des mariages, quand ils ont permis que les freres ayent épousé leurs sœurs, que les oncles ayent pris leurs nieces pour femmes, que les peres soient devenus les maris de leurs filles : et ce qui est plus digne d'execration, ô sentiments de la nature où êtes-vous ? quand ils ont souffert que des fils se soient mariez avec leurs meres. » Cf. Brisson, *op. cit.*, p. 493.

nîm phraçpâyaokhedhrãm nidhâçnaithiṣem | *çaêtvadathãm aṣaonîm yâ hâitinãmćâ bûṣyêintinãmćâ mazistâćâ vahistâćâ çraêstâćâ yâ âhuiris zarathustris* | *ahurâi mazdâi viçpâ vôhû ćinahmî aêṣâ açtû daênayᾱ mâzdayaçnôis âçtuitis.* Laudo consilium bonum (1), laudo loquelam bonam, laudo acta bona. Legem mazdaenam laudo quæ dissensus et litem arcet (2). Connubium cum propinquis [laudo], purum, quod inter præsentia futuraque [connubia] maximum [est], optimumque, pulcherrimumque, quod ormuzdium [est], quod zoroastreum. Ormuzdo omnia bona tribuo. Hæc sit legis mazdaenæ laus !

Anquetil nous parle aussi dans son ouvrage (tome III, p. 556) de la coutume des unions consanguines chez les Parses modernes, et de la vertu attachée à ces sortes d'unions : « L'alliance la plus recommandée, dit-il, est le *kheschi* (ou *khétoudas*, c'est-à-dire *donner son parent*) : c'est le mariage entre cousins germains. » La forme du dernier mot cité par Anquetil s'explique par les formes des langues éraniennes du moyen âge : *khvètûkdaç*, *khaitvôdath*, *qaêtvôdas* ; consultez Justi, *Der Bundehesh*, page 131.

Les renseignements que nous puisons directement dans l'Avesta et qui se rapportent au mariage mazdéen, ont une importance réelle, mais, ainsi qu'on vient de le voir, ils sont très peu nombreux. Il est vraisemblable que la grande partie de l'Avesta qui ne nous est point parvenue, contenait plus d'un précepte relatif à ce sujet. Nous savons au moins, par la tradition, que le XVIIIe livre du texte sacré (le Vendidad en était le vingtième) traitait particulièrement du mariage entre consanguins. Voyez le titre et le sommaire des

(1) Littéralement : je loue la pensée bien pensée, la parole bien dite, l'acte bien fait.

(2) Qui écarte le dissentiment et la dispute. Cette traduction de deux mots difficiles du texte ne peut être garantie exacte ; elle repose tout au moins sur la tradition. M. Spiegel dit : Ich preise das gute mazdayaçnische gesetzt, das zweifellose, den streit entfernende. M. Justi : zweifellos, frei von widerspruch. M. de Harlez : qui éloigne les dissensions et les luttes.

vingt-une anciennes parties de l'Avesta dans le livre de Vüllers *Fragmente über die religion des Zoroaster*, p. 15 et ss., spécialement p. 38.

En ce qui concerne les cérémonies mêmes du mariage, l'Avesta est tout-à-fait muet (1).

§ 4. — *Les funérailles.*

Nous avons ici de nombreux et intéressants documents. Avant d'examiner ce que disent à ce sujet les textes mêmes de l'Avesta, il est bon de reproduire quelques-unes des relations des voyageurs modernes.

Pietro della Valle dit des Guèbres : « Ils ne brûlent point les morts, ny ne les enterrent ; mais, si ce que l'on m'en a dit est veritable, ils les conseruent sur terre, dans vn certain lieu qu'ils ont fermé de murailles à cét effet. Ils les dressent sur leurs pieds, et leur tiennent les yeux ouuerts, comme s'ils viuoient encore, et les appuyent en cét estat sur de certaines fourchettes, et demeurent ainsi jusques à ce que se consommant d'eux-mesmes, ils tombent par pieces, ou que les Corbeaux les mangent. L'on ne peut pas douter que la mesme chose ne se soit faite par les anciens Persans, et par les Mages de leur temps, apres les témoignages de Strabon, d'Herodote, et de tous les autres qui en ont jamais écrit. I'ay veu par dehors le lieu où ils conseruent les morts en cette posture ; mais ie n'y suis encore jamais entré : peut estre que j'iray quelque iour, et si ie le vois par dedans, ie vous en feray vne plus juste et plus ample description. » *Op. cit.*, t. II, p. 107.

(1) Chez les Parses modernes la cérémonie est des plus simples : « Le prestre, dit Tavernier, demande le consentement à l'homme et à la femme en presence de témoins ; aprés quoy il prend de l'eau sur laquelle il a fait quelques prieres ; puis il leur en lave le front, prononçant encore quelques paroles et voila le mariage fait. » *Six voyages*, etc. Edit. de 1679, t. I, p. 487.

Thévenot : « Lors que quelqu'vn dés leurs est mort, ils le mettent tout droit en vn lieu fermé de murailles, exprés pour cela ; et de peur qu'il ne tombe, ils l'appuyent d'vne fourche sous le menton pour le soûtenir : Ils le laissent ainsi jusques à ce que les corneilles lui ayent mangé les yeux, et si elles ont commencé par l'œil droit, ils le croyent bien-heureux et le mettent tout droit dans vn lieu muré, qu'ils appellent fosse blanche : si elles ont commencé par le gauche, ils le croyent malheureux et le mettent dans la fosse noire. Ces fosses sont des Puits élevez de quelques toises de terre, où ils mettent les corps tout nuds, couvrant seulement d'vn morceau de linge, la nudité honteuse, et chacun de ces deux Puits, est plus que demy-plein des os et de la poussiere des corps, qui y ont été mis. Le plus grand bien que les Guebres croyent faire à vn mort, c'est de tuer pour l'amour de luy quantité de grenoüilles, serpens, et autres insectes ». *Suite du Voyage au Levant* (Paris, 1665), p. 216.

Figueroa : « Ils reuestent le corps du defunct de ses plus beaux habits, et le mettent debout soûtenu d'vne perche contre le clos, ou la muraille, d'vne grande cour enfermée qu'ils ont pour cet effet à la campagne, vn peu éloignée du lieu de leur demeure ordinaire, et le laissent-là, exposé à l'air, pour estre mangé des corbeaux, corneilles et autres oiseaux carnassiers ». *L'ambassade de Don Garcias de Silva Figueroa en Perse*, traduct. Wicqfort (Paris, 1667), p. 178.

Chinon : « Sitôt que quelqu'un est décédé parmi eux, il est réputé immonde. Ils le dépouillent des vêtements qu'il avait et le revêtent des plus usés qu'ils puissent trouver, le mettent sur une civière de fer et le portent ainsi, le visage découvert, dans un lieu destiné pour cela. Ils l'assient à la façon du pays, l'appuient contre une muraille, et c'est toute la cérémonie qu'ils y apportent. Les prêtres même ne pouvant suivre le corps, comme je l'ai marqué, ne laissent pas de faire des prières pour l'âme du défunt. On dit qu'ils remarquent lequel des deux yeux a été premièrement mangé des corbeaux, et que si c'est celui du côté droit, ils conjecturent que l'esprit est allé en paradis; et si c'est le gauche, c'est un signe que l'âme est allée en enfer. J'ai autrefois demandé cette difficulté à un des leurs, qui me le nia, mais me dit une chose qui ne valait pas mieux, savoir que celui qui gardait ces corps remarquait si les ossements se décharnaient bientôt, et que si cela était, il jugeait que l'âme était en paradis; mais qu'au contraire c'était mauvais signe si le corps demeurait longtemps en son entier.

« Ceux qui portent les corps changent leurs vêtements, qui sont lavés dans un lieu particulier, mais non pas en leurs maisons, ensuite se lavent de l'eau purifiante dont j'ai parlé, à raison qu'ils ont encouru immondicité. Le jour ou le lendemain de cette mort, les parents font des représentations de la personne qui est morte, de sa femme et de ses enfants autant qu'il en avait, habillent toutes ces personnes de paille ou de bois de leurs plus beaux vêtements, leur tapissent la chambre à leur mode, les assient à leur façon, et préparent une table devant eux couverte de toutes sortes de viandes. Ces statues sont trois jours de suite à ce festin, au bout desquels les parents du mort sont conviés, et mangent une partie de ces viandes. Je leur demandai pourquoi ils faisaient ces festins corporels pour des âmes spirituelles. Ils me répondirent que ces âmes en étaient soulagées et venaient quelquefois pour s'y réjouir: ce que les gens de bien avaient souvent l'avantage de voir, on fait ensuite la cérémonie du sacrifice des bêtes avec quelques aumônes pour l'âme du défunt... Après qu'on a enlevé le corps mort de la maison, on racle la terre sur laquelle il a expiré, et on la porte hors la ville au rang des choses immondes ». *Op. cit.*, p. 465.

Tavernier: « Quand les Gaures sont malades, ils appellent leurs prestres à qui ils font une espece de confession, et les prestres leur ordonnent de faire des aumônes et autres bonnes œuvres pour avoir pardon de leurs pechez.

« Ils n'enterrent point leurs morts ny ne les brûlent. Ils les portent hors la ville en une grande place fermée de murailles, où il y a quantité de piliers de sept à huit pieds de haut, et ils lient le mort debout à un de ces piliers, le visage du côté de l'Orient. Ceux qui ont accompagné le corps font leurs prieres de loin, jusques à ce que les corbeaux viennent ; car autour de ce lieu-là il y en a toûjours grande quantité. Si l'un de ces corbeaux se vient jetter sur l'œil droit du defunt, ils croyent que la personne est bien-heureuse, et de la joye qu'ils en ont ils font de grandes aumônes, et vont tous dans un champ faire bonne chere. Mais si le corbeau se jette sur l'œil gauche, ils tiennent cela pour un mauvais presage, et s'en retournent tout tristes sans parler l'un à l'autre, sans faire des aumônes, et sans boire ny manger. Comme j'ay dit ailleurs que trois mois durant j'eus quelques affaires à Kerman avec les Gaures, je n'ay pû me dispenser de me trouver deux ou trois fois à cette ceremonie ». *Op. cit.* t. I, p. 438 ; et plus loin: « Ils ont encore une étrange coûtume, qui est lors qu'un homme est à l'article de la mort, de prendre un petit chien et le mettre sur sa poitrine. Quand ils voyent qu'il expire, ils appliquent la gueule du chien sur la bouche de l'agonizant, et le font abboyer deux fois en cette posture, comme s'ils vouloient faire entrer l'ame de cette personne dans le chien, lequel, disent-ils, la livrera entre les mains de l'Ange qui est destiné pour la recevoir. »

Chardin : « La manière d'enterrer leurs *morts* est fort singulière. Pour la mieux faire comprendre, je décrirai ici le *Cimetière* qu'ils ont proche d'*Ispahan*, à demi lieuë de la ville, dans un lieu fort écarté. C'est une *Tour* ronde, qui est faite de grosses-pierres de taille ; elle a environ trente-cinq pieds de haut, et quatre-vingt-dix pieds de diamètre, sans porte et sans entrée. Le peuple dit que quand ils veulent enterrer un *mort*, ils font une ouverture à ce *Tombeau*, en ôtant du bas trois ou quatre grosses pierres, qu'ils remettent ensuite avec des couches de plâtre qu'ils passent par dessus ; mais c'est une fable, et je sais de science certaine le contraire. Cette *Tour* a au dedans un degré fait de hautes marches, attachées contre le mur en tournant. Quand ils portent un *mort* dans ce *Tombeau*, trois ou quatre de leurs Prêtres montent avec des échelles sur le haut du mur, tirent le *Cadavre* avec une corde, et le font descendre le long de ce degré qui est cent fois plus dangereux et plus difficile qu'une échelle, n'y aïant rien à quoi on puisse se tenir ; car ce ne sont que des Pierres fichées dans le mur, à trois ou quatre pieds l'une de l'autre, non pas en ligne droite, mais en tournant, et qui n'ont pas plus de neuf pouces d'assiette ; aussi avois-je bien peur de tomber, tant en montant qu'en descendant. Ils n'y ont point fait de porte, de crainte que le peuple ne l'enfonçât, ou ne se la fit ouvrir pour piller ou profaner un Lieu pour lequel ils ont beaucoup plus de vénération que les *Mahométans* ni les *Chrétiens* n'en font paroître pour les *Tombeaux* de leurs *morts*.

« Il y a dans celui-ci une manière de *Fosse* au milieu, que je vis remplie d'ossements et de guenilles. Ils couchent les *Morts* tout habillez sur un petit lit fait d'un matelas et d'un coussin. Ils les rangent tout au tour contre le mur ; si serrez qu'ils se touchent les uns les autres, sans distinction d'âge, de sexe, ou de qualité ; et ils les étendent sur le dos, les bras croisez sur l'estomach, contre le menton, les jambes croisées l'une sur l'autre, et le visage découvert. On met proche du *Mort*, à son chevet, des *Bouteilles de Vin*, des *Grenades*, des *Coupes de Fayence*, un *Couteau* et d'autres ustenciles, chacun selon ses moiens. Comme ce peuple est fort misérable, et sous le joug d'une Religion ennemie, on peut juger par les choses qu'ils font encore présentement, ce qu'ils faisoient lorsque leur Religion étoit soutenuë de l'Autorité Roïale, et accréditée par le Zèle de la multitude. Quand il n'y a point de place pour un *Mort*, ils en font une, en tirant les corps les plus consumez dans cette fosse que j'ai dit être au milieu du *Cimetière*. Je crois avoir remarqué que la sécheresse de l'air de *Perse* et surtout d'*Ispahan* est si grande qu'il consume les *Cadavres* en peu de tems, et qu'il en empêche l'infection. J'ai fait divers tours dans ce *Sépulchre*, et j'admirois qu'il n'y sentît point mauvais. J'y vis des corps encore frais, il n'y avoit rien de gâté aux mains, et aux pieds, qui étoient nuds ; mais le visage l'étoit beaucoup, à cause que les Corbeaux qui remplissent le *Cimetière*, et qui sont par centaine aux environs, se jettent d'abord sur cette partie.

« A cinquante pas de ce *Sépulchre*, il y a une petite *Maison* de terre, au devant de laquelle on pose le corps du *Mort*, et aussi-tôt le Convoi s'en retourne comme si l'enterrement étoit fait, à la réserve des *Prêtres* et des *Parens*, qui se retirent dans cette petite *Case*, d'où le principal prêtre se met à observer par quel endroit et comment les Corbeaux entameront ce *Corps*. Comme il y en a toujours beaucoup autour de ce *Cimetière*, à cause des *Cadavres* qui y sont exposés à découvert, il ne manque pas d'en venir fondre bien-tôt quelcun dessus, et de s'attacher d'abord aux *yeux*, à ce que l'on assure, comme une partie délicate que ces Oiseaux carnaciers aiment plus que le reste. Le *Prêtre*, qui fait des observations, par un petit trou, pour ne pas effaroucher l'oiseau funèbre, prend garde à quel œil il touche le premier, et dans quelles circonstances, et il en tire ses conjectures, tant pour la condition du *Deffunt* dans l'autre vie, que pour la fortune de ses enfants et de ses héritiers dans celle-ci. Le côté droit est, dit-on, le bon côté. Si l'oiseau s'y attache, le *Prêtre* fait un cri de joie, auquel les *Parents* répondent. Mais s'il s'attache au gauche, c'est un sujet de tristesse. C'est ce que l'on assure généralement dans tous les Païs où il y a des *Guèbres* ; mais j'en ai vu quelques-uns, qui m'ont pourtant nié toute cette *Magie* ou *Suprestition*, et qui m'ont dit, à l'égard de cette *Maisonnette*, qui est au devant de leur *Cimetière*, que c'est pour y déposer les *Morts*, pendant qu'on fait quelques cérémonies sur eux, avant que de les ensevelir » *Op. cit.*, t. III p. 131.

Sanson : « Ils emportent les cadavres hors de la ville ; ils les dressent contre une muraille, la face tournée vers l'orient, les mages et les parents du mort se tiennent à l'écart pour examiner la curée que les corbeaux en font ; si ces oyseaux qui se jettent d'ordinaire sur les yeux d'un cadavre, leur mangent d'abord l'œil droit, c'est une marque de predestination ; on joüe, on danse, on se divertit à leurs funerailles. Si c'est l'œil gauche, c'est une marque qu'ils ne sont ny assez purs pour estre admis dans la sphere du soleil, ni assez impurs pour estre condamnez à la prison obscure de l'enfer, ils doivent demeurer quelque temps dans la moyenne region de l'air, pour y souffrir le froid, et delà dans la sphere du feu pour y estre purifiez : on pleure aux funerailles de ceux-là. Si les corbeaux mangent les deux yeux, les mages les jugent damnez, parce que n'ayant plus d'yeux, ils ne peuvent plus voir le soleil : les funerailles de ces derniers sont plus lugubres. » *Voyage ou relation de l'état présent du royaume de Perse* (Paris, 1694), p. 261.

Corneille Le Bruin : « Quant à la mort et aux enterrements, lors qu'une personne est à l'extrémité, on fait venir un prêtre qui lui lit de certaines choses convenables à l'état où elle se trouve ; et aussi-tôt qu'elle a rendu l'esprit, on transporte le corps dans un lieu destiné à cela, qu'ils appellent *Lescona*. On l'y laisse l'espace de 4 ou 5 heures, pendant qu'on fait assembler les parens, puis on lui met une chemise blanche ; on l'enveloppe dans un linceul, et on le pose sur une biere de fer, pour le porter sur une certaine montagne, où il y a un appartement, divisé en plusieurs parties, dans l'une desquelles on le pose, en lisant dans un certain livre, puis on le ferme et on y laisse le corps pendant un an ; au bout duquel on en ramasse les os pour les mettre en terre. » *Op. cit.*, t. II, p. 389.

Mandelslo : « Quand un malade est à l'extrémité, on l'ôte de son lit pour le coucher sur un petit lit de gazons à terre, où on le laisse expirer ; et incontinent après cinq ou six hommes qui font les fonctions de fossoyeurs, le prennent sur ce grabat, l'envelopent d'un linceul, et le couchent sur une grille de fer faite en forme de civiere, sur laquelle ils portent le corps au lieu où il doit être enterré, qui est à une bonne lieuë de la ville. Ces cimetieres sont trois lieux clos d'une muraille de douze ou quinze pieds de haut, dont l'un est pour les hommes, l'autre pour les femmes, et le troisieme pour les enfans. Sur l'ouverture des fosses il y a des barres couchées en forme de grille, sur lesquelles ils mettent les corps, qui y demeurent jusqu'à ce que les corbeaux et autres oiseaux carnassiers les ayent mangez, et que les os tombent dans la fosse. Les parens et amis accompagnent le corps avec des cris et des lamentations effroyables, et s'arrêtent à cinq cens pas de la fosse, jusqu'à ce que les fossoyeurs ayent couché le corps sur la grille, et qu'ils ayent prononcé quelques prieres pour l'ame. Un mois ou six sémaines après on porte la terre, sur laquelle le défunt a expiré, au cimetiere, comme une chose souillée, qu'ils ne voudroient point avoir touchée ; et tous les mois ils font un festin aux plus proches parens en memoire du défunt. S'il leur arrive de toucher à un cadavre, ou aux os d'une bête morte, ils sont obligez de jetter leurs habits, de se nettoyer le corps, et de faire pénitence neuf jours, pendant lesquels ni femmes ni enfans n'oseroient approcher d'eux. Ils croyent particulierement que ceux dont les os tombent par malheur dans l'eau, sont damnez sans ressource. » *Op. cit.*, p. 184.

Hyde : « Mortuos sistunt erectos, stipite ferreo juxta murum, observantes ad utrum oculum primo accedat Vultur. Nam de mortuorum statu duorum generum habent Præsagia facienda, sc. per *Vultures* et per *Canes*, sagacissima animalia, stultè imaginantes ista, narium sagacitate, Animæ puritatem, seu impuritatem, sive fœtorem, odorari posse *Tavernier* dicit eos moribundorum Ori applicare Os Canis, qui (si potest fieri) ultimum morientis halitum excipiat. Hinc est, quod in *Zoroastris* Præceptis Canes pascere jubeatur. Non autem credunt *Transmigrationem Animarum*, ut *Indi* faciunt. Si

Vultur primo invadit rectum Oculum, aut Canis adducitur ut ultimum Halitum excipiat, tum ad album Conditorium ferunt : alias, ad nigrum deferunt. Si omnia mala signa concurrunt, miserrimum judicant.... De his rebus audiamus D. *Ovingtonum*, qui in *Itinerario Suratensi* Veterum Persarum in *Indiâ* Sepulturas sic tradit : *Ad unum milliare ab urbe distat Sepulchretum, quod est Structura lapidea rotunda*, XII *pedes alta, et* C *pedes in circumferentiâ habens. In Medio Muri est Ostium Lapidum* VI *pedibus à terrâ distans, quod ad excipiendum Cadaver aperiri solet. Hujus structuræ Area inferior, in quâ jacent Cadavera, elevatur quatuor pedes à terrâ, ab omni parte declivis versus centrum, ubi est Foramen, s.u Cloaca, ad excipiendum Saniem Cadaverum. Hoc sepulchretum est miserrimum Spectaculum, etc. Versus istud Sepulchretum, Vespillones, dicti* les Halâlchors, *super Feretro* [ferreo] *deferentes Cadaver, illud super terram deponunt : et mox ad vicinas domos, seu villas, excurrunt ad quærendum aliquem Canem, quem per Frustula Panis, aut Placentæ, quantum possunt, alliciunt ut accedat ad Cadaver : et quantò propiùs accesserit, cò melior est Prognosis de Felicitate defuncti. Et si potest adduci ut accipiat Frustulum dictæ Placentæ ex Ore defuncti, est certissimum felicitatis ipsius signum. At si Canis, fortè metuens sibi, recusat accedere, et dictum frustulum ex defuncti ore accipere, tum certò concludunt istius mortui conditionem esse desperatam et deplorabilem. Et certè, secundùm hasce Prognoses, pessima erat conditio illius miselli defuncti quem* (inquit) *ego in hoc statu vidi : nam fugiens aversabundus Canis noluit allici ut ad commodam aliquam distantiam prope accederet ad Cadaver. Quando Canis (si vult ad hoc allici) hujus Ceremoniæ suas partes egit, duo Sacerdotes ad unius Stadii distantiam à Feretro stantes, junctis manibus, sonorâ voce, per semi-horam memoriter recitant tædiosam aliquam precandi formulam : et tantâ celeritate hoc faciunt, ut vix halitum reciprocare liceat, quasi invincibilis esset necessitas eam verborum Formulam tantillo tempore recitare. Dum, isto modo, Sacerdotes garriebant, eorum facies obvelatæ erant, Chartâ albâ per transversum Vultum utrique Auri affixâ, quæ II aut III uncias infra Mentum dependebat. Quando isti suas Petitiones absolvissent, Halalchori, elevantes Cadaver, illud in Repositorio seu Sepulchreto deposuerunt; dum omnes Funus concomitantes binatim junctis manibus sequebantur. His factis omnes contulerunt se ad proximum Rivulum, ad quamvis, quam fortè contraxerant, Impuritatem seu Pollutionem abluendum* ». Op. cit. p. 415.

On lit enfin dans Anquetil : « Voici la description du *Dakhmé*, qui est le Cimetière des Parses. La loi de Zoroastre ordonne de porter les corps morts sur des montagnes, ou dans des endroits éloignés des Villes et de toute terre habitée. Il faut que ces endroits soient au moins à trente gâms (quatre-vingt-dix pieds) du feu, de l'eau, du lieu où l'on lie le *Barsom* (le *Derimher*), et à trois gâms de l'homme pur, c'est-à-dire, du lieu qu'habite, ou par lequel passe l'homme pur. Mais surtout ils doivent être situés de manière, que les animaux carnaciers ne puissent pas porter dans les lieux habités, les portions de cadavres qu'ils en auroient enlevées.

« On voit encore au Kirman des *Dakhmés* construits sur les montagnes. Dans l'Inde ils sont seulement hors des Villes.

« Le mot *Dakhmé* est zend (peut-être est-ce une abréviation de *Dâetĭo maneïo*). Le lieu que désigne cette expression est encore appellé en Zend *Dâetĭo gâteïâo* (en Parsi, *Dâdgâh*), *lieu de Justice*, parce que c'est là que les hommes reçoivent le prix de leurs œuvres.

« On trouve dans les *Ravaëts* les cérémonies que l'on doit observer en construisant ces bâtimens. On prend pour l'emplacement du *Dakhmé* un terrein sec, inculte et éloigné des lieux cultivés, sur lequel on récite neuf *Darouns* à l'honneur de différends Izeds, et l'*Afergan* à Dahman.

« Ensuite on creuse la place des murs ; puis, disant à chaque clou : *c'est le désir d'Ormusd* etc., on enfonce les quatre grands clous aux quatre coins en dedans, et les trente-six clous, qui sont plus petits, et placés sur deux lignes qui se coupent, et dont les extrêmités répondent aux quatre creux, qui sont hors des murs. Ces trente-six clous marquent les rigoles que l'on doit pratiquer pour l'écoulement des eaux qui se déchargent dans ces quatre creux. Les deux cent-six petits clous se placent en croix, et divisent le terrain du *Dakhmé* en quatre parties égales.

« Après avoir enfoncé tous ces clous, on entoure trois fois les quatre grands d'un cordon de cent fils d'or ou de cotton, en disant le *Vadj Sérosch*. Ces fils marquent que le plancher du *Dakhmé*, que le bâtiment entier est, pour ainsi dire, suspendu et ne touche pas à la terre. On couvre ensuite tout cela de pierres ou de mastic, et l'on acheve les murs et le plancher ou sol intérieur du *Dakhmé*.

« Au milieu du *Dakhmé* est un grand trou revêtu de pierres, dans lequel le Nesasalar jette les os deux fois l'an, lorsqu'il nettoye le *Dakhmé*.

« L'intérieur du *Dakhmé* est d'un pied et demi plus haut que le terrein sur lequel il est construit. La pierre ou le mastic qui le couvre, doit avoir au moins quatre doigts d'épaisseur. Les murs ont cinq gazz et demi (environ onze pieds, six pouces et demi) de haut, et sont enfoncés en terre de cinq gazz (environ dix pieds, six pouces). La porte et à l'Est, et doit être de pierre ou de fer.

« Le *Dakhmé* renferme trois cent soixante-cinq *Késches*. Ce sont des places pour les corps, terminées par un bord de mastic haut de deux doigts. » T. III, p. 587. Et au tome premier, p. CCCIXJ : « Quelque tems après, j'allai hors de Surate, voir les *Dakhmés* (les Cimetieres) des Parses. Ce sont des espèces de tours rondes, dont les murs sont faits de pierres quarrées, et qui peuvent avoir quinze toises de diametre. Tandis que je faisois le tour de ces cimetieres, dont les murs étoient assaillis par une armée de corbeaux, de grailles et autres oiseaux carnaciers, plusieurs Parses qui me voyoient de loin, murmuroient contre ma curiosité. Sur ces entrefaites, arriva un Convoi dont je fus obligé de m'éloigner. De l'endroit où je m'arrêtai, je vis les *Nesa salars* faire le *Sag-did* (c'est-à-dire, *présenter le chien*), et porter le corps dans le *Dakhmé*. Ensuite le Convoi, qui étoit resté à plus de quatre-vingt pas delà, revint en priant, les hommes deux à deux, et se tenant par la manche, comme en allant. A mon retour les murmures augmenterent ; dans les rues de Surate, plusieurs Parses disoient hautement que j'avais profané le lieu de leur sépulture : mais ces plaintes n'eurent pas d'autres suites. »

Nous allons voir par le résumé de plusieurs chapitres du Vendidad que ces renseignements divers sur les cérémonies funéraires du Parsisme moderne concordent parfaitement avec les anciens préceptes de l'Avesta.

Avant tout, et dès le premier chapitre du Vendidad, nous voyons que c'est un crime de la plus haute gravité que d'enterrer le corps d'un mort (verset quarante-huitième). L'enterrement des morts, *agha skyaothna yâ naçuçpaya*, est un de ces méfaits abominables dont Ahriman est le créateur. Il en est de même de la crémation (verset soixante-sixième). Nous voyons dans Hérodote que Cambyse, en Égypte, voulant profaner le corps d'Amasis, le fait tirer de son tombeau, battre de verges et jeter au feu (1). Dans les fragments de Ctesias, sur la Perse, il est dit expressément que la crémation était contraire aux lois : καὶ περὶ τοῦ θάψαντος τὸν πατέρα διὰ τοῦ πυρὸς παρὰ τὸν νόμον (de eo qui patrem per ignem contra legem sepelivit ; édit. Didot, p. 57). Pourtant nous connaissons les tombeaux des rois perses (Strabon, livre quinzième ; Arrien, *Expédit.*, livre sixième, chapitre dix-

(1) « Cambyses vero Memphi Sain urbem profectus est, ea facturus quæ etiam peregit. Nam Amasidis ædes ingressus, protinus e sepulcro proferri cadaver Amasidis jussit : eoque facto, flagellis illud cædi jussit, et capillos evelli, et stimulis pungi, et aliis modis ei insultari. Quæ quum multo cum labore fecissent ministri, comburi illud Cambyses jussit, nefarium jubens facinus (ἐκέλευσέ μιν ὁ Καμβύσης κατακαῦσαι, ἐντελλόμενος οὐκ ὅσια). Etenim Persæ deum habent ignem : itaque igne comburere mortuos, utrisque nefas est (Πέρσαι γὰρ θεὸν νομίζουσι εἶναι τὸ πῦρ) ». Livre III ; édit. Didot, p. 137.

neuvième, etc., etc.). Quoi qu'il en soit, l'enseignement de l'Avesta sur ce sujet n'est point douteux : il est criminel d'enterrer ou de brûler les morts. C'est une des plus grandes peines que l'on puisse faire à la terre que de lui confier un cadavre de chien (1) ou d'homme (Vendidad, chapitre troisième, verset vingt-septième).

Voici maintenant le résumé ou la version sommaire des passages de l'Avesta qui concernent les funérailles. Ces passages sont extraits des troisième, cinquième et sixième chapitres du Vendidad.

Le quarante-quatrième verset et les versets suivants du troisième chapitre défendent expressément qu'un homme seul porte le cadavre d'un autre homme : *mâ ćis barô aêvô yaṭ iristem*. L'individu qui agirait ainsi est immédiatement au pouvoir de la Druje Naçu (p. 314) qui s'empare de tout son être. Cet homme est saisi, transporté loin du feu, de l'eau, du faisceau de rameaux et des hommes purs ; on élève autour de lui une enceinte, on lui donne des aliments et de vulgaires vêtements. Plus loin, au cent vingt-deuxième verset, il est question des hommes et des chiens laissés enfouis durant six mois. Celui qui les laisse en cet état est condamné à donner cinq cents coups des instruments dont nous avons parlé ci-dessus, p. 413. Pour un retard d'un an, le nombre des coups à donner est doublé et porté à un mille. Pour un retard de deux ans, point d'autre expiation que celle que procure l'excellence même de la foi mazdéenne (p. 277).

Le chapitre cinquième contient deux passages importants. Le premier, du trente-cinquième verset au cinquantième :

« L'été passé et l'hiver venu, que doivent faire les Mazdéens (lorsque les leurs viennent à mourir) ? Ahura mazdâ

(1) Nous lisons dans Chinon : « On m'a aussi assuré qu'ils portent hors de la ville les chiens morts, et font des prières pour eux, comme s'ils avaient une âme raisonnable. Il faut pourtant que j'avoue qu'ils m'ont nié cette ridicule circonstance : mais je le sais par le témoignage de tant de dames arméniennes dignes de foi, qui demeurent en même lieu que les Gaures, que je n'en saurais douter. Outre que je sais qu'un des points le plus important de la créance de ces pauvres aveuglés c'est de la cacher aux étrangers » ; p. 461.

répondit : Ils doivent dans chaque village élever trois *katas*. O créateur! Comment doivent être faits ces *katas*? Ahura mazdâ dit : Ils ne doivent pas toucher la tête, ils ne doivent pas dépasser les pieds. Tel est le *kata* conforme aux prescriptions légales, destiné à un mort. On doit (sur ce *kata*) déposer le corps inanimé, durant deux nuits, durant trois nuits, même durant un mois, jusqu'au temps où les oiseaux prennent leur vol et où les plantes entrent en croissance, jusqu'au temps où la terre devient sèche. Et alors les Mazdéens doivent exposer le corps au soleil. S'ils n'en agissent pas ainsi, prescris la peine encourue pour le meurtre d'un homme. »

Le second fragment va du verset cent vingt-deuxième au cent trente-cinquième :

« Créateur! S'il meurt dans une maison où sont apportés le feu, le faisceau de rameaux, la coupe, le haoma, le mortier, un chien ou un homme, que doivent faire les Mazdéens? Ahura mazdâ dit alors : Ils doivent emporter de cette demeure, ô saint Zarathustra, le feu, le faisceau de rameaux, la coupe, le haoma, le mortier; ils doivent emporter dehors le cadavre, comme il doit être emporté, d'après la loi, au lieu destiné aux cadavres, pour être dilacéré.

« Créateur! Quand les Mazdéens peuvent-ils reporter le feu dans cette maison où un homme est mort? Ahura mazdâ répondit : Après un temps écoulé de neuf nuits, en hiver; de tout un mois en été. Après ce délai ils pourront reporter le feu dans la demeure où un homme est mort.

« S'ils l'y portent avant ces délais écoulés, quelle est la punition? Ahura mazdâ répondit : Deux cents coups de l'aiguillon. »

Passons au sixième chapitre du même livre, verset quatre-vingt-douzième et suivants :

« Créateur! Où devons-nous porter les cadavres, où devons-nous les déposer?

« Ahura mazdâ répondit : O saint Zarathustra, aux lieux très-élevés, où les chiens et les oiseaux carnassiers peuvent le mieux les apercevoir. Il faut fixer les cadavres par les pieds et les cheveux avec du fer ou des pierres. Si l'on n'en agit pas ainsi, les chiens et les oiseaux carnassiers pourront emporter des os à l'eau ou sur des arbres.

« Si ce cas se produit, quel sera le châtiment?

« Deux cents coups de l'aiguillon. »

Nous avons déjà cité une partie du huitième chapitre ; c'est à propos de la purification nécessitée par le contact des cadavres ; voir ci-dessus, p. 385. Cette partie est la fin du chapitre. En voici maintenant le commencement :

« Si un homme, ou un chien, vient à mourir sous un arbre, sur un lit de broussaille (1), que doivent faire les Mazdéens ?

« Ahura mazdâ répondit : Ils doivent rechercher et préparer un *dakhma*. S'ils voient que le cadavre est transportable, ils doivent l'emporter, laisser la demeure et parfumer celle-ci avec des bois odoriférants. S'ils voient que la demeure (2) est transportable, qu'ils l'emportent sans changer le cadavre de place. Ils doivent parfumer la demeure avec des bois odoriférants.

« Créateur! Si, dans une maison mazdéenne, meurt un chien ou un homme, et s'il pleut, s'il neige, s'il fait une tempête, si l'obscurité règne, et si hommes et bestiaux sont empêchés, que doivent faire les Mazdéens?

« Ahura mazdâ répondit : Qu'on place le cadavre à l'endroit de cette maison où la terre est le plus pure et le plus sèche. Là où passent le moins les bestiaux, les animaux de trait, le feu, fils d'Ahura mazdâ, le faisceau de rameaux, l'homme pur. A trente pas du feu, de l'eau, du faisceau de rameaux, de l'homme pur. Là, les Mazdéens doivent creuser

(1) C'est-à-dire à la campagne, dans les champs, et non pas en sa maison, comme c'était le cas ci-dessus.

(2) La tente sous laquelle est mort l'individu dont il s'agit (?). Ce passage n'est pas sans difficulté.

dans la terre une fosse : profonde d'un demi pied si la terre est dure; de la moitié d'une hauteur d'homme si elle est molle. Ils doivent y répandre de la cendre et de la poussière de terre cuite. Ils doivent [y] déposer le cadavre, durant deux nuits, trois nuits, tout un mois, jusqu'au temps où les oiseaux prendront leur vol, où les végétaux commenceront à croître et où le vent séchera la terre. Alors les Mazdéens doivent ouvrir cette demeure; deux hommes forts prennent le cadavre nu et le mettent sans vêtement sur le *katu*. Ils le déposent à terre là où pourront le mieux l'apercevoir les chiens et les oiseaux carnassiers. Les porteurs doivent alors s'asseoir à trois pas des morts. Puis le pur *ratu* (1) dit aux Mazdéens : Mazdéens ! Qu'on apporte l'urine avec laquelle les porteurs doivent se laver !

« Créateur ! Quelle doit être cette urine ? Doit-elle être de bétail, d'animaux de trait, d'homme ou de femme ?

« Ahura mazdâ répondit : Elle doit être de bétail ou d'animaux de trait, point d'homme ou de femme ; à l'exception toutefois d'urine de parents ou de parentes. Ceux-ci doivent émettre de l'urine avec laquelle les porteurs se laveront.

« Créateur ! Lorsqu'on a mené par des routes des chiens ou des hommes morts, comment le bétail, les animaux de trait, les hommes et les femmes, le feu, fils d'Ahura mazdâ, le faisceau de rameaux, peuvent-ils y repasser ?

« Ahura mazdâ répondit : Qu'ils n'y passent point avant qu'on n'y ait fait passer un chien fauve à quatre yeux (2) ou un chien blanc à oreilles fauves. Et cela par trois fois. Si on agit, ainsi la Druje Naçu s'enfuit vers les régions septentrionales. Sinon il faudra mener les chiens six fois par ces chemins. Si l'on n'agit pas ainsi, il faudra les y faire passer neuf fois. Si l'on y manque encore, c'est un prêtre qui y devra passer récitant ces mots victorieux *yathâ ahû vairyô* (3) etc. etc. Puis,

(1) D'après la tradition, le chef des porteurs de cadavres.

(2) C'est-à-dire ayant dans le pelage deux taches placées au-dessus des yeux, ce qui donne l'apparence de quatre yeux. Telle est l'interprétation traditionnelle.

(3) Voir ci-dessus, p. 452.

à leur gré, les Mazdéens pourront mener par ces routes le bétail, les animaux de trait, les hommes, les femmes, le feu, fils d'Ahura mazdâ, le faisceau de rameaux. Les Mazdéens pourront, à leur gré, préparer dans cette maison les aliments.

« Créateur! Si quelqu'un met sur un mort un vêtement de laine ou de peau, de la longueur du pied, quelle est la peine encourue ?

« Elle est de quatre cents coups de l'aiguillon.

« Créateur! Si c'est un vêtement de la longueur des jambes?

« Elle est de six cents coups.

« Si c'est un vêtement de toute la longueur?

« Elle est de mille coups ».

En somme, nous voyons d'après ce qui précède que le cadavre est tout d'abord déposé en un endroit parfaitement sec appelé *kata* (en huzvârèche *katak*) ou *çkemba*. Deux porteurs (*naçukaṣa-*) accompagnés d'un chef (*ratu-*) viennent le prendre tout dépouillé de vêtements et l'emmènent par un temps sec et clair à un endroit où il sera facile aux chiens et aux oiseaux de proie de venir le dilacérer. Ce lieu, entouré d'une muraille (de la hauteur d'environ deux hommes) est appelé *dakhma* (le *dakhm* moderne), un mot dont l'origine et le sens sont des plus obscurs. Le corps déposé dans le *dakhma*, les porteurs se purifient au moyen d'urine de vache ou d'urine des parents du mort et l'on procède à la récitation de certaines prières. Enfin, pour purifier la route suivie par le cadavre, il y faut faire passer à trois fois un chien de tel ou tel pelage.

Après un certain temps, dont il est difficile de déterminer la durée, un *dakhma* est abandonné, et lorsque les animaux carnassiers ont entièrement achevé leur œuvre, l'enceinte est rasée, le sol nivelé, la terre rendue à l'usage ordinaire.

Ajoutons, avant de terminer, que les auteurs de l'antiquité nous ont laissé quelques passages curieux sur les funérailles perses. Hérodote dit dans le fragment déjà cité de son premier livre : « On rapporte, en tant que chose occulte et non suffisamment manifeste, ce qui a trait au mort; c'est à savoir que le cadavre d'un Perse n'est pas enseveli avant d'avoir été dilacéré par un chien ou un oiseau (πρὶν ἂν ὑπ' ὄρνιθος ἢ κυνὸς ἑλκυσθῇ). Je sais assurément que telle est la pratique des mages : elle est ostensible. Ensuite ils enterrent le corps enduit de cire. »

D'après Strabon (livre quinzième) Onésicrite racontait que les Baktriens donnaient en nourriture aux chiens les vieillards et que l'on pouvait voir aux environs de leur capitale, de certains lieux pleins d'ossements humains : καὶ ὁρᾶσθαι τὰ μὲν ἔξω τείχους τῆς μητροπόλεως τῶν Βάκτρων καθαρὰ · τῶν δ'ἐντὸς τὸ πλέον ὀστέων πλῆρες ἀνθρωπίνων.

Cicéron dit dans les Tusculanes (liv. I, chap. 45) : « Magorum mos est non humare corpora suorum, nisi a feris sint ante laniata. »

Dans Agathias (*Histoire de Justinien*, traduction Cousin, t. II, p. 576, Paris, 1671), nous lisons : « Les plus proches parents de Mermeroës porterent son corps hors de la ville, et l'exposerent tout nû pour être mangé par les chiens, et par les oiseaux infames qui se repaissent de carnage. Voila la belle ceremonie que les Perses ont accoutumé de garder dans leurs funerailles. Aprés que ces animaux ont devoré toutes les chairs, les os demeurent épars en divers endroits sur la terre. Parmi eux il n'est pas permis d'ensevelir les morts, ni de les enfermer dans des tombeaux. Que s'il arrive qu'un corps qui a été exposé de cette sorte, ne soit pas au mesme moment déchiré par les chiens, ou par les oiseaux de proye, ils s'imaginent que cela vient de ce que l'ame de cette personne est encore toute soüillée des crimes de sa vie passée, et qu'elle est condamnée à souffrir d'horribles supplices. Pour lors ses parents le regrettent, et le pleurent amerement comme étant veritablement mort, et comme étant dans une condition tout à fait malheureuse, et digne de larmes. Ils se persuadent au contraire que ceux-là sont heureux dont les corps sont devorez aussitôt qu'ils ont été exposez, et que c'est une marque que leur ame est sainte et divine, et qu'elle joüit d'une felicité immortelle. »

Il y aurait à recueillir d'autres documents, à citer également des auteurs du moyen âge, mais ce qui précède suffit plus que largement à confirmer l'enseignement des vieux textes mazdéens.

LIVRE V

MORALE DE L'AVESTA

Si, comme nous l'avons exposé plus haut (p. 97) nous ne possédons qu'une faible partie des livres de l'Avesta, nous ne devons pas nous étonner des difficultés qui se présentent — malgré le très-important secours de la tradition — lorsqu'il s'agit de rétablir en son ensemble l'enseignement moral des anciens Mazdéens.

Bien que, selon toute vraisemblance, les différents morceaux de l'Avesta aient été rédigés, sinon à la même époque, au moins à des époques qui ne sauraient avoir été considérablement distantes les unes des autres, certains passages témoignent évidemment par l'ensemble de leurs conceptions d'une grande antiquité, tandis que d'autres fragments n'ont dû voir le jour que dans une période moins ancienne. Une rédaction relativement tardive et commune à ces morceaux divers ne peut cacher cette inégalité manifeste.

Ainsi — et M. Spiegel l'a parfaitement reconnu (1) — le Vendidad fut composé — sinon rédigé — au milieu d'une civilisation peu développée encore. Tous les passages de ce li-

(1) *Traduct.*, t. III, p. 286.

vre n'ont même pas été composés à la même époque. Il en est de même du Yaçna. Dans ce dernier il y a lieu de distinguer tout d'abord les cantiques connus sous le nom de *Gâthâs* (1), rédigés en un dialecte quelque peu différent du zend ordinaire, et qui, d'ailleurs, sont encore aujourd'hui d'une obscurité rare.

Les différentes traductions et les commentaires de Haug, de MM. Spiegel, Roth, Kossowicz, Hübschmann et des autres auteurs qui ont écrit sur ce sujet sont pleins de suppositions toutes personnelles, et nous pensons que ces chants sacrés ne pourront être expliqués que grâce à la découverte possible d'anciens documents encore inconnus.

Quoi qu'il en soit, d'après ce qui nous reste des monuments de l'antique Avesta, — abstraction faite, par prudence, des cantiques de la seconde part du Yaçna, — il est possible de tracer un tableau assez général et assez complet de la morale des anciens Éraniens.

En tête de tout le système il faut bien placer le caractère purement révélé de la loi mazdéenne. Nous pouvons renvoyer ici à notre chapitre intitulé : *La révélation* (ci-dessus p. 327).

Cette révélation est infaillible. Aussi se plaît-on, dans les cantiques, à la demander (Spiegel, traduct. t. III p. 146 ; Hübschmann, Comptes rendus de l'Académie de Munich, 1872, p. 704), et nous voyons au dix-huitième chapitre du Vendidad Ahura mazdâ inviter catégoriquement Zarathustra à l'interroger, lui assurant qu'il aurait profit à cela et qu'il en deviendrait meilleur.

Ce caractère de révélation enlève sans doute à la loi toute valeur morale, au sens commun du mot, mais c'est là le fait des divers enseignements théologiques : « ne dijudices gratiam secundum naturam — dit Grégoire le thaumaturge, — legibus enim naturæ se subjici gratia non patitur, » et S. Paul aux Romains : « peccatum cognovi nisi per legem »

(1) Voir ci-dessus, p. 121.

VII, 7. La doctrine chrétienne est basée tout entière, ainsi que l'a démontré Boutteville, après tant d'autres, sur l'origine divine de la loi (1) : « Dieu, dit Gerson, ne veut pas certaines actions parce qu'elles sont bonnes, mais elles sont bonnes parce qu'il les veut, de même que d'autres sont mauvaises parce qu'il les défend. »

Zarathustra ne pensait pas autrement. Pour lui les bonnes pensées, les bonnes paroles, les bonnes actions sont celles qui se trouvent conformes à la loi : la révélation les fait bonnes, non leur nature.

Il s'ensuit — et on le comprend aisément — que l'observance de la loi amène la rémission des péchés. De nos jours encore cette croyance est professée par les Chrétiens. Voici d'ailleurs les paroles très-explicites que nous trouvons à cet égard dans le troisième chapitre du Vendidad : « La loi mazdéenne délie l'homme qui l'honore : elle éloigne la faute très-grave, elle éloigne toutes les fautes que l'on commet. O saint Zarathustra, la loi mazdéenne efface toutes les mauvaises pensées, paroles et actions. » Ce même passage est répété au huitième chapitre du même livre.

On conçoit que cette révélation si précieuse ait été l'objet d'une vénération particulière et de louanges spéciales. Nous trouvons cet éloge un peu partout dans l'Avesta, mais nulle part plus éclatant que dans ce passage du cinquième chapitre du Vendidad : Cette loi, dit Ahura mazdâ, est suprêmement grande, bonne et belle ; elle l'emporte sur toute autre parole, comme les grandes eaux sur les petites, comme les grands arbres sur les végétaux moins élevés...

Au surplus il ne suffit pas, pour la suivre, de quelques pratiques extérieures : l'important c'est l'observance réelle. Voilà ce que nous enseigne d'une façon formelle le dix-huitième chapitre du Vendidad :

« O juste Zarathustra, dit Ahura mazdâ, en vérité il y en

(1) *La morale de l'Eglise et la morale naturelle.* Quatrième étude : *La loi*, p. 190.

a beaucoup qui portent le *paitidâna* (1) sans observer les mandements : c'est avec fausseté qu'ils se nomment *âtarvans* (2). O juste Zarathustra, dit Ahura mazdâ, ne leur donne pas ce nom ! Ils portent le *khraphçtraghna* (3) sans observer les mandements : c'est avec fausseté qu'ils se nomment *âtarvans*. O juste Zarathustra, dit Ahura mazdâ, ne leur donne pas ce nom ! Ils portent le faisceau de rameaux sans observer les mandements : c'est avec fausseté etc.... Ils se servent du couteau mortel sans observer les mandements : c'est avec fausseté etc.... Celui qui demeure couché toute la nuit, négligeant les prières, les récitations, la ressouvenance, les actes, l'étude, l'enseignement... c'est avec fausseté qu'il se nomme *âtarvan* (4). O juste Zarathustra, dit Ahura mazdâ, ne lui donne pas ce nom ! »

Et au neuvième chapitre du Yaçna le Haoma est invoqué contre celui « qui, à la vérité, a dans sa mémoire les mots de la loi, mais qui n'accomplit point. »

De ce qui précède, il n'y a qu'un pas à l'enseignement de l'homme pur ou repentant rémunéré. Et, en effet, au chapitre cinquième du Vendidad, Ahura mazdâ dit expressément qu'il fait tomber les eaux pour procurer à l'homme pur sa nourriture.

Rappelons-nous, d'autre part, que la théorie de la création constitue, avec celle de la loi révélée, le fondement même du Mazdéisme. Cela est en parfaite corrélation, ici, comme dans les livres juifs et chrétiens. A mainte reprise, dans l'Avesta, Ahura mazdâ vante son rôle de créateur ; à maintes reprises on l'invoque en tant que créateur : *dâtare* « ô créateur ! » Il en est absolument de même dans les inscriptions des Achémé-

(1) Le *pénom* ; voir ci-dessus, p. 426.
(2) Prêtres ; voir ci-dessus, p. 442.
(3) L'instrument destiné à détruire les animaux nuisibles ; voir ci-dessus, p. 412.
(4) Le simple laïque mazdéen n'est point tenu, comme le prêtre, à se lever au milieu de la nuit pour réciter des oraisons. Ce n'est qu'au point du jour qu'il doit prier, sans préjudice d'ailleurs de telles ou telles oraisons qu'il aura à réciter dans le cours de la journée lorsqu'il accomplira tel ou tel acte.

nides : « C'est un grand dieu qu'Auramazdâ qui créa cette terre, qui créa ce ciel, qui créa l'homme, » — et de ce créateur de la loi découle naturellement la puissance légitime : « Le roi Dârayavus dit : Tout ce que j'ai fait je l'ai fait par la grâce d'Auramazdâ » Inscript. de Persépolis. « C'est un grand dieu qu'Auramazdâ .. qui fit Dârayavus roi ». Inscript. d'Alvend. « Je suis roi par la grâce d'Auramazdâ » Inscript de Behistân.

Une fois acceptée la doctrine de la création, il s'ensuit naturellement que les créatures inférieures ont été mises au monde pour la plus grande gloire et le meilleur profit de la créature supérieure, l'homme. Telle fut la doctrine de l'Église chrétienne, telle avait été celle des Baktriens, ainsi que nous l'enseigne le second chapitre du Vendidad.

Une puissance aussi prévoyante pouvait-elle, d'ailleurs, son œuvre créatrice une fois accomplie, demeurer à l'écart, impassible, indifférente, étrangère aux événements heureux ou malheureux de la vie de ses créatures? Non pas, certes. Ici encore les Éraniens avaient pensé comme pensèrent Juifs et Chrétiens. L'assistance divine est donc, dans la maladie, la ressource par excellence. Un passage du septième chapitre du Vendidad ne laisse subsister aucun doute sur cette efficacité :

« O saint Zarathustra, lorsque s'assemblent nombre de médecins, médecins opérateurs, médecins traitant avec des plantes, le plus efficace d'entre les médecins est celui qui emploie comme remède le *mãthra çpenta.* »

Or le mâthra çpenta c'est la parole sainte, la parole qu'Ahura mazdâ qualifie de sienne (1), la parole dont il ne faut user qu'avec une discrétion rare (2), l'ennemi capital des démons (3).

Et selon la recommandation faite ci-dessus, l'on invoque au vingt-deuxième chapitre du même livre, cette sainte parole :

(1) Quatrième Yast, 5.
(2) Quatorzième Yast, 46.
(3) Treizième Yast, 146.

« Le serpent Añra mainyus, qui est plein de mort, créa alors contre moi neuf maladies, et quatre-vingt-dix et neuf cents et neuf mille. Guéris moi, ô toi mãthra çpenta ! En retour je te donnerai mille chevaux rapides. »

Les maux s'en vont ainsi d'une façon surnaturelle, tout comme ils étaient nés. La santé, le bien-être, la prospérité, l'abondance, tel était le lot primitif : perdus surnaturellement, ils reparaissent logiquement par une faveur surnaturelle.

Au surplus, il faut savoir quelque gré aux Mazdéens de n'avoir pas attribué à une divinité vénérable l'origine du mal et des vicissitudes, ainsi que le firent les Juifs. C'est moi, dit le dieu de ces derniers, c'est moi qui frappe et qui guéris (1), c'est moi qui ai formé la lumière et l'obscurité, c'est moi qui fais la paix et qui engendre le mal (2). Et cette croyance était tellement établie dans le Mosaïsme que le fondateur du Christianisme, S. Paul, la prêcha hautement et que Jésus, comme l'on sait, priait le Seigneur de lui ménager les tentations. C'est ce que les Chrétiens font encore chaque jour : Et ne nos inducas in tentationem ! Les idées morales qui prévalent en ce moment parmi nous nous forcent à reconnaître que les Mazdéens ont sagement pensé en ne faisant point d'Ahura mazdâ un dieu aussi pervers.

Chez les Mazdéens anciens nous trouvons établi un système de castes, ou plutôt de catégories d'états sociaux. Il est certain que dans les plus anciens documents éraniens ces états ne sont qu'au nombre de trois. On distingue le prêtre (*âtarvan-*) l'homme d'armes (*rathaêstar-*, en huzvârèche *artistâr*), l'agriculteur (*vâçtrya-*). Il est inutile de citer les passages du texte ancien où sont énumérés ces trois états. Ils auraient, d'après le treizième Yast, été établis par Zoroastre lui-même, qui fut « le premier prêtre, le premier homme d'armes, le premier agriculteur. »

Plus tard il est question d'une quatrième classe, la

(1) Deutéronome, XXXII.
(2) Isaïe, XLV.

classe des artisans : *âthrava rathaêstão vâçtryô phṣuyãç hûitis*, le prêtre, le guerrier, l'agriculteur, l'artisan (dix-neuvième chapitre du Yaçna). L'artisan, *hûiti-*, est le *hutukhṣ* du huzvârèche. Il est vraisemblable que, primitivement, cette quatrième classe était confondue avec la troisième.

La première de ces catégories était assurément une véritable caste, car, ainsi nous l'avons vu plus haut, p. 449, l'enseignement sacerdotal était un privilège de famille, un privilège de certaines familles d'origine médique. Quant aux autres catégories, on ne peut dire qu'elles aient été à proprement parler des castes ; rien ne dit qu'un fils d'agriculteur n'ait pu devenir homme d'armes, ni qu'un fils d'homme d'armes n'ait pu devenir agriculteur. Rien n'indique non plus que les unions conjugales n'aient pu avoir lieu entre hommes d'armes et artisans. La classification par métiers n'entraîne en aucune façon la notion de castes.

Nous avons maintenant à envisager la moralité mazdéenne sous un autre rapport, sous celui des mœurs proprement dites et des habitudes familiales et domestiques.

Les Mazdéens n'ont pas connu les héros impudiques des Hébreux, Samson et autres semblables. L'Avesta n'est point clément à cet égard et la tradition même n'abandonne pas sa manière de voir : « Praeceptum est cavere ne cum meretrice familiaritatem habeas... Quicunque semel cum meretrice cubuerit per XL dies intellectus et scientia ab illo abibunt : non perspicacitas ejus, nec consilium, nec conductus, nec apprehensio, nec religio, nec stabilitas ejus mansura sunt, nec cor ejus quietum manebit. Ideoque custodi te ab hoc et tibi caveto (1) ». Quant à la pédérastie elle était réprouvée violemment : le pédéraste est un démon, un ami des démons, un réceptacle de démons, démon durant sa vie, démon après sa mort (2). Voir plus haut, p. 396.

Le respect de la femme enceinte, de la femme nourrice et

(1) Spiegel. Premier vol. de la traduction de l'Avesta, p. 237, en note.
(2) Vendidad, chap. huitième.

de celle également qui se trouve affectée du flux périodique, c'est ce qu'ordonne à maintes reprises la loi mazdéenne : celui qui s'approche d'une femme à cette dernière époque, dit le Vendidad (1), fait une aussi mauvaise action que s'il brûlait le cadavre impur de son propre fils. D'ailleurs faut-il qu'il ait eu conscience, ainsi que la femme, de l'état en question (2). Egalement coupable, dit le même livre, au quinzième chapitre, est celui qui s'approche « d'une femme enceinte, ou d'une femme qui a du lait... si cette femme en éprouve du dommage. »

Le même chapitre parle de la jeune fille qui avant le mariage devient enceinte, à qui le séducteur conseille de recourir aux offices d'une « vieille femme » et qui, recevant de cette dernière un abortif, essaie d'anéantir l'être qu'elle a conçu : « tous trois sont également coupables, la fille, l'homme et la vieille ». Le devoir du séducteur d'une fille, ajoute le livre mazdéen, est de la protéger elle et son enfant : il est responsable du mal qui arriverait à ce dernier s'il ne le nourrissait pas.

A la différence, sinon du Mosaïsme, au moins du Christianisme, le Mazdéisme, se fondant ici sur la morale humaine, est absolument ennemi du célibat et déclare formellement sa préférence pour l'homme marié, pour le père de famille (3), bien plus humain en cela que la doctrine chrétienne (SS. Paul, Cyprien, Jérôme, Augustin), qui, sans condamner le mariage, le regarde comme inférieur au célibat (4).

L'éloge de la vie familiale, de la vie active, de la vie agricole

(1) Chap. seizième, *in fine*. Voyez aussi au quinzième chapitre du même livre.

(2) Chap. dix-huitième du Vendidad.

(3) Chapitre quatrième du Vendidad.

(4) La polygamie n'était pas interdite. Dans son troisième livre, Hérodote fait allusion à la multiplicité des femmes chez les Perses. La fille d'Otanès attend pour rechercher les oreilles du faux Smerdis que son tour de l'aller trouver soit arrivé : « Quum ad illam rediisset ordo intrandi ad magum (per vices enim apud Persas uxores ad maritum intrant), cubiculum ingressa cum eo concubuit, et postquam gravi somno magus sopitus erat, aures ejus palpavit. » Strabon (livres onzième et quinzième) confirme ce renseignement. De même Ammien Marcellin, dans son vingt-troisième livre, Agathias dans son livre second. Nous lisons dans Chardin (t. III, p. 128, édit. 4°) : « Les

tient une bonne part du troisième chapitre du Vendidad (1). C'est ainsi que la seconde des cinq choses qui réjouissent le plus la terre, c'est qu'un homme saint s'y bâtisse une demeure pourvue de feu, de bétail, d'une femme et d'enfants, puis, qu'il arrose le sol aride, qu'il dessèche les terrains humides. A qui des deux bras travaille la terre, celle-ci apporte la richesse. Comme un ami à un ami chéri, elle lui apporte la postérité et la richesse. Celui qui des deux bras cultive cette terre, ô saint Zarathustra, cette terre lui dit : Homme qui me cultives des deux bras, je veux toujours porter toutes les nourritures avec le fruit des champs. Celui qui ne cultive pas cette terre des deux bras, ô saint Zarathustra, cette terre lui dit : Homme qui ne me cultives pas des deux bras, tu vas toujours mendier ta nourriture à la porte d'autrui .... O créateur, quel est l'accroissement de la loi mazdéenne? A cela Ahura mazdâ répondit : C'est lorsqu'on cultive les céréales avec assiduité, ô saint Zarathustra. Qui cultive les fruits des champs, celui-là cultive la pureté; il favorise la loi mazdéenne, il développe la loi mazdéenne. Lorsqu'il y a des fruits de la terre, les démons sifflent; lorsqu'il y a des pousses, les démons toussent; lorsqu'il y a des tiges, les démons pleurent; lorsqu'il y a d'épais épis, les démons pren-

Guèbres ne répudient point leurs femmes ; mais, en cas de stérilité durant les neuf premières années du mariage, ils en peuvent prendre une seconde avec la première. » Dans Tavernier : « La religion des Gaures leur permet d'avoir cinq femmes s'ils les peuvent entretenir, et il ne leur est pas loisible d'en repudier aucune, qu'en cas d'adultère fort évident ou qu'elle se fasse Mahometane ; encore faut-il qu'ils atendent un an pour voir si elle ne se repentira point de sa faute, et si elle vient à la reconnoître, le Prestre luy donne une penitence de trois ans, aprés laquelle il les remarie, et le mari et la femme retournent ensemble. » *Op. cit.* Édit. de 1679, t. I, p. 487.

(1) On lit dans Chardin : « Leur grande profession est l'agriculture, c'est-à-dire le jardinage, le vignoble et le labour. Ils regardent l'agriculture non-seulement comme une profession belle et innocente, mais aussi comme méritoire et noble, et ils croient que c'est là la première de toutes les vocations, celle pour qui le *Dieu Souverain* et les *Dieux inférieurs*, comme ils parlent, ont le plus de complaisance et qu'ils récompensent le plus largement. Cette opinion tournée en créance parmi eux, fait qu'ils se portent naturellement à travailler à la terre et qu'ils s'y exercent le plus ; leurs prêtres leur enseignant que la plus vertueuse action c'est d'engendrer des enfants, et après de cultiver une terre qui serait en friche, de planter un arbre, soit fruitier, soit autre. » *Op. cit.*, t. III, p. 127, édit. 4°.

nent la fuite. C'est dans la demeure où se trouvent le plus d'épis que les démons sont le plus terrassés.

Cette chaude incitation au labeur pourrait être mise en comparaison avec le mépris profond qu'affecte le Sémitisme à l'égard du travail. De là, chez les Sémites, les tendances fortement communistes, hautement pratiquées par les premiers Chrétiens et prêchées si catégoriquement par les apôtres, par les S. Justin, les Tertullien, les S. Ambroise et nombre d'autres. De là, par contre, dans le Mazdéisme, l'éloge éclatant de la propriété individuelle, fruit du travail, si haut prisé, comme nous venons de le voir. Le Vendidad, au chapitre quatrième, n'hésite pas à donner la préférence formelle au riche sur le pauvre : en cela il n'y a rien d'étonnant au sein d'une société où le gain répond de soi-même au labeur et où l'on peut dire que le bien-être est la résultante du travail.

Enfin, nous avons eu déjà l'occasion de parler de l'horreur des Mazdéens pour le mensonge, de leur fidélité à la foi jurée, de leur bienfaisance.

Hérodote rapporte dans son premier livre que la première éducation donnée aux enfants perses est de monter à cheval, de se servir de l'arc, de dire la vérité. Strabon, dans son quinzième livre, confirme ces renseignements, et Platon (*Alcib.* I, édit. Didot, p. 480) rapporte qu'un précepteur était donné aux princes perses, chargé de leur apprendre à dire toujours la vérité : ἀληθεύειν διὰ παντὸς τοῦ βίου.

La tradition confirme pleinement cette aversion des anciens Perses pour le mensonge, et nous lisons dans la soixante-dix-septième des « Cent portes » (p. 51) : Præceptum est ut mendacium non dicas, ne hoc ipso fias in hoc mundo infamis. Nam quamvis a mendacio tuo procederet res recta nihilominus tamen vita et dignitas tua jacturam patietur. Omne peccatum superat mendacium.

En parlant du dieu Mithra, nous avons dit combien il était recommandé de garder la foi jurée, combien il était coupable de la violer. Voir ci-dessus, p. 197.

L'Avesta prescrit en termes non moins formels les pratiques de la bienfaisance. Le dix-huitième chapitre du Vendidad ordonne formellement de donner des vêtements aux pauvres ; refuser à ceux-ci est un acte criminel (verset quatre-vingt-unième). La tradition est tout-à-fait explicite sur ce point : « Si pascis esurientes pietatis causa, hoc modo multum meritum reportabis, modo boni nominis fuerint, non autem peccatores qui de cibo tuo comederint » (vingt-unième des « Cent portes ».

De l'étude de l'Avesta nous pourrions tirer encore, grâce à des inductions suffisamment justifiées, d'autres renseignements, non sans intérêt, sur les doctrines morales de l'ancien Mazdéisme. Ce que nous avons rapporté dans les quelques pages ci-dessus nous paraît toutefois caractéristique et donne assez à entendre ce que pouvait être l'ensemble de ce système auquel il serait difficile de ne pas assigner une place spéciale, une place singulièrement honorable, au milieu des autres doctrines contemporaines. Sans doute, le Mazdéisme a vicié dans son fondement même la morale qu'il enseignait, en tant qu'il la regardait comme dépendante d'une foi religieuse et qu'il la déduisait d'une révélation ; la conscience actuelle des groupes les plus avancés de l'humanité réprouve cette idée. En définitive, il faut savoir gré aux antiques Mazdéens de ce qu'ils n'ont introduit le déisme dans leur morale qu'en ce qui concerne une révélation primitive ; c'est une faute, assurément, mais partout ailleurs ils se sont montrés humains, et, avant tout, amis du travail, du travail qui seul peut légitimement donner à l'homme, ainsi que nous l'apprend l'expérience, une conscience nette de sa propre dignité.

TABLE ANALYTIQUE

Âberet. L'un des acolytes de l'officiant, 442.

Acolytes. Les — du sacrificateur, 433.

Adolescence. Age de l' — chez les Éraniens, 453.

Aêşma. Démon de la colère, 305, auxiliaire d'Ahriman, 306.

Âfrîgans. Les —, 118.

Agathias. Sur les funérailles perses, 485.

Agriculteur. L'état d' —, 493.

Ahuna vairya. Prière spéciale, 452.

Ahura. Sens du mot —, 161.

Ahura mazdâ. Entretiens d' — avec Zarathustra, 431. Les femmes d' —, 434.

Airyaman işya, 430.

Aiwiçrûthrema. Partie du jour, 297.

Aka manah. L'un des contre-Amchaspands, 217, 306.

Alexandre. La légende d' — chez les Parses, 97.

Amchaspands. Nom moderne des *ameşas çpentas*, 214.

Âme. L' — après la mort, 360.

Amende. Rachat des fautes au moyen d'une —, 413.

Ameretât. Amchaspand, 224. Est associée à Haurvatât, 224.

Ameşas çpentas. Rôle important des —, 214. Créés par Ormuzd, 215. Nombre des —, 215. Leurs fonctions, 216. Leur demeure, 217. Leurs ennemis particuliers, 217.

Anâhita. Divinité des eaux, 79, 254. Sens de ce nom, 254. Relations des auteurs anciens sur —, 255. Morceaux de l'Avesta sur —, 257. Déesse de la fécondation, 265.

Anaïtis. Voir *Anâhita*.

Animaux. Destruction des nuisibles, 21, 357, 378, 412.

Añra mainyu. Est le chef des divinités malfaisantes, 299. Signification de ce nom, 300. La création d' —, 301, 332. Défaite d'—, 303, 333, 369.

Anquetil-Duperron. Vie d' —, 17. Anquetil chez les Parses, 24. Version de l'Avesta par —, 28. Différents écrits d' —, 29. Sur les cérémonies purificatoires, 381. Sur les unions consanguines chez les Parses, 468. Sur les funérailles des Guèbres, 478.

Aogemadaêçâ. Opuscule parsi sur le sort de l'homme après la mort, 364.

Ap. Est l'eau en général, 250. Relations des auteurs grecs sur le culte de l'eau chez les Perses, 250.

Apãm napat. Divinité des eaux, 252. Personnifie l'eau fécondante, 253.

Apaoṣa. Le démon — est l'ennemi particulier de Tiskya, 241, 307.

Appien. Sur un sacrifice offert par Mithridate, 420.

Araçka Démon, 308.

Ardvi çûra Anâhita. Voir *Anâhita.*

Ârmaiti (çpenta). Fait partie du groupe des Amchaspands, 223. Est la sagesse parfaite, 223. Son rôle, 224.

Arménien. Zend et —, 86.

Arrien. Sur les sacrifices des Perses, 419.

Arsacides. La religion mazdéenne sous les —, 100.

Arstât. Déesse de la sincérité, 209.

Arsti: Voir *Arstât.* Est du sexe masculin, 210.

Artisans. La classe des —, 494.

Açman. Est le ciel, 269.

Âçnâtar. L'un des acolytes de l'officiant, 442.

Açtôvîdhôtu. Démon de la mort, 206.

Ascoli. Sur la langue zende, 85.

Astra. Instrument servant à détruire les animaux nuisibles, 413.

Aṣa. Nom de la pureté mazdéenne, 92, 373. Opinions diverses sur ce mot, 374.

Aṣa vahista. L'un des Amchaspands, 219. Hymne à —, 220.

Aṣôzusta. L'oiseau —, 400.

Aṣemaoghas (Les). Sont les hétérodoxes, les impies, 323.

Aṣem vohû. Prière très-efficace, 375. Éloge de l'—, *ibid*.

Aṣi. Est la pureté, 279. Sa beauté et sa puissance, *ibid*. Ormuzd l'appelle auprès de lui, 281.

Âtar. Nom du feu, 227. Hymne à —, 227. Lutte contre les créatures d'Ahriman, 233.

Âtarevakhṣa. L'un des acolytes de l'officiant, 442.

Âtarvan. Nom général du prêtre, 442.

Âtaṣ gah. Lieu où l'on pratiquait le culte du feu chez les Éraniens du moyen âge, 451.

Âthravan. Voir *Âtarvan*.

Avesta. Ce qu'est l' —, 3. Versions de l' —, 28. 46. 50. 71. 91. Discussions sur l'authenticité de l' —, 30. Interprétation de l' —, 58. 60. 89. Véda et —, 63. 88. Publication du texte de l'Avesta, 67. 70. 73. 74. Les livres perdus de l' —, 97. L' — tel qu'on le possède aujourd'hui, 104. Sens de ce mot, 110. Métrique de l' —, 126. Comment se présente le texte de l' —, 127. Est l'œuvre de plusieurs, 130. Patrie de l' —, 131. Age de l' —, 132. Morale de l' —, 483.

Avortement. Crime d' —, 396.

Ayâthrema. Génie d'une partie de l'année, 427.

Ayuso. Sur le zoroastrisme, 91.

Âzi. Adversaire du feu, 309.

Aži dahâka. Combattu par le feu, 234. Est compté au nombre des Drujes, 315.

Bahman yest. Livre éranien du moyen âge, 50.

Banier. Sur la religion des Perses, 16.

Bareçman. Faisceau de rameaux employé dans le sacrifice, 425.

Barthélemi (P. de S.). Sur le perse ancien, 40. Sur le mot zend, 107.

Bartholomæ. Sur la grammaire zende, 94.

Baṣi. Démon, 311.

Bayle. Sur Zoroastre, 9. Sur le dualisme, 150.

Beausobre. Sur le zoroastrisme, 12.

Benfey. Sur les noms de mois chez les Perses, 68. Sur la grammaire zende, 75. Sur la mythologie comparée, 76.

Bezzenberger. Sur la grammaire zende, 94.

Bienfaisance. Est ordonnée, 498.
Bois. Souillé par le contact d'un cadavre, 386.
Bopp. Sur la grammaire zende, 67.
Bourchier. Se procure des manuscrits zends, 17.
Brisson. Écrits de —, 5. Sur la pédérastie chez les Perses, 397. Sur le culte de l'eau, 398. Sur les sacrifices des Mages, 421.
Brockhaus. Publie le texte des trois grands livres de l'Avesta, 70
Brown. Sur le zoroastrisme, 94.
Brücker. Sur le zoroastrisme, 13. 30. Sur les mages, 445.
Bruyn (Corn. le). Sur Zoroastre, 136. Sur les funérailles des Guèbres, 475.
Buddeus. Sur Zoroastre, 9.
Bûidhiža. Démon, 311.
Bûiti. Démon, 307.
Bœtticher. Voir *Lagarde*.
Boré. Sur Silvestre de Sacy, 38.
Boundehèche. Livre éranien du moyen âge, 50. 68. 74. 76. 84.
Bûji. Démon, 311.
Burnouf (Eug.). Fonde l'interprétation méthodique de l'Avesta, 46. 54. Sur Anquetil-Duperron, *ibid*. Sur la tradition chez les Parses, 57. Sur la grammaire zende, 67.
Burton. Sur l'ancien perse, 7.
Bûṣyãçta. L'une des Drujes, 311. Démon du sommeil, *ibid*.
Cadavre. Impureté résultant du contact d'un —, 382. Purification des porteurs de —, 388. Où l'on doit emporter les —, 482.
Castes. S'il y a eu de véritables — chez les Mazdéens, 493.
Castor. Créature d'Ormuzd, 356.
Centaures. Nom primitif des —, 310.
Chardin. Sur les Guèbres, 21, 26. Sur Zoroastre, 148. Sur le culte du feu, 232. Sur les funérailles des Guèbres, 472. Sur la pluralité des femmes chez les Guèbres, 496.
Cheveux. Taille des —, 377, 399.
Chien. Soins dus au —, 336. 344. Éloge du —, 355. A qui ressemble le —, *ibid*. On mène un — sur la route où a passé un convoi funéraire, 484.

Chinon. Sur les Guèbres, 25. Sur les livres de l'Avesta, 53, 98. Sur le culte du feu, 230. Sur le respect qu'ont les Guèbres pour le bœuf et la vache, 336. Sur la destruction des animaux nuisibles, 358. Sur le pont Tchinvat, 365. Sur l'impureté chez les Guèbres, 377. Sur les funérailles des Guèbres, 470.
Ciel. Le — divinisé, 269.
Colère. Châtiment de la —, 412.
Confession. L'Avesta ne mentionne pas la confession des péchés, 415.
Consanguins. Mariage entre —, 464, 467.
Contrats. Sainteté des —, 113.
Création. La — d'après le Vendidad, 112, 168. La — d'après l'enseignement général de l'Avesta, 331. Les premières — d'Ormuzd 334. Double —, 492.
Daêna. La loi mazdéenne divinisée, 277. Sa puissance, 278.
Daêvas (Les). Démons, 303. Leur nombre incalculable, 303, 309. Les — invisibles, 303. Les — terrestres, 304. Démons varéniens, mâzaniens, 304.
Dahâka. Le serpent —, 259, 267.
Dahma âphriti. L'oraison —, 430.
Dakhma. Emplacement funéraire, 383, 387, 483, 485. Abandon d'un —, 485.
Daiwi. Est la tromperie, 308.
Dâmôis upamana. Est l'imprécation, 281.
Darab. Le destour — et Anquetil, 24. Elève de Djamasp, 52. Sur le sens du mot « zend », 105.
Darmesteter (J.). Sur la grammaire zende, 91. Sur la mythologie de l'Avesta, *ibid*. Notices critiques, 92, 93, 94. Sur le nom de Zoroastre, 137. Sur l'*aṣa* des Mazdéens, 373.
Darouns. Lés —, pains du sacrifice, 423.
Daulier. Sur les Guèbres, 20.
Destour. 442.
Dette. Respect de la — contractée, 412.
Diderot. Sur le zoroastrisme, 15. Sur le dualisme, 152. Sur les Mages, 446.
Diogène Laërce. Sur les deux principes 153.
Divinités. Les — bienfai-

santes, 161. Les — malfaisantes, 299.
Djamasp. Le destour — chez les Parses de l'Inde, 52.
Dorn. Sur le pehlvi, 50.
Driwi. Est la personnification de la mendicité, 308.
Drujes (Les). Divinités malfaisantes, 311.
Drvâçpa. On honore sous ce nom l'âme du taureau primitif, 294, 335. Hymne à —, *ibid*.
Dualisme. Le — dans l'Avesta, 90, 150. J. Müller sur le — mazdéen, 151.
Dubeux. Sur les Guèbres, 22.
Dunker. Sur les Perses, 75.
Eastwick. Sur l'exode des Parses, 18.
Eau. Culte de l'—, 250. Les différentes eaux, 251. Brisson sur le culte de l'—, 398. Souillée par un cadavre, 385.
Ebel. Sur la phonologie zende, 81.
Enfant. Protection due à l'— d'une fille séduite, 495. Purification de la femme qui accouche d'un — mort, 389.
Enfers. Arrivée de l'âme du méchant aux —, 364. Différents étages infernaux, 366.
Enterrement. L'— d'un cadavre est un acte criminel, 480. L'— des morts est un acte criminel, 481.
Éraniens. Hindous et —, 62.
Esprit. Le saint —, 166.
Famille. Éloge de la —, 113.
Fargard. Nom des chapitres du Vendidad, 127.
Femmes. Cause d'impureté chez les —, 378. Purification des — après le flux périodique, 391. Respect pour les —, 494. Pluralité des —, 496.
Férouer. Voir *Phravaşi*.
Ferrier. Sur les Guèbres, 24.
Feu. Honoré sous le nom d'Âtar, 227. Le culte du — chez les Éraniens rappelé par les auteurs grecs, 229. Différentes sortes de —, 234. Éloigné de la maison mortuaire, 482.
Fick. Sur les langues éraniennes, 87.
Figueroa. Sur les Guèbres, 20. Sur les funérailles des Guèbres, 470.
Fille. Époque à laquelle une — peut être mariée, 463.
Flandin. Sur les sacrifices des Guèbres, 422.
Foucher. Sur la religion des

Perses, 14. Sur le zend et l'Avesta, 105.
Fourmis. Destruction des —, 356, 413.
Frank. Sur les rapports du perse avec le sanskrit, 41.
Franklin. Sur les Guèbres, 23.
Fraser. Achète des manuscrits zends, 17, 127.
Fréret. Sur les mois persans, 298.
Funérailles. Les — mazdéennes, 469.
Gâhs. Les cinq —, 118.
Gandarewa. Démon, 310.
Gaomaêza. Urine de vache, 379
Gâthâs. Cantiques anciens, 77, 82. Les cinq —, 116, 118. Place des — dans la littérature de l'Avesta, 119. La langue des —, 121. Interprétation des —, 122.
Gâus hudhâo. Sens de ce mot, 424.
Gâu jîvya. Sens de ce mot, 423.
Gaya maretan. L'homme primitif, 335.
Gayômart. Voir *Gaya maretan*.
Geiger. Sur la version huzvârèche de l'Avesta, 93. Sur la langue de l'Avesta, *ibid*.
Geldner. Sur la métrique dans l'Avesta, 94, 126. Sur la lexicographie zende, 94.
Gèus urvan. Ame du taureau primitif, 294. Hymne à —, *ibid*.
Girard de Rialle. Sur la mythologie éranienne, 87.
Goudjerati. Versions de l'Avesta en —, 51.
Guèbres. Cérémonies des —, 422. Voir *Parsis*.
Guerrier. L'état de —, 493.
Hâ. Nom des chapitres du Yaçna, 115, 127.
Haoma. Plante et divinité, 273. Hymne à —, 274. Puissance de —, 277. Louange de —, 440.
Haptôiringa. Constellation, 246.
Harlez (*Ch. de*). Traduit l'Avesta, 91. Sur les origines du zoroastrisme, 92. Sur la langue de l'Avesta, *ibid*.
Haṣi. Démon, 311.
Hâthra. Distance, 389.
Haug. Sur l'interprétation de l'Avesta, 61. 65. Écrits de Haug sur la langue et la littérature de l'Avesta, 76. 78. Écrits de Haug sur le Boundehèche, *ibid*. Sur les Gâthâs, 123. Sur l'âge de

l'Avesta, 132. Sur Zoroastre, 136. Sur le prétendu monothéisme des anciens Éraniens, 154.
Haurvatât. Divinité associée à Ameretât, toutes deux faisant partie du groupe des Amchaspands, 224.
Hâvana. Mortier servant au sacrifice, 424.
Hâvanan. L'un des acolytes de l'officiant, 442.
Hâvani. Partie du jour, 297.
Heeren. Défend l'authenticité de la langue zende, 37.
Herbed. 443.
Herbelot (d'). Sur le mot zend, 106.
Herbert. Ouvrage de —, 7.
Hérodote. Sur les sacrifices des Mages, 416. Sur les sacrifices des Perses, 417. Sur le culte des anciens Perses, 449. Sur l'instruction des enfants chez les Perses, 458. Sur les funérailles perses, 484.
Hœlty. Sur la légende éranienne, 42.
Homme. L' — primitif, 335.
Hovelacque. Sur la langue et la littérature de l'Avesta, 87.
Honover. La prière —, 452. Récitation de l' —, 405, 411. Voir *Ahuna vairya*.
Hübschmann. Sur l'interprétation de l'Avesta, 89. Études sur l'Avesta, *ibid*. Sur l'*aṣa* des Mazdéens, 373.
Huet. Sur Zoroastre, 10.
Hukairya. Le mont —, 263.
Huzvârèche. Langue éranienne du moyen âge, 46, 78. Sens de ce mot, *ibid*. Version de l'Avesta en —, 47, 93. Grammaire —, 71, 95. Dictionnaire —, 86, 95.
Hvare. Est le soleil, 236. Hymne à —, 237.
Hvôvi. Femme de Zoroastre, 147.
Hyde. Écrits de —, 5, 51. Sur le mot zend, 106. Sur les mois persans, 298. Sur les funérailles des Guèbres, 476.
Imprécation. L' — contre les créatures démoniales, 283.
Impureté. Causes d' —, 373. Création d'Ahriman, 377.
Interprétation. Différentes méthodes d' — de l'Avesta, 60, 65.
Jahi. L'une des Drujes, 314. Est l'impudicité, *ibid*.
Janis (Les). Divinités malfaisantes d'ordre secondaire, 321.
Jolly. Sur la grammaire zende

90. Sur le dualisme mazdéen, *ibid.*
Jour. Les — et parties du — consacrés aux différentes divinités bienfaisantes, 296.
Jones (*W.*). Pamphlet de — contre Anquetil, 31. Sur le mot zend, 108.
Juges. Les trois — de l'homme après la mort. 365.
Justi. Publie un dictionnaire zend, 83. Sur le Boundehèche, 84. Polémique de — et de Haug, 61, 84. Publie une histoire abrégée de la Perse, 85.
Kapaçti. Démon, 311.
Karapans (*Les*). Génies malfaisants, 322.
Kard. Nom des chapitres du Vispered, 127.
Katu. On y dépose les cadavres, 482, 484.
Kavis (*Les*). Génies malfaisants, 322.
Kayuži. Démon, 311.
Kãçu. La semence de Zoroastre conservée dans le lac —, 368.
Kereçâni. Adversaire de Haoma, 310.
Kern. Sur Zoroastre, 86, 149.
Ker Porter. Sur les Guèbres, 23.
Khnãthaiti. Nom ou épithète d'une Pairika, 318.
Khorda Avesta. Voir *Petit Avesta.*
Khraphçtras (*Les*). Animaux malfaisants créés par Ahriman, 356. Voir *Animaux.*
Khṣathra vairya. L'un des Amchaspands, 222. Rôle effacé de —, 223.
Kleuker. Traduit la version d'Anquetil, 35.
Kossowicz. Différents écrits sur la littérature de l'Avesta, 82. Édite et traduit les vieilles inscriptions perses, 82. Sur le prétendu monotéisme des anciens Éraniens, 155.
Kosti. Ceinture mazdéenne, 459.
Kundiža. Démon, 311.
Mages. Sacrifices des —, 418, 421. Ce que c'était que les —, 443. Origine des —, 448.
Mâh. Est la lune, 238. Hymne à —, 239.
Maidhyâirya. Génie d'une partie de l'année, 428.
Maidhyôṣema. Génie d'une partie de l'année, 427.
Maidhyôzaremaya. Génie d'une partie de l'année, 427.

Mandelslo. Sur les Guèbres, 22. Sur les Amchaspands, 217. Sur le sort de l'homme après la mort, 365. Sur la chasteté des Perses, 396. Sur les funérailles des Guèbres, 475.

Manuscrits zends. Obtenus par Bourchier, 17; par Fraser, 17. Les — zends sont accompagnés ordinairement de leur traduction en huzvârèche, 50. Spiegel sur les —, 60. Les — de l'Avesta, 127.

Mariage. Le — chez les Éraniens, 461, 468. Éloge du —, 495.

Martin. Sur le zoroastrisme, 13.

Mazdâ. Sens du mot —, 161, 164.

Mazdéen. Double tâche du fidèle —, 336.

Mazdéisme. Le — sous les Arsacides, 100. Sous les Sassanides, *ibid.* Le — et la conquête arabe, *ibid.*

Méhégan. Sur Zoroastre, 28.

Meiners. Contre l'authenticité de l'Avesta, 34. Sur les mages, 448.

Ménant. Sur Zoroastre, 70. Sur les mois persans, 298.

Menard. Sur un monument mithriaque, 198.

Mensonge. Horreur du —, 411, 497.

Métrique. La — dans l'Avesta, 81, 88, 90, 94, 126.

Meyr (Aur.). Sur la métrique dans l'Avesta, 88.

Minokhired. Livre éranien du moyen âge, 50.

Mithra. Écrit de Windischmann sur —, 79. Écrits de Lajard, 86. L'une des divinités les plus importantes, 172. Les auteurs anciens sur —, 173. Dieu médiateur, 174, 195. Yast de —, 175. — Dieu de la lumière créée, 192. Dieu de la bonne foi, 192, 197. Créé par Ormuzd, 193. Identifié au soleil, 193. Ses compagnons ordinaires, 196. Juge des morts, 197.

Mobed. 442.

Mohl. Sur le zoroastrisme, 43.

Mois. Patrons des différents —, 298.

Monde. Conception du — dans le zoroastrisme ancien, 327. But de la création du — matériel, 333. Dans quel ordre a été créé le — matériel, *ibid.* Extension du — pur, 336.

Monothéisme. Prétendu — des anciens Éraniens, 157.
Morale. La — zoroastrienne, 74.
Mordtmann. Sur le pehlvi, 50.
Mort. Sort de l'homme après la —, 359.
Morts. Jugement des —, 197, 209.
Moyen âge. Littérature éranienne du —, 50.
Mûidhi. Démon, 311.
Müller (*Fr.*). Sur la grammaire zende, 82. Sur le nom de Zoroastre, 137.
Müller (J.). Sur le pehlvi, 68. Sur les deux principes, 151.
Murray Mitchel. Sur la littérature zende, 74.
Mûs. Nom d'une divinité malfaisante, 319.
Myazdas. Les —, offrandes du sacrifice, 423.
Mythologie. Sur la mythologie éranienne, 79, 87, 88, 91.
Nairya çañha. Divinité du feu, 236.
Naissance. Comment l'enfant doit être lavé après la —, 456.
Naçu. La Druje —, 113. L'une des Drujes, 314. Se précipite sur le corps à l'heure de la mort, *ibid*. Occasionne l'impureté, 383, 386. Fuit petit à petit devant la purification, 403.
Nāoñhaithya. Démon, 217. L'un des contre-Amchaspands, 306.
Nériosengh. Version sanskrite de l'Avesta par —, 50.
Norsk. Sur la mythologie des Perses, 68.
Nosks. Les vingt-et-un —, 101, 104.
Nyâyis. Les cinq —, 118.
Œil. Le mauvais —, 315.
Officiant. S'adresse aux différentes classes de Mazdéens, 433.
Olearius. Traduit le livre de Stanley, 7.
Olshausen. Publie une partie des textes zends, 43, 66. Sur le pehlvi, 50.
Ongles. Taille des —, 377. 399.
Oppert. Sur l'*honover*, 82.
Orientaux. Écrits des — modernes sur le mazdéisme, 94.
Ormuzd. Chef des divinités bienfaisantes, 160. Son nom, *ibid*. Ses qualités, 164. Honoré comme créateur, 169. Ses attributs corporels, 170. Les noms

d' —, 171. Triomphe final d' — sur Ahriman, 368.

Orterer. Sur la grammaire zende, 90. Sur la métrique dans l'Avesta, 91.

Pain. Offert dans les cérémonies du culte, 423.

Pairika. La — *duźyâirya* lutte contre Tistrya, 245. Divinités malfaisantes, 316. Grand nombre des —, *ibid.* Mentionnées dans les incantations purificatoires, 318.

Paitidâna. Voile employé dans le sacrifice pour préserver de l'haleine, 426.

Paitishahya. Génie d'une partie de l'année, 427.

Paradis. Arrivée de l'âme pure au —, 361. Est appelé le lieu excellent, 366. Différents étages du —, *ibid.*

Parahaoma. Le suc exprimé de la plante *haoma*, 277, 424.

Pârendi. Personnifie la prière fructifiante, 281.

Parses. Quatre langues dans l'histoire des —, 108. Voir *Parsis*.

Parsis. Exode des —, 18. Établissements actuels des —, *ibid.* La tradition chez les — contemporains, 52. Divisions des —, *ibid.*

Pastoret. Sur Zoroastre, 36.

Pâtyâp. Cérémonie purificatoire, 379.

Pausanias. Sur les sacrifices des mages, 420.

Pavie. Sur les Parsis, 69.

Péchés. Les cinq — capitaux, 114.

Pédérastie. Crime très-grave, 396, 494.

Pénom. Usage du —, 52. Voir *Paitidâna*.

Péris (Les). Voir *Pairikas*.

Perse. Inscriptions cunéiformes de la —, 73, 82. Histoire de la — ancienne, 85.

Perses. Religion des anciens —, 5, 8.

Petit Avesta. Recueil de prières honorifiques, 101, 104, 118.

Philon. Sur les unions consanguines chez les Parsis, 465.

Phṣuṣa mâthra, 431.

Pline. Sur les écrits de Zoroastre, 101.

Plutarque. Sur les deux principes, 153. Sur le panthéon éranien, 174. Sur la destruction des animaux nuisibles, 357. Sur la résurrection chez les Mazdéens, 370. Sur les unions con-

sanguines chez les Perses, 465.
Pocock. Ouvrage de —, 7.
Pollution. Purification après la —, 395.
Polygamie. La — chez les Éraniens, 495.
Polythéisme. Le — de l'Avesta, 159.
Porteurs. Office des — de cadavres, 484.
Pott. Sur les anciens noms perses, 80.
Phrabaretar. L'un des acolytes de l'officiant, 442.
Phrâbâzu. Mesure de longueur, 387.
Phrârâthni. Mesure de longueur, 387.
Phravaṣi. Prototype divin d'un être, 125. Signification de ce mot, 288. Hymne aux —, *ibid.*
Prêtres. Les — nomades, 434. Différentes classes de —, 441.
Prideaux. Sur la religion des Perses, 11.
Principes. Les deux —, 150.
Prophètes. Les trois — nés de la semence de Zoroastre, 367.
Pazend. Sens de ce mot, 108, 110.
Pureté. La — mazdéenne, 373. Éloge de la —, 375.
Purificateur. Qualité du —, 401, 409. Rémunération du —, 407.
Purification. Différents modes de —, 379. Cérémonies de —, 388. Lieu de —, 402. —, des porteurs de cadavres, 484.
Qarenah. A le sens de majesté, 248. Apanage des contrées éraniennes, 249.
Râman. Dieu de l'air, 266. Chasse les démons, 267. Dieu de la sapidité, 268. Associé à Mithra, 268.
Raoćah. Est honoré comme l'éclat infini, 247.
Rapithwina. Partie du jour, 297. N'est pas compté en hiver, 298.
Rapp. Écrits de —, 5. Sur la religion des anciens Perses, 85.
Raçpi. Voir *Rathwiskar*. Assume les fonctions des différents acolytes de l'officiant, 443.
Rask. Sur l'âge et l'authenticité de la langue zende, 39. Sur l'âge de l'Avesta, 133.
Raṣnu. Associé à Mithra et à Çraoṣa, 209.
Rathwiskar. L'un des acolytes de l'officiant, 442.

Rawlinson. Sur le nom de Zoroastre, 137.
Reland. Sur l'ancien perse, 7. Sur les mages, 443.
Repentir. Nature du — chez les Mazdéens, 414.
Résurrection. La — des morts, 367. Les auteurs de l'antiquité sur la — chez les Mazdéens, 369.
Révélation. La — d'Ormuzd, 327. Enlève à la loi sa valeur morale, 489. Éloge de la —, 490.
Richardson. Sur la langue perse et sur l'Avesta, 32.
Rivaïets. Dissertations de prêtres parses, 51.
Rhode. Écrits de — sur l'Avesta, 38. Sur la révélation mazdéenne, 330.
Romer. Sur le zend, 75.
Roth. Sur l'interprétation de l'Avesta. 64. Explique le zend par le sanskrit, 88. Différents écrits de — sur la langue et la littérature de l'Avesta, *ibid*.
Çäeni. Démon, 311.
Çaoka. Est vraisemblablement une personnification de la prière, 286.
Çaoṣyat. Le troisième prophète mazdéen né de la semence de Zoroastre,. 367. Est le sauveur définitif, *ibid*.
Çaoṣyats (*Les*). Voir *Sauveurs*.
Çâtars (*Les*). Génies malfaisants, 321.
Çatavaêça. Constellation, 246.
Çauru. L'un des contre-Amchaspands, 306.
Çaurva. Démon, 217.
Çkemba, ou *Kata*. Voir ce dernier mot.
Çpenjaghra. Démon, 307.
Çraoṣa. Hymne dédié à —, 199. Vainqueur des démons, 206. Associé à Mithra, 207. Sa demeure, *ibid*. Poursuit le parjure, 208. Juge des morts, 209.
Çraoṣâvareza. L'un des acolytes de l'officiant, 442.
Çraoṣôćarana. Instrument servant à détruire les animaux nuisibles, 413.
Çtaota yaçnya. Texte sacré, 428.
Sachau. Sur la littérature zoroastrienne, 88.
Sacrifice. Le saint —, 416. Invocations commençant le saint —, 426.
Sadder. Le livre des —, 51.
Sanson. Sur les Guèbres, 25. Sur les funérailles des Guèbres, 474. Sur l'impureté chez les Guèbres, 378.

Sassanides. La religion mazdéenne sous les —, 100.
Sauveurs. Les trois — dans la légende éranienne, 147. Êtes purs attendant la venue du dernier prophète, 369.
Schleicher. Sur la langue zende, 81.
Schlottmann. Sur un chapitre du Vendidad, 75.
Schœbel. Sur le zoroastrisme, 94.
Sémitisme. Influence du — sur les croyances mazdéennes et du mazdéisme sur les croyances sémitiques, 1.
Serpents. Destruction des —, 413.
Silvestre de Sacy. Sur le pehlvi, 38. Sur le zoroastrisme, 43.
Sîrôza. Morceau du Petit Avesta, 118.
Skaarman. Sur le dualisme, 38.
Soleil. Culte du —, 236. Hymne au —, 237.
Sommeil. Le mauvais —, 312. Le bon —, 314.
Spiegel. Sur la version de l'Avesta en huzvârèche, 49. Sur Eug. Burnouf, 59. Fidèle à la méthode d'Eug. Burnouf, 60. Sur les manuscrits zends, *ibid*. Sur la tradition, *ibid*. Nombreux écrits de — sur la langue et la littérature de l'Avesta, 71. Sur les Gâthâs, 123. Sur le nom de Zoroastre, 137. Sur les deux principes, 154. Sur la création d'après l'Avesta, 331. Sur les cérémonies purificatoires, 381.
Stanley. Écrit de — sur la religion des Perses, 7. Sur les mages, 443.
Stern. Sur les noms de mois chez les Perses, 68.
Strabon. Sur les sacrifices des Perses, 418. Sur les unions consanguines chez les Perses, 465.
Stuhr. Sur la religion des Perses, 68.
Taureau. Le — primitif, 240. Semence du — primitif, *ibid*. Le — primitif, 294. Le — primitif, 334.
Tauru. Démon, 217, 306.
Tavernier. Sur les livres de l'Avesta, 53. Sur les livres de l'Avesta, 97. Sur l'impureté chez les Guèbres, 378. Sur la cérémonie du mariage chez les Guèbres, 469. Sur les funérailles des Guèbres, 470. Sur la pluralité

des femmes chez les Guèbres, 496.
Tchandór. Voir *Tchinvat.*
Tchinvat. Le pont —, 360, 365.
Temples. Il n'est pas question de — dans l'Avesta, 450.
Terre. Les cinq joies de la —, 112. Les cinq tristesses de la —, 113. La — divinisée 271. Dans quelles circonstances elle doit être laissée inculte, 384.
Texte. Le — saint divinisé, 283. Puissance du — saint, *ibid.* Ne peut être communiqué à tout le monde, 285.
Thévenot. Sur les Guèbres, 19. Sur les funérailles des Guèbres, 470.
Thonnelier. Publie un texte autographié de l'Avesta, 79.
Thraêtaona. Sacrifie à Anâhita, 259.
Thrita. Père de la médecine, 301.
Thwâṣa. Est l'espace infini, 269.
Tiele. Sur le zoroastrisme, 83.
Tistrya. Est Sirius et non Jupiter, 240. Apparaît sous différentes formes, *ibid.* Hymne à Tistrya, 241.
Torre (*Ph. della*). Sur Mithra, 198.
Tradition. La — éranienne du moyen âge, 46; contemporaine, 52, 57. Importance de la — pour la version de l'Avesta, 58.
Travail. Incitation au —, 497.
Tromperie. Horreur de la —, 411.
Tychsen. Défend l'authenticité de l'Avesta, 36.
Ukhṣyaṭereta. Prophète du mazdéisme, 367.
Ukhṣyaṭnemah. Prophète du mazdéisme, 367.
Union. Avec une femme affectée du flux périodique, 395. Avec une prostituée, 396. Avec une infidèle, *ibid.* Avec une femme enceinte, *ibid.*
Urine. Impureté produite par le contact de l'—, 399. Servant à purifier les porteurs de cadavres, 484.
Uṣahina. Partie du jour, 297.
Urvataṭnara. Fils de Zoroastre, 368.
Uzayêirina. Partie du jour, 297.
Valle (*Pietro della*). Sur les Guèbres, 18. Sur le culte du feu, 230. Sur la destruction des animaux nuisibles, 357. Sur les funérailles des Guèbres, 469.

Vanat. L'étoile —, 246.
Vâta. Dieu du vent, 265.
Vayu. Voir *Râman*.
Weber. Sur l'interprétation de l'Avesta, 62. Sur la grammaire et la littérature de l'Avesta, 74.
Véda. Avesta et —, 63, 88.
Veille. La — prescrite aux Mazdéens, 313.
Vendidad. Est principalement un livre cosmogonique, 111. Analyse du —, *ibid*. Manuscrits du —, 128.
Vendidad sadé. Recueil du Vendidad, du Vispered et du Yaçna présenté dans l'ordre liturgique, 129.
Verethraghna. Dieu de la victoire, 210. Hymne à —, 210. Apparaît sous dix formes différentes, 214.
West. Sur le pehlvi, 50. Sur la langue et la littérature de l'Avesta, 78. Sur les manuscrits du Vendidad, 128.
Westergaard. Sur les Guèbres, 24. Édite le Boundehèche, 74. Édite le texte de l'Avesta, *ibid*. Sur la mythologie éranienne, 75.
Westphal. Sur la métrique dans l'Avesta, 81.
Whitney. Sur l'Avesta, 80.
Viande. Offerte dans les cérémonies du culte, 423.
Vispered. Manuscrits du —, 129.
Vîtasti. Mesure de longueur, 387.
Vîzareṣa. Emmène l'âme des méchants au pont Tchinvat, puis aux enfers, 308, 360, 364.
Vôhu manah. L'un des Amchaspands, 218. Son rôle important, *ibid*.
Voltaire. Sur la pédérastie chez les Perses, 397.
Vourukaṣa. Lutte de Tistrya et d'Apaoṣa sur les bords de la mer —, 243.
Vullers. Sur l'Avesta, 42.
Wilhelm. Sur la grammaire zende, 94.
Wilson. Sur la religion mazdéenne, 69.
Windischmann. Écrits de — sur la langue, la littérature et la religion de l'Avesta, 79. Sur la résurrection chez les Mazdéens, 369.
Xénophon. Sur les sacrifices des Perses, 418.
Yaçna. Commentaire de Burnouf sur le —, 54. Livre du sacrifice, 115. Manuscrits du —, 129.
Yaçna haptañhâiti, 429.

Yasts. Les — composant le petit Avesta, 130.

Yâtus (*Les*). Divinités malfaisantes d'ordre inférieur, 320. On les associe généralement aux Pairikas, *ibid.* N'appartiennent pas tous au monde des esprits, 321.

Yazatas. On comprend sous ce nom un grand nombre de divinités, 226. Les — terrestres, *ibid.*

Yima. Héros de la légende éranienne, 112.

Zairića. Démon de la faim, 217, 306.

Zairimyañura. Créature d'Ahriman, 356.

Zaotar. Le prêtre officiant, 433, 442.

Zaothra. L'eau consacrée, 424.

Zarathustra. Voir Zoroastre.

Zem. La terre divinisée, 271.

Zend. Sens de ce mot, 3. Rapports du — et du perse ancien, 4. Opinions diverses sur le sens de ce mot, 105, 110.

Zohâk. Est l'ancien *aži dahâka*, 315.

Zoroastre. Écrit de Windischmann sur —, 80. Écrits attribués à —, 101. Sur le nom de —, 134. Les auteurs anciens sur —, 137. Âge de —, 138. Patrie de —, 140. Légende de —, 141. Famille de —, 147. Mort de —, 148. Sacrifie à Anâhita, 263. S'arme du texte saint, 283. Les créatures d'Ahriman sont impuissantes contre —, 302.

Zoroastrisme. Écrits des XVIe, XVIIe et XVIIIe siècles sur le —, 5. Est une religion révélée, 327.

Zrvan. Le temps increé, 295. Le temps à la longue domination, 296.

TABLE DES MATIÈRES

Avant-propos 1

INTRODUCTION. — Découverte et interprétation de l'Avesta . . 3

Première partie. — Opinions des anciens et des modernes sur le zoroastrisme, avant Anquetil-Duperron 3

Deuxième partie. — Anquetil-Duperron et ses contemporains. 17

Troisième partie. — Eugène Burnouf et son œuvre. Exposé des différents systèmes d'interprétation de l'Avesta . . 45

LIVRE PREMIER. — L'Avesta et Zoroastre. 97

Chapitre premier. — Le texte de l'Avesta 97

§ 1er. — Les livres perdus de l'Avesta 97

§ 2. — L'Avesta tel qu'on le possède aujourd'hui 104

§ 3. — Observations particulières sur les Gâthâs. 118

Chapitre II. — Zoroastre. 134

LIVRE II. — Les dieux de l'Avesta 150

Chapitre premier. — Le dualisme 150

Chapitre II. — Les divinités bienfaisantes 160

§ 1. — *Ahura mazdâ*. 160

§ 2. — *Mithra* 172

§ 3. — *Çraoṣa* 199

§ 4. — *Raṣnu*. 209

§ 5. — *Arstât, Arsti* 209

§ 6. — *Verethraghna*. 210

§ 7. — *Les Ameṣas çpentas* 214

§ 8. — *Les Yazatas*. 226

§ 9. — *Atar* 227

§ 10. — *Nairya çañha* 236

§ 11. — *Hvarc* 236

§ 12. — *Mâh*. 238

§ 13. — *Tistrya* 240

§ 14. — *Raoćah* 247
§ 15. — *Qarenah* 248
§ 16. — *Ap*. 250
§ 17. — *Apãm napat* 252
§ 18. — *Anâhita* 254
§ 19. — *Vâta*. 265
§ 20. — *Râman*. 266
§ 21. — *Açman*. 269
§ 22. — *Thwâṣa* 269
§ 23. — *Zem* 271
§ 24. — *Haoma*. 272
§ 25. — *Daêna* 277
§ 26. — *Aṣi vaňuhi*. 279
§ 27. — *Pârendi* 281
§ 28. — *Dâmôis upamana* 281
§ 29. — *Le texte saint*. 283
§ 30. — *Çaoka* 286
§ 31. — *Les Phravaṣis* 286
§ 32. — *Drvâçpa* 294
§ 33. — *Zrvan* 295
§ 34. — *Les jours et parties du jour consacrés aux différentes divinités bienfaisantes* 296

CHAPITRE III. — Les divinités malfaisantes 299
§ 1. — *Aňra mainyu* 299
§ 2. — *Les Daêvas* 303
§ 3. — *Les Drujes*. 311
§ 4. — *Les Pairikas* 316
§ 5. — *Les Yâtus* 320
§ 6. — *Les Janis* 321
§ 7. — *Les Çâtars* 321
§ 8. — *Kavis et Karapans*. 322
§ 9. — *Les impies aṣemaoghas*. 323

LIVRE III. — La conception du monde dans l'Avesta 327
CHAPITRE PREMIER. — La révélation 327
CHAPITRE II. — La création. 331
CHAPITRE III. — Sort de l'homme après la mort. 359
CHAPITRE IV. — La résurrection. 367

LIVRE IV. — La loi mazdéenne. 373
CHAPITRE PREMIER. — La pureté mazdéenne. Les causes d'impureté et les cérémonies de purification. 373
CHAPITRE II. — Le saint sacrifice 416

CHAPITRE III. — Les cérémonies en usage lors de la naissance, lors du passage à l'adolescence, lors du mariage, lors des funérailles 456
§ 1. — La naissance 456
§ 2. — L'adolescence. 458
§ 3. — Le mariage. 461
§ 4. — Les funérailles 469

LIVRE V. — Morale de l'Avesta. 488

Table analytique 501

Imp. A. DERENNE, Mayenne. — Paris, Boulevard Saint-Michel, 52.

www.ingramcontent.com/pod-product-compliance
Lightning Source LLC
Chambersburg PA
CBHW071417230426
43669CB00010B/1576
* 9 7 8 2 0 1 2 5 6 6 9 7 2 *